JN235481

トレーニング生理学

筑波大学教授・体育科学系　杏林大学医学部教授
芳賀 脩光　　大野 秀樹　編

株式会社 杏林書院

執筆者(50音順)

筑波大学体育科学系
安藤真太郎

東京都立大学理学研究科身体適応科学教室
井澤　鉄也

東京大学大学院総合文化研究科身体運動科学
石井　直方

INABAパワージャパン・ウェイト
トレーニングジム
因幡　英昭

早稲田大学人間科学部人間健康科学科
今泉　和彦

愛媛大学医学部医化学第一教室
岩井　　將

山梨大学教育人間科学部
植屋　清見

東海大学体育学部
宇佐美彰朗

順天堂大学スポーツ健康科学部
大西　暁志

筑波大学体育科学系
大西　武三

山形大学教育学部生涯スポーツ学教室
大貫　義人

杏林大学医学部衛生学公衆衛生学教室
大野　秀樹

神奈川県社会福祉事業団横須賀老人ホーム診療所
大森　薫雄

筑波大学体育科学系
岡田　弘隆

杏林大学医学部衛生学公衆衛生学教室
荻原　理江

東北大学大学院医学系研究科病態運動学教室
奥津　光晴

京都大学総合人間学部
小田　伸午

東京医科大学衛生学公衆衛生学教室
小田切優子

川崎医療福祉大学健康体育学科
小野寺　昇

筑波大学名誉教授
笠原　成元

東京医科大学衛生学公衆衛生学教室
勝村　俊仁

筑波大学体育科学系
加藤　澤男

かやしま医院
萱島　信介

北里大学医学部生理学教室
河原　克雅

杏林大学医学部衛生学公衆衛生学教室
木崎　節子

慈雄会
古賀　稔彦

東京大学大学院総合文化研究科身体運動科学
小林　寛道

日本体育大学体育学部
齋藤　一雄

筑波大学名誉教授
坂田　勇夫

(株)西茨城カントリー倶楽部
佐藤　正一

筑波大学体育科学系
佐藤　成明

順天堂大学スポーツ健康科学部
澤木　啓祐

広島女学院大学生活科学部
嶋津　　孝

東京医科大学衛生学公衆衛生学教室
下光　輝一

名古屋工業大学共通講座健康運動科学
下村　吉治

筑波大学体育センター
下山　好充

兵庫医科大学生化学教室
鈴木敬一郎

杏林大学医学部衛生学公衆衛生学教室
鈴木　健二

筑波大学体育科学系
鈴木　正成

大阪学院大学運動生理・生化学研究室
角田　　聡

東海大学体育学部
高野　　進

名古屋大学名誉教授
高橋　　昭

浦和学院高等学校硬式野球部長
高間　　薫

筑波大学体育科学系
武政　　徹

筑波大学体育科学系
田嶋　幸三

日本大学文理学部
田辺　陽子

ミズノ(株)スポーツプロモーション部
谷川　　聡

アミノバイタルAC
谷川　真理

大阪大学大学院医学系研究科
生化学分子生物学教室
谷口　直之

大阪国際女子大学人間科学部スポーツ行動学科
谷口　正子

東北大学大学院医学系研究科生体調節外科
内藤　広郎

筑波大学体育科学系
永井　　純

(株)ブレイザーズスポーツクラブ
中垣内祐一

東京医科大学衛生学公衆衛生学教室
永澤　　健

東北大学大学院医学系研究科病態運動学教室
永富　良一

筑波大学体育科学系
西平　賀昭

筑波大学体育科学系
西安　　岳

鶴見大学歯学部歯科麻酔学教室
野口いづみ

筑波大学体育科学系
野村　武男

筑波大学体育科学系
芳賀　脩光

筑波大学大学院体育研究科
橋爪　　明

参議院議員
橋本　聖子

東京大学大学院総合文化研究科身体運動科学
八田　秀雄

日本体育大学体育学部
花原　　勉

鹿屋体育大学体育学部
濱岡　隆文

杏林大学医学部衛生学公衆衛生学教室
人見　嘉哲

神戸女子大学家政学部被服運動生理学教室
平田　耕造

ブリヂストンスポーツ(株)
福井　　烈

京都大学大学院農学研究科
食品生物科学専攻栄養化学分野
伏木　　亨

東京医科大学衛生学公衆衛生学教室
本間　俊行

筑波大学体育科学系
本間三和子

専修大学法学部
前嶋　　孝

スポーツビジョン研究会
真下　一策

広島大学医学部保健学科基礎作業療法学教室
松川　寛二

デンマーク・エスビヤーグ中央病院
水野眞佐夫

筑波大学体育科学系
都澤　凡夫

杏林大学医学部衛生学公衆衛生学教室
村上　和子

中京大学体育学部
室伏　重信

名古屋大学環境医学研究所附属
宇宙医学実験センター
森　　滋夫

筑波大学体育科学系
森　　俊男

神戸女子大学学長
森本　武利

京都大学大学院農学研究科
食品生物科学専攻栄養化学分野
山崎　英恵

筑波大学体育科学系
山田　幸雄

筑波大学体育科学系
山中　邦夫

筑波大学体育科学系
吉田　　茂

市立稚内病院外科
米山　重人

山形大学医学部衛生学教室
若林　一郎

発刊にあたって

　今日，生命科学における学術的進歩は非常に目覚ましく，同時にスポーツ医科学の分野においてもその影響を大きく受けています．

　一方，スポーツ競技の世界においては，より速く，より高く，より遠くへという記録への挑戦と体力の限界が無限に求め続けられており，このため，そのスポーツ競技の特性や困難性を克服できる身体諸機能の改善，および体力の向上を図ることが不可欠です．したがって，運動トレーニングによる生理学的，医科学的メカニズムを理解することは，極めて重要なことになります．

　この『トレーニング生理学』は，トレーニングに関する知識や現在のリサーチトピックをできるだけ多く掲載し，スポーツにおける競技者はもちろん，コーチ，トレーナー，監督をはじめ，体育学，栄養学，医学，看護学，その他の医療関連分野に従事する幅広い方々を対象として，競技の世界において強い体力，耐久性のある体力，勝つための体力をいかにしてつくるか，という課題に寄与することを念頭にして企画されたものです．その内容は30章からなり，身体諸機能に対する運動トレーニングによる影響を細分化し，さらに31章には例として各スポーツ種目に適したトレーニング法を掲載いたしました．

　本書の特徴は，さまざまな研究分野において精力的に研究されている先生方に執筆をお願いしたことです．加えて，それぞれの章の最後に，オリンピック大会，世界選手権，アジア大会，および全国大会などで活躍された選手，またはコーチ，監督などを長年経験され，卓越した指導法を有している方々のトレーニング法の「コツ」やその競技に取り組んできた精神力，哲学，考え方，あるいは具体的な医科学的臨床例を掲載していることがもう1つの特徴です．

　本書が21世紀の新しいスポーツの発展に少しでも貢献できることを願っています．趣旨をご理解くださり，快くご執筆をお引き受けいただいたすべての先生方に感謝いたします．最後に本書の企画・出版にあたり，杏林書院社長・太田博氏と太田康平氏に多大なご理解とご協力をいただいたことに対し，心からお礼申し上げます．

　　2003年1月

編者　芳賀脩光
大野秀樹

Contents

1章　筋とトレーニング—レジスタンストレーニング—　　　石井　直方……1

1. トレーニングの負荷強度と効果 …………… 3
2. トレーニングによる筋力増加のプロセス …… 4
   1) 筋力と筋断面積 ……………………… 4
   2) 神経系の適応と筋肥大 ……………… 5
   3) ピリオダイゼーション ……………… 7
3. トレーニングによる筋組織の変化 …………… 7
   1) 筋線維の肥大 ………………………… 7
   2) 筋線維の増殖 ………………………… 7
   3) 結合組織の変化 ……………………… 8
   4) 筋線維のタイプ変化 ………………… 9
4. 発育発達・加齢とトレーニング …………… 10
   1) 成長期のトレーニング ……………… 10
   2) 加齢による筋力変化 ………………… 11
   3) 高齢者のトレーニング効果 ………… 11
5. 筋力と筋収縮速度 …………………………… 13
   1) 身体運動の速度を決める要因 ……… 13
   2) 加速と筋力発揮 ……………………… 13
   3) 力—速度関係 ………………………… 15
   4) 筋パワー ……………………………… 15
6. トレーニング効果を高める要因 …………… 16
   1) 伸張性筋活動の利用 ………………… 16
   2) 内分泌系の関与 ……………………… 17
   3) 筋肥大に必要なトレーニング要素 … 18
7. 筋の疲労とその回復 ………………………… 18
   1) 疲労を構成する要因 ………………… 18
   2) 局所的疲労 …………………………… 19
   3) 中枢性疲労 …………………………… 19
   4) 筋の微小損傷と長期的疲労 ………… 21

競技者報告：筋とトレーニング
　　　　　　因幡　英昭・芳賀　脩光 … 22

2章　筋とトレーニング—持久性トレーニング—　　　芳賀　脩光 … 23

1. 持久性運動において筋はなぜ収縮し続けることができるのか：ATPが枯渇しない理由
　　　　　　……………… 武政　徹 … 24
   1) ATP–CP系 …………………………… 24
   2) 糖質分解系 …………………………… 25
   3) 脂質分解系（β酸化）………………… 25
   4) 糖質と脂質の活用バランス ………… 25
2. 持久性トレーニングとミトコンドリア適応 … 26
   1) 持久性トレーニングと酸化リン酸化機構
　　　　　　……………… 芳賀　脩光 … 26
   2) 持久性トレーニングとコハク酸脱水素酵素
      （SDH）活性 ……… 水野眞佐夫 … 27
   3) 持久性トレーニングとミトコンドリア容量
　　　　　　……………… 芳賀　脩光 … 29
3. 持久性トレーニングとミオグロビン
　　　　　　……………… 芳賀　脩光 … 30
4. 持久性トレーニングと血管新生
　　　　　　……………… 芳賀　脩光 … 33
5. 末梢骨格筋酸素代謝能と持久性トレーニング
　　　　　　……………… 芳賀　脩光 … 36

競技者報告：長距離走者の競技力と脚筋力
　　　　　　……………… 澤木　啓祐 … 38

3章　パワーとトレーニング　　　植屋　清見 … 41

1. パワーとは ………………………………… 42
   1) パワーの概念 ………………………… 42
   2) パワーの定義 ………………………… 42
   3) パワーと瞬発力 ……………………… 43
   4) わが国の体力測定にみるパワーの測定 … 43
   5) 各種パワーの分類 …………………… 43
2. 筋力, 筋収縮速度（スピード）と筋パワー
　　　　　　………………………………… 45

1) 筋収縮の様態と筋力,筋収縮速度 …………	45	1) 前腕屈曲動作 ………………………………	57
2) 神経衝撃とパワー …………………………	47	2) V-Sit Up …………………………………	57
3) 筋線維組成とパワー ………………………	47	3) 垂直跳びによるパワートレーニング ……	57
4) スキルとパワー ……………………………	48	4) ソフトボール投げによるパワートレーニング …	57
5) パワーの男女差,年齢差 …………………	49	5) バウンディング ……………………………	59
6) 各種スポーツ種目とパワー ………………	49	6) プライオメトリックス ……………………	59

3. 各種測定にみるパワーの測定とパワー特性 … 51
   1) なぜ,垂直跳びがパワーの測定に用いられるか … 51
   2) 垂直跳びにおけるパワーの測定とパワー特性 … 51
   3) 前腕屈曲動作における最大パワー ……… 53
   4) ローイング動作におけるパワーの最大発揮 … 53
4. パワートレーニング ……………………… 54
   1) 行動体力の2次元モデルからみたパワーと
      パワートレーニングの位置づけ ………… 54
   2) 筋パワートレーニングにおける
      重量負荷の決定 …………………………… 54
5. パワー・トレーニングの実践例 ………… 57

   7) おんぶ走 …………………………………… 59
   8) フリーウェイトによる筋パワーのトレーニング … 59
   9) 各種マシーンによるパワートレーニング … 60
   10) 自転車エルゴメータによる
       無酸素的パワートレーニング ………… 60
   11) 階段駆け上がりによるパワートレーニング … 60
   12) インターバルトレーニングによる
       パワートレーニング …………………… 60
6. パワートレーニングの総括 ……………… 60
競技者報告:バレーボールにおける瞬発力の向上
               ………… 中垣内祐一 … 62

4章　脳・脊髄運動神経系とトレーニング　　　西平　賀昭 … 63

1. 運動が脳に及ぼす影響 …………………… 65
   1) 運動と運動性皮質 ………………………… 65
   2) 運動と小脳 ………………………………… 68
   3) 運動と大脳基底核 ………………………… 70
2. 運動における感覚系の重要性 …………… 71
3. 運動・スポーツ動作を支えている反射系 … 73

   1) 運動と伸張反射 …………………………… 74
   2) 脳を経由する反射 ………………………… 75
4. 神経伝達とトレーニング効果 …………… 76
競技者報告:サッカーのボールの動きによる
        読みと勘
               ………… 田嶋　幸三 … 78

5章　スキルとトレーニング　　　小田　伸午 … 79

1. スキル上達における意識と無意識 …… 81
   1) もも上げの誤解 …………………………… 81
   2) 四肢運動と姿勢制御 ……………………… 82
2. 右と左 ……………………………………… 83
   1) 両側性筋力低下 …………………………… 83
   2) 左右肢の協調 ……………………………… 83
3. スキルと左右差 …………………………… 85
4. 視覚とスキル ……………………………… 86
   1) 視覚の虜 …………………………………… 86

   2) 周辺視野情報の処理 ……………………… 87
5. 多関節による筋力発揮 …………………… 88
   1) 従属的筋力発揮 …………………………… 88
6. スキルと筋力の融合 ……………………… 91
   1) 運動方向の制御 …………………………… 91
   2) 運動方向と力発揮の制御 ………………… 93
競技者報告:器械体操競技においてスキルをど
        のようにして高めたか
               ………… 加藤　澤男 … 94

6章　高強度の運動とトレーニング　　　八田　秀雄 … 95

1. 高強度の運動 ……………………………… 97
2. 運動開始数秒における乳酸の産生 …… 97
3. 高強度運動での疲労の原因 ……………… 98

4. スプリントトレーニングの効果 ………… 99
   1) 速筋線維の肥大 …………………………… 99
   2) 解糖能力の向上 …………………………… 99
   3) 酸化能力の向上 …………………………… 101

4）イオンバランス調節能の向上 ………… 101
　　5）筋緩衝能力の向上 ………………………… 101
　5．スプリントトレーニングの方向性 …… 101

競技者報告：400m のトレーニング
　………………………… 高野　　進 … 104

7章　持久的運動とトレーニング ……………………………………… 八田　秀雄 … 105

1．有酸素性代謝過程の運動 …………… 107
2．最大下の運動強度の指標であるLT …… 107
3．最大酸素摂取量とLTを区別した
　トレーニング ………………………… 109
4．持久的トレーニングの3要素 ……… 109
　1）持久的トレーニングの強度 ………… 109

　2）持久的トレーニングの時間 ………… 111
　3）持久的トレーニングの頻度 ………… 111
5．持久的トレーニングの効果の現れ方 … 111

競技者報告：オールラウンドの体力をつくる
　………………………… 橋本　聖子 … 112

8章　間欠的運動とトレーニング …………… 浜岡　隆文・本間　俊行・永澤　健 … 113

1．間欠的運動と生理学的背景 ………… 115
2．間欠的運動トレーニング …………… 116

競技者報告：テニスのトレーニング
　………………………… 福井　　烈 … 118

9章　循環系とトレーニング ………………………………………………… 芳賀　脩光 … 119

1．立ちくらみと運動不足 …… 西保　　岳 … 120
2．運動時の血圧調節 ………… 西保　　岳 … 120
3．運動と心拍出量 …………… 芳賀　脩光 … 123
4．最大心拍出量と持久性トレーニングの効果
　………………………………… 芳賀　脩光 … 124

5．スポーツ心臓 ……………… 芳賀　脩光 … 126
　1）遠心性肥大型スポーツ心臓 ………… 126
　2）求心性肥大型スポーツ心臓 ………… 129

競技者報告：マラソン競技における私の
　トレーニング法
　……………………… 宇佐美彰朗 … 130

10章　スポーツ減量とトレーニング ………………………………………… 鈴木　正成 … 133

1．スポーツ減量の計画 ………………… 135
2．スポーツ選手の減量法と生理的影響 … 135
3．減量による体組成の変動と体力低下 … 136
　1）スポーツ減量による筋力低下 ……… 137
　2）脱水減量と持久体力の低下 ………… 139
4．減量法の違い ………………………… 139
5．スポーツ減量と食事法 ……………… 141
　1）高糖質食減量と無気的体力 ………… 141
　2）高糖質食減量と情緒・気力 ………… 141

　3）減量の食事法 ………………………… 142
6．肥満者のスポーツ減量 ……………… 143
　1）ダンベル体操の基礎代謝および
　　食事誘発性体熱産生の増大作用 …… 143
　2）ウォーキングのインスリン分泌
　　抑制作用 ……………………………… 145

競技者報告：体力を低下させずにレスリングにお
　ける減量をどのように実施したか
　………………………… 花原　　勉 … 146

11章　眼のはたらきとトレーニング ………………………………………… 真下　一策 … 149

1．競技力と視覚能力 …………………… 151
　1）スポーツビジョン検査8項目 ……… 151
　2）競技力と視覚能力 …………………… 153

2．視力矯正 ……………………………… 153
　1）静止視力（SVA）の役割 …………… 153
　2）視力矯正の基準 ……………………… 155

3．ビジュアルトレーニング ……………… 155
　　1）機能別トレーニング ………………… 155
　　2）総合的トレーニング ………………… 157

競技者報告：野球における打者の選球眼
　　　　　………… 芳賀 脩光・高間　薫 … 158

12章　バイオリズムとトレーニング ………………… 小野寺　昇 … 159

1．バイオリズムと生体反応 ……………… 160
2．バイオリズムと運動 …………………… 160
3．時差ボケとバイオリズム ……………… 161
4．時差ボケとスポーツ …………………… 161

競技者報告：サッカーの時差対策
　　　　　……………………… 田嶋　幸三 … 162

13章　トレーニングと意志力 ……………………………… 吉田　茂 … 165

1．意志力の特性 …………………………… 166
　1）忍耐力 ………………………………… 166
　2）継続力 ………………………………… 166
　3）集中力 ………………………………… 166
　4）統御力 ………………………………… 166
2．動機づけと目標設定 …………………… 167
　1）内発的動機づけ ……………………… 167
　2）目標設定 ……………………………… 167
3．心とからだ ……………………………… 167
　1）心身一如 ……………………………… 169
　2）ずらしの心理技法 …………………… 169
　3）意志を捨てる ………………………… 169

競技者報告：柔道における私の精神力養成
　　　　　……………………… 古賀　稔彦 … 170

14章　遺伝とトレーニング ………………………………… 鈴木　健二 … 173

1．遺伝とは ………………… 鈴木　健二 … 175
2．運動能力と人種差 ……… 鈴木　健二 … 175
3．優性遺伝とスポーツ …… 人見　嘉哲 … 177
4．優性遺伝とトレーニング … 人見　嘉哲 … 178

競技者報告：コーチの目からみたスポーツ選手の
　　　　　　天性（素質）とトレーニング
　　　　　……………………… 室伏　重信 … 180

15章　トレーニングと疲労および休養 ………… 下光　輝一・小田切優子 … 181

1．運動による筋疲労（身体的疲労）……… 182
　1）エネルギー代謝と疲労物質からみた
　　　疲労に関する知見 …………………… 182
　2）生体内恒常性の乱れからみた疲労 … 183
　3）アミノ酸代謝からみた疲労 ………… 183
　4）筋収縮の種類からみた疲労に関する知見 … 184
2．運動による心理的・精神的疲労 ……… 185
　1）気分プロフィールによる評価 ……… 185
　2）その他の調査票による評価 ………… 186
3．運動によって生じる疲労困憊状態 …… 186
4．疲労と過労の相違 ……………………… 187
　1）オーバートレーニング症候群とは … 187
　2）オーバートレーニング症候群のモニタリング … 189
　3）オーバートレーニング症候群の予防と対策 … 189
5．運動後の疲労と休養 …………………… 190
　1）休養の概念 …………………………… 190
　2）スポーツにおける休養のとり方 …… 191

競技者報告：柔道のトレーニングと疲労回復
　　　　　……………………… 田辺　陽子 … 192

16章　栄養とトレーニング ………………………… 山崎　英恵・伏木　亨 … 195

1．運動選手に必要な摂取エネルギー量 … 197
　1）現体重を維持したい選手の場合 …… 197
　2）減量の必要な選手の場合 …………… 197
2．運動選手の炭水化物摂取 ……………… 199
3．グリコーゲンローディング …………… 199
4．運動選手のタンパク質摂取 …………… 201

- 1) 食事制限のないスポーツ …………… 201
- 2) 食事制限のあるスポーツ …………… 202
5. 運動選手の脂質摂取 ………………… 202
6. 運動選手とビタミン ………………… 203
  - 1) 摂取すべきビタミンならびに
    過剰障害の危険があるもの ………… 203
  - 2) 食事量が制限される場合には，
    サプリメントの利用が無難である ……… 204
7. 運動選手とミネラル ………………… 205
8. 運動選手の食事の摂りかた ………… 206
  - 1) 特に厳しい体重制限のないスポーツ …… 206
  - 2) 厳しい体重制限のあるスポーツ ……… 207
- 競技者報告：スピード・パワー系種目における
  競技レベルアップのための食事法
  ………………… 谷川　聡 … 208

17章　水分調節とトレーニング ……………………………… 森本　武利 … 209

1. トレーニングと体液 ………… 211
2. トレーニングと発汗 ………… 211
3. 体液の変化と運動能 ………… 211
4. 体液と水分補給 ………… 211
- 競技者報告：谷川真理の水分補給
  ………………… 谷川　真理 … 214

18章　女性とトレーニング …………………………………… 本間三和子 … 217

1. スポーツ種目にみる女性の体組成 …… 219
  - 1) スポーツパフォーマンスと体組成 …… 219
  - 2) スポーツ種目ごとの体組成の特徴 …… 219
2. スポーツ種目にみる女性の
   最大酸素摂取量 ………………… 222
  - 1) 最大酸素摂取量 ………………… 222
  - 2) スポーツ種目ごとの最大酸素摂取量 …… 223
3. 女子スポーツ選手の減量と体組成 …… 224
4. 運動性無月経 ………………………… 225
5. 女性の運動の骨密度への影響 ……… 226
- 競技者報告：シンクロナイズドスイミングにおい
  てトレーニングと身体組成の維持に
  どのように取り組んだか
  ………………… 本間三和子 … 228

19章　環境とトレーニング …………………………………… 大野　秀樹 … 231

1. 温熱環境下の身体適応 … 平田　耕造 … 232
2. 寒冷環境下の身体適応 … 平田　耕造 … 232
3. 低圧，低酸素環境下の身体適応／
   登山と身体適応 ………… 荻原　理江 … 235
  - 1) 呼吸機能 ………………… 235
  - 2) 循環機能 ………………… 237
  - 3) 内分泌機能 ……………… 237
4. 高圧環境下の身体適応
   ……………… 大野　秀樹・村上　和子 … 239
  - 1) 息こらえ潜水 …………… 239
  - 2) スクーバ・ダイビング ………… 240
  - 3) 飽和潜水 ………………… 240
5. 宇宙環境下の身体適応
   ………………… 森　滋夫 … 240
  - 1) 頭方への体液移動 ……… 240
  - 2) 筋萎縮，骨の脱カルシウム …… 241
  - 3) 宇宙酔い ………………… 241
- 具体例：南極の極寒地域での寒冷適応例
  ………………… 米山　重人 … 242

20章　エネルギー供給系とトレーニング …………………… 下村　吉治 … 243

1. 運動と糖代謝 ………………… 245
  - 1) 筋細胞へのグルコース輸送 …… 245
  - 2) グリコーゲン代謝 ……… 245
  - 3) 解　糖 ………………… 245
  - 4) ピルビン酸脱水素酵素 … 247
2. 運動と脂質代謝 ……………… 247
3. 運動とタンパク質・アミノ酸代謝 …… 249
- 競技者報告：ロングトライアスロン競技におけ
  る栄養補給 … 橋爪　明 …… 250

21章　ホルモン系とトレーニング　………………………………… 井澤　鉄也 … 253

1. 運動時におけるホルモンの役割 ………… 255
2. 循環機能とホルモン調節 ………………… 255
3. 体液系とホルモン調節 …………………… 257
4. 最大運動時におけるホルモン調節 ……… 257
5. 至適運動条件下におけるホルモン調節 … 257
6. 糖尿病とホルモン調節 …………………… 259
   1) 糖尿病とは …………………………… 259
   2) インスリン抵抗性とインスリン受容体 … 259
   3) 運動の効果 …………………………… 259
   4) 脂肪組織と NIDDM ………………… 261
競技者報告：過体重をつくる … 芳賀　脩光 … 262

22章　肝・消化器系とトレーニング　……………………… 岩井　將・嶋津　孝 … 263

1. 運動と消化管の動き ……………………… 267
2. 運動と消化吸収 …………………………… 267
3. 運動とグルコース代謝 …………………… 268
4. 運動による脂肪分解 ……………………… 269
5. 運動時における肝機能の役割 …………… 269
具体例：スポーツ選手に多くみられる
　　　　消化器疾患 ………… 内藤　広郎 … 272

23章　活性酸素とトレーニング　…………………………………… 大野　秀樹 … 273

1. 活性酸素とは
   ……………… 谷口　正子・谷口　直之 … 275
2. 運動時における活性酸素種と抗酸化物質
   ……………………………… 鈴木敬一郎 … 276
3. 運動強度と活性酸素
   ……………………………… 鈴木敬一郎 … 279
4. 至適運動量と活性酸素
   ……………………………… 鈴木敬一郎 … 279
5. 活性酸素と加齢およびトレーニング
   ……………………………… 鈴木敬一郎 … 279
具体例：抗酸化物質摂取の例
   ……………………………… 角田　聡 … 282

24章　血液組成とトレーニング　…………………………………… 大野　秀樹 … 283

1. 運動と赤血球 …………… 今泉　和彦 … 285
2. 運動と白血球 …………… 今泉　和彦 … 286
3. 運動と凝固線溶系 ……… 今泉　和彦 … 287
4. トレーニングによる血液組成変動，
   および性差の特徴 …… 今泉　和彦 … 289
5. 高地トレーニングによる影響
   ……………………………… 大貫　義人 … 291
具体例：高値トレーニングの具体例
   ……………………………… 大貫　義人 … 292

25章　免疫系とトレーニング　……………………………………… 木崎　節子 … 295

1. 防衛体力と免疫
   ……………… 永富　良一・奥津　光晴 … 297
   1) 基本概念 ……………………………… 297
   2) 自然免疫と適応免疫 ………………… 298
2. 運動と免疫 … 永富　良一・奥津　光晴 … 303
   1) サイトカイン ………………………… 303
   2) 好中球 ………………………………… 305
   3) NK細胞 ……………………………… 305
   4) T細胞 ………………………………… 305
   5) 分泌型 IgA …………………………… 307
3. オーバートレーニング症候群
   ……………… 永富　良一・奥津　光晴 … 307
具体例：スポーツ選手の急性上気道
　　　　感染症対策の実際
   ……………………………… 永富　良一 … 308

26章　腎臓とトレーニング　河原　克雅 … 309

1．運動強度とエネルギー代謝 …………… 311
2．運動と体液電解質バランス …………… 311
　1）脱　水 ……………………………… 312
　2）高温障害 …………………………… 313
3．運動とレニン-アンギオテンシン-アルドステロン系 ………………………………… 313
　1）レニンとレニン分泌 ……………… 313
　2）腎血流量 …………………………… 313
4．腎疾患者の運動 ………………………… 315
具体例：運動によるミオグロビン尿症の死亡例
　　　　　　　　　　　　　　野口いづみ … 316

27章　酵素系とトレーニング　勝村　俊仁 … 317

1．急性運動と骨格筋酵素 ………………… 319
2．トレーニングと骨格筋酵素 …………… 319
3．運動と心筋酵素 ………………………… 320
4．運動と肝酵素 …………………………… 320
5．運動により血清酵素異常値を呈した例 … 321
具体例：運動により血清酵素異常値を呈した例
　　　　　　　　　　大野　秀樹・萱嶋　信介 … 322

28章　自律神経とトレーニング　松川　寛二 … 323

1．トレーニング時の形態的心適応と自律神経の関与 ……………………… 325
2．トレーニングと自律神経活動の変化 … 325
具体例：運動時の自律神経機能障害例
　　　　　　　　　　　　　　高橋　昭 … 326

29章　加齢とトレーニング　若林　一郎 … 327

1．分子生物学からみた加齢現象 ………… 329
2．高次神経機能と加齢，およびトレーニング ……………………………………… 331
3．運動機能と加齢，およびトレーニング ……………………………………… 333
4．循環諸機能と加齢，およびトレーニング ……………………………………… 333
具体例：高齢者登山家の例
　　　　　　　　　　　　　　大森　薫雄 … 336

30章　ジュニア競技選手のトレーニング　小林　寛道 … 337

1．体力テスト成績から …………………… 339
2．ジュニア選手の発達の特性 …………… 341
3．走能力の発達 …………………………… 345
競技者報告：中高生期のスポーツ指導
　　　　　　　　　　　　　　高間　薫 … 348

31章　スポーツ種目別トレーニング … 349

1．長距離競技者のトレーニング
　　　　　　　　　　　　　　永井　純 … 349
2．陸上競技における跳躍種目のトレーニング
　　　　　　　　　　　　　　大西　暁志 … 351
3．テニスのトレーニング
　　　　　　　　　　　　　　山田　幸雄 … 352
4．サッカーのトレーニング
　　　　　　　　　　　　　　山中　邦夫 … 353
5．バレーボールのトレーニング
　　　　　　　　　　　　　　都澤　凡夫 … 354
6．バスケットボールのトレーニング
　　　　　　　　　　　　　　笠原　成元 … 355

7．ハンドボールのトレーニング
　　　……………… 大西　武三 … 356
8．水泳のトレーニング
　　　……… 野村　武男・下山　好充 357
9．水球のトレーニング
　　　……………… 坂田　勇夫 … 359
10．スピードスケートのトレーニング
　　　……………… 前嶋　　孝 … 360
11．柔道のトレーニング
　　　……………… 岡田　弘隆 … 361
12．剣道のトレーニング
　　　……………… 佐藤　成明 … 362

13．弓道のトレーニング
　　　……………… 森　　俊男 … 364
14．相撲のトレーニング
　　　……………… 齋藤　一雄 … 365
15．レスリングのトレーニング
　　　……………… 花原　　勉 … 366
16．卓球のトレーニング
　　　……………… 安藤真太郎 … 368
17．ゴルフのトレーニング
　　　……………… 佐藤　正一 … 369

索　引 …………………………………………………………………………………… 370

1章 筋とトレーニング
―レジスタンストレーニング―

レジスタンストレーニング（resistance exercise training）とは，筋にさまざまな形態の負荷抵抗をかけて行うトレーニングの総称である．従来，筋力トレーニング（strength training）やウェイトトレーニング（weight-lifting training）と呼ばれてきたが，負荷の形態として，バーベルやダンベルなどの他にスプリング，弾性ベルト，粘性抵抗，電磁抵抗，モータ，徒手抵抗など多様なものが用いられるようになってきたため，一般的にこのように総称されるようになった．研究論文でこの用語が用いられはじめたのは，おそらく1970年代の前半であるが[1]，1990年以降には用語として定着してきた．

負荷形態にとどまらず，その目的も多様化してきている．元来は筋力トレーニングという名称どおり，筋力の増強と筋の肥大がそのおもな目的であったが，用いる負荷強度によっては筋持久力を増進させる効果をもつ．また，挙上動作をすばやく行うことにより（クイックリフト，バリスティックトレーニング，プライオメトリックトレーニングなど），筋力とともに筋パワーを高めることが可能である．これまで，レジスタンストレーニングには，筋力，筋持久力，筋パワーなどの要素を向上させることにより，スポーツ競技力を直接高めることが期待されてきた．しかし最近では，①傷害を予防する，②高度な技術の基礎となる筋機能を獲得する，③日常の体調を改善する，などのコンディショニングの一環としての役割が重要視されつつある[2]．

一方，従来レジスタンストレーニングにあまり期待されていなかった，体脂肪の減量効果についても明らかになりつつある．安静時代謝量は筋量（または除脂肪体重）に依存するため，レジスタンストレーニングにより筋量を増すことは，体脂肪を減量するうえでも重要と考えられるようになった．さらに最近では，骨格筋（特に速筋線維）に発現する脱共役タンパク質（uncoupling protein-3：UCP-3）と肥満の関係が着目されている[3]．このタンパク質は，ミトコンドリア内膜上に発現し，電子伝達系とATP合成の共役を阻害することで，脂質のもつエネルギーを熱として消費してしまうタンパク質である．動物[4]やヒト[5]での研究から，このUCP-3の発現は，高強度の運動刺激により一過的に増加し，持久的トレーニングを継続することにより減少することがわかった．したがって，レジスタンストレーニングはUCP-3の発現を介して，体脂肪の減量を含む身体組成の改善をもたらす可能性がある．

このように，レジスタンストレーニングには，さまざまな方法があり，さまざまな効果が期待される．その対象も，スポーツ競技選手にとどまらず，子どもから90歳を超える高齢者にまで広がりつつある．特に，高齢社会となった現在においては，高齢者の筋機能を維持増進することがますます重要な課題となろう．

【石井　直方】

---

1) Brown CH et al : Med Sci Sports, 6 : 174, 1974.
2) Beachle TR et al : Essentials of Strength Training and Conditioning. Human Kinetics, 2000.
3) Clapham JC et al : Nature, 406 : 415, 2000.
4) Boss O et al : FASEB J, 12 : 335, 1998.
5) Schrauwen P et al : Int J Obes Relat Metab Disord, 23 : 966, 1999.

表1-1 レジスタンストレーニングにおける強度(%1RM)，最大反復回数，おもな効果の関係
(Beachle TR et al : Essentials of Strength Training and Conditioning. Human Kinetics, 2000 より改変)

%1RM	最大反復回数(RM)	主効果
100	1	筋力増加
95	2	
93	3	
90	4	筋肥大
87	5	
85	6	
83	7	
80	8	
77	9	
75	10	
70	11	
67	12	筋持久力の向上
65	>15	

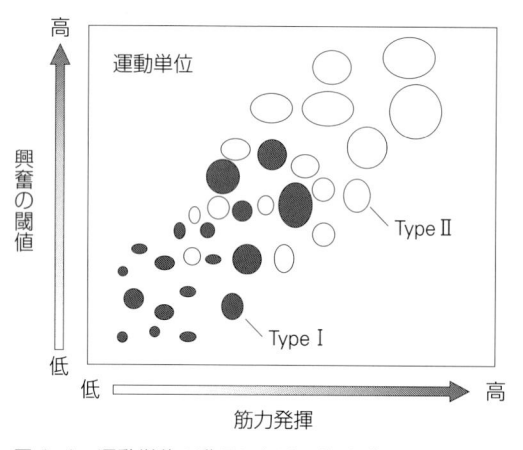

図1-1 運動単位の動員におけるサイズの原理
丸の大きさは，運動単位の大きさを示す．筋力発揮レベルが大きくならないと，サイズが大きく，閾値の大きな運動単位は動員されない．
(Beachle TR et al : Essentials of Strength Training and Conditioning. Human Kinetics, 2000 より改変)

1．トレーニングの負荷強度と効果

　レジスタンストレーニングの効果は，負荷強度と量（または容量）に依存する．強度は，実際のトレーニングで用いやすいことから，通常，最大挙上負荷（1-repetition maximum：1RM）に対する割合（％1RM）で決める．成人の場合，1RMは等尺性最大筋力の75～85％である．

　特定の負荷を用いた1セットでの最大可能反復回数（RM）は，おおむね負荷強度で決まる．このように，最大反復でのトレーニングを行った場合のおもな効果は，強度が約90％1RM以上であれば筋力増強，70～85％1RMであれば筋肥大，65％1RM以下であれば筋持久力の向上とされている（**表1-1**）[2]．

　この場合，筋力増強とは，「筋量を増大させることなしに筋力を高める効果」，筋肥大とは，「筋を肥大させ，それに比例して筋力を増強させる効果」を意味する．したがって，90％1RM以上の強度はおもに神経系の適応を引き起こし，70～85％1RMの強度はおもに筋のタンパク質代謝の適応を引き起こすといえる．

　筋力の増強や筋肥大のために，ある程度高い負荷強度が必要となる理由については完全に解明されているわけではないが，神経生理学的には「サイズの原理（size principle）」から説明することができる．筋組織中の筋線維を支配する運動ニューロンには，細胞体が小さく少数の筋線維を支配するものや，細胞体が大きく多数の筋線維を支配するものがある．前者は興奮の閾値が低く，おもに遅筋線維（typeⅠ線維）を支配し，後者は興奮の閾値が高く，おもに速筋線維（typeⅡ線維）を支配する[6]．徐々に大きな筋力を発揮していくような場合には，まず閾値の低い，小さな運動単位から動員され，筋力の増大とともに，次第に大きな運動単位が動員されるようになる（**図1-1**）．したがって，断面積当たりの筋力がやや高く，また肥大も起こしやすい速筋線維を十分に活性化させるには，少なくとも中～高強度の負荷が必要と考えられる．

　しかし，負荷が小さくとも，これを急速に加速するような動作で挙上すると（バリスティックトレーニング），初期加速とともに大きな筋力が一過性に発揮されるので，筋力や筋パワーの向上をもたらす効果がある．また，このようなバリスティックな筋力発揮では，サイズの原理が成り立たず，速筋線維から優先的に動員されることが示されている[7]．

　筋肥大のために中―高強度と容量（エネルギー消費量）の両者が必要となるのは，エネルギー代謝に関連した要因が重要な役割を果たしているためと想像される．

---

2) Beachle TR et al：Essentials of Strength Training and Conditioning. Human Kinetics, 2000.

6) Hennemann E et al: J Neurophysiol, 28：560, 1965.

7) Mellah S：Exp Brain Res, 82：178, 1990.

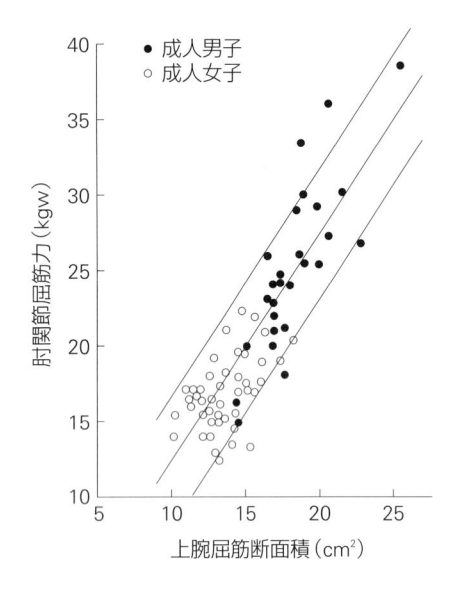

図1-2　超音波法により測定した上腕屈筋横断面積と肘屈曲筋力の関係
(福永哲夫:ヒトの絶対筋力.杏林書院,1978)

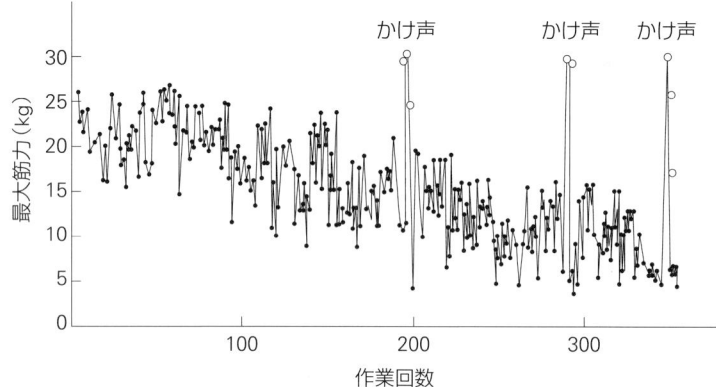

図1-3　最大筋力発揮に及ぼすかけ声(シャウト)の効果
かけ声を発すると,発しない場合よりも大きな最大筋力が発揮される場合がある
(猪飼道夫ら:体育学研究,5:154,1961)

2. トレーニングによる筋力増加のプロセス

1) 筋力と筋断面積

　　　　超音波やMRIなどを用いて筋横断面積を測り,筋力との関係を調べると,**図1-2**のようになる[8].**図1-2**は上腕の肘屈筋の断面積と肘屈曲力(等尺性随意最大筋力)の関係を示すが,ばらつきは大きいものの,筋力は断面積に比例することがわかる.羽状筋の場合を含めてより一般的には,筋力は羽状角を考慮に入れた生理学的筋横断面積(A)に比例する.すなわち,

　　$A = A_f \cos \alpha$

　　(ただし,A_fは筋線維の総横断面積,αは羽状角を示す)

　　図1-2にみられるばらつきの要因としては,神経系の抑制の差異と,筋線維組成の違いが考えられる.

　　筋のすべての運動単位が動員されたときに発揮される筋力を生理学的最

大筋力，随意的に発揮される最大筋力を随意最大筋力（maximal voluntary contraction：MVC）と呼ぶ．MVC は，中枢性の興奮剤であるアンフェタミンを投与したり，筋力発揮中に「かけ声（シャウト）」をあげたりすると増大することが古くから知られている（図 1-3）[9]．また，母指内転筋などの小さな筋を対象とし，随意筋力発揮中に運動神経を電気刺激すると，一過的に筋力が増大する[10]．これらの研究から，ヒト生体内の収縮では，MVC は生理学的最大筋力の 70％程度であろうと推測されている．一方，最近では，MVC 発揮中に筋に単発の電気刺激を与え，活動していない筋線維に単収縮（twitch）を起こさせる方法（twitch interpolation）がよく用いられるようになり，この方法では MVC は生理学的最大筋力の 90％程度と推定される場合が多いようである[11]．しかし，すべての筋線維を十分に活性化するためには，最大強縮刺激（maximal tetanic stimulation）を与える必要があり，この場合には MVC を過大評価している可能性がある．

筋線維組成の影響については，筋に占める速筋線維の割合（％FT）が高いほど筋断面積当たりの MVC が大きいことが報告されている．速筋線維と遅筋線維の間で，断面積当たりの最大強縮張力にどの程度の違いがあるかについては統一的な見解は得られていない．遅筋線維では，断面当たりに含まれる収縮装置（アクチンフィラメントとミオシンフィラメント）以外の要素（ミトコンドリアなど）が多い分，速筋線維に比べてやや張力が小さいであろうと推測されている．速筋型ミオシンと遅筋型ミオシンの間では，分子レベルでの発揮張力に差はないと考えられている[12]．

2）神経系の適応と筋肥大

上記のように，筋力はおもに筋断面積で決まり，付加的に神経系の抑制の程度と筋線維組成が関与するといえる．このうち，レジスタンストレーニングの効果に深く関係するものは，筋断面積と神経系の抑制の程度である．筋線維組成（特に速筋線維の割合）については，トレーニングによって劇的には変わらないとされている．

筋肥大のための標準的なレジスタンストレーニングをはじめてから定期的に筋力と筋電図（EMG）を測定していくと，初期には筋電図積分値（iEMG）当たりの筋力が著しく変化することなく筋力が増大し，続いてこの値と筋力がほぼ比例するように増加するという過程をたどるとされている[13]．筋力/iEMG の値は，筋力発揮に参加している筋線維が発揮する筋力に比例すると考えられることから，トレーニング初期にはおもに神経系の抑制が低減することにより筋力が増大し（したがって筋断面積当たりの筋力も増大する），続いて筋線維の著しい肥大が起こるものと考えられる（図 1-4）．このように，トレーニング開始直後にはおもに神経系の適応による筋力増加が起こり，その期間は約 1 カ月程度と考えられている．筋肥大はその後ゆっくりと起こるので，筋肥大を主目的とするト

---

8) 福永哲夫：ヒトの絶対筋力．杏林書院，1978．
9) 猪飼道夫ら：体育学研究，5：154，1961．
10) 矢部京之助：人体筋出力の生理的限界と心理的限界．杏林書院，1977．
11) Kawakami Y et al：J Appl Physiol, 88：1969, 2000．
12) 石井直方：Q&A 運動と遺伝（大野秀樹ら編）．p112，大修館書店，2001．
13) Moritani T et al：Am J Phys Med Rehab, 58：115, 1979．

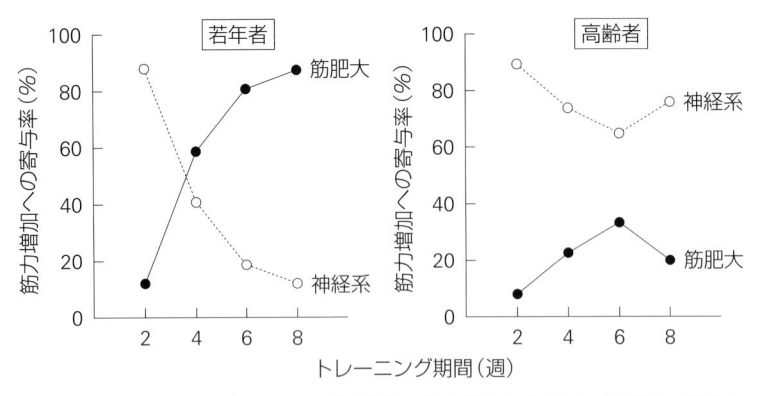

図1-4 レジスタンストレーニング開始後の筋力増加における，神経系の適応と筋肥大の寄与率の変化
トレーニング開始直後では神経系の適応が大きく現れ，後に筋肥大が起こる．
(Moritani T et al：Am J Phys Med Rehabil, 58：115, 1979より改変)

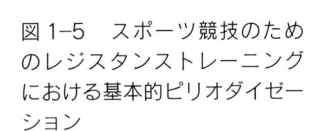

図1-5 スポーツ競技のためのレジスタンストレーニングにおける基本的ピリオダイゼーション
(Beachle TR et al：Essentials of Strength Training and Conditioning. Human Kinetics, 2000より改変)

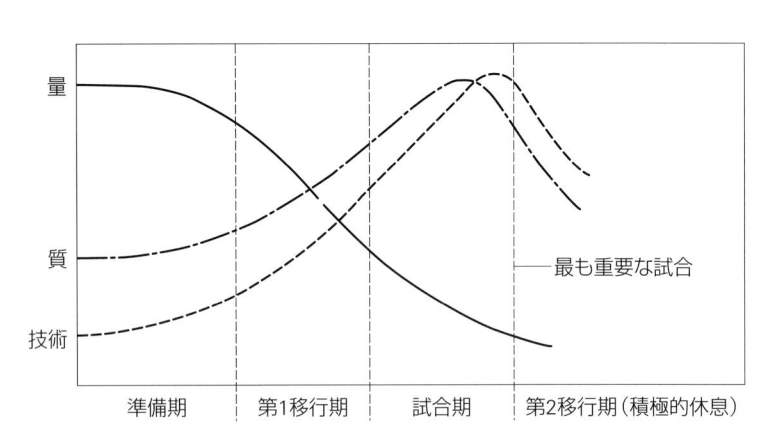

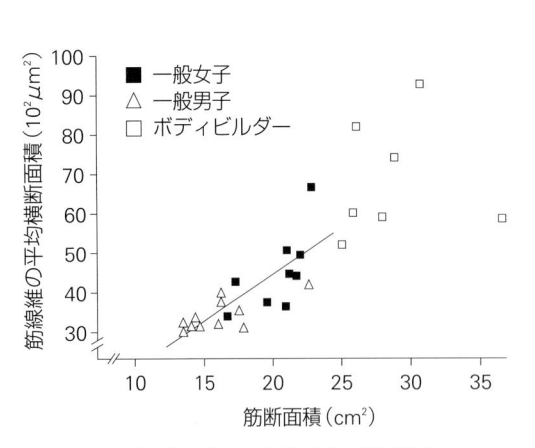

図1-6 外側広筋における筋断面積と筋線維断面積の関係
(安部孝ら編：これからの健康とスポーツの科学．講談社，2000より改変)

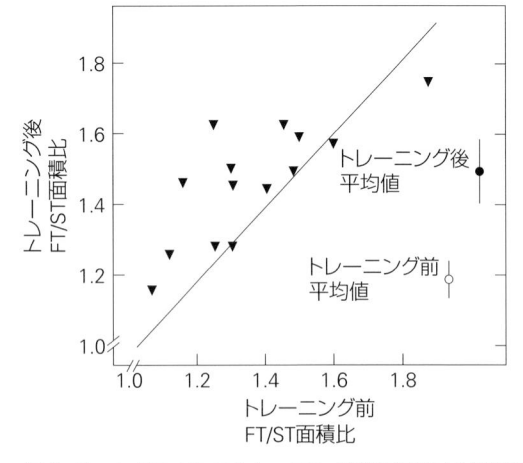

図1-7 レジスタンストレーニング前後における速筋線維と遅筋線維の断面積比(FT/ST)の変化
トレーニングによって，FTのほうが選択的に肥大することがわかる．
(Thorstensson A：Acta Physiol Scand Suppl, 443：1, 1976より改変)

レーニングを行う場合には，長期的な展望にたったプログラムが必要となる．

3）ピリオダイゼーション

このように，筋の形態的な適応と，神経系の適応の間には時間的なずれがあり，一般に効果発現に要する時間は，神経系の適応の方が早い．したがって，長期的なプログラムを作成する際には，まず時間をかけて筋の肥大をはかり，続いて高強度のトレーニングを行って筋の能力を十分に引き出したり，特定の動作に結びつくような筋力発揮を高めたりする．さらに最終的には，トレーニングの量を減らし，疲労の回復を図りながらシーズンに入るのが一般的である（図1-5）．このように，目的別にトレーニング方法を「期分け」することを総称してピリオダイゼーションと呼ぶ．

ピリオダイゼーションにはさらに，トレーニング効果を最大限に上げるための，より細かなプログラム技術も含まれる．こうした技術は，セリエのストレス学説に基づくものであり，その基本原則は，トレーニングの強度や量に周期的な振動を与え，トレーニング刺激に対する生体適応が飽和してしまうのを防ぐことにある．その周期には，マクロサイクル（1～4年），メゾサイクル（3～4カ月），ミクロサイクル（1週～1カ月）があり，それぞれのサイクル内で，強度や量に変動を与える．

3．トレーニングによる筋組織の変化

1）筋線維の肥大

筋肥大に適するトレーニングを行うと，3～4カ月で10～25％程度の筋横断面積の増大が起こる（労作性筋肥大：work-induced muscular hypertrophy）．一般的に，筋横断面積と筋線維横断面積はおおむね比例することから（図1-6），こうした筋肥大の主要因は筋線維の肥大であると考えられている．また，筋肥大にともない，速筋線維と遅筋線維の横断面積比例（FT/ST）が増大することから[14]，トレーニングによって顕著に肥大するのはおもに速筋線維であろうと考えらえれている（図1-7）．

2）筋線維の増殖

一方，トレーニングによって筋線維が増殖する（muscle-fiber neo formationまたはhyperplasia）かどうかについてはさまざまな議論があり，明確な結論には至っていない．その原因は，トレーニング前後で筋に含まれる筋線維数を正確に計数することが不可能なことにある．

個々の筋線維のまわりには，基底膜と筋線維の間隙にサテライト細胞がある．マウス骨格筋線維は，通常5～10個のサテライト細胞をもっている．サテライト細胞は，筋線維の発生過程で，分化せずに残った筋芽細胞段階の細胞で，筋線維の幹細胞の役割をもつものと考えられている．筋線維が損傷したときなどは，

---

14) Thorstensson A : Acta Physiol Scand Suppl, 443 : 1, 1976.

```
I ←―― Ic ←┈┈┈ IIc ←―― IIa ⇐══ IIab ⇐══ IIb
                        └──────────────────┘
                          レジスタンストレーニング
          └────────────────────────────────┘
                      持久的トレーニング
```

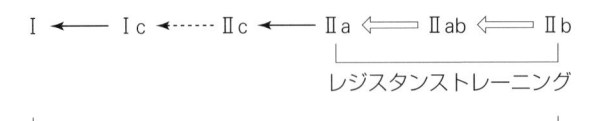

図 1-8 トレーニングに伴う筋線維タイプの変化
波線部の変化については，ヒトでの決定的な証拠はまだ得られてはいない．
(Beachle TR et al : Essentials of Strength Training and Conditioning. Human Kinetics, 2000 より改変)

このサテライト細胞が分裂・増殖し，さらに融合して筋管を形成する．筋管はやがて成長して新たな筋線維となる．

同様の現象がトレーニングによっても起これば，新たな筋線維が形成されることになる．トレーニングによって肥大した筋では，筋線維の分岐が生じているという報告がいくつかあるが[15]，こうした分岐は，筋線維がメカニカルストレスによって断裂してできたか，筋線維上の微小な損傷部位を起点として新たな筋線維が形成されてできたかのいずれかによるものと考えられる．また，筋線維が分岐した形状を保つことは，エネルギー的に不安定なため，分岐状の細い筋線維はいずれ太い筋線維に融合する可能性もある．また，分裂・増殖したサテライト細胞がこうして新たな核を筋線維に補給することが，筋線維の肥大自体にとって重要であるとする考えもある．

過度の伸張性筋活動によって筋線維上に微小な損傷が生じることはよく知られており，こうしたトレーニングは，少なくとも過渡的には筋線維を新生させる可能性が高い．

3) 結合組織の変化

筋内結合組織は，筋線維の周囲を覆う筋内膜 (endomysium)，筋線維束を覆う筋周膜 (perimysium)，筋全体を覆う筋外膜 (epimysium) からなる筋膜系，それらをつなぐ線維性タンパク質，およびプロテオグリカンなどの細胞外マトリクスからなる．筋膜系はおもにⅠ型コラーゲンからつくられる．線維性タンパク質には，Ⅰ型コラーゲンの他，ラミニンやフィブロネクチンなどがある．

これらの結合組織の量や形態がトレーニングによってどのように変化するかについては，まだよくわかっていないのが現状である．そのおもな要因は，Ⅰ型コラーゲンを完全に可溶化することがきわめて困難なことにある．

形態学的には，トレーニングによって筋が肥大すると，筋線維断面積の増大にほぼ比例して結合組織断面積も増大するとされている[16]．しかし，過度の伸張性筋活動を行うと，筋線維断面積の増大に比して結合組織断面積の増大が大きくなるという報告もある[17]．これは，筋線維の壊死 (necrosis) などに伴って，線維化 (fibrosis) が進行するためと想像されている．したがって，伸張性筋活動によるオーバートレーニングには注意を要する．

4）筋線維のタイプ変化

　骨格筋を構成する筋線維には大きく分けて速筋線維（fast-twitch fiber：FT）と遅筋線維（slow-twitch fiber：ST）がある．このうち，FT線維はさらにいくつかのサブタイプに分類される．分類の方法については統一されておらず，代謝系酵素活性による分類，ATPase染色による分類，ミオシン重鎖アイソフォームによる分類，ミオシン軽鎖アイソフォームによる分類などがある．

　ミオシン重鎖には，速筋型として5種類（HCⅡa，HCⅡd/x，HCⅡb，HCeom，HCⅡm），遅筋型として4種類（HCⅠβ，HCⅠa，HCⅠα，HCfon）がこれまで報告されている．おそらくこれらのアイソフォームの存在比によって筋線維はさまざまな中間的状態をとる．ATPase染色による筋線維タイプの分類によれば，ヒトの筋には，通常7つのタイプ（Ⅰ，Ⅰc，Ⅱc，Ⅱac，Ⅱa，Ⅱab，Ⅱb）がある．このうち，typeⅠ，typeⅠcは遅筋線維（ST），typeⅡc～ⅡbはFT線維に対応する．最も収縮が速く，持久性に乏しいものがtypeⅡbであり，typeⅡaは収縮の速さと，ある程度の持久性を兼ね備えたオールマイティーな筋線維である．一般的には，Ⅰc（～1%），Ⅱc（～1%），Ⅱab（～6%）などは存在比が低いので，便宜上Ⅰ，Ⅱa，Ⅱbの3者に分類するのが普通である．

　筋の中にこうした筋線維タイプがどのような割合で混在するかを筋線維組成という．一卵性双生児は同一の筋線維組成をもつことから，筋線維組成はまず遺伝で決まると考えられている．一方，運動やトレーニングが後天的に筋線維タイプの転換を引き起こし，筋線維組成を変えうることも多くの研究からわかっている．特に，持久的トレーニングによって，FT線維が最終的にST線維（の特徴の強いもの）に変わることは，長期的電気刺激（chronic stimulation）の実験などからも強く示唆されるが，ヒトでそのようなことが起こるかは確定的ではない．

　しかし，レジスタンストレーニングに代表される高筋出力型の運動が，その逆，すなわちST線維からFT線維への変換を引き起こすかについては，否定的な研究が多い[2]．現在のところ，長期間のレジスタンストレーニングによって，Ⅱb→Ⅱaのように，FT線維の中でサブタイプの変換が起こり，結果的にオールマイティーなtypeⅡaが増加する方向に向かうとする考えが一般的である（図1-8）．これに反し，除負荷や不活動は，typeⅡbが増加する方向へのタイプ変換を引き起こすと考えられている[18]．

　培養細胞系を用いた実験によると，筋線維タイプはすでに発生時の筋芽細胞で決定されていて，筋管形成後に神経が接合することにより本来のタイプの筋線維が形成される．ところが，神経のない状態では，FTになるべき筋線維，STになるべき筋線維のいずれもがFT線維になってしまうことが示されている[19]．したがって，持久的トレーニングによってST線維に転換するFT線維は，本

---

2) Beachle TR et al：Essentials of Strength Training and Conditioning. Human Kinetics, 2000.
15) Tamaki T et al：Am J Physiol, 273：C246, 1997.
16) MacDougall JD et al：J Appl Physiol, 57：1399, 1984.
17) Stauber WT：Exerc Sports Sci Rev, 17：157, 1989.
18) 石井直方：体育の科学, 43：43, 1993.
19) DiMario JX et al：Dev Biol, 188：167, 1997.

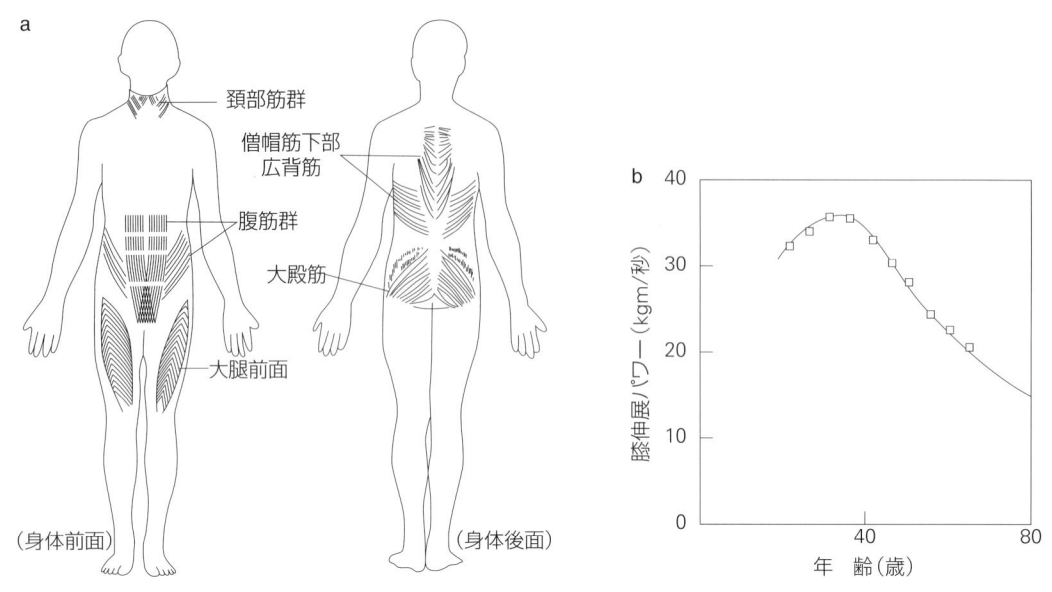

図1-9　加齢に伴って萎縮しやすい筋(a),および暦年齢と膝伸展パワーとの関係(b)
(Israel S : Strength and Power in Sport. Komi PV eds, p319, Blackwell, Oxford, 1992より改変)

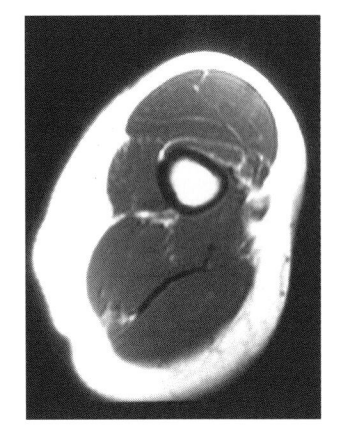

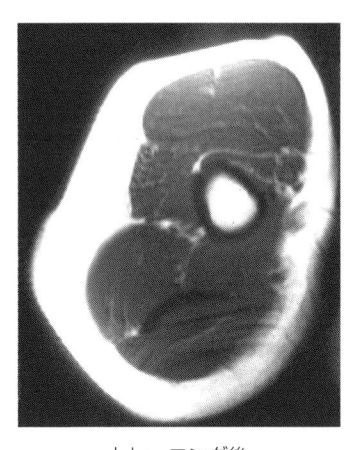

図1-10　高齢者(女性,61歳)が上腕筋群のトレーニングを行った場合に起こった筋肥大
上腕中央部のMRI横断像で示す.トレーニングは2回/週×4カ月.

来STになるものとして決定されていたにもかかわらず,活動量の不足によってFT的な線維になっていたという可能性もある.

4．発育発達・加齢とトレーニング

1）成長期のトレーニング

　　成長期では,筋・骨格系は自然に成長し発達するので,トレーニングのポイントはこの自然な成長を損なうことなく助長することにあると考えられる.特

に，骨端の成長軟骨は力学的荷重に対して弱いと考えられることから，骨が盛んに成長している間は過度のメカニカルストレスを伴うトレーニングは禁忌とされる[2]．この時期は，身長の増加率で見た場合の「思春期スパート」に相当する．したがって，思春期の運動やトレーニングには慎重な配慮が必要である．

一方，思春期前の子どもでは，骨端の成長もゆるやかであり，この時期にはレジスタンストレーニングが可能と考えられる．アメリカやカナダでは，子どもの体型に合わせたマシンを用い，管理された条件下であれば，筋力強化のためのレジスタンストレーニングを安全に行うことができると考えられている[20]．この場合，おもなトレーニング効果は神経系の適応であり，正常な成長速度を超える筋肥大は起こらないとされている．しかし，研究で実証されている期間は約4カ月間までであり，これ以上の長期にわたってトレーニングを持続した場合の効果や弊害については不明である．また，トレーニングによって増大した筋力は定着することはなく，トレーニング中止後，またもとの成長曲線上に戻っていく．

思春期後になれば，高強度のレジスタンストレーニングを継続的に行うことができるが，思春期年齢には個人差があり，3歳ほどの幅があるので，個人の成長曲線を見極めた上で実施させなければならない[2]．

2）加齢による筋力変化

30歳を過ぎると，筋力は他の体力要素とともに低下する．特に，大腿四頭筋，大殿筋，腹筋群，僧帽筋下部，広背筋，頸部屈筋などが，加齢とともに著しく萎縮し，筋力も低下するとされている（**図1-9a**）[21]．これらは，重力に逆らって姿勢を維持する抗重力筋に含まれる．したがって，これらの筋の機能が低下すると，日常的な動作を行うことや，姿勢を維持することに支障をきたす．このことが，二次的にさまざまな疾病を引き起こす要因になると考えられる．

中でも，大腿四頭筋の機能低下は特に著しく，70歳時では30歳時に比べ，筋断面積，筋力ともに約半分に低下することが示されている（**図1-9b**）．こうして起こる膝伸筋力の低下は，高齢者の自立不能や転倒事故の大きな要因となると考えられる．したがって，中年期以前から，膝伸筋に加え，体幹の抗重力筋群の筋力の維持増進を図るように心がけるとよい．

3）高齢者のトレーニング効果

筋力の衰えた高齢者でも，レジスタンストレーニングを行うことによって，比較的早期に筋力を回復・増強することが可能である．おもに筋電図の解析を用いた研究から，高齢者のトレーニング効果では，筋肥大に比べ，神経系の抑制の低減の方が顕著に現れるようである（**図1-4**）[13]．

しかし，適切なトレーニングを3カ月程度継続すると，高齢者でも確実に筋肥大は起こる（**図1-10**）．著者らの行った研究では，平均年齢60歳の女性の場合，肘屈筋で平均約20％（期間は4カ月），膝伸筋で平均約14％（期間は3

2) Beachle TR et al : Essentials of Strength Training and Conditioning. Human Kinetics, 2000.
13) Moritani T et al : Am J Phys Med Rehabil, 58 : 115, 1979.
20) Blimkie CJ : Sports Med, 15 : 389, 1993.
21) Israel S : Strength and Power in Sport, Komi PV eds, p319, Blackwell, Oxford, 1992.

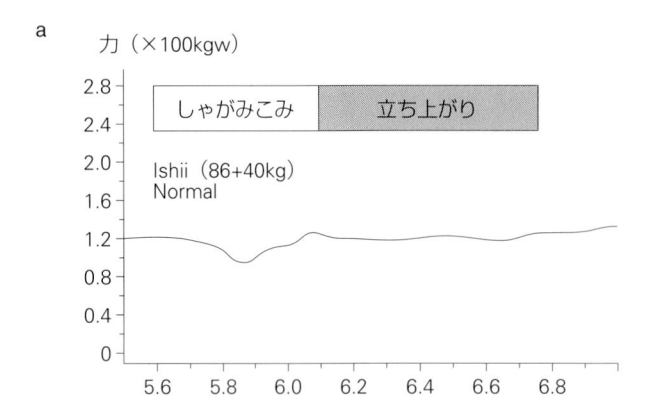

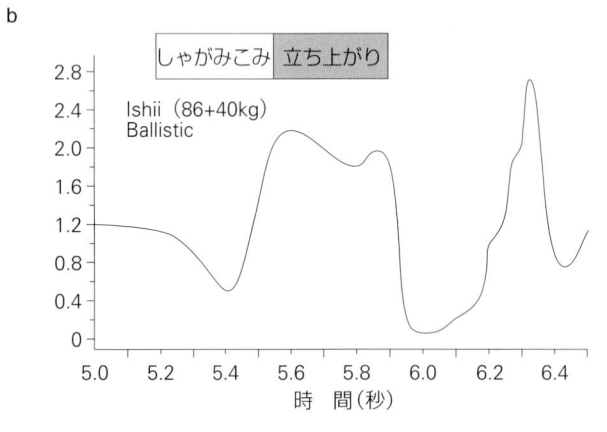

図1-11 通常のスクワット(a)およびバリスティックなスクワット(b)における床反力の変化の違い

通常のスクワットでは,動作を通じて床反力はほぼ(体重+負荷)に等しいが,バリスティックなスクワットでは,加速のためにきわめて大きな力が発揮される.

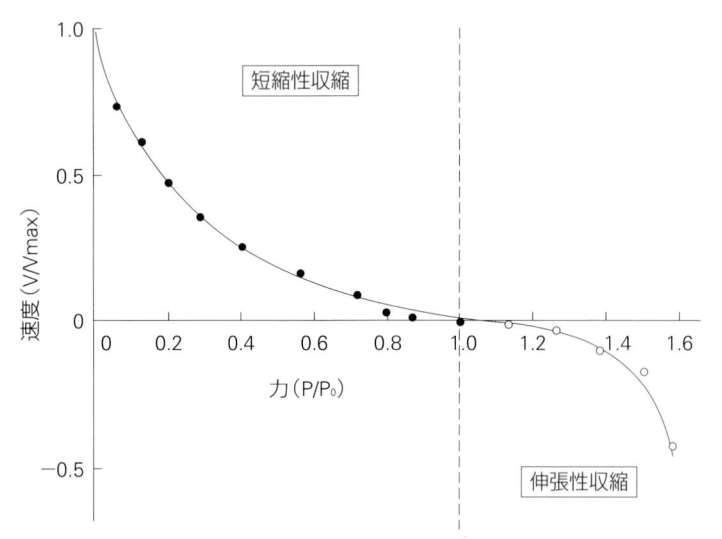

図1-12 ヒト肘屈筋の力—速度関係

短縮性領域($P<P_0$)における実線は,Hillの式(双曲線)への非線型回帰.負の速度は伸張速度を示す(山田と石井,未発表データ).

カ月）の筋断面積の増大が認められている[22, 23]．70～90歳の高齢者でも筋肥大が起こるという報告もある[24]．

ただし，高齢者の場合には，たとえ筋肥大を目的とする場合でも，筋力発揮時の急激な血圧上昇やメカニカルストレスによる外傷などの危険性を考慮し，当初から80％1RMを用いるべきではない．50％1RM程度の負荷であっても，動作などに注意することによって十分な効果を得ることができる[23]．

5．筋力と筋収縮速度

1）身体運動の速度を決める要因

身体運動のスピードを決める要因には，①加速能力，②ストローク長（加速距離），③定常状態での筋収縮速度の三者があると考えられる．ジャンプなどの単発の動作ではおもに①と②が重要となるが，ランニングなどの場合には，繰り返し動作によって高い巡航速度を維持する必要があり，③も重要となってくる．

2）加速と筋力発揮

質量 m に α の加速度を与えるためには，
$$F = m\alpha$$
の力が必要である．したがって，加速度は力を質量で除したものとなり，加速能力は筋力に比例し，質量に反比例することになる．このことから，加速能力を向上させるための第一の方法は，トレーニングによって質量当たりの筋力を増強することといえる．この場合の質量は，対象が身体全体の場合には体重に相当し，腕，脚などの身体部分であれば，そのセグメントの質量となる．したがって，筋力増強のために筋肥大を優先しすぎると，セグメントの質量が増大し，加速能力に関してマイナスの効果を及ぼすこともある．

一方，最終的な速度は，加速度を加速時間に関して積分したものとなるので，ストローク長が大きければ，加速度はさほど大きくなくとも，速度を高めることは可能である．しかし，多くの場合，ストローク長や加速時間は短い範囲に限られているため，動作開始から短時間の間にいかに大きな力を発揮するかが重要となる．こうした能力には，最大筋力が高いことに加え，筋力発揮速度が高いことが要求される．

急加速動作（瞬発的動作）の場合には，前述の「サイズの原理」に反して，FT線維から優先的に動員されることが，サルを用いた実験で示されている[7]．したがって，筋力発揮速度は，FT線維の割合と，これらを同調的に動員させる神経系の能力に依存すると考えられる．バリスティックトレーニング（「クイックリフト」，「パワートレーニング」や「初動負荷法」もこれに含める），プライオメトリックトレーニングなどは，こうした神経系の能力を向上させるのに効果的である．

---

7) Mellah S : Exp Brain Res, 82 : 178, 1990.
22) Takarada Y et al : J Appl Physiol, 88 : 2097, 2000.
23) Takarada Y et al : J Str Cond Res, 16 : 123, 2002.
24) Sipila S et al : J Appl Physiol, 78 : 334, 1995.

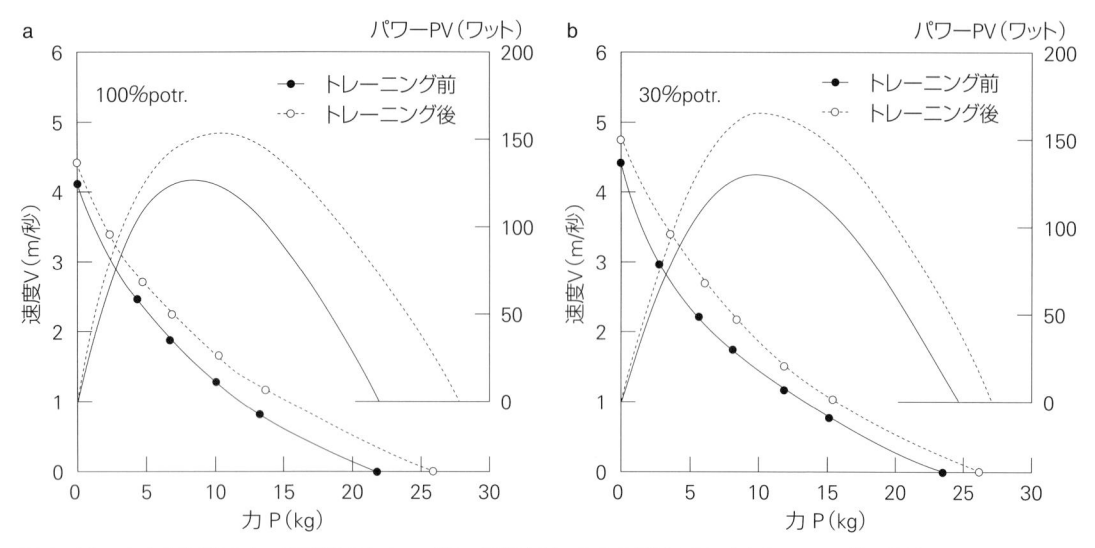

図 1-13　ヒト肘屈筋の力―速度関係と力―パワー関係(上に凸の曲線)に及ぼすトレーニングの効果
高強度のトレーニング(a)では,等尺性最大筋力と高負荷での速度の増大が起こるが,低強度ですばやく負荷を挙上するトレーニング(b)では,低負荷での速度を増大する効果が大きい.a,bでの負荷強度はそれぞれ,等尺性最大筋力の100%と30%.
(金子公宥:瞬発的パワーからみた人体筋のダイナミクス.杏林書院,1973より改変)

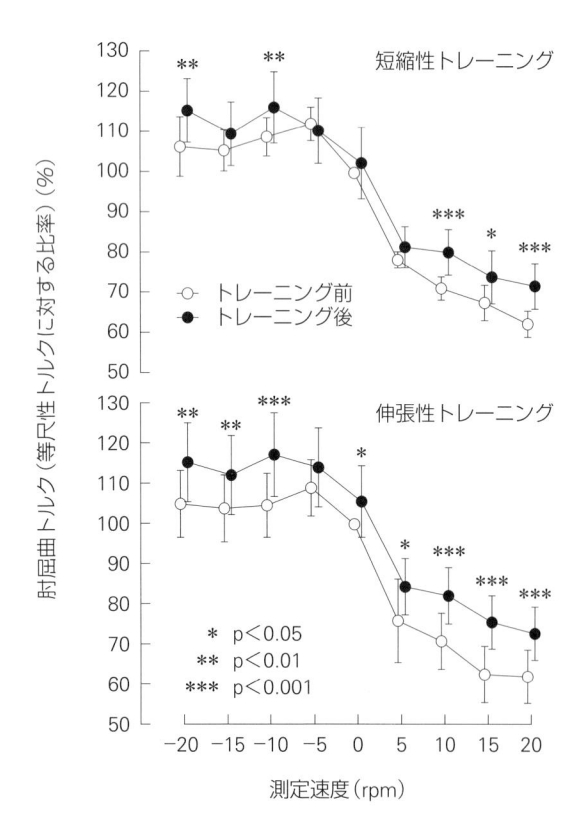

* $p<0.05$
** $p<0.01$
*** $p<0.001$

図 1-14　肘屈筋の力―速度関係(等速性条件下)に及ぼす短縮性トレーニング(上段)と伸張性トレーニング(下段)の効果
負の速度は伸張性領域を示す.
(石井直方:トレーニング科学,5:7,1993)

図1-11に，スクワット動作におけるバリスティックな筋力発揮の一例を示す．この場合，用いた負荷は40kgw（体重との合計で126kgw）と軽量であるが，負荷を急加速する際に，約240kgwもの床反力（すなわち実際の筋力発揮）が生じていることがわかる．トレーニングのプランでは，通常の処方によって筋肥大と筋力増強をはかった後に，こうしたバリスティックトレーニングによって筋力を加速能力に結びつけることが必要である．

3) 力─速度関係

動作のストローク長が長い場合や，繰り返し動作によってより大きな巡航速度を得る場合には，すでに大きな速度が達成されている状況下でさらに力を発揮する能力が筋に求められる．こうした能力を規定する生理学的要因が筋の力─速度関係である．

図1-12に，等張力性（等張性）条件下におけるヒト肘屈筋の力─速度関係を示す．短縮性収縮または短縮性筋活動（concentric muscular activity；速度＞0）の領域では，力─速度関係は，摘出筋や単一筋線維の場合と同様，Hillの式に基づく直角双曲線でよく近似される．この関係は，アクチンとミオシンから再構成した人工運動系でもみられることから[25]，アクチンとミオシンの相互作用によって生じる特性である．

力─速度関係において，筋の収縮速度を規定するパラメータは無負荷最大短縮速度（Vmax）であり，この値は，アクトミオシンATPase活性（アクチンとミオシンの相互作用速度）と相関が強い．したがって，摘出筋までのレベルでは，ミオシン分子種によって自動的に決まる．たとえば，哺乳類FT線維のVmaxはST線維のそれの約2倍である[26]．

一方，生体内での筋収縮においては，上記に加えて神経系の要因が加わると考えられる．特に，前述のようにバリスティックな筋力発揮においてFT線維が優先的に動員されることから，バリスティックな筋力発揮能を高めることによって，Vmaxを増加させることも（若干ではあるが）可能であろう．実際，こうしたトレーニングによってVmaxが増大しうることが示されている（図1-13）[27]．

4) 筋パワー

加速能力と定常的な速度発揮能力を総合的に評価しうる指標として筋パワーがある．パワーは仕事率であり，筋パワーは単位時間当たりに筋が発揮する力学的エネルギーの大きさを示す．したがって，動作時間が一定であれば，この値が大きいほど動作の最終局面での運動エネルギーが大きく，速度も大きいことになる．

パワーは力と速度の積から算出されるので，力─速度関係からただちに力─パワー関係が得られる（図1-13）．この関係は上に凸の二次曲線となり，力（＝負荷）が等尺性最大張力（P_0）の30〜35%のときに極大値をとる．

スポーツ競技のためのトレーニングでは，競技動作中に作用する負荷があまり

---

25) Ishii N et al : Biochim Biophys Acta, 1319 : 155, 1997.
26) 石井直方：基礎生物学講座第4巻（太田次郎ら編）．朝倉書店，1994．
27) 金子公宥：瞬発的パワーからみた人体筋のダイナミクス．杏林書院，1973．

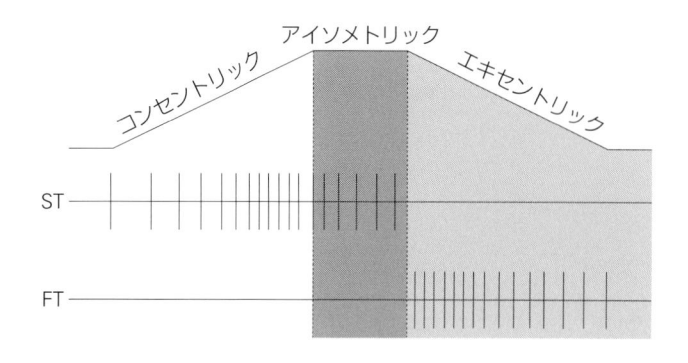

図1-15 低負荷で筋運動を行った場合の遅筋線維(ST)と速筋線維(FT)の動員のされ方

負荷が小さな場合には，サイズの原理どおり短縮性(コンセントリック)および等尺性(アイソメトリック)動作ではSTが使われるが，伸張性(エキセントリック)動作ではFTが使われる．
(Nardone A et al：J Physiol, 409：451, 1989より改変)

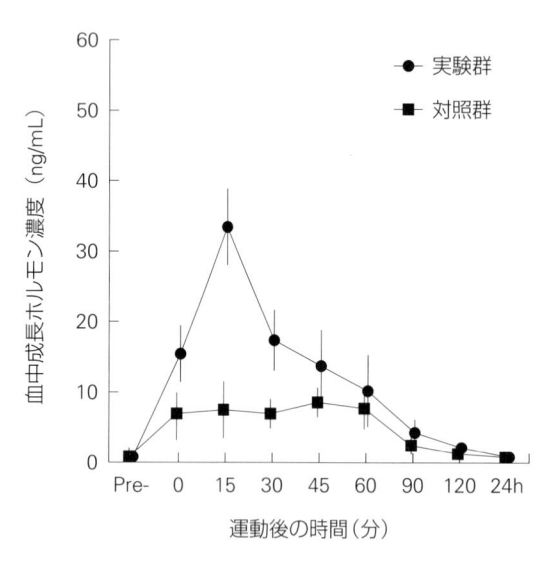

図1-16 筋血流を適度に制限した条件下での低強度膝伸展運動(強度は約20％1RM)後に起こる成長ホルモンの分泌

対照群は同強度で血流制限を行わない場合．
(Takarada Y et al：J Appl Physiol, 88：61, 2000より改変)

大きくない場合には，軽～中負荷でのバリスティックトレーニングによりVmaxと最大パワーを高めるのが効果的と考えられる．一方，広い負荷範囲でのパワー発揮が求められるような場合には，P_0を増大することにより，大きなパワー発揮が可能な負荷範囲を広めることが必要である（**図1-13**）．

6．トレーニング効果を高める要因

レジスタンストレーニングにおける標準的な処方とその効果の概要は前述したとおりであるが，より大きな効果を得るためには，下記に述べるようにさまざまな工夫が必要である．

1）伸張性筋活動の利用

図1-12の力―速度関係において，速度<0の領域は，筋が収縮張力を発揮しながら伸張される状態に相当し，このような筋収縮を伸張性筋活動（eccentric muscular activity）または伸張性収縮（eccentric contraction）と呼ぶ．伸張性最大張力は，単一筋線維で1.5～1.8P_0[28]，アクトミオシンレベルで約1.4P_0[25]

程度である．一方，ヒト生体内では，対象とする筋や測定条件に依存する．肘屈筋の場合，等張力条件下では，約 $1.4P_0$（図1-12）であるが，等速性条件下では $1.1〜1.2P_0$ とかなり小さくなる．いずれにしても，伸張性最大筋力は一般に等尺性最大筋力より大きく，筋は加速器としてよりもブレーキとしての能力が高いものと考えられる．

こうした伸張性筋活動がトレーニング効果に及ぼす影響については議論の分かれるところであり，伸張性筋活動が大きなトレーニング効果を得る上で重要であるとする報告とそうでもないという報告がある[29]．少なくとも著者らの行った研究では，短縮性筋活動のみのトレーニング（負荷強度は1RMの80%）と，伸張性筋活動のみのトレーニング（負荷強度は前者の1.4倍，すなわち伸張性最大筋力を基準とした相対強度でみると前者と同等）とでその筋力増強効果を比べると，伸張性筋活動のみのトレーニングの方が効果が大きい傾向がみられた（図1-14）．したがって，通常のトレーニングの場合でも，伸張性筋活動を十分に利用するように，負荷を下ろす際にも十分な筋力発揮を心がける必要があろう．

伸張性筋活動のこのような効果のメカニズムとして，①伸張性筋活動においては「サイズの原理」に反してFT線維から優先的に動員されること（図1-15）[30]，②筋に微小損傷が生じ，その修復過程でより大きな筋肥大が起こること，などが考えられる．

2）内分泌系の関与

トレーニングによる筋肥大には，アンドロゲンや成長ホルモンの作用が少なからず関与している．筋肥大のための強度（70〜80%1RM）を用いた通常のトレーニングでは，セット間の休息時間を1分程度に短縮することにより，成長ホルモン，アンドロゲン，インスリン様成長因子-Ⅰ（IGF-Ⅰ：この場合，肝臓から分泌される「システミックIGF-Ⅰ」）などの分泌が活性化されるが，休息時間を3分程度とってしまうと，このような効果は消失する[2]．

一方，止血帯を用いて筋血流を適度に制限した状態でトレーニングを行うと，筋内代謝物濃度の上昇とともに，著しい成長ホルモンの分泌亢進がみられ（図1-16）[31]，またこのようなトレーニングを継続することにより著しい筋肥大が起こる[22]．これらの研究から，筋内に乳酸などの代謝物が蓄積するような条件をつくると，代謝物受容反射を介して，下垂体からの成長ホルモン分泌が活性化されることが示唆される．

最近の研究から，力学的ストレスを受けた筋線維から局所的に分泌されるIGF-Ⅰが筋肥大に重要であることが明らかになりつつある[32]．IGF-Ⅰは成長ホルモンとともにサテライト細胞の分裂・増殖を刺激する．増殖したサテライト細胞は筋線維に融合してその核数を増やし，筋線維を肥大させると考えられている．IGF-Ⅰは同時に，サテライト細胞における成長ホルモン受容体の合成を促

2) Beachle TR et al : Essentials of Strength Training and Conditioning. Human Kinetics, 2000.
23) Takarada Y et al : J Str Cond Res, 16 : 123, 2002.
25) Ishii N et al : Biochim Biophys Acta, 1319 : 155, 1997.
28) Takarada Y et al : J Appl Physiol, 83 : 1741, 1997.
29) 石井直方：トレーニング科学, 5 : 7, 1993.
30) Nardone A et al : J Physiol, 409 : 451, 1989.
31) Takarada Y et al : J Appl Physiol, 88 : 61, 2000.
32) Barton-Davis ER et al : Proc Natl Acad Sci USA, 95 : 15603, 1998.

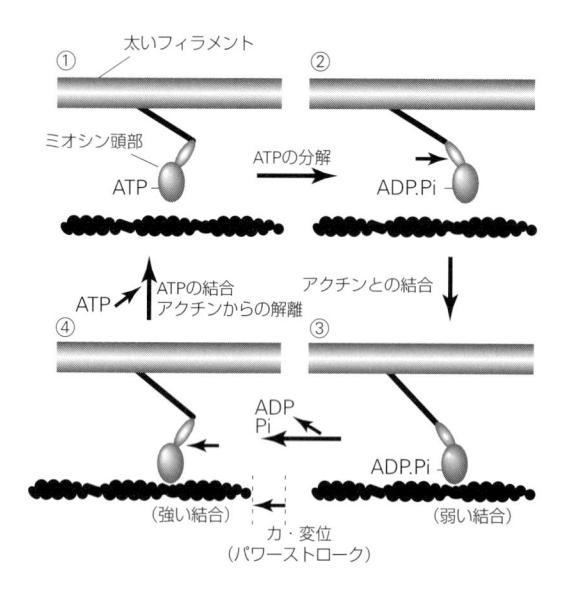

図1-17 最近の仮説(レバーアーム仮説)に基づくアクトミオシンクロスブリッジサイクルの模式図
厳密には，力発揮とカップルしてミオシンからPiが放出され，続いてADPが放出される．
(Holmes KC : Curr Biol, 7 : R112, 1997より改変)

し，成長ホルモンに対する感受性を高めると推測されている[33]．

3）筋肥大に必要なトレーニング要素

以上のことから，効果的に筋を肥大させるためには，トレーニングの強度や量のみならず，動作やセット間の休息時間などに関しても注意が必要なことがわかる．これをまとめると，①負荷を下ろす際にも十分に筋力を発揮すること，②セット間の休息時間を極力短縮すること，③同一のセット内でも，筋を弛緩させる時間を極力短縮すること，④その他，筋内代謝物濃度が増大するような条件で行うこと．④に関しては，1セットの持続時間が30秒程度になるような負荷を用いる，アイソメトリックよりアイソトニックを用いる（アイソメトリックトレーニングでは筋が力学的仕事を発生しないために，エネルギー消費自体が小さい）などの点が重要であろう．

実際，これらの点に十分に留意し，約50%1RMの強度で高齢者に下肢筋群のトレーニングを行わせたところ，約3カ月で平均14%の筋断面積の増大がみられた[23]．

7．筋の疲労とその回復

トレーニングの頻度を決める際には，筋の疲労とその回復過程を考慮する必要がある．筋の疲労が十分に回復していない状態で次のトレーニングを行うと，オーバートレーニングに陥る可能性がある．スポーツ競技においても，筋の持続的疲労を避ける工夫や，筋の疲労耐性を高めるためのトレーニングが有用となる．

1）疲労を構成する要因

筋疲労とは，筋力が低下し，収縮および弛緩時間が遅延した状態をさす．筋疲

労には，数分〜数時間で回復する短期的疲労と，完全な回復に1日以上を要する長期的疲労がある．短期的疲労はさらに，局所的筋疲労と，中枢性の疲労に分けられるが，現象としては両者が混在したものとして現れる．

2) 局所的疲労

局所的筋疲労を引き起こす要因には複数のものがある．いずれも，無酸素的代謝系，アクトミオシンの相互作用の様式，およびATPの加水分解によるエネルギー獲得過程，の3者が関与すると考えられる．

アクトミオシンや筋小胞体のカルシウムポンプなどのATPaseがATPを加水分解する反応：

ATP→ADP+Pi + H$^+$

によって得られる自由エネルギーは

$$\Delta G = \Delta Go + RT \ln \frac{[ATP]}{[ADP][Pi][H^+]}$$

で表される．ただし，ΔGoは標準自由エネルギー変化，Piは無機リン酸，Tは絶対温度，Rはガス定数を示す．

したがって，筋運動によってADP，Pi，H$^+$などの濃度が局所的に上昇すると，ATPの分解によって得られるエネルギーが減少し，アクトミオシンやカルシウムポンプのパフォーマンスが低下する．

さらに，アクトミオシンクロスブリッジサイクルでは，力発揮のステップでPiが遊離され，アクチンとミオシンが解離するステップでADPが遊離されるため（**図1-17**），Pi濃度の上昇によって筋力低下が起こり，ADP濃度の上昇によって収縮速度の低下が起こる．

まず，90%1RM以上のような高負荷で反復不能になるような場合（回数4回以下，持続時間10秒程度），ATPはクレアチン—クレアチンリン酸系によってADPからすみやかに再合成されるので，Pi濃度の上昇が筋疲労の主要因となると考えられる．

負荷が80%1RM程度になると，持続時間も30秒程度に増加し，無酸素性解糖系による乳酸（H$^+$）生成の影響も出はじめると考えられる．このようになると，筋小胞体からのカルシウム放出／再吸収の速度も上述のメカニズムで低下し，さらに筋力の低下および収縮速度の低下を引き起こす．

これらはいずれも短期的疲労であり，通常は数分〜数十分の休息で回復する．トレーニングによって代謝物クリアランスの向上（モノカルボン酸輸送担体の増加，局所循環の改善など），筋内緩衝能力の向上，クレアチンリン酸濃度の上昇などが起これば，疲労耐性の向上につながる．

3) 中枢性疲労

一方，筋力発揮を繰り返すと，中枢神経系の活動にも低下が起こり，疲労の要因となることも知られている．この場合は，筋力発揮を多回数（〜100回あるいはそれ以上）繰り返したときに顕著に現れる．

23) Takarada Y et al : J Str Cond Res, 16 : 123, 2002.
33) Hodik V et al : Gen Comp Endocrinol, 108 : 161, 1997.

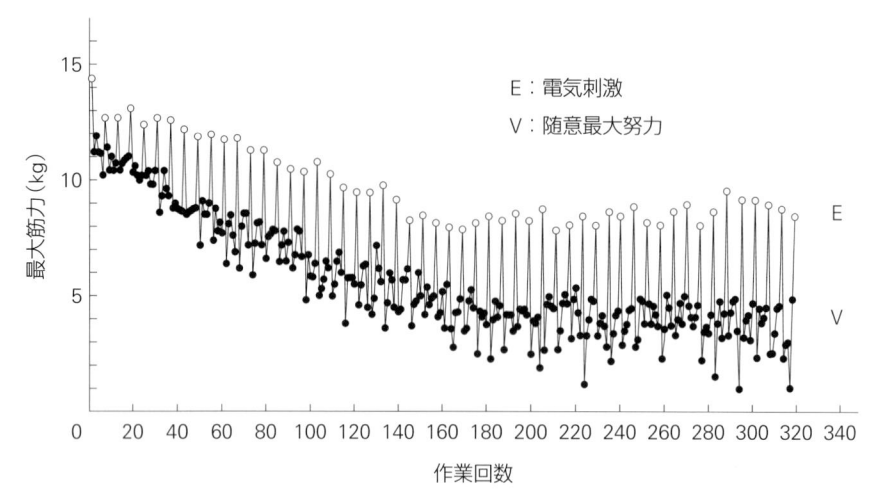

図1-18 母指内転筋の等尺性最大筋力に及ぼす尺骨神経の電気刺激の効果
電気刺激を行うと,随意最大筋力を上回る筋力が発揮されるが,その効果は随意最大筋力が疲労によって低下するほど大きくなる.このことは,中枢性の疲労の存在を示唆する.
(矢部京之助:人体筋出力の生理的限界と心理的限界.杏林書院,1977)

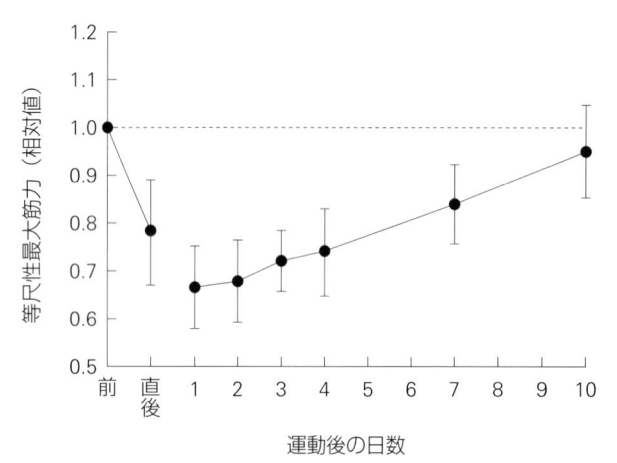

図1-19 肘屈筋に高強度の伸張性トレーニング刺激(随意最大筋力発揮8回×2セット)を与えた後に起こる等尺性最大筋力の低下とその回復過程
1日後に筋力は2/3まで低下し,10日たっても完全には回復しない(工藤と石井,未発表データ).

筋力が低下しはじめたときに，筋またはそれを支配する運動神経に電気刺激を与えると，一過的に大きな筋力発揮がみられる（**図1-18**）．したがって，運動神経より上位の中枢神経系に何らかの活動低下が起こり，こうした疲労の一要因となっていることが示唆される．「かけ声」をあげたり，中枢性興奮剤を摂取したりすることで，電気刺激の場合と同様の効果が得られる．

4）筋の微小損傷と長期的疲労

　伸張性筋力発揮を繰り返すと，筋線維上に微小な損傷が生じる．これは，筋力を発揮している筋線維でP_0を超える大きな外力による強制伸張が起こり，メカニカルストレスが局所集中した部位で構造的破壊が起こるためと想像されている．

　損傷部位が比較的大きい場合には，その部分に白血球が浸潤し，免疫反応が起こる．その結果，活性酸素種（ROS）の生成，筋組織の積極的分解，サイトカインの生成，サテライト細胞やその他の幹細胞による組織の修復が時系列的に行われる．免疫反応の活性化は炎症や浮腫を伴い，筋痛を引き起こす[17]．こうした筋痛は通常，運動後1日〜数日が経過してから発生するので，遅発性筋痛（delayed muscular soreness）と呼ばれる．いわゆる筋肉痛はこの痛みである．筋力低下も著しく，運動1日後には50％近く低下することもあり，その回復には通常10日〜1カ月を要する（**図1-19**）．

　等尺性収縮や短縮性収縮では通常このような筋損傷は起こらないとされる．しかし，強い筋力発揮を持続すると筋内が虚血状態になり，弛緩とともに再灌流が起こったときにROSが生成されると考えられている[34]．こうしたROSの生成により，やはり同様の筋損傷が起こり筋痛を誘発する場合もあると考えられる．

　伸張性筋力発揮に伴う筋力低下はトレーニングによって顕著に低減し，またその回復速度も速くなる．スポーツ動作では多くの場合，伸張性筋力発揮が多用されるので，パワー系の競技，持久的競技にかかわらず，普段からレジスタンストレーニングによって，こうした筋のダメージと長期的疲労に対する耐性を高めておく必要がある．一方，競技会の直前などに，慣れない伸張性動作を行うと，競技力の著しい低下を引き起こす可能性があるので注意が必要である．

　筋肥大や筋力増強をねらったトレーニングでは，前述のように伸張性筋活動は重要な要素となる．しかし，たとえよくトレーニングされている場合でも，伸張性筋活動による疲労の回復には2〜3日かかるので，トレーニング頻度は2〜3回／週程度が適切と考えられる．

【石井　直方】

18) Stauber WT : Exerc Sports Sci Rev, 17 : 157, 1989.

34) Halliwell B et al : Free Radicals in Biology and Medicine. Oxford Science Publications, 1999.

1章 トレーニング生理学 競技者報告

筋とトレーニング

筋力トレーニングに関し，一流競技者が実施している考え方や方法について，現在世界パワーリフティング連覇の殿堂入りとなった因幡英昭選手の場合を報告しておきたい．因幡選手はパワーリフティング世界選手権大会に1969年の初優勝から10連覇を成し遂げ，その後通算17回優勝を果たした．身長157cm，体重52kg，18歳から30数年にわたってほとんど変化がない．運動歴は18歳から5年間ウェイトトレーニングを行い，その後パワーリフティングに転向している．努力を重ね，特筆すべきは1987年ノルウェー・フルドリックで行われた第17回パワーリフティング世界選手権において52kg級クラスにおいて，スクワット243.5kg，ベンチプレス120.0kg，デットリフト237.5kg，トータル601.0kgを挙げ，世界記録として今もその金字塔が守られている．

因幡選手の筋力強化の基本的な方針は，初心者，中等度競技者のレベルを過ぎてからは高負荷，低回数，低セットの方法を用いている．その一例をスクワットの場合で示すと，1週間に月曜日と金曜日の2回実施している．その他の日は，水曜日がデットリフト，日曜日はベンチプレスを行い，火・木・土曜日は休息日としている．スクワットのトレーニングをみてみると，セット数は少ないものの，月曜日は高重量，高回数を実施し，金曜日は高重量，低回数の方式をとっている．しかし，金曜日であっても160kg以下の重量の場合は，1セット4～8回繰り返している．

因幡選手のインタビューから，筋力を高めるトレーニング法について要点を以下に述べる．

①日常トレーニングしている中で，自分の欠点をみつけ，その弱点を強化する方法を工夫すること．

②自分のどの部分が弱いかを知った上で，1週間，1カ月，1年間単位で，自分にあったトレーニングメニューを作成し，規則正しくトレーニングすること．

③重い重量を持ち上げるトレーニングにあたっては，はじめに十分なストレッチを行って，身体の柔軟性を高めたのちに，バーを持つ前にトレーニング前のメニュー，計画内容をもう一度さらに確認し，自分自身だけの筋力トレーニングの世界に没入すること．すなわち，一瞬の重量の挙上に精神の集中を極度に高めること．

④この重量を挙げるという執念を持つこと．

このインタビューを聞きながら，世界一の筋力は，詳細，緻密なトレーニングの計画と，高い集中力を維持しながらの規則正しいトレーニングによって成し遂げられることが理解できよう．

すなわち，努力以外の何ものでもないことを，改めて痛感した次第である．

[因幡　英昭・芳賀　脩光]

2章 筋とトレーニング
―持久性トレーニング―

われわれがスポーツ活動などにおいてよくみる持久性運動とは，おもに脚部の末梢骨格筋の収縮および弛緩の反復を長時間にわたって持続することである．

運動生理学的に，一般に筋収縮が酸素の供給なしで行われるATP-CP系，解糖系の無酸素性運動の過程においては，ごく短時間（0～180秒以内）に限定される．この条件下ではエネルギー出力に際し，1分子のブドウ糖はATP2分子しか生成しない．一方，筋収縮が十分に酸素の供給を受けて行われる有酸素性運動の場合ではATP38分子が生成される．すなわち，酸素の供給を受けた場合，ATPの生成能力は比較にならないほど大きい．したがって，持久性の運動とは筋の有酸素的潜在能力（potential）を最も有効に動員することである．

持久性運動時，筋細胞に影響する大きな要因は，筋内へ酸素を運ぶ血液中のヘモグロビンや筋内で酸素貯蔵所として働くミオグロビン，またはATP ⇄ ADPシャトルが行われる筋内のミトコンドリアの働きである．すなわち，ヘモグロビンやミオグロビンは酸素輸送のために，ミトコンドリアはATP再合成のためにその役割を請け負っている．

以上のように，持久性運動においてはATP再合成のために酸素供給が不可欠の条件であるが，その酸素を供給するためには運動する骨格筋末梢部への血液の循環が重要な要因となる．

末梢循環（peripheral circulation）とは筋性動脈以下の脈管系を総括して表現されるものであり，その末梢部位は組織細胞と代謝的機能を営む．このため末梢循環の最終部位は微小循環（microcirculation）ともいわれる．

一般にヒトの安静時における心拍出量（cardiac output）は4～5L/分である．そのうち15％程度（700～750mL/分）が骨格筋に流出している．しかし，最大心拍出量は一般成人で22～23L/分，持久性競技者では25～28L/分を示す．こうした状況下の骨格筋血流量は最大心拍出量のおよそ90％にも達し，単純な推定でも24～25L/分となり，安静時と比較し，実に33～34倍程度に増大する．

持久性運動下では，こうして筋代謝がスムーズに行われるために，安静時閉鎖されていた毛細血管にも血液が流通し，運動時の筋毛細血管数は安静時の40本/mm^2から運動時700本/mm^2に増大する．

また，こうした特徴は筋線維タイプによっても異なり，同時にミトコンドリア容量，ミトコンドリア内酸化リン酸化機構にも関与する．さらには，持久性運動時の末梢循環血流量増大は筋毛細血管，小動脈，小静脈レベルの血管拡張を促し，血管新生を促す．

本章ではこうした点から，筋の収縮とATPの分解と再合成，骨格筋内ミトコンドリア容量と酸化リン酸化機構，筋細胞変化，血管新生，末梢骨格筋酸素代謝能などに及ぼす持久性トレーニングの影響について解説する．

［芳賀 脩光］

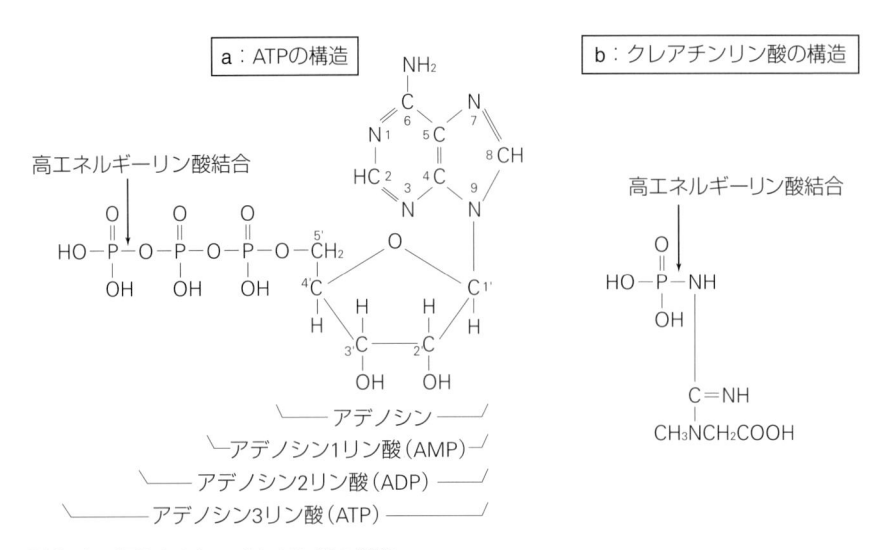

図 2-1 ATPとクレアチンリン酸の構造
この2つの物質が共通してもっている「高エネルギーリン酸結合」がわれわれの生命活動の根源になっている.

1. 持久性運動において筋はなぜ収縮し続けることができるのか：ATPが枯渇しない理由

　生命活動のエネルギー源はATP（アデノシン3リン酸）であり，もちろん持久性運動でもATPを使っている．ところが，実際筋中にストックしてあるATPの量は意外に少なく，それだけでは1秒も運動を続けることができないほどであるといわれている．にもかかわらず，運動を続けてもみかけ上の筋内ATP量は変化せず，なぜマラソンやトライアスロンの選手は何時間もの間，走り続けることが可能なのであろうか．それには，ヒトが進化の過程で身につけていった「ATPの枯渇」を防ぐ幾重にもわたる防衛手段がかかわっている．以下に，ATP供給に重要な3つの経路を示す．

1) ATP-CP系

　ATPはアデノシンというヌクレオチドにリン酸が3個つながったものであるが（**図2-1a**），エネルギーは2番目と3番目のリン酸をつなぐ「高エネルギーリン酸結合」が加水分解してADP（アデノシン2リン酸）となるときに遊離する．本来ATPをたくさん貯蔵できれば何の問題もないが，ATPは不安定なのでそれは不可能である．そこでATPに代わって，高エネルギーリン酸結合をストックしやすい比較的安定な物質（ホスファゲンという）がその役目を果たす．クレアチンリン酸（CP）は，脊椎動物が使っている代表的なホスファゲンである（**図2-2b**）．
　クレアチンキナーゼによる反応：ADP＋クレアチンリン酸⇔ATP＋クレアチン
　クレアチンリン酸は上記のような反応を使って，速やかにATPを再合成できるため，ATP供給系の中で最も短時間にエネルギーを取り出すことができるが，

それでも貯蔵できる量にはやはり限りがある．それ以上のエネルギーを使うには体内に蓄積しているエネルギー貯蔵体（糖質と脂質）を使うことになる．

2）糖質分解系（解糖系とTCA回路・電子伝達系）

体内に貯蔵してある糖分（グリコーゲンなどの貯蔵多糖）を切り崩してできたブドウ糖をさらに分解してATPをつくる方法としては，酸素を使わない方法と，酸素を使う方法がある．

(1) 解糖系（無気呼吸系）

ブドウ糖の不完全な分解反応で，酸素を使わずに比較的早くATPをつくりだすことができる反面，分解産物として疲労物質である乳酸もつくってしまう．細胞の基質部（サイトゾル）で行われる．

(2) TCA回路と電子伝達系（有気呼吸系）

酸素を使って，ブドウ糖を水と二酸化炭素に完全分解する反応で，有効にATPを取り出すことができる．細胞のミトコンドリアという細胞内小器官で行われる．

3）脂質分解系（β酸化）

純粋な糖質分解だけでは，1時間ほどで筋内のグリコーゲンが枯渇し，筋肉はこわばって動かなくなるといわれている．そこでさらに長時間にわたる運動に関しては，皮下脂肪，筋肉，腸間膜などの脂肪細胞にエネルギー貯蔵体としてストックされている脂質を使うことになる．このストック量は半端な量ではなく，「1カ月の絶食に耐え得る量にも達する」とされている（みた目からも明らかなようにストックしている量はヒトによって大きく異なる）．ただし，分解してエネルギーを取り出す過程（β酸化）は少しずつ進む反応のため，一気に多量のエネルギーを放出することはできない．

4）糖質と脂質の活用バランス

止まっている状態でのヒトのエネルギー産生機構は大半が脂質に依存していることは事実である．それが運動をはじめ心拍数が上がってくると糖質が使われはじめ，ある程度以上の強度では糖質のみに依存するようになる．筋肉を使って，からだをメカニカルに動かすためには一度に多量のエネルギーが必要なのである．なお，脂質のβ-酸化による分解産物はTCA回路に入って，ATP合成のためのプロセスに参加することで働くため，TCA回路が回っているというのが大前提である．すなわち，糖質がない状態で脂質がATPを作り出すことはできないのである．持久レース中のエネルギー消費はフルマラソンで1,000〜2,000kcal，ロングのトライアスロンでは4,000〜8,000kcalにも及ぶ．よってこのようなレース中には，脂肪燃焼を助ける焚き付け役としての糖質を小刻みに取ることを忘れてはいけない．

[武政　徹]

2. 持久性トレーニングとミトコンドリア適応

1) 持久性トレーニングと酸化リン酸化機構 (oxidative phosphorylation)

　持久性トレーニングに対するミトコンドリア適応は，はじめに酵素発現の増加が生じ，トレーニングが長期にわたっていくとミトコンドリア数の増加が生じてくると考えられている[1]．

　酸化リン酸化機構とは，ATP再合成の機構であるが，このために必要な酵素はミトコンドリア内膜の「クリスタ」と呼ばれるひだの部分に存在する．この酵素にはATP合成酵素や電子伝達系などがある．

　電子伝達系とは，持久性運動などに必要なブドウ糖の酸化は脱水素酵素によるが，そのときに生じた水素を分子状酸素まで運ぶ酵素である．また，ミトコンドリア内のマトリクスには，TCA回路内でSDH活性を除くすべての酵素やβ酸化にかかわる酵素，さらにミトコンドリアDNAなどが含まれている．酸化リン酸化を行うためにはTCA回路においてクエン酸シンターゼ (citrate synthase : CS) の働きがまず活性化する．

　酸化リン酸化に及ぼす持久性トレーニングの影響をみると，Schantzら[2]は45%$\dot{V}O_2$max強度の比較的軽度のトレーニングでも，トレーニング開始後3週間でCS活性やリンゴ酸デヒドロゲナーゼ活性はそれぞれ30%増大し，その後CS活性はさらに90%も増加することを観察している．また，脂肪酸酸化を受け持つヒドロキシアシル-CoA-デヒドロゲナーゼ (hydroxyacyl-CoA-dehydrogenase : HAD) も50%増大し，酸化リン酸化へのさらなる効果を報告している．

　ミトコンドリアATP産生率 (mitochondria ATP production rate : MAPR) をみたWibomら[3]の報告によれば，成人を対象とした6週間の持久性トレーニングの結果，最大酸素摂取量は9.6%の増大を示したが，一方，ピルビン酸＋リンゴ酸塩が50%増大し，パルミトイル基-L-カルニチン＋リンゴ酸塩は92%増大し，その結果，ミトコンドリアATP産生率は50%増大した．さらに，ミトコンドリア酵素活性のマーカーとなるシトクロムc酸化酵素は78%の明らかな増大を示した．その他，コハク酸塩シトクロムc還元酵素において18%，CS活性は40%，グルタミン酸デヒドロゲナーゼは45%の増大を示し，ミトコンドリアATP産生率とミトコンドリア酵素活性は持久性トレーニングによって増大することが認められた．また，この研究では，脱トレーニング後3週間でミトコンドリアATP産生率は12～28%減少すること示している．

　持久性トレーニングによるミトコンドリアATP産生率についての検討は高齢者を対象とした研究においても報告されている．Berthonら[4]は，平均年齢63歳の高齢者におよそ80%HRmax強度で，1週間に4回，1回60分の自転車ペダリング運動を6週間行ったところ，最大酸素摂取量が有意な増大を示すとともに，CS活性，ミトコンドリアマーカー酵素，ヘキソキナーゼ活性が著明に増大し，ピルビン酸＋パルミトイル基-L-カルニチン＋L-グルタミン酸塩＋リンゴ酸塩の複合体 (pyruvate＋palmitoyl-L-carnitine＋L-glutamate＋malate)

やL-グルタミン酸塩, ピルビン酸＋リンゴ酸塩, パルミトイル基-L-カルニチン＋リンゴ酸塩も有意に増大し, それに伴って高いミトコンドリアATP産生率が生じたことを述べている. 特にL-グルタミン酸塩は170%の著明な増大を示し, さらにCS活性とミトコンドリア産生率の増加の間には有意な相関を示した. 加えて, Mckenzieら[5]は最高酸素摂取量 (peak $\dot{V}O_2$) の60%に相当する強度で, 60分/日のペダリング運動を5日/週の条件で38日間の短期トレーニングにおいてさえもpeak $\dot{V}O_2$ は成年男性で12.0%, 女性で18.3%増大し, 酸化的リン酸化においてはCS活性, シトクロムc酸化還元酵素 (複合体Ⅰ-Ⅲ), そしてBCOAD (branched-chain-2-oxo-acid dehydrogenase) 酵素活性が増大したことを報告している.

以上, 持久性トレーニングによるミトコンドリア適応を酵素活性の点から概説してきた. トレーニングによる酸化系酵素活性の増加は筋線維組成への効果がほとんどプラトーに達した後においてさえもなお継続され, 酵素活性の改善レベルが持久性トレーニングの最重要因子と指摘されている[6]. 今後のさらなる検討が待たれる.

[芳賀 脩光]

2) 持久性トレーニングとコハク酸脱水素酵素 (SDH) 活性

骨格筋において, 持久性トレーニングがもたらす重要な代謝性適応の1つは, 筋細胞内ミトコンドリア量の増加に伴う酸化酵素活性の上昇である. 代表的なミトコンドリア系酸化酵素であるコハク酸脱水素酵素 (SDH) 活性について, 持久性トレーニングが及ぼす影響を筋線維タイプ別に着目してまとめた結果を図2-2に示した[7]. ニードル筋生検法にて大腿外側広筋から筋検体を摘出して組織化学的分析法と生化学的測定法とを組み合わせることにより, 各筋線維タイプ別の酵素活性の比較が可能となっている. トレーニングを積んでいない一般健常者の大腿外側広筋においては, 遅筋 (ST) 線維のほうが, 速筋 (FTaとFTb) 線維よりも, 約40%SDH活性は高い. 非鍛錬者が3カ月間の持久性トレーニングに取り組むことにより, すべての筋線維タイプにおいてSDH活性の亢進が認められるが, 上昇率が最も大きいのはFTa線維である. さらに激しい持久性トレーニングを数年間積んできているマラソンランナーでは, 速筋線維のSDH活性は遅筋線維と同じ水準まで上昇することが明らかとなっている. したがって, 遅筋線維と速筋線維との混合であるヒト骨格筋では, 速筋線維の有酸素性エネルギー代謝能をどこまで高めることができるかが, 持久性競技における成績を左右する筋代謝性要因の1つと予想することができる.

骨格筋の有酸素性エネルギー代謝能が持久性トレーニングにより有意に亢進することとは対照的に, 筋線維における遅筋・速筋レベルでの収縮タンパク質の顕著な変化は, ヒト骨格筋においては認められていない[8]. しかしながら, 速筋

1) 下村吉治:運動適応の科学(竹宮 隆ら編). p50, 杏林書院, 1998.
2) Schantz P et al : Clin Physiol, 3 : 141, 1983.
3) Wibom R et al : J Appl Physiol, 73 : 2004, 1992.
4) Berthon P et al : Acta Physiol Scand, 154 : 269, 1995.
5) Mckenzie S et al : Am J Physiol Endcrinol Metab, 278 : E580, 2000.
6) 田口貞善:体力トレーニング(宮村実晴ら編). p126, 真興交易医書出版部, 1987.
7) Saltin B et al : Fed Proc, 39 : 1506, 1980.
8) Andersen JL et al : Sci Am, 283 : 48, 2000.

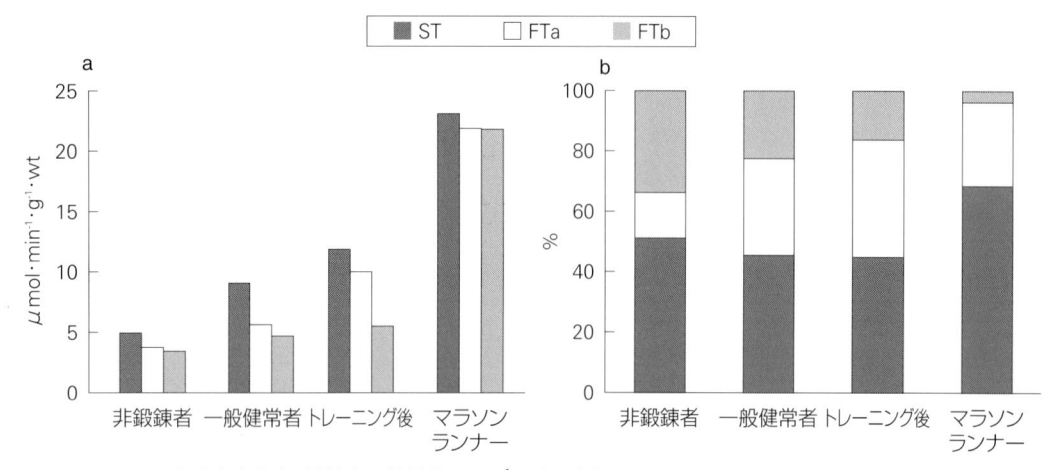

図 2-2 コハク酸脱水素酵素活性(a)と筋線維タイプ組成比(b)に及ぼす持久性トレーニングの影響(大腿外側広筋)
(Saltin B et al : Fed Proc, 39 : 1506, 1980)

表 2-1 常圧下および低酸素環境下(高地)におけるトレーニング前後の $\dot{V}_{O_2}max$ 変化
(Desplanches D et al : J Appl Physiol, 81 : 1946, 1996)

	年齢(歳)	体重(kg)	身長(cm)	最大酸素摂取量(L/分)			
				常圧環境下トレーニング		慢性的低酸素環境下トレーニング	
				前	後	前	後
HT	24.2±0.7 (n=10)	62.0±2.6 (n=10)	167±1 (n=10)	2.64±0.10 (n=8)	3.02±0.13* (n=8)	2.42±0.10*† (n=8)	2.79±0.13*† (n=8)
NT	24.9±1.2 (n=10)	60.3±2.9 (n=10)	168±2 (n=10)	2.46±0.10 (n=10)	2.94±0.15* (n=10)	2.31±0.11*† (n=10)	2.69±0.15*† (n=10)

平均値±標準誤差, n:被験者数,
慢性的低酸素環境下トレーニング:慢性的低酸素環境における最大酸素摂取量($\dot{V}_{O_2}max$)の70%強度のトレーニング,
常圧環境下トレーニング:急性の常圧環境下における最大酸素摂取量($\dot{V}_{O_2}max$)の70%強度のトレーニング
*:トレーニング前後で比較した有意差, †:常圧環境下と比較した有意差 ($p<0.05$)

線維のサブグループ間において,持久性トレーニングによりFTb(疲労性)線維からFTa(耐疲労性)線維への収縮タンパク質特性の移行が認められる[9].さらに,持久性競技において好成績を収めている選手の下肢筋群では,速筋線維のほとんどがFTa(耐疲労性)線維である.近年の持久性競技はスピード化が進んでおり,好成績を収めるためには急激なペース変化への対応力,あるいはラストスパート力が選手に要求されてきている.そのため,遅筋線維の割合の高い下肢筋群をもつ選手が優秀な成績を収めるという既存の考えは,今後,必ずしも成立しない可能性がでてきた.収縮速度が速い筋線維のミトコンドリア系酸化酵素活性を高めて,しかも疲労に対する抵抗力の高いFTa線維をいかに充実させるかが,成功への鍵となるかもしれない.

　健常非鍛錬者の大腿外側広筋における筋線維タイプの割合は正規分布をしているため,約6～7割の人は,遅筋線維と速筋線維の比がほぼ同等である.したがって,多くの非鍛錬者は,持久性トレーニングにより速筋線維の有酸素性エネ

ルギー代謝能が向上する潜在性を保持していると考えられる．ノルウェーの研究者は，持久性トレーニングから脱落する傾向にあったのは速筋線維の割合の高い被験者であったことを口頭報告している．したがって，トレーニングにより速筋線維の有酸素性エネルギー代謝能を高めるには長い年月がかかる（図2-2）という点を指導者だけでなく競技者自身が認識した上でトレーニングに取り組むことが望まれる．

短期間に，また選択的に速筋線維の有酸素性エネルギー代謝能を亢進させて，FTa（耐疲労性）線維を増やすトレーニング法に関しては，未だ十分に明らかにされていないので，今後の研究と実践との両面から科学的に検証されることを期待したい．

[水野　眞佐夫]

3）持久性トレーニングとミトコンドリア容量

ミトコンドリア容量に対する持久性トレーニングの影響について，たとえば，強度：85％最高心拍数レベル以上の自転車ペダリング運動（回転数：80〜90回／分），時間：30分／日，期間：6週間の条件による結果[10]をみると，体重当たりの最大酸素摂取量は14％の増加に対し，筋線維当たりの全ミトコンドリア容量は女性において43％，男性において37％増大する．このうち，筋形質膜直下（subsarcolemmal）のミトコンドリア容量は，トレーニング前に全ミトコンドリア容量の20％以下であったのにもかかわらず，トレーニング後は86％増加し，筋原線維間（interfibrillar）のミトコンドリア容量の増加に比較して著明な増大を示している．また，毛細血管数／筋線維の比率および毛細血管密度も各26％，29％と増大することを認めている．

この研究では，筋線維タイプとの関係からみると，ミトコンドリア容量はトレーニング前値，後値ともタイプⅠに最も多く含まれ，以下，タイプⅡa，タイプⅡbの順であるが，トレーニングによる増加はタイプⅡaがタイプⅠ，タイプⅡbよりも著明に大きな割合を示した．また，この報告では強い筋収縮を特性とする速筋線維であるタイプⅡb線維であっても，持久性トレーニングはミトコンドリア容量を増加することを証明している．

近年，持久性トレーニングがミトコンドリア容量と筋毛細血管密度に及ぼす影響について，非常に興味ある知見が報告されている[11]．ボリビアのラパス（高度3,600m）に居住する原住民を被験者とし，慢性的低酸素環境下（hypoxia）の10名をH群，また，急性の常圧環境下（normoxia）の10名をN群とし，強度：70％最大酸素摂取量（$\dot{V}O_2max$），頻度：5回／週，自転車エルゴメータを用いたペダリング運動を1回30分間実施させ，6週間のトレーニング効果を検討している．

その結果，表2-1に示したように持久性トレーニングによって，H群の$\dot{V}O_2max$増加率はnormoxia下で14.4％，hypoxia下で15.3％を示し，同様にN群では19.5％，16.5％とそれぞれ有意の増大を示した．また，hypoxia下

---

9) 芳賀脩光ら：体力科学，48：714, 1999.
10) Hoppeler H et al : J Appl Physiol, 59 : 320, 1985.
11) Desplanches D et al : J Appl Physiol, 81 : 1946, 1996.

表2-2 筋ミトコンドリア容量，毛細血管数/筋線維率，毛細血管密度，筋線維に対する常圧および低酸素環境下のトレーニング効果
(Desplanches D et al : J Appl Physiol, 81 : 1946, 1996)

	常圧環境下トレーニング		慢性的低酸素環境下トレーニング	
	前	後	前	後
筋ミトコンドリア容量(%)				
筋原線維間のミトコンドリア容量	3.61±0.17	4.98±0.13*	3.28±0.27	4.61±0.28*
筋形質膜直下のミトコンドリア容量	0.55±0.10	1.15±0.11*	0.43±0.07	0.68±0.11*
全ミトコンドリア容量	4.17±0.21	6.13±0.13*	3.71±0.33	5.29±0.37
脂質（lipids）	0.19±0.05	0.37±0.06	0.20±0.04	0.31±0.05
筋原線維	81.2±0.8	75.0±1.1*	84.1±0.06	78.4±0.9*
毛細血管数/筋線維率	1.39±0.06	1.77±0.10*	1.42±0.07	1.79±0.12*
毛細血管密度（mm^{-2}）	395±24	476±22*	414±19	484±24*
筋線維（μm^2）	3,575±160	3,732±151	3,438±141	3,734±229

1グループ10名の平均値±標準誤差，*：トレーニング前後で比較した有意差（p<0.05）

で測定した$\dot{V}o_2$maxがnormoxia下で測定した場合と比較しどの程度低下するかについてみると，H群ではトレーニング前9.1％，トレーニング後8.2％，N群ではトレーニング前6.5％，トレーニング後9.3％を示した．すなわち，持久性トレーニングの効果はnormoxia下ではもちろん，hypoxia下でも著明に観察される．しかし，hypoxia下の$\dot{V}o_2$max値は，normoxia下で得た値と比較するとおよそ10％程度低い値を示す．これは，hypoxia下でトレーニングを行う場合に重要な目安と考えられる．

　高地に居住する人たちの筋線維タイプはトレーニング前値でみると，H群，N群ともにタイプⅠ，タイプⅡaが非常に多く，タイプⅡbは少ない．トレーニング後の変化をみると，タイプⅡaに増大がみられている．毛細血管密度（表2-2）はH群において21％，N群において17％増加し，これらの増加は両群ともに26％ずつという毛細血管数/筋線維の比率の増大によると推測されている．全ミトコンドリア容量（total mitochondria volume density）はH群で47％，N群で43％とほぼ同程度の増大を認めたが，部位的にみると，筋原線維中心部にあるミトコンドリア容量の増加率（58％）よりも筋形質膜直下にあるミトコンドリア容量の増加率（109％）のほうがトレーニング効果が大きく生じる．CS活性は両群ともに45％の上昇を示した．以上の点からみるとhypoxia下の環境における持久性トレーニングであってもトレーニング効果は常圧下環境の場合と質的に異なっていないと結論している．

［芳賀　脩光］

3．持久性トレーニングとミオグロビン

　筋の酸化的リン酸化（有酸素的）機構にはATP生成の役割を果たすミトコンドリアの他に，このATP産生に必要な酸素を貯蔵し，ミトコンドリアへ酸素を輸送するミオグロビン（myoglobin）が存在する．ミオグロビンは筋細胞の細胞

質中に存在する赤色のヘムタンパク質で，153個のアミノ酸から構成される単一ポリペプチド鎖の球状タンパク質である（分子量17,000）．

ミオグロビンは，心筋と骨格筋においてのみその存在が認められてきたが，1998年に平滑筋にも存在することが確かめられた[12]．持久的筋収縮に寄与するタイプI（SO）線維やタイプIIa（FOG）線維に多く含まれる．

ミオグロビンの生理作用としての意義は，第一義として古典的にいわれていることであるが，筋細胞内において酸素を貯蔵していることである．第二義的には細胞内酸素分圧が著しく低下をする緊急時などの場合，ミオグロビンは結合していた酸素を放出する．たとえば，運動を開始して非乳酸性酸素負債が生じることは，筋活動によって運動初期の緊急時に使われたミオグロビンの酸素を補給するためであると考えられている．第三義的にミオグロビンは筋細胞内での酸素の拡散に寄与し，筋の呼吸活動に酸素運搬体として作用するという考え方[13]も示されているが，詳細は今後の検討を待たなければならない．運動が有酸素性機構の中で筋内の血流が十分に確保され，血液供給が満たされると，ヘモグロビンと結合した酸素は直接ミトコンドリア内に運搬される．以上のように筋内における酸素貯蔵，酸素輸送の機能をもつと考えられるミオグロビンの意義は大きく，持久性トレーニングによって増大するかどうかについては筋代謝適応能を高める上で非常に重要な要因である．

Hickson[14]は，ラットを用いてトレッドミル走を実施し，持久能，ミトコンドリアのマーカーとしてのシトクロムc，そしてミオグロビンに対してトレーニングの頻度の点から検討している．トレーニングは，120分走/日，2，4，6日/週の3種類の頻度で14週間実施している．その結果，持久能，シトクロムcともに頻度に比例して増大することをみている．ミオグロビンも同様に，13～45％の範囲で増大し，しかも外側広筋の白筋内赤色部（fast-twitch red：FTR）においてはトレーニングの頻度と有意に相関する[15]．また，トレーニングによる骨格筋のミオグロビン増大は，高齢ラットにおいても腓腹筋では増大することが知られており，特にトレーニング開始5カ月後で著明な効果がみられる[16]．

他方，ヒトを対象とした近年の報告をみると，Terrados[17]は筋代謝機能を高めるために最も適した高所トレーニングの効果を検討するために，海抜2,300mの高地と0mの平地における差を検討している．8名のエリートジュニアサイクリストを対象とし，一方の脚を平地で，もう一方の脚を2,300mの高地に相当するところで3～4週間，高強度のトレーニングを実施している．その結果，平地（normoxia）と低酸素環境下（hypoxia）における脚筋のトレーニング効果についてみると，低酸素環境下のほうがCS活性の増大とともにミオグロビンが増大し，持久能のタイムも亢進した．すなわち，高所トレーニングが平地で行う条件と同じであれば，ミオグロビンの増大や酸化リン酸系酵素に改善がより期待できると結論している．

---

12) Qiu Y et al：J Biol Chem, 273：23426, 1998.
13) Winttenberg BA et al：J Biol Chem, 260：6548, 1985.
14) Hickson RC：J Appl Physiol, 51：746, 1981.
15) McDonald R et al：Eur J Appl Physiol Occup Physiol, 52：414, 1984.
16) Beyer RE et al：J Gerontol, 39：525, 1984.
17) Terrados N：Int J Sports Med, 13(Suppl 1)：S206, 1992.

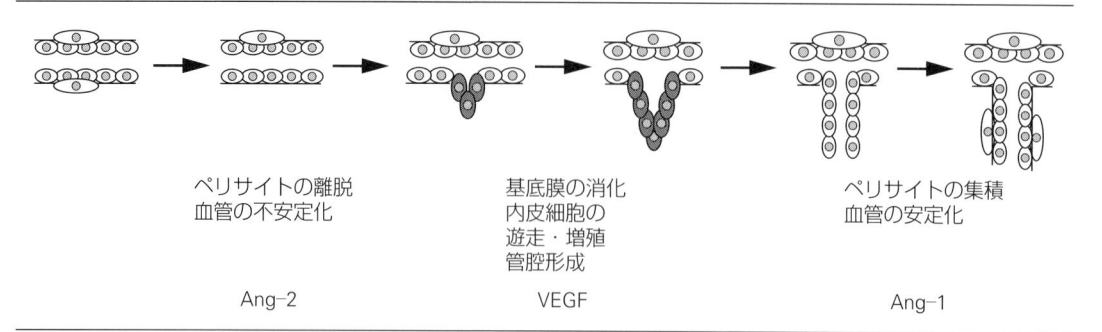

図 2-3 成熟個体の angiogenesis 型血管新生
まず Ang-2 が優性となってペリサイトが離脱し，次に VEGF の刺激によって新生血管が伸張し，最後に，Ang-1 が優性となり，ペリサイトが未熟な新生血管の周囲を取り囲んで，成熟した血管を構築する．
(佐藤靖史：体育の科学，52：98，2002)

Hoppeler ら[18]は，長期にわたる厳しい低酸素環境下にあると，体重や筋肉量が減少し，筋線維の大きさも小さくなくなる．そのため，血管新生が生じないにもかかわらず，一見，筋の毛細血管密度が増大したような現象を生じる．しかし，一定の持久性トレーニングを行うことによって，ミオグロビン濃度は増大し，毛細血管／筋線維の比，およびミトコンドリア容量も増大すると述べている．

低酸素環境下の結果とは別に，平地におけるトライアスロン競技の結果も報告されている[19]．この研究では，トライアスロン競技が酸化的ストレスや傷害を生じるかどうかの検討を行っている．ミオグロビン濃度は競技後では増大している．また，メトヘモグロビン（methemoglobin）濃度や酸化型グルタチオン（glutathione disulfide），チオバルビツール酸（thiobarbituric acid）反応性物質などが競技の前後で変化がなく，トライアスロン競技では酸化的傷害には至らないとしている．

このように，ミオグロビンが増大するかどうかの検討は，酸素不足にある厳しい環境下や，トライアスロンのように激しい，高強度のトレーニングや運動下にあって増大することが報告されている．しかも，よくトレーニングされている長距離走競技者の場合では，わずか8日間のトレーニングキャンプでもミオグロビンは増大することが知られている[20]．

著者ら[21]は縦断的検討として，18〜20歳の青年男子を対象として4カ月間 80〜90％HRmax に相当する水泳トレーニングを60分／日，5日／週の頻度で実施し，外側広筋を被験筋として筋バイオプシーによって検討したところ最大酸素摂取量の増大とともに，ミオグロビンは明らかに増大し，同時に筋酸化的代謝能も増大したことを報告した．すなわち，平地においてさえもヒトを対象として，筋ミオグロビンは持久性トレーニングによって増大することが示唆される．しかしながら，この研究においても80〜90％HRmax という高強度トレーニングを1回60分間，5日／週という極めて激しい条件下でのトレーニングを実施したものであり，特に強度の大きさが影響を与えたのかもしれない．

上述したこれまでの研究からみるように，筋ミオグロビンの増大は低酸素環境下，長時間持久性運動，高強度トレーニングプログラムに限定されて報告されて

いる．今後，筋収縮時におけるミオグロビンと結合した酸素の利用の仕方，およびその時間経過との関連，ミオグロビンへの酸素補給のあり方などの基本的な解明が不明である．さらに，同時にトレーニング効果についても低・中強度トレーニングの影響，間欠的運動（intermittent exercise）による効果とミオグロビンとの関連などの検討も期待したい．

[芳賀 脩光]

4．持久性トレーニングと血管新生

　一般に一過性の有酸素的持久性運動を行うと，末梢骨格筋においては細動脈・毛細血管レベルが拡張しはじめ，毛細血管網の通過性（capillarization）がよくなり，筋血流量は増大する．

　こうした持久性運動を長期間にわたって実施すると血管新生（angiogenesis）が生じると考えられる．すなわち，トレーニングによって筋が肥大するに伴い，毛細血管密度の増加が生じ，それによって毛細血管間の距離が短縮し，筋内の酸素拡散率が増大する．また，持久性トレーニングによる筋毛細血管の新生は，骨格筋のミトコンドリア容積密度・酸化酵素活性に先立って生じることが知られている[22]．

　血管新生は個体の発生に伴う現象である．たとえば胎児の血管形成は，はじめに原始血管叢（primary vascular plexus）が形成され，その後血管が新しく生じ，全身へと分布する．すなわち，このことは発生学的に必然の現象であるが，生後にみられる場合の血管新生は既存の血管から枝を伸ばす（発芽する）ことによって生じるもので，成熟個体からの血管新生（neovascularization）という．

　成熟個体における血管新生は，内皮細胞遺伝子発現調節機構が大きく関与する．図2-3[23]からみるように第1段階として内皮細胞とペリサイトによって作られている細小血管からペリサイトが離脱する．この段階ではアンジオポエチン（angiopoietin：Ang）によって調節されるが，特にAng-2の産生が増すことによって離脱するとされている．

　ペリサイトが離脱すると，第2段階として離脱した部位の内皮細胞が血管新生促進因子に作用して血管新生が開始されてくる．この促進因子としては特にVEGF（vascular endothelial growth factor）が重要なものとしてあげられる．この段階で内皮細胞はプロテアーゼ活性を発揮して収縮を繰り返し，細胞間の間隙が開き，血管の基底膜が破壊（消化）されて発芽し，内皮細胞は周囲の結合組織の中に遊走し，分裂・増殖する．第3段階では，Ang-1の働きが優性となり，ペリサイトは内皮細胞だけの未熟な新生血管の周囲を取り囲み，集積して安定・成熟した血管をつくる[23]．すなわち，血管は正常な3層の管腔を形成し，最終

18) Hoppler H et al : Int J Sports Med, 13(Suppl 1) : S166, 1992.
19) Margaritis I et al : Int J Sports Med, 18 : 186, 1997.
20) Okamura K et al : Free Radic Res, 26 : 507, 1997.
21) Haga S et al : Med Sci Sports Exerc, 33 : 327, 2001.
22) Laughlin MH et al : Handbook of Physiology : Section 12 ; Exercise : Regulation and Integration of Multiple Systems, Rowell LB et al eds, p705, Oxford University Press, 1996.
23) 佐藤靖史：体育の科学, 52 : 98, 2002.

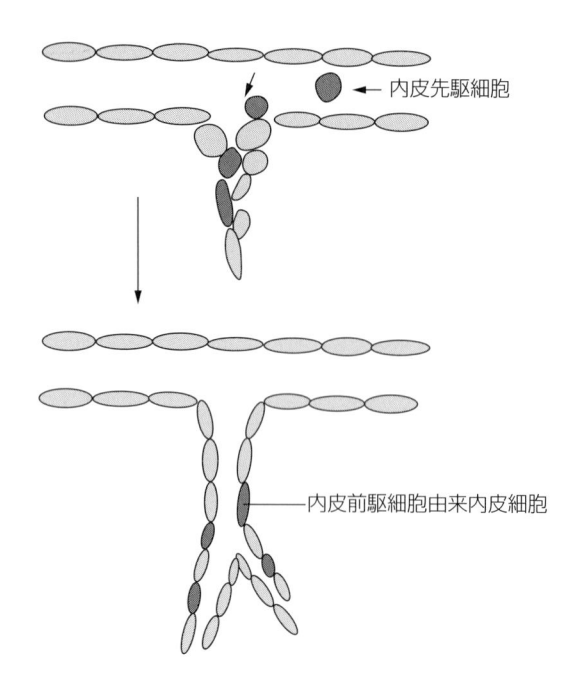

図 2-4　成熟個体の血管新生における vasculogenesis 型血管新生の関与
成熟個体においても骨髄に内皮前駆細胞が存在しており，血管新生に際して血中に遊離し，血流に乗って血管新生部位へと到達し，内皮細胞に分化して，一部の血管新生に加担する．
(佐藤靖史：体育の科学，52：98，2002)

的には近傍の新生血管の吻合が生じ，新しい血管網が形成される．

また最近，成熟個体の血管新生においても，血管内皮に分化することができる内皮前駆細胞が骨髄に存在しており，必要に応じて血中に出現し，血管新生部位において内皮細胞に分化して娘血管を成長させ，血管新生に寄与することが明らかとなってきている (**図 2-4**)[23~25]．

血管新生に関するメカニカルストレス（機械的刺激）としてはせん断能力（流れずり応力：シェアストレス：shear stress）が最も強く影響する．運動によって作業する局所骨格筋の血流増加が生じると，血管壁が流れの方向に前よりも強く引っ張られ，shear stress は増大する[26]．このときに NO 合成酵素 (NOS) の作用によって生成される内皮由来弛緩因子 (endothelium-derived relaxing factor：EDRF) の 1 つである一酸化窒素 (nitric oxide：NO) が内皮細胞から放出され血管拡張を促す．

また，この shear stress による血管新生には分泌性の液性因子が関与する．特に今日では，線維芽細胞増殖因子 (fibroblast growth factor：FGF) と VEGF が血管内皮細胞から多く産出させることがわかっている．FGF の中でも basic FGF は in vitro 下で血管内皮細胞のプラスミノーゲンアクチベーター (plasminogen activator：PA) やプロコラゲナーゼの産生と走下に関与し，管腔形成や細胞の増殖に寄与する．また，in vivo においても同様に血管新生を促進する重要な因子となっている．一方，運動中に生じる低酸素状態は VEGF を特異的に発現させ，血管内皮細胞の遊走，増殖を促進し，同時に PA の産生を促し，活性を増大して血管新生に寄与する．

以上，分子遺伝学からみた血管新生の機序の概要について論説した．しかしながら，持久性トレーニングによる血管新生への検討は今日まだ緒についたばかりであり，十分なものではない．近年における報告からみると，大野ら[27] は，オ

スのWistar系ラットに25〜27m/分のトレッドミル走を行わせ,ヒラメ筋,長趾伸筋および腓腹筋について検討したところ,ヒラメ筋ではPA活性の上昇を認めている.

PAは,プロテアーゼであるコラゲナーゼの生成と細胞間結合を解離する作用もあるため,血管新生への役割が大きい.したがって,持久性トレーニングによって筋の肥大が生じ,同時にbasic FGFやPAの関与が大きいことを指摘している.

また,イヌの大動脈のNO合成酵素の遺伝子発現に及ぼす持久性トレーニングの効果について検討したところ,明らかにe-NOSのmRNAレベルが増加するという報告もある[28].微小循環レベルでみた血管新生の報告では[29],1週間に5日,計12〜14週間,32m/分,15％傾斜,90分間走/日の高強度持久性トレーニングを行わせたラット（オス）の場合,非トレーニングのラットと比較し,毛細血管密度（capillary density：CD）,筋線維1本当たりの毛細血管数を示す毛細血管/筋線維の比（capillary/fiber ratio：C/F ratio）,毛細血管表面積密度（capillary surface area density）,毛細血管容積密度（capillary volume density）がいずれも増大し,CS活性も同様に増加したことを認めている.この研究では,特にヒラメ筋が大きな改善を示した.また,高強度トレーニングでは赤筋よりも白筋により効果をみている[29].

ラットを対象とした検討では,運動後や阻血時にVEGFが亢進したことも報告されている[30].また,低酸素や運動時にVEGFの産生をさらに強く促進し,血管構成細胞の分化・増殖・遊走に貢献するトランスフォーミング増殖因子β（transforming growth factor-β：TGF-β）は,同様に運動後亢進することが合わせて報告されている[31, 32].

ヒトを対象とした研究では,著者ら[21]が一般青年男子（平均年齢20歳）を対象として4カ月間の持久性トレーニングを実施し,筋生検法により大腿部外側広筋を被験筋として検討した結果,最大酸素摂取量の増大,筋線維1本当たりの毛細血管数の増大とともにVEGF mRNAの増大を認めた.ヒトを対象としたVEGFの亢進については低酸素環境下における急性の一過性運動後においても観察される[33].

以上のことから,持久性トレーニングを行うと筋酸素供給能に寄与する骨格筋血管新生は十分に生じる可能性があると考えられる.しかし,今後の詳細な検討が期待される.

［芳賀 脩光］

21) Haga S et al : Med Sci Sports Exerc, 33 : 327, 2001.
23) 佐藤靖史：体育の科学, 52：98, 2002.
24) Asahara T et al : Science, 275 : 964, 1997.
25) Takahashi T et al : Nature Med, 5 : 434, 1999.
26) 安藤譲二：体育の科学, 52：104, 2002.
27) 大野秀樹ら：生体の科学, 43：244, 1992.
28) Sessa WC et al : Circ Res, 74 : 349, 1994.
29) Gute D et al : J Appl Physiol, 81 : 619, 1996.
30) Breen EC et al : J Appl Physiol, 81 : 355, 1996.
31) Sanchez-Elsner T et al : J Biol Chem, 276 : 38527, 2001.
32) Olfert IM et al : J Appl Physiol, 91 : 1176, 2001.
33) Richardson RS et al : Am J Physiol, 277 : H2247, 1999.

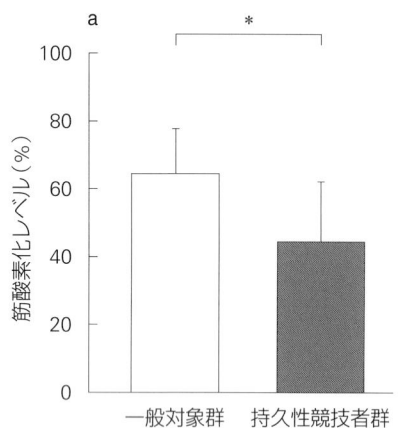

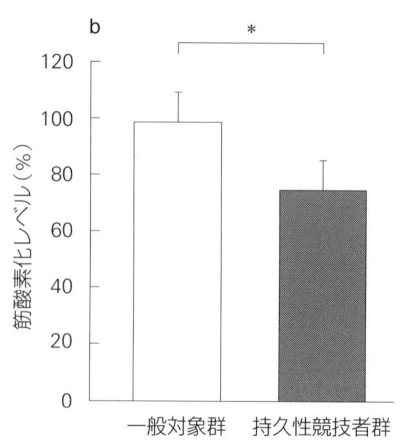

図2-5 a：疲労困憊時（最大運動）およびb：無酸素性作業閾値出現時（最大下運動）における筋酸素化レベル（oxygenation）の持久性競技者群と一般対象者群の比較（＊：$p<0.05$）
(Bae SY et al : Theraputic Res, 17 : 31, 1996)

5．末梢骨格筋酸素代謝能と持久性トレーニング

　　　　末梢骨格筋の酸素代謝能（oxygen metabolism）をみるものとして，今日では近赤外線分光法（near-infrared spectroscopy）がChanceら[34,35]によって検討され，計測が可能となってきた．本法は可視光と赤外光間の直常，700〜900mm波長周辺の電磁波を用い，生体組織における吸光度が異なることから，酸素化ヘモグロビン・ミオグロビン（oxy-Hb・Mb）と脱酸素化ヘモグロビン・ミオグロビン（deoxy-Hb・Mb）の変化量を計測し，そのバランスから，筋の酸素化レベル（oxygenation：酸素がHb・Mbと結合している状態）と循環動態としての血液量変化（oxy-Hb・Mb ＋ deoxy-Hb・Mb）をみることができる．
　　しかしながら，本項で報告するような持久性運動の特徴を示した結果に限定すれば，その報告は極めて少ない．
　　著者ら[36]は，青年男子（20歳代）の持久性競技者群と同年齢の対照群の外側広筋を被験筋としてトレッドミル走による多段階運動負荷試験を実施し，最大酸素摂取量を得た時点での筋酸素化レベルを動脈血流遮断法で比較すると，対照群では安静時の100％値から63％まで低下し，その低下率は37％であったが，持久性競技者群では，最大酸素摂取量を得た時点では43％まで減少し，その低下率は58％であった．すなわち，持久性競技者の大腿部骨格筋は対照群と比較し，およそ20％も酸素抽出能が高いことを示している．
　　また，最大下運動負荷時の指標である無酸素性作業閾値（anaerobic threshold：AT）として換気性閾値（ventilatory threshold：VT）が出現した時点の酸素化レベルを比較すると，対照群は安静時レベル（100％）よりわずか5％しか低下しない95％レベルであった．しかし，持久性競技者群では74％まで低下し，その低下率は26％であった．すなわち，持久性競技者群では最大下運動時指標であるAT時点でも対照群よりおよそ20％大きな酸素抽出能の良好性

を示している（図2-5）．このことは，持久性競技者群では筋内に乳酸蓄積が多く生じない範囲でもより大きな強度で持久性運動を実施できることを反映し，運動の効率が極めてよいことを示している．

両群の筋内血液量（総ヘモグロビン・ミオグロビン）を運動開始時から最大運動レベルの最大酸素摂取量を得た時点までの変化でみると，両群とも運動強度の増大に伴って血液量も比例して増加するが，最大酸素摂取量の60〜70％レベルのところで定常状態となり血液供給能は限界に達する．

しかし，相対的運動強度は同一レベルであっても，実際の絶対的運動強度においては相当の差異をみることから，持久性競技者の運動能は大きい．このことは競技者における筋内酸素消費が大きいことを示すもので，筋毛細血管系の発達の程度，筋血流量，ミトコンドリア数，酸化酵素活性，ミオグロビン量，酸素拡散距離，筋線維タイプなどさまざまな要因が関与し，運動時筋内酸素動態に大きな差異を示すものと考えられる．

末梢骨格筋の酸素化レベルおよび血液量に対する持久性トレーニングの影響についての研究は，国際的にもまだ報告がなかったことから，著者ら[37]はこの課題について検討した．これまで特に運動経験を有していない一般健康青年男子（9名）を対象として，高強度トレーニングを1日1回：60分，週：4〜5日，期間4ヵ月を実施した．

被験筋は外側広筋（右側）とし，筋酸素化レベルの評価は動脈血流遮断法により相対値（％）で示した．ペダリング運動で，負荷漸増法を用いて最大酸素摂取量を測定した．

その結果，最大酸素摂取量は44.1mL/kg/分から51.7mL/kg/分へと17.4％の有意な増大（$p<0.001$）を示し，この時の筋酸素化レベルは62.8％から52.3％へと10.5％の有意な低下が認められ（$p<0.05$），また，最大下運動時の指標として，無酸素性作業閾値が出現した時の酸素摂取量（$\dot{V}O_2$＠VT）をトレーニング前後で比較すると，19.3mL/kg/分の増大（$p<0.0001$）を示し，また筋酸素化レベル（oxygenation＠VT）も13.1％の有意な低下（$p<0.05$）を示した．血液量は，最大酸素摂取量測定時点でも，最大下運動時のどの時点でも低下を示した．

最大酸素摂取量に対する筋酸素化レベルの相関は$y=-1.197x+114.9$，$r=-0.645$の有意な負の相関を示し，持久性トレーニングによって骨格筋の酸素化レベルは低下することが認められた．

こうしたことは，ヘモグロビンと結合した酸素の解離や，場合によってはミオグロビンと結合している酸素の解離も生じているかもしれない．また，筋内毛細血管密度の増大や血管新生活性の上昇が生じる．筋毛細血管網の増大や拡大から，末梢部の筋血流速度が遅延するとすれば筋組織による酸素の抽出はより生じやすい．おそらく，こうしたことが発現していると考えられる．

［芳賀 脩光］

---

34) Chance B et al：Anal Biochem, 174：698, 1988.
35) Chance B et al：Am J Physiol, 262：C766, 1992.
36) Bae SY et al：Theraputic Res, 17：31, 1996.
37) Haga S et al：ACSM 45th Annual Meeting Abstracts, 380：S67, 1998.

長距離走者の競技力と脚筋力

トレーニング生理学　2章　競技者報告

　長距離走者の記録向上に貢献する最も重要な生理学的要因は，最大酸素摂取能力に代表される呼吸循環系機能の改善であることはいうまでもない．しかしながら，この機能の優劣だけで各競技者のパフォーマンスを説明することはできない．

　著者らは長距離走者の競技力を決定する因子として，経験的に6因子（①最大酸素摂取量が大きいこと，②酸素摂取水準が高いこと，③無酸素性作業閾値が高いこと，④脚筋力が大きいこと，⑤ランニングの経済性に優れていること，⑥強い意志力を有すること）を重要視し，年間を通じてのトレーニング目標としている．

1．競技成績と脚筋力

　本学では年間のトレーニング計画の中で，筋力項目を中心にした各種のコントロールテストを定期的に実施し，競技力向上のための指導資料として活用している．中長距離を専門とする走者に対しては，①立3段跳，②立10段跳，③メディシンボール投，④physical fitness index test（PFI），の4項目の記録が累積されている．

　事例が少なく，統計処理を施すには至らないが，長距離走者の筋力測定値と競技成績を調べた中で，特に脚筋力に関して興味ある諸点を観察したので以下に紹介する．

2．競技成績と脚筋力の追跡的ケーススタディ

　大学在学時にインターカレッジなどで好成績を納めた佐藤修一（800m），三代直樹（5,000m，10,000m），泉　亘（3,000mSC）の3選手に関して，各学年次のコントロールテストの結果をそのシーズンの最高記録と比較した．

　彼らの専門種目における記録は大学入学後着実に向上したが，立3段跳，立10段跳ならびに背筋力の記録に関しては一定の変動傾向を伺うことはできない．しかしながら脚筋力の増大は著しく，3者ともほぼ100kgの増加を記録し，体重当たりの割合も共通して次第に増加している．その後，三代選手は5,000mの記録を13'37"35まで更新し，10,000mでは28'09"82を記録した．また，泉選手も8'33"51まで記録を短縮している．残念ながら大学卒業以降，彼らの脚筋力を測定する機会を得ていないが，おそらく競技成績に連動した増加があったものと推測している．

　こうした脚筋力の増加と記録向上の連動性に注目して，脚筋力が増大した選手と低下した選手を分けて抽出し，彼らの競技力の変動を観察した．この結果，大学在学中に脚筋力が増大した選手は，その競技レベルにかなりの差はあるものの，いずれも自己のベストタイムを更新している．上野理恵選手は，'99年に15'28"73まで大幅に自己記録を短縮し，ユニバーシアード大会5,000mの金メダルに輝いた．これとは逆に，低学年次には高い脚筋力を有してはいたが，在学中にその値が大きく低下した選手は競技記録が低迷している．

　自己記録の更新を続けている選手は，当然のことながら，そのトレーニングの質と量を高めている．一方，いわゆる"故障"などの原因によってトレーニング量が十分ではない選手の諸機能の低下は明らかであり，長距離選手に要求される最も重要な呼吸循環系の機能において観察される両群の差は大きいが，比較的簡単に測定できる脚筋力の変動が，彼らの競技力と密接に関連している例が多いことは興味深い．

まとめに代えて

　これらの事例からも長距離選手の競技力には

筋力的要素，とりわけ脚筋力の貢献が大きいことが伺える．したがって，心肺機能の持久性向上を目的としたトレーニングに加えて，ウェイトトレーニングやクロスカントリーランニングなどによる脚の筋力強化プログラムをいかに有効に取り入れるかが競技力向上の鍵となろう．

［澤木　啓祐］

トレーニング生理学

3章 パワーとトレーニング

　パワーとは英語の「power」で，今日わが国ではカタカナの「パワー」として市民権を得た言葉であるが，その真の理解，解釈となると必ずしも適切でない状況がある．それは，パワーを「瞬発力」と同一概念として捉えることの問題である．本文で後述するが，「パワー」と「瞬発力」とはまったく異なる定義の概念である．しかし，一方では，同一概念として捉えられてもおかしくない側面を体育，運動，スポーツの場面ではもっている．

　野球の解説などでは，松井選手のような大型選手のバッティングはパワフルなバッティングといい，仁志選手のような小柄な選手のバッティングは決してパワフルなバッティングとはいっていない．そこにはパワーと筋力が区別されない状況，つまり一部誤解がある．

　パワーそのものの定義は「単位時間当たりの仕事量，つまり仕事率」であり，その単位はkgw·m/s，ワット，馬力などであり，筋力や瞬発力という力（kgw）の概念とはまったく異なる．本文中でも述べるが，運動学的には仕事率というパワーは，式の展開から（パワー）＝（力）×（スピード）と，本来の定義とは似ても似つかない概念に一変する．

　この運動学的なパワーの概念が，体育，運動，スポーツにかかわる状況では広く親しまれている概念である．たとえば，瞬発力をパワーと同一概念とする状況は，瞬発的とは瞬間的（短時間）に大きな力を発揮する状態ということで，仕事率が大きいという概念と一致するからである．

　また，パワーのトレーニングということに関しては，その構成要素が「力」と「スピード」であることから，力を養成する方向とスピードを養成する方向から成立する．

　人間の動きにかかわるパワーの概念は，基本的には動きに際して発生する生理学的エネルギーが骨格筋をとおしていかに機械（力学）的エネルギーに変換され，変換された力学的エネルギーが外部への有効なエネルギー，つまり出力エネルギーとして利用されるか，ということである．運動・動作によっては，からだ全体を動員するものもあれば，腕なら腕，足なら足といった，からだの一部だけに限定されるものもある．すなわち，前者は全身的パワーの対象であり，後者は局所パワーの対象である．そして，そのエネルギーの流れの時間効率がパワーであることから，生理学的エネルギーの発生・発現を増大化させる方向がパワーアップに結びつく．つまり，「パワーアップのトレーニング」という状況を総括すれば，前述の生理学的なエネルギーの増大化をベースに，①動きにかかわる筋収縮力の増大化，②筋収縮（動作）スピードの増大化，がパワーの増大化の原理である．理論的には，動きに関する筋の最大パワーは最大負荷重量（1RM）のおよそ1/3のときに発現されることの理解は極めて重要である．静的最大筋力のアップは，筋パワーのアップをもたらす要因ではあるが，必ずしも筋力アップが即筋パワーのアップとはならない．

　運動スポーツの種目によっては，筋力依存型（重負荷スポーツ：柔道や重量挙げなど）のパワーもあれば，スピード依存型（卓球やバドミントンなど）のパワーもある．筋力アップから迫るか，スピードアップから迫るかはそれぞれの運動，スポーツ特性によって異なる．本章の終わりにパワーアップのためのいくつかの運動体を示したが，いずれの動作においても最大スピードで，疲労を伴わない動作遂行が重要である．

[植屋　清見]

1．パワーとは

1）パワーの概念

　各種スポーツの国際大会やオリンピック大会などで結果を出せなかった日本の選手やコーチの口から「技術的には決して負けてはいなかったが，結局パワーの差で負けた」とか，プロ野球の春季キャンプを前にした監督から「今年度のわがチームの目標は優勝．そのための大きな課題は選手個々のパワーアップである」といったコメントなどはよく耳にする言葉である．このように「パワー」という言葉は，各種の運動，スポーツの場面で頻繁に聞かれるが，国際大会の敗戦の弁の対象になるパワーと，野球の監督がリーグ優勝の強化の一環として口にするパワーとは果たして同一なのであろうか．

　さらには，英語の「power」という言葉は，運動，スポーツの場面だけでなく一般の人々の日常生活においても「最近パワーが落ちてね！年を感じるよ」というように，元気さのバロメータや体力あるいは健康に関する概念として語られることも多い．

　パワーを体力科学的な観点から分類すれば，パワーとは「体力」の「精神的要素」と「身体的要素」の分類で「身体的要素」に属するもので，さらには「行動体力」と「防衛体力」の分類でいえば「行動体力」に属し，行動体力の中の「形態」と「機能」的な分類では「機能」として捉えられている．

　事実，パワーはわが国で広く行われている各種の体力や運動能力の測定において，筋力，スピード，持久性，柔軟性といった項目と同様，測定の主要要因のひとつとして位置づけられている．つまり，パワーの概念は一般的には体力の行動体力にかかわったものとして理解されている場合が多い．

　しかし，必ずしも行動体力の概念としてのパワーだけではなく，防衛体力面での精神的持久力などと同様に精神的なパワーと解されたり，体力面だけでなく前述したように健康面や仕事の面でも使われている概念，表現でもある．

2）パワーの定義

　パワーとは本来，物理工学的な概念であり，その定義は「パワー（P）とは単位時間（t）当たりの仕事（W），つまり，仕事率」のことである．したがって「パワーが大きいということは短い時間の間により大きな仕事をなすこと」と解される．

　ところで，物理工学的に仕事（W：work）とは「物体に作用する力（F：force）とその作用距離（d：distance）の積である」ことから，

　$P = W/t = F \cdot d/t = F \cdot V$

と展開される．ここで，Fは力で，Vは速度（スピード）である．

　したがって，本来の仕事率なるパワーは式の展開から，運動学的には（パワー）＝（力）×（速度）となる．さらに運動・スポーツにかかわる筋パワー（筋収縮によって発揮されるパワー）は，（筋パワー）＝（筋収縮力）×（筋収縮速度）となる．

3) パワーと瞬発力

体育，スポーツの専門家ですらパワー（power）と瞬発力（explosive big force）を同一と理解している人が意外に多い．しかし，パワーと瞬発力はまったく異なる概念である．瞬発力とは「筋収縮によって瞬間的に発揮される爆発的な力」のことであり，一方，パワーとは前述のとおり物理工学的な概念で「単位時間当たりの仕事量」，つまり，仕事率のことである．

たとえば，瞬発力の単位はkgwあるいはN（ニュートン）の力の単位で，パワーの単位は「kgw·m/s」，「N·m/s」，「ワット」，「馬力」であることからも両者はまったく異なる物理量である．ただし，垂直跳で跳躍力の高い人の瞬発力（最大筋力の発揮）とパワーの発揮との間には明らかに有意な関係があり，その逆の瞬発力の低い人の発揮パワーは小さいという事実もある．両者の定義はまったく異なるが，その概念や現象は同一概念として捉えられる状況が多くあるのも事実である．

4) わが国の体力測定にみるパワーの測定

今日，わが国における各種体力測定や運動能力テストで，パワーをどのような項目として測定しているかをみると，パワー（muscular power）の測定として，①垂直跳，②立幅跳，③走幅跳，④後幅跳，⑤100m走，⑥50m走，⑦25m走，⑧ハンドボール投げ，⑨ソフトボール投げなどの項目である．個々の測定項目のパワー測定の根拠や，どのような測定方法によるかなどの詳細はここでは省略する．パワーの体力科学および運動学的な観点からみれば，今日のわが国におけるパワー測定はパワー（power）の筋パワー（muscular power）的な側面だけの測定に陥っているのは事実であり，筋パワー以外の後述する無酸素的パワーや有酸素的パワーといった測定（項目）が欠落しているといえる．

5) 各種パワーの分類

Wilkie[1]は，運動の持続時間とパワーの関係から人間のパワー（human power）の分類を行っている．その分類では1.0秒以内の持続時間のパワーもあれば，1日にも及ぶ長時間作業のパワーもある．つまり，極めて瞬間的運動から持久的運動もその対象となるし，局所的な運動や全身的運動に関する分類もある．大別すれば運動，スポーツに関する人間の運動は生理学的パワーと力学的パワーに分類される．また，特定の筋肉にかかわる局所的なパワーや心肺機能にかかわる全身的なパワーといった分類もある．

(1) 生理学的パワーと力学的パワー

a．生理学的パワー（physiological power）

運動，スポーツにかかわる人間の動き（human movement）は基本的には筋収縮によって起こる．その筋収縮はリン酸化合物やグリコーゲン，脂肪などのエネルギー源が必要である．運動に関するエネルギー供給機構からそのエネルギー過程をみれば，基本的に無酸素的過程（anaerobic process）と有酸素

---

[1] Wilkie DR：Ergonomics, 3：1, 1960．

的過程（aerobic process）に分けられる．無酸素的過程は非乳酸性機構と乳酸性機構に分けられる．非乳酸性機構はアデノシン3リン酸（ATP）とクレアチンリン酸（CP）の反応によるもので，そのエネルギー供給のスピードは速い（13kcal/kg/秒）がその容量（100kcal/kg）は少ない．乳酸性機構はグリコーゲンから乳酸生成の過程である．その反応は乳酸が多くなると停止し，酸素の供給によって再びグリコーゲンが再合成される．その供給の速度は7kcal/kg/秒で，容量は230kcal/kg程度である．有酸素的過程はグリコーゲンが水と二酸化炭素に分解される過程である．この反応は，酸素が十分なら容量は無限大であるがその供給速度は極めて小さい（3.6kcal/kg/秒）．つまり，筋収縮へのエネルギー供給の速度に限界があるために持続時間の短い運動ではパワーは大きく，逆に持続時間の長い持久的な運動ほどパワーは小さくなる．これらの分類は無酸素的パワー（anaerobic power）と有酸素的パワー（aerobic power）となる．

　運動の持続時間と入力パワーの関係をみると，両者の関係は直角双曲線，つまり持続時間が短ければ大きなパワーが，長くなればパワーは小さくなるという関係である．継続時間の短い例として，陸上競技の短距離ランナーは筋内に多量のエネルギー物質（ATP）を貯えておいて，その多量の化学的エネルギーを一気に爆発的に燃焼させる．長距離ランナーは酸素摂取量を大きくすることでパワーの需要をまかなう．したがって，短距離ランナーは大きなパワーが要求されるがその持続時間は短く，逆に長距離ランナーではパワーの水準は高くはないが長時間の継続が可能（有酸素的パワー）であることを示している．

　b．力学的パワー（mechanical power）

　人間のパワーに関しての力学的パワーとは，生理学的に発生されたパワーが神経系を経て，骨格筋を介して外部へ発揮されるパワーである．力学的なパワーは力学的な仕事もしくはエネルギーから考えられる概念で，外部への仕事量（W＝F・d）とその作用時間（t），もしくは外部に発揮される力（F）と速度（V）の測定から前述したP＝W/t（＝F・V）として算出される．

　ところで，生理学的なパワーを発生パワーとすれば，力学的なパワーは出力パワーの概念であり，両者の関係は後述する「パワー効率」としても論じられる．

（2）局所的パワーと全身的パワー

　「上腕二頭筋が弱いからこの筋肉の力や筋パワーを高めたい」というような状況があったときに，ダンベルなどを用いて前腕屈曲動作に訴えて上腕二頭筋といった特定の筋肉（群）のパワーアップを試みるような状況が局所的なパワーの概念である．一方，50m走やハンドボール投げなどで，全身的運動として走ったり，投げたりといったパワー発揮が全身的パワー能力の対象となる．

（3）筋パワーと心肺機能のパワー

　垂直跳びの跳躍高獲得のために下肢筋群を動員してキック力を強め，より高く跳び上がろうとする状況のパワーは，いわゆる筋パワーの概念である．一方，心肺機能のパワーとは前述した生理学的なパワーの別称と考えられるもので，心臓・肺臓のいわゆる呼吸・循環系機能に基づくパワー発揮の概念である．

(4) パワー効率

たとえば，垂直跳びの要領で体重 60kgw の人が 40cm の跳躍を 50 回連続して行い，その実施時間が 60 秒であったとき，この人の力学的なパワーは，

P＝60kgw×0.4m/60 秒×50 回＝20kcal

となる．もし，このとき 4,200kcal の酸素を消費していたとすれば，生理学的な発生（入力）パワーは 4,200kcal/60 秒＝70kcal/ 秒となる．

ところで，パワーの効率とはパワー効率＝出力パワー／入力パワーであることから，この垂直跳の連続動作での効率は η＝20kcal/70kcal＝0.253 であり，入力パワーの 25.3％ が出力パワーに変換されたということになる．

(5) パワー効率の改善

からだが消費するエネルギーのうち運動のための有効な出力パワーは，その効率が高いといわれる歩行運動においてすらわずかに 30％ 前後といわれている．

一方，水泳の各種泳法での速度に関する入力パワーと出力パワーおよびその効率の関係をみると，速度の増加に対して入力パワーも出力パワーも増加するがそのパワー効率は低下する．たとえば，平均 2.0m/ 秒の泳速度の効率はわずかに 3％ 強でしかない．各種運動動作でのパワー効率の背景には筋の粘弾性や主働筋と協同筋，拮抗筋の働きに関する神経支配の巧みさがエネルギーの消費を少なくし，出力パワーを高めている実態がある．そして，そのパワー効率の高低によってより速く，より遠く，より高くといった運動成果（運動パフォーマンス）がもたらされるのである．水泳の泳効率の低さには水という物質にかかわる浮力や粘性または動作学的な各種抵抗力や，体温と水温の間の放熱などが複雑に絡み合った結果での低さである．

2．筋力，筋収縮速度（スピード）と筋パワー

1）筋収縮の様態と筋力，筋収縮速度

筋力とは「筋の収縮によって発揮される力」の短縮形であることを述べた．ところで，筋の収縮には以下に示すような様態があり，結果としてそれらの様態によってその筋収縮の力，収縮速度，結果としての筋パワーも異なってくる．

(1) 筋収縮の様態

図 3-1 に筋収縮の様態を筋収縮力（F）とその収縮速度（V）の関係として示した．

a．短縮性収縮（concentric contraction）

短縮性収縮とは筋がその長さを短くしながら筋力を発揮する様態のことである．その関係は基本的には収縮力が大きくなれば収縮速度は小さくなり，逆に収縮力が小さくなれば収縮速度は大きくなるといった直角双曲線の関係を示す．

b．等尺性収縮（isometric contraction）

等尺性収縮とは筋の長さが一定の状態で筋力を発揮する様態で，筋の収縮速度はゼロの様態である．この状態（図 3-1 の A 点）を一般的には静的最大筋力

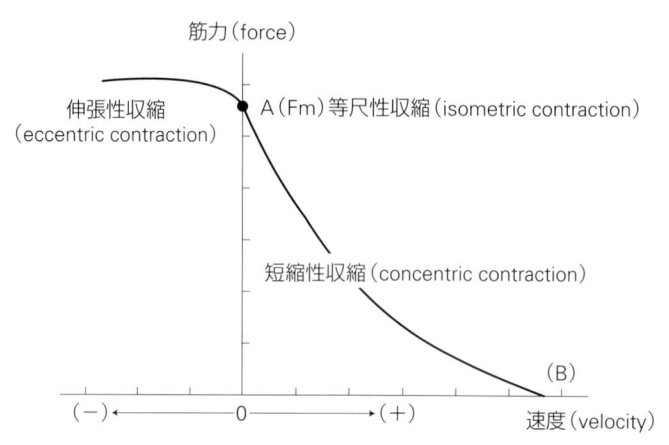

図3-1　筋収縮力(F)および筋収縮速度(V)からみた筋収縮の様態

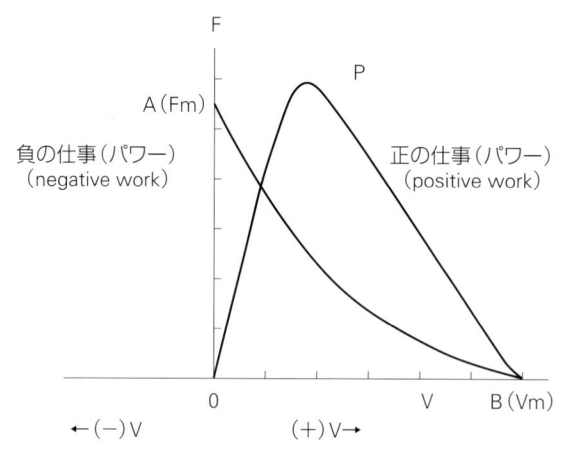

図3-2　筋収縮力(F),筋収縮速度(V)と筋パワー(P)の関係

(アイソメトリック)という．

c．伸張性収縮（eccentric contraction）

　伸張性収縮とは筋肉が伸ばされながら収縮する様態である．つまり，筋肉そのものは短縮しようという状況で筋力を発揮するが，筋収縮の最大値以上の外力によって結果的に短縮の反対，つまり伸展させられる筋収縮ということである．

d．等速性収縮（isokinetic contraction）

　等速性収縮とは筋収縮の速度が一定の様態である．つまり，運動学的には，筋収縮のどの瞬間をとっても常に一定の筋力が発揮される状態（加速度ゼロ）ということになる．

(2) 筋力，筋収縮速度と筋パワーの関係

　Hill[2]は蛙の縫工筋を用いた実験から筋収縮に伴う力（F）と筋収縮速度（V）の間に $(F+a)(V+b)=(F_0+a)b$ の関係があることを示した．ここで，F_0 は等尺性最大筋力，a，bは実験測定範囲での筋収縮力（F）と筋収縮速度（V）にかかわる定数である．

このときの収縮力（F）と収縮速度（V）の関係から出力パワー（FV）を算出し図示したものが**図3-2**のパワー曲線である．出力パワーは収縮力（F）に対しても，収縮速度（V）に対してもある一定の値のところで極大値としての最大値を示す．

この最大値の詳細に関しては後述するが，ちなみに静的最大筋力（A点：Fm）発揮時は収縮速度がゼロ（V＝0，つまり，isometric contraction）であることより出力パワー（FV）はゼロとなり，収縮速度の最大発現時（B点／外部負荷なし：Vm）は収縮力Fの発揮がゼロであることから，ともに外部への出力パワーはゼロになる．

ちなみに，**図3-2**にそれぞれの筋収縮の様態における仕事の概念を重ねてみたが，短縮性収縮時は筋が外部に対して仕事をする「正の仕事（positive work）」で，等尺性収縮時の仕事は「ゼロ」で，伸張性収縮時は「負の仕事（negative work）」で，筋肉が外部に向かって仕事をするのではなく，逆に筋肉が外部から仕事を受ける状態である．仕事を時間に関して微分した概念がパワーであることを考えると，短縮性収縮時のパワーは「positive power」で，等尺性収縮時のパワーは「ゼロ」で，伸張性収縮時のパワーは「negative power」ということになる．

2）神経衝撃とパワー

パワー発現の背景には神経衝撃（impulse）の集中が関係している．その関係は各種パワー発揮の動作にかかわる筋電図（EMG）測定からも確認できる．パワーの発現状態の大きな動作では筋放電の高まりが大きくて集中的であるのに対して，力の発揮は大きいがスピードが遅い，つまりパワーの発現が小さい場合には筋放電の発現も緩慢である．つまり，パワー発揮の背景には多数の運動単位が集中的に興奮して，同時に多くの筋線維を収縮させているのである．神経衝撃の発現の集中性と結果としての力の発生する速さが個人のパワー発現の能力と密接な関係がある．筋力発揮が大きくても筋の収縮が緩慢では大きなパワーの発揮には結びつかない．

3）筋線維組成とパワー

筋を構成している筋線維には収縮速度が速い速筋線維（FT線維：first twich fiber）と遅い遅筋線維（ST線維：slow twich fiber）がある．速筋線維は別名白筋線維と呼ばれ，遅筋線維は赤筋線維と呼ばれている．これらは筋線維の外見的な色からそう呼ばれている．

Thorstenssonら[3]の等角速度の膝伸展動作における最大トルクと速筋線維の割合との関係を示す研究から，速筋線維の占める割合と最大トルクの関係は直線関係（統計的に有意な関係）にあり，速筋線維の割合が高ければ高いほど最大トルクは大きいとされている．この測定は等角速度運動，つまり動作の角速度は一定であることからパワー発揮は力の発揮と考えられる．陸上競技の短距離選手と長距離選手の比較では，短距離選手は速筋線維の占める割合がおよそ80％，長

---

2) Hill AV：Proc Roy Soc B, 126：136, 1938.　　3) Thorstensson A et al：J Appl Physiol, 40：12, 1976.

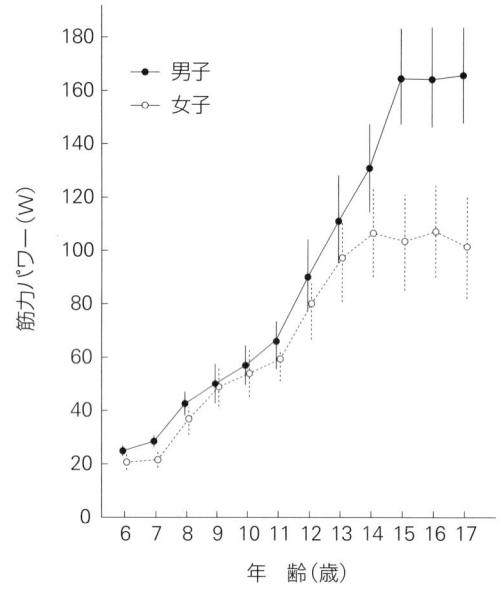

図3-3　脚筋伸展における最大パワーの男女差および年齢発達
(金子公宥：瞬発的パワーからみた人体筋のダイナミクス, p111, 杏林書院, 1973)

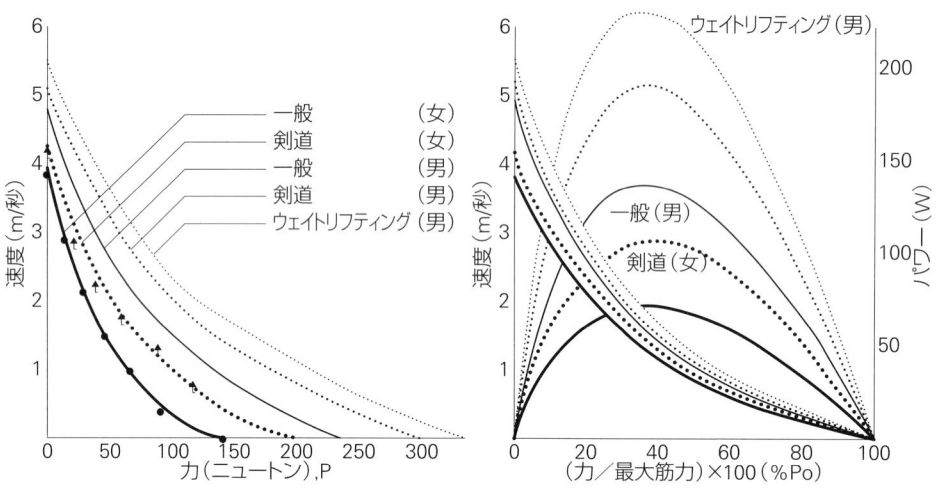

図3-4　腕屈曲動作における力-速度関係から得られた筋パワーの最大値からみたスポーツ種目の特性
(金子公宥ら：腕屈曲の力・速度・パワーにおける性差と運動目標差. 日本体育学会32回大会発表資料, 1981)

距離選手ではおよそ20%であることから，筋線維の組成とパワー発揮の関係は速筋線維がその収縮力および収縮速度が速い線維であることから発揮パワーは大きい．

4) スキルとパワー

柔道の経験はほとんど初心者に等しいが，身長1.80m，体重80kgwの大学陸上競技部に所属する投擲選手と中学校2年生の柔道歴3年の柔道部員（1.65m，55kgw）と柔道の試合を行ったと仮定して，どちらが強いであろうか．恐らく柔道の経験は初心者に近いが，体格や筋力，筋パワーに優れた大学生の方が体力に負かせてこの中学生をねじ伏せてしまうであろう．一方，最近卓球少

女とマスコミで騒がれている「愛チャン」と，この投擲選手と卓球の試合をしたとしよう．どちらの方の打球が速いであろうか．答えは愛チャンの方がはるかに速いし，勝負の方も問題なく愛チャンが勝つであろう．つまり，パワーは各種スポーツにおいて重要な体力要因，運動能力の要因には違いはないが，各種スポーツの技術性にかかわる動きの中で発揮されてはじめてその大小の意味があるのであって，ただ絶対的にそのパワー値が大きければよいというものでもない．

野球の選手が打球を遠くに飛ばさんがために筋力，筋パワートレーニングと称してベンチプレスを行い，仮にその効果が大胸筋や上腕三頭筋といった上体のパワーアップをもたらせたとしても，必ずしもそのパワーが額面どおりに打球の距離に直接貢献するわけではない．筋のパワーアップをねらったトレーニングで大事なことは，その運動の速さでのパワー発揮のアップである．

一般的にパワーは体力や運動能力の実態を示す指標として捉えられる側面が多いが，必ずしもパワーの捉え方はそれだけではない．つまり，パワーの発揮（最大値のみならずその瞬間的な発揮）状態から，個々のスポーツ種目のスキル（技能）レベルの評価や判断に用いられる概念でもある．たとえば，後述する「垂直跳」におけるパワーの発現は筋パワーの指標として用いられているのは事実であるが，実は垂直跳動作を幾段階かに分けて実施すると，そのパワーの発現状態は個人において必ずしも一定ではないのである．つまり，動作の仕方の上手い下手によって発現パワーはまったく異なった値になる．また，両腕の「反動振り込み」や両膝の屈伸を伴う「反動動作」を用いるか用いないかの違いはパワー発現に大きな差異をもたらす．そのような意味ではパワーの発現能力は単に体力的な指標ではなく動きのスキルにかかわる概念でもある．

5) パワーの男女差，年齢差

(1) 脚伸展における脚筋パワーの男女差

図3-3は6～17歳までの男女の脚伸展に伴う最大パワーの比較である．いずれの年齢においても男女差が示されている．とりわけ，思春期の発育のスパート（13歳）以降の実態にパワーの男女差（最大値：男子15歳，女子14歳）が示されている[4]．

垂直跳びによる跳躍高からみると，男女差に関しては女子の最大値が男子のおよそ72%であり，また年齢に関しては男女とも17歳をピーク（男子：62.0cm，女子：44.5cm）にその後低下傾向を示し，たとえば，70歳の高齢者ではピーク時に比べて男子では46.5%，女子では41.8%のレベルに低下している．パワー能力の男女差および年齢変化の一例である．

6) 各種スポーツ種目とパワー

(1) 筋パワーからみたスポーツ種目特性

a．前腕屈曲における力―速度関係の最大パワーとスポーツ特性

図3-4は前腕屈曲動作における力―速度関係とその関係から得られた筋パワーをウェイトリフティング選手，剣道選手および一般の男女の比較として示

---

4) 金子公有：瞬発的パワーからみた人体筋のダイナミクス．p111，杏林書院，1973．

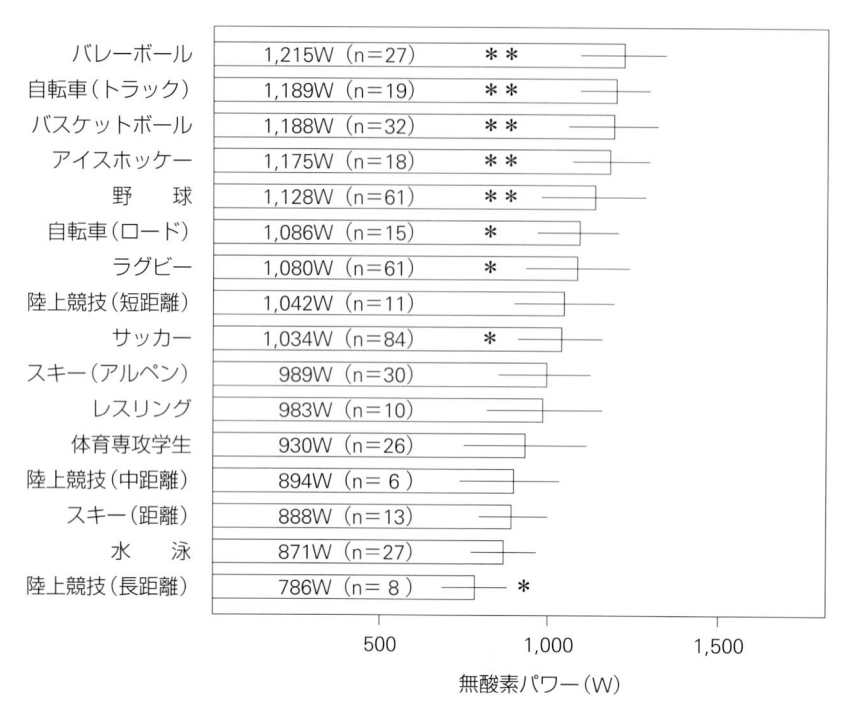

図 3-5 自転車エルゴメータ作業における最大無酸素パワーからみたスポーツ種目特性
*：p<0.10，**：p<0.05　（中村好男：Jpn J Sports Sci，6：697，1987）

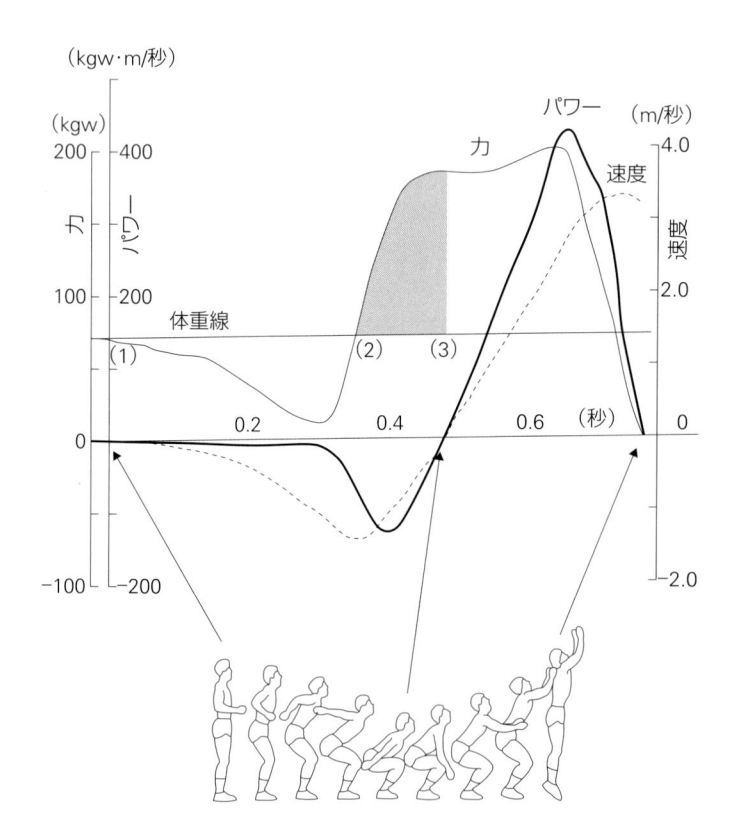

種目	パワー	n
バレーボール	1,215W	n=27 **
自転車（トラック）	1,189W	n=19 **
バスケットボール	1,188W	n=32 **
アイスホッケー	1,175W	n=18 **
野球	1,128W	n=61 **
自転車（ロード）	1,086W	n=15 *
ラグビー	1,080W	n=61 *
陸上競技（短距離）	1,042W	n=11
サッカー	1,034W	n=84 *
スキー（アルペン）	989W	n=30
レスリング	983W	n=10
体育専攻学生	930W	n=26
陸上競技（中距離）	894W	n=6
スキー（距離）	888W	n=13
水泳	871W	n=27
陸上競技（長距離）	786W	n=8 *

図 3-6　反動，振り込み動作を用いた垂直跳動作における垂直方向の力，身体重心の速度およびパワーの発現
（植屋清見：山梨大学教育学部研究報告，41：124，1990）

たものである[5]．前腕屈曲動作の主働筋は上腕二頭筋であるが，この筋パワーとスポーツ種目の間には日頃の使われ方を含めた種目特性が見いだされる．

(2) 自転車エルゴメータ作業における最大無酸素パワーとスポーツ種目特性

図3-5はわが国の一流選手の自転車エルゴメータ駆動での最大無酸素パワー値の種目毎の平均値とその標準偏差を示したものである[6]．その値の高い種目はバレーボール，自転車（トラック），バスケットボールの順で，逆に低い方では陸上競技の長距離，水泳，距離スキーの順である．対体重あたりでは高い方から自転車（トラック），自転車（ロード），アイスホッケーで，低い方からは水泳，ラグビー，陸上競技長距離の順であった．このように最大無酸素パワー値からのスポーツ種目特性が見いだされる．

3．各種測定にみるパワーの測定とパワー特性

1）なぜ，垂直跳びがパワーの測定に用いられるか

旧文部省体力診断テストにおいて垂直跳びの測定項目としての意義が「主に脚筋群のパワーを間接的に知る方法」として，その背景には「実際には跳躍者の体重の影響を受けるけれどもパワー測定の簡便法として採用している」と述べられている．たとえば，体重100kgwの人と50kgwの人が同じく50cmの跳躍した場合，現行の評価法では両者は「同一パワー」の持ち主ということになるが，厳密には異なる．両者の間では仕事量からいえば，100kgwの方が2倍の仕事をしているのである．厳密なパワー量の算出ということになれば，両者の垂直跳び動作の時間が明確にされなければ算出できない．

Gray[7]は，垂直跳びにおけるパワー（P）は，体重（W）や動作時の重心高（h1：離足時，h2：跳躍高）から，

$$P = \frac{W(h1+h2)}{h1\sqrt{2/gh2}}$$

によって求められると提唱している．そして，この式から得られる平均パワーと実際の跳躍高の間には高い相関関係が認められることから，パワー算出の簡便法として垂直跳びが採用されたという背景がある．また，垂直跳びの結果と脚筋力との間にも統計的にも有意な相関関係があることが多数報告されていることから，垂直跳びは瞬発力の指標にもなる動作とも評価されている．したがって，体力テストの科学性や信頼性には若干の問題をもちながらも，テストの簡便性や経済性から垂直跳びがパワーの測定動作に採用されているのである．

2）垂直跳びにおけるパワーの測定とパワー特性

図3-6は，垂直跳び動作を力量計（force plate）上で行わせ，そこから得られた地面反力から動作に伴う力（垂直成分：Fy），身体重心の垂直方向の速度，

---

5) 金子公宥ら：腕屈曲の力・速度・パワーにおける性差と運動目標差．日本体育学会32回大会発表資料，1981．

6) 中村好男：Jpn J Sports Sci, 6：697, 1987．

7) Gray RK et al：Res Quart, 33：44, 1962．

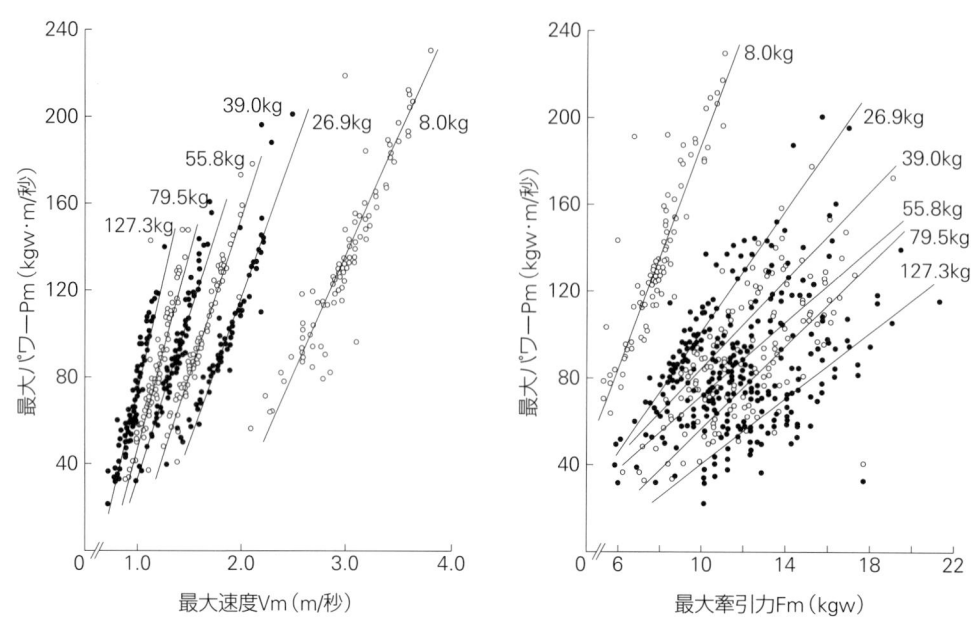

図3-7 各種等価質量における前腕屈曲動作の最大パワー(Pm),最大筋力(Fm)および最大速度(Vm)の関係
(植屋清見:山梨大学教育学部研究報告,38:91,1988)

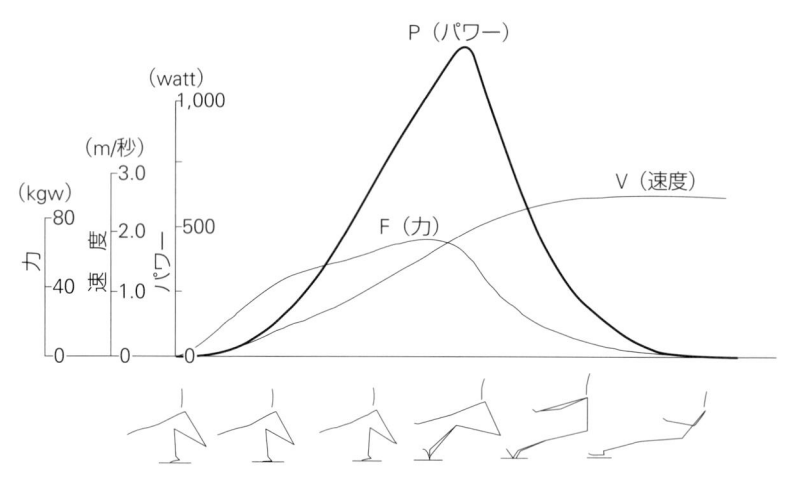

図3-8 慣性負荷法によって測定されたローイング動作でのF(力),V(速度),P(パワー)の発現
(植屋清見:体育学研究,22:363,1978)

並びに動作パワーを示したものである．ここに示された垂直跳び動作は，腕の振り込み動作も脚の反動動作も用いた自由な動作での実施の場合である．動作開始前の力は体重のみで，反動動作での膝の屈曲に関して抜重状態になり，そして身体重心の速度がゼロに向かう状況では垂直下方へのマイナス加速度を切り替えるために大きな力が発揮されている．その後，身体重心が垂直上方に向かう局面で力の発揮状態は大きくなり後半の山はいわゆるキック力としての大きな力の発現である．当然のこととして，身体重心の垂直方向への速度は段々大きくなり，つま先が床から離れる離足瞬間に身体重心の速度は最大値になる（厳密には，離足瞬間のわずか直前に重力との関係から最大値を迎えている）．これらの一連の力発揮に関連したパワーが図中の太線である．パワーの発揮は抜重の状態ではマイナス値で，身体重心の速度が抜重から上昇に切り替わる一瞬のゼロのときにはパワー値はゼロになり，キック力の増大，垂直方向への身体重心の値の高まりに伴ってパワー値は上昇し，離足直前にその最大値を迎える．図中の試技では跳躍高60cmのジャンプであったが，このジャンプでの最大キック力は200kgw，そしてキック力に関する最大パワーは420kgw・m/秒（5.7馬力）と算出された．最大パワーの発現は必ずしも最大速度の瞬間でも最大キック力の発現の瞬間でもない．

3）前腕屈曲動作における最大パワー

図3-7は，座位姿勢の前腕屈曲動作で外部負荷の等価質量を8.0kgから127.3kgの6段階に変えた場合の最大牽引力（Fm）と最大速度（Vm）および最大パワー（Pm）の関係を示したものである[8]．いずれの等価質量においても最大パワーと最大筋力，最大速度の発揮の間には直線的な比例関係が存在する．つまり，最大パワー発現の背景には大きな最大牽引力および最大速度の存在があるということである．

4）ローイング動作におけるパワーの最大発揮

ボートのローイング動作は座位姿勢ではあるが脚による蹴り出し，腕による引きつけ，上体によるあおり動作といったような全身的な運動である．図3-8は，著者によって開発された慣性車輪並びにパワーメータによって実験室的に測定されたローイング動作の力，速度，パワー曲線を示したものである[9]．図3-8において，「F」が力，「V」が速度を，「P」がパワーを示している．慣性車輪に出力として与えられるこれらの力，速度，パワーは動作の瞬間瞬間でその値は変化するが，パワーに関しては脚の蹴り出し，腕の引きつけ動作が重なり合ったタイミングで最大パワーが発揮されている．ちなみに，この選手の最大パワーの大きさは1,196Wであった．参考までにインターカレッジの決勝に進んだエイトの選手の平均値は，シーズン中の8月では1,200W，冬季トレーニング開始時（シーズンの前年）の11月では890W，シーズンの2月では1,050Wというようなトレーニング効果が確認された．

---

8) 植屋清見：山梨大学教育学部研究報告，38：91，1988．　9) 植屋清見：体育学研究，22：363，1978．

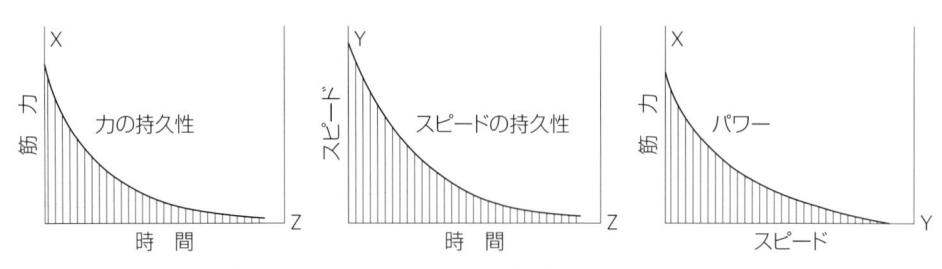

図 3-9 行動体力の2次元モデルからみたパワーの位置づけ
(猪飼道夫:体育教育の原理. p196, 東京大学出版会, 1974)

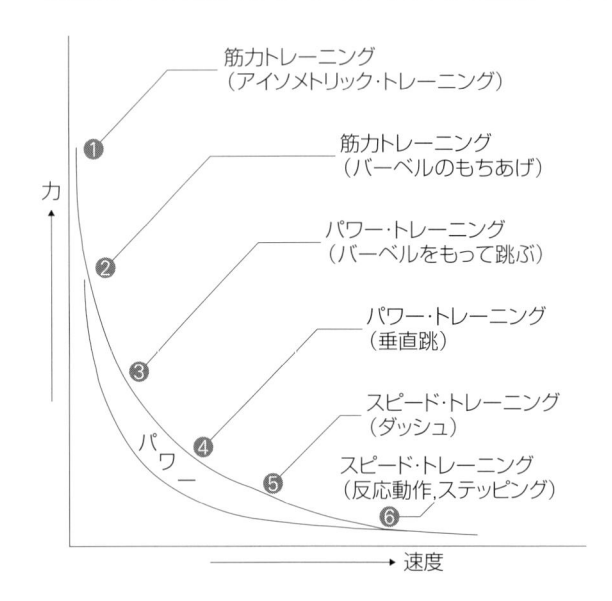

図 3-10 行動体力の2次元モデルからみたパワートレーニングの位置づけ
(猪飼道夫:体育教育の原理. p196, 東京大学出版会, 1974)

❶ 筋力トレーニング（アイソメトリック・トレーニング）
❷ 筋力トレーニング（バーベルのもちあげ）
❸ パワー・トレーニング（バーベルをもって跳ぶ）
❹ パワー・トレーニング（垂直跳）
❺ スピード・トレーニング（ダッシュ）
❻ スピード・トレーニング（反応動作,ステッピング）

表 3-1 脚筋の最大パワー（Pm）の発現と最大パワーをもたらす力(F)，速度(V)の最大筋力(F/Fm)，最大速度(V/Vm)に対する割合
(金子公宥:体育の科学, 20:368, 1970)

	Pm (kgw·m/秒)	Fm (kgw)	F/Fm	Vm (m/秒)	V/Vm
男子平均	16.3	10.6	0.356	1.55	0.334
女子平均	7.0	5.8	0.362	1.19	0.341

4．パワートレーニング

1）行動体力の2次元モデルからみたパワーとパワートレーニングの位置づけ

　図3-9は行動体力の2次元的モデルからみたパワーの位置づけである．つまり，①筋力―時間は力の持久性であり，②スピード（速度）―時間はスピード持久性であり，筋力―スピード（速度）の関係がパワーであるという概念を示したものである．

　猪飼[10]は，この行動体力の2次元モデルから力と速度の関係における各種ト

レーニングの位置づけを**図 3-10** のように行っている．力の大きい（スピードが遅い）方から，①筋力トレーニング（アイソメトリックトレーニング），②筋力トレーニング（バーベルの持ち上げ），③パワートレーニング（バーベルをもって跳び上がる），④パワートレーニング（垂直跳び），⑤スピードトレーニング（ダッシュ系），⑥スピードトレーニング（反応動作，ステッピングなど）である．パワーアップトレーニングという観点に立てば，このような位置づけからそれぞれのスポーツ適正に合致したパワートレーニングの実施方法などが示唆される．

2) 筋パワートレーニングにおける重量負荷の決定

(1) 筋収縮の示性式からの算出

先に Hill の筋収縮力と筋収縮速度の示性式が $(F+a)(V+b)=(F_0+a)b$ であることを示した．ここで，式を展開すれば $FV=bF\{(F_0+a)/(F_0+a)-1\}$ となる．ここで，外部への出力パワー（FV）の最大値を与える条件を考えると，この式を力（F）で微分した極大値が力（F）に対する条件として算出される．つまり $d(FV)/dF=0$ になる条件を算出すると，$F=a(\sqrt{1+F_0/a}-1)$ が得られる．この式は速度（V）に関しても同様に $d(FV)/dV=0$ として最大速度に対する最大パワーの発揮も算出される．この式に基づいて一般男女の最大筋力（F_0）と最大速度（V_0）に対する最大パワー値を算出すると，**表 3-1** にみられるように男女それぞれ最大筋力の 35.6%，36.2%，最大スピードの 33.4%，34.1% という値が算出される．男女ともに最大筋力および最大スピードのおよそ 1/3 強に相当するときに最大パワーが発揮される．

(2) 35.6%（36.2%），33.4%（34.1%）の負荷重量の意味

筋パワーのトレーニング負荷として最大筋力の 35.6%（36.2%）値，最大スピードの 33.4%（34.1%）という値が理論的に算出されたが，実際の筋力トレーニング，筋スピードトレーニングにおいてはそのほとんどが静的な運動ではなく，動的な動きを伴ったものである．たとえば，バーベルを用いたベンチプレスにおいては動的な動きの繰り返しである．したがって，アイソメトリックな静的状態での最大筋力に対する比率ではなく，実際の動きにおける負荷に対する比率が実用的である．そこに登場するのが 1RM（one repetition maximum）が実用的である．結論的に，最大筋力を高めるためにはこの 1RM の 2/3～3/4 の負荷重量で，パワートレーニングは 1RM の 1/3～1/2 の負荷重量とされている．

(3) 1RM の決定

ここでいう 1RM とは最大努力で 1 回試技できる重量のことである．最大筋力は静的な状態での筋力の最大発揮であるが，1RM は動的な状態で試技できる最大重量のことで，いわゆる最大筋力とは異なり最大負荷重量と呼ばれる概念である．

  a．試行錯誤法（try and error procedure）

10）猪飼道夫：体育教育の原理．p196，東京大学出版会，1974．

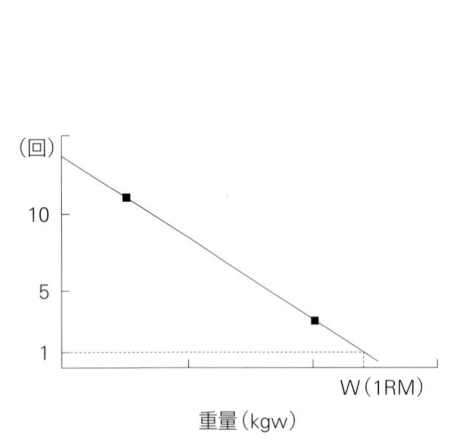

図 3-11　回帰方程式からの 1RM の算出方

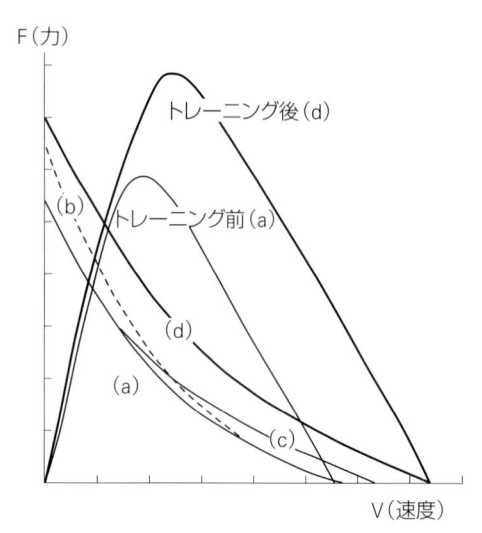

図 3-12　筋力型のトレーニング法とスピード型の
トレーニング法からのパワートレーニングの効果

　たとえば，ベンチプレスで 60kgw の重量で試技したら 20 回できた．75kgw にしたら 12 回できた．増量して 90kgw にしたら 4 回できた．100kgw にしたら挙上できなかった．とすれば，1 回できる重量は 90kgw と 100kgw の間の重量であろうとの予測のもとに 95kgw に挑戦したらやっと 1 回できたというような決定の仕方がいわゆる試行錯誤（try and error procedure）法である．ただし，この方法の欠点は複数回数の試技の間に疲労が貯まり，正確な数値が出ない可能性がある．

　b．回帰方程式からの算出

　一方，回帰方程式からの算出は測定に先だった準備段階での練習から 10 回前後挙上可能と思われる重量で試技し，その回数を記録する．ただし，予想に反して 15 回以上の実施回数が可能という感じであったならば試技をやめ，幾分増量した重量での試技を行う．

　次に，3～4 回と予想される重量での試技を行い，その回数を記録に残す．縦軸に回数を，横軸に試技重量のグラフに 2 回の試技の値をプロットし，両者を直線で結ぶ．その直線と縦軸の回数 1 との交点から縦軸に平行な垂線を降ろし，横軸の重量を読みとるとその重量がその試技における 1RM になる（**図 3-11**）．

　c．1/3×1RM の負荷の簡易的設定

　ところで，一般的に 1RM の 2/3 の負荷とは最大努力で試技したときに実施者の個人的な経験や実施技術などの違いによって若干の違いはみられるが，およそ 10 回前後実施できる重量負荷とされている．したがって，試行錯誤的に 10 回前後試技できる重量（W）を確認したらその重量を 3/2 倍したものが最大負荷重量（1RM）であることから，筋パワーの対象となる重量は W×3/2×1/3 として算出される．

　たとえば，ベンチプレスで 60kgw のバーベルを 10 回挙上できたとすれば，この人のパワーアップのための負荷重量は 60kgw×3/2×(1/3～1/2) のもと

に30～45kgwと算出される.

(4) 最大筋力のアップおよび最大スピードのアップからのパワートレーニング

図3-12は，慣性車輪を用いた慣性負荷法で得られた力（F）―速度（V）曲線とこの数値から得られたパワー値を曲線化したものである．この筋パワーの実態（a）に対して，実験的に慣性車輪の外部負荷を最大筋力に近い負荷条件でトレーニングさせた場合には，等価質量の大きい部分での速度が大きくなり筋パワーは速度の遅い部分での増加を示している．つまり，この大きな負荷でのトレーニング効果は大きな筋力を要する部分に生じることを示している（図3-12のb）．一方，慣性車輪の等価質量をゼロ，つまり負荷がなく，空身の状態でひたすら最大速度の状態での筋収縮を実施した場合の効果は速度の大きい部分への効果として収縮速度ならびにパワーの増大化が確認される（図3-12のc）．このように最大筋力を高める方向のトレーニングでも，最大速度を高める方向でのトレーニングでも結果としての筋パワーは大きくなっていくのである（図3-12のd）．筋パワーの負荷が上述した1RM×1/3相当の負荷である必要は必ずしもない．

5. パワー・トレーニングの実践例

以下に各種パワーアップのためのトレーニング方法の実施種目を実施動作やその連続写真を用いて紹介する．

1）前腕屈曲動作（局所的筋パワー）

ダンベルを用いて前腕の上腕二頭筋や上腕三頭筋といった局所的な筋パワーのアップを図る．基本的には筋力トレーニングであるが，負荷の条件を最大負荷重量（1RM）の1/3～1/2とし，最大スピードで疲れない程度の回数（10回）で実施することによってパワーアップのトレーニングとなる．

2）V-Sit Up（上体起こし；局所的筋パワー）

腹筋群のパワーアップを図る．動作はできるだけ大きな範囲かつ最大スピードで実施する．各種運動，スポーツの基礎体力としての腹筋群のパワーアップにつながる．

3）垂直跳びによるパワートレーニング（脚筋パワー）

その場での垂直跳び動作を連続させながら実施する．腕を用いなければ，脚筋のパワーアップで，腕の振り込みを用いて行えば脚筋を中心とした全身のパワーアップにつながる．回数的には疲労を貯めないような回数（10回程度）で行う．

4）ソフトボール投げによるパワートレーニング（全身的パワー）

これはパワーでもどちらかといえばスピード依存型の全身的なパワーアップのトレーニングに属するもので，スピードの増大化からのパワーのアップを図る．

写真 3-1　ソフトボール投げによるパワートレーニング

写真 3-2　バウンディングによるパワートレーニング

写真 3-3　プライオメトリックス（ドロップジャンプ）によるパワートレーニング

写真 3-4　おんぶ走によるパワートレーニング

写真 3-5　フリーウェイト（スクワット系）によるパワートレーニング

写真 3-6　フリーウェイト（クリーン系）によるパワートレーニング

写真 3-7　近代的マシーンによるパワートレーニング

写真 3-8　自転車エルゴメータによるパワートレーニング

写真 3-9　階段駆け上がりによるパワートレーニング

ウェイトトレーニングによる最大筋力のトレーニング（1RMの2/3～3/4の比較的強度の強い負荷での実施）後に，動きのスピードを低下させないような配慮でのパワーアップトレーニングとなる．あわせて，全体的な動的柔軟性やバランス能といった側面での効果も期待できる．重量挙げの選手や砲丸投げの選手にも上述のような観点から有効であるが，どちらかといえばバドミントンやテニスといった軽スポーツの種目のためのパワーアップのトレーニング方法である（**写真3-1**）．

5) バウンディング（連続段跳び，脚筋パワーおよび全身的パワー）

立3段跳び，5段跳び，7段跳びといった段数を増やしながらバウンディング運動として行う．基本的には脚筋のパワーアップの運動であるが，両腕を最大限に用いることによって四肢のバランス能のトレーニングや次に述べるプライオメトリックストレーニングの一種にもなる（**写真3-2**）．

6) プライオメトリックス（drop jump，脚筋パワー）

ある一定の高さから飛び降り，間髪を入れずに上方に跳び跳ねるジャンプであるが，目的によってはバーベルなどの負荷をかけて行う．動作学的に重要なことは，跳び降りの着地直後に，間髪を入れず，できるだけ最大スピードでの上方への跳びはねを心掛けることがよりパワーアップトレーニングに結びつく（**写真3-3**）．

7) おんぶ走（脚筋および無酸素的パワー）

練習仲間を背中におんぶし，決められた距離を最大スピードで走破する．ねらいとするパワーアップによって負荷となる背中のパートナー（の体重）を選択したり，走行距離などを設定する．くれぐれも筋持久力や全身持久力のトレーニングにならないためには，その実施時間や実施距離の設定を筋パワーや無酸素的パワーのアップの範囲内に設定することである（**写真3-4**）．

8) フリーウェイトによる筋パワーのトレーニング（筋パワーのトレーニング）

(1) フルスクワット／ハーフスクワット／クォータースクワット

バーベルを肩に担ぎ一定のリズムでの膝の屈伸運動として行う．膝の屈伸角度の違いによるフルスクワット，ハーフスクワット，クォータースクワットの屈曲姿勢がある．

いずれの屈曲角度でも，パワーアップを目指してのスクワット動作であれば実施動作を最大スピードで，疲労を貯めない回数（10回程度）で行うことが重要である．

動作学的な留意点としては背筋群を伸ばし，そのためには目線を前方遠くに設定して行うことである．当然のこととして，この動作の効果は下肢筋群（殿部，大腿部）などである．

呼吸のリズムも大切で，伸展時に吐き出し，屈曲時に吸い込むリズムで行う（**写真3-5**）．

(2) ハイクリーン／ロークリーン（筋パワー）

　写真3-6にバーベルによるハイクリーン動作を示した．ハイクリーン動作は，床に置かれたバーベルを全身的な動作として一気に頭上に差し上げることで，全身の筋肉のパワーアップとして有効な動作である．動作学的にはバーベルの挙上を腕だけで行ったり，背筋群だけで行わないこと．そのための指標として，バーベルの軌跡をできるだけからだに沿って行うことで確認できる．

9）各種マシーンによるパワートレーニング（筋パワー）

　マシン機器を用いて筋パワーのアップを図る．最近の機器は鍛錬すべき部位によってその用途がおのずから決定されているものが多い．写真3-7は腹筋群・背筋群，腕や肩のパワーアップに資する機器で，基本的には筋力トレーニングの実施動作である．その実施スピードを最大にもってくることでパワーアップトレーニングになる．

10）自転車エルゴメータによる無酸素的パワートレーニング
　　（脚筋および無酸素的パワー）

　自転車エルゴメータによる無酸素的パワーアップのトレーニングでは，負荷の設定によってハイパワー，ミドルパワー，ローパワーの設定が自由に選択でき，目的とするパワーのレベルにあわせたトレーニングが可能となる（写真3-8）．

11）階段駆け上がりによるパワートレーニング（脚筋および無酸素的，有酸素的パワー）

　比較的身近にある建物や競技場の階段を利用しての全身的なパワートレーニングであり，局所的な筋パワーも生理学的なパワーも同時に設定できる．運動の条件としては最大努力（最大スピード下で短時間で駆け上がる）のもとに一気に指定された段数を駆け上がる（写真3-9）．

12）インターバルトレーニングによるパワートレーニング（有酸素的パワー）

　インターバルトレーニングは，運動強度として，①距離，②時間，③休息時間，④繰り返し回数によって規制されるトレーニング方法であるが，ここでいう有酸素的パワーアップのトレーニング法は，その距離の設定も，時間の設定もいわゆる長距離的な設定ではなく，陸上競技を例とすれば，①400m程度の距離を，②最大スピードの80〜95％程度の運動強度と考えたい．

6．パワートレーニングの総括

　パワートレーニングを総括すれば，基本的には，1）エネルギー源の増大，2）エネルギー駆出速度の増大，3）エネルギー効率に帰結する．エネルギー源の増大に関しては筋力を強化することが大原則であるが，円滑な調和的動作展開という観点からパワーを考慮したとき，合目的的な神経—筋の養成が重要である．また，爆発的なパワー養成という観点では最大酸素負債能力の養成が必要となる．また，筋力は十分でもスピード（速度）がなければ大きなパワー発揮には

至らないことを考慮すると，筋力の発生速度を高めること，そのためにはパワーアップすべき筋活動への神経衝撃の集中性を高めなければならない．パワー効率の改善に関しては，神経支配の巧みさがエネルギー消費を少なくし，有効パワーを高める．このようなことを念頭に入れて以下のような点に留意したパワートレーニングの実施が考えられる．

①パワーには生理学的なパワーと力学的なパワーがあり，おのずからその特性には違いがあることから，その特性を熟知したトレーニングを実施すべきである．

②パワーの養成には筋力に依存する力型のパワーアップとスピード依存型のパワーアップがある．力依存型は大きな負荷で，スピード依存型は最大スピードでの実施となるが，力依存型の場合でも最大努力での最大スピードを求めた動作として行う．

③筋力とスピードの兼ね合いは，目的とする運動体やスポーツ種目で要求されるパワーの実態によって異なる．投擲選手では力型の，テニス選手ではスピード型のパワーアップが望まれる．

④筋力の養成は基本的にパワーアップにつながる．

⑤スピードの養成は基本的にパワーアップにつながる．

⑥爆発的なパワー養成には無酸素的エネルギー供給能を必要とすることから，酸素負債が生じるようなトレーニングが必要である．

⑦全身的なパワーの養成には，個々の筋肉のパワーを高めながら諸筋群の協応性を高めるようなスキルトレーニングを並行して取り入れることが重要である．

⑧いずれのパワー養成においても瞬間瞬間の動きは常に最大スピードのもと最大努力の筋活動として行う．

⑨1回のトレーニングの実施時間や回数は疲労をもたらさないような短時間，低回数の方がよい．

⑩単一筋のパワーアップではなく，複合的な筋群のパワーアップ，そして全身的なパワーアップを目指す運動を心がける．

⑪筋肉や神経系が疲労した状態で行うよりは疲労のないときに行う．そのため，練習・トレーニングの後半に行うよりは，練習・トレーニングの序盤に行う方が効率的である．

［植屋　清見］

3章 競技者報告　バレーボールにおける瞬発力の向上

トレーニング生理学

バレーボールにおける瞬発力とはさまざまな動作に必要とされるものであるが，ここではジャンプに特化して述べることとする．

著者の瞬発力，ジャンプトレーニングに関する基本的考えは，「MAXを追求しないとなかなかその上には到達できない」というものである．現状の筋出力の100％を常に要求するということである．

著者は中学，高校ともに特別な練習をしておらず，それこそ体育の授業程度の練習しかしてこなかったために，思春期における瞬発力トレーニングの経験はなく，唯一いえるのは，遊びの中で目標に向かって毎日ジャンプし続けたことである．中学入学時，身長159cmでジャンプをしてもバスケットのリングどころかネットにも触れることができなかったが，毎日のようにジャンプし続けた結果，卒業時には身長も187cmと高くなっていたせいでもあるが，リングの上30cmぐらいまで届くようになっていた．それは高校入学後も同様にジャンプを繰り返し，卒業時にはリングから肘が出るほどにまでなっていた．このことから目標に向かって100％のジャンプを繰り返すことにより，身体はより効果的な動き方を理解し，習得することになると考えた．要するに，ジャンプにはスピードのある水平移動（助走）を踏切によって鉛直方向への移動（ジャンプ）に変えるスムーズな無駄のない動きの習得が必要である．

一連の動きの習得と同時に，体幹，特に背部の強化も合わせて重要であると著者は考えてきた．踏み切り時の身体の引き上げは，両腕の振り上げと同時に前屈気味の体幹を鉛直方向に伸ばし，さらに反るといった動作で大きく補助されるものであって，背筋の強化には欠かせないという考えである．しかし最近，ジャンプ動作には上半身の背部より，より下半身の背部の強化が重要であると考えるようになってきた．以前には理解できなかったことであるが，ケガ，加齢などによる筋力低下で助走の速度に踏み切りが堪え切れないことが出てきたことや，踏み切り時に水平方向の移動のスピードが速ければ速いほどハムストリングから殿部への刺激が強いことに気が付いたからである．

ジャンプ力も低下し，年々パフォーマンスが下がっていくことに歯止めをかけることができなかったが，一昨年5月からの半年間，練習時間の半分から6割をトレーニングに当てたことにより，昨年はほぼ満足いく動きができた．以下にそのトレーニングの大まかな紹介を行い，紙面の関係上終わることとしたい．

そのトレーニングとは，前半の3カ月間は中距離やインターバル走などの徹底的な走り込みと高負荷のウェイトトレーニングに重点的に取り組み，体力，筋力の下地作りを行った．後半3カ月間はおもに中，低負荷のウェイトトレーニングを中心に，中でも低負荷でのジャンプスクワットに重点をおいて，さまざまなパターンで回数を重ねた．最初しゃがみ込む時に殿部と前頸骨筋，伸び上がるときに背筋，大腿四頭筋，そして踏み切るときに腓腹筋，ヒラメ筋を，という使う筋肉の一連の流れをしっかり意識し，闇雲に回数を重ねるのではなく，精一杯のジャンプを繰り返した．さらには，バウンディングなどの瞬発力養成の陸上トレーニングも大いに有効であろう．また，瞬発力養成にはボール練習を少なくするなどのトレーニングに集中できる環境作りも必要であると思う．

［中垣内　祐一］

4章 脳・脊髄運動神経系とトレーニング

トレーニング生理学

　運動を長期的に継続すると，酸素摂取能力が高くなるとともに末梢の組織への酸素運搬能力も増加を示すことはよく知られている．また，筋系においては筋肥大が生じ，筋の性質も変化することが報告されている．しかし，運動が脳や脊髄運動神経系にどのような変容をもたらすかについては未だ十分な知見は示されてない．運動（長期・短期を含めて）が人間の脳にいかなる影響を与えているか，また骨格筋を支配している脊髄運動神経にいかなる変容を与えているか，運動を継続的にすることにより中枢内感覚系はいかなる変化を示すのかなどの問題に対する研究は，体育・スポーツ科学の分野においては今はじまったばかりといっても過言ではない．

　体育・スポーツ科学は人間の運動を対象にしている学問であることには異論はないと思われる．人間は，自身を取り巻く社会的，自然的環境に適応しながら生きている．日々の生活をしているときでも，スポーツ，運動をしているときでも，脳・脊髄運動神経系は多種多能な情報を受容し，認知，判断し物事を処理し，目的とする事柄を遂行している．具体的な運動遂行の場合でも，ある動作を習得したいときには繰り返し行われる随意運動が必要である．この随意運動は反射のみで行われることは決してなく，脳の活動なくしては習得されえないものである．また，われわれがテレビの画面などで見ている一流のスポーツ選手の技や運動も脳や脊髄運動神経系の産物であり，これらの関与なしには決して生まれることはない．それゆえ，運動と脳・脊髄運動神経系の関係を明らかにすることは，体育・スポーツ科学の分野において非常に重要なことである．そこで，本論においては「運動が脳に及ぼす影響」，「スポーツにおける感覚系の重要性」，「運動・スポーツ動作を支えている反射系」，「神経伝達とトレーニング」について最近の知見を交えながら述べることにする．

［西平　賀昭］

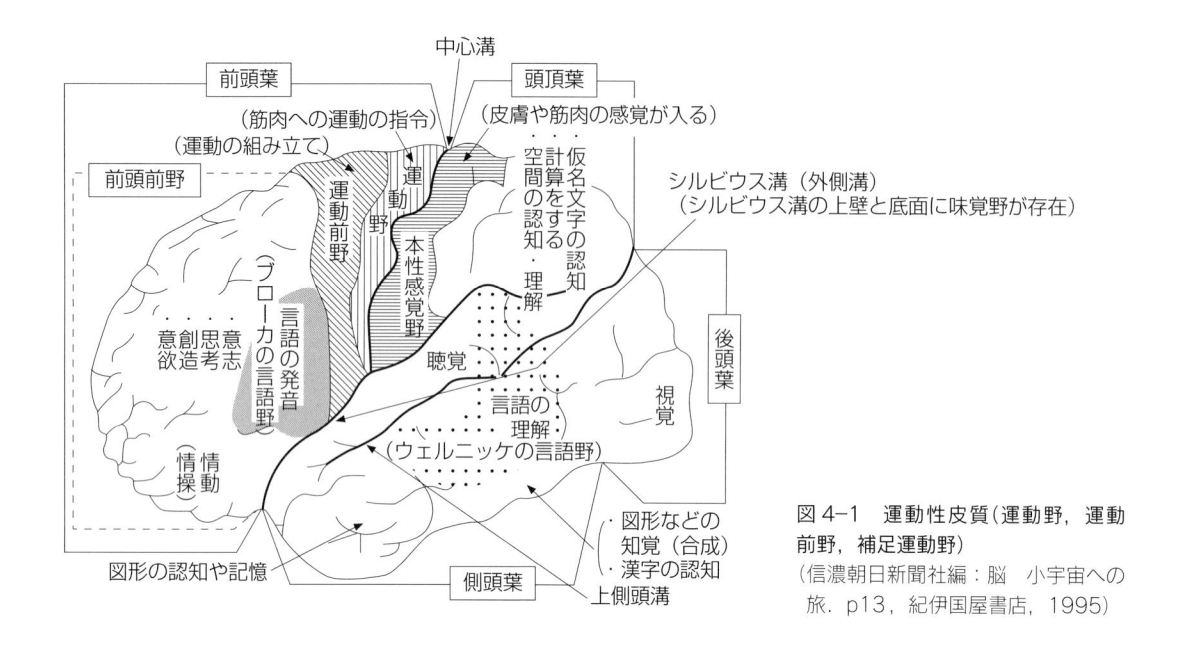

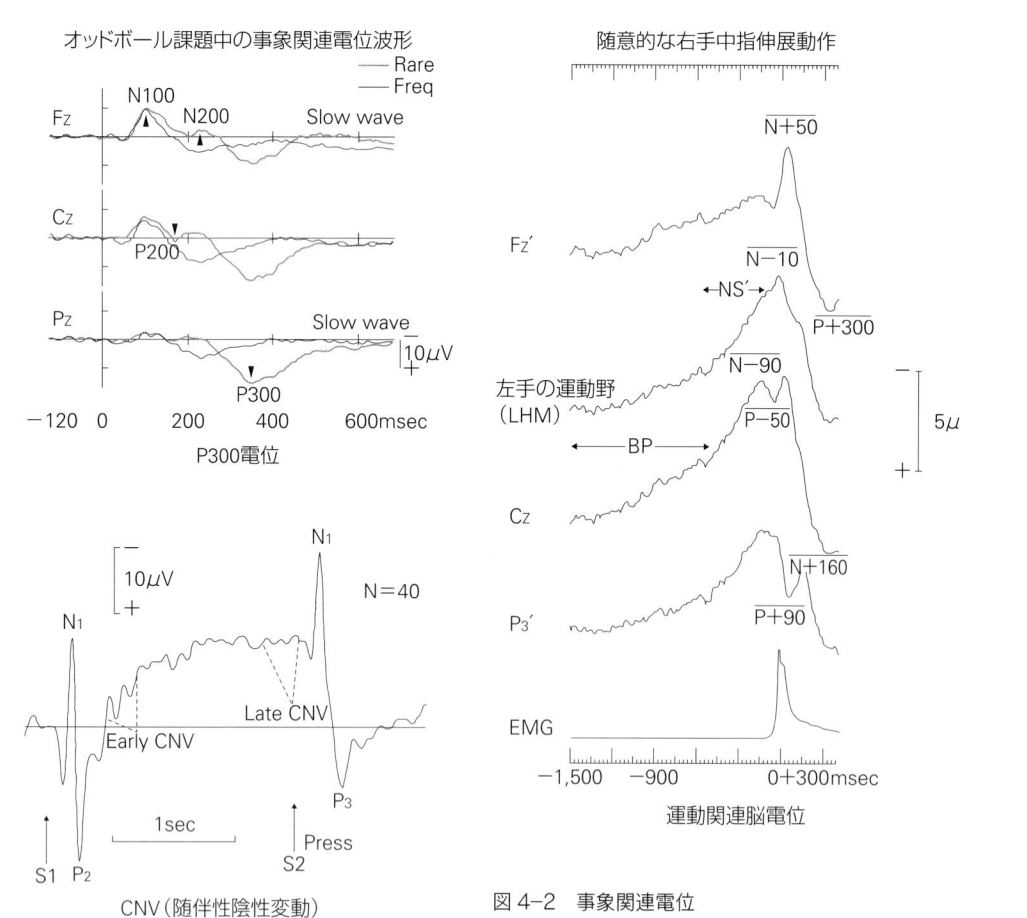

図4-1 運動性皮質（運動野，運動前野，補足運動野）
(信濃朝日新聞社編：脳　小宇宙への旅. p13, 紀伊國屋書店, 1995)

図4-2 事象関連電位
(大熊輝雄：臨床脳波学. pp468-477, 医学書院, 1991)

1. 運動が脳に及ぼす影響

1）運動と運動性皮質

　随意運動が行われるときに脳のどの部位がどのような機能をしているのであろうか．大脳皮質を前後に分ける中心溝のすぐ前にあるのが運動野，さらにその前にあるのが運動前野，そこから内側面に入ったところが補足運動野である．この3つは特に運動に深く関係していることから運動性皮質ともいわれている（図4-1）．

　運動野は運動の指令の出口で，からだの各部位への運動の具体的な要素や力の強弱などについて信号を出す領域である．運動前野と補足運動野は運動のはじまりに先立って外界の状況に応じた運動の組み立てを行う領域である．運動前野を損傷した人は動作の組み立てがうまくいかなかったり，連続した運動が円滑に行われなくなったりする．これらのことから，運動前野は運動のプログラミングや組み立ての機能があると考えられている．補足運動野は運動野の活動水準を調節し，運動開始前に運動野の準備状態を整える働きがあるとともに，複雑な運動や順序をもった運動に関係していることが示唆されている．さらに最近の研究[1,2]は次のようなことを教えてくれている．補足運動野を含む内側面を解析した結果，内側前頭葉皮質の限局した部位，すなわち前補足運動野は運動学習に選択的に常に活動していることを示唆している．補足運動野が両側で損傷されると随意的な運動が起こらなくなることから，補足運動野は随意的な運動指令の発現に関与していると考えられている．

　運動学習を継続すると，大脳皮質前頭葉の前補足運動野と外側前頭連合野，さらに大脳基底核線状体の前方部が手続き学習の初期に働くが，中期から後期にかけてそれらの活動は減少し，そのかわりに頭頂連合野の内側面から外側面にかけて2つの領域が活動するようになると考えられている．そして全体として，前頭葉から頭頂葉に活動がシフトしていくことが報告されている．このように運動が経過するにつれて活動する部位が前頭葉から，頭頂葉にシフトするということは運動の持続に応じて脳の活動部位が変化していくことを示している．

　では運動が継続的に遂行された場合，実際脳の活動にどのような変化が生じているのであろうか．一過性の激しい運動は運動野，大脳基底核線状体，海馬付近の脳血流量，酸素摂取，そして脳の局所グルコース利用が一時的に増加することが知られている．また，人間の活動レベル，脳血流量，そして認知機能は相関があるとも報告されている．そして，結果的に運動は認知とパフォーマンスを改善すると考えられている．さらに，運動学習を継続すると第一次運動野の活動ばかりではなく構造さえも変化することが確認されている．一過性の激しい運動や持続的な運動をすると，運動野，大脳基底核線状体，そして海馬付近などの大脳辺縁系あたりの脳血流量，酸素摂取，および脳の局所グルコース利用が増大する[3]．代謝面からみると，脳は酸素を取り入れて大量のブドウ糖を消費する器官であ

---

1) Hammond PH : J Physiol, 127: 23, 1954.
2) 神田健朗：新生理学大系　運動の生理学（佐々木和夫ら編）．p388, 医学書院，1988.
3) Daniel P et al : Brain Res, 891: 168, 2001.

る．それは，脳が大量の血管に覆われている器官であるということからもうなずけることである．運動中に脳の酸素消費量は安静時の約2倍以上に増えていて，その酸素はニューロンが働くために利用されていると推測される．したがって，脳は運動中，安静時よりもよけいに働いていると考えられる．おそらく増えた酸素やブドウ糖は，運動に関与している筋を支配している脳の運動性皮質（補足運動野，運動前野，運動野）の領野のニューロンの活動の維持，増進のために使われているに違いない．

人間が筋運動をするときは，目的とする運動をするための意志が必ず働く．そのとき，前頭連合野で運動を引き起こすために生じた命令は運動性皮質（補足運動野，運動前野，運動野）に伝えられ，脊髄の運動神経系を経て，筋が収縮する．運動のときにも手足の筋を動かそうとする意志が働いた結果，運動野の中の手足を動かす領域のニューロンが働いている[4～6]．言い換えれば，手足の運動ニューロンが働かないと手足の筋は絶対に収縮しないのである．運動野が働かないと運動ができないということは，人間が運動するときは頭を使っているということである．特に走ることを例にあげると，「やる気」の意欲があって，特別の指令ニューロンが働いて運動野ニューロンを駆動しないと走れないということである．脳の中にはA-10神経という特別な神経があり，ここが快い情動と結びついて快感という報酬をもたらし，価値判断を左右することが報告されている[7]．この神経は中脳から出て，生きていく欲求をもたらす視床下部と，情を生み出す大脳辺縁系，高度の判断を生み出す前頭葉に通っていて，快さや「やる気」を出させる神経である．このA-10神経が到達する部位の1つに動機づけの中枢とされる帯状回がある．帯状回は大脳辺縁系の一番外側にあり，大脳皮質との間に大きく広がっている．ここはすべての本能的な価値判断をまとめる部位で，扁桃体が行う刺激に対する満足・不満足といった判断や，視床下部から生まれる，生きる欲求などを受けて，補足運動野へ連絡し，随意運動をもたらす行動の意欲をつくりだしている．「運動すること・走ること」が健康によいといわれても，意志の力で運動する気を起こさせないと運動することもできないし，走りもできない．運動野ニューロンというのは指令がきたときしか働かない部位であり，手足を動かすときには必ず前頭連合葉，補足運動野，運動前野などからの指令が必要である．手足を動かすという強い動機があって毎回手足を動かせという指令を送らない限り運動はできないのである．一度スイッチを入れたらすべて自動的にプログラムが働くように脳はなっていないのである．だから，ランニングなどの運動では脳が安静時より余分に働き，そのための酸素，ブドウ糖が必要なのである[4, 6, 8]．

しかし，現在の研究においてはどの程度（強さ，頻度，期間）の運動が脳に効果的に作用するかは十分には解明されてない．

しかし近年，長期的な運動が人間の脳の情報処理過程にいかなる影響を及ぼしているか検討した報告が多く行われるようになった[9～12]．これは脳研究の方法論の進歩の賜である．

人間の脳の情報処理過程の研究に有効なものの1つとして事象関連電位がある．事象関連電位とは，脳内の情報処理過程を非侵襲的に検討する指標であり，感覚刺激の入力，あるいは刺激を手がかりに被験者に課題を遂行させた際に頭

皮上から誘発される電位成分の総称である．事象関連電位には随伴性陰性変動（contingent negative variation：CNV），運動関連脳電位（movement-related cortical potential：MRCP）P300電位などがある（**図4-2**）．事象関連電位の利点は，ヒトの知覚，認知，行動の諸過程を担う脳の活動を電位変動として記録することができ，そしてその電位変動がいかなる解剖学的な領野かを同定し，ヒトの知覚，認知，行動の諸過程における脳機能を評価することが可能である．そこで，事象関連電位を用いて運動が脳の情報処理過程にいかなる影響を及ぼすかを検討した報告を紹介することにする．Dustmanら[10]は，トレーニングを継続することにより認知機能や課題遂行能力を促進させ，加齢に伴う認知能力の低下を抑制することを報告している．Polich[13]は，視覚刺激と聴覚刺激による運動群のP300振幅は非運動群よりも大きな値を示し，運動群の脳内情報処理能力が高まっていることを示唆している．さらに秋山ら[9]は，7年以上継続的にトレーニングした陸上競技の中・長距離選手13名の脳内情報処理能力をP300電位を用いて調べた結果，計数課題での運動群のP300潜時は非運動群より有意に短縮することを確認している．したがって，長期的なトレーニングにより刺激の評価時間は短縮し，次にくる新たな刺激の情報処理に備える準備状態が早くつくられる可能性を示している．

　長期的な運動を継続し，脳内の情報処理過程に変化が起きているとすると脳内でどのような変容があるのであろうか．P300からみた脳内の情報処理は長期運動経験者では潜時において短縮し，振幅において増大を示し，筋電図反応時間は短縮している．脳波やその加算によって得られる事象関連電位は，約140億あるとされる脳細胞の多くが同期して放電しないと決してつくられるものではない．それゆえ，脳のニューロンが同期してつくられる事象関連電位が潜時においても，振幅においても変化を示し，さらにまた筋電図反応時間も変化を示すということは，脳・脊髄運動神経系のニューロンのシナプスの効率が変化しているためと推測される．なぜならば，脳波も事象関連電位もこのシナプス後電位の集合体だからである．神経線維を繰り返し刺激し続けると，シナプス後膜に生じるシナプス後電位がだんだん大きくなり，この効果が数分持続することが確認されている．さらに近年，この効果が数時間にもおよぶ現象が確認され，長期増強と呼ばれていて，特に大脳皮質や海馬にみられる効果である．繰り返し刺激でシナプス後電位が大きくなる理由としては，伝達物資の増加，シナプス膜の受容器の感受性が高まったことによると考えられている．これは，長期運動経験者が長きに渡って繰り返し脳・脊髄運動神経系を駆動し運動を遂行させている状況と類似している．したがって，長期的な運動は脳のシナプスニューロンの効率を変え，シナプス後電位に変化を引き起こし，結果的にその集合電位である脳波や事象関連

---

4) 久保田競：スポーツと脳のはたらき．築地書館，1984．
5) 久保田競：ランニングと脳．朝倉書店，1982．
6) 久保田競：手と脳．紀伊国屋書店，1982．
7) 西平賀昭：運動適応の科学（竹宮 隆ら編）．p135，杏林書院，1998．
8) 伊藤正男：脳と心を考える．紀伊国屋書店，1995
9) 秋山幸代ら：体力科学，49：267，2000．
10) Dustman RE et al：J Aging and Physical Activity, 2：143, 1994.
11) Larsen JO et al：J Comp Neurol, 428：213, 2000.
12) 杉　晴夫：生体はどのように情報を処理しているか．p133，理工学社，2000．
13) Polich J et al：Clin Neurophysiol, 103：493, 1997.

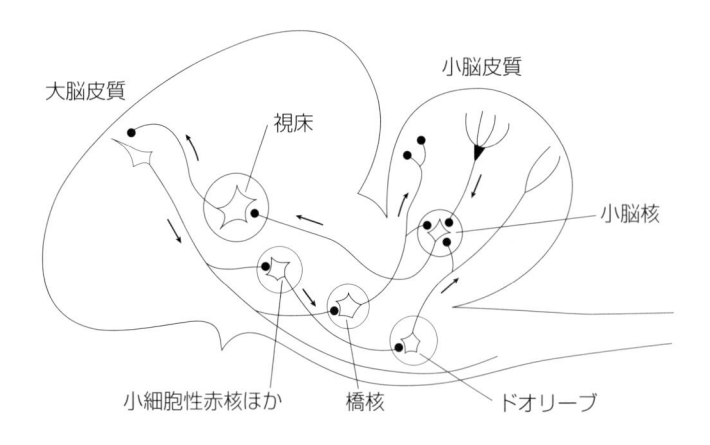

図4-3 大脳・小脳連関ループの構成
(伊藤正男:脳と心を考える. p101, 紀伊國屋書店, 1993)

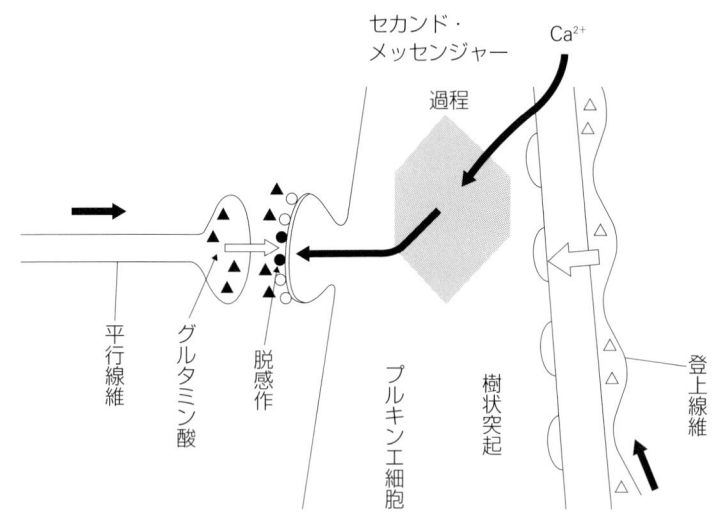

図4-4 プルキンエ細胞のシナプス可塑性(長期抑圧)
(伊藤正男:脳と心を考える. p87, 紀伊國屋書店, 1993)

電位などの潜時,振幅を変化させていると考えられる.

2) 運動と小脳

運動学習が進むと脳活動は前頭葉から頭頂葉に活動がシフトし,最終的には小脳や大脳基底核に運動の記憶は貯蔵されると考えられる.ここでは,運動学習,技の記憶をするといわれている小脳と運動の関係について述べることにする.

小脳は大脳の下部,脳幹の後ろの方にコブのように張り出した小さな器官であり,重さにしてわずか130g,大脳の1/10しかない.それなのに,ここには大脳の神経細胞よりはるかに多くの神経細胞がある.一般に脳の神経細胞の数は140億あるといわれているが,これは大脳皮質の細胞数であって小脳の神経細胞はそれをはるかに上回り1,000億以上あるといわれている[8].

随意運動を遂行するとき,大脳と小脳は最も強力なパートナー同士である.大脳から脳幹にある橋核や下オリーブ核を通り,小脳に信号が伝えられる.小脳からは視床を中継して大脳に信号が戻ってくるという大脳―小脳ループが形成され互いに情報を送りあっている(**図4-3**).

大脳は小脳に運動の情報を送るが,小脳には体性感覚や視覚,聴覚,平行感覚

の情報も入力される．大脳が指令して随意運動をするときには，大脳は結果のフィードバックを受けて正しい運動をしているかチェックしながら行うが，小脳はそれをモニターして記憶していくと考えられている．小脳が運動パターンを学習してその運動について記憶するようになると，大脳からの指令がなくても，また意識しなくても小脳からの制御で運動が可能となる．自転車に乗れるようになったとき，ピアノやギターなどの楽器の演奏を練習するとき，水泳やダンスなどを習得するとき，われわれは何度も繰り返し練習し「からだで覚える」という経験をもつが，実はそれらは小脳が覚えていて，年齢を経過しても記憶している．また，運動の他にもはじめは大脳が行っていたが慣れてしまうと無意識的にできることがたくさんある．たとえば，しゃべること，字を書くこと，簡単な計算なども小脳が関与していると考えられている．

　では，小脳の「技の記憶の仕組み」を支えているのは何であろうか．それは小脳におけるシナプス可塑性という現象である．小脳には5つの細胞（顆粒細胞，星状細胞，ゴルジ細胞，バスケット細胞，プルキンエ細胞）と2つの線維（登上線維と苔状線維）がある．そして出力するのはプルキンエ細胞のみであり，小脳の細胞中，最も大きな細胞で抑制性の性質をもっている．この細胞にはまったく性質が異なるシナプスが2種類ついている．1つは平行線維と呼ばれている線維がつくっているシナプス，もう1つは登状線維がつくっているシナプスである．登状線維からくる信号と平行線維からくる信号が衝突したとき，平行線維からの信号がストップされる．すなわち登状線維の信号と衝突する信号は通らなくなる．そのような現象は「長期抑圧」といわれ，シナプスの効率が悪くなることである（図4-4）[8]．シナプス効率がいったん悪くなるとなかなかもとに戻らず，4時間ぐらいこのような現象が続くことがあることが知られている．運動の練習時に登状線維から，動作が「間違った」という信号が送られてくると，そのとき働いている平行線維とプルキンエ線維との連絡が切られてしまい，間違った信号には反応しなくなり特定の動作に必要な信号しか通さなくなる．このように，間違った配線は切られ，正しい配線だけのネットワークができ，からだの記憶がつくられていく．

　既述したように，小脳は運動を円滑に行うための調節，平衡機能の維持，運動学習や「技の記憶」に関与するものであると考えられ，小脳が損傷を受けても感覚や意識に異常がみられないので，もっぱら運動の調節を受け持つ部位だと考えられていた．しかし，小脳の半分に損傷を起こしている患者に名詞と動詞の対をいくつもみせて意味の上で関連のある対を指摘させると，はじめは間違いを起こすが何度か繰り返すと100％正解となる．しかし，小脳全体に損傷のある患者は何度練習しても間違いを繰り返すと報告されている[7]．これは，明らかに小脳の全体の障害により思考能力も損なわれたことを示している．また，頭の中でテニスのプレーを30分間ぐらいイメージさせると，小脳の活動は活発になることがPET（陽電子放射断層撮影）で確認されている．イメージトレーニングを行わせると運動の改善が非常に高い確率で起こることはよく知られている．これはイメージトレーニングをしている間，小脳に大脳のシミュレーションモデルが形

---

7) 西平賀昭：運動適応の科学（竹宮　隆ら編）．p135，杏林書院，1998.　　8) 伊藤正男：脳と心を考える．紀伊国屋書店，1995.

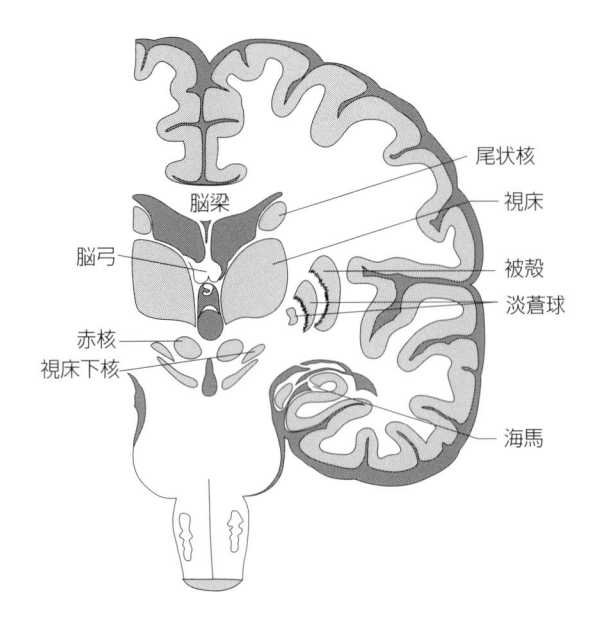

図4-5 随意運動の出力を制御している大脳基底核
(三井但夫ら：岡嶋解剖学．p692，杏林書院，1993)

成されていることを示唆している．つまり，からだを動かしていないときでも小脳は活動している場合があるということである．

人間が「思考する」と大脳皮質全体はもちろんのこと，多くの関連領域が働いて概念や言語のやりとりが行われるが，慣れるに従い意識しないで思考が行われる．たとえば，掛け算九九は最初，大脳が答えをフィードバックしながら意識的に集中して習得していくが，そのうちに無意識的に簡単にできるようになる．このような思考は，運動の場合と同様に小脳が大脳に代わって行っているのではないか，と推測されている．他にも，話すこと，字を書くことなども同様である．

運動と思考は別なものと考えられがちであるが，脳研究の進歩の結果，類似のメカニズムの存在を示唆するような研究成果が報告されている[7, 8]．運動は手足を動かし，思考するときは概念を動かす．すなわち，運動は運動性皮質（補足運動野，運動前野，運動野）が機能しからだが動くが，思考は大脳皮質の特定の領域が働き，他の関連領域を制御している．そのようなときは，運動についても思考についても，小脳はその働きをシミュレーションしていると考えられている．そうなると，その後はフィードバックがなくても小脳を通じて自動的に運動も思考も進んでいくと推測されている．

小脳は，繰り返し練習やトレーニングをして習得した技を貯蔵しているところであり，運動を円滑に行わせるための調節器官でもあるが，小脳が類似のメカニズムで思考にも関与しているとすると，小脳は考えていた以上に大きな機能をしている可能性があり，運動が思考活動にも影響を与えている根拠が近い将来提示されると思われる．

3）運動と大脳基底核

大脳基底核の実験的・理論的研究は未だ十分ではないが，ここでは今まで明らかにされている内容について基本的かつ重要なことについて述べることにする．

大脳基底核は大脳の深部から脳幹にかけて分布するいくつもの大きなニューロ

ンの集塊の総称である（図4-5）．大脳基底核は線条体（被殻と尾状核）と淡蒼球から成り立っている．大脳基底核への情報の入力は視床から尾状核と被殻への連絡経路と前頭連合野から尾状核へ，また大脳運動野から被殻への強い入力があることが確認されている．大脳基底核各部のつながりをみてみると，尾状核から淡蒼球と黒質への出力，黒質からは尾状核へ出力がある．淡蒼球は被殻からの入力を受け，視床下核とは相互に入力があると考えられている．このように直接，間接につながっている大脳基底核は人間の運動とどのように関連しているのであろうか．大脳基底核のうち運動にかかわって出力するのは淡蒼球と黒質である．淡蒼球からは視床と被蓋への出力線維が出ていて，黒質からは視床と視蓋（上丘）への出力が出ている．視床へ入った情報は大脳皮質へ送られている．これらのことから大脳基底核は感覚や運動をまとめ秩序立て，全体的に平衡状態をつくりだす装置であると考えられている．

大脳基底核の黒質という神経核が損傷されると，起きたり立ったりすることが困難になったり，歩くときの第一歩が出なかったり，歩くとつまずいたりする．これはパーキンソン病といわれている．また，尾状核に変性が起きると歩くときにちょうど踊るような足取りになる．これは舞踏病である．視床下核に変性が生じたならば，腕を絶え間なく激しく前へ投げ出すバリスムスという不随意運動が起きる．このように，大脳基底核は筋の運動を調節し，姿勢を安定させ，運動の開始や遂行，平衡感覚を保つ働きに関与していることがわかる．

さらに最近の研究は[1,2]，複数の運動が一連の連続動作として円滑に行われるプロセスには，大脳基底核，補足運動野，そして運動野などが重要な役割を演じ，運動学習に伴って黒質線条体ドーパミン系の活動が行動の評価信号を線条体に送り込んでいることを明らかにしている．

2．運動における感覚系の重要性

既述したように，随意運動は運動性皮質（足運動野，運動前野，運動野）からの一方的な指令だけでなく，多種多様な感覚の助けを受けながら大脳―小脳ループや，大脳と大脳基底核を結ぶ回路，遠心性神経系や求心性神経系を用いての脳とからだの各部とのつながりなどいくつものループが複雑にかかわり合ってできあがっている．

人間の運動は，入力する感覚神経が働かないと該当する部位にいかなる感覚刺激を与えても動かないことが知られている．このようなときには反射系も随意運動も大きく障害を受けることが確認されている．後根を切断され，感覚入力を失ったサルは握ることもつまむことも円滑にできず，正常な随意運動を遂行することが不可能になることが報告されている[4,14]．このようなサルは健全なもう一方の手を好んで使うようになり，病的な手は積極的に使わないのでその手はや

1) Hammond PH : J Physiol, 127: 23, 1954.
2) 神田健朗：新生理学大系　運動の生理学（佐々木和夫ら編）．p388，医学書院，1988．
4) 久保田競：スポーツと脳のはたらき．築地書館，1984．
7) 西平賀昭：運動適応の科学（竹宮　隆ら編）．p135，杏林書院，1998．
8) 伊藤正男：脳と心を考える．紀伊国屋書店，1995．
14) 松波謙一：運動と脳．紀伊国屋書店，1988．

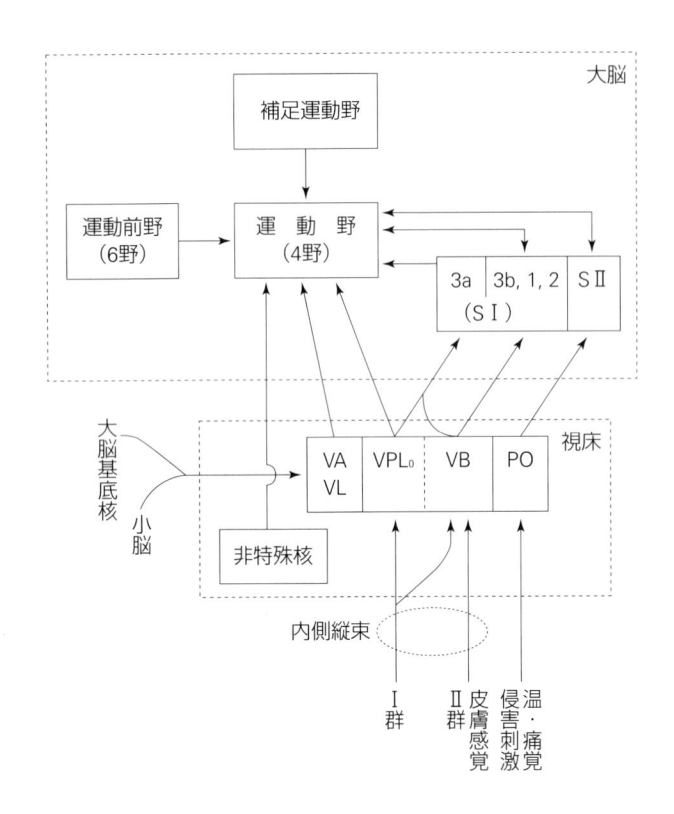

図4-6 随意運動の出力を制御している大脳基底核
（松波謙一：運動と脳. p47, 紀伊国屋書店, 1988）

　せ細り，筋重量も減少していく．また，病的な手を強制的に使わせるようにすると，数カ月の練習で餌を口に運ぶことができるようになるが，力の入れ方はスムーズではないし，手はふるえながら動くのでぎこちない動作となる．
　このように，後根切断による求心路遮断（感覚神経遮断）実験の結果，円滑な随意運動を遂行するのには求心性神経パルス，すなわち感覚神経情報が必須であることが確認されている．しかし，随意運動がまったくできないということではなく，力を瞬間的に出すことは可能であるが，長く続けて力を出すことはできない．加えて，数kgを瞬間的に出すことはできるが，数gの力の調節はできないし，運動の開始から終了までの時間が延長し，運動の開始も遅れる．これらのことから，随意運動を遂行するには感覚系からの情報がいかに重要であるかがわかる．
　運動野に入ってくる感覚信号のうちで運動にとって最も重要なものは体性感覚である．体性感覚が運動野に入る経路は次のとおりである（**図4-6**）．1つは脳幹網様体から視床の非特殊核を経由してくるもの，2つ目は温・痛覚といった侵害刺激を運ぶ系で，視床のPOグループと呼ばれる核を中継して大脳皮質の第2次感覚野に達するもの，3つ目は触覚，圧覚や腱，筋の深部感覚からのものである．感覚神経の中で特に運動にとって重要なものはI群線維である．末梢の感覚神経は太さによって分けられ，I群，II群，III群などに分類されている．I群線維は筋の長さを検出する受容器である筋紡錘からの信号を受け，運動中に時々刻々と変わる筋の長さを検出し，中枢に戻している．I群線維に基づき運動野に入る信号は脊髄を上行して，3a野を経由する経路と視床から直接入る経路があ

ると考えられている．しかし，I群線維に基づく信号は他の上行経路も昇ってくる．1つは，いったん小脳に入ってから昇ってくる経路，他のものは網様体から視床の髄板内核を通り運動野に到達するものである．このように，筋紡錘からの信号はいくつもの経路を並列的に上行して運動野に達している．

　手足が今どの位置にあるかを知り，姿勢のバランスを保つ身体感覚は固有知覚ともいわれ，複数の感覚刺激が総合的にかかわって形成されていると考えられている．これは，筋，皮膚，腱などから脳への感覚情報や，脳から末梢への運動情報，内耳からの平衡感覚情報などが1つになったもので，俗にいう「第六感」といわれているものだと推定される．この感覚は日常の生活をする場合ばかりではなく，スポーツ動作においても非常に重要である．この感覚を養うには筋，皮膚，腱などから脳への感覚情報や脳から末梢への運動情報，内耳からの平衡感覚情報などをいかに処理し，からだに記憶させるかが重要となる．おそらく既述したように，この感覚形成には体性感覚，運動性皮質（足運動野，運動前野，運動野），小脳，そして大脳基底核が大きく関与していることが考えられるが，もう1つ重要なのは多種多様な感覚情報を処理する視床であり，脳の奥深いところにある器官である（図4-5）．

　人間においては多種多様な感覚情報は別々に処理される．視覚，聴覚，深部感覚と感覚受容器が異なればそれらを分析する大脳皮質の領域も異なる．しかし，最後まで別々の情報処理でよいはずはなく，対象としているものを1つのものとしてとらえるには，見たもの，聞いたもの，触れたものが1つにあわされなくてはならない．もともとバラバラに処理されているものを1つにあわせていく働きをするのが脳である．確かに，多種多様な感覚情報をすべて同時に並行処理していくのは至難なことである．しかし，脳は効率的にできていて，自分にとって必要な情報を処理する．人間がある特定の目的をもった場合，その目的に大切な信号をフレームアップし他の信号を遮断してしまって，たくさんある情報の中から一部の情報を選んでしまうのである[15]．これは"gating"といわれ，視床が大きく関与している．このように，視床は嗅覚以外のすべての感覚情報を処理する最も重要な部位であり，人間の円滑な運動に重要な役割を果たしている．

3. 運動・スポーツ動作を支えている反射系

　随意運動は前頭連合野から指令が出て，補足運動野が運動の準備をし，運動前野で運動のプログラムが形成され，そして運動野が働き，脊髄の$\alpha \cdot \gamma$運動神経が制御され，最終的に筋が活動し，意図した運動が行われる．この随意運動の根底には反射系があり，目的とした運動が円滑に行われるように支えている[16,17]．本論においては，多くの専門書で触れられている姿勢反射（緊張性頚反射，緊張性迷路反射）は割愛し，伸張反射，脳を経由する反射（transcortical reflexとも long loop reflex とも呼ばれている）について述べることにする．

---

15) NHK取材班：驚異の小宇宙・人体II, 脳と心, 別巻, ビジュアル脳と心のデータブック. 日本放送協会, 1997.
16) 彦坂興秀：神経進歩, 42：106, 1998.
17) 本間三郎：人間の脳. 朝倉書店, 1990.

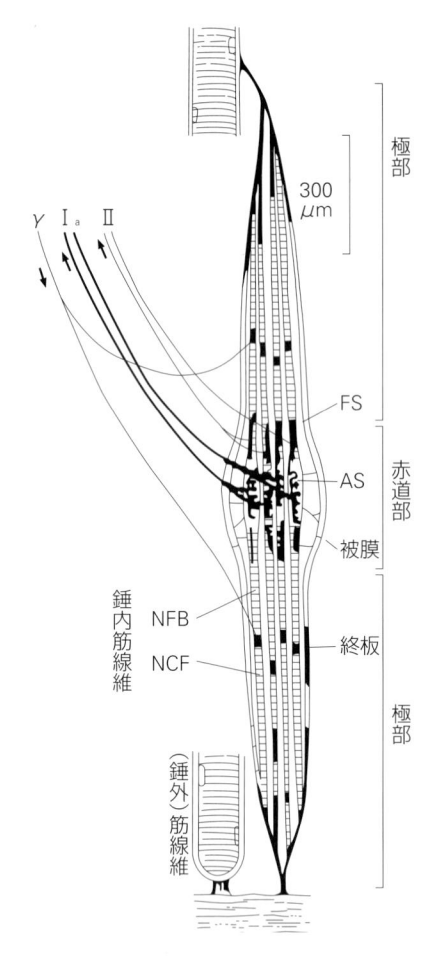

図 4-7 筋紡錘模型図
AS：らせん型終末，FS：散形終末，
NBF：核袋線維，NCF：核鎖線維
(永田 晟：筋と筋力の科学．p47, 不昧堂出版, 1993)

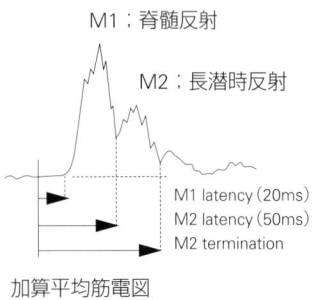

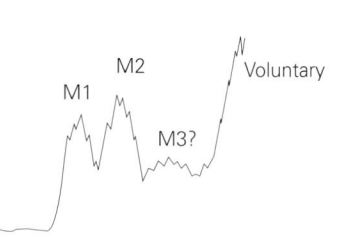

図 4-8 長潜時反射の波形成分
(木塚朝博：バイオメカニズム, 23：166, 1999)

1) 運動と伸張反射

　　直立姿勢を保持するとき，抗重力筋は緊張状態にある．そのとき，背後から押されて前傾姿勢をとるようにさせると，ただちに筋は収縮し，背後からの力に対抗し，直立姿勢を保持するようになる．これは伸張反射の1つである．
　　筋が引き伸ばされると筋に含まれている筋紡錘も伸ばされる．そうなると，Ⅰa線維にインパルスが発生し，そのインパルスは脊髄を上行し，α運動神経に伝達される．伝達されたインパルスは下降し，筋に達し，筋を収縮させる．これ

が伸張反射のメカニズムである．伸張反射の特質は，Ⅰa線維にインパルスを誘発する筋紡錘にある（図4-7）．筋紡錘を構成する錘内筋線維は2種類あり，1つはその中央に核が多く詰まっていて袋状をなしている核袋線維，他の1つは核が直列に鎖のように並んでいる細い筋線維からなる核鎖線維である．この錘内筋線維には感覚を伝える神経がラセン状に巻きつき，第一次終末（環ラセン状終末），第二次終末（散形終末）を形成している．第一終末（環ラセン状終末）は核袋線維と核鎖線維の両線維をラセン状に取り巻き，集まって1本の感覚神経，すなわちⅠa線維となっていて，第一終末（環ラセン状終末）から出ている．Ⅱ線維は第二次終末（散形終末）から出ている．第一終末（環ラセン状終末）は筋長の変化と筋長の変化度を，第二次終末（散形終末）は筋長を検出する検知器として機能している．錘内筋線維は骨格筋であるためγ運動神経に支配され，核袋線維を支配しているものはγ1運動神経，核鎖線維を支配しているものはγ2運動神経と呼ばれている．γ運動神経は脳によって支配されている．随意運動の企画は前頭連合野で発現し，α運動神経を介して筋を収縮させ，運動を引き起こす．その運動の状態を感知する受容器の感度を脳はγ運動神経を介して調整していると考えられている[16]．

随意運動で筋が収縮するとき，筋と並列にある筋紡錘の活動は休止する．この状態では筋が伸展されても筋紡錘は働かず，伸張反射は成立せず，自動調節は行われない．筋が短縮したときでも筋紡錘は伸ばされれば，常に機能している状態になければならない．筋紡錘の第一終末は錘内筋の中央部にあり，その両側の錘内筋の収縮により第一終末は常に緊張状態を保持することができる．錘内筋が活動するためにはγ運動神経が機能する必要がある．すなわち，α運動神経が活動したと同時にγ運動神経も活動すれば，筋が収縮しても筋紡錘は常に緊張状態を保つことができる．これは随意運動下のα—γ連合と呼ばれている．このα—γ連合は小脳の制御の下にあると考えられている[16]．

2) 脳を経由する反射（transcortical reflex とも long loop reflex とも呼ばれている）

反射は意志を介さず特定の刺激に対して無意識的に起こる現象と考えられている．しかし，ヒトにおいて起こる運動反射は意志や運動準備の影響下で大きく変容される可能性があり，ヒトの運動遂行が円滑に行われるように多大に貢献している．この稿では，意志と反射との間に関与していると考えられている長潜時反射について述べることにする（図4-8）．この長潜時反射は，他には長径路反射，脳を経由すると推定されていることから皮質経由反射などと呼ばれている[18]．

ヒトの筋を急激に伸展させ，その伸展に抵抗するようにinstructionを与えると筋電図放電に3つの峰がみられる．この筋放電の峰は潜時の短いものからM1（30～35msec），M2（55～65msec），M3（75～85msec）と呼ばれている．この現象を最初に報告したのはHammond[1]である．Hammondは上腕二頭筋を用い，伸張反射と同じ潜時をもつM1と脊髄伸張反射より長い潜時をもつ筋放電M2を測定した．Hammondは，潜時の長いM2を脊髄内での多シナプス性反射と考えた．しかし，Phillips[18]は，一連のサルの錐体路細胞の研究から大

---

1) Hammond PH : J Physiol, 127 : 23, 1954.
16) 彦坂興秀：神経進歩, 42：106, 1998.
18) Phillips CG et al : Proc Soc B, 173 : 141, 1969.

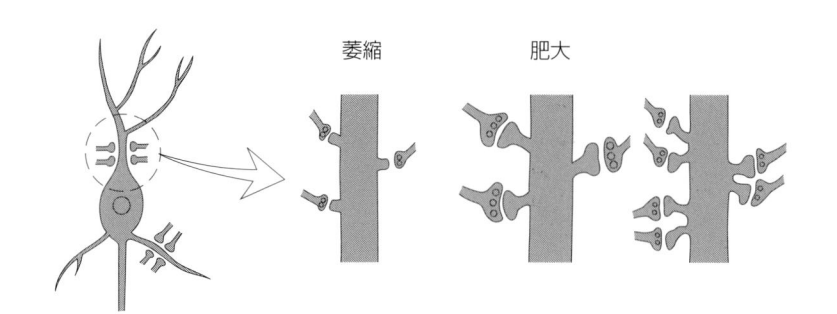

図 4-9 使用不使用によるシナプスの変化
(杉　晴夫：生体はどのように情報を処理しているか. p137, 理工学社, 2000)

脳皮質を経由する反射だと考えた．さらに，M2 と M1 の潜時の差が脳に近いほど短く，下肢長で長くなるという結果が報告されていることから，M2 は脳を介した long-loop 反射活動であると考えられている．Goodin ら[19]も長潜時反射と触刺激で誘発された体性感覚誘発電位を同時測定し，長潜時の筋放電応答より大脳皮質の応答の方が常に速いという知見を得たことから，長潜時反射は脳を経由している反射だと報告している．しかし，除脳あるいは脊髄を切断されたネコ，サルにおいても筋放電の峰がみられたことから，この現象は必ずしも大脳を経由せず脊髄髄節内で起こるものであるという考えもあるが，現在，M2 は脳を介した long-loop 反射活動であるという可能性を支持する知見が多い．

長潜時反射は刺激に対する予測，動作の方向や種類に基づく脳内の準備状態によって変動することが確認されている．Bonnet[20,21]は，速い反応時間をもつ被験者群は長潜時反射活動が速いことを見つけている．さらに，Woollacott ら[22]も運動準備期における長潜時反射活動の変化は，反応時間が短い被験者ほど著明であることを報告している．このように，長潜時反射と動作のパフォーマンスには関連性のあることが推測される．

木塚[23]は，長潜時反射とパフォーマンスとの関係を検討し，動作方向と反射活動によって生じる張力方向が一致している運動課題の場合は，反応時間が短い被験者ほど長潜時活動が増大し，逆に動作方向に対して反射張力が妨げとなる運動課題の場合は，反応時間が短いほど長潜時反射活動は低下することを明らかにし，長潜時反射活動と動作のパフォーマンスに関連性があることを示唆している．

4．神経伝達とトレーニング効果

ある特定の運動を習得する最初の段階では大脳皮質全体が機能し，フィードバック系を中心とした学習形態を取ることが考えられる．連続的に時空間的に技が展開されていく器械体操，リズミカルにある高さのハードルをまたいでいく陸上競技のハードル競走，長い距離から板を使わずリングに入れるバスケットのロングシュートなどの運動パターンは，やはり最初の段階ではかなり長期のトレーニングをとおして学習されたものである．

運動学習とは，すでに記憶されている運動パターンに照らし合わせて，さらによい状態を目指し目的とする課題を解決するとともに，周囲の状況に適応するた

めに生体の機能あるいは形態を変化させることである[15]．そのようなときには，脳内の神経回路のニューロン間のシナプスの構造と機能は著しく変化していることが想像される．運動・スポーツトレーニングにおいては，脳内遠心性インパルスが高頻度に脳内の各神経組織や筋に向かって発射し，脳内の神経回路のニューロン間のシナプスの効率が変化することが十分に考えられる．本論においては，神経回路の使用不使用によりシナプスの構造と機能が変化する可能性について述べることにする（図4-9）．

　脳のニューロンの樹状突起には多数のシナプスが棘状に配列しているが，神経の活動が到着しないような操作をすると萎縮し，逆にトレーニング状況のように神経活動が高頻度に到着する条件においては肥大することが知られている[24]．この場合，シナプスの萎縮ではシナプス前線維と後シナプス膜が向き合う部分の面積が減少し，肥大するときはこの部分の面積が肥大や枝分かれによって増大することが確認されている．シナプス面積が増大すれば伝達物質の放出量も増大し，後シナプス膜全体の伝達物質に対する電気的反応も増大することが知られている．つまり，シナプス信号がより容易に伝わるようになると考えられる．このように，神経回路の「使用・不使用」によりシナプス構造がダイナミックに変化することが示唆されている．シナプスの形態的な変化に関する報告は他にもあり，運動群（運動を70分間させるグループ），対照群（何もさせないグループ）に分けられたラットのシナプスの数，形態を比較した研究では，単純にシナプスの数のみを比較すると運動群の方がシナプスの数は増加し，シナプス小胞も増加したと報告している[14]．このようなシナプス構造の変化にはかなりの長期の期間が必要とされている．しかしながら，シナプス信号を測定すると，シナプス機能はこれよりはるかに速いタイムスケールで変化していることがわかる．感覚ニューロンと運動ニューロン間のシナプスに高頻度の神経活動を送り込むと，わずか数十秒程度の時間で放電するニューロンの数が増加することが知られている．これは高頻度の刺激後，前シナプス線維末端からの伝達物質の放出量が増加したか，あるいは後シナプス膜に生じる電位の大きさが増大したかのいずれか，または両方によると考えられる．いずれにせよ，高頻度の神経活動をシナプスに送り込むと短時間内に信号がシナプスを伝わりやすくなるが，この現象は長続きをしないとされている．しかし，現在海馬や大脳皮質における「長期増強」，小脳における「長期抑圧」という現象が確認されており，学習によりシナプス効率が変化することが確認されている．人間が日常トレーニングにより特定の運動パターンを繰り返すと，この運動パターンに関与する中枢神経内の神経回路のシナプスの構造と機能は，シナプスを信号が通過する頻度に依存してダイナミックに変化すると考えられる．これをシナプス可塑性という．

［西平　賀昭］

14) 松波謙一：運動と脳．紀伊国屋書店，1988．
15) NHK取材班：驚異の小宇宙・人体Ⅱ，脳と心，別巻，ビジュアル脳と心のデータブック．日本放送協会，1997．
20) Bonnet M et al : J Neurosci, 2 : 90, 1982.
21) Bonnet M : Brain Res, 280 : 51, 1983.
22) Woollacott MH et al : Exp Brain Res, 55 : 263, 1984.
23) 木塚朝博：バイオメカニズム，23：166，1999．
24) 斉藤　治：事象関連電位（丹羽真一ら編）．p3，新興医学出版社，1997．

4章 競技者報告 トレーニング生理学
サッカーのボールの動きによる読みと勘

　サッカーにとって，意思決定，判断は最も重要な要素である．90分の試合のうち，何千回，何万回と繰り返し，ボールの動き，味方の動き，天候などさまざま要素を考慮しつつ判断している．オープンスキルの最も典型的なスポーツといえる．ここで1つの例をとり，サッカーにおける判断の具体的なケースを紹介したい．

　元日本代表キャプテンで現在浦和レッドダイアモンズに所属する井原正巳選手は，読みと勘に優れたアジアを代表するリベロであった．読みと勘というとなにか偶然性の要素が多く，あたかも博打的な決断で考えている方がいるかもしれないが，これは大きな間違いである．

　たとえば，相手の中盤選手がボールをもち，井原選手の守るゴールを攻撃しようとしている．そのとき彼はどんなことを考えるのだろう．その中盤の選手が，スルーパス（ディフェンダーとディフェンダーの間を通る裏を狙ったパス）を出す戦術的能力，技術的能力，出せる状態であるか（ディフェンスがプレッシャーをかけているか，フリーなのか），また，パスを受けようとするフォワードの選手のスピード，ずるがしこさも考えなければいけない．相手選手だけではなく，その選手をマークしている選手の守備能力，スピード，駆け引きなどさまざまな要素を考慮し，起こりうる可能性を削除していき，残った選択肢の中からどこへパスをするのかを考え，その一番大きな可能性がスルーパスであれば，そのスペースをカバーする動きを選択する．そのときには，試合時間，得点差，リーグ戦での順位，などさまざまなことも加えて考慮しなければならない．

　井原選手がなぜ長い間Jリーグで活躍できたかといえば，その長い間にベースとなるさまざまな選手の基本的な情報，その場面場面で起こりうるパターンがインプットされているからである．そして試合中に起こる状況の変化，そのときの情報を収集し，判断してプレーしている．多くのインターセプトや1対1に勝ち，よいディフェンダーという賞賛を受けているが，それは多くの情報収集と処理能力，それを実行する体力がなければできないことである．

　世界を通しても，よいディフェンダーという選手たちは，ある年齢に達した選手が多い．これはさまざまな経験と多くの状況に出会い，多くの情報を蓄積しているからである．その中には，数え切れないほどの失敗があるかもしれない．読みと勘，ただ右か左かを選ぶのではなく，スポーツにおける読みと勘は，多くの情報を収集し，その情報を一瞬のうちに処理し筋肉に命令する．その過程は，その場面に応じて選択肢を狭められた結果出てくるものである．

〔田嶋　幸三〕

5章 スキルとトレーニング

トレーニング生理学

　スポーツ科学者がスポーツ動作を研究するときには，外から観察して，種々の分析を経て，言語や数値で表現する．しかし，スポーツ選手が実際に運動を行うときには，内的な感覚で行う．スポーツは「頭」で検討して，「感じ」で実行する．

　たとえば，陸上競技のスプリントの場合，バイオメカニクス研究者は，走者の脚の後方スイングに目をつけ，世界の一流スプリンターは，脚の後方スイング速度が速い程，疾走速度が速いと結論した[1]．しかし，後方スイング速度という客観的分析結果をそのまま走るときの主観的動作イメージに持ち込み，後方に脚を引き戻す動作感覚で走ると，走スピードは上がらないのである．客観的世界と主観的世界の2つは，互いに異なる別々の世界を成している[2〜4]．2つの世界は別々の世界であるから，一方から他方へ越境するときには，翻訳が必要である．2つの世界のずれを認識し，互いをどう結ぶのかということを考えるところから，スキルトレーニングの本質が浮かび上がってくる．

　ヒトの身体運動を物理法則の側面から明らかにするバイオメカニクスや，動作に対応した筋活動パターンを示す運動生理学が明らかにする知見は，真実の運動の仕組みを示唆してくれる．これらの科学的知見は，主観的な感覚で捉えることができないものや，感覚で捉えた内容とずれていることがある．自己のからだの中で起きている真実の運動の仕組みを知ることで，スキル実践において，何に意識をおくべきで，何に意識をおいてはいけないかの区別ができるようになる．

　近年の脳科学（神経科学）の成果には目を見張るものがある．さまざまに動作感覚を変えて運動を行ったときの中枢神経系の活動を記述する脳科学の知見は，ヒトの運動実践における主観的世界を表す可能性がある．運動実践における主観的世界は，運動実践時に用いる個人内の運動プログラムを表す可能性があり，このことはスキルのトレーニングを考えるスポーツ関係者に，革命的なヒントを与えてくれる．

　近年の認知神経科学も，スキルトレーニングを考える上で注目に値する．運動制御には，意識にのぼらないものがあることを示した面白い実験がある[5]．1から4までの数字を1個ずつ2秒おきに10回連続して呈示し，被験者は，1が提示されたら人差指を，2は中指，3は薬指，4なら小指でキーを押す．被験者には知らされていないが，番号の繰り返しには順序性があり，回数を重ねるうちに被験者は，次第にその順序性に気がつくようになる．驚くべきことに，順序性に気がつく前に反応時間が短縮しているのである．

　身体運動を物理・生理現象として捉え，人間の意識にまでさかのぼり，意識に基準をおいて（意識をおかないことも含めて），身体運動の物理・生理現象を考え直す．このとき，スキルの科学がその客観性の枠を飛び越えて，スポーツを実践する人間の主観性の中で生かされることになる．

［小田　伸午］

---

1) 伊藤　章ら：世界一流陸上競技者の技術（佐々木秀幸ら監）. p31, ベースボールマガジン社, 1994.
2) 小田伸午：バイオメカニクス研究, 2：56, 1998.
3) 小田伸午：身体運動における右と左. 京都大学学術出版会, 1998.
4) 深代千之ら：スポーツバイオメカニクス. p7, 朝倉書店, 2000.
5) Honda M et al：Brain, 121：2159, 1998.

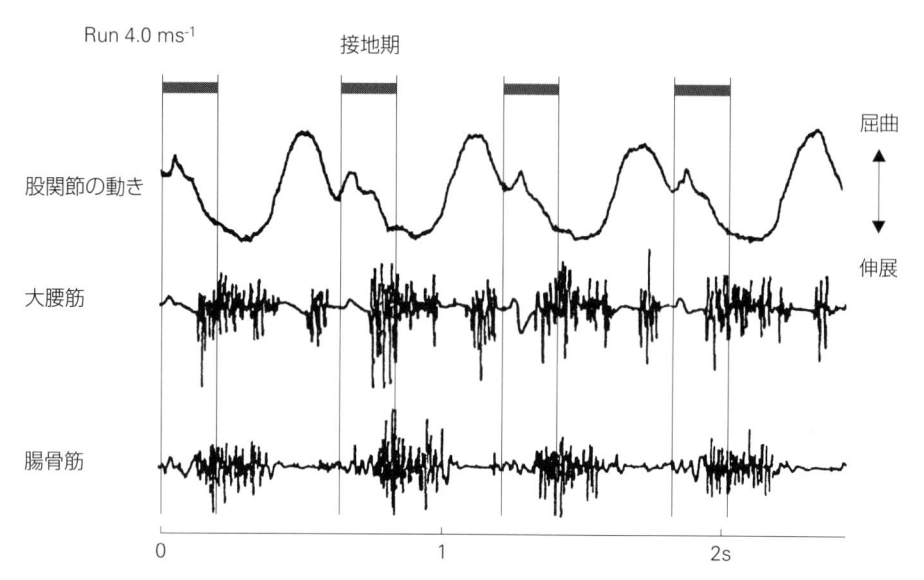

図5-1 毎秒4mの速度(240m/分)で走ったときの腸腰筋(ヒップフレクサー)の筋電図活動
(Andersson EA et al : Acta Physiol Scand, 161 : 361, 1997)

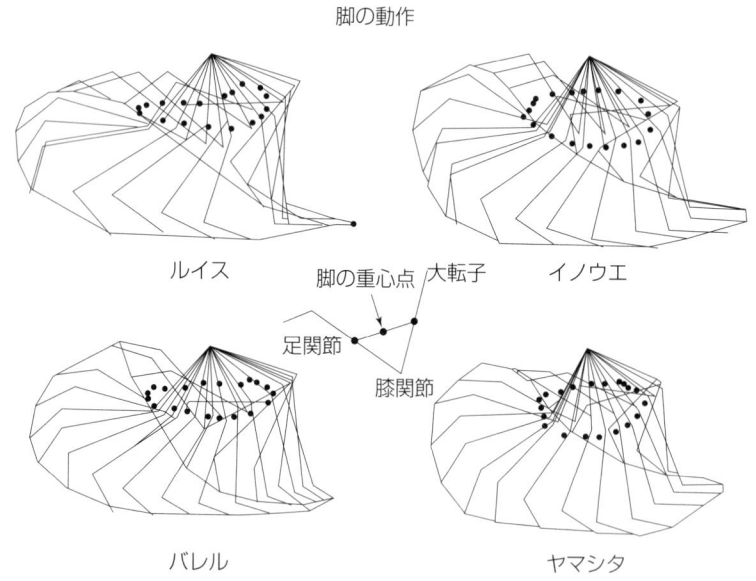

図5-2 股関節の位置を固定して描いた脚の動き(黒丸は脚の重心点の軌跡)
(小田伸午:バイオメカニクス研究, 2:56, 1998)

1. スキル上達における意識と無意識

1）もも上げの誤解

　ももを上げれば速く走れるというのは、ある意味で誤解である[2,3]。ももを上げる筋肉（骨盤・脊椎と大腿を結ぶ腸腰筋）は、足が地面から離れた後、脚が股関節を中心に後方スイングから前方スイングに切り換わる局面で活動するが、その後のもも上げの局面では活動を休止する（**図5-1**）。筋活動がなくてもももが上がるのは、慣性の法則が働くからである。もも上げの局面では、神経系の働きは、ももを下ろす筋肉（太ももの後ろのハムストリングスや尻の筋肉）に切り換わっている[6]。このときに、ももを上げる指令を脳から筋へ送ると、スムーズな脚の回転は崩れてしまう。腸腰筋の活動には、筋が引き伸ばされたときに生じる伸張反射という自動運動が大きく関与するものと思われる。ももは、無意識で生じる腸腰筋の伸張反射活動と慣性の法則によって上がってくるのであって、意識的に上げるのではない。

　スプリントにおける脚の動きの要諦は、ターンオーバーであると語ったのは、カール・ルイスを育てたトム・テレツコーチである[2,3]。テレツコーチは、来日して何度かスプリント講習会を開いている。彼は、日本人の陸上競技関係者の前で熱く語った。「日本人選手の中間疾走速度が遅いのは、ターンオーバーが鈍いからです。ターンオーバーの鈍い日本人選手には、脚を真下に踏み付けるという感覚も、1つのヒントとなるでしょう」。

　股関節（大転子）と膝関節を結んだ線分と、膝関節と足関節を結んだ線分をそれぞれ2等分する内分点を求め、この2点を結ぶ線分を2等分する点を脚の重心点と仮定し、その軌跡を**図5-2**に黒丸で示した。1991年の東京国際陸上で、9秒8台で走ったカール・ルイス、リロイ・バレルの場合、脚の重心点は脚が地面を離れた後、1コマ分（1/60秒）さらに後方へ移動するが、そこからくるっと反転し前方へ切り返している（回転半径が小さく急カーブになっている；ターンオーバー型）。当時の日本のトップスプリンターの井上、山下選手の場合は、脚が地面を離れた後、脚の重心点はしばらく上方へ移動し、前方へ移動する局面の出現が遅れている（回転半径が大きく、ターンオーバーの動きになっていない；ターンラウンド型）。ルイス、バレルの足先の動きは、その位置が最高点にきた後、急激に低くなる傾向がみられた。つまり、踏みつける動きがみられた。一方、日本人選手は足先の高さがなかなか下がらず、足先が最前にきたときの地面からの高さが高く、さらに、足先は手前に引き戻されながら下りてくる。日本人選手は、テレツコーチがやってはいけないと語った下腿部を前方へ振り出し、そして後方へ引き戻す意識で走っていたものと推察される。日本人選手は、スプリントドリルなどの練習において、「もも上げ」・「膝から下の振り出し」・「振り戻し」の各局面をすべて意識して制御しようとした点で、長年過ち（錯覚）

2）小田伸午：バイオメカニクス研究，2：56,1998.
3）小田伸午：身体運動における右と左．京都大学学術出版会，1998.

6）Andersson EA et al：Acta Physiol Scand, 161：361, 1997.

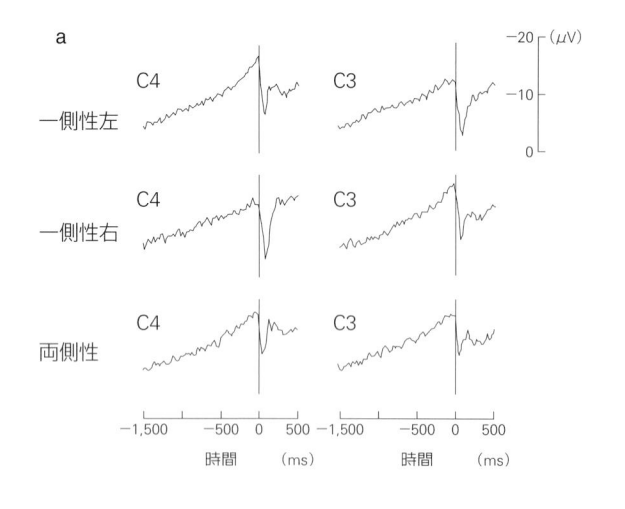

図5-3　a：全被験者における運動関連脳電位の総平均を3条件毎に示した（一側性左；ULL，一側性右；ULR，両側性；BL）
b：半球間抑制機構を示した模式図
(Oda S et al : Eur J Appl Physiol, 72 : 1, 1995)

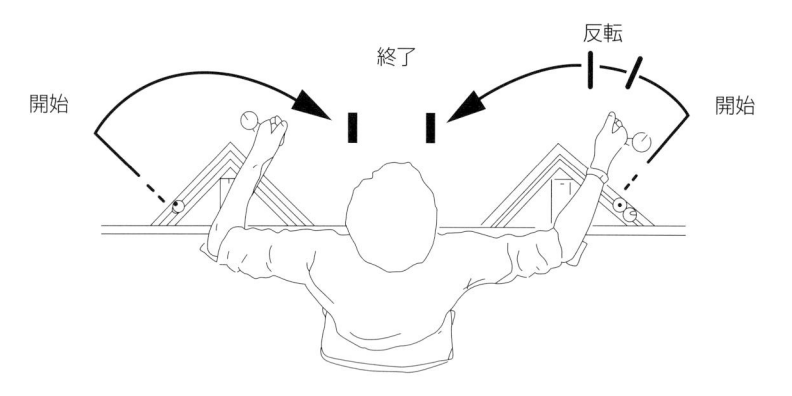

図5-4　Swinnenらが行った両側性時空間課題
(Swinnen SP et al : Human Factors, 33 : 367, 1991)

を犯していたといえる[2, 3]．

2）四肢運動と姿勢制御

　　　われわれが身体運動を行う場合に，個々の動きのすべてを意識的に制御するわけではない．たとえば，立位姿勢で，両腕を水平位置まで前方挙上するときには，まず，下肢や体幹の各筋群に無意識的に指令を送って，体幹の後傾を開始してから（数十ミリ秒の遅れをもって），両腕が挙がる[7]．しかし，われわれは腕の挙上運動に先行して現れる姿勢変化を意識しているわけではなく，多くの人は気がついていない．スプリント運動で，ももが上がるきっかけをつくるのが腸腰筋の伸張反射であると述べたが，これも伸張反射が主として生じる動きであるので，意識の中で起きるものではない．科学は，われわれの身体運動には，意識の外で生じる運動があることを教えてくれる．動作の1つ1つをすべて「意識しろ」という指導がなされることが多い．スキル獲得の実践においては，意識をおくべきでないこともあることを指導者は弁えておく必要がある．

2. 右と左

1) 両側性筋力低下

　1960年代の初頭より今日まで，最大筋力を左右肢同時に発揮したときの筋力の合計値は，左右別々に最大筋力を発揮したときの合計値より低い値を示す，と報告されている．この種の筋力低下を，両側性筋力低下と呼んでいる．つまり，1＋1＝2とならずに，1＋1＜2となる現象である．著者らは，この両側性筋力低下は，運動関連脳電位（脳波）の振幅の低下と関係することを見いだし，半球間の相互抑制機構が筋力の低下にかかわっていると推察した（図5-3）[8〜10]．すなわち，左手の筋力発揮時には右半球から，右手の筋力発揮時には左半球から運動指令が送られるが，このとき，反対側半球の活動を抑制して運動指令が反対側の筋に送られないようにする仕組みがあり，したがって，両方同時に最大筋力を発揮する場合には，左と右の脳が互いに抑制をかけ合って活動を低下させる機構があると考えたのである．両側同時に最大筋力を発揮すると，意識的には最大でも，実際には無意識的に抑制がかかって，実際に出力された結果は，最大以下に落ちている．筋力トレーニングを行う場合，どの筋を鍛えるかに着目することが多く，片腕で行うトレーニングと両腕で行うトレーニングを支配する神経系の働きの違いに着目する人は意外と少ない．

2) 左右肢の協調

　左右肢を異なる速度やリズムで動かすことは難しい．たとえば，両側肢鏡像運動の途中で，どちらか一方の腕の肘屈曲運動をリバースさせて肘伸展運動を入れると，反対側の肘屈曲運動がつられて，肘伸展運動をしてしまう（図5-4）[11,12]．両手の掌を下に向けてテーブルの上に置き，両手の人差し指を同時にタッピングし，次に両手の中指で同時にタッピングする運動を繰り返すことはたやすい．タッピングのスピードを上げても比較的容易にできる．中枢神経系にとって，左右両側指の同名筋を同期して活動させるのはたやすいといえる．しかし，右手の人差し指と左手の中指を同時にタッピングし，次に右手の中指と左手の人差し指を同時にタッピングする運動となると難易度が上がる．速く繰り返して下さいというと，一層難しい．プロのキーボードやギター奏者は左右大脳半球を繋ぐ脳梁のサイズが一般人より大きい．これは，出力タイミングや出力筋が左右で異なる左右両側指運動を協調的に遂行するには，左右の大脳半球が連絡を取り合う必要があるためであると考えられている[13]．

　スポーツ選手の動作も，左右四肢の協調運動である．野球の投手の投げ手とは反対のグローブをもつ側の腕の動き，ボクシングの打つ側と反対の腕の引き動作

---

2) 小田伸午：バイオメカニクス研究，2：56, 1998.
3) 小田伸午：身体運動における右と左．京都大学学術出版会，1998.
7) Wolf S De et al：Exp Brain Res, 121：7, 1998.
8) Oda S et al：Eur J Appl Physiol, 69：240, 1994.
9) Oda S et al：Eur J Appl Physiol, 72：1, 1995.
10) Oda S：Jpn J Physiol, 47：489, 1997.
11) Swinnen SP et al：Human Factors, 33：367, 1991.
12) Swinnen SP et al：Exp Brain Res, 85：163, 1991.
13) Schlaug G et al：Neuropsychol, 33：1047, 1995.

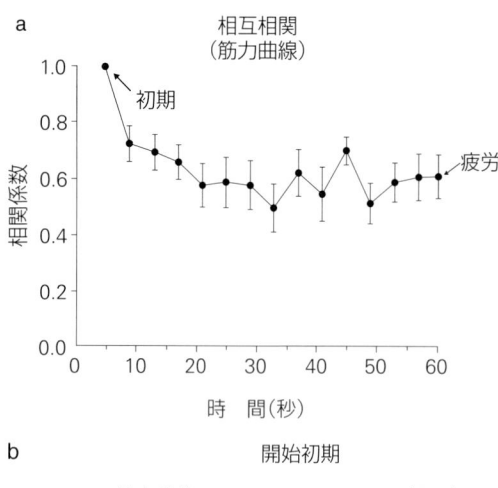

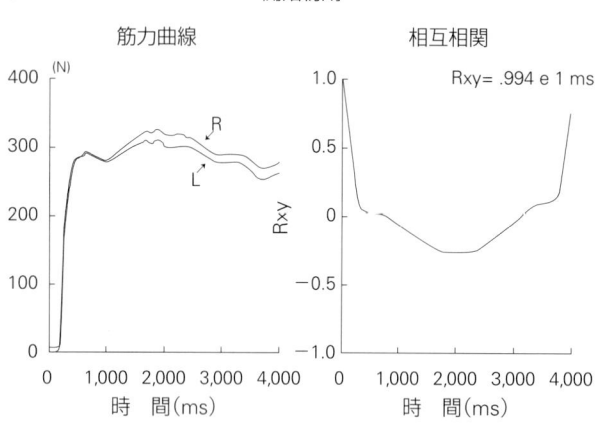

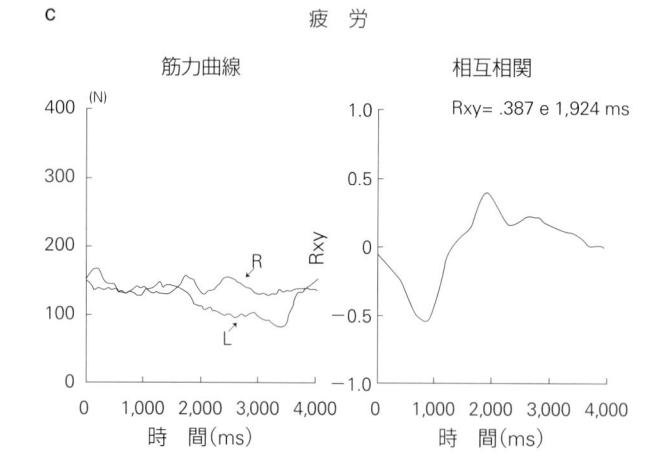

図5-5 a：時間経過に伴う左右筋力曲線における相互相関の変動（最大相互相関係数の平均値と標準誤差で示す；n＝25）
b：最初の4秒間（INITIAL）における，被験者1名の左右筋力曲線の典型例とその相互相関
c：最後の4秒間（FATIGUE）における，被験者1名の左右筋力曲線の典型例とその相互相関
(Oda S et al：Eur J Appl Physiol, 70：305, 1995)

など，反対側に注目することで，スキルが向上することがある．これらは，腕および脚の左右間で働く協調運動といえる．さらにまた，野球のバッティングで，バックスイング期の右打者の右腕の動きと，踏み込む左足の動きとの対角線上の動きなどの手足の協調運動もある[3]．テニスやボクシングの打つ動作も，左右の手の動きだけで成り立っているのではなく，左右の足の踏み込みによって成り

立っているのであるから，スポーツスキルを考える場合は，投げたり打ったりするその1本の手足のみに注目するのではなく，体幹を含めた左右四肢間の協調運動として捉えることが重要である．

スポーツスキルを遂行するときの意識を，直接球を打ったり投げたりする腕から外して，反対側の腕に主観的な意識を置くとスキル実践がうまくいくというのは，非常に示唆的である．左右肢の協調運動を司る中枢制御メカニズムの研究は数が少なく，いまだ発展途上といえる．これからは，科学の立場にいる研究者も，直接的のみに物を見ようとする心を外すとよいのかもしれない．

3．スキルと左右差

各種スポーツ動作は，左右非対称のものが多いが，中には，左右対称のスポーツ動作もある．たとえば，水泳の平泳ぎ，バタフライなどがそうである．重量挙げなどもそうであり，ボート競技も左右対称に近い．われわれ人間のからだは左右2つの部分に分かれているが，左右に分かれていながら1つのからだを形成している．通常，右手が利き手である人が圧倒的に多い．こういう人は，右手の筋力が強く，器用に動かすことができる[14]．足についても，利き足があり，それは強い足を意味するときと器用な足を指す場合とがある[14]．つまり，からだが右と左に分かれて構成され，しかも，その機能に左右の偏りがある．

著者らは，大学ボート部の選手を被験者にして，左右の最大肘屈曲力を同時発揮し，それを60秒間維持したときの力曲線を，4秒毎に15分割し，各区間毎に右と左の筋力変動パターンの相互相関を分析した[15]．筋疲労のみられない最初の4秒間においては，左右の筋力曲線は互いにその振幅および位相が一致しており，2つの信号は同期していた（図5-5b）．一方，筋疲労の認められる最後の4秒間では，左右の筋力曲線は振幅および位相の2つの要素において何ら関係も認められなかった（図5-5c）．被験者25名の最大相互相関係数の平均値を，時間軸に対して示したものが図5-5aである．筋力発揮開始直後の4秒間の最大相互相関係数の平均値はきわめて高い値を示した．そのときの位相ずれは被験者全員においてゼロを示した．すなわち，筋力発揮開始直後においては，左右の筋力曲線の変動パターンは同期していたといえる．開始直後の非常に高い相関係数は，筋力発揮開始後20秒間にわたり徐々に低下し，それ以降は上下に変動を示しながらもほぼ一定の値を示した．これらの結果より，筋力発揮開始当初は，上位中枢から左右の筋に共通の運動指令（common drive）が入力していたが，筋疲労が大きくなるとともに，左右肢の筋力発揮を操る中枢からの共通指令に乱れが生じたものと考えられる．

アメリカの重量挙げチームが，バーベルを差し上げるときに左右のバランスを崩す癖のある選手に対して，興味深い改善方法を開発した．それは，左右それぞれの地面反力を測定し，毎試行ごとにそのデータをフィードバックする方法であ

3) 小田伸午：身体運動における右と左．京都大学学術出版会，1998．
14) 友久久雄：Lateral Dominanceに関する研究．p56，多賀出版，1985．
15) Oda S et al：Eur J Appl Physiol，70：305，1995．

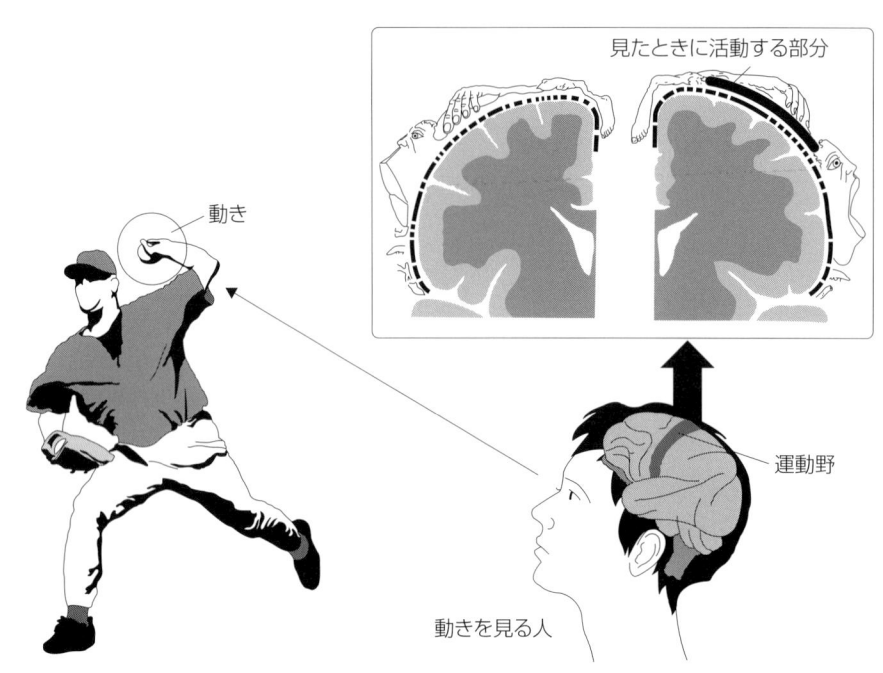

図5-6　見るだけで反応する運動系（乾　敏郎：日経サイエンス，1：28，2001）

る．これによって，選手はどのような感覚で動作を行えば地面反力の左右差がなくなるかを掴んだという[16]．片腕を挙上して目標物を指で差すポインティング運動を行う場合，腕を挙げる肩の三角筋だけでなく，姿勢制御のために体幹筋や下肢筋の活動を伴う．この場合，利き腕でポインティングする場合の方が非利き腕で行う場合よりも，体幹筋や下肢筋の筋活動の開始タイミングが早く，四肢運動におけるラテラリティー（片側優位性）は，姿勢制御にまで影響を及ぼすことが報告されている[17]．このことは，肢運動と姿勢制御が複雑に絡み合うスポーツスキルのトレーニングを考える場合，重大な意味を含んでいる．

　左右の筋力差を小さくすることや，左右を共通に操る神経系の働きを高めることで，泳速や走速度が上がったという話しは，何人かのコーチから聞いたことがある．左右肢の筋力の違い・筋持久力の違い・有酸素能力などの違いとスポーツスキルの関連性について，今後大いに研究を進める必要がある．また，著しい左右差を修正することでスポーツパフォーマンスが伸びることもあるが，だからといって，左右差を完全になくそうとするのはかえってパフォーマンスを下げることになる場合がある[3]．左右差をどう捉え，どう処理するか，スキルトレーニングの重要テーマである．

4．視覚とスキル

1）視覚の虜

　男子ハンマー投げの室伏広治選手が，80mの「壁」の手前でどうしても抜けられないスランプに陥った．苦悩の末に，自分の動作のビデオ観察をやめたと

いう．穴が開くほど観てきたビデオ研究を，室伏選手は，何故やめたのか．やめて，どうしたのか．それは，ビデオに映った自分のフォームを繰り返して観るうちに，いつの間にか目で観た形に囚われて，練習で獲得した彼独自の運動感覚を崩していたことに気がついたからである．眼で観た動作情報に囚われ，観たままに動作を行おうとすることを，著者は「視覚の虜」と呼んでいる．

自らが動くときだけでなく，他人の動きを見ているときも，脳の運動系が活動する．こうした脳細胞はミラーニューロンと呼ばれるが，最初マカクザルで発見され，その後，人間でも確認された[18]．他人の物をつかむ動作と腕の運動を観察しているときには，観察者がその動きに着目した部分に関連する大脳皮質運動野の活動が高まっていることが明らかになった．すなわち，腕の運動を観察する場合は，腕の筋肉に関連する大脳皮質運動野の活動は高まっているが，着目していない指の筋を支配する運動野の活動は高まらないのである．何気なく見ているつもりでも，他人の動作やビデオに映った自分の動作を観察する場合には，脳の中のからだが勝手に活動している．

図5-6に示したように，優れた投手の手指のスナップの動きに囚われて手指を観察した人は，手指の運動野を活動させてしまう[19]．まさに，人は運動スキルをからだ（脳の中のからだ）で観察している．投手のリリース時の手指の微妙なスナップ動作は，体幹から末端に向って流れてきた運動エネルギーが最後に手指に伝わり，引き伸ばされた手指の筋の伸張反射，および弾性エネルギーなどの作用も手伝って，無意識的に生じる動きである．手指と手首を屈曲させるスナップ動作自体を意識して行おうとするのは，錯覚といえる．

2）周辺視野情報の処理

日常でもスポーツでもそうだが，われわれは，目線をおいたところ（注視点）にいつも心の眼を置いているかといえば，必ずしもそうでない．剣道では，相手の眼の一点を注視するのではなく，遠くの山全体をみるような見方がよいとされる．これは武道界では「遠山の目付け」と呼ばれ，重要視されている．相手の動きの開始を，からだの末端のちょっとした動きで察知するには，周辺視野情報の活用がポイントとなる．バレーボール選手のアタックで，初心者はトスされたボールを，顔をまるごとボールに向けて視野の中心で観てしまう．したがって，相手ブロックの位置やディフェンダーの位置が見えなくなってしまう．こういう選手には，「ボールを上目使いでみよ」とアドバイスするとよい．次第にボールをみながら周辺視野で相手が見えるようになるという．

図5-7は，注視点の10度右視野あるいは30度右視野に，視覚刺激が固定して呈示される条件と，いずれかの視野角度でランダムに呈示される条件におけるキー押しの反応時間を示したものである．サッカー選手の周辺視野反応時間は一般学生に比べて短いことがわかる[20]．ただし，中心視野（注視点）においても反応時間に差がみられることから，単純なキー押しを測ったこのデータからは，両

3）小田伸午：身体運動における右と左．京都大学学術出版会，1998．
16）小田伸午訳：日経サイエンス，8：18，1996．
17）Teyssedre C et al：Exp Brain Res, 134：435, 2000．
18）Fadiga et al：J Neurophysiol, 73：2608, 1995．
19）乾　敏郎：日経サイエンス，1：28, 2001．
20）Ando S et al：Percept Motor Skills, 92：786, 2001．

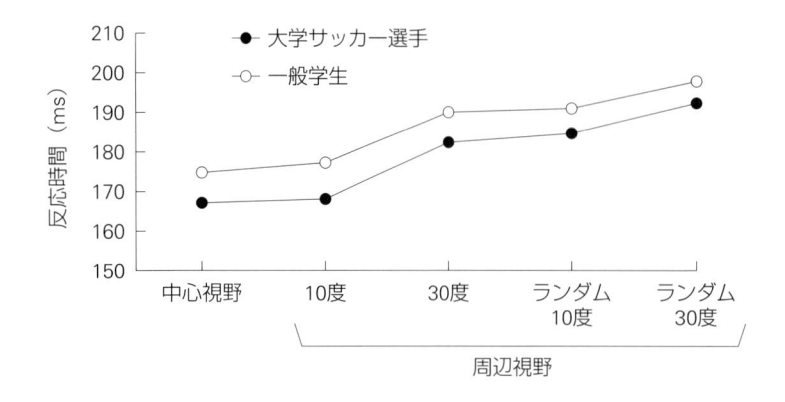

図5-7 サッカー選手と一般学生の周辺視野反応時間
(Ando S et al : Percept Motor Skills, 92 : 786, 2001)

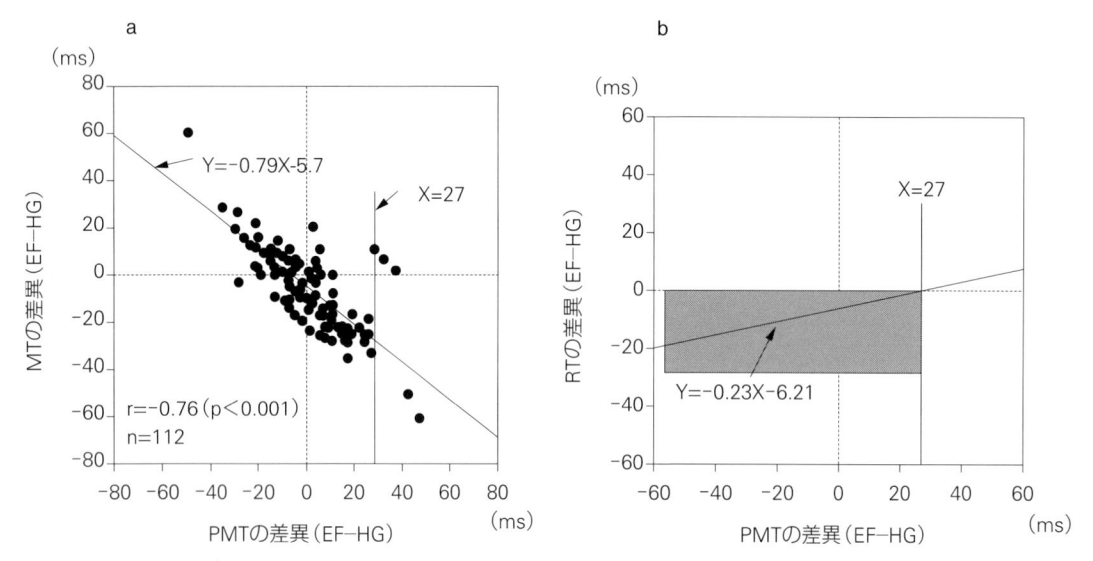

図5-8 a：肘屈曲力(EF)のPMTから握力(HG)のPMTを引いた差分と，肘屈曲力のMTから握力のMT差分の相関関係(14名の被験者の全試行(8試行×14 = 112試行について示した)
b：肘屈曲力と握力のPMTの差と肘屈曲力と握力のRTの差の関係を示す回帰直線(上腕二頭筋の筋電図開始が浅指屈筋の筋電図開始より27ms以上遅くなれば，肘屈曲力と握力のRTの差がマイナスになる．すなわち，肘屈曲力の立ち上がりがより早くなる)
(小田伸午ら：バイオメカニクス研究，3：179，1999)

群の反応時間の差は，周辺視野だけに特異的にみられたものとはいえない．実際のサッカーの試合で求められるのは，単純な反応時間ではなく，的確で素早い判断である．たとえばドリブルでこちらに向ってくる相手選手に注視点を置きながらも，心の眼（心理学用語では注意という）を周辺の味方と相手の位置取りに置いておけば，的確で素早い判断が可能になると思われる．周辺視野における判断の速さを測る測定システムの開発が求められる．

5. 多関節による筋力発揮

1) 従属的筋力発揮

　握力と肘屈曲力，握力と肘伸展力を同時に発揮したときの反応時間制御において，前腕筋群と上腕筋群の神経活動はどのように協調するのであろうか．握力発揮に関する前腕筋と肘屈曲に関する上腕二頭筋の筋電図の開始は，必ずしも同時ではない．同時に発揮したつもりでも，被験者間で，あるいは試行間で，どちらかの開始が早く，数ミリ秒から十数ミリ秒ずれている[21]．しかし，前腕筋の筋電図活動が先にはじまり，上腕筋の筋電図活動が遅れた場合でも，その遅れが27ミリ秒以内であれば，力曲線の立ち上がり開始は，肘屈曲が先で，握力発揮が後になる（図5-8）．前腕の筋群には，肘をまたいで上腕骨に付着し，肘屈曲にも関与する筋群がある．このため，握力発揮に伴う前腕筋活動が肘屈曲力をも発揮させ，そのために，上腕二頭筋の活動開始が前腕筋のそれよりも遅れた場合でも，握力発揮の開始が先にならずに，肘屈曲力の立ち上がりが先になる現象が生じるものと考えられる．上腕と前腕の筋肉の活動開始のずれは，無意識的に発生する中枢制御系のずれを意味している．脳の中で生じたわずかな時間制御のずれを修正する解剖学的仕組みに驚かざるを得ない．

　1つの関節運動を行うとき，隣接した関節において力発揮が付随してみられる現象を，従属的（enslaving）筋力発揮と呼ぶことがある．たとえば，軽強度の肘屈曲力をあらかじめ維持しておき，その後，握力を徐々に高めていくと，肘屈曲力が無意識的に増大する（図5-9a）[22]．一方，軽強度の肘伸展力をあらかじめ維持しておき，握力を徐々に高めていくと，肘伸展力が無意識的に減少する（図5-9b）．握力と肘屈曲力とは，中枢神経系内では，互いに相性のよい関係にあるが，握力と肘伸展力とは，中枢神経系内では，互いに相容れない関係にあるといえる．野球のボール投げのリリース時に肘が伸展するが，このとき，手指および手首もともに受動的に伸展しながらボールが離れる[23,24]．決してリリース時には，指でぎゅっと握ったり，手首を屈曲させるような運動は起きていない（手指や手首を屈曲させるスナップ運動は，リリース後に生じる）．野球の打撃やテニスの打つ動作では，指で打具を軽くひかっけるようにして握るのがよいといわれる．バットやラケットを強く握ると，肘の伸展運動が妨げられてしまう．

　1つの手指に意識をおいて筋力発揮をしたときに，他の指の筋力発揮をも引き起こすが，これも従属的筋力発揮といえる[25]．このことは，腱性の結合によって，物理的に指と指が束ねられているという解剖学の側面の理由も考えられるが，指と指を結びつける腱性結合を切断しても従属的筋力発揮が起きることから[26]，中枢神経系から複数の指の筋に対して，共通の運動指令が入力するメカニズムがあると考えられている．

---

21) 小田伸午ら：バイオメカニクス研究，3：179，1999．
22) Oda S et al：Adv Exerc Sports Physiol, 6：97, 2000.
23) Hore J et al：J Sports Sci, 14：335, 1996.
24) Hore J et al：Exp Brain Res, 103：277, 1995.
25) Vladimir M et al：Biol Cybern, 79：139, 1998.
26) Leijnse JNAL：J Biomech, 30：873, 1997.

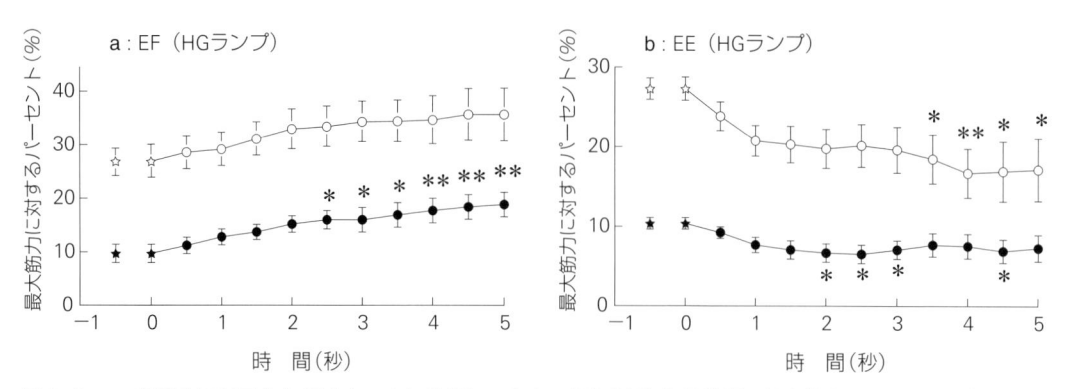

図5-9 a：軽強度の肘屈曲力(EF)を一定に発揮しておき，握力(HG)を5秒間で最大筋力の70%まで直線的に増大させていったときにみられる肘屈曲力の変化
b：軽強度の肘伸展力(EE)を一定に発揮しておき，同様に握力を直線的に増大させていったときにみられる肘伸展力の変化
＊：$p<0.05$，＊＊：$p<0.01$
(Oda S et al：Adv Exerc Sports Physiol, 6：97, 2000)

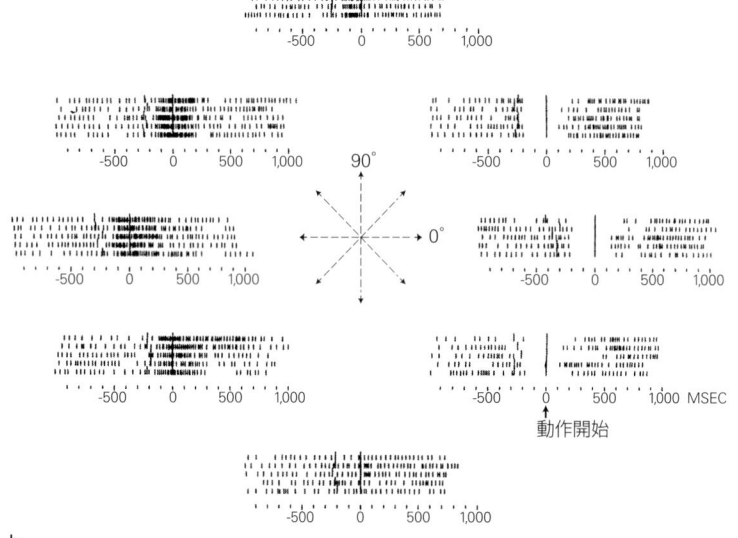

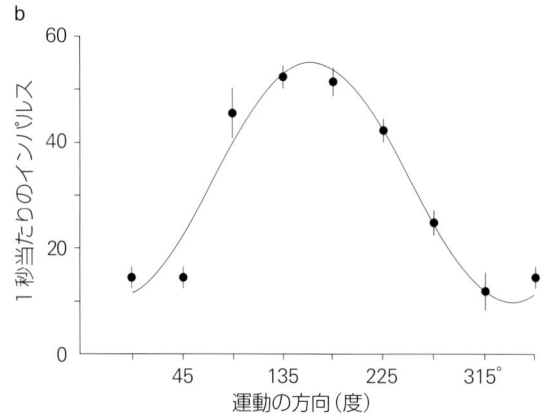

図5-10 a：サルが中央のスタート位置から8方向のリーチング運動を行ったときの1つの運動野細胞の活動例(上段に示したラスター表示は，5試行分の記録を示し，タイムスケールのゼロは運動開始時点を意味する)
b：各ニューロンの応答の方向選択性の定量化には，コサイン関数で近似し，図のようなチューニング曲線を作成し，細胞毎に最大応答方向を算出した．この細胞の最大応答方向は161度を示した
(Georgopoulos AP et al：J Neurophysiol, 2：1527, 1982)

自己の意識の枠内だけで身体運動は生じない．自己の意識と意識の外にある要因が相互作用する．自己の意識と絡み合う要因として，ここでは，解剖学的要因を挙げたが，前述した慣性の法則などの物理要因や，伸張反射活動なども，意識の外で運動を引き起こす要因として知っておかなければならない．長野オリンピックの男子スピードスケート500mで金メダルを獲得した清水宏保選手は，「力を入れるのではなく，力を動かす」という名言を残した．優れたスポーツ選手の動作が美しく，その発言がきらめくのは，運動認知と運動実践における自己中心性を乗り越えて，本当の意味で自己を生かしたことを感じさせるからに他ならない．

6．スキルと筋力の融合

1）運動方向の制御

　Georgopoulosら[27, 28]は，サルが8方向のリーチング運動（目標物に向って手を到達させる運動）をする場合，関連して発火するニューロンを1つ1つ調べ，どの方向のリーチング運動においても選択的に活動が高まるニューロンがあることを確認した（図5-10）．これらの方向選択性は一方向のみに活動するというものではなく，比較的広い範囲の方向選択性を示した．

　Georgopoulosら[28]は，上記の考え方をもとに，8方向へリーチング運動をするときの運動野ニューロンの活動から，ポピュレーション・ベクトル（population vector）を表示した．彼らは，8方向のリーチング運動に関連して発火する運動野ニューロンの活動を数百個にわたって記録し，1つ1つのニューロン毎にそのニューロンの活動が最も活発になる最大応答方向を算出した（図5-10b）．そして，ある方向に運動が行われるときの各ニューロンの発火頻度をベクトルのスカラーとし，ベクトルの向きはそれぞれのニューロンの最大応答方向の向きで表し，すべてのニューロンのベクトル総和を8方向の運動毎に求めた（図5-11）．驚くべきことに，このようにして求めたポピュレーション・ベクトルの向きは，実際に行われたリーチング運動の向きによく一致した．このことよりGeorgopoulosらは，ある方向にリーチング運動をするときは，ある運動方向とタイアップしたニューロンだけが活動するのではなく，すべてのニューロンが運動方向に応じて活動量をチューニングさせながら全体（集団；population）として異なる方向のリーチング運動を可能にしていると考えた．すなわち，運動野ニューロンは，それらのすべての活動の総和としてのポピュレーション・ベクトルが，運動方向と一致するように集団的に運動を制御しているという結論を導いた．

　われわれは，個々の筋にいちいち意識的に指令を与えて複数関節運動を行うのではない．手や足が到達する方向の意識によって，複数関節の複数筋が協調的に働く．走運動における接地動作で，真下に踏み付けるように接地するのか，手前にひっかくように接地するのかという動作感覚の問題[2]を，中枢制御系のポピュ

2）小田伸午：バイオメカニクス研究，2：56, 1998．
27）Georgopoulos AP et al：J Neurophysiol, 2：1527, 1982．
28）Georgopoulos AP et al：Science, 233：1416, 1986．

図 5-11 8方向へのリーチング運動における計算されたポピュレーション・ベクトル(8方向の目標位置から出ている数百本の細い実線は,各ニューロンがその方向へリーチング運動をしたときにみられた活動量(インパルス発火頻度)を,そのニューロンの最大応答方向の向きのベクトルで示している)
(Georgopoulos AP et al : Science, 233 : 1416, 1986)

レーションコーディングに置き換えて考えると，2つの動作は大いに異なる動作であるといえる．運動方向の制御は「スキル」ということの一端を表している．われわれが四肢運動の「スキル」を考慮して，技術や筋力のトレーニングを行う場合，四肢運動の方向性に着目するとよい．その場合，上記の脳の制御機構に関する知見が1つの裏付けとなる．

2）運動方向と力発揮の制御

複数関節を連動して動かすリーチング運動の場合，運動野細胞は運動の方向を制御することがわかったが，リーチング運動に負荷をかけると，運動野細胞は運動方向の制御と力の制御を別々に分担して行うのであろうか．Kalaskaら[29]はこの点を検討するために，8方向のリーチング運動に錘で負荷をかける興味深い実験を行った．その結果彼らは，①多くの運動野細胞の方向選択性は負荷をかけても無負荷でも変わらないこと，②発火頻度は負荷をかけた場合の方が高いことを報告した．このことより，運動野細胞の多くは，リーチング運動において，方向と力を別々に分担して制御するのではなく，「運動方向」と「力」の大きさの2要素を統合して制御することが明らかになった．

スポーツにおける訓練では，「技」を磨いたらよいのか，「力」を鍛えたらよいのか．多くの人は，便宜的に「技」と「力」の2つに分けて考えることが多い．しかしながら実際には，「技」と「力」は，互いにかかわり合いながら，切っても切れない関係にある[30,31]．力発揮が不必要な技などあり得ないし，技を伴わない力発揮などスポーツにおいては無意味である．「技」の要素と「力」の要素の両方を統合した主観的感覚を会得することが望ましい．大脳皮質における運動関連細胞の働きを観察した神経科学の知見が，そのことを示唆している．

［小田　伸午］

29) Kalaska JF et al : J Neurosci, 9 : 2080, 1989.
30) 小田伸午：競技力向上のスポーツ科学Ⅱ．237, 朝倉書店, 1990.
31) 小田伸午：体育の科学, 48 : 527, 1998.

5章 競技者報告 トレーニング生理学

器械体操競技においてスキルをどのようにして高めたか

　スキルの語の意味は，一般に「手腕」，「腕前」，あるいは（訓練・熟練を必要とする特殊な）「技能」や「技術」であろう．

　体操競技は，ある一定の運動（技）がどのような出来映えでできるかということが要求される．すでに開発・発表されている技もあり，試合では誰も発表しておらずまったく新しい技もある．つまり，訓練・学習する対象は無数にある．したがって，個々の技を捕らえて全部述べるのはほぼ不可能に近い．体操競技で「技能」や「技術」を身につける過程を云々するならば，Meinelのいう「習熟」の考え方が的を射ている．

　Meinelのいう習熟段階（位相）は，個人にとってまったく新しく体験する段階から順に4段階に大別されている．習熟段階の①は，はじめて新しい運動（技）を体験するときの様相であり，不確実，欠点の多さなどが特徴となる．習熟段階の②は，少し幅が広がり，できたり，できなかったり，あるいは，欠点の改良が行われたり，といった様相を呈する．習熟段階の③は，ほぼ欠点の修正も終わり，ある技を演技として組み込んでも十中八九はできるようになった段階である．習熟段階の④は，最終段階であり，どのような条件下でも実施可能な段階である．心の動き，環境の変化に抗することができる免疫性を備え，また，あれこれ細かい点を注意しなくても自動的にからだが動いてくれるような段階をいう．

　この考え方は仮に4つの段階に区別しているだけであり，白色から黒色まで色が無段階に変化していく様相を大きく特徴付けしただけのものである．実際には習熟段階の②で挙げられている「できたり，できなかったり」あるいは「逆戻りしてしまったり」ということもあり，場合によっては何らかの条件でストップしてしまうことすらありうる．そして，人間が機械でないことに起因することであろうが，習熟段階④の兆候を確認できても失敗することがある．

　スポーツ運動能力獲得では，体操競技に限ったことではないが，「わかる」と「できる」の間にはかなり大きな溝がある．「できそうな気がする」，あるいは「できないような気がする」といった気持ちもその間に介在する．「わかる」にも違いがある．科学的にわかるのも「わかる」であり，この場合はわかっても「できる」こととは直結しない．スポーツ運動において，とりわけ選手の側からは，「わかる」といえるのは実際に「できる」ということと直結していなければならないことなのであり，科学的に「わかる」こととは異なる．科学的に「わかる」ことは「できる」ことに役立つ可能性はあるが「できる」と間違ってはならない点なのである．

　総じてスキルを高めるのには実際の経験を積み重ねるしかないのであり，たとえ考え方が違っていても，人の運動感覚を無視することはできない．理論的に微細な変化も逃さない厳密な数値に置き換えて理解しても，実際に行う場合には，再度，その数値なり考え方を自身の感覚に置き換えなければ運動にならないのであり，微細な置き換えほど感覚しにくいものはない．技の技能向上には，運動感覚に基点を置き，実際の練習をし，試合の経験をし，反省し，修正し，といったことの繰り返しが一番大切な部分であろう．

［加藤　澤男］

6章 高強度の運動とトレーニング

スプリントのような運動では，乳酸が多く産生される．運動を開始するとただちにATPがADPとPiになる．このADPとPi，また筋収縮に伴って放出されるCa^{2+}は筋グリコーゲン分解を高め，このことが運動開始1〜2秒で乳酸の産生を高める．また，逆に7秒程度の運動でクレアチンリン酸がすべてなくなるということもない．確かに運動初期にはクレアチンリン酸からのATP再合成が多いが，乳酸もつくられているし，7秒以降でもクレアチンリン酸からATPはつくられる．一方，こうした運動ではミトコンドリアでの酸化が，エネルギー代謝に貢献しないということではなく，運動開始とともにミトコンドリアの酸化反応も大きく高まる．乳酸の多量の蓄積は高強度運動時による疲労の大きな原因の1つである．しかし，乳酸のみが原因なのではなく，筋内からカリウムの漏出などでイオンバランスが崩れ，神経伝達が阻害されることなども高強度運動での疲労の大きな原因の1つである．

スプリントトレーニングの効果については，トレーニング内容が研究者によってバラバラであることもあって，必ずしも統一した結果が得られているわけではない．一般的な効果としては以下のようなことが考えられる．まず，筋線維の本数比率についてはあまり変化がないようだが，筋線維の断面積でみれば，遅筋線維には変化なく，速筋線維で，ある程度肥大がみられるので，断面積比では速筋線維の割合が増える．次に，ホスホフルクトキナーゼ活性に示されるような，解糖系酵素活性また解糖系能力は，スプリントトレーニングによって向上する．ただし必ずしも，高強度運動時の血中乳酸濃度がトレーニングでより高くなることを意味しない．また，スプリントトレーニングでは解糖系能力だけでなく，筋の酸化能力も向上する．むしろ，解糖系能力の向上よりも酸化能力の向上の方がトレーニング効果として大きいとする見方もある．すなわち，スプリントトレーニングでも筋のミトコンドリアが増え，酸化能力が向上する．このことからも，スプリントタイプの運動でもミトコンドリアの有酸素性代謝が重要であることを示している．またスプリントトレーニングを行うと，筋のカリウムの取り込みが高まりナトリウム—カリウムポンプが増えるなど，イオンバランスをより保てるようになる．このことにより，運動時の疲労を遅延し，さらにまた回復を早くすることができる．加えて，乳酸が多量に産生されたときの筋内を中心とする酸性化を抑える緩衝作用も，スプリントトレーニングで向上する．このことは，高強度運動をより乳酸の産生が高いレベルで行えることを意味する．

このように，高強度運動時に多く産生される乳酸について，トレーニングにより乳酸の産生を増やす能力と逆に減らす能力とがともに増える可能性が高い．どちらの効果もスプリントトレーニングにおける合理的な方向性である．こうしたことから示されるように，スプリントトレーニングの効果や方向性を検討するのは単純ではない．

［八田　秀雄］

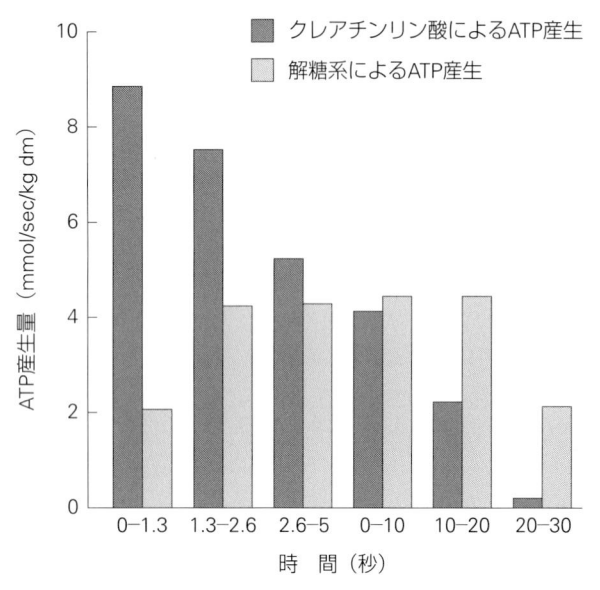

図6-1　30秒までの運動におけるクレアチンリン酸と乳酸産生によるATP合成量
(Hultman EL et al：Biochem Soc Trans, 19：347, 1991)

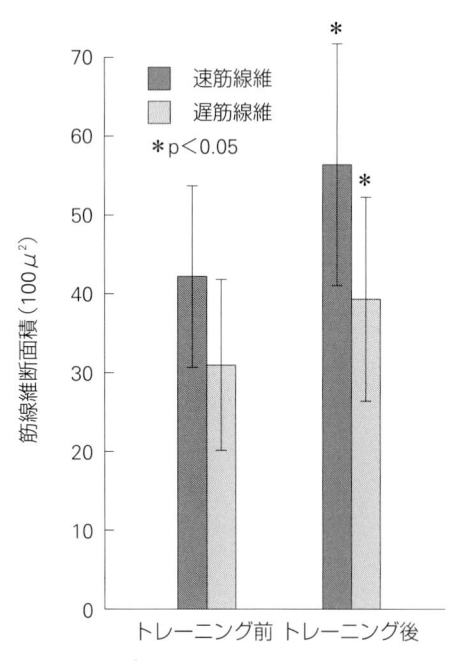

図6-2　スプリントトレーニングによる速筋線維断面積の増加
(MacDougall JD et al：Med Sci Sports, 11：164, 1979)

1. 高強度の運動

　　短距離走（スプリント）のような強度の高い運動によるトレーニングは，何と呼べばよいのであろうか．こうした運動やトレーニングは，「無酸素性代謝」，「無酸素性トレーニング」といわれることが多い．しかし，無酸素性というと，暗黙のうちに筋内が無酸素状態である，という印象がもたらされる．しかしながら，実際には生きている限り筋には必ず酸素が供給されていて，無酸素状態にはならない．また，こうした運動では多く乳酸ができるが，それは酸素摂取が足りないからでは必ずしもなく，糖の分解が高まったからであるという見方ができる．無酸素性代謝過程が働いているときにも有酸素性代謝過程が必ず働いている．著者は，一般に有酸素性トレーニングとも呼ばれるトレーニングを持久的トレーニング，無酸素性トレーニングとも呼ばれるものをスプリントトレーニングや高強度トレーニングと呼んでいる[1]．

2. 運動開始数秒における乳酸の産生

　　スプリントのような運動では，乳酸が多く産生される．このときエネルギー供給はまず7秒程度がクレアチンリン酸の分解により，その後から乳酸の産生が開始されるというように理解されている場合が多い．実際には1～2秒で乳酸の産生は開始されている（**図6-1**）[2]．運動を開始するとただちにATPがADPとPiになる．このADPとPiはともに，筋グリコーゲン分解の最初の律速酵素であるホスホリラーゼや，続く律速酵素のホスホフルクトキナーゼを活性化する．これによって筋グリコーゲンの分解が運動開始1～2秒で高まるのである．また運動開始の神経刺激の伝達などにより，筋のCa^{2+}濃度も上昇する．このCa^{2+}も，筋グリコーゲンの分解を高める．このように運動開始後ただちに筋グリコーゲンの分解が高まる．逆に，7秒程度の運動でクレアチンリン酸はすべてなくなるのではない．確かに運動初期にはクレアチンリン酸からのATP再合成が多いが，乳酸もつくられている．また，7秒以降でもクレアチンリン酸からATPはつくられる．ただし，クレアチンリン酸からのエネルギー量は低下していく，ということである．運動開始時の筋グリコーゲン分解の亢進は，ミトコンドリアでの酸化量とは必ずしもリンクしていない．したがって，糖の分解が高まれば，乳酸の産生が高まるのである．また，ミトコンドリアでの酸化が，こうした運動ではエネルギー代謝に貢献しないということではなく，運動開始とともに，ミトコンドリアの酸化反応も大きく高まる．

　　そこで，高強度の運動では，糖の分解によって乳酸が多量に産生される状態での運動ということになる．特に，これまで数十秒の運動は，主として乳酸の産生によるATP合成により賄われ，有酸素的な代謝過程は20～30％程度といわれ

---

1) 八田秀雄：乳酸を活かしたスポーツトレーニング．講談社，2001．

2) Greenhaff PL et al：Exerc Sports Sci Rev 26：1, 1998．

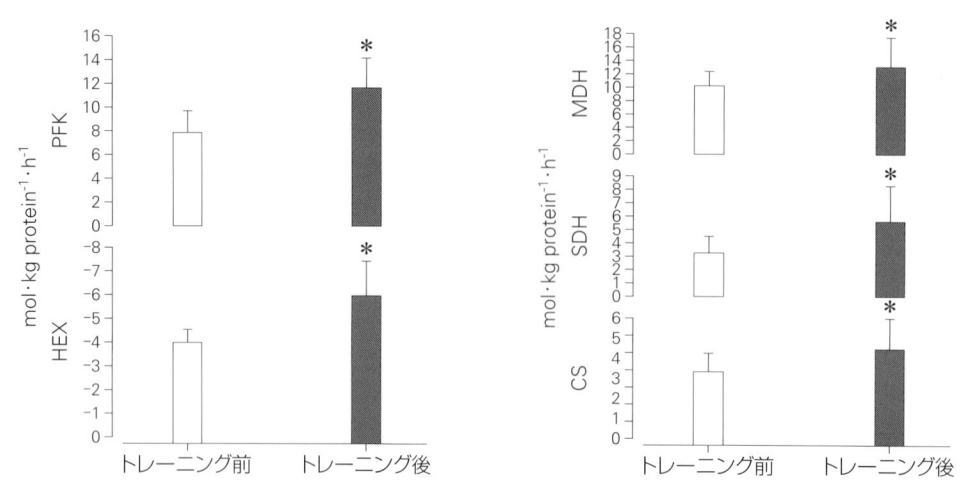

図6-3 スプリントトレーニングによる解糖系酵素（HEX，PFK）と酸化酵素（CS，SDH，MDH）活性の上昇
HEX：ヘキソキナーゼ，PFK：ホスホフルクトキナーゼ，CS：クエン酸シンターゼ，SDH：コハク酸デヒドロゲナーゼ，MDH：リンゴ酸デヒドロゲナーゼ（*：p < 0.05）
（MacDougall JD et al：J Appl Physiol，84：2138，1998）

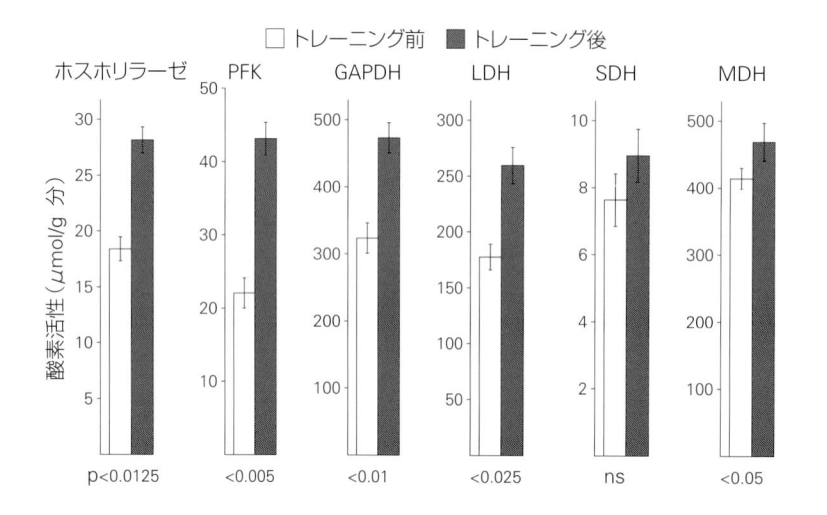

図6-4 スプリントトレーニングによる解糖系酵素（ホスホリラーゼ，PFK，GAPDH，LDH）と酸化酵素（SDH，MDH）活性の上昇
PFK：ホスホフルクトキナーゼ，GAPDH：グリセルアルデヒドリン酸デヒドロゲナーゼ，LDH：乳酸デヒドロゲナーゼ，SDH：コハク酸デヒドロゲナーゼ，MDH：リンゴ酸デヒドロゲナーゼ
（Roberts AD et al：Int J Sports Med，3：18，1982）

ることが多かった．しかし近年，近赤外線分光法など筋内を直接非侵襲的にみることができるようになってくると，ミトコンドリアの酸化反応が運動開始とともにこれまで考えられた以上に早く増加する可能性があることが明らかになった．また，スプリントトレーニングでも，筋のミトコンドリアが増えるなどの効果が出るということもあり，スプリントタイプの運動でもミトコンドリアの酸化反応によるエネルギー供給が大きい可能性を示している．

3．高強度運動での疲労の原因

高強度の運動は，乳酸が多く産生される．乳酸は酸であるから，多く産生され

れば作業筋を中心として，体内のpHが低下する．実際には，そのpH低下は通常のpH7.4程度が，6.5程度に低下するのにとどまるが，それでも糖分解の酵素や神経伝達が影響を受け阻害されることから，運動を持続できなくなる．乳酸は産生されたら溜まるだけの疲労物質ではないが，高強度の運動では，乳酸の蓄積が疲労の大きな原因である．また，筋内ではカリウムが高く，ナトリウムが低く保たれている．これは自然に起きることではなく，ナトリウム―カリウムポンプと呼ばれるような細胞膜の仕組みが，ATPを使って筋内からナトリウムを汲み出し，カリウムを入れるようにしていることで保たれている．そして，このイオンバランスの維持によって神経刺激が伝達され，筋が収縮できるのである．高強度の運動では筋内からのカリウムの漏出などが高まる．このことで神経伝達が悪くなる．また，カリウムは呼吸を刺激する因子の1つであるので，呼吸が高まる．このようなカリウムの筋内からの漏出などによるイオンバランスの崩れも，疲労の大きな原因の1つである．

4．スプリントトレーニングの効果

スプリントトレーニングの効果にはさまざまな側面があり，必ずしも断定できないことも多い．これまでの研究でも，かなり結果に差がある．この1つの理由としてスプリントトレーニングといってもいろいろあって，数秒の運動から数十秒，あるいは数分の運動によるトレーニングでも，スプリントタイプのトレーニングに分類されていることが多いからである．ここではトレーニング内容の差を吟味していく余裕もないので，一般的といってよいスプリントトレーニングの効果について述べる．報告によってもばらつきのあることからの抽出であることは，ご理解いただきたい．

1）速筋線維の肥大

スプリントトレーニングでは骨格筋の筋線維組成にある程度影響を与える．しかし，全体の筋線維の比率についてはあまり変化がないようである．すなわち，遅筋線維そのものの本数が減り，速筋線維が増えるということは観察されない．ただし，筋線維の断面積でみれば，遅筋線維には変化なく，速筋線維である程度肥大がみられるので，断面積比では速筋線維の割合が増える（図6-2）．

2）解糖能力の向上

ホスホフルクトキナーゼ活性に示されるような解糖系酵素活性，また解糖能力は，スプリントトレーニングによって向上する（図6-3, 4）．ただし，この向上は解糖系の最大能力ということであり，必ずしも高強度運動時の血中乳酸濃度がトレーニングで高くなることを意味しない．スプリントトレーニングによって運動中の血中乳酸濃度はより上がる，あるいは下がるという両方の報告がある（図6-5, 6）．

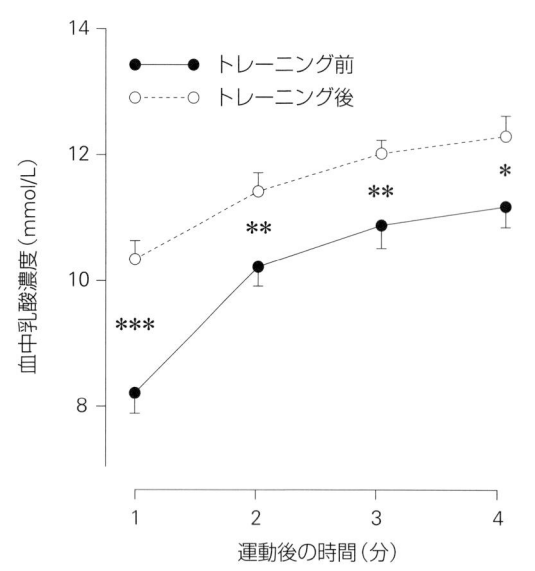

図6-5 スプリントトレーニングによる血中乳酸濃度の上昇
トレーニング前後で有意差
(*：p<0.05, **：p<0.01, ***：p<0.001)
(Jacobs I et al：Med Sci Sports Sci, 19：368, 1987)

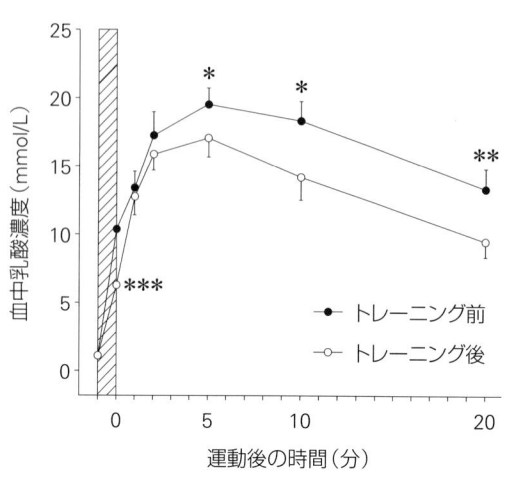

図6-6 スプリントトレーニングによる血中乳酸濃度の低下
トレーニング前後で有意差
(*：p<0.05, **：p<0.01, ***：p<0.001)
(Harmer AR et al：J Appl Physiol, 89：1793, 2000)

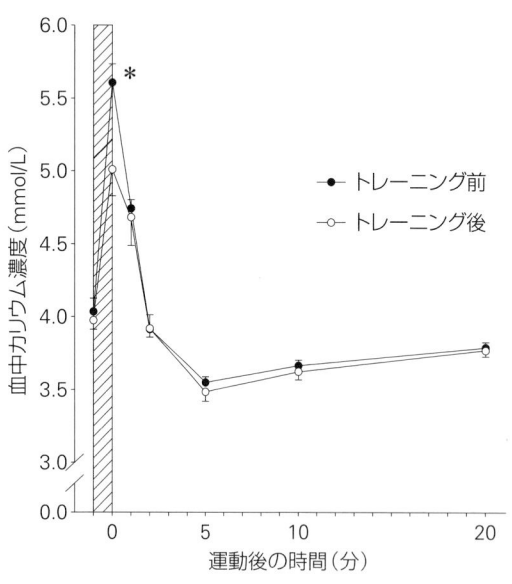

図6-7 スプリントトレーニングによる運動直後の血中カリウム濃度の低下
トレーニング前後で有意差(*：p<0.05)
(Harmer AR et al：J Appl Physiol, 89：1793, 2000)

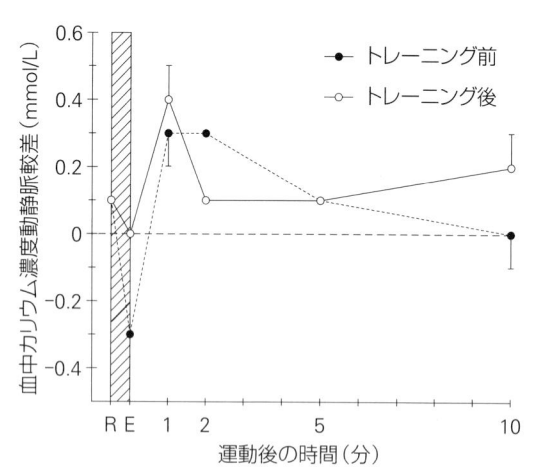

図6-8 スプリントトレーニングによる運動後の血中カリウム濃度の回復促進
(McKenna MJ et al：J Physiol, 501：687, 1997)

3）酸化能力の向上

スプリントトレーニングでは解糖系能力が上がることからすると，酸化能力には変化がない，あるいは低下するというように考えるのが自然であろうか．しかし，実際にはスプリントトレーニングでも一般には筋の酸化能力が向上する（図6-3，4）．むしろ，解糖系能力の向上よりも酸化能力の向上の方がトレーニング効果として大きい，とする見方もある[1,3]．すなわち，スプリントタイプの運動であっても，筋のミトコンドリアの働きは高まり，それを繰り返すトレーニングをしていれば，筋のミトコンドリアが増え，酸化能力が向上する．このことからも，スプリントタイプの運動でもミトコンドリアの有酸素性代謝が重要であることがわかる．

4）イオンバランス調節能の向上

筋内はカリウムが高く，筋外はナトリウムが高い．これによって神経からの刺激が伝わり，筋が収縮できるのである．そして，高強度の運動をすると筋から漏れ出すカリウムが増える．このようなイオンバランスの不全が，筋疲労の1つの原因となる．スプリントトレーニングをすると，筋のカリウムの取り込みが高まるなど，イオンバランスをより保てるようになり，また運動で崩れたバランスの運動後における回復が早くなる（図6-7，8）．このことで運動時の疲労を遅延し，また運動後の回復を早くすることができる．

5）筋緩衝能力の向上

乳酸の産生は筋疲労の唯一の原因ではないが，疲労の主たる原因の1つであることは事実である．そして，乳酸による筋の酸性化を防ぐ働きが，筋の緩衝能力である．たとえば，取り出した筋に酸を与えて筋内のpHがどれだけ下がるのかを検討すると，トレーニングした筋の方が同じ酸を与えられても筋内のpH低下が小さくなる．このように筋の緩衝能力はスプリントトレーニングで向上する（図6-9，10）．このことによって同じ運動時，より高い乳酸産生ができるようになる．ただし，この筋の緩衝能力や前項で述べたイオンバランス調節能の向上は，スプリントトレーニングのみに起こることではなく，持久的トレーニングでも起こる．

5．スプリントトレーニングの方向性

スプリントトレーニングの効果には，いろいろの可能性がある．乳酸の産生が1つのポイントであるならば，その乳酸の産生を筋の解糖系能力の向上で高めるという方向，多く乳酸を産生させても運動を持続できるように緩衝能力を向上させる方向，筋の酸化能力を高めて乳酸の産生を低下させる方向，そして運動をなめらかに効率よくして乳酸の産生を抑えるという方向がある．このどれもが合

1）八田秀雄：乳酸を活かしたスポーツトレーニング．講談社，2001．

3）Harmer AR et al : J Appl Physiol, 89 : 1793, 2000.

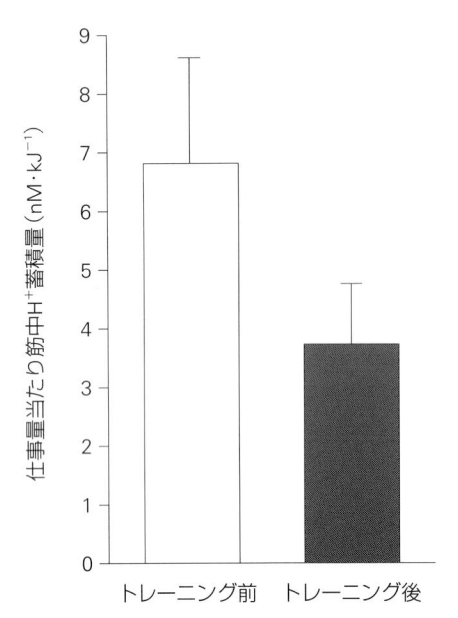

図6-9 スプリントトレーニングによる筋中水素イオン濃度の低下
(Harmer AR et al : J Appl Physiol, 89 : 1793, 2000)

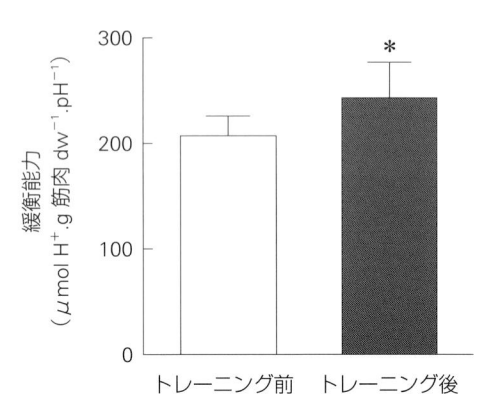

図6-10 スプリントトレーニングによる緩衝能力の向上
($*$: $p<0.05$)
(Weston AR et al : Eur J Appl Physiol, 75 : 7, 1997)

理的なトレーニング効果が得られる方向である．したがって，スプリントトレーニングにおいて何を重視するのが望ましいのかは，簡単には断定できない．ただし，スプリントトレーニングで，筋線維タイプでは速筋線維に肥大が起きることから，スプリントトレーニングは速筋線維に対して働きかけるといえる．したがって，筋の酸化能力の向上がスプリントトレーニングにおいても大きなトレーニング効果であるとしても，持久走では速筋線維の十分な動員が期待できないことから，持久的トレーニングとスプリントトレーニングとはやはり区別されるべきである．

［八田　秀雄］

6章 競技者報告 トレーニング生理学

400mのトレーニング

1. 短距離選手のトレーニング

短距離走は運動エネルギーの供給という点からみてみると、酸素負債能力がパフォーマンスに大きく影響を与える種目である。したがって、トレーニングの柱として、非乳酸系および乳酸耐性系のトレーニングが柱となる。

しかし、理論通りにトレーニング負荷を与えても、こちらの思惑通りの成果が得られないことが多い。それはおそらく、選手のキャリアによっても異なるし、また年間におけるピリオダイゼーションの時期によっても異なるし、そして、なによりも個人差が非常に大きな影響を与えるからであろう。したがって、なかなか理想的なトレーニング計画というものは作成しにくいが、基本的な内容に関してここ数年実施しているものがあるので、概略を簡単に紹介してみたい。

2. 走トレーニングの柱

走トレーニングの柱となる内容は以下のとおりである。ここでは紙面の関係上、筋力トレーニングなどは記述していない。

(1) スピード (speed)
無酸素パワー (20〜70m、または3〜8秒)
(2) スピード持久 (speed endurance)
乳酸パワー (100〜150m、または10〜15秒)
乳酸耐性 (150〜300m、または15〜34秒)
(3) 特殊スピード持久 (special speed endurance)
非乳酸系＋乳酸系 (30m+120mなど)
乳酸系＋乳酸系 (200m+200mなど)
有酸素系＋乳酸系 (400m+200mなど)
オーバーディスタンス (250〜450m以上)
など
(4) テンポ (tempo)
技術・リラックス (120〜150m、または14〜18秒)
リズム・有酸素 (150〜300m、または18〜40秒) など
スタミナ (インターバルなど)

3. 週間トレーニング計画の一例

(1) 100m系
月：スピード……2×20m、2×40m
　　テンポ……2×120〜150m
火：スピード＆スピード持久……3×(SD30m+70m)、2×100〜150m
水：特殊スピード持久……3×(200m+100m)
木：回復……積極的休養
金：スピード＆テンポ……2×SD30m、2×SD60m、2×120m
土：タイムトライアル……2×250m

(2) 400m系
月：スピード……2×20m、2×40m
　　テンポ……2×120〜150m
火：スピード持久……2×(SD150m+150m)、2×300m
水：特殊スピード持久……3×(300m+200m)
木：回復……積極的休養
金：スピード＆テンポ……2×SD30〜60m、2×150〜200m
土：タイムトライアル……2×350m

［高野　進］

7章 持久的運動とトレーニング

　運動強度は酸素摂取量で表すことができ，これまで持久的能力を酸素摂取量から考えることが多かった．酸素摂取量の最大値である最大酸素摂取量は，持久的能力の指標として用いられてきた．一方，酸素摂取量からの見方でなく，乳酸性作業閾値（lactate threshold：LT）を検討することは，持久的運動を糖と脂肪というエネルギー源の観点から検討することを可能にする．運動強度に対する血中乳酸濃度の変化を求めていくと，50〜70％$\dot{V}_{O_2}$max 程度の強度から，血中乳酸濃度が急激に上昇する．この上昇開始点がLTである．エネルギー源として糖と脂肪を考えると，脂肪は貯蔵に適していて体内の貯蔵量は多いが利用するには手間がかかるので，運動強度が高いときにはエネルギー源としては不適である．一方，糖は脂肪より利用しやすいが，保存には適しておらず，貯蔵量は少ない．そこで運動強度が上がるにつれて，脂肪に比較して糖の利用が高まることになる．このように脂肪に比較して糖の利用が急に高まるということが，乳酸産生の亢進でありLTである．乳酸ができるということは，糖が多く分解されて利用されているということであって，必ずしも酸素供給が足らないことを意味しない．また，LTまでの運動では遅筋線維が主として働いていたが，LTを超えると速筋線維が利用されるようになるという見方もできる．

　ここで持久的トレーニングを最大酸素摂取量に示されるような最大能力と，LTに示されるような最大より下の強度での能力と分けて考えることが有効である．最大酸素摂取量は文字どおり最大能力で，どちらかというと呼吸循環能力が最も重要な因子となる．これを高めるには，最大酸素摂取量レベルでの運動を行うトレーニングが最も重要になる．一方，LTは主として作業筋で起こることが大きく影響している．つまり，LTは作業筋の酸化能力が最も重要な決定因子である．このことは，LTを高めるには作業筋のミトコンドリアを増やし，毛細血管を増やして，作業筋の酸化能力を高めること，つまり，筋を遅筋化することである．すなわち，LTを高めるには必ずしも高い強度で追い込んだトレーニングを行うことばかりではなく，最大より下の強度での時間をかけたトレーニングが重要になってくる．こうしたことから持久的トレーニングの3要素，強度，時間，頻度を考えていくことができ，最大酸素摂取量レベルでのトレーニングとLTレベルでのトレーニングを組み合わせていくのが全面的な持久的トレーニングといえる．

　最大酸素摂取量はある程度トレーニングされてくると，さらにトレーニングしてもあまり大きな伸びが得られなくなっていくようである．また，一流選手で最大酸素摂取量を比較しても，必ずしも競技成績を反映していないことがある．一方，LTは作業筋の酸化能力であり，すでにトレーニングされてきた選手でもさらにトレーニングによって伸ばすことが可能であり，最大酸素摂取量よりトレーナビリティが高いといえる．

［八田　秀雄］

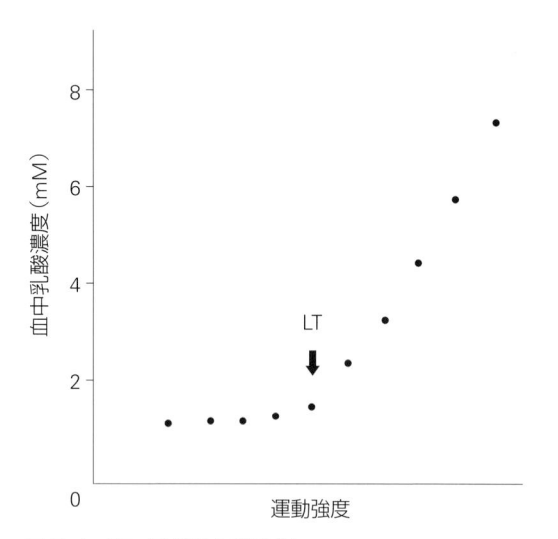

図7-1 LT（乳酸性作業閾値）
（八田秀雄：乳酸を活かしたスポーツトレーニング，講談社，2001）

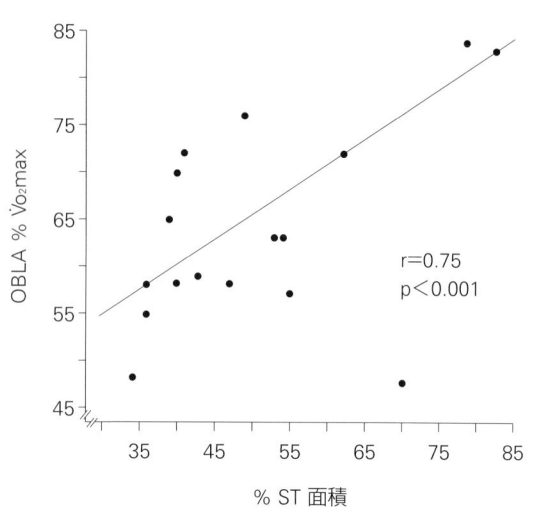

図7-2 OBLAと外側広筋の遅筋線維の割合との有意な関係
(Martin WH 3rd et al：Am J Physiol, 265：E708, 1993)

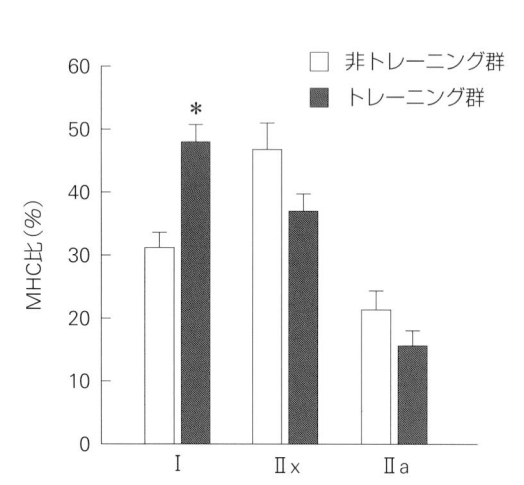

図7-3 持久的トレーニングによる遅筋線維（この場合はミオシン重鎖）の増加
トレーニング群と非トレーニング群で有意差
（*：$p<0.05$）
(Dubouchard H et al：Am J Physiol, 278：E571, 2000)

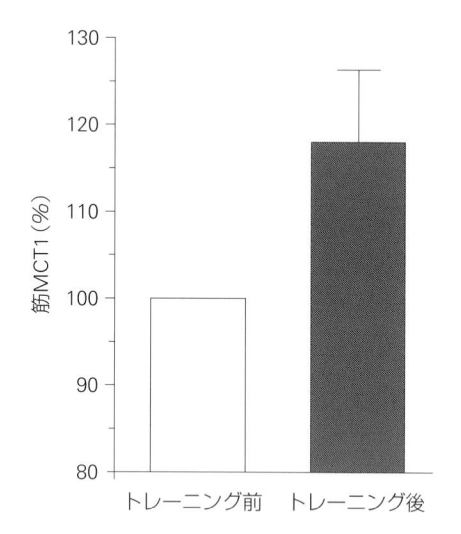

図7-4 持久的トレーニングによる乳酸トランスポーターMCT1の増加
(Bonen A et al：Am J Physiol, 274：E102, 1998)

1. 有酸素性代謝過程の運動

　長時間の運動は，作業筋を中心にミトコンドリアで糖や脂肪を二酸化炭素と水に完全に酸化してATPを再合成することで持続される．ここで実際にエネルギー源となるのは糖や脂肪である．ただしその反応量は酸素の消費量と比例するので，運動に必要なエネルギー量は酸素摂取量で表すことができ，運動強度はそのときの酸素摂取量の最大酸素摂取量に対しての割合で表すことができる．こうしたことから，これまで持久的能力を酸素摂取量から考えることが多かった．酸素摂取量の最大値である最大酸素摂取量は，持久的能力の指標として1960年代から多く用いられてきた．一方，酸素摂取量からの見方でなく，そのときにエネルギー源として何が用いられているのか，つまり糖と脂肪の利用ということから持久的能力が検討されることは少なかった．しかし，LTを検討することは，持久的運動をエネルギー源の観点から検討することを可能にする．

2. 最大下の運動強度の指標であるLT

　最大酸素摂取量に対して1980年代から最大より下の運動強度での指標として用いられるようになってきたのが，LT（図7-1）である．運動強度に対する血中乳酸濃度の変化を求めていくと，50〜70％$\dot{V}o_2max$程度の強度から，血中乳酸濃度が急激に上昇する．この上昇開始点がLTである．これまで，この現象は酸素供給から説明されることが多かったが，そのエネルギー源は糖か脂肪かということから検討することもできる．脂肪は貯蔵に適した構造であるといえ，体内の貯蔵量は数10万kcalと多い．しかし，脂肪を利用するには中性脂肪が脂肪酸に分解されミトコンドリアに入り炭素が2つずつβ酸化される，というように手間がかかる．つまり，運動強度が高いようなときにはエネルギー源としては不適である．一方，糖は脂肪に比較して酸化して利用しやすく，特に高い強度の運動ではほとんどが糖からエネルギーが供給される．ただし，糖は保存には適しておらず，糖はグリコーゲンの形で筋肉や肝臓に貯蔵されるが，その貯蔵量は2,000kcal程度と少ない．安静時では糖と脂肪はどちらも使われているが，最大レベルの運動ではほとんどが糖からエネルギーが供給される．このように運動強度が上がるにつれて，脂肪に比較して糖の利用が急に高まる．そしてこのことが，ある運動強度からの乳酸の産生亢進であり，LTなのである．乳酸ができるということは，糖が多く分解されて利用されているということであって，必ずしも酸素供給が足らないということではない[1,2]．また，乳酸は主として速筋線維で産生されるとともに，遅筋線維や心筋で酸化されて利用されている．このことは見方を変えると，LTまでの運動では遅筋線維が主として働いていたが，LT

1) Brooks GA ed : Exercise Physiology : Human Bioenergetic and Its Applications 3rd ed. Mayfield, Mountain View, 2000.

2) 八田秀雄：乳酸を活かしたスポーツトレーニング，講談社，2001.

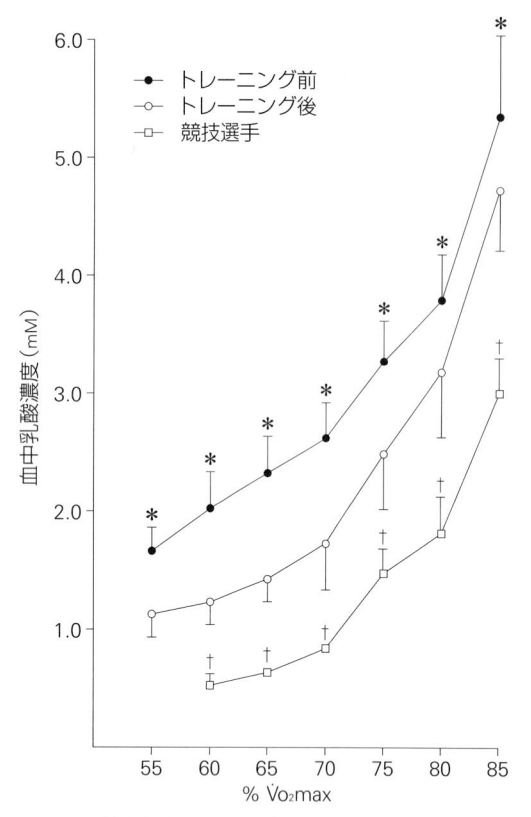

図7-5 持久的トレーニングによる血中乳酸濃度の低下
トレーニング前後で有意差（*: p<0.05），トレーニング後と競技選手で有意差（†: p<0.05）
(Hurley BF et al : J Appl Physiol, 56:1260, 1984)

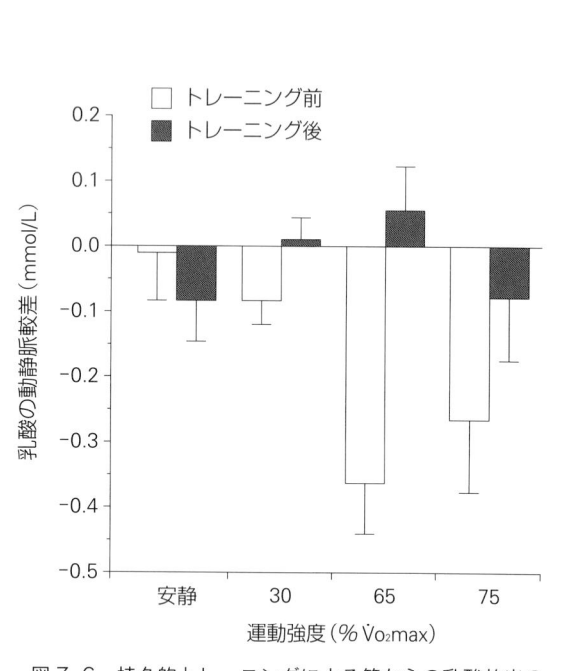

図7-6 持久的トレーニングによる筋からの乳酸放出の低下
(Bonen A et al : Am J Physiol, 274 : E102, 1998)

を超えると速筋線維が利用されるようになることといえる．そして，速筋線維は乳酸をつくる線維であるから，LTから乳酸の産生が高まり，血中乳酸濃度が上がることになる．このように，LTより高い強度の運動を行っていると，①酸である乳酸が多くできるようになるので，筋を中心とする体内が酸性になる．②マラソンを走り切るには足らない量しかない糖が多く消費されるので，糖が足らなくなってきて低血糖になったり，力が出せなくなる．この2つのことが持久的運動において非常に重要であり，これらがその運動でのペースを維持できなくさせる大きな原因である．そのため，LTとマラソンの成績とは関係が深く，マラソンは競技レベルではLTより少し高い血中乳酸濃度が4mmol/Lとなる強度（onset of blood lactate accumulation : OBLA）で走るとされている．また，LTやOBLAは足の筋における遅筋線維の割合とも関係が深い（**図7-2**）．

3．最大酸素摂取量とLTを区別したトレーニング

　ここで持久的能力とそのトレーニングを，最大酸素摂取量に示されるような最大能力と，LTに示されるような最大より下の強度での能力とに分けて考えることが有効になる．最大酸素摂取量は文字どおり最大能力である．中距離走やボート競技などは最大酸素摂取量レベルで運動する種目であり，最大酸素摂取量の高さが重要である．最大酸素摂取量の規定因子としては，末梢と中枢という分類をすればどちらかというと中枢にあり，また，肺から血液への酸素摂取とその血液の循環が重要ということになる．つまり，呼吸循環能力が最大酸素摂取量の重要な因子となる．そしてこれを高めるには，最大酸素摂取量レベルでの運動を行うトレーニングが最も必要ということになる．インターバルトレーニングなどは，こうした目的に適うといえる．

　一方，LTは最大酸素摂取量の50～70％レベルの酸素摂取水準で起きることから，最大酸素摂取量では最も主要な規定因子となった呼吸循環系はまだ余裕のある状態での能力を示している．そこで呼吸循環系がLTの最も重要な因子ではないといえる．LTは速筋線維の動員など，主として作業筋で起こることが大きく影響している．つまり，LTは作業筋の酸化能力によって大きく決定される．これはLTを高めるには，作業筋のミトコンドリアを増やし，毛細血管を増やして，作業筋の酸化能力を高めることであり，言い換えれば遅筋線維を増やすこととともいえる（図7−3）．さらに，乳酸を酸化組織に取り込ませる乳酸輸送担体MCT1（monocarboxylate transporter）の発現を増やすことも，筋酸化能力の亢進につながる（図7−4）．これらによって，脂肪の利用が高まり，さらに乳酸の酸化利用が高まるので，血中乳酸濃度がより低くなり，LTが向上する（図7−5～8）．LTを高めるには，必ずしも高い強度で追い込んだトレーニングを行うばかりではなく，最大よりは下の強度でのトレーニングも重要になってくるのである．このように，最大酸素摂取量を伸ばすようなトレーニングと，LTを伸ばすようなトレーニングを分けて考えることができる．全面的な持久的トレーニングとは，この2つを区別し，総合的に行うトレーニングといえる．

4．持久的トレーニングの3要素

　トレーニングの3要素である，強度，時間，頻度から持久的トレーニングを検討することができる．

1）持久的トレーニングの強度

　最大酸素摂取量レベルのトレーニングは，どちらかというと呼吸循環機能に働きかけ，最大酸素摂取量を向上させる．最大酸素摂取量の向上には運動強度が高いことが重要である．一方，LTレベルでの運動は主として主働筋に働きかけ，筋のミトコンドリアや毛細血管を増やす．別のいい方をすれば，速筋線維を遅筋

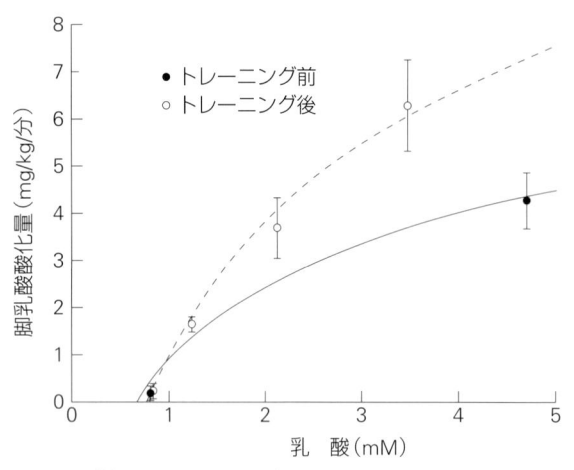

図7-7 持久的トレーニングによる乳酸の酸化の向上
(Bergman BC et al : J Appl Physiol, 87 : 1684, 1999)

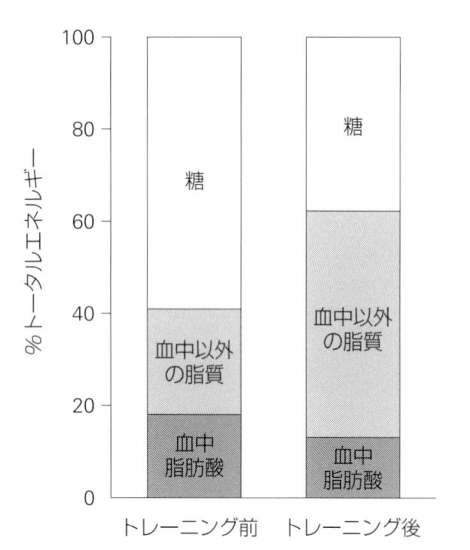

図7-8 持久的トレーニングによる脂質利用の亢進と糖利用の低下
(MacRae HSH et al : Pflügers Arch, 430 : 964, 1995)

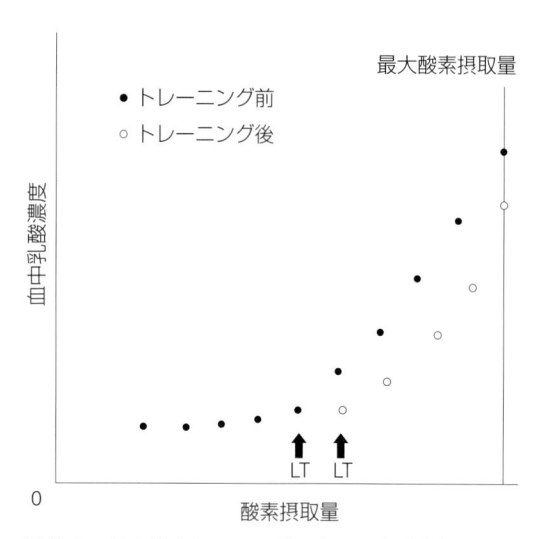

図7-9 持久的トレーニングによる最大酸素摂取量に変化を伴わないLTの亢進
(八田秀雄：乳酸を活かしたスポーツトレーニング, 講談社, 2001)

線維化する．もちろん，最大酸素摂取量レベルの運動でも筋の酸化能力は重要であり，LTレベルの運動で呼吸循環能力がどうでもよいということではない．最大酸素摂取量レベルのトレーニングと，LTレベルのトレーニングを区別して組み合わせることが重要なのである．

2) 持久的トレーニングの時間

最大酸素摂取量レベルのトレーニングでは，強度の高さから持続時間は短くなるので，必ずしも持続時間が重要とはいい切れない．一方，LTレベルのトレーニングでは，持続時間が重要である．つまり，運動強度があまり高くない状態でのトレーニングであるから，持続しないことには適応を起こさせる十分な刺激にはならない．特に，毛細血管の発達には持続時間を延ばすことが重要であると考えられる．

3) 持久的トレーニングの頻度

持久的能力は，筋力などより落ちやすいといえる．一般には週1回の持久的トレーニングでは持久的能力を維持する程度であり，十分な効果を得るには週2回は必要となる．もちろん，マラソン選手などは1日2回の練習が当たり前のようになっているし，望ましい頻度も競技によって異なる．これはあくまで競技レベルで考えたことで，何も運動していない人が週1回運動するのであれば，ある程度の効果は期待できる．

5．持久的トレーニングの効果の現れ方

最大酸素摂取量には呼吸循環能力の最大能力が大きく影響する．このことは心臓の大きさ，動脈の太さなど成長期を過ぎれば変化の起こしにくい要因も影響することを意味する．そうしたことで，ある程度トレーニングされてくると，さらにトレーニングしても最大酸素摂取量にはあまり大きな伸びが得られにくくなっていく．また，一流選手で最大酸素摂取量を比較しても，必ずしも競技成績を反映していないことがある．一方，LTは作業筋の酸化能力であり，最大酸素摂取量よりはトレーニングによって伸ばすことが可能である．したがって，ある程度トレーニングされてきた選手では，持久的トレーニングの効果は最大酸素摂取量はそのままでもLTが伸びる，つまり，LTの%$\dot{V}O_2max$が上がるということになる（図7-9）．こうしたことで，特にある程度トレーニングされた選手では，LTの方が最大酸素摂取量よりもトレーナビリティが高いということになる．

［八田　秀雄］

オールラウンドの体力をつくる

7章 競技者報告　トレーニング生理学

　スピードスケート女子は，5種目（500, 1,000, 1,600, 3,000, 5,000m）が短距離・中距離・長距離に区分される．短距離と長距離は，それぞれに必要な筋肉が速筋と遅筋に区別されるが，中間筋も備えなければ，オールラウンダーにはなれない．

　現役時代，なぜ，著者がオールラウンダーにこだわったかというと，エリック・ハイデン選手を尊敬していたからである．著者が中学3年生のとき，彼は，レークプラシッド大会で500〜10,000mまでのすべての種目でゴールド・メダリストになった．そのときの感動が忘れられず，「不可能を可能にする」ことを目標にした．

　当時の世界の流れとして，500mのスピードがなければ，中・長距離でもトップレベルに達することができなくなってきており，強い信念をもって取り組んだ．

　まず，瞬発力をつけるため，最大筋力を高め，さらに，その最大パワーを持続するためのトレーニングをした．また，短距離に必要な強く重い筋肉は，長距離では「おもり」となってしまうため，体脂肪率を極力減少させた．オフには13〜15％，シーズンインでは9％であった．ギリギリの状態で体力を維持していたため，疲労回復や食事には非常に気を遣っていた．それはまさに，自分のからだとの対話であった．

　第10回日本運動生理学会大会抄録集：シンポジウム「女性トップアスリートのトレーニング」より本人の許可を得て掲載．

〔橋本　聖子〕

8章 間欠的運動とトレーニング

間欠的運動とは，通常比較的高強度の運動（主運動）を休息または低強度の運動を挟んで反復する運動である．球技スポーツ（サッカー，バスケットボール，バレーボールなど），格闘技（レスリング，ボクシングなど），採点競技（フィギュアスケート，シンクロナイズドスイミング，体操の床運動など）といった多くのスポーツ競技は，高強度運動を反復する間欠的運動である．短時間の高強度運動では，その運動中のエネルギー供給に無酸素性エネルギー供給機構が関与する割合が大きいが，運動時間が長く，強度が低くなるほど有酸素性エネルギー供給に依存する割合が大きくなる．高強度の運動を同一の強度で間欠的に反復した場合[1]や，短時間の全力運動を反復した時のエネルギー代謝を調べた研究[2]では，運動の初期は無酸素性エネルギー供給の関与が大きいが，運動の反復に伴って有酸素性エネルギー供給の貢献が大きくなることが報告されている．また，短時間の全力運動を一定の休息時間で反復すると，運動初期には最大無酸素パワーと仕事量との間に関連がみられるが，運動の反復に伴ってその関係はみられなくなるのに対し，最大酸素摂取量と仕事量との間には運動の初期を除いて有意な相関がみられたことから，短時間の全力運動であっても，それを反復する際には有酸素性エネルギー供給の能力も重要な要素であることが示された[3]．以上のように運動時において，それぞれのエネルギー供給機構の貢献が大きく変化するのが間欠的運動の特徴でもある．これに対して，陸上競技の走種目，競泳，スピードスケートなどの競技は，競技中の強度の変化が比較的小さい持続的運動であるが，トレーニングの場面においては，休息あるいは低強度の運動による回復期を挟んで主運動を反復する間欠的運動が多く行われている．インターバルトレーニングはその代表例である．

間欠的運動は，主運動の運動強度および持続時間，回復期の時間，反復回数の因子で構成される．これらの組み合わせは無限に存在し，その組み合わせによりエネルギー供給の過程も大きく変化する．本章では，まず短時間間欠的全力運動と，最大下間欠的運動を例にとり，そのエネルギー代謝系について解説し，さらに，間欠的運動のトレーニングに関する研究でのトレーニング効果とその生理的背景について解説する．

［浜岡　隆文・本間　俊行・永澤　健］

---

1) Tabata I et al : Med Sci Sports Exerc, 29 : 390, 1997.
2) Gaitanos GC et al : J Appl Physiol, 75 : 712, 1993.
3) 山本正嘉ら : Jpn J Sports Sci, 9 : 526, 1990.

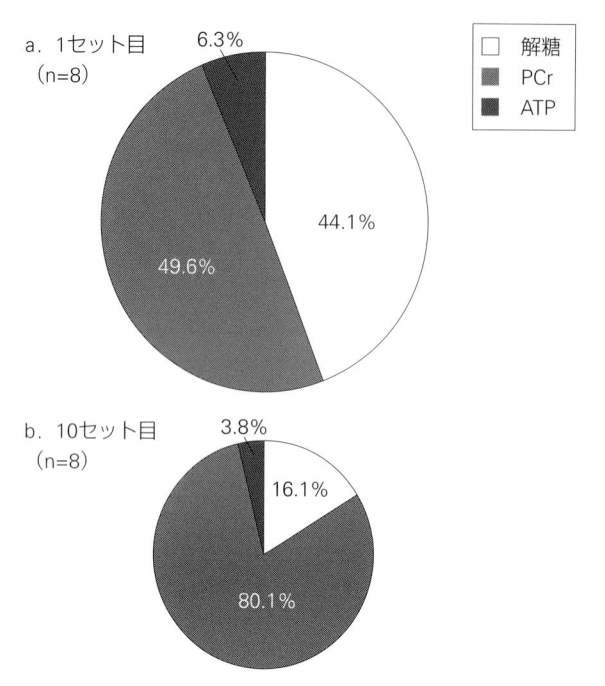

図 8-1　間欠的運動時(6秒×10セット)における1セット目(a)と10セット目(b)の無酸素的ATP供給量(円はATP供給量の大きさを示す)
(Gaitanos GC et al：J Appl Physiol, 75：712, 1993)

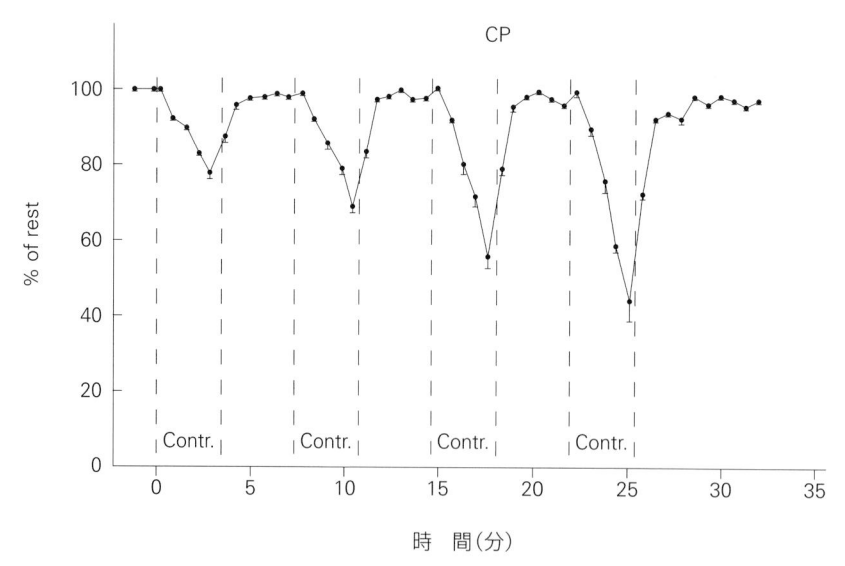

図 8-2　最大下一定強度の間欠的等尺性筋収縮時における筋内クレアチンリン酸の変化
(Bangsbo J：Acta Physiol Scand, 619：1, 1994)

1. 間欠的運動と生理学的背景

　高強度短時間の運動を休息を挟んで繰り返す間欠的運動時における，運動開始初期のエネルギー供給システムは，筋内クレアチンリン酸（PCr）の分解や，糖質を分解し乳酸を生成する過程（無酸素的解糖）によりATPが再合成される無酸素的エネルギー供給機構の関与が大きく，運動中には無酸素的エネルギー供給を行うための基質は減少する．そして，休息時において，運動中に消費された無酸素的エネルギーの基質がある程度回復されるため，基質の消費と回復が繰り返されるが，その回復が十分でなければ，運動の反復に伴って，基質は徐々に減少し，有酸素的エネルギー供給の関与が大きくなるのが間欠的運動時の代謝的特徴である．

　短時間の最大努力での運動を休息を挟んで反復すると，初期の運動時にはおもに筋内PCrの分解と解糖によりATPが供給される．しかしながら，反復回数の増加に伴い，パワー出力と無酸素的代謝によるATP供給量の低下が起こり[2,4]，有酸素的代謝の貢献が次第に増大する[4]．たとえば，6秒間の全力自転車運動を30秒の回復を挟み10セット行った研究によれば[2]，1セットから10セットで無酸素的ATP供給量は約65％減少したのに対して（図8-1），発揮パワーは27％の減少にとどまっている．これは，有酸素的代謝の貢献度が増大したことにより，発揮パワーの低下を抑制したものと考えられる．

　一方，最大下の一定強度での等尺性筋収縮を休息を挟みながら反復させた研究では，反復回数の増加に伴い筋内PCrの利用が高まったことが報告されている（図8-2）[5]．この運動は強度が一定であるため，運動の反復に伴う単位筋量当たりのエネルギー需要量は一定であり，有酸素的エネルギー供給が低下することはないため，解糖系の関与が低下した結果，PCrの利用が高まったと解釈されている．

　また，高強度の間欠的運動時において無酸素的代謝によるATP供給量の低下を抑制するには，回復期のPCrの再合成速度が重要となる．最近の研究では，回復期の筋内PCr再合成量とその後に続く運動期のピークパワーとの間に正の相関が認められている（図8-3）[4,6]．運動後のPCrの再合成は有酸素的代謝に依存することが知られており，さらに，持久性競技者のPCr回復時間が短いこと[7]や，PCr回復時間が短い者ほど最大酸素摂取量（$\dot{V}O_2max$）が高値を示すこと[8]が報告されている．したがって，高強度の間欠的運動時の高いパフォーマンス維持のためには，有酸素性能力が重要な因子となる．

---

2) Gaitanos GC et al : J Appl Physiol, 75 : 712, 1993.
4) Bogdanis GC et al : J Appl Physiol, 80 : 876, 1996.
5) Bangsbo J : Acta Physiol Scand, 619 : 1, 1994.
6) Bogdanis GC et al : J Physiol, 482 : 467, 1995.
7) Yoshida T et al : Eur J Appl Physiol, 67 : 261, 1993.
8) Takahashi H et al : Eur J Appl Physiol, 71 : 396, 1995.

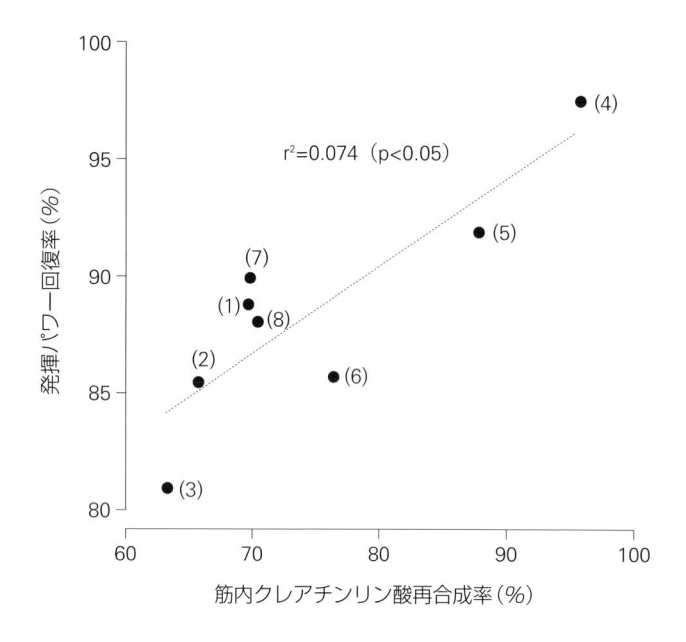

図 8-3 筋内クレアチンリン酸再合成率と発揮パワー回復率との関係（1〜8の数字は被験者を示す）
(Bogdanis GC et al : J Physiol, 482 : 467, 1995)

2．間欠的運動トレーニング

　間欠的運動の特長としては，休息あるいは低強度の運動による回復期を挟みながら主運動を反復するため，持続的運動と比較すると，同じ強度であれば主運動の時間を合計で長く行うことが可能になる点である．すなわち，間欠的運動をトレーニングに用いることにより，高強度の刺激を，持続的運動時よりも量的に多く身体に与えることが可能になる．

　従来から $\dot{V}o_2max$ を高める方法としては，トレーニングの運動強度が高い方が効果が高いとされている[9〜11]．間欠的運動の代表的トレーニング方法であるインターバルトレーニングでは，上述のように $\dot{V}o_2max$ に近い，もしくはそれ以上の高強度運動を持続的運動よりも長時間行うことができるため，$\dot{V}o_2max$ の向上には，本トレーニングが有効であることが多数報告されている[9〜13]．70％ $\dot{V}o_2max$ 強度での持続的トレーニングと90％ $\dot{V}o_2max$ 強度でのインターバルトレーニングによる運動時（85％ $\dot{V}o_2max$ 強度）の1回拍出量と動静脈酸素較差に対する効果を調べた研究では，1回拍出量の増加には効果の差がみられなかったが，動静脈酸素較差については90％ $\dot{V}o_2max$ 強度トレーニング群において有意に大きい改善を示した[12]．さらに，乳酸性作業閾値や換気性作業閾値の改善にも比較的強度の高いインターバルトレーニングが有効であるという報告もされている[14, 15]．

　以上のように，おもに有酸素的エネルギー供給の機能を高める方法としての間欠的運動トレーニングの有効性は多くの研究によって証明されているが，有酸素的エネルギー供給機構のみならず，無酸素的エネルギー供給の能力に対する間欠

的運動トレーニングの効果についても報告されている．Tabataら[13]は，170% $\dot{V}_{O_2}max$ 強度で20秒間の自転車運動を10秒間の休息を挟んで7～8セット反復する高強度のインターバルトレーニングを週4日，6週間実施した．その結果，$\dot{V}_{O_2}max$ は6週間で約15%増加し，無酸素性エネルギー供給量の最大値を示す最大酸素借も28%増加した．この運動の終了時には酸素借（O_2 deficit）および，酸素摂取量が最大値に到達しており，このような高強度の間欠的運動は無酸素性および有酸素性エネルギー供給機構のいずれにも最大に負荷をかける運動であることが示された[1]．また，MacDougallら[16]は，30秒間の全力自転車運動を2.5～4分の休息を挟んで反復するトレーニングを週3日，7週間行った．セット数はトレーニング開始の週が4セットで，週毎に1セットずつ増加させた．その結果，筋の解糖系と酸化系のいずれの酵素活性も上昇し，間欠的運動時の無酸素的発揮パワーおよび$\dot{V}_{O_2}max$ の両方が増加したことを報告した．さらに，Harmerら[17]は，このMacDougallら[16]とほぼ同様のトレーニングを行わせた結果，30秒間の全力運動時のピークパワーおよび総仕事量は有意に増加することを明らかにした（$p<0.05$）．その上，トレーニング前の130% $\dot{V}_{O_2}max$ 強度での運動の持続時間はトレーニング後において21%（$p<0.001$）延長し，このときの無酸素的ATP産生量には減少がみられた．このことから，30秒間の全力運動を反復する間欠的運動トレーニングにより，有酸素的エネルギー供給能力のみならず，無酸素的エネルギー供給能力が向上することが示唆された．以上のことから，高強度短時間の間欠的運動をトレーニングに用いる際には強度・休息時間・反復回数の組み合わせにより，有酸素的エネルギー供給能力ならびに，無酸素的エネルギー供給能力の両方が高められると考えられる．

［浜岡　隆文・本間　俊行・永澤　　健］

1) Tabata I et al : Med Sci Sports Exerc, 29 : 390, 1997.
9) Fox EL et al : Med Sci Sports, 5 : 18, 1973.
10) Fox EL et al : Med Sci Sports, 9 : 191, 1977.
11) Fox EL et al : J Appl Physiol, 38 : 481, 1975.
12) Cunningham DA et al : Eur J Appl Physiol, 41 : 187, 1979.
13) Tabata I et al : Med Sci Sports Exerc, 28 : 1327, 1996.
14) Poole DC et al : J Appl Physiol, 58 : 1115, 1985.
15) Hollosz JO et al : J Appl Physiol, 56 : 831, 1984.
16) MacDougall JD et al : J Appl Physiol, 84 : 2138, 1998.
17) Harmer AR et al : J Appl Physiol, 89 : 1793, 2000.

8章 競技者報告 トレーニング生理学

テニスのトレーニング

　著者の現役時代のプレースタイルは，ベースラインプレーが中心だったので，ゲームを想定しての練習方法は相手のネットプレーに対応するものに重点をおいていた．

　また，自分から仕掛けることよりも相手の仕掛けを待ってカウンターで勝負するパターンが多くなるので，どうしても試合時間が長くなる．したがって，トレーニング方法としては持久力を考えてのものが中心であった．

1．相手のネットプレーに対する練習

　相手がネットにいるので自分はパッシングショットで対応することになる．

　自分の打ちたいコースへ打つことよりも，相手の動きをみてその逆をつくというショットの方が有効になる．相手の動きを見ながら咄嗟に打つコースを変更する練習方法としてパッシングショットを打つ直前にコーチに打つコースを指定してもらい，そのコースへ打ち分ける．段階としてまず声で「クロス」，「ストレート」「ロブ」などと指定してもらい，慣れてくればコーチに色や数字を出してもらい，それを目で見て打ち分けができるようにする．実際のゲームでは，相手の動きを目で見てコースを変更しなければならないので，コーチの声で打ち分ける練習だと相手を見なくても判断ができるため，最終的には目で見て判断できる色や数字を出してもらった練習の方が効果的であった．

2．コートの何処へでも打ち分ける練習

　コートのサイドラインに各5個ずつ等間隔に目標物を置き（ネット近くからベースラインまで），打つ直前にコーチから指定された場所へ打ち込む練習．ネット近くの目標に対しては，ドロップショット，ベースラインには深いショット，サービスライン近くにはショートクロス（クロス），ショートボール（ストレート）と相手のコートの何処へでもどの場所からも狙える練習を行った．

3．試合の時間を想定したトレーニング

　テニスの試合はポイント間が20秒（著者の現役時代は25秒）である．また1ポイントのプレー続行時間を20秒ぐらいに想定して（ベースラインプレーヤーなので），コーチから出されたボールを20秒間打ち続けて，20秒休憩，また20秒間打ち続け，20秒休憩を繰り返し，1ゲームを6ポイントと想定，またスコアを6—4，4—6，6—4の30ゲームに想定しこのパターンを繰り返す．

　以上が一般的な練習以外の著者自身の長所を伸ばすためのパーソナルな練習方法の例である．

［福井　烈］

9章 循環系とトレーニング

トレーニング生理学

　生命維持に不可欠の酸素は肺拡散の過程で血液内の赤血球に取り込まれ，ヘモグロビン（Hb）と結合して酸化ヘモグロビンとなる．したがって，この酸化ヘモグロビンを身体内部の各臓器や骨格筋へ与えるためには，血液を送り出す心臓のポンプ機能が重要な要因である．生命が継続される限り，心筋は休むことなく収縮と弛緩を繰り返す．このため，心臓が傷害を受けることなく長期間にわたって健全に機能することは，"長寿"，"長生き"することであり，また，運動時，強度の大きい激しい運動に対応して大きな心拍出量を確保し，長時間にわたってポンプ機能を維持することは，心臓のより強い能力を高めることで，体力の中で特に全身持久性能力（スタミナ）を増進させることを意味する．今日，超高齢化社会の出現が指摘され，国民総運動の時代を迎え，各種スポーツの振興と普及，およびスポーツ競技の高齢化，専門化，プロ化が叫ばれる中，心臓機能，すなわち循環機能をいかに高めるかは体力トレーニングの中で中核をなすといって過言ではない．

　本章においては特に，循環系として心臓機能およびそれに関連する因子が運動によってどのように変化し，影響されるかについて解説する．

　第1項，立ちくらみと運動不足については，立ちくらみの生じるメカニズムを究明する．骨格筋への鍛錬度も加えて論じたい．

　第2項，運動時の血圧調節については，心臓─循環との関連性から，運動時の血圧反応について，そのメカニズムを探る．

　第3項，運動と心拍出量については，運動時に心拍出量を増大させる諸因子とのかかわりを論じたい．

　第4項，心拍出量と持久性トレーニング効果については，全身持久性運動を短期，または長期にわたって実施した場合の循環系諸因子の変化を概説する．

　第5項，スポーツ心臓については，スポーツ競技種目の特性による心形態および機能について論じる．

［芳賀　脩光］

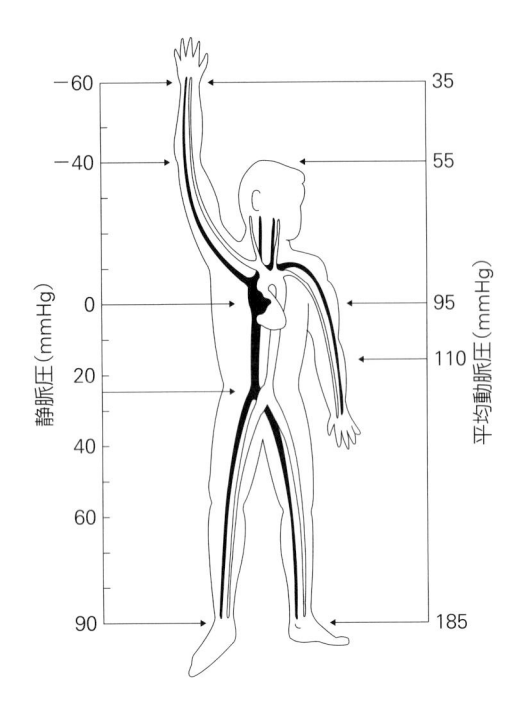

図9-1 立位安静時の動脈血圧と静脈血圧
(宮村実晴編：新運動生理学(下). p114, 真興交易医書出版部, 2002)

1. 立ちくらみと運動不足

　　ヒトが運動する場合，水泳などを除いて，たいていは立位姿勢で行う．このことは，犬や猫などの4足哺乳動物と異なり，ヒトの場合には，活動する筋肉が心臓よりもかなり下方に位置し，また逆に，脳の位置は心臓より上方に位置することを意味する．血液の循環する経路がこのように上下に長いと，地球上では重力，すなわち静水圧の影響を大きく受けることになる．たとえば，下肢における血圧は，心臓から出たときの血圧よりも高い圧力になるし，逆に，頭では低くなる（図9-1）．したがって，ヒトが運動をする場合の循環調節に重力の影響を無視して考えることはできない．実際，ヒトが立位姿勢をとったときに下半身の静脈に大量の血液が貯留する．下半身へのこのような血液の貯留は心臓へ戻ってくる血液を減らすことになるため，心臓からの血液の拍出量は減り血圧は低下する．この際，血圧調節系が適当に機能しないと血圧はさらに低下し，心臓よりも上方に位置する脳には十分な血液が供給されなくなる．このような起立姿勢に伴う血圧の低下を"起立性低血圧"という．この血圧低下によって脳血流が減少し，いわゆる"立ちくらみ"が生じる．

　　ヒトが立ち上がって動脈圧が低下すると，頸動脈や大動脈にある動脈圧受容体は中枢を介して心臓への迷走神経活動を減少させる．その結果，心拍数は上がり心拍出量は増加する．同時に，末梢血管への交感神経活動を増加させ末梢血管を収縮させて血管抵抗を増加させる．動脈圧受容器の他に，心臓や肺の静脈側に存在する心肺圧受容器も中心血液量の減少には敏感に反応する．下肢血液貯留によって中心部の血液量が減少すると，心肺圧受容器を介して末梢血管収縮が引き

起こされる．心拍出量の増加と血管抵抗の増加はいずれも動脈血圧を上昇するように働くので，動脈および心肺圧受容器は下肢への静脈血貯留による血圧低下をある程度補償できる．

　上述のように，ヒトが立位姿勢をとっているときには，下肢の静脈に大量の血液が貯留して心臓へ戻る血液が少なくなる．その結果として心臓の1回拍出量は減少し，さらに動脈血圧も低下する．このような場合に，走行や自転車こぎ運動などのリズミカルな下肢運動を行うと，筋ポンプ作用が働いて下肢血管の血液貯留をなくして心臓へ戻る血液を増加させることができる．筋ポンプ作用とは，静脈にある逆流を防ぐ弁と血管外部の筋肉による圧迫効果が相まって，あたかも下肢血管がポンプのように作用することをいう．筋ポンプ作用の役割をまとめてみると，①下肢貯留血液を中心部へ押し出す，②貯留血液を押し出すことによって静脈圧を下げて活動筋での環流圧（動脈血圧と静脈血圧との差圧）を増加させて筋血流量を増やす，③血管が弛緩することによる静脈による吸引作用によって筋血流量を増す，などが考えられている．このように，立位姿勢で走行などのダイナミックな運動を行う場合には，筋ポンプ作用は心臓の働きを助けて運動時の循環調節に貢献する第2の心臓，すなわち"セカンドハート"として重要な役割を演じている．

　ベッドレストや運動不足，また，両者が混合したような刺激である宇宙滞在後には，上述した起立耐性が著しく低下することが知られている．これは，①運動不足による下肢筋肉が，減少により上述の筋ポンプ作用が有効に働かなくなること，②血液量が減少するため，結果的に立位姿勢時における中心血液量が少なくなること，③血圧の低下を防ぐための血圧反射機能が低下すること，などによるものと考えられている．

2．運動時の血圧調節

　心臓が血液を動脈に拍出することによって，動脈血管内には血圧が生じる．動脈血圧は心臓の拍動に呼応して変化するが，一般に，心臓の収縮期に対応する最高値を収縮期血圧，拡張期に対応する最低値を拡張期血圧といい，平均血圧は次式によって求められる．

　平均血圧＝（収縮期血圧－拡張期血圧）／3＋拡張期血圧

　この平均血圧は，心臓から拍出される血液量（心拍出量）と血管全体の抵抗（総末梢血管抵抗）の積として，次式のように表される．

　平均血圧(mmHg)＝心拍出量(L/分)×総末梢血管抵抗(mmHg・分/L)……（1）

　すなわち，平均血圧は心拍出量や総末梢血管抵抗の増加に比例的に上昇することになる．心拍出量は運動強度に比例して増加する．ここで，総末梢血管抵抗の変化を考えてみる．血管を1本の管と考えた場合の，血管抵抗および血流量は次のように表される．

　血管抵抗$(R) = 8l\eta/\pi r^4$ ……………………………………（2）
　血流量$= (P_1 - P_2)/R$ ……………………………………（3）

　ここでrは管の半径，lは血管長，ηは血液粘調度，P_1は血管の入り口の血

圧，P2は出口の血圧である．走運動などのダイナミックな運動中には，活動筋では血管が拡張する．活動筋近くの血管が拡張すると，2式での半径が大きくなることを意味するため，その半径の4乗に反比例して血管抵抗が低下し，血液が著しく流れやすくなる．一方，運動中，内臓などの非活動部位では血管が収縮するため，その部位での血管抵抗は増大する．総末梢血管抵抗は，これら活動部位と非活動部位での抵抗を次式のように合わせたものであり，その変化は両者の変化量のバランスによって決まる．

$$1/総末梢血管抵抗 = 1/R1 + 1/R2 + \cdots + n/Rn \quad \cdots\cdots\cdots\cdots \quad (4)$$

ここでR1, R2, Rnは末梢各部位での血管抵抗である．走運動のような下肢筋のダイナミックな運動の場合には，活動筋の割合が非活動部位に比べて大きいため，活動筋の血管拡張の割合が相対的に大きくなって，その結果総末梢血管抵抗が減少する．このとき，心拍出量は増加するため，結果的に平均血圧はわずかに増加する．上肢によるダイナミックな運動を行った場合には，活動部位が非活動部位に比べて少ないため，血圧は下肢のダイナミックな運動の場合よりも著しく増加する．このように運動時の平均血圧は活動筋量に影響されるが，いずれの場合にも運動強度の増加にしたがって，心拍出量増加の影響がより強くなるため，血圧の上昇はより大きくなる．一方，静的な運動の場合には，筋収縮によって血管が圧迫されるので活動筋でも血管抵抗が増加して，末梢血管抵抗は活動・非活動の両部位で増加する．そのために，血圧の上昇はダイナミックな運動の時よりも著しい．

末梢血管抵抗は，運動中に活動筋では減少し（ダイナミック運動の場合），非活動部位では増加すると考えられる．活動筋では局所性調節が主役となって血管抵抗が減少する（血管が拡張することによって）が，非活動部位では，交感神経による血管収縮によって血管抵抗が増加する．さらに，体温が上昇するような状況では，皮膚血管が交感神経の活動亢進によって拡張して血管抵抗を減少させる．また，心拍出量自体は心拍数と1回拍出量の積できまり，それらは，心臓への神経性要因だけでなく静脈還流量や後負荷（動脈血圧）にも影響される．活動筋での局所調節は，活動筋への血流を増やすための血管拡張機能であるため，動脈血圧を低下させる効果をもつ．たとえば，運動中に交感神経が働かないとすると，局所性の血管拡張のみが起こって総血管抵抗は減少し，心拍出量はあまり増加せずに動脈血圧が低下してしまう．したがって，運動中は，局所性の血管拡張調節（血圧を低下させる作用）とおもに交感神経を介した神経性調節による循環調節（血圧を上昇させる作用）が綱引きのような状態でバランスをとりながら血圧を調節している．

運動時における局所性の血管抵抗の調節機序に関しては，①代謝性の血管拡張物質，②血管内皮からの拡張物質，③血管内皮細胞における上向性の血管拡張，④筋ポンプ作用，などが考えられている．また，運動時の神経性の循環調節は，①セントラルコマンド（大脳から直接に自律神経系を調節して循環調節を行うという調節系），②動脈圧受容器反射，③活動筋からの反射調節などが推測されている．運動の種類や強度によって，上記の調節系が複合して，運動時の血圧が調節されることになる．

［西保　　岳］

3．運動と心拍出量

　心拍出量の増大の主因の1つは心拍数の増加である．最高心拍数（HRmax）は年齢別予測最高心拍数（pred HRmax）の場合，概算式「220－年齢」から求められる．たとえば，20歳の青年の場合であると，疲労困憊（exhaustion）によって運動を中止する時点の心拍数は200拍／分と考えられている．通常，実測値であれば，自転車ペダリング運動であれ，トレッドミルランニングであれ，180～200拍／分レベルまで増大する．最大運動レベルとは心拍数が180拍／分以上をいう．また，最大下運動（submaximal exercise）から疲労困憊に至るまでの増加のしかたは，機械的運動負荷（kgm／分，watt／分，m／分など）または生理的運動負荷（酸素摂取量）に対し，ほぼ直線的な増大を示す．

　心拍出量の増大は，前述したように静脈還流量の増大とともに，それによって左心室から1回に拍出される1回拍出量（stroke volume：SV）の増大に起因する．1回拍出量は左心室に流入する血液量が多くなると，1回に拍出される量も多くなるというスターリングの法則（Starling's law）による．同時に，左心室への流入量の増大は，拍出量を高めるために左室心筋，特に，左室後壁の収縮力の増大が起因する．この収縮力は神経性調節として心臓交感神経，液性調節として副腎髄質からのアドレナリン，無機イオンに関してはCa^{2+}などが関与する．

　また，心拍出量が運動中に増大する要因としては，動脈血圧の上昇が関与する．これは心臓の収縮力増大や血流抵抗の増大が生じるが，そのために心臓のポンプ機能がさらに増大することにより動脈血圧が生じる．また，動脈血圧の増大によって静脈への血圧勾配も高くなり，結果として大静脈圧も上昇し，これらはすべて心拍出量の増大に結びつく．

　自転車ペダリング運動やランニングの場合，運動開始とともに1回拍出量の増大のしかたは心拍数の増加のしかたとは異なったパターンを示す．Åstrandら[1]は，従来より座位または立位姿勢による運動の場合，心拍数は直線的増大を示すのに対し，1回拍出量は最大酸素摂取量のほぼ40％に相当する強度の時点で，心拍数の実測としては110～130拍／分レベルで，最大1回拍出量のおよそ90～95％に達し，その後，疲労困憊の時点に至るまで5～10％の微増を示すにすぎないことを報告している．心拍出量は最大酸素摂取量の40％強度までは1回拍出量と心拍数の増大により，その後はおもに心拍数の増大により増加することを示している．最大下運動中，心拍出量は酸素摂取量の増大に比例し[1]，疲労困憊時の最大心拍出量と最大酸素摂取量とも高い相関を示す．同様に最大1回拍出量も最大酸素摂取量と相関する[2]．

　最大心拍出量について加齢の点から述べると，日本人一般成人男性の場合，20～25歳頃が22～23L／分を拍出しており[3]，最も高い．しかし，それ以降においては漸減する．また，持久性競技者においては高い値を示すが，それについては次項で述べたい．

1) Åstrand PO et al：Textbook of Work Physiology. p165, McGraw-Hill Book Company, 1970.
2) Ekblom B et al：J Appl Physiol, 25：619, 1968.
3) 猪飼道夫ら：体育学研究, 14：175, 1970.

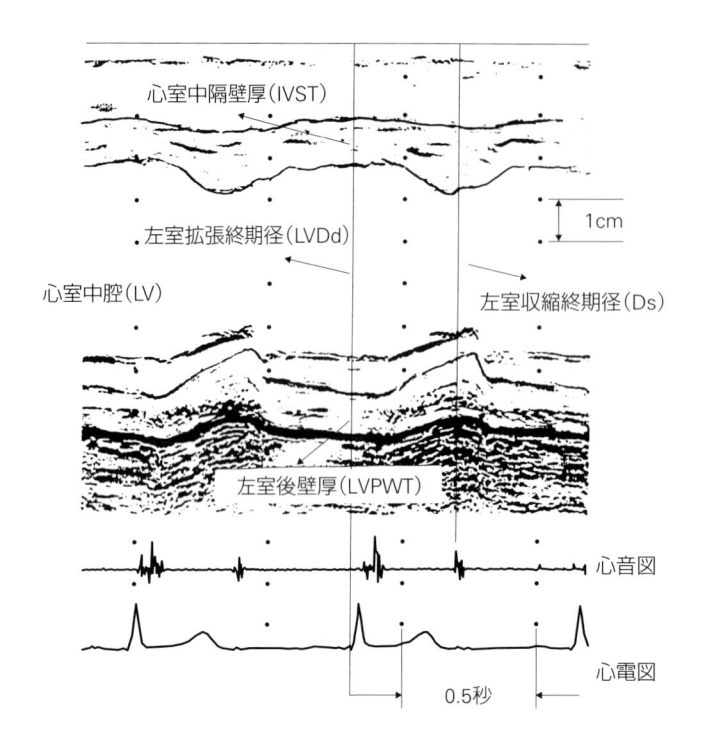

図9-2 左心室の断層エコー図による同時Mモード図
(Demaria A et al：Circulation, 57：237, 1978)

4．最大心拍出量と持久性トレーニングの効果

　　青少年から中高齢者の一般健康成人を対象として，全身持久性トレーニングを3〜6カ月程度の一定期間実施すると，トレーニング前の体力レベル，運動強度や頻度の相違はあっても最大酸素摂取量は5〜30％の範囲で増大する[4]．特に，10〜20％の増加率を示すものが多い[5]．一般的には，トレーニング条件の中では運動強度の要素が最も強く関与する．最大心拍出量と持久性トレーニングの観点からみれば，最大酸素摂取量の増大は最大心拍出量の増大によるもので，その増大は10〜15％を示すことが報告されている．

　　著者ら[6]は，これまでに青年（平均年齢21歳）を対象として，最大酸素摂取量の85％強度で10週間のトレッドミルランニングを実施したところ，最大酸素摂取量は10％，CO_2法の非観血的方法でみた最大心拍出量は9％，最大1回拍出量は13％の増大をみている．また，中年（平均年齢44歳）の場合[6]，同様に最大酸素摂取量の80％強度で，15週間のトレッドミル歩行によるトレーニングを行ったところ，最大酸素摂取量は16％，最大心拍出量は10％，最大1回拍出量は6％の増大を示した．しかしながら，間接的に算出された動静脈酸素較差は微増を示すにとどまった．すなわち，心脈管系の反応からみれば，短期的持久性トレーニングにおいては，最大心拍出量の増大と最大1回拍出量の増大が大きな役割を果たす．

　　Demariaら[7]はさらに，超音波心エコー図法を用いて持久性トレーニングの

影響を検討している（図9-2）．青年を対象として11週間の持久性トレーニング（強度：70％最高心拍数，頻度：4日／週，時間：60分，様式：歩行＋ランニング）の結果，最大酸素摂取量，最大心拍出量の増大とともに，最大1回拍出量が増大したが，同様に動静脈酸素較差への影響はほとんどないことをみている．1回拍出量の増大に関し，心エコー図法から検討すると，左室拡張終期径（left ventricular end-diastolic dimension：LVDd）が増大し，左室内腔（left ventricular cavity）が増大する．

さらに，左室心筋収縮力の増大により左室収縮終期径（left ventricular end-systolic dimension：LVDs）が短縮する．同時に心筋収縮速度も速くなり，また心筋壁厚の増大も認めている．一般に，左室心筋重量（left ventricular mass：LVM）の増大は，内腔拡大，心筋壁厚の肥大のそれぞれの単独因子か，または両方の因子によって増大する．トレーニングによる心筋肥大はタンパク質合成促進によるもので，それはおもに mRNA（リボ核酸）の筋内含量の増加と，筋線維中の収縮性フィラメント数の増加に起因する[8]．

長期的トレーニングが動静脈酸素較差に及ぼす影響についてみると，長年高強度の持久性トレーニングを継続している一流競技者の結果を過去の横断的研究[2]からみると，高い値を示している．

非常に高度にトレーニングされた高齢競技者群の場合[9]，同年齢の一般対照群に比較して，peak $\dot{V}o_2$ が高い根拠は，心拍出係数（cardiac index＝体表面積（m^2）当たりの心拍出量（L／分））が22.5％も高く，動静脈酸素較差においても15.6％も増大している．加えて，競技者群の1回拍出量（mL／分）が大きく，それは左室の拡張終期容量係数（end-diastolic volume index）が11％も大きく，さらに駆出分画（ejection fraction）が7％も大きいことによる．競技者は疲労困憊時（exhaustion）でも，心拍出量や1回拍出量の増加とは逆に全身の血管抵抗は，非常に大きな減少を示す．鍛錬された持久性競技者における動静脈酸素較差が大きいことは，作業骨格筋の毛細血管レベルにおける酸素抽出能が大きいことを意味するもので，末梢骨格筋における酸素拡散能の良好性を示すものである．概説してきたように，著者ら[10]は，骨格筋代謝能に及ぼす持久性トレーニングの効果について，一連の検討を行ってきている．作業骨格筋の末梢部動脈から採血して血液ガスを分析したものではないが，生筋摘出して分析した結果から，動静脈酸素較差に関連する諸因子の変化について述べておきたい．

平均年齢20歳の青年を対象とし，最大酸素摂取量の80％に相当する高強度の水泳を週5日間，1日60分，4カ月にわたって実施した結果，最大酸素摂取量は19％の増大を示した．それとともに，大腿部外側広筋の生筋摘出を筋バイオプシー法により行い，筋細胞，筋毛細血管などの筋組成変化をみると，1つ1つの筋細胞が増大し，typeⅡaの筋線維が増大を示した．また，筋毛細血管数

4) Lamb DR : Physiology of Exercise-Responses and Adaptation 2nd ed. p137, Macmillan Publishing, 1984.
5) Åstrand PO et al : Textbook of Work Physiology. p115, McGraw-Hill Book Company, 1970.
6) 芳賀脩光：有酸素運動のトレーナビリティ．p51，真興交易医書出版部，1990．
7) Demaria A et al : Circulation, 57 : 237, 1978.
8) McArdle WD et al : Functional Capacity of the Cardiovascular System : Exercise Physiology 2nd ed. p269, Lea & Febiger, 1986.
9) Fleg JL et al : J Appl Physiol, 77 : 1500, 1994.
10) Haga S et al : Med Sci Sports Exerc, 33 : 327, 2001.

が増大し，毛細血管口径が拡大し，筋組織における酸素拡散率の増大を認めた．さらに，ミオグロビン (Mb) mRNA と VEGF も増加し，ヒトの短期的持久性トレーニングにおいても血管新生の可能性が示唆された．

5．スポーツ心臓

スポーツ心臓 (athlete's heart) は通常，高強度・高頻度で持久性トレーニングや筋レジスタンス運動を長期間にわたって継続している競技者に観察されることが多い．その最も大きな特徴は，従来からよく知られているように，胸部X線写真からみる心陰像が一般人と比較して著しく拡大していることである．さらに，心筋肥大を生じていること，伝導調律異常としての徐脈などが特徴である．しかし，スポーツ心臓の形成は，競技種目，トレーニング強度，継続期間，トレーニングを開始した年齢，体質的要因の違い，および性差などが相互に複雑に関与しあう．こうした適応は，一律的に普遍的に生じるものではない．また，トレーニングを中止すると次第に元の状態に復する．

スポーツ心臓には以下に述べるように2つのタイプ[11]がある．

1）遠心性肥大型スポーツ心臓

一般に，クロスカントリー，マラソン，陸上長距離走，スキー距離競技，水泳長距離泳，自転車競技，ボート，トライアスロン，サッカー，ハンドボールなどの競技，あるいはそれに類似する長時間の持久性競技を行っている競技者の心臓においては，慢性的に右心房へ流入する静脈還流量が増大する．この多量に流入する血液量の増大を容量負荷 (volume stress) といい，左室心筋が拡張され，左室拡張終期容量の増加が反復されることによって，心内腔の拡大が生じてくる．この場合，左室後壁の心筋伸長は，特に，心筋線維が拡張期の初期に引き伸ばされることによると考えられている[12]．このような心内腔の拡大を遠心性肥大 (eccentric hypertrophy) という．

超音波心エコー図法により得た左室拡張終期径をみると，一般成人男子では，30～50mmであるのに対し，思春期男子の持久性競技者[13]および成人競技者[14]では，45～60mmの範囲にある．最も大きい症例では60mm，またはそれ以上の大きな値を示す場合もみられる．成人女子競技者[15]では，45～55mmである．通常，持久性競技者では左室拡張終期径は10～15％ほど大きく，左室拡張終期容量は30～35％の増大を示すと考えられている．

また，左心室から1回に拍出される1回拍出量 (stroke volume) が増大する．座位または立位において，一般成人の1回拍出量は安静時40～60mL/拍から運動時70～100mL/拍に増大するが，持久性競技者の場合は安静時で70～80mL/拍を示し，運動時には100～150mL/拍と著しく増大する．

このような1回拍出量の増大は，心内腔の拡大による要因ばかりではなく，左室収縮終期径が短縮する．すなわち，血液を拍出するため心筋のより強い収縮が生じ，収縮力が増大する．このため，持久性競技者においては心筋の肥大も生じてくる．左室心筋壁厚は，一般成人男子では個人差を有するが，おおむね

7〜9mm程度である[12]. しかし, 持久性競技者では9〜12mmを示すものが多い[12,14]. 中には, 13〜16mmの肥厚を示す場合もある[16]. この持久性競技者における心筋肥大は, 左室内腔の拡大とともに, 同時に壁応力も十分に維持されるための代償作用として生じるものである. したがって, 左室壁厚と左室内腔の比は一般人と同じ値を維持する肥大であることが特徴的であり, この点においても生理的肥大である.

持久性競技者の心拍数は1回拍出量が著明に大きいという結果を受けて, 一般人(通常70〜80拍／分)よりも少なく, 50〜60拍／分を示すことが多い. 時にはそれより以下の場合もある. これは副交感神経緊張・亢進によるもので, 安静時では徐脈(bradycardia)を示すことが多い. また, 運動中, 最大下同一負荷に対しても持久性競技者の心拍数は一般人よりも少ない. これは, 持久性競技者がもつ心臓の余裕力と考えてよい.

しかし, 最大運動で疲労困憊となって運動を中止する時点の最高心拍数(HRmax)は, 一般人の場合でも, 持久性競技者の場合でも同じで, おおよその目安は「220-年齢」の値である.

遠心性肥大によるスポーツ心臓についての最近の研究では, ^{31}P-MRSやアトロピン—ドブタミン負荷テストにより検討している[17]. その結果, エリートサイクリストは, 心筋のクレアチンリン酸／アデノシン3リン酸(PCr/ATP)濃度比が一般対照群の値と同じであり, 心筋肥大は心機能や高エネルギーリン酸代謝の面からみて病的変化はなく, この点からも生理的適応であると考えられている.

思春期における持久性運動のトレーニングは左室形態にどう影響するかについて, 著者ら[13]は日本人の青少年を対象として検討した. その結果, 陸上・中長距離, サッカーなどを1日2時間程度行っている中学生, 高校生の運動群(151名)と身長, 体重, BMIを合わせた同年齢の対照群(94名)と比較して, 左室心筋壁厚は両群に差はなかったが, 左室拡張終期径, および左室心筋重量は体表面積が増大するに比例して増大することがわかった. また, 同一の体表面積を基準としてみると, 運動群では左室拡張終期径, 左室心筋重量が対照群値の95パーセントタイルを越えているものの割合が多い. しかし, 中学生の初期(1年生)ころでは運動群と対照群の相違は小さい.

これまでの研究で, 思春期にある持久性競技者(14歳)の場合であっても, 同年齢の対照群と比較して最大心拍出係数($\dot{Q}$/BSA)や最大1回拍出係数(SV/BSA)は大きい. しかし, 安静時の1回拍出量は対照群と同じであり, 成人持久性競技者の1回拍出量が安静時でも大きいのと違って, この点において, 思春期のスポーツ心臓に特徴があるのかも知れないとする報告もみられる[18].

---

11) Fox EL et al : Physiological Effects of Physical Training the Physiological Basis of Physical Education and Athletics 4th ed. p323, Wm C Brown Publishers, WB Saunders Company, 1988.
12) Pio Caso et al : Am J Cardiol, 85 : 1131, 2000.
13) 芳賀脩光ら：日運動生理誌, 5 : 101, 1998.
14) 芳賀脩光ら：筑波大学体育科学系紀要, 11 : 229, 1988.
15) 芳賀脩光ら：筑波大学体育科学系紀要, 12 : 185, 1989.
16) Sharm S et al : JACC, 36 : 864, 2000.
17) Pluim BM et al : Circulation, 97 : 666, 1998.
18) Rowland T et al : Int J Sport Med, 19 : 385, 1998.

表 9-1 大学レベル，ワールドクラスおよび一般対象者の心臓形態の比較
(McArdle WD et al : Exercise Physiology 2nd ed. p269, Lea & Febiger, 1986)

部 位[b]	大学の ランナー (n=15)	大学の スイマー (n=15)	世界クラス のランナー (n=10)	大学の レスラー (n=12)	世界クラスの 砲丸選手 (n=4)	一般人[a] (n=16)
LVId	54	57	48–59	48	43–52	46
LVV (mL)	160	181	154	110	122	101
SV (mL)	116	—	113	75	68	—
LV wall (mm)	11.3	10.6	10.8	13.7	13.8	10.3
Septum (mm)	10.9	10.7	10.9	13.0	13.5	10.3
LV mass (g)	302	308	283	330	348	211

a) Morganroth J et al : Ann Intern Med, 82 : 521. 1975.
b) LVID：左室収縮終期内径，LVV：左室容積，SV：1回拍出量，LV wall：左室後壁厚，Septum：心室中隔厚，LV mass：左室容量

2）求心性肥大型スポーツ心臓

　一般に，重量挙げ，パワーリフティング，相撲，柔道，レスリング，陸上・投てき競技などは，競技特性として筋レジスタンス運動であり，非常に強い筋収縮，筋力の発揮を行うものである．それらは，動作の中で等尺性（アイソメトリック）筋収縮であったり，動的（dynamic）筋収縮であったりさまざまであるが，強い怒責を伴い，機械的刺激による血圧上昇を招く．1日のトレーニングにおいてもこうしたことを反復する回数は非常に多い．このため，心臓は圧負荷（pressure stress）を受けることとなり，著明な心筋壁厚の肥大を主体とする求心性肥大（concentric hypertrophy）を生じる．1回に強い筋収縮を行っている時間は1～10秒以内であることが多く，容量負荷で生じるような多量の血液の環流，すなわち，静脈還流量の増大を招くようなことはみられない．したがって，左室拡張終期径の増大や心内腔の拡大はなく，それらは一般人と比較して同じか，ごくわずかに大きい範囲にとどまる．

　心筋壁厚の肥大は，心筋中隔壁厚，左室後壁厚にともに生じてくることが多く，このため壁厚と左室内径の比は一般人の値と比較して増大する．しかしながら，強い筋収縮や大きな筋力発揮をするスポーツ競技選手においては，上述したような心筋肥大がすべて一様に生じるのかという点に関しては個人差が大きく，壁厚と左室内径の比は正常範囲を示し，一般人と差がない場合も多くみられる．

　また，自転車競技選手やボート選手の場合，下肢部は持久性運動を行っている反面，上肢部はハンドルやオールを強く握ったりする等尺性筋収縮の運動を併せて行っていることが多く，左室内径の増大と壁厚肥大をともにみることもある．以上述べたように，長期間にわたってスポーツ競技を実施している場合，心臓には一般に生理的適応が生じ，スポーツ心臓を形成する．

　表9-1はMcArdleら[8]の著書から引用したものであるが，スポーツ心臓の概略が理解できよう．

[芳賀 脩光]

---

8) McArdle WD et al : Functional Capacity of the Cardiovascular System : Exercise Physiology 2nd ed. p269, Lea & Febiger, 1986.

9章 トレーニング生理学 競技者報告
マラソン競技における私のトレーニング法

　著者がマラソン競技に取り組むまでのスポーツ歴は，中学校でバスケット・ボール，高校でソフト・テニスを夢中に取り組むも，大学生になり持久性主体の走るスポーツ，「マラソン」に必死となりはじめる．

　大学2年生時のトレーニングは，初心者として指導者のスケジュールに沿った基本的な段階で，それは箱根駅伝を想定した走行時間や距離の絶対的長さを求めた内容のトレーニング法であった．その結果，著者は箱根駅伝において正選手として第4区を第3位で走ることができた．

　3年生時は，できる限りのハイ・スピードの養成を目的にしたトレーニング内容であった．主体としたインターバル・トレーニングは，「苦しくて呼吸が止まってしまう！」，「脚筋群が硬直状態でも走らなければ！」，という苦しさと辛さが伴ったトレーニングでもあったが，同時に強い忍耐力，精神力が養われたと現在でも感じられる．その結果，幸いにも日本学生陸上競技対校選手権大会で優勝（20km）と箱根駅伝の第9区での区間賞を獲得することができた．

　4年生時のトレーニング内容は，ロードレーサーを目指したトレーニングを積むことを主眼とし，鍛えた走力を目的のレースで発揮し，成果をあげる競技の難しさに直面していた．心身のコンディションを調整する難しさを十分に認識することになり，悩んだ末の結果，マラソンランナーを本格的に目指すことになった．これらを踏まえて，宇佐美のマラソン・トレーニングは次の段階を踏んで成し遂げられた．

　メキシコ五輪（1968年）の切符を手にするまでのトレーニングは，箱根駅伝の延長線上で走距離を延ばし，スピードを養成することであった．ところが幸いなことに，鍼灸師・野村巌（故人）先生と出会い，「からだは生身であって，心身の疲れやストレスは手当て，手入れで調整する」ことを知り，実践できた．それは先生の所に膝の故障で訪れたのに，そこ以上に右フクラハギ（ヒラメ筋・腓腹筋）が故障（過労）寸前となっていたため，処置をして戴き，その後今日まで故障なしで，マラソン人生を送ることができた．その結果，著者は，メキシコ五輪最終選考会で2時間13分49秒の自己最高記録（当時）で優勝できた．

　メキシコ五輪の経験によって，次の目的は世界最高記録に目標を置いたスピード・トレーニングであった．マラソンのスピードは10,000mで見計るが，自己記録の28分台レベルではスピード不足で，その克服が最大の目標であった．その結果として考えたのが「高所トレーニング」であった．何故，スピード・トレーニングと高所トレーニングが取り合わされたか．それは著者自身のスピード養成が容易に身につかないので低酸素環境下でスーパー持久性を養えばカバーできるのではないかと考えた．つまり，当時のレース展開は10km30分30秒前後での速度であるから，自己のスピードの中で「スーパー持久性」が養成できるならば太刀打ちできると考えたのである．実際に高所トレーニングは，ミュンヘン・五輪（1972年）目指して富士山5合目とメキシコ市で実施した．血液性状にみられるその成果は**表9-2**に示すとおりである．その効果が現れた例の1つが，1970年12月「福岡国際マラソン大会」で，2時間10分37秒8は世界歴代第3位，自己最高記録（生涯記録）での優勝であった．それに加え，最終選考会でも優勝ができ，2回目のミュンヘン・五輪代表選手として選抜された．

　ミュンヘンの後，モントリオール五輪（1976

表9-2 高所トレーニング血液

		赤血球（10^6/mm^3）					ヘモグロビン（g/dL）					平均赤血球ヘモグロビン量（10^{-12}g）				
		トレーニング前	1回目	2回目	3回目	トレーニング後	トレーニング前	1回目	2回目	3回目	トレーニング後	トレーニング前	1回目	2回目	3回目	トレーニング後
富士山五合目	1970年	4.92	4.60	5.44	4.75	4.95	14.8	14.7	17.2	14.1	16.7	30.08	31.95	31.61	29.68	33.73
	1971年	4.62	4.30	4.39	4.51	4.85	14.0	12.8	13.1	13.1	14.9	30.30	29.76	29.84	29.04	30.72
	1972年	4.50	4.82	4.81	5.15	—	12.8	14.8	15.4	15.6	—	28.44	30.70	32.01	30.29	—
メキシコ市	1971年	5.05	6.67	5.10	5.95	4.63	15.1	16.0	14.2	16.9	14.6	30.69	23.98	27.84	28.40	31.53
	1972年	3.80	5.00	5.20	5.10	—	11.0	15.0	16.0	15.5	—	28.94	30.00	30.76	30.39	—

年）を目指して「ランニングフォーム改造」に取り組むことに踏み切った．この理由は，スピードやピッチの限界を感じ，それをカバーする工夫を必死に探した．その解決の1つがこれまでのランニングフォームから「前傾させる姿勢は「ストライド」を数cmでも広げる」という前述の鍼灸師・野村先生のアドバイスを実施した．たとえば，シューズの踵には100gの砂袋を入れ，過重負荷法を取り入れた．それは踵が重い分だけ上半身が前方へ傾斜するはずであると計算したのである．この成果は下記に示す数字が計測された．

直線走路では改造前が140cm台で改造後が160cm台となり，レースでも2時間12分40秒で優勝した．そして，モントリオール五輪の最終選考会で優勝でき，3回目の五輪代表となることができました．

著者のアドバイスとして，初心者のレベルではできる限り走行できる距離を延ばしていくこと，次にスピードアップ，スピード養成をはかること，さらに，坂道や低酸素環境などの激しい条件の中でより速いスピードを身につけるとともに苦しさや辛さ，悪条件を克服できる強い精神力をもつことである．また，理想的な，自分に合ったフォームを常に検討することである．

［宇佐美　彰朗］

10章 スポーツ減量とトレーニング

　体力強化と競技力向上のためのトレーニングをより効果的に進めるために，スポーツ選手はウェイトコントロールに努めなければならない．ケガや故障の発生を防止するためにも，体重管理は重要である．そして，養った体力と技術力を試合時に十分に発揮するためにも，体重をベストに調整して競技に臨む必要がある．

　特に，体重制限制のボクシング，柔道，レスリングなどの種目では，トレーニング期から試合日まで，長期間にわたるウェイトコントロールが求められる．しかし，その期間が著しく長期にわたるため，これらの種目では試合期直前に，短期の急速減量に頼り，体力を低下させ，不十分な態勢で試合に臨みがちである．

　急速減量には，エネルギー摂取と水分摂取を厳しく制限しなければならないため，体脂肪にとどまらず筋肉も減量させて，筋力低下をみることになる．体水分不足による体力低下も著しく起こる．スポーツ減量では，筋肉量を維持しながら体脂肪を減量しなければならないという原則が守られる必要がある．

　また，急速減量に頼った場合，試合期を過ぎると体重を急速に増量してしまうが，増量分のほとんどが体脂肪によって占められるため，体脂肪率の大きい体組成をつくってしまう．これは，その後のウェイトコントロールをいっそう困難にするので避けなければならない．

　発育発達期にあるスポーツ選手には，無理な減量を強いるべきではない．厳しい食事制限を伴う減量では，筋肉の減量だけでなく骨の減量も起こる．思春期に筋肉量と骨量を最大にすることは，成人期のスポーツ力を高く維持するためだけでなく，生涯にわたる生活力や，高齢に達してからの生活行動の自立力を十分なものにするためにも重要である．したがって，発育発達期のウェイトコントロールは，筋肉量を維持し基礎代謝を大きくした条件下で，トレーニング量の調節を中心になされることが望ましい．そのために，トレーニングの中に軽レジスタンス運動を取り込んで，筋肉量の維持とエネルギー代謝活性の増大を図ることが推奨される．

　ウェイトコントロールは，エネルギーの摂取量に対して消費量をより大きくし，エネルギーバランスをマイナスにする方法で進められるが，消費量の増大には限度がある．したがって，食事を制限してエネルギー摂取量を抑える必要が常にある．

　しかし，食事量を減らす前に考えるべきことがいくつかある．それらは「食べ方」に属するものであり，エネルギー摂取量を同一にしても，体内に蓄積されるエネルギー量が小さくなる食べ方がある．食事の摂取タイミングをトレーニングのすぐ後にすること，食事と就寝の間に十分な時間をとり，就寝前に軽運動をすること，そして食事に占める脂肪の比率を小さくし，脂肪と糖分の同時摂取を避けることなどである．

　このような減量に役立つ食べ方を生活化できれば，厳しい食事制限なしにウェイトをコントロールすることが可能となる．このことは，食事制限を緩やかにした条件下での長期のウェイトコントロールに有効であり，厳しい食事制限下では起こりやすい精神的ストレスによるトレーニング意欲や試合時の闘争心の低下を防止することに貢献する[1]．

［鈴木　正成］

---

1) 鈴木正成：実践的スポーツ栄養学．文光堂，1993．

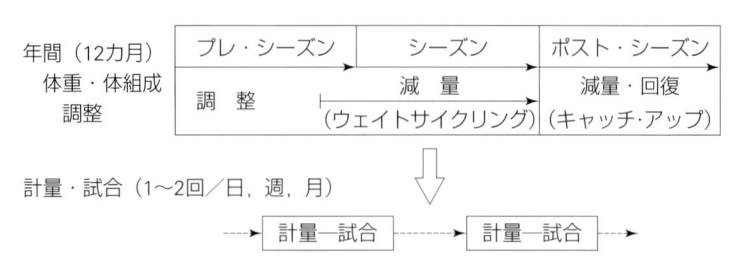

図10-1 スポーツ選手の減量計画

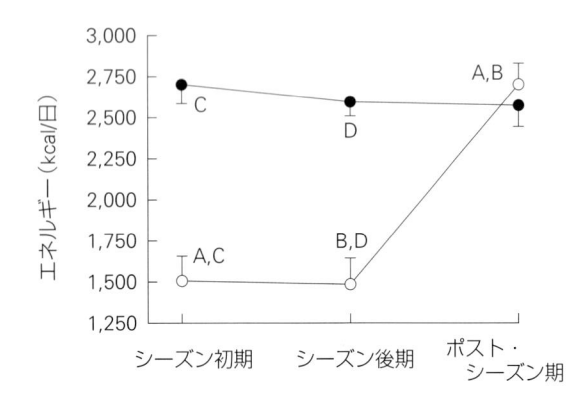

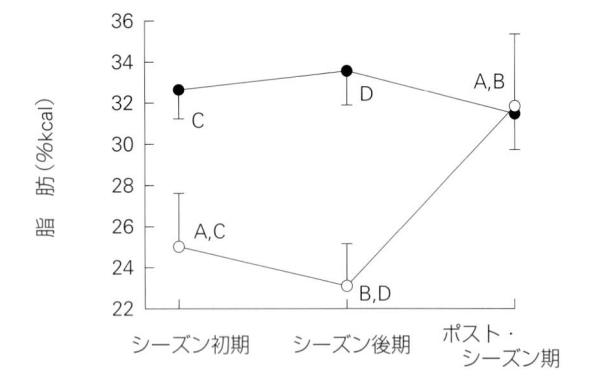

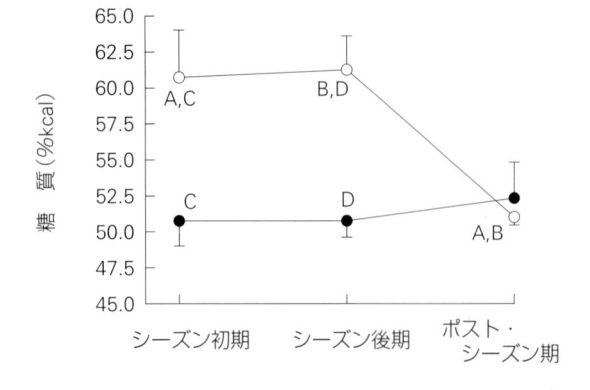

図10-2 レスリング選手のシーズン期(初期と後期)とポスト・シーズン期のエネルギー摂取
(同一アルファベット間に有意差 $p<0.05$)
(Roemmich JN et al：J Appl Physiol, 82：1751, 1997)

1．スポーツ減量の計画

　スポーツ選手が体力の低下を極力回避し，体力とスポーツ技術を十分に発揮して高い競技成績を得るためには，年間にわたるウェイトコントロール計画を合理的なものにしなければならない．それには，ポスト・シーズン期，プレ・シーズン期およびシーズン期の3期間における体重と体組成の調整計画を立てること．さらには，プレ・シーズンの終盤からはじまる試合期に向けて，減量計画と具体的方法を科学的に決めることが必要である．

　また，1つの試合に向けての減量法と，計量を終了した後から次の試合開始までの短時間における体力回復法も考えなければならない．たとえば，ボート競技のように，試合が午前と午後の1日2回，2〜3日間連続で組まれている場合には，ウェイトコントロールと体力維持のために，厳しい食事管理が必要となる．

　レスリングなどのように，試合が1週間間隔で組まれている場合には，試合後数日間に体力を回復させた後，再び試合前3日前後で減量するが（ウェイト・サイクリング），これをどのように展開するかが問題となる（図10-1）．

　発育・発達期にあるジュニア選手（中・高校生，大学1年生など）では，減量により発育・発達の抑制された分を，ポスト・シーズン期にジュニア一般人と同等レベルまでキャッチアップできるように，食事とトレーニングを管理しなければならない．

　体操やダンス，長距離走などを専門とするジュニア女子選手の減量では，体脂肪の過度な減少によるエストロゲン不足や無月経，月経不順などを防いで，性機能の低下や骨量の減少を起こさないようにすることも求められる．

2．スポーツ選手の減量法と生理的影響[2]

　スポーツ選手が採用する減量法として①食事制限・絶食，②運動，③発汗脱水（サウナ，高温室，蒸気室，ゴム製スーツなどの利用），④利尿剤・下剤などを用いる方法があり，これらが単独で利用されたり組み合わせられたりする．それらの生体への影響は，以下のようなものである．

　①食事制限・絶食・発汗脱水：筋力の増大を期待することは不可能であり，むしろ筋力は低下する．無酸素パワーも一般に低下する．

　②運動・発汗脱水：血漿量・血液量の減少，安静時および最大下運動時の心拍数増大，心拍出量の低下などが起こり，持久力が低下する．

　③食事制限・絶食：酸素摂取能が低下する．

　④発汗脱水・利尿剤・下剤：体温調節系の障害が発生しやすく，運動時に熱障害が起きたり，持久力の低下をみる．

　⑤発汗脱水：腎血流量の減少と腎血液濾過量の減少をみる．

---

[2] American College of Sports Medicine : Med Sci Sports Exerc, 28 : ix, 1996.

表10-1 レスリング選手のプレ・シーズン期,シーズン後期およびポスト・シーズン期の体格と体組成の変動

	プレシーズン期 （11月中旬）	シーズン期 （11月末～12月）	ポスト・シーズン期 （2月末～3月）
体　重（kg）	60.3	58.0	64.1
体脂肪量（kg）	6.00	4.72	7.95
体脂肪率（％）	9.88	8.03	12.29
除脂肪体重（kg）	54.28	53.17	56.16
筋断面積（cm^2）			
上　腕	66.9	66.4	75.0
大　腿	172.5	160.9	177.3

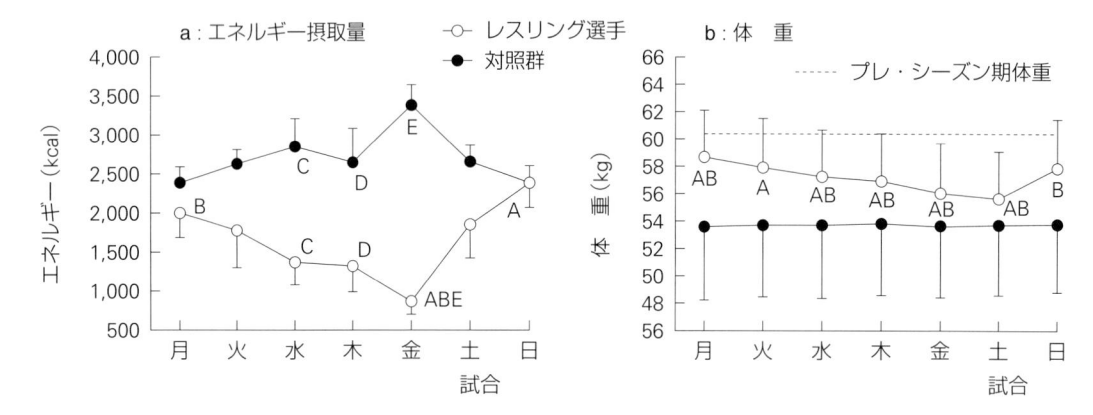

図10-3 レスリング選手の試合期1週間のエネルギー摂取と体重の調整
（同一アルファベット間には有意差 $p<0.05$）
（Roemmich JN et al : J Appl Physiol, 82 : 1751, 1997）

⑥食事制限・絶食・運動：筋肉と肝臓のグリコーゲン貯蔵が枯渇するため，筋持久力の低下，血糖維持能力の低下，体タンパク質分解の促進などが起こる．

⑦食事制限・絶食・発汗脱水・利尿剤・下剤：電解質の不足による筋機能の低下，調整力の低下および不整脈の発生などをみる．

以上のことからわかるように，減量法は共通して健康状態と運動能力の両面にマイナスをもたらすので，過激に走らないなどそれらの実践には十分な注意が求められる．

3．減量による体組成の変動と体力低下

いかなる減量法を用いても体力低下をみる基本的理由は，体力を支える重要な体成分のタンパク質や体水分の減少にある．

たとえば，レスリング選手（高校・大学生）の場合，1週間に平均2kg減量して試合に臨むが，シーズン期にはこのような減量を10回以上繰り返す．彼らの体脂肪率の動きをみると，ポスト・シーズン期には8～10％（同年代一般人：平均15％）であるのに対してシーズン期では6～7％である．

したがって，シーズン期に2kgの減量をしても，体脂肪の減量分はわずかに過ぎず，体脂肪以外の重要体成分を多量に減量していることになる．それらは①体水分，②肝臓や筋肉のグリコーゲン，③筋肉や他組織の体タンパク質などである．急速減量法が実施された結果，もし，この体成分が計量時に失われた状態にある場合，試合開始までの短時間に回復させないと，試合で体力を十分に発揮することができなくなる．

しかし，体水分の正常化には24～48時間を要するとされ，電解質バランスの回復にも配慮が必要である．肝臓や筋肉のグリコーゲンを完全に再補充するには10時間前後を要すると推定されている．

これらの基本的な状況を踏まえれば，試合を控えての急速減量は望ましくない．ポスト・シーズン期とプレ・シーズン期をとおしてウェイトコントロールに努めることが重要である．そして，時間的余裕をもってプレ・シーズン末期に軽度の減量を実施するだけで試合に臨めるようにするのが理想である．

1) スポーツ減量による筋力低下[3]

ジュニア男子レスリング選手（平均15.7歳）の栄養摂取，体組成および筋力をプレ・シーズン期（11月中旬），シーズン期（11月末～12月）およびポスト・シーズン期（2月末～3月中旬）の3時点で調べた研究がある．

(1) エネルギー摂取量

シーズン期の初期と後期において，1日当たりの摂取量はエネルギー1,500kcal，タンパク質0.9g/kgと著しく小さく，エネルギーに占める比率は糖質61％，脂質24％で高糖質食が摂取されていた（図10-2）．このエネルギー摂取は消費を下まわるため，血中プレアルブミン濃度がシーズン後期に著しく低値となった．

(2) 体格と体組成（表10-1）

プレ・シーズン期，シーズン後期，そしてポスト・シーズン期において，体重と体脂肪量および体脂肪率は，シーズン後期に最小となり，ポスト・シーズン期に大きくリバウンドしてプレ・シーズン期を上まわるところまで増大している．除脂肪体重もシーズン後期で減少し，ポスト・シーズン期にプレ・シーズン期を上まわるところまで回復した．

一方，筋断面積はシーズン後期において腕ではほとんど変わらないが，大腿では著しく減少した．

すなわち，プレ・シーズン期からシーズン期の後期にかけて，体重減量は2.3kg，そのうち体脂肪量の減量が1.2kg強，除脂肪量が1.1kg減少している．そして，筋肉の減量は，筋断面積の動きからみて腕の筋肉ではなく大腿部筋肉において顕著に起きていることがわかる．

---

3) Roemmich JN et al : J Appl Physiol, 82 : 1751, 1997.

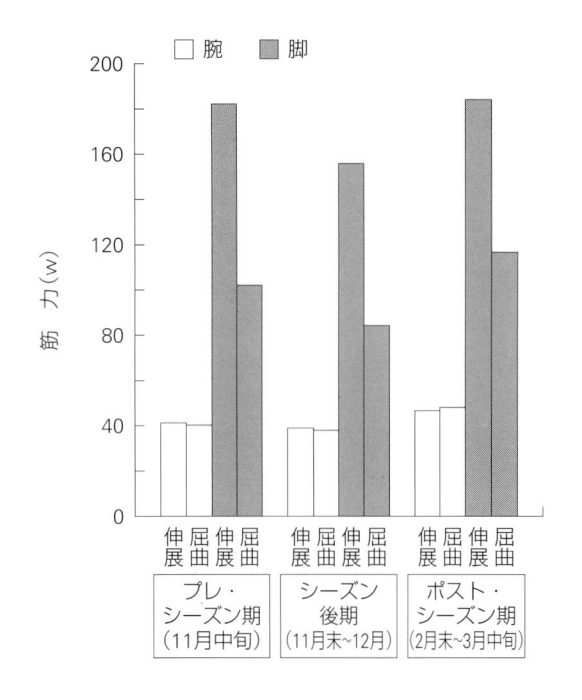

図10-4 レスリング選手のプレ・シーズン期，シーズン後期およびポスト・シーズン期の筋力変動
(Roemmich JN et al : J Appl Physiol, 82 : 1751, 1997)

表10-2 脱水減量と持久走タイム
(Armstrong LE et al : Med Sci Sports Exerc, 17 : 456, 1985)

	ランニング・タイム（分）	
	正常	脱水
1,500m	4.71±0.16	4.81±0.51
5,000m	18.22±0.85	19.53±0.93
10,000m	38.87±1.73	41.49±1.73

(3) シーズン期の週間エネルギー摂取とウェイトコントロール

土曜日に試合がある場合，月曜日から金曜日まで1日当たりのエネルギー摂取を約2,000kcalから900kcalまで漸減させた．そして試合終了日（土曜日）には1,800kcalへと2倍に増量し，日曜日には2,300kcalへと増やした後，月曜日から再び食事制限に入るというスケジュールである．

この間，体重は月曜日に58.5kgであったのが試合日（土曜日）には56kgへと4日間で2.5kg減量し，試合終了翌日の日曜日には58kgと1日で2kg増量している．このようにシーズン期には1週間単位でウェイトサイクリングが生じる（図10-3）．

(4) 筋　力

腕伸展力，腕屈曲力，脚（膝）伸展力，脚（膝）屈曲力のいずれも，プレ・シーズン期に比べてシーズン後期に著しい低下を示した（図10-4）．

このことは，減量による筋組織（除脂肪体重）の減量がそれほど著しくなくても，筋力の低下が顕著に起こることを示している．筋力の低下は競技力の低下に

直結するので，減量に当たっては筋力低下を防止するための対策，たとえば，レジスタンス・トレーニングを積極的に実施することなどが必要である．

2）脱水減量と持久体力の低下[4]

男子陸上中・長距離ランナー（22〜27歳）を被験者として，利尿剤（フロセミド）で体重を急速に減量した場合の，ランニング走力に対する影響が調べられた．

走力テストの5時間前に利尿剤が摂られたが，体重の減量は初体重の1.6〜2.1%であった．血漿量の減量は7.1〜12.3%であった．

400mトラックでの1,500，5,000，10,000mタイム・トライアルの結果，脱水によりランニングタイムがそれぞれ0.16，1.31，2.62分遅くなった（**表10-2**）．

脱水によってそれぞれのランニング・スピード（m/分）は低下したが，1,500m走では-3.1%，5,000m走では-6.7%，そして10,000m走では-6.3%の低下であった．したがって，脱水のマイナス効果は5,000mや10,000mなど長距離に大きく現れることがわかる．なお，最大酸素摂取量は脱水によって低下することはなかった．

脱水の持久力低下作用であるが，無酸素エネルギー代謝能の低下，体温調節能の低下（熱貯留時間の増大）などが考えられる．

4．減量法の違い─急速減量 vs 緩徐減量と体組成および主観的体調─[5]

体重階級制スポーツでは試合前の計量をパスするために，1週間から10日間，食事・飲料の制限や絶食，厚着やサウナ利用による発汗脱水，利尿剤による脱水などに，各種運動を組み合わせる急速減量法が一般的に採用されてきた．しかし，この方法は，体水分，肝臓や筋肉のグリコーゲン，筋肉その他の組織のタンパク質などの紛失などによる体力低下をもたらす．

体力の低下を防ぐには長期間にわたり体脂肪を減量しながら，除脂肪体重の減少を小さくして筋力や持久力の低下を最小限にとどめる減量法を用いる必要がある．この緩徐減量法と急速減量法をレスリング選手に応用し，体組成，栄養摂取量，主観的体調そして競技成績を比較した研究を紹介する．

前年度に公式試合に出場し，プレ・シーズン期にある大学男子レスリング選手で，急速減量法選択の4名と緩徐減量法選択4名を対象とした．

急速減量群（4名）は，計量の10日前よりトレーニング時（午前中1時間，午後2時間）にナイロン製トレーニングウェアなどで厚着し，発汗脱水減量を開始した．2名はサウナを利用する発汗脱水も実行した．食事と飲料の摂取量を強く制限した（エネルギー約1,000kcal/日，水分約1,300mL/日）（**図10-5**）．

緩徐減量群（4名）は，計量の4週間前から早朝30分間のエアロビック運動と軽レジスタンス運動を，朝のトレーニングとして実践した．その内容は，5kg

---

4) Armstrong LE et al : Med Sci Sports Exerc, 17 : 456, 1985.

5) 久木留敦ら：Health Sciences, 17 : 26, 2001.

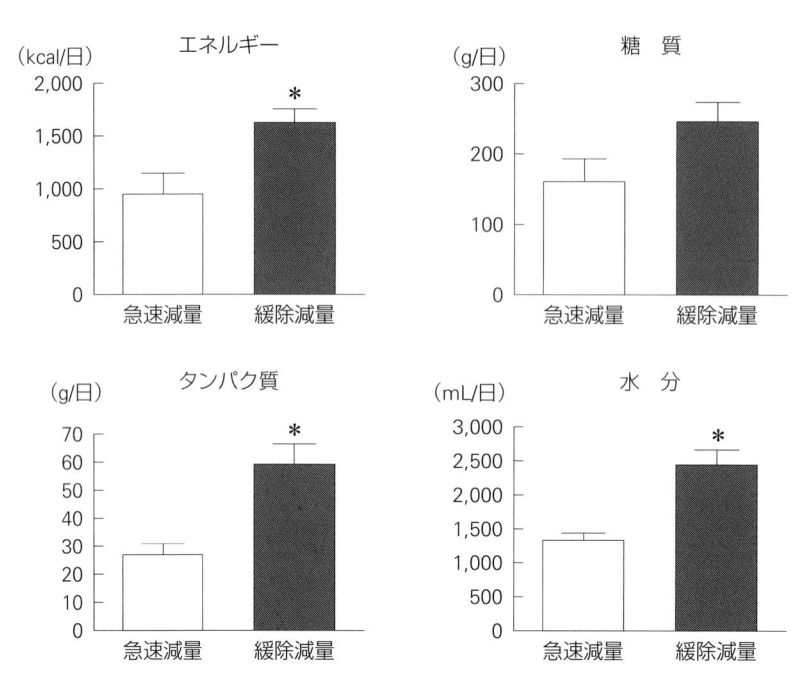

図10-5　急速減量法と緩除減量法の違いと試合前1週間のエネルギー，糖質，タンパク質および水分の摂取量
(久木留敦ら：Health Sciences，17：26，2001)

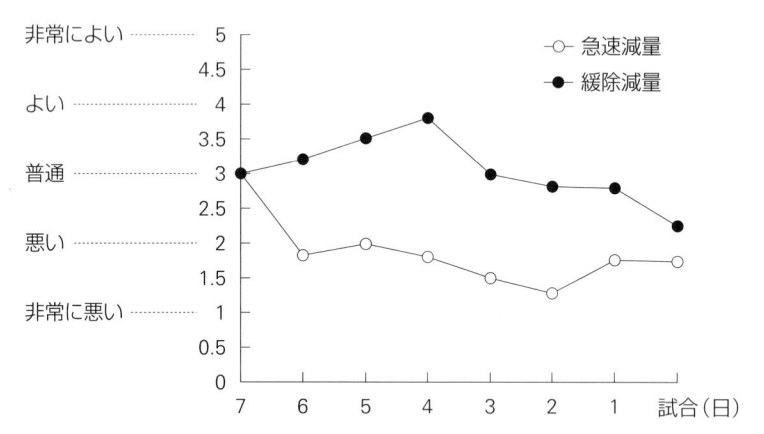

図10-6　急速減量法と緩除減量法の違いと試合前1週間の体調
(久木留敦ら：Health Sciences，17：26，2001)

　対のダンベルを使うダンベル体操（4種目），腕立て伏せ（50回，2セット），8mの綱登り（2往復），腹筋運動（40回，2セット）などである．共通トレーニングには急速減量群とともに参加した．
　計量4週間前より，緩徐運動群には脂肪，菓子類，炭酸飲料の摂取を控えるが，糖質の摂取を減らさないように指導した．また，飲料水（茶や水など）の摂取制限を避けること，厚着やサウナなどを利用して発汗脱水を促すことも極力避けるよう指示した．

その結果であるが，試合前1週間の栄養摂取量はエネルギー，糖質，タンパク質，そして水分とも，急速減量群よりも緩徐減量群で1.3～2倍と著しく大きかった（図10-5）．体重の減量は，急速減量群では10日間で7.8kg，緩徐減量群では28日間で6.9kgと，ほとんど同じであった．

体重減量分に占める体脂肪量の減量は，急速減量群で7.8kg中28％であったのに対して，緩徐減量群では6.9kg中の41％と著しく大きかった．その結果，除脂肪体重の減量分は急速減量群では体重減量分の72％と大きかったが，緩徐減量群では59％と小さかった．

起床時における主観的体調は，試合前1週間を通して急速減量群よりも緩徐減量群で良好であった（図10-6）．競技成績は，緩徐減量群で急速減量群よりも顕著に優れていた．

5．スポーツ減量と食事法[1]

スポーツ選手は筋肉をはじめとする体タンパク質を減量することなくウェイトをコントロールしなければならないので，1日当たりのタンパク質摂取量を減らしてはならない．また，ビタミンとミネラルについても同時に補給量を維持することが必要である．

したがって，エネルギー源の糖質と脂質を減らして摂取エネルギー量を制限することになるが，糖質は全身の細胞の必須エネルギー源であること，グリコーゲンとなって細胞内に貯蔵される必要があることなどのため，糖質を極端に制限してはならない．基本的に，体内に貯蔵量が十分あり，食事から摂取した場合に体脂肪として蓄積されやすい脂質を食事から減らすことになる．

1）高糖質食減量と無気的体力[6]

レスリング競技では試合が1週間間隔で組まれることが多いが，その間を高糖質減量食（エネルギー比が，糖質：脂質：タンパク質＝75：15：10）にすると一般食（50：30：20）に比べて減量度や8分間のランニング（85％ $\dot{V}O_2max$）には同等の効果であったが，無気的体力の低下を防ぐ効果が大きかった．無気的体力の低下を小さく抑えることができたといえる（図10-7）．

2）高糖質食減量と情緒・気力

食事制限下での減量では精神的ストレスを強く受ける．大学男子レスリング選手に高糖質食（糖質：脂質：タンパク質＝75：15：10）と一般食（低糖質食，55：30：15）を4日間ずつ交互に与えて，4日間で体重を6％減量させた．

アンケートによるPOMS調査の結果，いずれの減量食でも減量期間中に緊張度，憂うつ感，怒りっぽさ，疲労感などが増大し気力が低下した．しかし，その変動度は一般食に比べて高糖質食で顕著に小さかった．

---

1) 鈴木正成：実践的スポーツ栄養学．文光堂，1993．　　6) Horswill CA et al : Med Sci Sports Exerc, 22: 470, 1990.

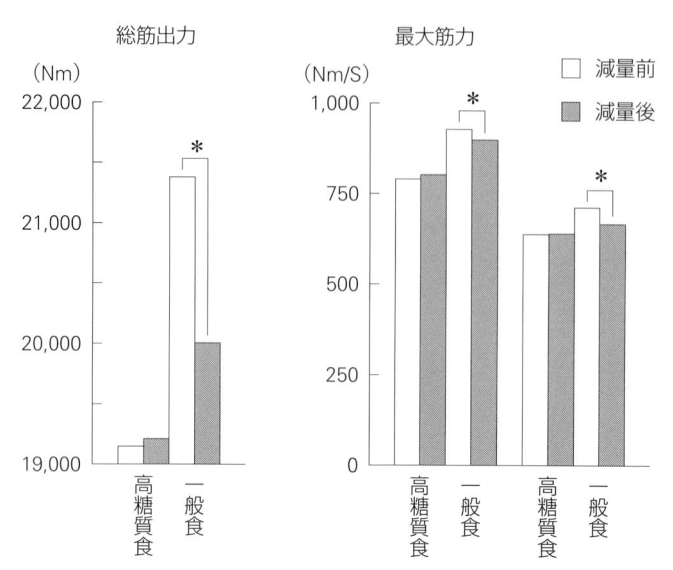

図10-7 レスリング選手の1週間の減量食―高糖質食 vs 一般食―と無気的体力(wingate anaerbic capacity)（* : p<0.05）

3）減量の食事法―原則―

(1) 食事の内容

　減量食のエネルギー組成は原則としてタンパク質量を減らすことなく，高糖質・低脂肪食であるのが望ましい．脂肪は以下の理由で体脂肪蓄積を促す．
　　a．インスリンによる血中脂肪の脂肪組織への取り込み促進
　血中脂肪は脂肪組織の毛細血管内壁に局在するリポタンパクリパーゼ（LPL）により脂肪酸に加水分解されて脂肪細胞に取り込まれ，再び脂肪に合成されて貯蔵される．脂肪組織LPLはインスリンによって活性化される．高脂肪食を摂ると血中にキロミクロン（カイロミクロンともいう）脂肪が数時間にわたって多量に流れるのに合わせて，食事の糖質の作用による血中へのインスリン分泌も高まるので，体脂肪蓄積が効率よく進む．
　食事のタンパク質源である肉や魚，そして野菜類を油で炒めたり揚げたりする食べ方を避けるのが重要である．また，高脂肪のファーストフードと糖分入りのソフトドリンクの食い合わせや，脂肪と砂糖がコンビネーションされたケーキやチョコレートなどにも同様のことがいえる．
　　b．糖質の脂肪燃焼抑制作用
　食事由来の血中キロミクロン脂肪が燃焼するには筋肉や心臓に取り込まれることが必須であるが，食後に分泌されるインスリンは両組織のLPL活性を抑制する．したがって，食後数時間にわたって血中脂肪は筋肉や心臓で燃焼されにくい状況におかれる．
　　c．脂肪の食事誘発性体熱産生（DIT）反応は小さい
　食事に伴う咀しゃく・消化・吸収・代謝の過程で熱産生が高まるが，基本的にその大小は摂取エネルギーの大小に従う．しかし，タンパク質では摂取エネルギーの30％，糖質で10％，脂肪で6～7％と，DIT反応は脂肪で著しく小さい

ので，高脂肪食は体内蓄積性の高い食事となる．

(2) 食べ方

同じ食事を摂取しても，食後のエネルギー代謝はからだの生理的条件によって異なってくる．

a．基礎代謝を大きくする

体温生産を主とする基礎代謝は，安静下でのエネルギー消費を大きくし，また，DIT 反応を大きくする．合わせて，脂肪のエネルギーへの燃焼率を高める．基礎代謝は筋肉の増量と代謝活性の増大によって大きくなる．ダンベル体操などが有用である．

b．食後に運動する

食事で摂取した糖質は，食後に分泌が高まるインスリンの作用でグルコース→脂肪酸→脂肪への転換を肝臓と脂肪組織で促され，体脂肪として蓄積されやすい．しかし，食後に運動すると交感神経系が活性化されるため膵臓のインスリン分泌が抑制されるので，糖質と脂肪のいずれもエネルギー化されやすくなる．

食後の運動としてはからだの上下運動を伴わない水泳，自転車漕ぎ，トレッドミル上のウォーキング，ダンベルなどを使う軽いレジスタンス運動などがよい．

6．肥満者のスポーツ減量[1]

一般肥満者は運動に慣れていないことや運動嫌いなど，激しい運動を実施する条件に乏しいことが多い．そのことも踏まえて，誰でも自宅で時間をかけずに行える運動を活用する方がよい．また，スポーツ選手のようにウェイトサイクリングを繰り返すと，筋肉と骨の減少を促し，高齢に達したときに要介護生活に陥る心配も強まる．

したがって，生涯をとおして体組成を理想に近い状態に維持する効果をもつ日常化可能な運動を活用する必要がある．ウォーキングと 0.5～2kg のダンベルを用いるダンベル体操などは，その条件を備えているので，ダンベル体操の減量作用を中心に紹介する[7]．

1）ダンベル体操の基礎代謝および食事誘発性体熱産生の増大作用

肥満者が減量し，その後生涯にわたって減量したからだを維持していくには，基礎代謝を大きくすることが最も有効である．1 日 15～20 分間のダンベル体操を日常化すると，3 カ月くらいで基礎代謝の増大をみて，さらに DIT も大きくなり，1 日のエネルギー消費量の大きいからだをつくることができる（図 10–8，9）．

その場合，食事制限をほとんどせずに，夕食を早めに摂ることと，料理から油で炒めた物や揚げた物を除くことに留意するくらいの食生活への配慮でよいので，生涯にわたって継続可能である．

1）鈴木正成：実践的スポーツ栄養学．文光堂，1993．　　7）Matsuo T et al：Asia Pacific J Clin Nutr，8：136，1999．

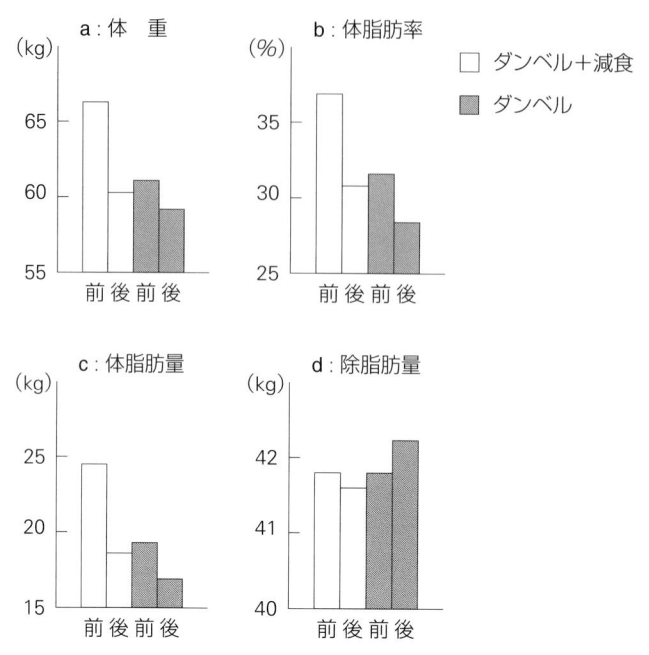

図10-8 自由食または減食下のダンベル体操(12週間)と体重,体脂肪率,体脂肪量および除脂肪体重(若年成人女性)
(Matsuo T et al : Asia Pacific J Clin Nutr, 8 : 136, 1999)

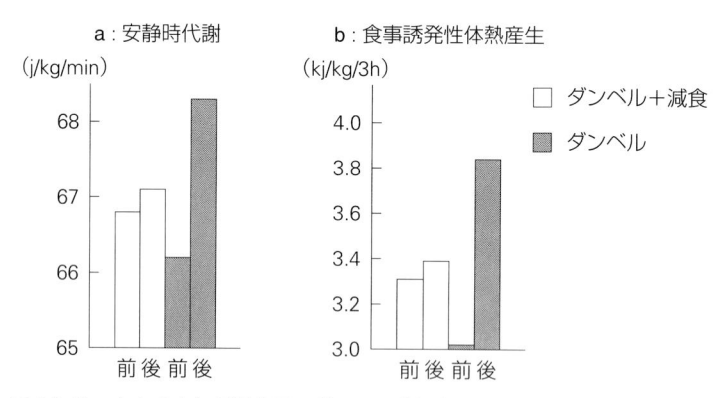

図10-9 自由食または減食下のダンベル体操(12週間)と安静時代謝および食事発生熱産生(若年成人女性)
(Matsuo T et al : Asia Pacific J Clin Nutr, 8 : 136, 1999)

また，除脂肪体重の増大を伴うのがダンベル体操減量法なので，健康体の維持と将来における筋肉・骨減弱の予防につながる利点もある．

ダンベル体操はエネルギー消費量の小さい運動であり，時速1.5kmくらいのウォーキングと同等の運動強度であり，15～20分間で十分な運動効果を出せる．エアロビック運動による減量が運動中のエネルギー消費量を大きくすることで減量作用を増すのと対比して，ダンベル体操は24時間のエネルギー消費量を大きくして減量作用を発揮する点で大いに異なる．

2) ウォーキングのインスリン分泌抑制作用

ウォーキングをエアロビック運動と同等のエネルギー消費量を増大させて減量に応用するには，45～60分間もの時間を日常的に当てなければならない．天候の影響も受けるので，誰でもいつでも生涯続ける運動減量法とはなりにくい．

むしろ，食後のインスリン分泌増大を抑制するための交感神経系活性化にウォーキングを利用し，体脂肪の合成・蓄積を抑制するのに役立てるのがよいであろう．

筋肉や骨づくりに対する効果は小さいので，ウォーキングをダンベル体操などと組み合わせることが望ましい．

減量は多くの場合，除脂肪体重（筋肉や骨）を減らす．それを防ぐことは極めて重要なことなので，軽レジスタンス運動（ダンベル体操や軽ウェイトトレーニング）をベースに置く減量法を採用すべきである．生活時間と体力に余裕のあるとき，たとえば休日などに，エネルギー消費量の大きいエアロビック運動（長時間のウォーキング，ジョギング，水泳など）を実行するようにするのが効果的であり，また現実的であるといえる．

［鈴木　正成］

10章 競技者報告 トレーニング生理学

体力を低下させずにレスリングにおける減量をどのように実施したか

　中学，高校時代は柔道選手として活躍したが，レスリング競技に憧れて18歳からはじめた著者にとって減量は難問であり，試合を重ねる度にそれが勝敗を左右する最大のキーポイントであることを実感した．当初，人体の60％は水分であるという乏しい知識の中で，体内の水分の何％かを除去すれば減量はできるものとごく単純に考え，入浴法，サウナ法，水分を含まない食物の摂取に心掛けた．結果，試合の中盤から終盤にかけて極度の体力低下をきたし惨敗を味わった．これは減量の方法，トレーニング期間の設定，計量後の食物摂取に誤りのあったことを物語っている．スポーツ科学的には，誤った方法の選択などによる血液性状の急激な変化，水分代謝障害，それに伴う筋肉の機能変化によるものと考えられる．あわせて，神経系への悪影響が著しく感じられた．選手時代，医科学の常識をはるかに越えた過激な減量を実践・体験してきた中で，方法の選択と適正，人体と水分補給，食物の摂取などとあわせて強固な精神力のサポートなくしては成功しないことを強調しておきたい．

1．減量の方法と期間

　個人差があるものの下記のような方法が行われてきた．

　減食法，入浴法，サウナ，ロードワーク（4～8km），スパーリング（5分×7），浣腸，利尿剤，飲料水禁止

　競技特性としてハイパワーの持続性と全身持久性を要求されるレスリングでは，いかに平常体重時のパワーその他を減量達成後（試合時）に発揮できるか否かが重要である．減量の成功がすなわち競技の成功ではない．入浴法，サウナ減量はできる限り避け，からだと室内外の保温に留意し，トレーニングによって体脂肪，水分を除去させる方法が望ましい．浣腸，利尿剤の使用は絶対避けるべきである．

2．減量期間

　長期型（15～25日）は減量初心者に多くみられる．減量に対する精神的不安などからこれを選択する傾向にある．減食法，サウナ法などに重点をおくため，反して体力，精神面への消耗，ストレスが増大し中途で挫折するケースが最も多い．

　中期型（7～10日）は減量熟練者に多く活用される型であり，最も理想的である．方法はロードワーク＋スパーリング＋減食減水法で，入浴法，サウナは最終的な手段として用いる．

　短期型（3～5日）は欧米に多くみられる．集中的に5～7kgを減量する．ロードワーク＋スパーリング＋サウナ＋減食減水法を用いる．

3．減量体験から

　最良の減量は中期型（7～10日）である．体力を低下させずに減量にからだを順応させるには，この期間がよいと考えられる．まず7～10日の減量スケジュールを作成する．ロードワーク，スパーリングを中心に運動量を多くし，水分と食物を調整していく．その際保温に留意する．一度発汗したらできる限りそれを持続させるため決して動きを止めない．

　スパーリングは，技術の向上はさておき，減量のために行う．また，ケガの防止だけでなく，より自由に多面的な動きのなかから必然的に運動量を増大させるために，自分より実力下位の選手と行う．

　減量期では，多量の発汗などにより，電解質が失われ，諸筋肉群に何らかの悪影響を及ぼすと考えられる．そのため，水分摂取方法は重要な課題の1つである．

ロードワークの場合は12時〜14時の間，スパーリングでは室内を25℃以上に調整，冬期では，バーナーストーブなどを使用し発汗を促すなど，練習環境への配慮も重要である．

終わりに，理想の減量とは，減量のための減量ではなく，それを成し得た自信と勝負への執着心なども競技者に与えてくれることを忘れてはならない．

［花原　勉］

11章 眼のはたらきとトレーニング

トレーニング生理学

　人には五感と呼ばれる感覚があって周囲からさまざまな情報を得ている．視・聴・嗅・触・味の5つである．「人は視覚の動物」といわれるように，この中では「視覚」が最も大きな役割を果たしている．どこかで音がすると無意識のうちに音のした方を向いて眼で確認しようとするし，何か匂っても然りで，文字通り「百聞は一見に如かず」である．スポーツにおける視覚の役割はさらに重要で，ホイッスルや味方同士の声の合図など聴覚による情報も一部あるが，周囲からの情報の90％以上は視覚を介して，すなわち，眼を通して得られている．いろいろなスポーツの指導者に優秀な選手の条件を聞いてみると，異口同音に「ゲームセンスのよい選手」という答えが返ってくる．「野球センス」，「サッカーセンス」というセンスである．この，スポーツ関係者にはよく知られているが一般には理解されにくい言葉「ゲームセンス」に関して，これまでいろいろ研究されてきたが，要約すると，「得られた情報によって状況を判断し，次にとるべき動作を思考・決定する瞬間的な知的作業能力」ということができる．これこそ，スポーツのメカニズムの中枢であって，選手の優秀さとは，この中枢部分の優秀さ，すなわち，入力された情報でいかに最良な動作指令が出されるかという点にある．筋力・体力は，その指令を正確に実行するための出力回路の能力といえる．

　ゲームセンスにおいて情報の入力回路を代表するのが「視覚」であり，その器官が「眼」である．眼は誰でも同じように見えていると思いがちであるが，実際には視覚能力には個人差があり，人によって見え方が違う．視覚能力に個人差があれば，入力される情報の質と量に差がでることになり，それを材料とする判断や思考の結果に差が出ても不思議ではない．事実，競技力と視覚能力の間には高い相関がある．

　視覚の側から競技力を研究するのが「スポーツビジョン」である．1978年アメリカのAmerican Optometric Association (AOA)の中にSports Vision Sectionが誕生したのが，この研究のはじまりである．1986年，このコンセプトが日本に伝えられ，1988年にわれわれの「スポーツビジョン研究会」が発足した．

　本章では，われわれの研究結果をもとに，競技力と視覚の関係を解説し，次に視覚の基本的能力である「視力」と，その矯正について説明し，さらに競技力向上のための視覚トレーニング（ビジュアルトレーニング）について述べる．

　現在，われわれはスポーツビジョン検査として，次の8項目で視覚能力の分析を行っている．当初，アメリカの研究からヒントを得て，11項目の検査をしていたが，その後の分析結果から現在の8項目に変更した．各項目については本文中で簡単に解説することとする．

静止視力 (static visual acuity : SVA)
KVA動体視力 (kinetic visual acuity : KVA)
DVA動体視力 (dynamic visual acuity : DVA)
コントラスト感度 (contrast sensitivity : CS)
眼球運動 (ocular motor skill : OMS)
深視力 (depth perception : DP)
瞬間視 (visual reaction time : VRT)
眼と手の協応動作 (eye / hand coordination : E/H)

[真下　一策]

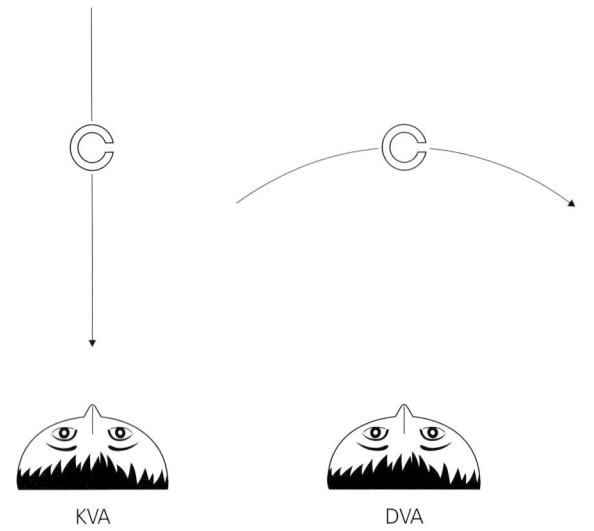

図 11-1　2 種類の動体視力（KVA と DVA）

スポーツビジョン測定結果　　　　　　　　　　　測定日：　年　月　日

名　前		性　別	男性	年　齢	18	利き手	右手
所　属			利き眼	左眼	矯正	なし	
スポーツ	サッカー		視　力				

測　定　項　目		測定値	判　定
静止視力	[SVA]	1.300	4
動体視力（KVA）	[KVA]	0.930	4
動体視力（DVA）	[DVA]	38.200	5
コントラスト感度	[CS]	5.000	3
眼球運動	[OMS]	88.000	5
深視力	[DP]	8.000	4
瞬間視力	[VRT]	14.000	3
眼／手の協応運動	[E/H]	80.000	4
合計点			32/40点
総合評価	A:大変優れています		

図 11-2　優秀選手の視機能

1. 競技力と視覚能力

1) スポーツビジョン検査8項目

視覚は多くの機能から成る複合的な能力である．そのうちでスポーツに必要な視機能として，われわれは8項目の検査をしている[1]．まず，この8項目を簡単に説明する．

(1) 静止視力（SVA）

一般に視力検査として測定される視機能で，どこまで小さい物が見えるか，言い換えると，どこまでピントがあうかを検査する．視覚の最も基本的な能力で，わが国では小数点で表示する．

(2) KVA動体視力（KVA）

動く目標を見るときの認知力を動体視力と呼ぶ．この動体視力には図11-1のように2種類あって，遠方から自分の方に向かってくる目標を見るときの視力をKVAという．

(3) DVA動体視力（DVA）

目の前を横に移動する目標が，どの速さまで見えるかを検査する．球技では最も重要な機能で，その他カーレース，スキー回転競技でも大切である．この能力は年齢にも関係し，5～6歳頃から向上し，15～20歳でピークとなり，その後は急速に下降する．上下方向のDVA能力は左右方向に比べて低い[2]．

(4) コントラスト感度（CS）

白黒の微妙なコントラストを見分ける力で，たとえば，東京ドームの天井に向かって上がるフライの白球を見るときの能力である．

(5) 眼球運動（OMS）

目標の色や形を正しく認知するには，外眼筋を素早く，かつ微妙に働かせて，目標を正確に網膜の中心（中心窩）で捉える必要がある．その能力を検査する．

(6) 深視力（DP）

広いグラウンド上の異なるいくつかの目標までの距離の差，敵味方の距離の差を感じる能力で，深視力計（三桿計）を使って検査する．サッカーでは特にこの深視力が大切である．

(7) 瞬間視（VRT）

一瞬見えたもののうち，どれだけの量が認知できるかという検査で，6個の数

---

1) スポーツビジョン研究会編：スポーツビジョン. p49, ナップ, 1997.

2) 正化圭介ら：垂直方向の動体視力測定. 第4回スポーツビジョン研究集会, 1997.

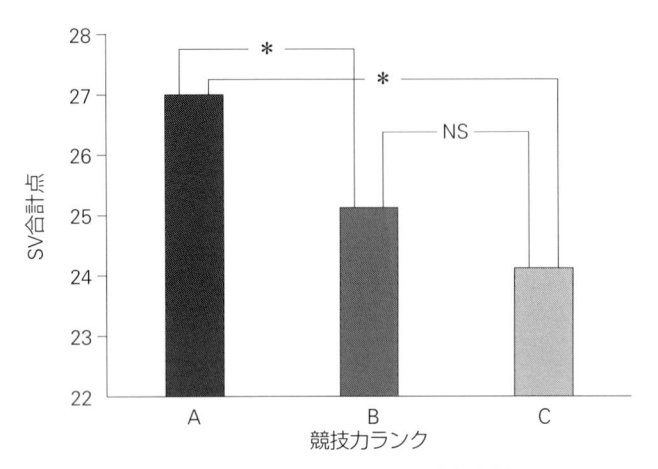

図 11-3 スポーツビジョン検査成績と競技力(合計点)
(A : 216 名, B : 246 名, C : 167 名)
Wilcoxon の U 検定 * : p<0.01

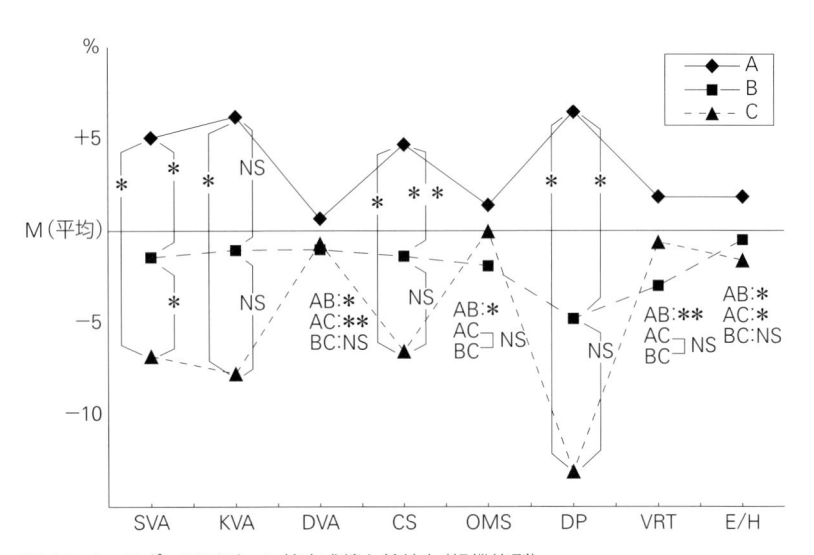

図 11-4 スポーツビジョン検査成績と競技力(視機能別)
(A : 216 名, B : 246 名, C : 167 名)
Wilcoxon の U 検定 * : p<0.01 ** : p < 0.05

字を 0.1 秒間スクリーンに映写し,認知できた数の個数で判定する.

(8) 眼と手の協応動作（E/H）

　眼で捉えた目標に手で反応するスピードと正確さを検査する.8 項目の中では,出力回路（動作の回路）の関与が最も大きい機能である.120 個のタッチセンサーが組み込まれたボードを使って測定する.

　以上の 8 項目の検査を行い,われわれの算定した基準に従い,各項目それぞれを 5 点満点とする 5 段階で評価する.8 項目の合計点（40 点満点）で,その

選手の総合的な視覚能力を判定し，また，各項目それぞれの得点でその選手の視機能の特性を判定する．

2) 競技力と視覚能力

　以上の検査結果はレーダーチャート（**図 11-2**）でわかりやすく表示している．野球でもサッカーでも，プロ選手として活躍するには合計点で 30 点以上が望ましいが，全項目平均してよい成績が望ましく，レーダーチャートで大きな円のグラフを描くほど優秀な選手といえる．**図 11-2** はわが国を代表するサッカー選手で，総合点も高く，また，項目別得点も高い．視機能は競技種目によって特徴があり，野球では KVA と DVA の動体視力が，サッカーではさらに深視力が重要である．球技を中心としたわが国の一流選手約 600 名を，競技力別に，A をトッププレーヤー，B をその次のレベルの選手，C を控えに回ることの多い選手の 3 群に分けて視覚能力を比較してみると，**図 11-3** のように総合的な視覚能力において A 群は明らかに他の群より優れていた．視機能別に見ても（**図 11-4**）A 群はすべての項目で優れ，特に，SVA，DVA，CS，DP，E/H において下位群との間に有意の差があった[3]．以上のように，視覚能力には個人差があって，競技力の優秀な選手は優秀な視覚能力をもつことがわかった．競技種目による特性はあるものの，総合的に優秀な視覚能力をもつ選手がゲームセンスの良い選手なのである．競技種目によって，どんな視覚能力が重要であるか，われわれのデータと AOA（American Optometric Association）の資料を参考にして**表 11-1** にまとめた．表の中の数字は視覚能力の重要度を表しており，5 になるほど重要度が高い．

2．視力矯正

1) 静止視力 (SVA) の役割

　SVA は一般に「視力」と呼ばれ，視覚能力の中で最も基本的な能力である．人間の最高視力は眼の奥の網膜の感覚細胞の大きさと間隙，光の屈折や干渉などの性質から計算すると 2.0 程度（2.5 は無理らしい）とされる．過去のスポーツビジョン検査結果から SVA と他の機能の間の相関性をみると，**表 11-2** のように，SVA は KVA，CS，DP とそれぞれ相関があり，特に KVA とは高い相関があった．その他の DVA，VRT，E/H との相関はなく，OMS との相関性は不明であった．言い換えると，SVA の不足がある場合，それを適正に矯正することによって（注：SVA はトレーニングで向上させることができない），KVA＞CS＞DP の順に自動的に能力が改善される可能性がある，ということになる．実際に，スポーツビジョン検査の合計点が 4〜7 点も改善されたプロ野球選手の報告例もある[4]．

---

[3] 真下一策ら：スポーツにおける視機能．第 9 回日本臨床スポーツ医学会，1998．

[4] 真下一策ら：臨床スポーツ医学，13：801，1996．

表 11-1 競技種目別視機能重要度(AOA資料より)

競技種目＼視機能	SVA	DVA	OMS	DP	VRT	E/H	周辺視力
野球（打撃）	4	5	5	5	5	5	5
野球（投球）	3	2	3	3	1	4	5
バスケットボール	3	3	4	5	5	5	5
テニス	4	5	5	5	5	5	5
サッカー	3	4	5	5	5	5	5
ホッケー（ゴールキーパー）	4	5	5	5	5	5	5
カーレース	5	5	5	5	5	4	5
ボクシング	2	2	5	3	5	5	5
レスリング	2	1	1	2	5	3	3
アーチェリー	4	1	3	2	1	5	5
ランニング	1	1	2	1	3	1	4
水泳	1	1	1	1	3	1	4
ゴルフ	3	1	4	5	1	5	5

表 11-2 静止視力(SVA)と他機能の相関

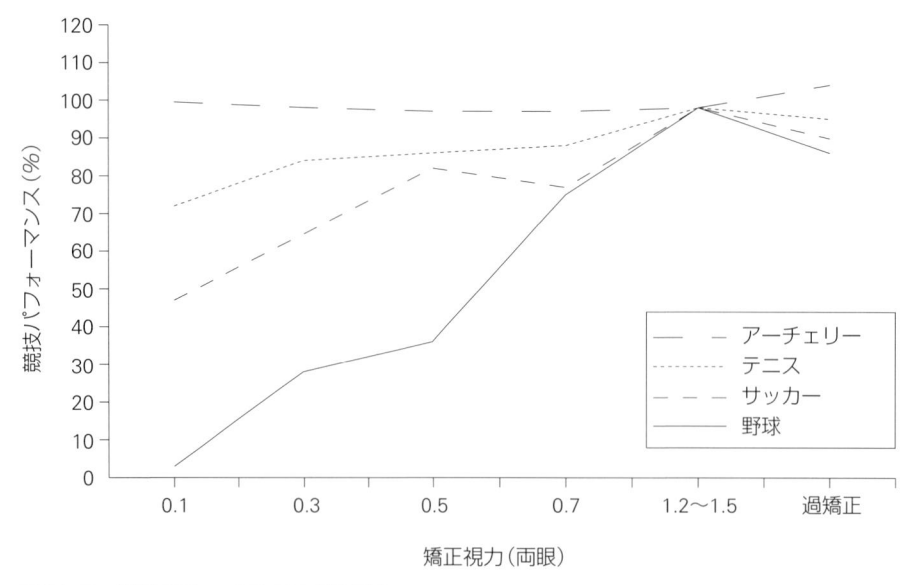

SVAと	KVA	DVA	CS	OMS	DP	VRT	E/H
相関係数	0.815	0.114	0.674	0.100	0.305	0.131	0.121
相関係数の有意性（p<）	1%	5%	1%	—	1%	1%	5%
相関性	強い相関	相関なし	相関あり	不明	わずかに相関	相関なし	相関なし

図 11-5 競技パフォーマンスと矯正視力
(石垣尚男：第46回日本体育学会，1996より引用改変)

2）視力矯正の基準

大阪府医師会の調査によると[5]，SVA の不足あるいは著しい左右差があると，試合中のミス率が高いという．スポーツ中の取りそこない・受けそこないというミスは眼の外傷の主原因となっているので[6]，ミスによるスポーツ外傷を防ぐためにも，また，前述のプロ野球選手のように視覚能力をより高めるためにも，視力は正しく矯正したい．スポーツにおける最適視力を実験的に求めた石垣[7]によると，図 11-5 のように，最適矯正視力は両眼視力 1.2〜1.5 で，球技では両眼視力が 0.7 以下になると競技力は著しく低下する．

矯正方法は，野球やテニス，卓球などでは眼鏡でよいと思われるが，身体接触を伴う競技では強度のあるアイ・ガード以外の眼鏡の装用は危険を伴う．コンタクトレンズの場合，ソフトコンタクトレンズ（SCL）が主流だが，乱視があると SCL では矯正しきれないときもある．コンタクトレンズ装用に際しては，定期的な眼のチェックを忘れてはならない．近年，角膜手術による矯正が盛んになってきたが，手術方法によっては，術後にグレア（部分的な眩しさ）を感じたり，角膜強度や角膜知覚の低下をきたしたり，解決しなければならない問題も未だ多く残っている．

3．ビジュアルトレーニング

競技力の優秀な選手の視覚能力が高いことがわかったが，この優秀な視覚能力が生来のものか，その後に獲得されたものかは，今のところはっきりしていない．石垣[8]は DVA と OMS の調査で，小学期にすでに成人の平均以上の能力を有する子どもがいると報告している．しかし，競技種目による視機能特性が認められること，各機能のトレーニング効果が報告されているなど，後天的に獲得された要素も大きいと思われる．トレーニングによって視覚能力を向上させ，それによって競技力の向上を図らせるのが「ビジュアルトレーニング」である．ビジュアルトレーニングを，①機能別トレーニング，②総合的トレーニングの 2 つに分けて考えてみたい．

1）機能別トレーニング

8 項目の視機能をトレーニング可能な機能と不可能な機能に分けると，表 11-3 に示すように静止視力（SVA）とコントラスト感度（CS）はトレーニングできない．また，KVA 動体視力はトレーニング可能であるが SVA の値を超えることはない．しかし，その他の機能はトレーニング可能とされ，実際にその効果が報告されている．そのうち代表的な KVA と DVA，および瞬間視（VRT）のトレーニングについて紹介する．

5）大阪府医師会編：視覚とスポーツに関する調査報告書．1996．

6）(財)スポーツ安全協会編：スポーツ等活動中の傷害報告．1999．

7）石垣尚男：スポーツにおける適正な視力矯正の指針作成のための研究．第 46 回日本体育学会，1996．

8）石垣尚男ら：第 11 回日本臨床スポーツ医学会，2000．

表11-3 トレーニング可能な視機能と不可能な視機能

静止視力(SVA)：トレーニング困難．適正な矯正が必要
KVA動体視力(KVA)：トレーニング可能だが，SVA値以上にならない ─┐
コントラスト感度(CS)：トレーニング困難 ──────────────┤
DVA動体視力(DVA)：トレーニング可能．OMSと相関あり   ├─ SVAと相関あり
眼球運動(OMS)：トレーニング可能
深視力(DP)：トレーニング可能 ─────────────────┘
瞬間視(VRT)：トレーニング可能
眼と手の協応動作(E/H)：トレーニング可能

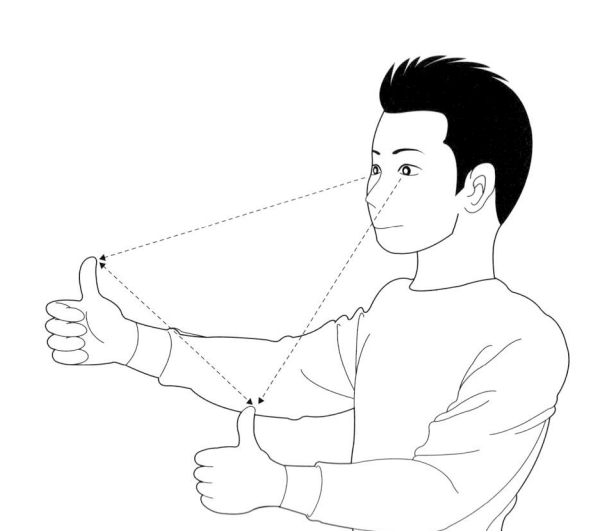

両手の親指の先を交互に見る

図11-6 DVAとOMSのトレーニング
(伊東浩章：スポーツビジョン(スポーツビジョン研究会編)．p136，ナップ，1997)

(1) KVA動体視力のトレーニング

　KVAはトレーニング可能であるがSVAの値以上にはならないので，いかにSVA値に近づけるかのトレーニングとなる．一般にKVA値はSVA値の60％程度であるが，優秀な選手では90％以上にもなる．トレーニングは，バッターボックスに立って普段経験する以上の速いボールを見たり，前から来る車のナンバープレートを読んだりする．前田[9]は，超速球を見ることでトレーニングできるが，その効果は成人よりも少年期の方が大きいと報告している．

(2) DVA動体視力のトレーニング

　やはり，速く動く目標を見て練習する．乗り物の中から外の看板を読んだり，逆にホームの上から車中の人を見たりする．室内で行う簡単な方法を紹介する(図11-6)[10]．まず両腕を前に伸ばし，両手の親指を立て，顔は動かさず眼の動きだけで左右の親指の先（爪）を素早く交互に見る．次に，その両腕を大きく動かしながら同じく左右の親指を見る．このトレーニングは親指を見る視線の移動を速くすることによってDVAとOMSの両方のトレーニングとなる．

(3) 瞬間視のトレーニング

一瞬見えたものを頭の中で再現するトレーニングを行う．本を一瞬開閉し見えたものを言う練習をするとよい．トレーニング効果も報告されており[11]，プロ野球審判員の調査結果[12]から考えても，年齢に関係なくトレーニング効果が期待できる．

以上が機能別トレーニングの例である．しかし，機能別トレーニングだけでは，「今まで見えなかった目標が見えるようになった」という内省的な効果は得られても[13]，競技力の向上に直結しない可能性がある．競技力を上げるためには，視覚の役割をよく理解し，総合的なトレーニングメニューを考える必要がある．

2) 総合的トレーニング

われわれがスポーツビジョン検査として測定する視覚能力は，「ゲームセンス」の中では，情報収集力を表している．元来，情報収集力の大きな選手の判断能力は，それに比例して高く，情報収集力の小さな選手の判断能力は低いのではなかろうか（今のところ，この推論の証明はないが）．機能別トレーニングによって，「よく見えるようになった」という主観的効果が得られ，やがてそれは選手の自信につながる．しかし，質・量ともに向上した情報を活用できる判断力が養われない限り，競技力向上は期待できない．ここに総合的トレーニングの必要性がある．機能別トレーニングを進める一方で，実際の競技練習の中で判断力を養う訓練をするのが総合的トレーニングである．すなわち，周囲あるいは目標を見るときに，「何をどう見るか」，「何を期待しながら見るのか」，「見えたらどう身体を反応させるか」など，具体的に判断の仕方，思考の方向を教える．さらに「総合」の意味を拡大して考えると，競技力は入力回路，判断力，出力回路からなっている．たとえば，バットスイングを考えてみる．投手を離れた140km/hのボールは，0.45秒後に捕手に届く．バットのスイング時間を長距離打者の平均0.22秒とすると，ボールがバッテリーの中間に来たときには打者はスイングをはじめなければならない．もし，スイング時間が0.16秒（世間でイチローのスイング時間といわれている）になれば，その差はたった0.06秒であるが，この間にボールは約2m進む．2m余分に見極められる効果は大きい．優秀な視覚能力はもちろん大切であるが，それを活かすためのスイング速度（出力回路の能力）が必要である．

優秀な視覚能力は，ゲームセンスの優秀な選手を支えている．筋力・体力のフィジカルトレーニング，強い精神をつくるメンタルトレーニングと並んで，第3のトレーニングとして，このビジュアルトレーニングがある．

［真下　一策］

---

9) 前田　明：第4回スポーツビジョン研究集会，1997．
10) 伊東浩章：スポーツビジョン（スポーツビジョン研究会編）．p136，ナップ，1997．
11) 石垣尚男：臨床スポーツ医学，12：1109，1995．
12) 真下一策ら：第5回日本臨床スポーツ医学会，学術選定論文，1994．
13) 真下一策ら：第8回日本臨床スポーツ医学会，1997．

11章 競技者報告 トレーニング生理学

野球における打者の選球眼

　野球において投手が捕手に向かって投げるボールの速度は，一般に130～150km/hであり，150km/h以上の場合は超速球として評価されている．したがって，投手の手元から離れたボールは，1秒以内で捕手のミットに吸い込まれる．このときの打者はどのようにしてボールの速度，ボールの種類，ボールの回転，あるいはストライクかどうかを見極めるのであろうか．1秒以内の時間の中で，脳はどの時点で，どのように判断し，次の打撃動作を開始させるために手足に対して，いつ命令を下すのか詳細な科学的データは今日まだ報告されていない．

　埼玉県にある浦和学院高等学校硬式野球部部長高間薫先生によれば，ボールの識別，判断にはメンタル的な面が大きく関与すると述べている．すなわち，調子がよいと感じるときはボールがよく見え，自然にボールを迎えることができる．一方，調子が悪い時はボールに対し迷いが生じ，迷いと問答し，打ちに行くときは手が出ない，ストライクを見逃すことになる．あるいは三振する．

　また，調子が悪いときは，シーズン中，疲労が蓄積し，気持ちが打つ気になっていない．こうしたときは疲労を取り除き，新鮮な気持ちでバッターボックスに入れるようにすることが重要であると述べている．また，スピードボールには目を慣れさせ，タイミングを合わせたスイングの習慣が不可欠であるという．

　2002年のパリーグの本塁打王を獲得した西武ライオンズのカブレラ選手は，今シーズン好球必打に徹している．金本打撃コーチは，「選球眼は教えられて身に付くものではない．本人の努力が大きい．」と述べている．これについて，カブレラ選手は，「選球眼がよくなったのは集中力だ．」と断言している（朝日新聞，スポーツ欄2002年9月5日）．2002年9月7日巨人―広島戦において，打撃の神様といわれた川上哲治元巨人軍監督は松井秀喜選手（巨人軍）の42号本塁打のあとの解説で次のように述べている．「現在の松井選手は絶好調です．絶好調の時は体調がよい．体調がよいと自信が持てる．自信を持つと，どこからでも来いという気構えとなり，心に余裕が生じ，ボールがよく見える．また，タイミングが合う．」．一方，その松井選手は，2日前の9月5日，41号本塁打を打ったあとのインタビューで，「今はボールの速度がゆっくりとした状態でよく見える．」と答えている．また，大リーグのマリナーズに移籍したイチロー選手は，2001年テレビのインタビューで，「どうしてよく打てるのか」という問いかけに，「小学校のころに走っている車のナンバーを瞬時に読み取る訓練をよく行っていた」と答えている．

　以上のことから，打撃の選球眼についてまとめると，幼少時の脳の発達が盛んに進むころから高速度で動くものを刺激として受け入れる．打撃時には，集中力を高めること，シーズン中に疲労しない強固な体力，好調を持続する気力の維持に努めることである．すなわち，選球眼に優れるということは，訓練，練習に対する，本人の努力の成果であると結論される．

［芳賀　脩光・高間　薫］

12章 バイオリズムとトレーニング

1. バイオリズムとサーカディアンリズム

バイオリズムの中で約24時間を周期とするものをサーカディアンリズム（概日リズム）という．サーカディアンリズム (circadian rhythm) は，ラテン語の circa：約，dian：1日に由来する．サーカディアンリズムは内因性変動，つまり体内時計（生物時計，生物（体）リズムとも呼ぶ）により調節されている．しかしながら，外因性変動である明暗，睡眠，覚醒，安静，運動，食事などの環境や社会生活の周期性変動にも影響を受けることが知られており，内因性と外因性変動の統合，調和によるもの[1]と考えるのが適切であろう．体温は，サーカディアンリズムの最も代表的な生理的測定値である．最低値を示すのは午前4～6時頃で，逆に最高値を示すのは午後4～8時頃である．体温の変動に競技パフォーマンスやトレーニング効果が最も近い動きをするという考え方が大勢を占めている．

2. 性差および加齢とサーカディアンリズム

男女間におけるサーカディアンリズムの違いは，ほとんどないと考えられる．競技パフォーマンスに及ぼす影響は男女ともにほとんど同じと考えてよい．

近年，高齢者では若年者よりも体温変動のピークとその幅が減少していることが明らかになり，加齢がサーカディアンリズムに影響を及ぼすことが示唆された．加齢による影響として体温，カテコールアミン，尿中電解質，睡眠時間などの減少が挙げられ，どれも競技パフォーマンスによい影響を及ぼす傾向とはいいがたい．高齢になるほどトレーニングを行う時刻など，綿密な計画が求められそうである．

3. サーカディアンリズムを考慮したトレーニング計画[2]

・競技パフォーマンスは，午前よりも午後に期待できる．複雑な戦略指導なども，午前よりも午後に期待できる．
・アスレチックリハビリテーションなどを目的としたトレーニングは午前がふさわしい．
・正しいサーカディアンリズムを形成するためにも十分な睡眠をとることが望ましい．
・ウェイトコントロールが必要な競技の場合，朝食に重点をおいた内容が望ましい．
・1日の中で個々によって最もよいパフォーマンスを発揮するピーク時刻が異なるが，ピークあるいはピークから後にかけてトレーニングを設定すると効果が著しい．

競技会のプログラム時刻に合わせたトレーニング時間を設定し，睡眠なども調整することが望ましい．

4. 時差と競技パフォーマンス[3]

1976年，カナダのモントリオールで行われたオリンピックでの時差対策として，日本体育協会スポーツ科学研究委員会は時差対策研究班を設置し，次のような提案を行った．「モントリオール到着後，最初の3日間は生体リズムが乱れ，4日目から同期化開始，8日目以降同期化を完成するので競技に最適な期間は現地到着後9～16日後である」とした．これは海外遠征するスポーツ選手の時差ボケ対策の1つの指針として参考にすべきである．

［小野寺　昇］

---

1) 油座信男：Jpn J Sports Sci, 12：204, 1993.
2) Charles MW et al：Med Sci Sports Exerc, 17：498, 1985.
3) 横堀　栄ら：日本体育協会スポーツ科学研究報告. p1, 1975.

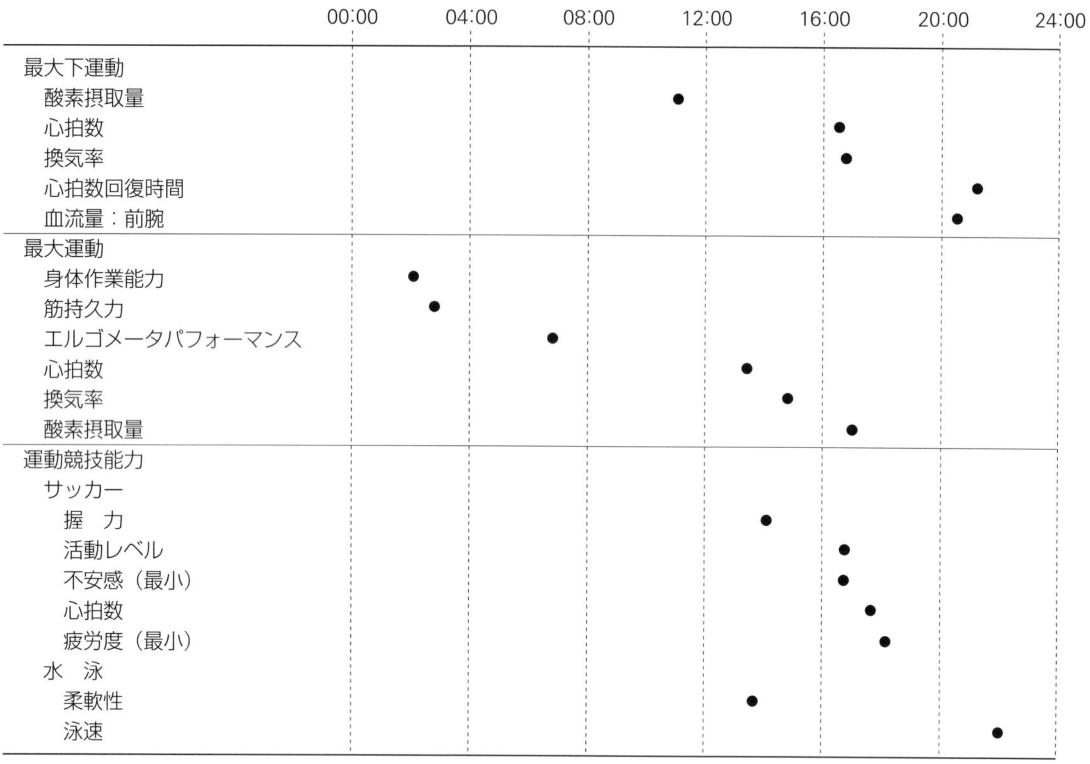

図12-2 サーカディアンリズム頂点位相の時間
(Charles MW et al : Med Sci Sports Exerc, 17 : 498, 1985)

1. バイオリズムと生体反応

　　　　　　　　安静時におけるサーカディアンリズムと生体反応からみると，競技パフォーマンスはおおむね午後の時間帯にピーク値が多いようであり，特に代謝系に関する項目は，ほとんどが午後の時間帯に入っている[2]．生体機能のバイオリズムとして，内分泌系のサーカディアンリズムの存在が生体反応に大きく影響する．ホルモン分泌は，睡眠と覚醒リズムに同調するもの（成長ホルモン，黄体形成ホルモンなど）と内因性リズムを示すもの（副腎皮質刺激ホルモン）に分けられる．成長ホルモンは，睡眠中に分泌が促進され，発育に大きくかかわる．同化作用をもつ成長ホルモンが睡眠初期に，異化作用をもつコルチゾールが睡眠後期にピークがあることは，エネルギー供給の生理学的な合理性であると考えられる[4]．

2. バイオリズムと運動

　　　　　　　　図12-1にバイオリズムのピークと運動，競技パフォーマンスとの関係を示した[2]．最大運動下（submaximal exercise）においては，酸素摂取量，運動後回

復期心拍数などは午後にピークがある．最大運動でも，酸素摂取量などのピークは午後であり，特に持久的な運動は，午後の時間帯が適切であると考えられる．実際に，競技パフォーマンスをサッカーと水泳でみると，すべての項目において午後の時間帯にピークがある．

3．時差ボケとバイオリズム

本間ら[5]は，時差ボケを睡眠覚醒リズムと他の時差ボケによって生体リズムの一時的な内的脱周期であると定義している．また，藤代ら[6]は，睡眠覚醒障害，疲労感と集中困難，胃腸障害など身体リズムの変調をきたすことを示し，普段の生活リズムと旅行先の生活時間に差が生じるため起こると推測している．渡航先の生活時間にバイオリズムが同調するまでには，自律神経系を指標とすると3～7日要すると考えられる．

また，東方へ7時間の時差を移動した場合，体温を指標にすると4～6日，心拍数を指標にすると6～8日同期化に要すると報告されている[7]．一方，西方へ移動した場合，体温が2～7日，心拍数が3～9日で同調する[7]．内分泌系の血中コルチゾールなどは6日以上を要するとされている[7]．

4．時差ボケとスポーツ

国際化の進む競技スポーツにとって，時差ボケは競技パフォーマンスに大きな影響を及ぼす存在である．競技パフォーマンスは，サーカディアンリズム（概日リズム）をもつとされ，体温リズムの位相と相関が高いようである．体温が高ければ競技パフォーマンスが高い可能性が示されている．

Hillら[8]は，試合時間にトレーニング時間を合わせることが試合での高い競技パフォーマンスを生む，つまり，午前中にトレーニングを行うと午前中に競技パフォーマンスが高まり，午後にトレーニングを行うと午後に競技パフォーマンスが高まることを示した．したがって，バイオリズムが同期するまでにおよそ7日間程度必要であること，そして，現地の競技時間に合わせてトレーニングを行うことなどを考慮した時差ボケ対処法が高い競技パフォーマンスに結び付くものと考えられる．

［小野寺　昇］

---

2) Charles MW et al : Med Sci Sports Exerc, 17 : 498, 1985.
4) 鳥居鎮夫ら編：生体リズムの生理学．p87, 医学書院, 1987.
5) 本間研一ら：生体リズムの研究．p253, 北大図書刊行会, 1989.
6) 藤代健太郎：臨床スポーツ医学, 9 : 887, 1992.
7) 中島佳子ら：Jpn J Sports Sci, 12 : 198, 1993.
8) Hill DW et al : Ergonomics, 33 : 79, 1989.

12章 サッカーの時差対策

トレーニング生理学
競技者報告

ヨーロッパ，アメリカ大陸，アフリカ，そして西アジアの国々と試合をしなければならない日本にとって，時差対策をどのようにするかは，そのパフォーマンスと結果に大きく影響を与える．限られた時間と予算の中で多くの海外経験を積むことの重要性を感じるスポーツは少なくない．ここでは，サッカーの海外遠征（ヨーロッパ）を例にとり，どのように時差対策を行っているかを具体的に述べる．

人間のサーカディアンリズム（日周期）を決定づけるのに大きく影響するものにはツァイトゲーバー（時間因子を決定するもの）がある．特に，光刺激，運動，睡眠覚醒リズムの3つの因子を中心に時差対策を考え実践している．

1. フライトスケジュールの決定

大会，試合までの日程が十分にとれる場合でも，現地到着時刻を夕方から夜にかけてとるようにしている．現地に到着し，すぐにベッドに入って睡眠をとることによって，ツァイトゲーバーである睡眠覚醒リズムを現地の時間に合わせやすくなるからである．ヨーロッパ便の多くは日本発12時頃，現地には夕方到着する．その後，乗り換えなどで宿泊先につく時間は22時近くになることが多い．

2. 出発日前日に集合

疲労度の把握：その日までのトレーニング内容を把握することによって，現地に到着してからのメニューを決定する．選手によってはかなり疲労がたまっており，疲労度が時差にも影響を与える．ジェットラグと合わせたストレスを考慮し，メニューを組み立てなくてはならない．

生活時間の調整：集合時間からの過ごし方を調整し，日本のホテルから徐々にヨーロッパ時間に合わせた時間で生活を送らせる（図12-2）．

このようなスケジュール表を実際に選手に配り，なぜ夕食が遅くなり就寝も遅くなるのかを理解させる．一気に7時間（夏時間）の調整は不可能なため，少しずつドイツ時間に合わせていくことを納得し，選手たちに実行させる．その際，ツァイトゲーバー，ジェットラグなどに関する基礎的な知識もわかりやすく説明する．

3. 機内での過ごし方

時計を合わせる：乗った時点ですぐに時計を現地時間に合わせる．常にヨーロッパ時間を意識して過ごすように選手には指示する．

光を浴びる：ツァイトゲーバーを意識させ，

（日本時間）														
20	21	22	23	24	1	2	3	4	5	6	7	8	9	10	11	12
成田のホテル集合		夕食	ミーティング		就寝							起床	朝食	空港へ		出発
13	14	15	16	17	18	19	20	21	22	23	24	1	2	3	4	5
（ドイツ夏時間）																

図12-2 生活時間調整の1例（ドイツ遠征時）

特に窓を閉めて暗くしてある機内の中で，ヨーロッパの朝の時間には多少窓を開け（他の客の迷惑にならない窓を利用），光を浴びる．

適度な運動：狭い機内ではあるが，少し歩いたりストレッチなどを意識して行うように指示する．

水分摂取：水分を多くとるように指示する．出発前に選手1人に対し500mLのミネラルウォーターを2〜3本手荷物でもたせ，機内で摂取するよう指示する．余った水は，現地に到着してホテルでの水分補給に使用する．

食事：極端に時間をずらした食事を機内で要求することは難しいため，出てきたものを食べるように指示している．しかし，ドイツの時間を意識し，多少食べる内容（食べ過ぎなど）を注意するようにしている．

服装：公式の試合で行く場合，ブレザー，ネクタイというケースも多いが，狭い機内の中で圧迫された姿勢をとることによって体調をくずすこともある．機内ではラフなウェアや靴に替えさせている．

4．現地にて

ホテル到着：できるだけ夜に到着する便を設定することにより，食事をして休むか，場合によってはシャワーのみで寝かせるケースも多い．長旅の移動で夜到着してからの就寝は，比較的スムーズにいくことが多い．

深夜目が覚めたとき：時差が正常に合っていない選手たちは，到着後数日間は深夜2〜3時頃に目を覚ますケースが多い．その際，電気をつけ本を読んだりする選手もいるが，事前にライト（光）がツァイトゲーバーとなり，深夜に光を浴びることによって時差調整にブレーキがかかることがあるということを説明し，仮に目が覚めてもベッドで横になっておくように指示している．

朝の散歩：人間の体内時計は25時間周期で動いているといわれている．したがって，その1時間のズレをツァイトゲーバーによって毎日修正していく必要がある．時差対策にかかわらず，チームとして集まっているときは，朝食前に必ず散歩をして光を浴び，軽度の運動をしている．特に，時差調整の必要な海外では重要なことである．

5．トレーニング

軽い負荷からのスタート：20年前は，着いてすぐに非常に負荷の高いトレーニングを課すことによって，早く現地の時差に慣れるといわれていた．著者もそう信じて実践していたが，体調の十分でない選手に対して過度の負荷をかけることは，時差と合わせて二重のストレスとなり得る．したがって，軽い負荷からトレーニングをはじめる．

2〜3日目のピーク：ジェットラグの影響が最も大きく現れるのは到着後2〜3日目といわれている．したがって，この日に追い込んでトレーニングをしたり，大切な試合を入れたりしないようにしている．ケガの予防などの意味合いも含む．

6．帰国前の対応

多くの選手たちは，帰国してすぐに所属チームの大会やトレーニングに参加しなくてはならない．その際，代表チームが行うような調整の仕方はないものと考えた方が一般的である．したがって，大切な選手たちが所属チームに帰りコンディションを崩したりケガをしたりしてしまっては，代表チームにきた意味もなくなってしまう．試合の日程が終わった時点で今まで述べてきた逆の方法で日本の時間に合うよう調整を行うことも忘れてはならない．

選手たち自身がジェットラグのメカニズムとその解決法を知っておく必要がある．したがって，ここで行う時差対策法について，事前のミーティングでしっかりとしたレクチャーを行い，選手たち1人1人にそのメカニズムを理解させ，実行させることが重要である．

〔田嶋　幸三〕

13章　トレーニングと意志力

　「トレーニングとは辛く厳しいものである．強くなりたかったらこの修行に耐えよ」，「毎日の練習が大切である．下りエレベーターと同じで，1日休めば3日分後退したことになる」と言われる．これらは，忍耐力・継続力としてよく聞く激励の言葉であり，最近は緩やかになったとはいえ，「最後は意志力だ，精神力だ」と檄が飛ぶ．

　松井[1]は，トレーニング期ごとの意志力について，「準備期には意志力を鍛え，鍛錬期には意志力を高め，そして仕上期には意志力の高揚と安定をはかる」としている．村木[2]は，スポーツ・トレーニングにおいて，「最高業績達成への不撓不屈の強固な意志とその持続性が原動力として共通に求められる」，「一見非合理的に思われるような反復的または持続的訓練が，意志力・精神力を介して，…寄与することも少なくない」と述べている．

　この強靭な意志力，精神力とはどんなものであろうか．「強くなりたい」，「うまくなりたい」，という気持ちは希望にすぎず，意志力の源ではあるがまだ萌芽状態である．明確な目標が描かれなければ行動は起きず，牽引力とはならない．そのモデルを提供してくれるのが，先達の姿であり自分の理想像である．しかし，いざ目標までの道程について具体的な計画を立てようとすると，不明な点ばかりが明確になり不安が募ってくる．

　トレーニングは新しいことへの挑戦であるから，このような不安は付き物である．自分の現在地と目的地をしっかりと結びつけ，道を切り拓いていく覚悟が意志力であろう．「思う」だけの意思から，「実現」への意志へと向かわせるものは，やはり心理的実体としての精神力である．これは，いわゆる盲信的な精神主義とは異なり，現実に働きかける心的力強さ，すなわち心力という意味である．

［吉田　茂］

---

1) 松井秀治：コーチのためのトレーニングの科学．p89，大修館書店，1981．

2) 村木征人：スポーツ・トレーニング理論．ブックハウス・エイチディ，1994．

1．意志力の特性

　　意志力は，トレーニングを阻止する要因に対抗するものとして期待される力である．それらの負の心理要因は，辛い，苦しい，痛い，めげる，続かない，無気力，注意散漫などであり，枚挙にいとまがない．これほど弱音を吐きやすいのが，愛すべきわれわれ人間なのであろう．しかし，こうなりたいという希望もやはり強い．ここに大きなズレが起こり，それらを結ぶために強い引力を期待するわけである．意志力は，忍耐力，継続力，集中力，統御力など，多様な意味合いを込めて使われている．

1）忍耐力

　　負荷の大きいトレーニングでは身体的にも心理的にも苦痛が伴うので，できれば回避したいと思うのは当然である．しかし，トレーニング負荷量の必要性を十分に理解することによって，受け容れ，耐えることができる．これには，よく知られた主観的強度（rating of perceived exertion：RPE）を勘案することが大切である．ただし，一般にやりすぎの傾向があるといわれるので，少しずつ揺らしながら調子をみていく必要がある．心理的限界は生理的限界よりも小さいので，早めに危険信号を感知してもうだめだと思うことが多い．しかし，そこからが新しい自分を創り出す一歩であると気づけば，にこりとして，あと一息程度は頑張れるはずである．

2）継続力

　　軽い健康運動スポーツ程度であっても，継続できないことが問題となっている．まして自己発展を願望する選手にとっては，その意気ごみがあるからこそ，かえって遅々とした進展にいらつき，また能力の低さを嘆き，サボったり辞めてしまったりする．身体技能は時間積分的に発展することは周知なのであるから，負荷量あるいは難度を少し緩めて自分の能力に自信をもたせるようにし，粘り強くじわりとからだに刷り込ませることが長続きの秘訣である．

3）集中力

　　瞬間的なパワー発揮や微妙な状況判断に関しては，集中力が要求される．力量発揮と認知処理とは，心理学的には相反する機能とされているが，日常では同じ言葉で表現されている．これは，他のすべてを排除し，ある局所目がけて心身の力を込めることだからであろう．この局所化が難しいといわれるが，しかし，むしろ排除することが困難であるというべきである．他のことが気になり，どうしても引きずってしまうという事態は多い．集中力とは，気になることを吟味し尽くして，それをきっぱりと捨てることなのである．

4）統御力

　　激しい気性も強い意志力の表れであろうが，目標達成には冷静な姿勢が不可欠

である．闇雲な行動は思わぬ結果を生み，周囲の人たちも巻き添えにしてしまう．人を動かすのは難しいが，人を動かすことほどおもしろいものはない．その意味で，自分自身を統御する難しさとおもしろさを体験してみることからはじめればよい．構想，具体的計画，実施，反省，修正など，自分自身のコーチとなるのである．余裕をもってじっくり進める力と覚悟が生まれてくる．

2．動機づけと目標設定

意志力については，スポーツ心理学では動機づけ[3]と，目標設定[4]に関する問題として研究されている．

1）内発的動機づけ

心理学では，人を行動に駆り立てる要因を動機，それを生み出すことを動機づけと呼んでいる．特にDeci[5]は，自分が環境に働きかけ変化させることができるという実感を有能感といい，自己決定，自己責任を含むものを内発的動機づけとした．賞賛や賞金という外部報酬による外発的動機づけとは異なり，内発的動機づけは自己統制感が基本にあるので，運動の継続性をもたらすといわれている．指導者の言いなりではなく，一度自分で消化・吸収して自己決定し，自己責任の下に行うよう計画することが肝要である．

2）目標設定

最終的な大目標には一足飛びには行けないものであるから，具体的でできそうな小目標を立てる必要がある．これは，ビジネスでもいわれるように，達成基準と達成期日が重要な制約条件となる．この見積りをするためには自己経験が不可欠でり，まずは試行することが要求される．能力と見積りとのズレを積極的に検出して，制約条件を適合させていく．具体的で達成可能な目標設定のためには，Csikszentmihalyi[6]のフロー体験モデルがわかりやすい（図13-1）．これは，自己の能力が達成目標とほぼ合っているときにフローチャンネル（最適路）の状態にあり，楽しさや集中の感覚をもち，達成目標が高すぎるときは不安感，低すぎるときには退屈感が起こるという考えである．個人間・個人内の変動は常に伴うものなので，試行時の「感覚」を大切にして調整し，目標を設定することが望ましい．

3．心とからだ

動機づけと目標設定では，心とからだの「感覚」を物差しにすることを大切に

---

3) 森　司朗：スポーツ心理学の世界（杉原　隆ら編）．p83, 福村出版, 2000.
4) 伊藤豊彦：スポーツ心理学の世界（杉原　隆ら編）．p95, 福村出版, 2000.
5) Deci EL（安藤延男ら訳）：内発的動機づけ．誠心書房, 1980.
6) Csikszentmihalyi M（今村浩明訳）：フロー体験．世界思想社, 1996.

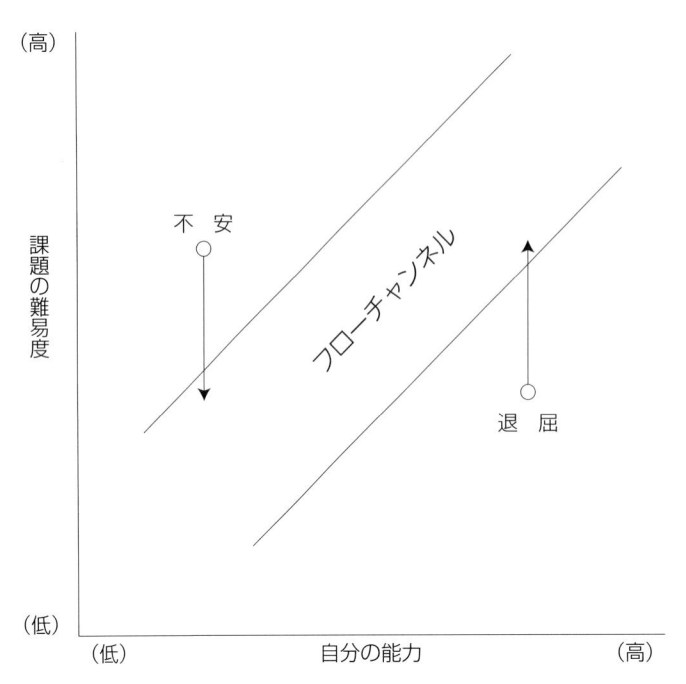

図13-1 フロー体験モデル
自分の現在の能力に合ったフロー感覚をもつように，課題の難易度を調節する．
不安を感じれば課題をやさしくし（↓），退屈さを感じれば課題を難しくして（↑），意識を意識しなくなる没我状態を維持していく．
（Csikszentmihalyi M（今村浩明訳）：フロー体験．世界思想社，1996より引用改変）

している．ただし物理的な尺度とは異なり，人間の感覚は基準自体が揺れ動く性質がある．これは，毎日，光に対する見え方の順応現象を体験しているので理解できるであろう．

1）心身一如

心とからだには確かに相関があるが，トレーニング場面ではこれらのズレが問題となる．それならば，心とからだは分かれていることを認めた上で，その差異を相補的にまさに1つの「如く」協調させることが重要である．実際に1つになってしまうと，パニック状態や極度のあがりのように，居付きを引き起こす．むしろ，ゆるやかなズレをつくりながら，相互に回していくことが大切である．

2）ずらしの心理技法

心身のズレ以外に，環境，視点，強度などにも，いろいろなズレがみられる．このズレ・ずらしを積極的に利用することで，動的な安定性が生まれる．人間は，変わらない環境には嫌気がさすが，しかし大きく変わることには不安を感じる．そこで，自分で変えていければ適度な変化となり，飽きずに挑戦を続けることができる．運動の開始も重心をずらすことからはじまるように，心身の回転もずらすことで開始できるのである．

3）意志を捨てる

強く思うこと，念ずることは大切であるが，そればかりでは心の居付きや囚われが起こり，夢ばかり見て実行に移らずじまいになる．精神修養として座禅を組む人もいるであろう．禅の教えるところのひとつは捨てることにある．思い悩むばかりの雑念をしっかりと意識して明確化し，ポイと捨ててしまうのである．そして，意志そのものをもかなぐり捨て，すべきときにただただ行動するのである．意志を，エイッと放り投げてみる．それがきっかけで，さばさばと動き出せるはずである．

トレーニングをするのか，しないのか．しなくてもよい自由はあるので，思いを断ち切って，楽しい別の道に切り替えることは可能である．するのなら他は捨てるべきで，思いを遂げるべく具体的行動計画を立て，試行・反省を繰り返していく．何ら特別なことはなく，工夫しながら淡々と技能を高め，それを発揮していくにすぎない．結果的に，本人にはさほどの努力感はないのに，「意志の強い人」であると「誤解」されることになる．まさに，頼らざる者の元に寄る「賢者の石」のようである．

［吉田　茂］

13章 トレーニング生理学 競技者報告
柔道における私の精神力養成

　柔道のような武道だけではなく，スポーツ全般において心技体が必要であるとよくいわれる．技とからだは，鍛えていけば，その成果は誰の目にも見えるものである．技の巧みさや，体力を科学的に数値化することもできる．しかし，心という部分は鍛えた結果が誰にも見えない．それは，鍛えた自分だけが知る世界なのである．しかし，心は体力・技術と一緒で，日々の訓練を怠れば，心の力も次第に衰えていくことを知っておいてもらいたい．はじめから，精神力の強い人間は，1人もいない．誰もが弱い心の持ち主なのである．

　著者は，柔道，勝負という世界をとおして，「精神力」を鍛えてきた．この精神力は，一朝一夕に身に付くものではなく，自らが地道に努力し，いくつもの試練を積み重ねる中から生まれてくるものである．しかし経験上，試練は経験するだけで身に付くものではなく，心の中でその試練をどう捉えるかという意識を強くもち，気持ちを変化させること，自分で考えることから精神力を鍛え育んでいけると信じている．そしてその力は，確実に自分の身に付く力である．残念ながら，秘密の訓練法というものはない．

　精神力を鍛えていく上で，まずはじめに「決心」することが大切である．得てして人間は弱く，厳しさから逃げ出したいと思ってしまう．だからこそ，「自分はこの道でどうしていきたいのか」と本人が決心する思いの強さによって，何事においても一生懸命取り組み，その努力を持続する力が引き出されてくる．決心できたことにより，今度は具体的に行動に移していける．まず，ここで気を付けてもらいたいのが，指示待ち人間にならないことである．誰かが「教えてくれるだろう」，「次の指示を出してくれるだろう」と，自分の考えではなく，他者の考えの中で行動するようになってくる．そういう習慣に慣れてしまうと，からだに指示待ちが染み付いてしまい，自分1人で問題に取り組まなくてはならなくなったときに，いつもどう対処してよいのかわからなくなってしまう．精神力を鍛える基本の部分は，この点であろう．他者から指示されたことをこなしていても，精神力は身に付かない．まず自主的行動，できることを自分で考える習慣が必要である．この自主性を普段から育てていくことにより，あらゆる問題に対して前向きに，自分自身で解決していこうという精神力の逞しさが身に付いてくる．

　柔道の世界において，実力と精神力は時を同じに成長させたいものである．そこでまず，しっかりとした身近な目標を自分自身に与えることからはじめる．この目標というのは，先輩や指導者たちからの与えられた目標だけでは，所詮人から与えられた目標のために，ある程度までしか頑張らないし，頑張れないという事実もある．しかし，自分が自分に対して与えた目標に対しては，時に信じられない力を発揮し，自分の中にある才能，可能性が表に出てくることがある．自分に与えた目標を達成するために努力できることが，結果として己の精神力を鍛えることに結びつく．ゆえに，目標が存在すれば，目標達成に必要な課題というものが自然と必要になってくる．自分の中で自問自答することにより，心技体，すべての方向から，自分で課題を探し自分に課すこと，そして，それを1つ1つクリアしていく．その積み重ねや繰り返しが，知らぬ間に自分の精神力を逞しく育てていくことになる．

　しかし，人間は弱い．選ぶ道が「妥協」，「怠惰」，「逃げ」であっても，あえて苦しい道より楽で平坦な道を選んでしまう．柔道は個人技ゆ

えに，自分に対する「甘え」が時として生まれてくるものである．そういった弱い気持ちが湧いてきたら，自分に対して失礼だと思うことが必要である．心の中にいるもう1人の弱い自分がマイナスなことを考えていたり，妥協したりすることが，これまで頑張ってきた本当の自分に対して，失礼なことをしていると思うようにすることが大切である．自分に対するプライドだけはしっかりと最後までもっていたい．このプライドこそが精神力を育ててくれる一番の原動力であろう．

［古賀　稔彦］

14章 遺伝とトレーニング

　ヒトゲノム全構造の解明がいよいよ現実のものとなってきた．「生物の設計図」ともいわれる遺伝情報（ヒトの場合は30億塩基対の塩基配列情報）に基づいたジーンチップやバイオインフォマティクスといった新しい技術が生物学研究に欠かせないものとなり，ポストゲノム時代の到来を告げている．しかし，ゲノムの全構造が明らかになったからといって，すぐに生命がかかわるすべての現象を説明できるわけではない．

　ヒト個体は約60兆個の細胞によって形成されている．個々の細胞は遺伝情報に従って形態的および機能的に特異に分化しており，それによってさまざまな生理的役割を果たしながら，生命活動は維持されている．特に，運動は単なる筋肉の収縮だけではない．循環器や呼吸器などからだ全体の各組織が互いに影響を及ぼし合って行われる高度で総合的な活動である．

　運動能力に対する遺伝子支配を考えるとき，細胞の機能や分子（タンパク質）の構造など各構成要素への直接的な遺伝子の効果を個別に検討することからはじめなければならない．体脂肪率や筋線維タイプの構成比，有酸素的能力にかかわる各種酵素活性などの個々のパラメータについて，生化学的データを遺伝的背景に基づいて比較した研究は数多い．しかし，「運動能力」と遺伝子多型との関係になると，ミトコンドリア遺伝子やクレアチンキナーゼ，アンギオテンシン転換酵素（ACE）など，その生理的な役割が比較的よくわかっている酵素の場合でさえも，明確な答えが得られていないのが現状である．さらに，ある遺伝子の構造や変異（「遺伝子型」という）から，個人の運動能力や競技適性などを判断することは，現時点では不可能である．「運動」という生体の活動は，1つ1つの遺伝子が及ぼす微細な効果の集計として表現されるものだからである．

　ゲノム研究のゴールは，「生物の全遺伝情報を基盤にして細胞，個体，種としての生命の全体像を明らかにする」ことである．しかし，われわれは未だ個々の遺伝子の機能とそのネットワークの解析に忙しい．近い将来，「運動」という活動にかかわる膨大な数の遺伝子情報を網羅的にまとめて「運動・スポーツ競技に関係する遺伝子カタログ」を作製することが可能になるであろう．マイクロアレイなどの技術を用いて血液サンプルから各個人の遺伝子パターンを解析し，その人の潜在的な身体能力や運動特性を数値化できるようになるかもしれない．さらに，そうした情報は，弱点をカバーするための「オーダーメイド」のトレーニング法の作製に大いに役立つことであろう[1]．

〔鈴木　健二〕

1）大野秀樹ら編：Q&A運動と遺伝．大修館書店，2001．

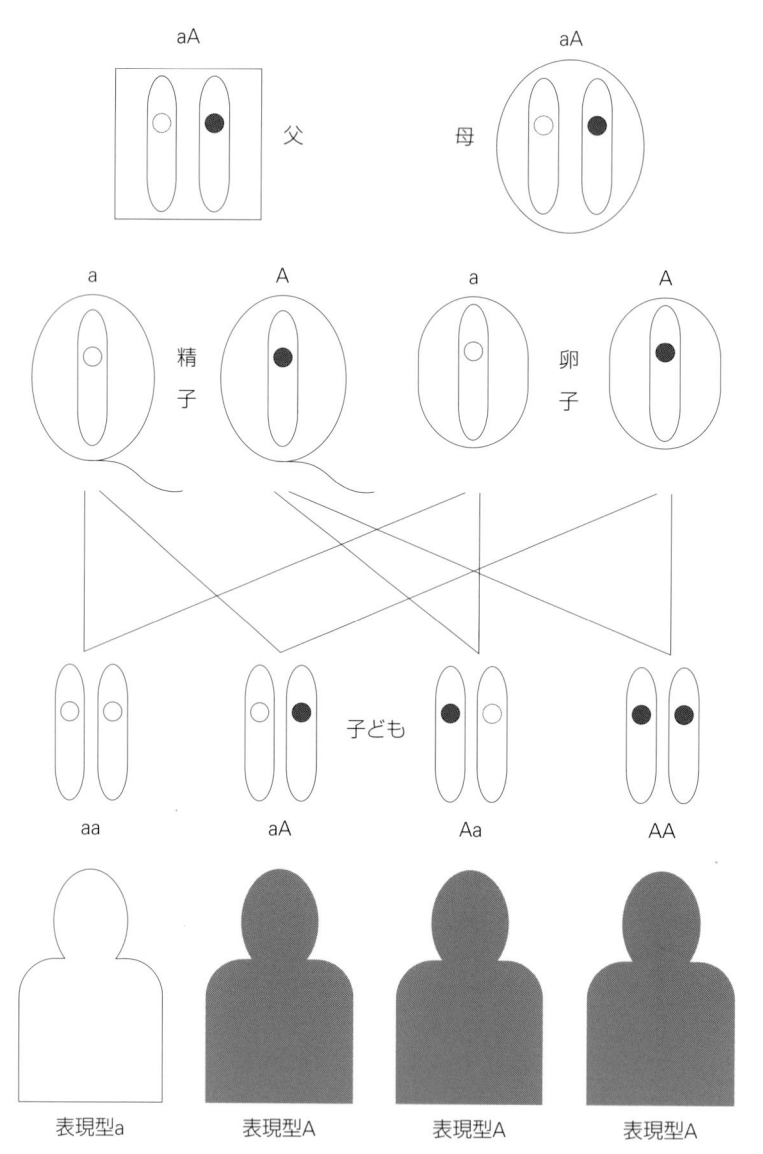

図 14-1　遺伝子型と表現型はかならずしも一致しない

1. 遺伝とは

　親の形質が子に伝えられることを「遺伝」という．われわれのからだの中でこの「遺伝」を司る分子の主役は DNA (デオキシリボ核酸) である．DNA はアデニン (A)，シトシン (C)，グアニン (G)，チミン (T) という 4 種類の塩基を含み，直鎖状に並んだ塩基配列によってさまざまな情報を伝える．DNA は細胞の核内に染色体というかたちで納められている．ヒトの場合，染色体の数は 46 個で，22 対 44 個の常染色体と，2 個の性染色体からなる．それぞれ一対の染色体のうち，一方は父親由来で他方は母親由来である．

　また，DNA はエネルギー産生に重要な役割を果たすミトコンドリア内にも存在する．ヒトミトコンドリア DNA は 16,569 塩基対からなる環状二本鎖 DNA で，2 種のリボソーム RNA，22 種のトランスファー RNA，電子伝達系や ATP 合成にかかわるタンパク質の一部 13 種をコードしている．動物細胞のミトコンドリア DNA は，核 DNA に比べてその変異率が極めて高いことが知られている．ミトコンドリア DNA は，ATP 産生に伴って呼吸鎖から発生する活性酸素などによる酸化的傷害を受けやすいことがその原因と考えられている．さらに，1 つの細胞内に多数のミトコンドリアが存在することから，野生型のミトコンドリア DNA と変異型のミトコンドリア DNA が混在することがある．これをヘテロプラスミーという．ミトコンドリア遺伝のもう 1 つの大きな特徴は，原則として母系遺伝を示すことである．これは受精の際に，受精卵のミトコンドリアが卵から由来し，精子からは由来しないためである．

　よく用いられる「遺伝子」という言葉は，ある遺伝形質を規定する DNA 分子上の単位を表し，タンパク質のアミノ酸配列を決定している領域と，そのタンパク質（あるいはメッセンジャー RNA）の発現やスプライシングなどを制御している領域全体を含むものである．ヒトゲノム計画による 30 億塩基対に及ぶヒト遺伝情報を解析した結果，ヒトの遺伝子の数は当初予想されていたよりもずっと少なく 3 万前後であるといわれている．一対の同じ遺伝子座にある遺伝子を対立遺伝子といい，その組み合わせにより異なる形質が現れてくることがある（図 14-1）．ABO 血液型を例に取ると，個人が ABO 血液型のどれに属するかは 3 つある対立遺伝子 (I^A, I^B, I^O) の組み合わせによって決定される．$I^A I^A$ または $I^A I^O$ の人は A 型になり，$I^O I^O$ の人は O 型になる．すなわち，I^A による形質は I^O の有無にかかわらず現れるが，I^O による形質は I^A と I^B がないときにしか現れてこない（このとき I^A の形質を「優性」，I^O の形質を「劣性」という）．抗 A 血清による凝集反応で調べるかぎり，$I^A I^A$ の個体と $I^A I^O$ の個体は区別することができない．このように，それぞれの個体に実際に現れる形質（表現型：phenotype）と個体の遺伝子構成（遺伝子型：genotype）とは必ずしも一致しないことがある．

　ABO 血液型のように 1 つの遺伝子座の遺伝子型だけで形質が決定されることを「メンデル遺伝」という．ヒトでは，現在まで 5,000 を越えるメンデル遺伝形式の形質が報告されている．一方，複数の遺伝子によって支配されている遺伝

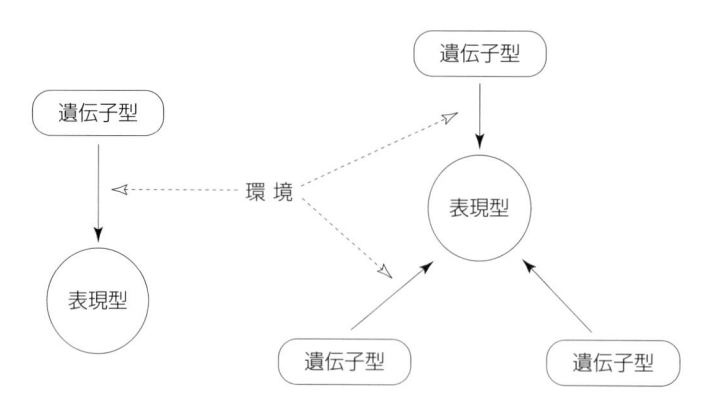

図14-2　表現型は単一遺伝子座によって規定されることはまれで，複数の遺伝子座や環境因子の影響によって決定される

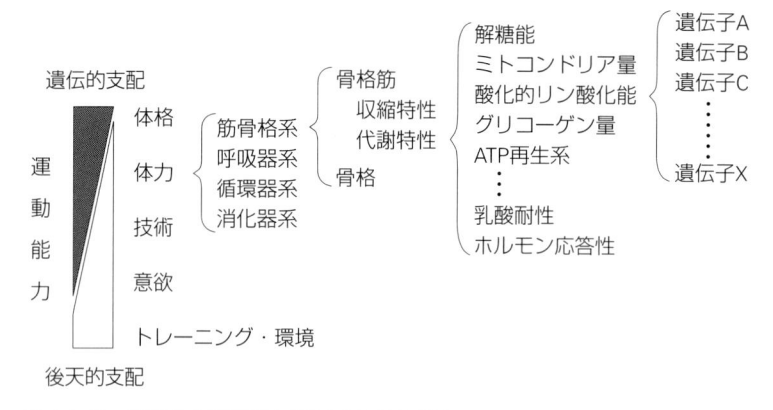

図14-3　運動能力は複雑な遺伝子支配を受けている

的形質も数多く存在する．これを「多因子遺伝」という．身長や体重のような連続的な変化を示す量的形質などの多くは多因子遺伝で，多くのさまざまな効果をもつ遺伝子が互いに影響し合ってその形質が決定されていると考えられている．形質は他の遺伝子座ないし環境から受ける影響力の大きさに従って，メンデル遺伝から多因子遺伝まで連続的に存在する（**図14-2**）．さらに，「生活習慣病」や運動におけるトレーニング効果のように環境や生活習慣などによって後天的に身に付く形質も数多くある．

2．運動能力と人種差

　現在地球上に生存している人間は，もともとアフリカかアジアのどちらかに起源を発したものと考えられている．その高い適応力によって，人類は地球上の隅々にまで拡散し，生活圏を広げている．その長い拡散の歴史と，地理的あるいは文化的な分離によって，現在見られるようなさまざまな人種が生まれてきた．人種間の相違を特徴づける遺伝子上の差異は，グループ間での相互交配が種々の

障壁によって妨げられることによって生まれる．さらに特定の環境において生存に有利に働く形質は，長い時間をかけてその集団内で遺伝子上に蓄積されてきたと思われる．たとえば，その地域の紫外線量の差は各人種感での皮膚の色の違いを際だたせている．

　運動能力に関係するさまざまなパラメータの各人種間での比較分析研究が今日盛んに行われている．たとえば，大腰筋の断面積が白人男性に比べて黒人男性は3倍大きいという報告がある．大腰筋はおもに短距離走などで瞬発力を発揮するのに重要であるが，このことが陸上短距離での黒人選手の活躍に関係があるのかもしれない．また，体脂肪率や筋線維タイプの構成比，有酸素的能力にかかわる各種酵素活性などには，各人種間で有意な差があることが報告されている．しかしながら，自分の周囲を見渡せば容易に想像できるように，同一人種内でのばらつき（いわゆる個人差）は報告されている人種差よりも大きいことも多い．

〔鈴木　健二〕

3．優性遺伝とスポーツ

　スポーツ界で2世選手の活躍が報じられている．遺伝的に親の運動能力はどの程度まで子どもに受け継がれていくのであろうか．

　遺伝から運動能力を考えるときには，表現型と遺伝子型の関係を知る必要がある．ABO式血液型のように，ある表現型が少数の遺伝子で決定されている場合には，両親の表現型から子の表現型を簡単に予測することができる．しかし，多数の遺伝子が1つの表現型の形成に関与すると，ある遺伝子型から表現型を予測することが難しくなってくる（図14-3）．複雑な遺伝子支配を受ける疾患を例にすると，原因遺伝子の1つに突然変異がある場合でも，発症するかどうかは他の因子の影響を強く受けることがあり，遺伝子型と表現型は必ずしも一致しない．

　運動能力は，体格，体力，技術，意欲などの大変複雑な表現型の集合体である．体力を考えてみても，筋骨格系，呼吸器系，循環器系，消化器系の頑強さなどの複雑な因子で成り立つことがわかる（図14-3）．一般に，体力はトレーニングによって大きく向上させることができるが，誰もがマラソン選手のように大きな最大酸素摂取量を得たり，スプリンターがみせる驚異的な筋収縮速度を生み出すことはできない．これは，体力を決定する因子が，少なからず遺伝による支配を受けているためである．たとえば，筋組織の肥大をもたらす男性ホルモン（アンドロゲン）に対する受容体の遺伝子多型を挙げることができる（図14-4）．アンドロゲン受容体の遺伝子は，1番目のエクソンに3塩基CAG配列の繰り返しを含んでおり，繰り返しの回数に健常人の間で大きな違いがあることがわかっている．アジア人で16から29回に及ぶこの繰り返し配列は，グルタミンの繰り返し配列として受容体の機能に影響することから，基本的な筋肉の発達などに個人差ができる一因であると考えられる．

　では，逆にアンドロゲン受容体遺伝子から，骨格筋の発達をどのくらい説明できるであろうか．現状では，まったく説明できないというのが答えである．つま

アンドロゲン受容体遺伝子

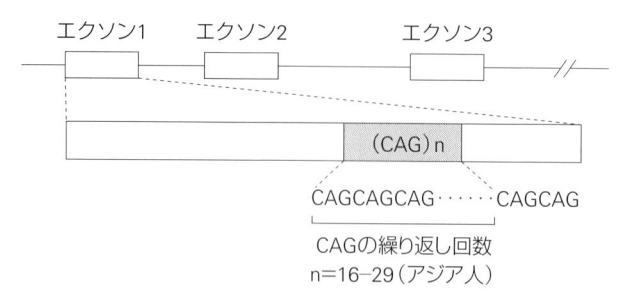

エクソン1　エクソン2　エクソン3

(CAG)n

CAGCAGCAG……CAGCAG

CAGの繰り返し回数
n＝16-29（アジア人）

図14-4　アンドロゲン受容体遺伝子の多型

り，骨格筋の発達は多くの遺伝子の支配を受けており，さらに，生まれてからの生活史や環境が大きく影響しているからである．ただし，研ぎ澄ますように鍛え上げた一流スポーツ選手の間で，ほんの少しの優劣を決する場合には，少なからず影響を及ぼすのかもしれない．

　優れたスポーツ選手は，ある競技に有利な遺伝子型の組み合わせを持ち合わせていると考えられ，その子どもが部分的に優れた遺伝子型の組み合わせを受け継ぐことに疑いはない．しかし，遺伝的に多様性の大きいヒトでは，両親から複雑な遺伝子の組み合わせを得ることから，子は親に似るという範囲を越えて運動能力の遺伝を予測することは困難なのが現状である．ヒトゲノム解析が進み，ヒトは3万数千個の構造遺伝子をもつことが明らかにされつつある．将来的には，遺伝子発現パターンと運動能力の関係が明瞭に示されるときが来るのかもしれない．

4．優性遺伝とトレーニング

　これまで述べてきたように，われわれが意識する以上に基礎的な運動能力は遺伝的に大きな影響を受けている．双子に一定の運動を負荷した実験によると，一卵性双生児の場合，トレーニングに対する解糖系，クエン酸回路，脂肪酸酸化にかかわる酵素群の反応は驚くほど同じ挙動を示す．しかし，一方で二卵性双生児では，同一の親から同時に生まれてくるにもかかわらず，これらの酵素系の示す反応に違いがみられる．つまり，ヒトでは，これらの酵素群の制御に非常に多くの因子が関与していることがうかがえる．競技レベルが上がれば上がるほど，遺伝の影響力は無視できなくなるが，遺伝的に支配された素因，いわゆる素質に恵まれた人間が厳しいトレーニングを積んではじめて一流の競技者になることができることに変わりはない．

　しかし，一般のスポーツ選手であれば筋力や心肺機能，競技に必要な技術を適切なトレーニングで比較的容易に改善することができる．例えば，筋肉を構成する遅筋線維／速筋線維の割合は，人種間の比較などから遺伝的な支配が示されているが，日々のトレーニングにより大きく変化することがわかっている．特に，筋力や心肺機能は成長期に適切なトレーニングを負荷することで飛躍的に向上さ

せることができる．最大のトレーニング効果を上げるために，指導者は遺伝的影響を受ける基礎的な体力特性を考慮した上で，競技種目からみた長所，短所を的確に把握することが今後ますます求められるだろう．スポーツ外傷を防ぐためにも，個人の運動能力に合わせた種目の選択や運動強度の設定が必要である．さらに，長所を伸ばすことで短所を補うトレーニングを実施し，過度の負荷を避けることが重要であることはいうまでもない．

［人見　嘉哲］

14章 競技者報告 トレーニング生理学
コーチの目からみたスポーツ選手の天性（素質）とトレーニング

　著者自身の競技をとおし，また長い間多くの投擲選手の育成をしてきた中で，選手のパフォーマンスに占める素質の割合は非常に大きなものがあると感じている．その素質とは，体力，体型，感覚の3つを重視し，これらから選手の将来性を予測している．

　まず体力であるが，大きく分ければ持久力系と瞬発力系の2つに分けられる．これら体力は生まれながらの筋肉の種類によって決定されるといわれる．遅筋線維が多ければ，持久力系の種目に，速筋線維が多ければ瞬発力系種目に向いている．陸上競技では当然，中・長距離種目の選手は遅筋線維の多い筋肉が，短距離，跳躍，投擲種目は速筋線維の多い筋肉がそれぞれ向いていることになる．このため，投擲選手は短い距離のスピードや跳躍力が高いレベルにあること，そして重い投擲物を投げるための強い筋力も要求される．

　また，体型もそれぞれの競技種目で要求されるものは異なる．短距離選手は中肉中背で地面反力を生みやすいからだ，跳躍選手はスリムで脚や腰が引き締まったからだ，長距離選手は細身，そして投擲選手は長身でガッチリしているなどがそれぞれ適した体型といえる．

　次に，個々の選手のもつ感覚であるが，これも技術性の高い競技種目にとっては重要なものとなる．投擲選手も回転したり，助走からクロスステップをしたり，グライドなどをしてハンマーや円盤，槍，そして砲丸などの投擲物を瞬時に投げ出す．さらに投擲物をより遠くに投げるためには，巧緻性ばかりでなくバランス感覚，スピード感覚，リズム感覚などを持ち合わせていなければならない．

　著者は長い間投擲選手の育成をしてきたが，この3つの素質を持ち合わせている選手をあまりみていない．さらに，世界レベルで日本選手をみると皆無である．特に体力と体型に大きな差がある．白人，黒人の男性選手では槍投げ以外で100kg以下はまずいない．中には120kgを越える者もいる．筋肉量＝筋力である以上，特に重量物を投げる投擲選手は体重が重く筋肉量の多い者の方が有利となる．さらに，身長も185～200cmもあって体幹部が大きく，均整のとれている者が多い．女性選手も日本の男性選手並みの者が多い．彼らは先天的に投擲物を遠くに投げるのに有利なからだをしている．しかし，体力，体型に恵まれたとしても，よい感覚を持ち合わせていなければ大きな伸びは望めない．それは体力，体型によってエネルギーは生み出せるが，そのエネルギーを最適な方向に効率よく出力させるのは感覚であるからである．

　2001年7月14日，室伏広治がハンマー投げで81m47cmを投げ，その年の世界のトップを記録した．これは7.26kgの重量を投げるハンマー投げで，95kgの少ない体重で出した記録である．それでは，どうしてこれが可能となったかである．体力の中でも最も重要な筋力は，当然筋肉量も少ないため弱い．しかし，50mを5秒8で走るスピードや立ち幅跳びを3m50cm以上も跳ぶ跳躍力をもっていること，そして特に感覚が優れていることなどがこの記録に結びついたといえる．当然このような素質の器は大きいものがあったが，その器を満たすのは日々のトレーニングであって，またそれを実践していくことのできる精神力が備わっていたからである．そしてこの精神力もまた素質といえよう．

［室伏　重信］

15章 トレーニングと疲労および休養

スポーツ医科学における疲労は，"力（パワー）を出し続けることができなくなった状態"と定義される．運動の場合，力を発揮するものは筋肉であるから，筋肉がある強度や頻度の負荷を行った結果，力を出し続けることができなくなった状態が生じる．これが筋疲労（身体的疲労）である．これは，パフォーマンスの低下など客観的な尺度で計りやすいという特徴をもつ．一方，運動後や運動中に，だるい，眠い，集中できないといった倦怠感や，逆に適度に心地よい疲労感ともいうべき疲労，すなわち精神的・心理的疲労というものも生じる．これは，筋疲労とは異なり，パフォーマンスのような客観的な尺度で測定しにくい[1]．トレーニングは，疲労までの時間を延ばすことはできるが，決して疲労に至らないようにすることはできない．

運動時の筋の動きは，脳→脊髄→神経・筋接合部→筋肉という一連の刺激の流れ（システム）で生じる随意収縮であるので，このシステムのいずれかまたは全体に機能的な低下が生じることにより疲労が生じると考えられる[2]．疲労の状態はシステムのどの段階に機能的な低下が起きているかによって異なると考えられ，中枢性疲労（central fatigue）と末梢性疲労（peripheral fatigue）に分けることができる．

また，疲労を時間的要素で分類すれば，急性疲労（acute fatigue）と慢性疲労（chronic fatigue）という分け方もあるし，部位によって全身疲労と局所疲労に分けることもできよう．河野[3]は，臨床スポーツ医学からの取り組みとして，生理的疲労と病的疲労に分けて考えると実際的な対応がしやすい，と述べている．

本章では，疲労を便宜的に身体的疲労と精神的・心理的疲労に分けて記述するが，これらは多くの場合混在しているし，また他の分類上の疲労ともオーバーラップして論じざるを得ない点を，あらかじめお断りしておきたい．

運動選手の場合は，トレーニングによって身体的にも精神的にも疲労を生じさせながら，筋持久力や精神力を養い，パフォーマンスを向上させていく．過負荷の法則により，疲労が生じる程度の負荷を与えなければパフォーマンスを向上させることはできないといわれている．しかし一方で，運動選手におけるオーバートレーニング症候群（overtraining syndrome）が問題となっている．オーバートレーニング症候群は，過重なトレーニングによって単なる疲労とは異なる過労状態となり，パフォーマンスの低下を来たし，短期間の休息によっても疲労が容易に回復しなくなった状態であり[4]，選手の競技生命にもかかわる重要な問題である．そのような意味でも，トレーニングによる疲労と休養の取り方について理解することは，適切な量でトレーニングの効果を上げ，心身ともにベストパフォーマンスを発揮するために重要である．

［下光　輝一・小田切　優子］

---

1) 小田切優子ら：臨床スポーツ医学，17：829，2000．
2) 室　増男：運動科学．p135，理工学社，1999．
3) 河野一郎：臨床スポーツ医学，17：777，2000．
4) 下光輝一ら：スポーツ医科学(中野昭一編)．p291，杏林書院，1999．

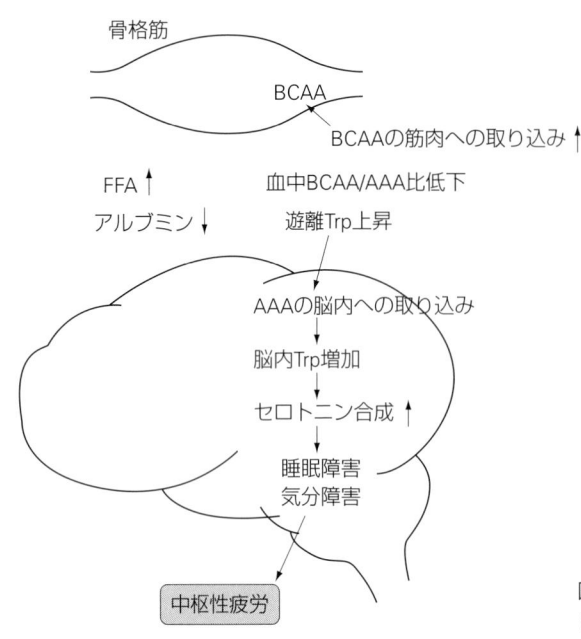

図15-1 中枢性疲労のメカニズム
（小田切優子ら：臨床スポーツ医学，17：829，2000）

1．運動による筋疲労（身体的疲労）

前述のように，運動とは，脳→脊髄→神経・筋接合部→筋肉という一連の刺激の流れ（システム）で生じる随意筋収縮である．筋疲労は，この随意筋収縮が遂行できず，力を発揮できなくなった状態である．

疲労のおもな原因としては，①エネルギー源の枯渇，②筋肉（末梢）への疲労物質の蓄積，③生体内恒常性の乱れ，④神経調節機能の失調が挙げられている[5]．

1）エネルギー代謝と疲労物質からみた疲労に関する知見

上記の疲労の原因のいずれも筋疲労に関連するが，関連がもっとも強いのは，①エネルギー源の枯渇と②筋肉（末梢）への疲労物質の蓄積である．

筋収縮の直接的エネルギー源はアデノシン3リン酸（ATP）であるが，筋肉中のATP量は限られており運動開始時の数秒しかもたないので，ATPが筋中で枯渇しないように貯蔵されたクレアチンリン酸（PCr）およびグリコーゲンによって常にATPの不足が補われるシステムになっている．よって，PCr，グリコーゲン，グルコースなどの間接的エネルギー源が不足した状態も疲労につながるといえる．

強度の強い運動では，解糖系によるエネルギー供給が主になるため，筋細胞内に蓄積したピルビン酸が乳酸へと変換される．この乳酸が疲労物質といわれている．また，乳酸が分解されることにより水素イオンが生じ，筋中の代謝性アシドーシス（pH低下）を生じる．このアシドーシスは，解糖系の酵素であるホスホフルクトキナーゼ（PFK）活性を抑制するので筋張力の低下を招くと同時に，

興奮収縮連関に携わる筋小胞体の機能低下（カルシウムイオンの放出低下）を招き疲労に至るとされている[6]．この他にも，PCrの減少や筋収縮のエネルギー代謝過程で生じる無機リン酸（Pi）やアンモニアなどの上昇も筋疲労を生じる物質と考えられている．

2）生体内恒常性の乱れからみた疲労

運動時に起こる水分や電解質の喪失，体温の上昇，ホルモン濃度の変化なども疲労の原因となる．

運動中に水分補給を行うことは重要で，血漿量の減少，心拍出量の低下，血清浸透圧および血清Na濃度の増加，体温上昇をも軽減することができるため，疲労の予防に有効である．運動中に水分補給，さらには糖質や電解質を補給することにより，疲労困憊にいたる時間が延長すること，すなわちパフォーマンスが向上することも報告されている[7]．

また，運動時には，さまざまなホルモン濃度が変動し，相互に関連し合いながら，疲労や，逆に疲労からの回復に作用している．たとえば，体内からの水分喪失に伴い，抗利尿ホルモンやアルドステロンが上昇し，水分や電解質の維持に作用することにより疲労の軽減に貢献している．また，カテコールアミンなどの交感神経系ホルモンは，エネルギー代謝の亢進（乳酸からのグルコース新生亢進により乳酸の除去を行う）に作用し，副腎皮質ホルモンであるコルチゾールは抗炎症作用を有し疲労からの回復に寄与している．したがって，運動に伴いこれらのホルモンが必要な変化をしなければ，他の要因と相俟って疲労が生じたり，また回復が長引く原因にもなると考えられる．

3）アミノ酸代謝からみた疲労

アミノ酸は，運動時に筋内でエネルギー源として使用されるほか，脳内の神経伝達物質であるモノアミンの前駆物質として働く作用がある．脳内の神経伝達物質は，関連する領域の神経線維の興奮を助長し中枢性疲労を生じさせると考えられている．

特に，芳香族アミノ酸の1つであるトリプトファン（tryptophan：Trp）は，疲労や眠気を引き起こす脳内セロトニン（5-hydroxytryptamine：5-HT）の前駆物質であることから，中枢神経系に関連する疲労，すなわち中枢性疲労（central fatigue）に関連している可能性が指摘されている[1,8]．

運動と中枢性疲労の関係を図15-1に示した．運動強度が高く時間が長い場合は，筋および肝臓のグリコーゲンが枯渇して，代わりのエネルギー源が筋で使われることになる．そのエネルギー源の1つとして分枝鎖アミノ酸（branched chain amino acid：BCAA）の筋肉への取り込みが増える結果，血中BCAA濃度の減少がみられる．同時に，脂肪分解により血漿遊離脂肪酸（FFA）は増加する．ここで，芳香族アミノ酸（aromatic amino acid：AAA）であるTrpは通

---

1) 小田切優子ら：臨床スポーツ医学，17：829，2000．
5) 和久貴洋：臨床スポーツ医学，17：795，2000．
6) 森谷敏夫：呼吸，9：965，1990．
7) Maughan RJ et al：Eur J Appl Physiol, 58：481, 1989．
8) 松原　大ら：体力科学，48：201，1999．

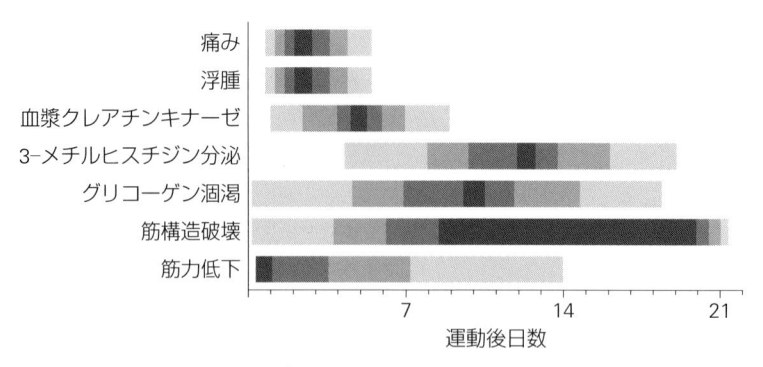

図 15-2　伸張性運動後の各指標の出現と回復状況
色が濃いほどピークに近いことを示す.
(Evans WJ et al : Exerc Sports Sci Rev, 19 : 99, 1991)

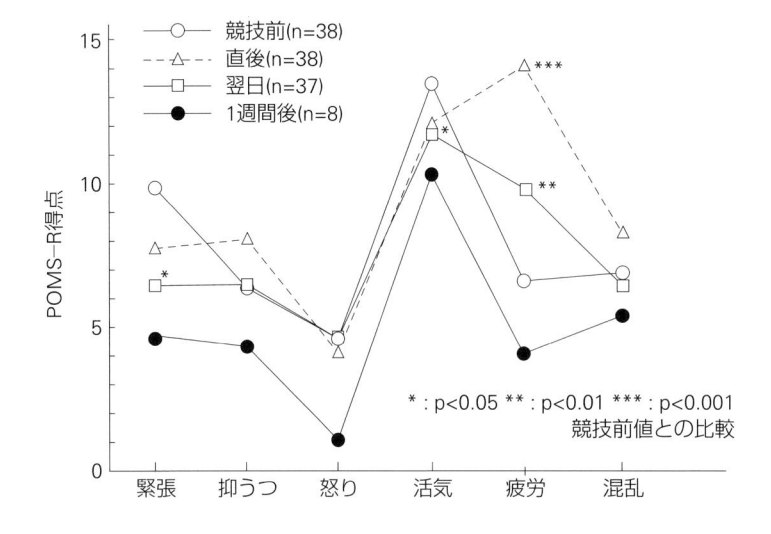

図 15-3　トライアスロン競技前後の気分プロフィール検査(POMS)の変化
(下光輝一：東京医大誌, 51 : 116, 1993)

常大部分がアルブミンと結合して存在しているが，アルブミンはFFAにより強い結合親和性があるため，Trpと結合するアルブミンが減少する結果，血漿遊離Trp (fTrp) が増加することになる．分枝鎖アミノ酸と芳香族アミノ酸は脳血液関門 (blood brain barrier：BBB) を通過する際に互いに競合するが，上記の結果，BCAAは減少しfTrpは増えているので，脳内へのfTrpの移行が進み，脳内の濃度が増加すると予想される．そして，Trpは脳内で酵素の作用を受け5-HTに変換され，脳内神経伝達物質として作用し，中枢性疲労が生じるのではないかと考えられている[9, 10]．われわれが長時間持久性運動であるトライアスロンの選手を対象に行った研究でも，運動により血漿fTrpの上昇，脳内5-HT濃度を示す指標となるfTrpとBCAAの比 (fTrp/BCAA) の上昇と気分プロフィール検査 (POMS) における「疲労」得点の上昇が認められており[8]，持久運動後に中枢性疲労が生じる可能性が推測された．

4) 筋収縮の種類からみた疲労に関する知見

運動にはその運動様式と筋収縮の種類により伸張性 (eccentric/lengthning)，

短縮性（concentiric/shortening），等尺性（isometric/static）運動などの呼称がある．

伸張性運動では動員される筋線維数が少なく，速筋線維の活動が優先されて疲労が早く生じ，しかも筋肉痛も起こりやすいといわれている．筋肉痛の状態では，筋を動かさないときはむくみや倦怠感だけで痛みはないが，運動をはじめようとすると鈍痛が生じる．この痛みは運動後 24～48 時間経過してもっとも強く，遅発性筋肉痛（delayed-onset of muscle soreness：DOMS）と呼ばれる．DOMS の原因として，筋原線維の配列の乱れや，筋疲労によって毛細血管拡張が生じることによる細胞間隙の浮腫などが挙げられている．トレーニングしている人に DOMS が少ないのは，筋組織内に毛細血管が発達しているためと考えられている[2]．

筋伸張性運動の後に，筋組織において認められる変化として，筋原線維のダメージ，浮腫，壊死，再生がある．トレーニングをしていない人に伸張性収縮を伴う自転車運動を行わせた場合，10 日経過しても筋原線維の再生がみられなかったという報告があり[11]，すべての回復と筋線維サイズの再生には 3 週間要するという報告さえもある（図 15-2）[12]．筋収縮後には，筋内のタンパク質が血液内に漏出し，CK，LDH，GOT などの酵素の血中での上昇が観察されるので，これらを筋疲労の指標とすることもできる．ランニングでいえば，平地を走るより下り勾配のランニングの方が伸張性収縮が動員され，血清 CK の上昇も大きいことがわかっている．さらに，伸張性収縮運動のトレーニングをつんだ人では，トレーニングをしていない人と比べ CK の上昇が少なく，DOMS も起こりにくい．

伸張性収縮は筋収縮の中で最も速く筋疲労が現れるが，エネルギー代謝的特徴として酸素消費量が少ない．つまり，伸張性収縮の方が効率がよく長時間の運動に向いていると考えられる．陸上競技などにおいて，フォームを改善して伸張性収縮運動に抗疲労性の高い筋肉を育てるようにトレーニングすることが，競技能力の向上に有効であると室[2]は指摘している．

2．運動による心理的・精神的疲労

1）気分プロフィールによる評価

運動による心理的・精神的疲労の測定には，簡便な調査票を用いることが多い．中でも気分プロフィール検査（profile of mood states：POMS）は疲労を単に 1 つの尺度として測定するのみでなく，同時に測定される他の下位尺度と併せ，「疲労」をより多軸的に評価できるという利点がある．また POMS は，普通，「過去 1 週間の気分」について測定するが，質問の設定を適宜変更してもよいとされているので，運動による急性の気分の変化から，慢性的な疲労状態の

---

2) 室　増男：運動科学．p135，理工学社，1999．
8) 松原　大ら：体力科学，48：201，1999．
9) Gastmann UA et al：Med Sci Sports Exerc, 30：1173, 1998.
10) Newsholme EA et al：Biochem Soc Trans, 19：358, 1991.
11) O'Reilly KP et al：J Appl Physiol, 63：252, 1987.
12) Evans WJ et al：Exerc Sports Sci Rev, 19：99, 1991.

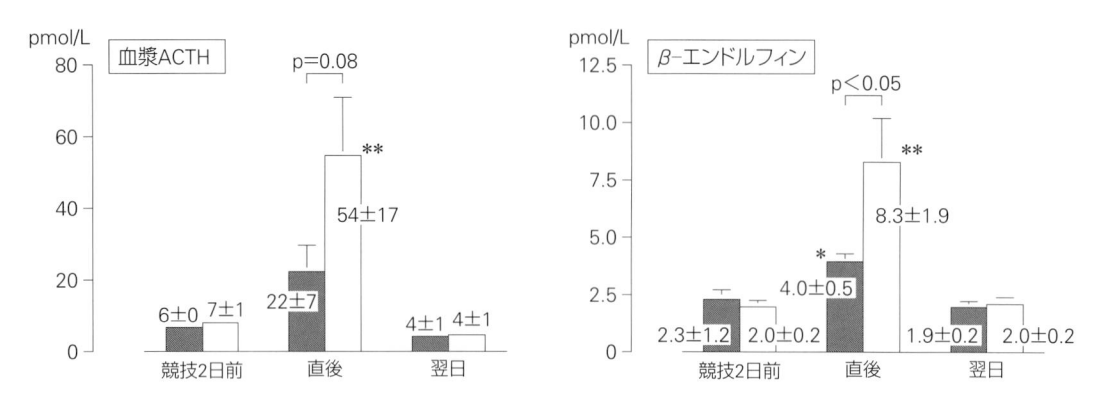

図15-4 トライアスロン競技前後の活気群と疲労困憊群の血漿ACTHおよびβ-エンドルフィンの変化
(Odagiri Y et al : Int J Sport Med, 17 : 325, 1996)

把握まで，広く評価することができる．

通常，運動選手は一般人と比較して，良好な気分プロフィール，すなわち「緊張―不安」「抑うつ」「怒り」「活気」「疲労」「混乱」の6尺度のうち，ポジティブな気分である「活気」が最も高く他のネガティブな気分尺度が低い「氷山型：アイスバーグプロフィール」[13]を示すことが特徴である．

長時間持久性運動であるトライアスロン競技の前後でPOMSを実施した結果では[14]，競技直後に「疲労」の著しい上昇が認められ，この上昇は翌日にも完全には回復せず，競技1週間後に回復していた（**図15-3**）．この変化で興味深いのは，10時間にも及ぶ長時間運動の直後でも，活気が低下していないことである．競技直後の「活気」得点と血漿β-エンドルフィン濃度の競技前後の変化量との間には有意な相関関係が認められており，長時間運動後の活気の維持に血漿β-エンドルフィン濃度の上昇が寄与する可能性を指摘している[14]．

2）その他の調査票による評価

運動による疲労の評価方法には，POMSの他に日本産業衛生学会の自覚症状調べ[15]，蓄積的疲労徴候調査[16]などが用いられることがある．自覚症状調べは，第一成分「ねむけとだるさ」，第二成分「注意集中の困難」，第三成分「局在した身体違和感」によって疲労感を評価するものであり，トレーニングや大会前・後の疲労の評価に用いられている[17]．

3．運動によって生じる疲労困憊状態

トライアスロン競技に参加し完走する選手を観察していると，10時間以上の競技を終えた後にもかかわらず比較的元気にゴールする選手もいれば，ゴールした瞬間に倒れ込み，両脇を支えられながら救急テントへ担ぎ込まれる選手もいる．どの選手にも身体的疲労は生じていると考えられるが，後者のような選手で

は身体的のみならず精神的にも疲労の状態，しかも極度の疲労状態（疲労困憊状態）に陥っていると考えられる．

著者らは，この疲労困憊状態を，競技直後に POMS 活気得点が T スコアの 50 点未満，かつ「疲労」得点が 50 点以上を示した者と定義することとした[18]．

この疲労困憊群と活気が維持された活気群では，競技前日ならびに翌日の POMS では 6 つの下位尺度とも差はなく，競技直後のみ活気と疲労に有意な差があった．

血中ストレス関連ホルモン濃度は，疲労困憊群では，競技直後に血漿 ACTH，β-エンドルフィンがともに上昇するものの，活気群と比較して血漿 ACTH 値は低値の傾向，血漿 β-エンドルフィン値では有意な低値が認められた（図15-4）．

このような点から，運動による β-エンドルフィンや ACTH の上昇は合目的的であり，競技直後に疲労困憊に陥った選手では，運動というストレスに反応して本来上昇するべき視床下部―脳下垂体系ホルモン濃度が，活気が維持された者と比較して低かったと考えられる．

また，後述するオーバートレーニング症候群の被験者に下垂体負荷試験を行うと，健常者と比較して成長ホルモン，ACTH，コルチゾールの上昇が著しく押さえられていること，そして 4 週間の休養の後には負荷試験に対する各ホルモンの上昇が回復することが報告されている[19]．これらにより，疲労困憊状態では，生体における恒常性（ホメオスターシス）の乱れが一過性に生じ，ホルモンの反応性が低下していることを示していると考えられる．

4．疲労と過労の相違―オーバートレーニング症候群

1）オーバートレーニング症候群とは

オーバートレーニング症候群（overtraining syndrome）は，過重なトレーニングによって過労状態となり，その結果パフォーマンスの低下を来たし，短期間の休息によっても疲労が容易に回復しなくなった状態である[20]．オーバートレーニング症候群の症状は，パフォーマンスの低下と疲労が主であるが，同時に他の身体症状や精神症状を呈することが多い．動悸，息切れ，立ちくらみ，胸痛，手足のしびれ，体重減少などの身体的愁訴，精神症状としては不眠，易興奮性，いらだち，不安，抑うつなどである．さらに，身体症状として安静時心拍数の増加や血圧上昇，内分泌異常を伴うこともある．このような身体的・精神的症状が，トレーニングの量や強度の増加を契機として出現したり増悪する点が特徴的である[4,20]．

---

4) 下光輝一ら：スポーツ医科学（中野昭一編）．p291，杏林書院，1999．
13) Morgan WP : Limits of Human Performance. Clarke DH et al eds, p70, Human Kinetics, 1985.
14) 下光輝一：東京医大誌，51：116，1993．
15) 日本産業衛生協会産業疲労研究会自覚症状調査票検討小委員会：労働の科学，25：12，1970．
16) 越河六郎ら：労働科学，63：229，1987．
17) Kumae T et al : Environ Health Prev Med, 2 : 21, 1997.
18) Odagiri Y et al : Int J Sports Med, 17 : 325, 1996.
19) Barron JL et al : J Clin Endocrinol Metab, 60 : 803, 1985.
20) Raglin JS : Handbook of Research on Sports Psychology. Singer RB et al eds, p840, Macmillan, 1993.

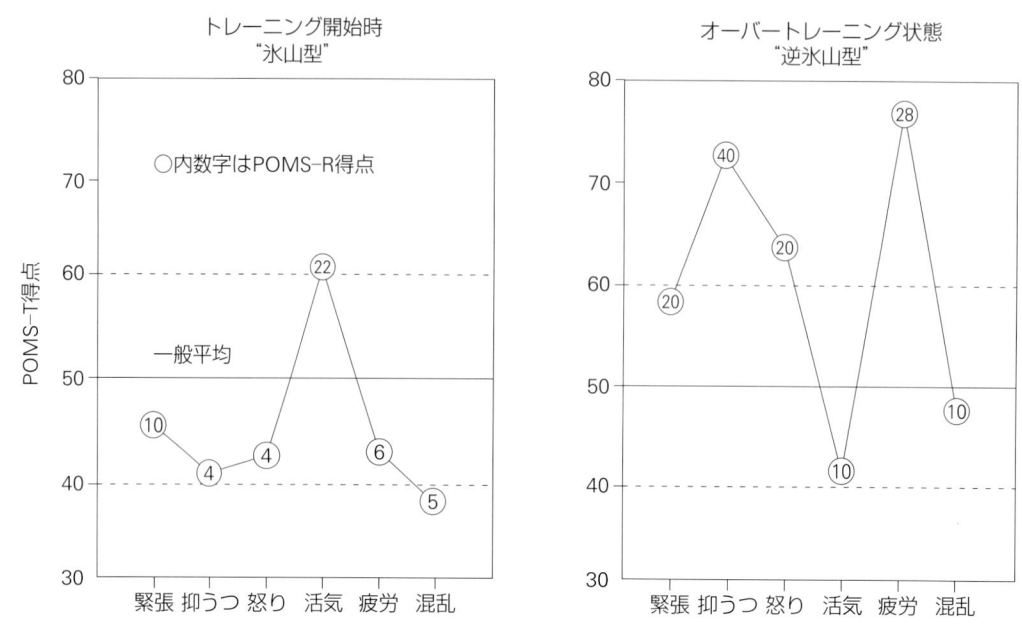

図15-5 水泳選手のトレーニング開始時およびオーバートレーニング状態におけるPOMS
(Morgan WP et al：Br J Sports Med, 21：107, 1987)

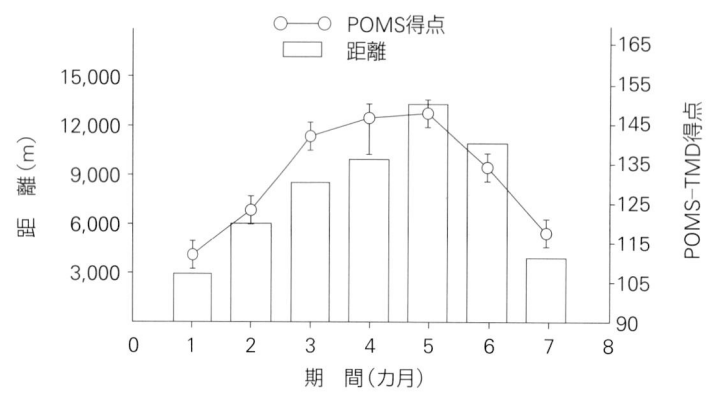

図15-6 水泳選手における競技シーズン中のトレーニング距離とPOMS-TMD得点の変化
(Raglin JS：Handbook of Research on Sports Psychology. Singer RB et al eds, p840, Macmillan, 1993)

　　オーバートレーニング症候群は，あらゆるタイプのスポーツで起こりうる．競技能力の高い長距離ランナーでは，女性選手の60％[21]，男性選手の64％[22]がオーバートレーニング症候群を少なくとも1回は経験したことがあると報告されている．オーバートレーニング症候群の誘因としては，①大きすぎるトレーニング負荷，②急激なトレーニング負荷の増大，③過密な試合スケジュール，④不十分な休養，睡眠不足，⑤栄養の不足，⑥仕事，勉強，日常生活での過剰なストレス，⑦カゼなどの病気の回復期の不適切なトレーニングなどが挙げられており[23]，これらを避けることが重要である．

2) オーバートレーニング症候群のモニタリング

　　オーバートレーニング症候群の予防や早期発見のためには，モニタリングが重要である．体調はどうか，疲労がたまっていると感じてはいないか，トレーニングに対して意欲があるかなどのチェックに加え，適宜POMSを用いることにより，簡便に，より客観的に選手のコンディションをチェックすることができる[20]．

　　前述のように，スポーツ選手では，POMSの「活気」得点が高く他のネガティブな感情尺度得点が低い「氷山型」の気分プロフィールを示すことが多い．一方，過剰なトレーニングによって心身のスランプ状態に陥ると，「活気」得点が著明に低くなり，緊張—不安，抑うつ，疲労，混乱などのネガティブな感情尺度得点が上昇する「逆氷山型」（凹型）（図15-5右）を示すようになる[24]．

　　このようなPOMSの変化には，トレーニング量との間に量・反応関係が存在する．図15-6に示すように，POMSのTMD得点（total mood disturbance：TMD，ネガティブ尺度である緊張—不安，抑うつ，疲労，混乱得点の合計からポジティブ尺度である活気得点を引き100を足した値）は，水泳選手のトレーニング距離の増加に伴い増加し，距離の減少に伴い低下していることがわかる．このTMD得点はPOMSの6つの気分尺度を総合的に評価しようとする際に便利である．

3) オーバートレーニング症候群の予防と対策

　　オーバートレーニング症候群と同様の症状を訴えるがパフォーマンスの低下を伴わない例があり，この状態をディストレス（distress）またはオーバーリーチング（overreaching）と呼び，オーバートレーニング症候群の早期の段階と考えられている[20]．ディストレスの状態にある選手は，必ずしもパフォーマンスの伸び悩みや低下はないが，健康な状態にある選手と比較して気分の障害を訴えることが多く，同じ練習をこなすのにひどく疲れやすく感じる．このようなディストレスの状態を早期に発見し，トレーニング量を減らしたり，短期の休養を取るなどの対処をしていく必要がある．この時点で適切な処置がなされないと，経過は長期にわたり結果的にオーバートレーニング症候群に至ってしまう．

　　軽症のオーバートレーニング症候群では，1〜2週間の休養で十分な場合もあるが，6カ月以上の休養をとっても症状が軽快せず，完全には復帰できない例も報告されている．一旦オーバートレーニング症候群に陥ってしまったら，トレーニング量を思い切って減らすかまたは完全に休養を取らなくては軽快しない．この休養の期間も定まったものはなく，選手の回復状態を観察しながら，決して急がず徐々にトレーニングを開始していかなくてはならない．

　　コーチには，選手の能力を最大限に発揮させ，なおかつオーバートレーニング症候群に陥らせないようなトレーニングメニューとスケジュールづくりが望ま

---

20) Raglin JS : Handbook of Research on Sports Psychology, Singer RB et al eds, p840, Macmillan, 1993.
21) Morgan WP et al : Int J Sports Med, 8 : 124, 1987.
22) Morgan WP et al : Int J Sports Psychol, 19 : 247, 1988.
23) 川原　貴：臨床スポーツ医学, 7 : 537, 1990.
24) Morgan WP et al : Br J Sports Med, 21 : 107, 1987.

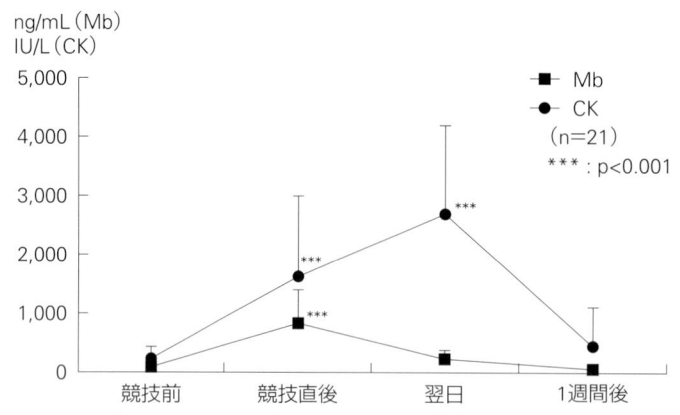

図15-7　トライアスロン競技前後の血清ミオグロビン(Mb)とCKの変化
(下光輝一ら：臨床スポーツ医学, 9：295, 1992)

る．その際には，トレーニング量の増加に対する選手の許容量（能力）が1人1人異なるので，個々の選手の身体的・心理的能力に合わせたトレーニングプログラムを組むことが肝要である[4]．また，自分の意に反して十分なトレーニングができないことによる選手の心理的なプレッシャーに対して配慮することも忘れてはならない．

5．運動後の疲労と休養

1）休養の概念

　休養は，運動，栄養とならび健康づくりの大切な要素である．スポーツ選手のトレーニングにおいても，トレーニング方法や食物・栄養摂取と同じように，休養に価値を置くことはコンディショニングにおいて重要である[25]．
　健康づくりのための休養指針に従えば，休養は，休（休むこと）＋養（養うこと）とされている[26]．「休」の要素は，主として活動によって生じた心身の疲労を安静や睡眠などで解消することにより疲労からの回復を図り，元の活力をもった状態に戻すことであり，受動的で静的な休養にあたる．これにより，疲労の原因となっている物質の除去や枯渇したグリコーゲンの蓄積を期待できる．一方，「養」の要素は，主体的に自らの身体的，精神的，社会的な機能を高めることにより潜在能力を高めようとするもので，能動的，活動的な休養にあたる．スポーツにおける休養は，運動によって生じた疲労からの回復過程といえる．インターバルトレーニングにおける休憩や日々の睡眠はおもに「休」の要素，トレーニングの合い間の気分転換としての音楽鑑賞や趣味に使われる時間，場合によってはトレーニングの場所を変えることなどが「養」として大切な役割を果たしていると思われる．このような休養を取ることは，疲労からの生理的な回復にも必要であるが，精神・心理的な回復も促すことからオーバートレーニング症候群の予防にも重要と考えられる．

2) スポーツにおける休養のとり方

　さて，普段トレーニングを行っていると，どの程度の休養をとればよいのか，という疑問が湧いてくる．トレーニングの方法や量は，選手の経験や資質とトレーニングに対する応答，競技選手であればコーチの指導方針などにより異なり，ゴールドスタンダードはないようである．

　著者らは長時間持久性運動であるトライアスロンの競技に参加する選手のメディカルチェックと健康管理に従事してきたが，アイアンマンディスタンス（水泳1.6km，バイク180km，マラソン42km）のトライアスロンでは，競技に参加した翌週は1週間まったく運動せず休養をとるという選手が多かった．準プロの選手であっても，早い選手では4日目くらいから軽いランニング程度よりトレーニングを再開するものの，やはり1週間は休む選手が多い．

　次に，運動による筋肉のダメージの指標となる血清CKやミオグロビン（Mb）は，トライアスロン競技によってどのような変化を示すのかを検討したところ[27]，図15-7に示すように，血清CKは競技前と比較して競技直後に約7倍，血清Mbは約20倍に上昇していた．血清CKは翌日にはさらに上昇するが，競技1週間後にはほぼ競技前と同様の値に回復していた．血清Mbは翌日には競技前の値にほぼ回復していた．他方，この他の筋由来酵素であるGOTはCKと同様に翌日最も高い値を示し1週間後にはほぼ競技前値まで低下するが，LDHについては競技1週間後も競技前値と比較して約1.5倍と高く，競技3週間後になって前値まで低下していた[28]．筋由来酵素がピークをとる時期は，必ずしも筋ダメージが最も大きい時期と同一ではないことに注意しなくてはならない．しかし，上記の結果は，トライアスロンのような約10時間に及ぶ持久運動競技の後は，普段よりトレーニングを行って鍛えられている選手であっても，少なくとも1週間はトレーニングを控える必要性を示している．

　また，身体面だけでなく精神面においても，十分な休養をとらないうちにトレーニングを再開したり試合に出るというストレスを負荷することによって，平常時より筋の受けるダメージが大きくなったり，精神的負担が大きくなることも考えられる．そのようなケアの不足は，回復を遅らせ，場合によってはそのスポーツを継続していくことが不可能になる可能性もあり，注意が必要であろう．

　運動によって生じる疲労に対する休養の必要量やそのタイミングについての研究はまだごく少ない．今後，この分野の研究が発展することを願う．

［下光　輝一・小田切　優子］

---

4) 下光輝一ら：スポーツ医科学（中野昭一編）．p291，杏林書院，1999．
25) 下光輝一ら：ストレス科学，10：209，1995．
26) 厚生省公衆衛生審議会健康増進栄養部会：健康づくりのための休養指針．1994．
27) 下光輝一ら：臨床スポーツ医学，9：295，1992．
28) Iwane H：Ann Sports Med，3：139，1987．

15章 柔道のトレーニングと疲労回復

トレーニング生理学　競技者報告

　世界の競技水準は今も著しく向上している．情報も早く手軽に入手可能な時代になり，技術面においてもトレーニング方法においても，より新しいことへの研究・チャレンジが要求されている．現在では，世界の檜舞台に出ていき世界の頂点をめざし高成績を修める，これらの過程においては，1人の選手の力だけでは，とうてい成しえない状況にある．選手と彼（彼女）らを取り巻く各専門分野の人々の力が集まり，1つのチームとしてできあがったとき，競技力向上の成果が形となって現れる．1人の選手があるスポーツと出会い，そこで経験したことも今後の競技力向上の発展またはヒントになると感じる．

　そこで，著者は現役生活を振り返り，柔道の稽古とトレーニングや疲労回復などについて選手時代のことを考えてみたい．そのために，最初にまず，著者と柔道とのかかわりについて触れておきたい．

　将来の夢，「オリンピック選手」．著者は，小学校の卒業文集にこう書いた．子どもの頃からからだを動かすことが好きで，中でも走ることは得意であった．オリンピック競技の花形競技といえば陸上競技．著者はその陸上選手に憧れをもっていた．しかし，残念ながら入学した中学には陸上部がなく，当時背が高かったというだけの理由でバレーボール部に入部した．これでよい成績が修められるはずがない．中学でのバレーボールはただやっていた，というだけのものであった．

　高校に入学後，念願の陸上部に入部．中学時代とは異なり気持ちの上でとても前向きに部活動に取り組んでいた．柔道との出会いはこの高校時代のことになる．きっかけとなったのは高校3年生の時の「スポーツ選択」という授業であった．いろいろなスポーツの中から自由に選択して授業を受けるといういわゆる選択授業だったのだが，3年生になったときに新しく女子柔道が選択競技として加えられた．当時，新種目という珍しさも手伝って女子柔道の授業は人気があった．

　はじめはケガをしないように受け身から教わり，その後1つ1つの技を教わった．その動作が今までのスポーツとは違い，とても新鮮に感じられた．また，教わる動きがすんなりとからだに入っていった感覚があった．

　陸上競技から柔道へとまったく異なる競技に転向することとなったのは，以上のことや柔道の先生が強く進めてくれたことから，またトップ選手が世界で活躍している姿をテレビで見たり，ソウル・オリンピックから女子柔道が公開競技として入るといった情報を同時に耳にしたことがきっかけとなった．こうして，遅ればせながら高校3年生から，本格的に柔道をはじめることになったというわけである．

　柔道の技術向上を目指すためには，毎日の稽古を消化できるだけの体力が必要になってくる．多くの技術の習得には欠かせない条件である．1つの目標に向かって頑張るときには，柔道の技術のみではなく，それにかかわるすべてのことも学ぶ必要がある．たとえば，休養の取り方，栄養，トレーニング方法，日常生活の過ごし方などがある．これらは柔道技術向上において必要な部分であり，柔道技術向上のための土台であった．

　そこで，ランニングやウェイトトレーニングにより現在もっている技術を発揮させる結果，まず試合において相手に対して力負けをしないことで現在もっている技を出すことが可能になる．また，ランニング・ウェイトトレーニングの効果としては，柔道で技を掛けるときの動きと違う筋肉の使い方をすることで実際に競技に

使いたい筋肉や神経も刺激を受け，競技力向上に役にたった．

'88 ソウル，'92 バルセロナ，'96 アトランタと3大会のオリンピックを経験して学んだ中には，大会を重ねることは同時に年齢も重ねることであった．

若いときに比べ，疲労回復というテーマにも新しく取り組まなければならなかった．最後のアトランタ大会においては，疲労回復と海外で試合を行うための時差調整を克服することが試合での成績を左右するカギとなったことはいうまでもない．普段から気を使っていたことは，食事とからだの手入れであった．週1回2時間程度の時間を費やしていた．1時間は針治療，残り1時間はマッサージという具合であった．また，稽古後のストレッチングも丁寧に行った．

食事に関しては減量の心配がなかったので，質・量ともにバランスよく摂ることを心掛けた．時差調整の面においては，飛行機の中では現地時間を意識し睡眠をすることで時差の負担を軽くした後，現地においては昼間は太陽に当たるようにした．このように特別なことではなく，ほんの少し今まで以上に気をつけることが疲労回復に役立った．

[田辺　陽子]

16章 栄養とトレーニング

1．運動選手にもいろいろある

運動と栄養素摂取を論じる場合、運動選手の定義は重要である．プロ選手は，身を削ってでも競技能力を上げなければならない．一般の選手でも，勝ちたい欲求は同じであるが，健康を害してまでトレーニングを行ったり栄養素を摂取することは避けなければならない．一方では，健康のために運動をしている人も多く，これらすべてを一律に扱うことはできない．本章は，著しく健康を害さない範囲で競技を行おうとしている運動選手のための栄養についてまとめた．

2．栄養素によって超能力は生まれない

競技者のレベルが高くなって，技量が伯仲するほど栄養は重要になる．しかし，栄養素を摂取すれば，実力以上のパフォーマンスが発揮できると期待するのは誤りである．栄養素に超能力を生む力はない．栄養素摂取は激しいトレーニングを続けるためのサポートに過ぎないが，栄養素の摂取を誤ると，トレーニングの効果がなくなったり，トレーニングの成果が競技で発揮できないことにもなる．各栄養素の必要量は，生理状態に左右され，単純ではない．たとえば，絶食に近い状態で食べたタンパク質は，筋肉合成には使われず，血糖に変わる．複雑な栄養素の代謝を理解する鍵は，運動中の栄養素の必要順位と臓器の優先順位の意識である．

3．臓器には順位があり，運動中は筋の重要度が向上する

臓器の中で常に優位なのは脳である．脳のトラブルは個体の死である．筋肉は，運動中では脳に次いで順位が高い．敵と戦うことも生存に必須だからである．低栄養状態でも負荷のかかった筋肉は増強される．一方，使われていない筋肉の順位は極めて低い．寝たきりにすると，数日で筋肉量が減少しはじめる．肝臓は，グリコーゲンの合成・分解を介して糖を出し入れする役目を負っており，常に脳や筋肉のために働いている．肝臓のタンパク質も他の臓器の必要に合わせて分解される．重要な臓器は守られ，栄養欠乏などのしわ寄せは常に下位の臓器に集まる．

4．必要な栄養素の優先順位も変化する

脳の唯一のエネルギーである血糖は最も重要である．供給源は，炭水化物と体内に貯留されているグリコーゲンである．アミノ酸からはグルコースが合成されるが，脂肪からは実質的には糖はできない．血中グルコースが低下すると，全身のタンパク質が分解されアミノ酸が糖に変換される．カロリー摂取量を制限していても，炭水化物の摂取は常に必要である．

運動選手の生理的な状態は個人差があるため，万人に適応可能な食事処方は存在しない．最終的には個人に合った方法を確立する他はない．本章は，その一般的な指針となるような解説を試みたものである．

栄養素摂取について，競技ごとの基本となる詳細なデータは少ない．体育クラブに所属する大学生の栄養調査は多くあるが，どれだけの栄養素を摂取すれば適当なのかという目的をもった研究は少ない．日本人の栄養所要量も運動選手を意識して作成されたものではない．運動選手のための，データの収集が望まれる．

［山崎　英恵・伏木　　亨］

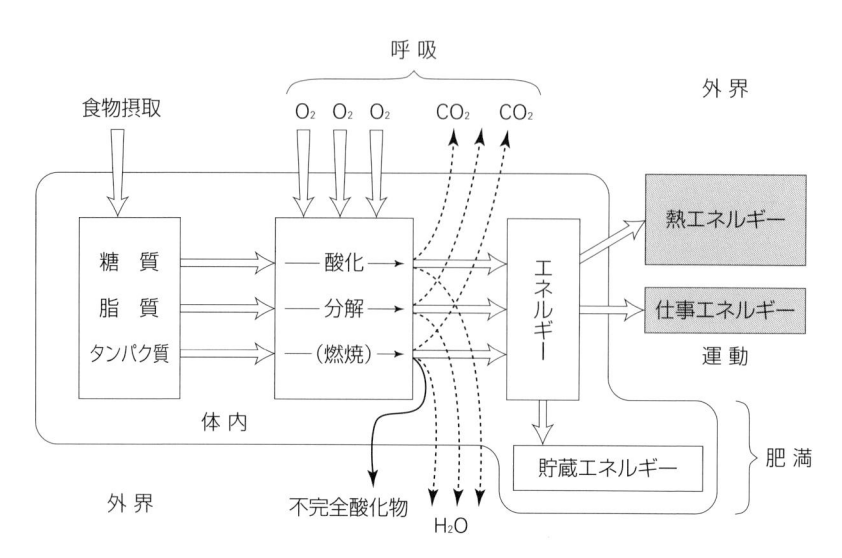

図 16-1　生体における栄養素の燃焼によるエネルギーの発生と利用

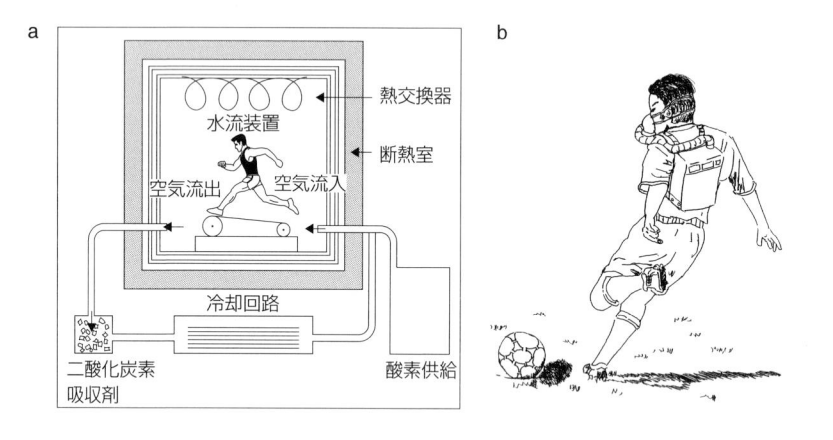

図 16-2　エネルギー消費量の測定
　a は装置は大きいが，b のイラストのように運動中も簡便にエネルギー消費量を測定できる

1．運動選手に必要な摂取エネルギー量

　　運動選手のエネルギー摂取量を考える際に，そのトレーニング種目に必要とされる消費エネルギー量を活動時代謝（Ea）やMETSから計算し，一般人の栄養所要量に加算する方法は，簡便ではあるが適当ではない．技術レベルの高い運動選手の場合は，専門種目の運動に精通しているため，適応が起こってエネルギー消費効率がよくなり，トレーニングに必要なエネルギー量が減っている（図16-1）．この期間，これだけのトレーニングを行ったから，相当するエネルギーを消費したと単純に計算するとカロリーオーバーで体重増加を招く恐れがある．普段慣れていないトレーニングをするなどのクロストレーニングでエネルギー消費を高めることが必要である．このような理由で，そのエネルギー消費量には個人差が出てくるため，厳密にいえば，一定の間隔でトレーニング時・安静時の酸素消費量，呼吸交換比などを測定し，その値から各選手のエネルギー消費量を算出した上で，必要なエネルギー量を割り出す必要があろう（図16-2）．種目，性別，年齢などからある程度必要な摂取エネルギー量は推定できるが，これは個人という観点からすれば誤差が大きすぎてほとんど無意味である．

　　運動選手にとって，必要な摂取エネルギー量というのはトレーニングを継続できる量であり，スタミナが落ちないことが大原則である．体重に問題がある場合，体重を増やしたい選手と減らしたい選手の2通りがあるが，いずれの場合も食事だけでその目的を達成するのは危険である．特に，減量が必要な場合は，上述のようにクロストレーニングなどと組み合わせながら体重を調節していくことが必須である．このことを踏まえた上で，以下にトレーニング時の食事について述べる．

1）現体重を維持したい選手の場合

　　脂肪のエネルギー比が高くならないようにし，エネルギー源となる炭水化物は減らさない．むしろ，満腹になるだけ食べても体重の増減がなければそれでよい．運動選手といえども，一度の食事で摂取できる量には限度があり，ストレスやオーバートレーニングなどから引き起こされる食事障害がない場合，適切な摂取エネルギー量というのはからだが自然と会得している．

2）減量の必要な選手の場合

　　エネルギー摂取量を減らして減量する必要がある場合，除脂肪体重を減らさないこと，スタミナが落ちないことが原則となる．食事組成としては脂肪のエネルギー比率を下げ，糖類（特に砂糖，果糖）を減らすことがよい．ご飯などの炭水化物は減らさない．極端に炭水化物量を減らすことは，効率よく体脂肪を燃焼させることができない上に，タンパク質が糖新生に利用される結果，筋肉量が減少する恐れがある．減量中は体重，体脂肪率をまめに測定し（図16-3），減量前の除脂肪体重が維持されていることを常にチェックすることが最も重要である．

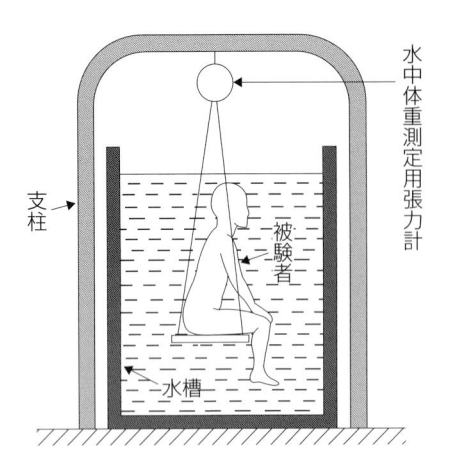

図16-3　水中体重測定法による除脂肪体重の測定

表16-1　炭水化物の過剰摂取実験
(Acheson KJ（ネスレ科学振興会監）：食事と運動. p59, 学会出版センター, 2000)

	摂取炭水化物	酸化量	グリコーゲンへの変換量	正味脂肪合成量
1日目	740g	400g	340g	
2日目	N	500g	200g	100g
7日目	1,000g	530g	0	150g

被験者は前日のエネルギー消費量よりも1,500kcal過剰の高炭水化物食を摂取している．グリコーゲンの蓄積量が飽和に達するまでは，摂取した炭水化物はグリコーゲンの形に変換されて蓄積されるが，グリコーゲン蓄積が飽和に達すると脂肪の合成が起こる（N：文中に記載がなかったが1,000gと推測される）．

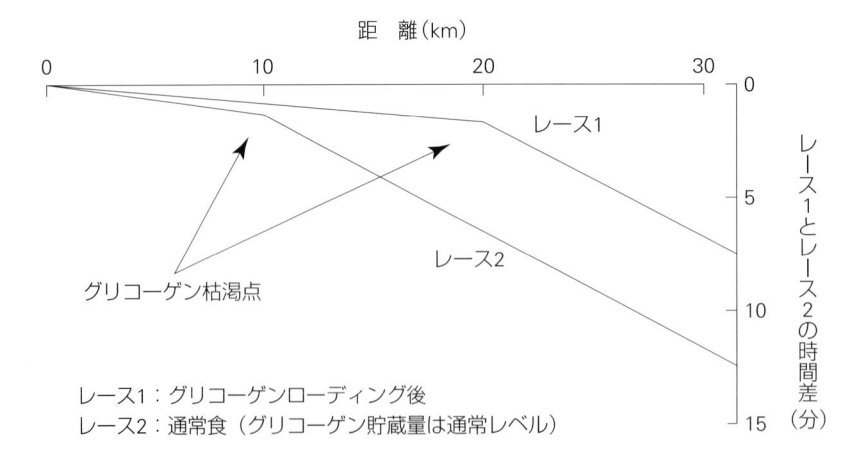

図16-4　グリコーゲンローディングによる運動能力の変化
(Sarah HS（牛乳・乳製品健康づくり委員会編）：スポーツ栄養学最前線. p132, NHKエンタープライズ, 1991)

2. 運動選手の炭水化物摂取

炭水化物は血糖への供給，エネルギー生産の場のTCAサイクルの円滑な回転，ならびにエネルギー源として重要である．エネルギーは脂肪からも摂取できるが，高脂肪食は体脂肪からの脂肪酸の遊離を阻害し，また，脂肪酸の利用に際してケトン体の生成が避けられないため疲労感を強める原因となる．加えて，トレーニングによって失われた筋肉や肝臓のグリコーゲンの再蓄積には，高炭水化物食が有効である．高脂肪食では，グリコーゲンの十分な再蓄積はできない．このようなことから，運動選手のエネルギー源としては炭水化物を主体とするのが適当である．

間接熱量測定法を用いたAchesonら[1]の最近の研究では，正味の脂肪蓄積が起こる前に，人間のからだは，500g程度のグリコーゲンの増量を受け入れることができ，グリコーゲンが飽和したときにのみ脂肪の蓄積が起こる（表16-1）．グリコーゲンをトレーニングなどで消費すれば，炭水化物の脂肪への転換は起こらない．すなわち，トレーニング中の運動選手の場合は，摂取した炭水化物はほとんど脂肪には変わらないことになる．このことは，運動選手にとって，炭水化物をエネルギー源とすることの妥当性を証明しているばかりでなく，体重制限のある選手にとっても，炭水化物によるエネルギー摂取は安全であることを示している．

一方，調理の観点からは，脂肪は食事の嗜好性を高めるために重要である．あまり極端に脂肪の使用を抑制するとおいしくない料理になり，食欲を失わせる．栄養的な観点と調理の観点のどちらも重要であり，現実的な妥協が必要である．

長く続く運動においては，糖分の補給として，デキストリンなどの炭水化物を摂取することは有効である．ただし，トレーニング初期に糖分などの炭水化物を大量に摂取すると，インスリンが分泌され脂肪代謝が阻害されるため，疲労感が強まる．逆に，トレーニング後期には，交感神経の活度が高く，インスリン分泌が抑制されるため，糖の摂取には問題はない．トレーニング終了後は一刻も早くブドウ糖やデキストリンを摂取し，グリコーゲン合成の初速を高めることが重要である．

3. グリコーゲンローディング

骨格筋におけるグリコーゲンの貯蔵量と筋肉の持久力には高い相関性があることが知られている．短時間で疲労困憊に達するような強い運動では，筋グリコーゲンの枯渇が運動の制限因子にはならない．しかし，長時間にわたる持久的競技においてグリコーゲンの枯渇は，選手にとって競技を継続する上で一番の問題となる．マラソンなどの持久的競技の場合には，炭水化物量をコントロールした食

[1) Acheson KJ（ネスレ科学振興会監）：食事と運動.
　p59, 学会出版センター, 2000.

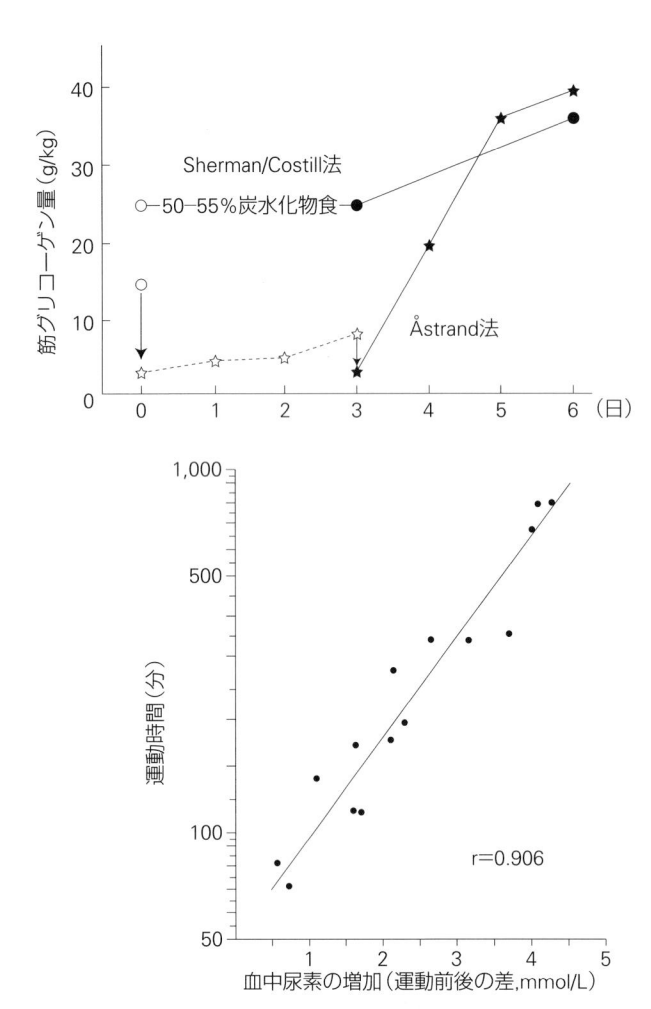

図16-5 グリコーゲンローディングの古典的な方法と改良法
Åstrand法：↓疲労困憊まで運動
☆—☆：10％炭水化物食
★—★：90％炭水化物食
Sherman/Costill法：徐々に運動時間を減らしていく
●—●：60～70％炭水化物食
(Wolinsky Ira et al：Nutrition in Exercise and Sport 2nd ed. p33, CRC Press, 1994)

図16-6 ヒトの血中尿素レベルと走運動時間の相関
(MacLean DA et al：Am J Physiol, 267：E1010, 1994)

事とトレーニングを組み合わせることで，試合前に筋や肝臓のグリコーゲン貯蔵量を高めておくことが行われている．これをグリコーゲンローディングという．運動によって筋肉中のグリコーゲンが枯渇すると，運動後にグリコーゲンの再合成能が高まり，筋グリコーゲン量に過補償が生じる．つまり，運動前よりも筋グリコーゲン量を多く蓄えることができるようになる（**図16-4**）．

Åstrandが提唱した方法は，低強度・長時間の運動により筋グリコーゲンを著しく低下させ，3～4日間，高脂肪・低炭水化物食（炭水化物のエネルギー比率：10％）を摂取した後，高炭水化物食（炭水化物のエネルギー比率：90％）に切り替えて筋グリコーゲン量を高めるというものであった．しかし，低炭水化物食による精神不安定や体調を崩すなどの問題があり，一般にはSherman/Costill法が推薦されている．これは，70～75％$\dot{V}O_2max$の運動強度で，運動負荷時間を徐々に短縮していくテーパリング法に，期間の前半は50～55％炭水化物食，後半は60～70％炭水化物食を摂取するもので，この方法でもグリコーゲンを枯渇させる方法と同じ程度の筋グリコーゲンの過補償が得られる（**図16-5**）[2]．

糖質の種類としては，スポーツ飲料などに含まれているグルコースポリマーやデキストリンなどの方が，他の糖類に比べて効果的にグルコース再合成を促すと報告されている[3]．また一方で，高炭水化物食を摂取する際には，単糖類のみよりもパスタや米などのでんぷん食の方が筋グリコーゲン蓄積量が高くなる[4]．摂取する炭水化物の種類はなるべく偏らず，単糖類や二糖類，でんぷんを組み合わせて摂るのが適当であろう．

グリコーゲンローディングの効果には性差があるという報告もなされている．男性は，グリコーゲンローディングにより筋グリコーゲンが増加し，競技パフォーマンスに対する効果が顕著に認められるが，女性の場合，同様の方法では筋肉のグリコーゲンは上昇せず，パフォーマンスにも効果が現れなかった[5]．グリコーゲンローディングの効果には，競技種目，性差，食習慣などさまざまな因子がかかわっている．それぞれの運動競技選手に見合った適正なグリコーゲンローディングがなされるべきであろう．

4．運動選手のタンパク質摂取

体タンパク質は常に分解され，生じたアミノ酸を再利用して合成されている．タンパク質を毎日摂取する必要があるのは，再合成の際のロスを補うことと，分解されてエネルギーとして燃やされてしまったアミノ酸を補うことの2点のためである．**図16-6**は，走運動時間と血中尿素増加量の相関を示しており，運動時間が長いと分解されるアミノ酸量も多い[6]．運動選手は一般人の2倍程度のタンパク質の摂取が勧められている．一方，宇宙飛行士などを用いた微小重力環境の実験では，筋肉を使わないと筋肉量が減少し，タンパク質やアミノ酸の摂取では回復しない．このことは，タンパク質を摂取すると，筋肉が増すという単純な考えは正しくないことを示している．

1）食事制限のないスポーツ

トレーニング中などで，かなり食事の量が多い場合には，タンパク質は自然に摂取できる場合が多い．摂取した脂肪や炭水化物はトレーニング中に消費されるため，体内で摂取したタンパク質が濃縮されると表現することも可能である．食物摂取量が多い場合には，特にタンパク質粉末などを摂取する必要はない．大量のタンパク質粉末は，過剰のアンモニアを処理する必要が生じるため，代謝にストレスを与える．十分な食事が摂れなかったときにのみ摂取すべきである．

筋肉のタンパク質は，運動中に不可避的に分解を受ける．アミノ酸を準備してエネルギー供給に備える本能的な代謝であろう．このようなときに，運動前のタンパク質・アミノ酸摂取は筋肉の分解を和らげることが報告されている（**表16-2**）[6]．数gのアミノ酸・タンパク質の摂取は有効である．

---

2) Wolinsky Ira et al : Nutrition in Exercise and Sport 2nd ed. p33, CRC Press, 1994.
3) Rehrer NJ et al : Scand J Med Sci Sports, 4 :159, 1994.
4) Costill DL et al : Am J Clin Nutr, 34 : 1831, 1981.
5) Tarnopolsky MA et al : J Appl Physiol, 78 : 1360, 1995.
6) MacLean DA et al : Am J Physiol, 267 : E1010, 1994.

表16-2 運動前の分岐鎖アミノ酸(BCAA)投与の影響
(MacLean DA et al : Am J Physiol, 267 : E1010, 1994)

測定項目	コントロール	BCAA投与
●運動前		
動脈血中BCAA濃度(μM)	339±15	822±86
筋中BCAA濃度(mmol/kg 乾筋肉量)	約3.5	約5
●60分間運動中の骨格筋		
BCAA放出(μmol/kg 乾筋肉量)	816±198	68±93
BCAA以外の必須アミノ酸放出(単位:同上)	924±148	531±70
アンモニア生産(単位:同上)	1,112±279	1,670±245

5人の平均値±SE

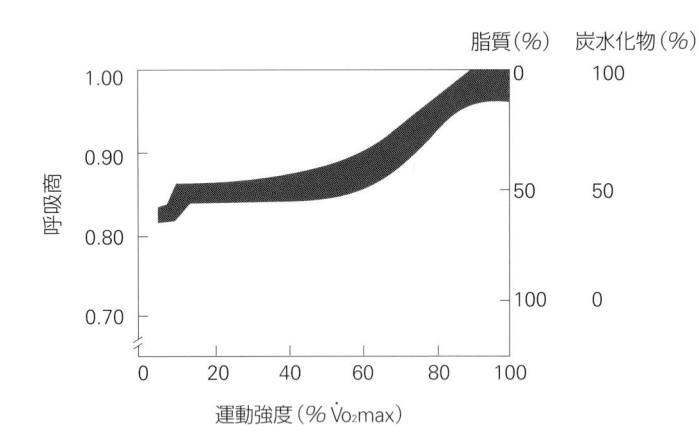

図16-7 運動強度と呼吸商および糖質,脂質燃焼比
(Åstrand PO et al : Textbook of Work Physiology 3rd ed. p544, McGraw-Hill Book Company, 1986)

2) 食事制限のあるスポーツ

体重制限のあるスポーツでは,食事カロリーを制限する場合が多い.このようなときには,タンパク質の摂取は細かい注意が必要である.カロリーを制限しながら1日に必要なタンパク質の量を確保することは難しいため,タンパク質粉末などのサプリメントが有効となる.無駄なアミノ酸の摂取を避けるためには,卵や牛乳,大豆など,必須アミノ酸パターンの良好なタンパク質が望ましい.ゼラチン,コラーゲンなどは必須アミノ酸に乏しく,避けた方がよい.エネルギー制限状態で筋肉を維持する必要のある場合は,分岐鎖アミノ酸を多く含むサプリメントを運動前に摂取することが有効であろう.

5. 運動選手の脂質摂取

脂質の摂取は脂溶性ビタミンの輸送やホルモンバランスの維持,また生体内で合成できない脂肪酸を取り入れるという意味において不可欠である.またマラソンなどの持久性運動では,脂質は最も有効な燃料である.脂肪の多い食事はスタミナを増すという考え方もあるが,有効であるかどうか科学的に実証されておらず,急激にスタミナがつくことはあり得ない.トレーニングの質や強度にかかわ

らず，食事の脂質割合を特に増やすことは必要なく，一般人と同じく食事のカロリーに対する脂質の割合は20～30％が適量であろう．ただし，水泳やシンクロナイズドスイミングなどの競技では，脂肪による浮力を得るためにある程度の体脂肪率（20～25％前後）を維持しなければならない．このような場合は，激しいトレーニングによる体重減少を防ぎ，体脂肪率を維持するため大量のカロリー摂取が必要となるが，女子選手では食事量を極端に増やすことが難しいため，結果として通常よりも脂肪のカロリー比が高い食事になる場合がある．

　図16-7[7]に示すように，低～中強度で運動をすると，糖が節約されて脂肪がエネルギーとして使われるようになる．しかし，脂肪が単独でエネルギー基質として利用されることはなく，必ず糖質の存在が必要である．そのため，炭水化物の摂取が十分でない上にエネルギーの大部分を脂肪で摂取しながら運動を続けた場合，運動後の筋グリコーゲンの回復が十分でなくなり，運動能力が徐々に低下するという報告がある．一方で，持久力は最終的には脂肪を利用することにより成り立つものであるから，日常は脂肪を摂取して脂肪代謝系を活性化した方がよいという意見もある．高脂肪食（エネルギー比：約60％）を1～4週間摂取することにより，脂肪のβ酸化系酵素の活性を増強し，持久運動能力を高める方法をファット・ローディングという．酵素活性が増加した状態で運動を行うと，グリコーゲンの節約効果があり，最大酸素摂取量が高まるという報告がある[8,9]．ただし，これを長期間続けると逆に運動能力が低下することも報告されている[8,9]．

　以上を総合して考えると，持久性運動の場合，脂肪を極端に避ける必要性はない．日常のトレーニング時には普通に脂肪を摂取して脂質酸化系を活性化し，試合の前には炭水化物を多くしてグリコーゲンの蓄積に努めることがよい．また，摂取する脂質は動物性油脂よりも植物由来の脂肪の方が高度不飽和脂肪酸を多く含むため，脂質代謝系を活性化するには適していると思われる．

6．運動選手とビタミン

　ビタミンは必要以上に摂取しても特にパフォーマンスを高めるものではないが，欠乏するとその影響は深刻であり，運動能力を著しく低下させる．したがって，過剰に摂取しても安全なビタミン類は，不足に陥らないようにやや多めに取ることを勧めるが，過剰障害が報告されているものは食物からの自然な摂取にとどめるべきである．

1）摂取すべきビタミンならびに過剰障害の危険があるもの

　積極的に摂取すべきビタミンはビタミンB_1，B_2，ナイアシン，ビタミンC，ビタミンEであり，いずれも運動能力に関係が深い．これらに過剰障害は報告されていない．過剰分は尿などに排泄されるが，1種類だけを極端に大量に摂取

---

7) Åstrand PO et al : Textbook of Work Physiology 3rd ed. p544, McGraw-Hill Book Company, 1986.

8) Jeukendrup AE et al : Int J Sports Med, 19 : 371, 1998.

9) Helge JW : Sports Med, 30 : 347, 2000.

表16-3　スポーツマンのビタミン推奨摂取量
(柴田克巳:スポーツと栄養と食品(伏木　亨ら著). p14, 朝倉書店, 1996)

ビタミン	スポーツマンでない人	スポーツマン
B_1 (mg)	1.1	5
B_2 (mg)	1.5	7
ナイアシン (mg)	18	100
C (mg)	50	300
E (mg)	8	50

脂溶性ビタミンA, D, K：注意する必要なし.
他のビタミンB群（B_6, B_{12}, パントテン酸, ビオチン, 葉酸）については注意する必要なし.

表16-4　鉄欠乏の状態による分類
(Parr R et al : Phys Sportmed, 12 : 81, 1984)

ステージ	検査方法	生理学的状態
1. 鉄枯渇	血清フェリチン	肝臓, 脾臓, 骨髄での鉄貯蔵の枯渇
2. 鉄欠乏性赤血球造血	血清鉄 TIBC トランスフェリン飽和度	鉄貯蔵の枯渇, 血漿中鉄レベルの減少 肝内のトランスフェリン形成増加 TIBCは400～500μg/dLのレベルに増加 トランスフェリンの飽和度は15～18％に下降
3. 鉄欠乏性貧血	Hb RBC数 Ht MCHC	Hbは12g/dL以下 鉄欠乏性貧血は, 付加的な血液データで評価されうる

することについては，絶対に安全とはまだ言い切れないため，現時点では，複合されたビタミンの形で摂取する方が無難である．これらが不足することのないように，サプリメントなども利用して意識して摂取する．ナイアシンは，極端に過剰に摂取すると持久力が低下するという報告があるが，通常は問題になるようなものではない．**表16-3**に，柴田[10]による，スポーツマンのビタミン推奨摂取量をまとめた．

　ビタミンB_6，葉酸，パントテン酸，ビオチン，ビタミンB_{12}，ビタミンKなどは食事から十分に摂取でき，腸内細菌からの供給も期待できるものもあり，意識して摂取する必要はない．一方，ビタミンAとDはさまざまな過剰障害があり，サプリメントの形で飲用することは十分な注意が必要である．食事からの摂取ならば，過剰量を取ることは不可能であるから問題はない．

2）食事量が制限される場合には，サプリメントの利用が無難である

　　　　食事量が制限される場合には，すべてのビタミンを必要量摂取することは難しい．減量中などでは，過剰障害のないビタミンはサプリメントの形で積極的に摂取すべきであるが，ビタミンB_6，葉酸，パントテン酸，ビオチン，ビタミンB_{12}，ビタミンKなどは，極端な摂食制限が長期間に及ばない限り，特に食事以外に摂取する必要はない．ビタミンA，Dについては，生体内半減期も長いので，急な欠乏は起こりにくく，急性の欠乏が運動パフォーマンスに影響するという意見も少ないため，サプリメントによる摂取は必要ない．

7. 運動選手とミネラル

　運動選手のミネラル補給方法には，食事からの摂取と運動中および運動後の補給がある．発汗によるミネラルの損失量は個人差が大きいが，運動選手に対して，一般的に推奨されている成分ごとの摂取量，摂り方などを以下に示した．

　カルシウムは骨に貯蔵されているミネラルで，発汗によって失った分を骨からの動員により補給し，恒常性を維持しているため，損失した分を補わないと長期的には骨量を維持できなくなる．このため，運動選手はカルシウム摂取量を一般人より増やす必要がある．運動種目やトレーニング量の違いにより消費エネルギー量は異なってくるが，1日に4,000kcal程度のエネルギーを消費すると想定して，推奨摂取量が提示されている．カルシウム摂取量は発汗による損失分（約300mg）および骨量増大による要求量増加（約200〜300mg）を一般の栄養所要量（600mg）に加算して1日1,200mgとされている[11]．

　マグネシウムはカルシウムとの摂取比を1:2に保つのが望ましいことから，1日600mg，一方リンはカルシウムとの摂取比0.5〜0.2であるが，通常の食事でリンの摂取量は充足しているため，増やす必要はない．

　鉄は運動性貧血予防のために摂取を増やすことが望ましいが，過剰摂取の防止を考慮に入れると，1日20〜30mgが摂取推奨値である．特に持久性運動の競技者には鉄欠乏性貧血になっている場合が多い（**表16-4**）[12]．

　カリウムは正常な心拍や筋収縮を維持するために重要である．カリウムは発汗で失われやすい成分なので，じゃがいも，バナナ，牛乳，ヨーグルト，オレンジなどで補給する必要がある．ただし，補助食品で摂取すると，摂りすぎになって心拍数が異常になったりするので，自然の食品から摂る方がよい[13]．

　亜鉛は汗とともにかなり失われてしまう成分である．牛肉，鶏肉，魚，乳製品といった高亜鉛の食品を積極的に摂る必要がある[13]．

　ナトリウムおよびカリウムは生体内で貯蔵態をもたないミネラルであり，両者の血漿中濃度は厳密に維持されている．発汗量が多い場合，損失分を運動中および運動直後に補給しなければ，熱性痙攣や筋力低下などの障害が発生する危険性がある．補給量は発汗量（1〜10L）と汗中ミネラル濃度（**表16-5**）によって決定できるが，市販のスポーツ飲料をエネルギーオーバーにならない程度に摂取すれば十分補給できる．

　エネルギー摂取量の高い運動選手の場合，エネルギー摂取量増加とともに各ミネラル摂取量も必然的に増加するため，特に補助食品で補給する必要性はない．ただし，減量が必要な運動種目，運動選手においては，エネルギー摂取量が少なく，その分，各種ミネラルの摂取量も不足してくる．栄養補助食品によるミネラルの補給は，消化吸収効率が悪いなどの理由でなるべく食品からとるよう推奨さ

---

10) 柴田克巳：スポーツと栄養と食品（伏木　亨ら著）．p14，朝倉書店，1996．
11) 小林修平：ミネラル・微量元素の栄養学（鈴木継美ら編），p169，第一出版，1994．
12) 吉田宗弘：栄養と運動（伏木　亨ら編）．p32，杏林書院，1999．
13) Sarah HS（牛乳・乳製品健康づくり委員会編）：スポーツ栄養学最前線．p78，NHKエンタープライズ，1991．

表16-5 汗と血漿中のミネラル濃度

ミネラル	汗中濃度 (mM)	血漿中濃度 (mM)
ナトリウム	5〜120*	139〜146
塩　素	5〜100*	101〜109
カリウム	4〜35	3.7〜4.8
カルシウム	1〜10	2.1〜2.6
マグネシウム	<2.0	0.5〜1.0

＊：運動選手では，10mM程度の低濃度の汗が継続し，50mMを越すような高濃度になることはほとんどないと報告されている．

れているが，エネルギー制限のある場合は栄養補助食品を積極的に利用してミネラルを補給すべきである．

8．運動選手の食事の摂りかた

1）特に厳しい体重制限のないスポーツ

　一般に，激しいトレーニングはエネルギーを消費するため，これを続けるには，十分な食事摂取が必要である．エネルギー源として炭水化物を中心に，十分な量の食事をとって，トレーニングによる消費を補うことが望ましい．

　合宿中には，一般人の食事とは異なり，朝食に重点を置く必要があろう．一般に朝食は，血糖の供給源である肝臓グリコーゲンの補給のために炭水化物の摂取が基本であるが，トレーニング中の朝食は，タンパク質やその他の微量栄養素の摂取の重要な機会である．昼食は，午前中のトレーニングによって交感神経が高まっているため，消化吸収能力が低い．そのため，消化のよい，炭水化物中心の食事にならざるを得ず，栄養素摂取という点では大きな期待はできない．むしろ，食事の合い間に，栄養素を少しずつ摂取することが有効である[14]．夕食は，十分なリラックスのもとで，栄養に富む食事を摂取すべきであり，食事があまり遅くなると翌日の朝食が食べにくい．食事中のアルコール飲料は，適量ならばリラックスと食欲増強，睡眠の深さなどに好ましい作用を有するので，栄養学的には一概に禁止すべきものではない．

　合宿などで食事量や食事の質が急に変わり，消化管が適応できないと，食欲の低下，下痢などが起こる場合がある．起床時間が大きく変化するだけでも，摂食リズムは変わる．また，夏場などでは，暑さや疲労によって食欲が低下し，消耗が一層激しくなることがある．激しい運動は交感神経活性を高めるが，これは，消化管運動や分泌など，副交感神経によって活性化される消化管機能の抑制につながる．

　このような，摂食や消化に不利な条件で激しいトレーニングを続けるためには，食欲と消化機能を考慮した食事が最も重要である．十分な休息と，精神的なリラックスが食事のためには必須である．

　選手の食事量や食べ残しは，指導者が常に把握すべきであり，消化管の適応や

食欲，疲労回復度がトレーニングスケジュールに反映されるようなきめ細かい練習計画の制御が遂行されるかどうかは，その集団の科学的トレーニングのレベルを左右するほど重要である．食事は，必要な栄養素を確保した上で，本人の好き嫌いを最大限に考慮すべきである．おいしく食べることは，栄養素摂取の他に，リラックス，気分転換，食の快感などを生む．反対に，まずいと思いながら食べることは，緊張を生み，消化吸収にも好ましくない．また，運動能力を高める可能性があるといえども，食べ慣れない食材を突然与えることには注意が必要である．特に，競技の日が近いのに食べ慣れないものを摂取することは危険である．

2) 厳しい体重制限のあるスポーツ

運動能力を低下させずに，体重を調節する必要があるため，食事の量と内容は極めて重要である．理想的な体重削減は，体脂肪のみの減少である．脂肪の摂取を避け，炭水化物中心の食事で，十分な良質のタンパク質をとる．食物繊維は，腸内細菌による分解があるので無カロリーではないが，低カロリー食を調製するために積極的に利用すべきである．ビタミンやミネラルなどの微量栄養素摂取はサプリメントを用いる必要があろう．

[山崎　英恵・伏木　亨]

14) 杉浦克己：栄養と運動(伏木　亨ら編)．p86, 杏林書院，1999．

16章 トレーニング生理学 競技者報告
スピード・パワー系種目における競技レベルアップのための食事法

陸上競技110mハードルは，110m間に1.06mの高さのハードルを10台越える種目であり，おもにスピード・パワーが要求される．過重負荷法のウェイトトレーニングを行いながら筋力を向上させるとともに，スピード・柔軟性・調整力を高めることが必要なため，高強度のトレーニングを頻繁に行うことになる．したがって，競技力を向上するためには，食事には特に気を付けなければならない．

学生時代には，多量の練習を行い，同時にたくさん食べることが強くなる秘訣と考えていた．そのためには栄養のバランスを考えることよりも，炭水化物類を多く摂取する傾向にあった．しかし，競技力の向上とともに競技に対する研究心もより高くなり，トレーニング科学を学ぶだけでなく，食事の内容やタイミングにも気を使うことが，全国レベルから国際レベルへのより高い競技力の向上につながった．

トレーニングに関連して，栄養面で心掛けていることは，

①栄養のバランスに気をつける：おもに炭水化物，タンパク質，脂質のバランス．

②体重の変化をチェックする：栄養摂取がトレーニングで消費されるエネルギーをカバーしているか否かの判断材料．定期的（1カ月に1回程度）に形態測定をし，トレーニングの内容を考慮に入れながら筋肉量・脂肪量の増減による体重の変化をチェックする．

③食事のタイミングを考える：1日3食の時間から生活のリズムをつくる．トレーニング後になるべく早く食事を摂る．

④足りないものを補う（栄養補助食品）：食事の内容，疲労感に応じてビタミン剤，筋力トレーニングなどの高強度トレーニング後は，すぐにアミノ酸とビタミンB群を，糖分を含んだスポーツ飲料などと一緒に摂取する．

これらの4つの内容に留意しながら，トレーニングの量・強度が時期によって変化するため，食事・栄養補助食品の内容・量も検討して変えていく．たとえば，基礎的な体力要素の強化を図る準備期には，1日2回のトレーニングを実践するため，トレーニング量が大きく時間も7時間近くになる．このため，かなりのエネルギー（約5,000kcal）を食事で摂取する必要がある．試合期にはトレーニングの質は上がるものの，量は減少するため食事の量も3,500～4,000kcalぐらいに減らす．特に脂肪の摂取をおさえて，体重をコントロールする．また，どうしても体重を減量したい場合は，トレーニング終了後の食事は十分に摂取する反面，それ以外の食事において炭水化物の摂取を制限する．

試合期に体重を減量するとき，摂取する脂肪量を減らすことを課題とする一方で，準備期などにはトレーニングの量・質とも身体能力の限界近くまで高めるので，食事調節によって無理に体脂肪率を低下させることはからだの抵抗力を低くし，風邪をひきやすいだけでなくケガもしやすいようにも感じられる．したがって，トレーニングが十分行われて筋量増加などが生じたことを考慮すれば，体重・体脂肪の増加はそれほど気にしない．また，練習中にはのどの渇きを覚える前にこまめに水を摂取している．腹痛の原因といわれるが，普段から練習中に水分摂取をすることで改善される．

［谷川　聡］

17章 水分調節とトレーニング

かつては運動時に水分を補給すると発汗量が増加して疲労の原因になると考えられ、また渇きに耐えることもトレーニングの1つと位置づけられていた。しかし、運動時に水分を補給しないと体温が上昇して運動の継続が困難になること、脱水状態では運動能力が低下すること、また水分代謝にはイオンの補給が必要であることなどの生理学的な知見が蓄積されてきた[1]。ここではトレーニング時の体液の変化および水分補給に関する知見の一部について紹介する。

1. 体液バランスと運動能

生体は水負債の程度に応じて種々の症状を示す。水負債による1%の体重減少はほぼ0.3℃の直腸温の上昇をきたし、心拍数も水負債が1%増えるごとに5～10拍/分増加して、心還流量の低下に伴う心拍出量の低下を補う。水分を摂取すれば体重の減少率は少なくなり、直腸温ならびに心拍数の上昇が抑えられる。

体温の上昇は、皮膚血管の拡張により血管床に対する相対的な、また発汗による絶対的な血液量の減少をきたし、これに身体運動による筋血流の増加が加わると、循環不全を生じて運動能を制限するのみならず、脳血流量の低下による熱失神をきたす。高度の発汗時には、体液および塩分の欠乏による熱疲労が生じる。これらの障害時には、体温調節能が低下するために体温が上昇し運動が継続できなくなり、熱中症による死亡事故の原因となる。一方、大量発汗時に水分のみを摂取すると、体液塩分濃度の低下による熱痙攣が起こる。

2. 運動時の体液の変化

運動時には循環血液量が減少する。自転車エルゴメータで漸増負荷運動を行うと、血漿量は相対的運動強度（%$\dot{V}O_2$max）の上昇に比例して減少し、最大運動負荷時には全血漿量の約8～15%の減少が認められる。

血漿Na^+、Cl^-イオン濃度および浸透圧は50%$\dot{V}O_2$max以下の運動強度ではほとんど変化しない。活動筋の血流増加による血管外への等張性水分移動によるためと考えられる。一方、50%$\dot{V}O_2$max以上の運動では、血漿量の減少とともに血漿浸透圧、主としてNa^+およびCl^-イオン濃度が上昇し、体温調節反応、すなわち皮膚血流量および発汗量を低下させ、体温上昇の原因となる。

血漿K^+濃度は運動強度に比例して上昇し、最大運動強度では安静時の約50%に相当する2meq/kgH_2O上昇し、その結果筋細胞の静止膜電位は浅くなり、筋疲労の原因となる。

3. トレーニングと水分補給

水分は普通飲水によって補給されるが、ヒトでは発汗により脱水が生じた後に自由に飲水させても脱水量に相当する水分を摂取することができず、一般にその後の食事などとともに脱水を回復する。この脱水の遅れを自発的脱水と呼ぶ。その機序は、発汗時に水分のみを摂取すると体液が希釈されて浸透圧が低下し、口渇感がなくなり飲水が低下するとともに、尿から水分排泄を増やし、体液の浸透圧を一定に保つためである。その予防には水分だけでなく、食塩の補給が必要である[2]。

［森本 武利］

---

1) 森本武利ら：スポーツ医科学（中野昭一編）. p29, 杏林書院, 1999.

2) Greenleaf JE et al : Exercise and Sport. p3, CRC Press, 1996.

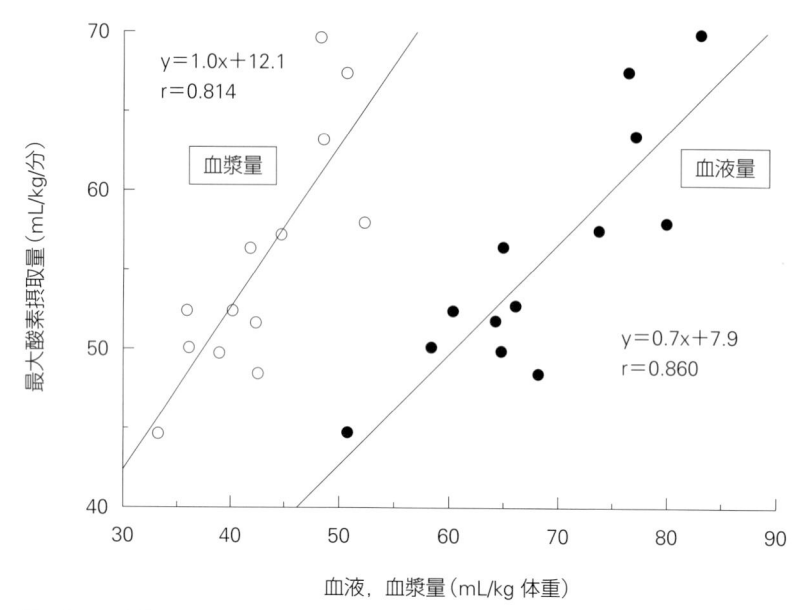

図17-1 血液量および血漿量と最大酸素摂取量の関係
いずれも有意（p<0.01）な相関を示す．
（森本武利：体力科学，41：46，1992）

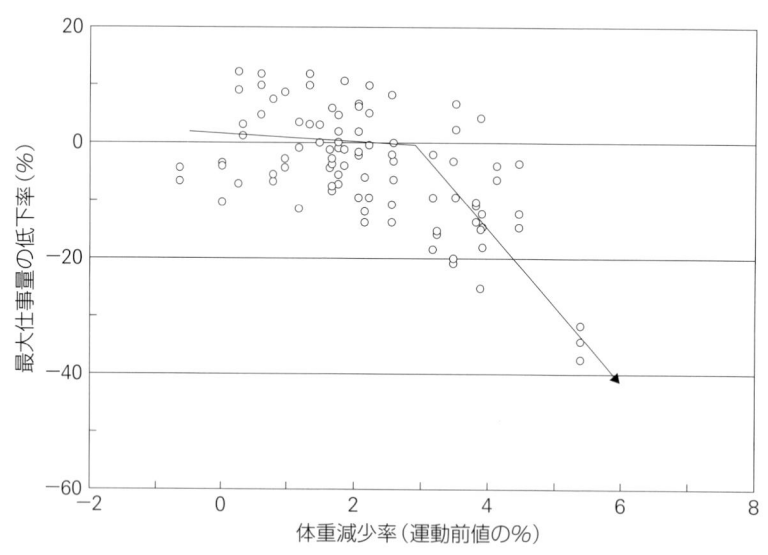

図17-2 発汗による体重減少率と運動能低下率の関係
夏期トレーニング時の体重減少率と自転車エルゴメータによる最大仕事量低下率の関係．いずれもトレーニング前の値の％で示した（芳田：未発表データ）．

1. トレーニングと体液

　循環血液量は，最大酸素摂取量との間に非常によい相関が認められ，循環血液量が運動の維持に重要な役割をもつことを示している．

　図17-1 に被験者13名の最大酸素摂取量と血液量および血漿量との関係を示した．血液量および血漿量と最大酸素摂取量との間に有意な相関が認められる．最大酸素摂取量は血液の酸素運搬能と心拍出量，すなわち心拍数と1回拍出量との積および動静脈血の O_2 の差により決定される．この結果は，血液量の増加による最大酸素摂取量の増加には赤血球量の増加による酸素運搬能の増大とともに，血漿量の増加による心拍出量の維持の重要性を示している．

　運動時には，運動筋へのエネルギー源および酸素供給の他に，老廃物の除去や熱を皮膚に運ぶために著明な循環機能の亢進が起こる．したがって，血液量の減少は体温調節反応を抑え，体温が上昇して運動能力を制限する．

2. トレーニングと発汗

　発汗量は環境条件および運動強度によって変化し，また暑熱馴化は発汗量を増加させる．汗の Na^+ イオン濃度は個人差が大きく，20～100meq/L の範囲であるが，暑熱馴化とともに低下する．発汗量の目安としては，運動前後の体重変化がよい指標となる．

3. 体液の変化と運動能

　図17-2 に運動による体重の減少率と自転車エルゴメータによって求めた最大運動能の低下率との関係を示した．運動による血液量の変化に加え，発汗による体重の減少が運動能に影響し，体重が初期体重の3％以上減少すると運動能力が低下する．すなわち，運動時，殊に発汗で体重減少をきたす場合には，体重減少を3％以下に抑えるよう，水分を補給することが重要である．

4. 体液と水分補給

　発汗などによる脱水時には，口渇が起こり飲水行動によって水分を補給する．しかし，大量発汗時には水分のみならず食塩などのイオンが失われるので，脱水の回復には食塩の補給も必要である．**図17-3** は摂取する食塩濃度の差による脱水回復過程を比較したものである．ラットに温熱脱水負荷を加え（ラットは唾液塗布により体温を調節し，唾液から水分とイオンが失われる）その後，水道水あるいは食塩水（0.2％，0.45％，0.9％および2.0％）を自由に飲ませ，脱

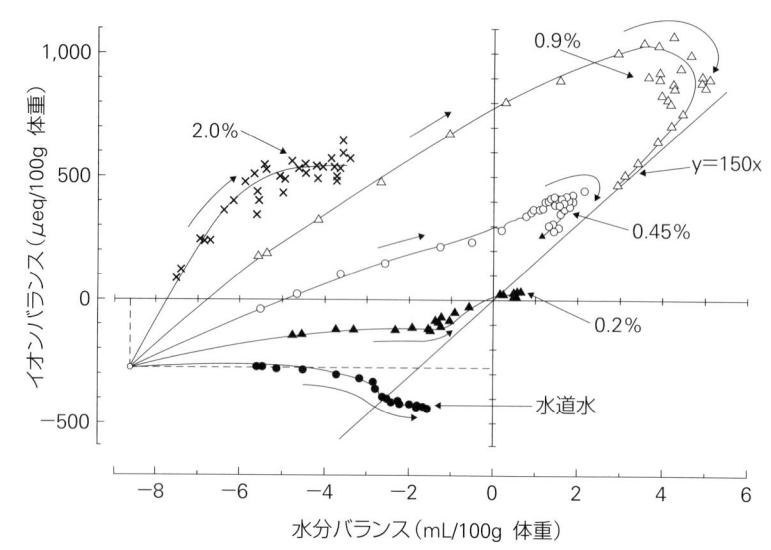

図17-3 温熱脱水ラットの水分回復に及ぼす食塩濃度の影響
水分およびイオンのバランスは摂取量から尿排泄量を差し引いて求めた．各群それぞれ8から11例の平均値．
(Okuno et al：J Appl Physiol, 64：2438, 1988より一部改変)

水回復過程の水分と塩分のバランスを求めた．水道水を与えた場合には脱水量のほぼ半分を回復した時点より尿量が増加し，Na^+ がさらに失われて体液バランスは暑熱負荷前の原点に戻らない．一方，0.2％の食塩水を与えるとほぼ3時間で水分およびイオンバランスを回復し，その後体液の等浸透圧の線（Y=150X）に沿って脱水前の値へと回復していく．0.45％および0.9％食塩水の場合は水分と食塩を過剰に摂取し，その後腎臓から排泄され，等浸透圧的に脱水前の値へと回復する．2.0％食塩水では Na^+ の摂取量は多いが，浸透圧利尿が起こり水分を体内に保持することができない．この結果は，発汗による脱水の回復には，0.2％～0.9％の食塩水の補給が望ましいことを示す．市販のスポーツ飲料ではNaCl濃度が0.2％未満のものが多いので，注意が肝要である．運動時の水分代謝は運動能の維持および暑熱障害の予防に重要である．また，口渇は脱水の指標にはならないので，特に発汗時には積極的に水分を補給する必要がある．

［森本　武利］

17章 競技者報告 トレーニング生理学

谷川真理の水分補給

著者は24歳からマラソンを始めて，今日に至るまで33回のフルマラソンを走ってきた．市民マラソンからスタートして国際大会での優勝など数多くの経験をすることができた．走ることが好きなので，長く健康に走るために留意している実践的な面について紹介する．

著者は，日頃のトレーニング内容はもちろんのこと，特に栄養とコンディショニングについて気を付けている．マラソン選手は毎日の練習量（走行距離）が多いので，消費されるカロリーもスプリント系選手よりも大変多い．たとえば，100mでは約30kcal程度，フルマラソンでは2,000kcal以上を消費するといわれている．普通の人が1日に食事から摂取するエネルギー量に匹敵する熱量を，2時間少々のマラソンで消費してしまう．

1990年代初め頃には，中島コーチがいち早く"70km走"というトレーニングを取り入れた．当時，マラソン選手の月間走行距離は600km程度であったが，著者は約2倍の1,000～1,200kmを走り込んでいた．練習量が多くなり，必然的に食事の量が増えてしまった．これは，からだを回復させるために各種栄養素を多く摂ることが必要であると本能的に判断していたからであろう．本項では，特に給水について著者の実践方法を述べる．

たとえば，短時間の運動強度の練習時には，ブドウ糖などが含まれた飲料を練習の1時間位前までに飲んでいた．ブドウ糖などの糖質が含まれたものを食べると，インスリンが膵臓から分泌されて，血糖値が下がる"インスリンショック"が起きてしまうことがあるとコーチから聞いていたのでこの点に留意した．そして，運動中はミネラルウォーターだけを飲んでいた．特に塩分などが含まれた飲料を摂りたいと感じなかったためである．

しかし，2時間以上の持久走においては，多少の塩分をからだが要求しているようであった．また，糖質としては，ブドウ糖よりも果糖が入った飲料の方が脂肪燃焼を阻害しないという情報をコーチから聞いていたので，果糖が配合された飲料を摂るようにしていた．しかし市販の飲料は果糖の濃度が高いためか，飲んでも胃内に滞留してなかなか吸収されない感じがしたので，2倍程度に薄めてさらにレモンなどを加えて飲んでいた．

フルマラソンでは5km毎にスペシャルドリンクを飲むことができる．著者は5kmから積極的に上述の自作飲料を摂ることを心掛けていた．なぜなら，フルマラソンでは，3kg程度体重が減少する．恐らくその内2kg程度が水分損失によるものであろう．のどが渇いたと思ったときにはすでに血液の濃縮が起きているはずである．血液が濃縮されると血液の粘度が上がり流れが悪くなり，血中の乳酸やアンモニアなどの疲労物質がからだの中に蓄積するといわれている．

そして，激しい練習や長時間のランニングのあと，いくら栄養が大事だからといってもすぐに食事をする気にはならない．著者の経験では，練習終了後の水分補給時にできるだけ早くブドウ糖などの糖質を摂ることが速やかな回復につながるような気がしていた．

しかし，強い練習を行い，さらに練習量が多くなると，骨格筋のみならず，内臓特に消化器系が弱ってくる．実際に1日80kmの練習をしたときなどは，なかなか食欲が戻らず，下痢をしたり，のどの炎症が起こりやすくなっていた．また，腎臓への負担が大きくなっているためか血尿がみられることもあった．このような状態には1日で陥るが，そこからの回復には早くても1週間，遅い場合には2週間以上を

要する場合もあった．

　1991年東京国際女子マラソンで優勝した頃，アミノ酸を紹介された．当時，大学の先生からアミノ酸を摂ることは疲労回復が早くなるから試してみてはどうかと奨められた．現在ではアミノ酸を配合したスペシャルドリンクを給水として利用しているため，疲労感の軽減を図ることができ，後半のタイムが落ちることを防ぎ，気持ちよく走ることができている．また，このアミノ酸はレース後の疲労回復も早いことから，毎日のコンディショニングにも利用している．

［谷川　真理］

18章 女性とトレーニング

近年，女性のスポーツ参加はめざましい勢いで増え続け，競技成績も急激に伸びている．その昔，女性がスポーツ競技会に参加した頃は，たまたま運動能力に優れていた女性が身体トレーニングをする必要のない種目にレクリエーションとして参加した程度であった．アスレチッククラブは男性のみ利用できる施設がほとんどで，女性のための運動プログラムなども用意されていなかった．世界的に女性は家の中で座業を営むものと考えられており，女性の服装がスポーツ活動に機能的でなかったことや女性の体力に対する偏見などによって，女性のスポーツ参加はなかなか認められなかった．1960～1970年代に入り，いろいろな分野で女性が男性同様の権利を得ようという運動が盛んになり，スポーツ分野においてもその動きが活発化した．

近代オリンピックでは，1900年の第2回パリ大会でテニスとゴルフの2競技に12名の女性が初めて参加した．そして，2000年の第27回シドニー大会には参加選手数の42％に当たる約4,400名の女性が参加した．

その昔，女性には運動強度のきつい種目はよくないという理由で，女性の参加を認めなかった種目も，今では多くの種目が女性の参加を認めている．最も大きな変革は1984年のロサンゼルス大会での長距離種目の正式種目化であろう．このときまで「女子には長距離は走れない」という理由で長距離種目が認められていなかったのが，3,000mとマラソンの長距離種目が加えられたのである．また，水泳（競泳）は，これまで女子の最長距離種目は800m自由形であったのが，2001年の世界水泳選手権から男子同様に1,500m自由形種目が加えられた．このように記録競技の種目内容は徐々に男女同等化してきている．現在，オリンピック種目のうち，男性のみの参加を認め女性の参加を認めていないのはボクシング，野球，レスリングだけである．これらの種目も近い将来女性が参加する日が来るであろう．

このように，女性のスポーツ参加の勢いはとどまることを知らないが，その一方で，過度のトレーニングによる障害やドーピングによる問題が増えている．女子のトップアスリートにおいては，通常のスポーツ障害に加えて，初経初来の遅延や各種月経異常が報告されており，1992年アメリカスポーツ医学会は女子スポーツ選手の三大健康障害として，「食行動の異常」，「無月経」，「骨粗鬆症」をあげ，注意を促している．これらの3つの健康障害は，競技に有利な体型を求めて過度に体重や体脂肪を減少させようとして摂食障害に陥り，体脂肪の過度の減少や激しいトレーニングによる身体的・心理的ストレスなどによって運動性無月経をきたし，さらに無月経によって骨代謝を促進させる性ホルモンの分泌が減少して骨強度の低下を生じるというメカニズムからも説明できるように，連鎖的なかかわりがある．記録の向上のためには，心身両面でのオーバーロードのトレーニングが必要であるが，健康を害してしまっては元も子もない．女性は思春期後半から閉経に至るまで月経があり，妊娠，出産を反復できる能力をもっており，生まれつき男性とは身体的，機能的特徴が異なる．女性のスポーツトレーニングはその目的に応じて，休養，栄養に十分配慮しつつ，適切なトレーニングプログラムで実施されるべきである．

［本間　三和子］

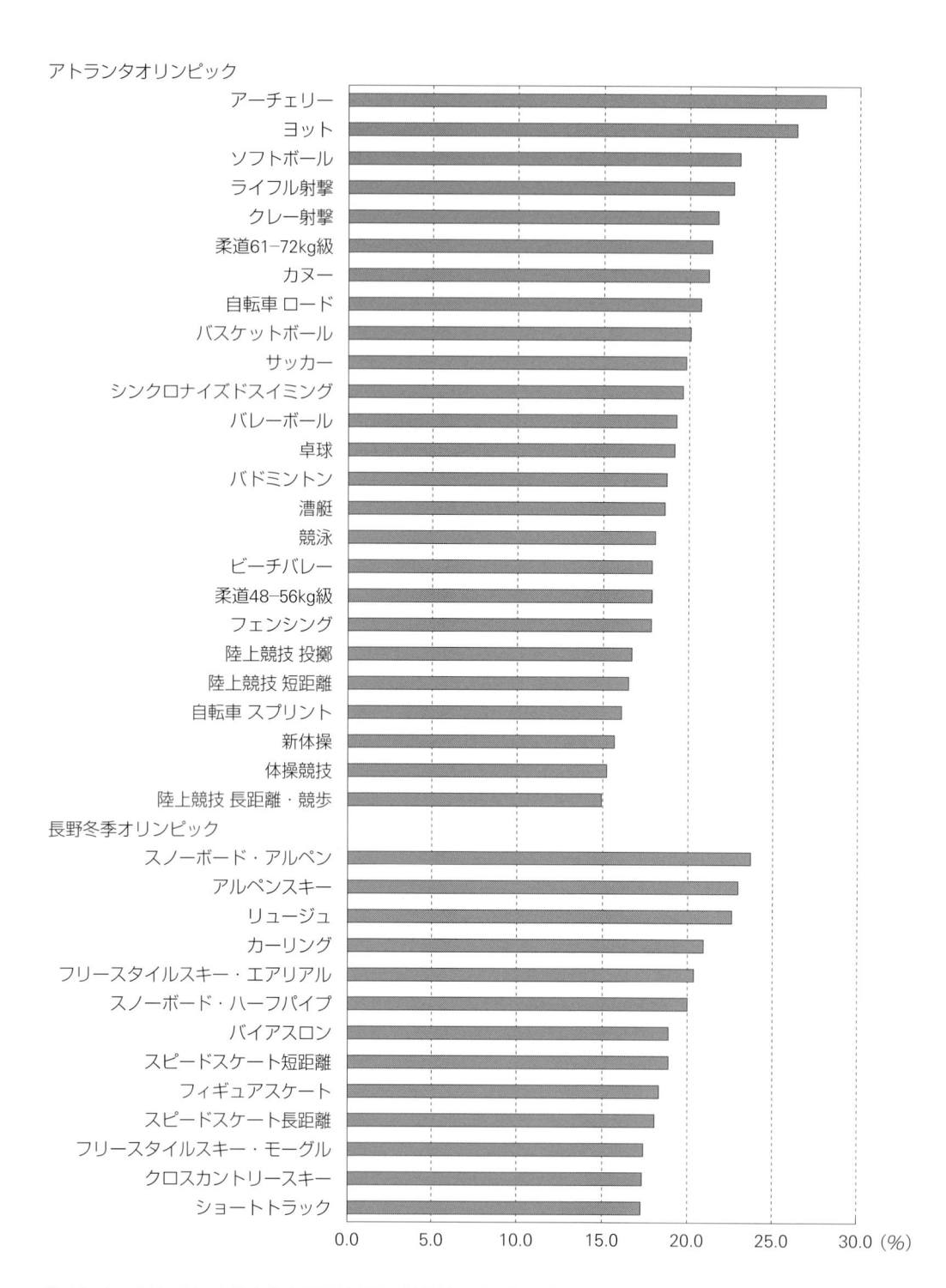

図 18-1　オリンピック日本代表選手（女子）の競技種目別の体脂肪率
（アトランタ大会（1996）および長野冬季大会（1998））（文献 1〜3 より作図）

1．スポーツ種目にみる女性の体組成

1）スポーツパフォーマンスと体組成

　人のからだは，皮下脂肪や内臓脂肪の体脂肪組織と筋，骨，血液，内臓などの除脂肪組織の2種類の組織からなる．スポーツパフォーマンスは筋量と関係が深いため，トレーニング効果の評価を行う際に，体組成がどのように変化したかを考えることが重要である．体組成の最も一般的な指標は体脂肪率（体重に占める体脂肪量の割合）やLBM（除脂肪体重：おもに筋量を示す指標）である．多くのスポーツ種目では，筋力が重要な体力要素の1つであり，筋力は筋量に比例することから，トレーニングによって筋量を増やす必要がある．また，スポーツ種目によっては余分な体脂肪は動きを鈍くしからだに負担をかけるので，過度な体脂肪は不要である．そのため多くのスポーツ選手は筋量を増し，不要な体脂肪を減らすようトレーニングに励んでいる．しかしながら，一般女性の筋力は男性の約60〜70％しかなく，またそのトレーナビリティも男性より低いため，女子スポーツ選手がトレーニングによって筋量を増やすことは容易ではない．

2）スポーツ種目ごとの体組成の特徴

　図18-1および表18-1は，アトランタオリンピック大会（1996年）および長野冬季オリンピック大会（1998年）の日本代表女子選手の種目ごとの平均体脂肪率を示したものである[1〜3]．日本代表選手のみを対象とした測定データであるため，種目によっては対象者数が少ないものもあり，一概にこのデータだけで種目特徴を表していると言い難いが，種目の傾向をうかがい知ることはできよう．体脂肪率は測定方法によって相違の大きいことが指摘されているため，ここでは，JOCオリンピック強化指定選手／代表選手体力測定において同様の方法で測定されたものだけを取り上げて比較することにした．測定値は，超音波Bモード法によって皮下脂肪厚9点を計測し，その和から求められた値である．

　アトランタ夏季オリンピック代表選手の種目別平均値で最も体脂肪率が大きかったのはアーチェリー（27.9％），次にヨット（26.1％）で，この2種目は25％を超え，他の種目より突出して高い値であった．ヨットについては対象者数が2名で標準偏差が非常に大きいことから，2名の個体差の大きいことが読み取れる．2人乗りヨットは，クルーとスキッパーの役割が分担されており，2名はおそらくそれぞれの役割に適した体組成と体格を備えていると推察される．17％未満の小さい値を示したのは，陸上競技投擲，陸上競技短距離，自転車スプリント，新体操，体操競技，陸上競技長距離・競歩であった．最も小さい値であった新体操，体操競技，陸上競技長距離・競歩の3種目は，対象者数が複数で標準偏差が小さいことから，これらの競技種目は体脂肪率の少ないことが種目

---

1) （財）日本オリンピック委員会選手強化本部：第26回オリンピック競技大会（1996/アトランタ）日本代表選手体力測定報告書．1997．
2) （財）日本オリンピック委員会：長野冬季オリンピック大会（1998）日本代表選手体力測定データ．1998．
3) （財）日本水泳連盟医科学委員会：アトランタオリンピック（1996）代表選手体力測定データ．1996．

表 18-1　オリンピック日本代表選手（女子）の体組成
（アトランタ大会（1996）および長野冬季大会（1998））（文献 1 ～ 3 より作表）

	N	身長 (cm)		体重 (kg)		%Fat (%)		T-Fat (kg)		LBM (kg)	
		X	SD	X	SD	X	SD	X	SD	X	SD
アトランタ夏季オリンピック											
アーチェリー	3	162.7	4.41	63.0	5.26	27.9	0.92	17.6	1.41	45.4	4.00
ヨット	2	161.7	3.75	65.8	15.20	26.1	9.83	17.9	10.43	47.8	4.77
ソフトボール	20	165.2	4.78	64.1	6.62	22.9	4.35	14.9	4.24	49.2	3.47
ライフル射撃	3	160.7	3.32	51.4	6.49	22.5	1.49	11.7	2.20	39.8	4.31
クレー射撃	1	164.5	-	48.0	-	21.6	-	10.4	-	37.6	-
柔道61-72kg級	3	162.6	2.66	71.1	4.75	21.3	2.16	15.2	2.59	55.8	2.16
カヌー	6	165.4	3.29	63.2	4.50	21.1	2.56	13.4	2.44	49.8	2.52
自転車ロード	1	159.7	-	49.7	-	20.6	-	10.2	-	39.5	-
バスケットボール	14	175.4	6.39	69.1	6.91	20.1	1.73	13.9	1.97	55.2	5.50
サッカー	20	162.6	3.74	57.3	5.39	19.8	2.21	11.4	2.41	45.9	3.79
シンクロ	10	163.4	3.88	55.7	2.27	19.6	3.01	10.9	-	44.8	-
バレーボール	12	175.4	5.69	67.4	4.64	19.3	2.01	13.0	1.87	54.4	3.53
卓球	4	159.7	6.42	50.5	5.32	19.2	2.97	9.7	1.50	40.8	4.89
バドミントン	6	169.1	4.41	59.9	4.65	18.6	1.52	11.2	1.51	48.7	3.54
漕艇	2	166.8	1.13	58.8	2.97	18.5	0.00	10.9	0.55	47.9	2.42
競泳	14	162.9	5.49	55.0	5.71	18.0	1.74	9.9	1.53	45.0	4.52
ビーチバレー	4	170.2	4.29	57.6	2.61	17.9	1.53	10.3	1.15	47.3	2.05
柔道48-56kg級	3	154.3	7.29	56.1	5.91	17.9	2.21	10.1	1.94	46.0	4.53
フェンシング	3	163.0	3.78	53.9	1.57	17.8	0.51	9.6	0.42	44.3	1.29
陸上競技投擲	1	162.2	-	58.4	-	16.6	-	9.7	-	48.7	-
陸上競技短距離	1	170.7	-	66.0	-	16.4	-	10.8	-	55.2	-
自転車スプリント	1	156.5	-	54.2	-	16.1	-	8.7	-	45.5	-
新体操	2	164.5	0.78	48.5	2.90	15.6	1.20	7.6	1.03	40.9	1.87
体操競技	8	150.3	4.87	41.8	3.51	15.1	1.20	6.3	0.89	35.5	2.76
陸上競技長距離・競歩	7	158.4	4.24	43.9	3.19	14.9	2.00	6.6	1.16	37.3	2.56
長野冬季オリンピック											
アイスホッケー	26	160.5	5.79	58.2	5.36	-	-	-	-	-	-
スノーボードアルペン	3	162.0	4.82	61.1	4.46	23.7	4.47	14.6	3.49	46.6	2.23
アルペンスキー	9	160.8	2.44	61.9	3.15	22.9	2.40	14.2	1.94	47.7	2.15
リュージュ	3	162.4	5.61	59.2	6.70	22.6	2.23	13.4	2.39	45.7	4.71
カーリング	5	158.3	2.59	53.6	2.48	20.9	2.82	11.2	1.86	42.4	1.67
フリースタイルスキーエアリアル	4	159.0	3.65	52.7	1.05	20.4	1.58	10.8	0.74	41.9	1.50
スノーボードハーフパイプ	3	158.9	0.32	55.2	4.95	20.0	2.60	11.0	1.34	44.2	4.86
バイアスロン	7	157.2	4.45	55.2	5.80	18.8	2.63	10.5	2.53	44.7	3.51
スピードスケート短距離	6	162.0	5.19	59.1	3.77	18.7	2.52	11.1	1.60	48.1	3.41
フィギュアスケート	5	158.0	5.60	49.1	3.68	18.3	1.90	9.0	1.34	40.1	2.70
スピードスケート長距離	7	162.8	4.13	58.7	7.64	18.0	1.84	10.6	2.34	48.1	5.55
フリースタイルスキーモーグル	3	162.9	6.26	55.8	2.57	17.4	0.10	9.7	0.50	46.1	2.07
クロスカントリースキー	8	159.2	3.11	52.9	2.63	17.3	2.48	9.2	1.62	43.7	1.88
ショートトラック	8	156.9	2.45	49.2	4.01	17.2	2.07	8.5	1.66	40.7	2.50

N：対象者数，X：平均値，SD：標準偏差，%Fat：体脂肪率，T-Fat (total fat)：総脂肪量，LBM (lean body mass)：除脂肪量

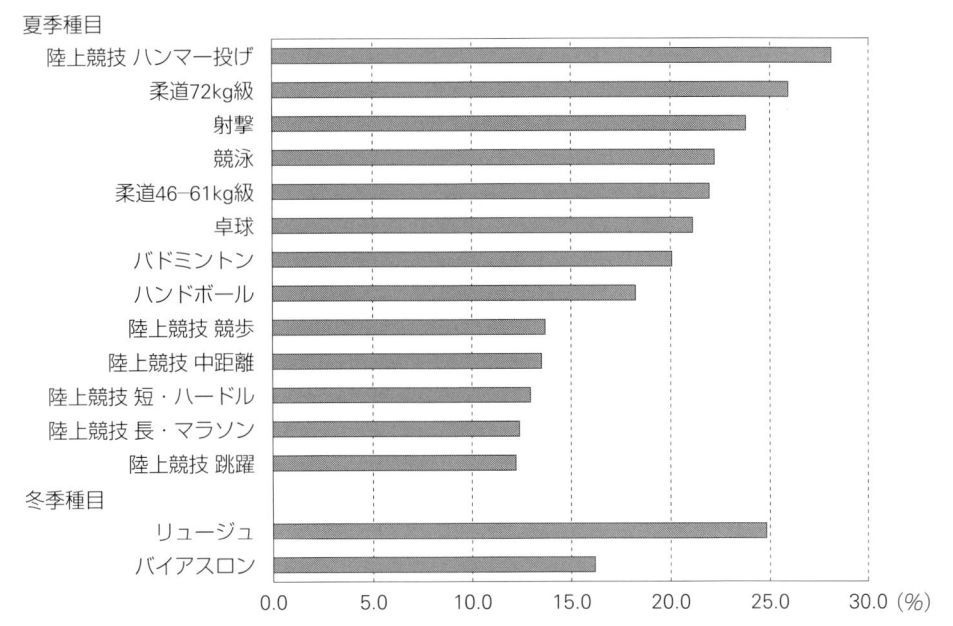

図18-2 平成9年度強化指定選手(女子)の体脂肪率
(文献4より作図)

特性を反映していると考えられよう．

長野冬季オリンピック大会代表選手の種目別の平均体脂肪率をみると，25％を超えた種目はみられなかった．最も大きい値を示したのはスノーボードアルペンで23.7％，次にアルペンスキーの22.9％，リュージュの22.6％と続いた．17％未満の種目はみられなかった．冬季種目においては種目別平均の最大が23.7％，最小が17.2％でその差が6.5％であったのに比べ，夏季種目における最大（27.9％：アーチェリー）と最小（14.9％：陸上長距離・競歩）の差は13％と非常に大きな相違がみられた．

図18-2は平成9（1997）年度JOC強化指定女子選手の種目別平均体脂肪率である[4]．測定を実施した競技種目が限られていたが，陸上競技ハンマー投げの選手（N＝1）が28.2％で最も大きく，次いで柔道72kg超級25.9％（N＝1），リュージュ24.8％（N＝2），射撃23.8％（N＝2），競泳22.2％（N＝8），柔道46～61kg級22.0％（N＝2）と続いた．少なかったのは陸上競技競歩13.7％（N＝1），中距離13.6％（N＝1），短距離・ハードル13.0％（N＝10），長距離・マラソン12.4％（N＝1），跳躍12.2％（N＝1）で，ハンマー投げ以外の陸上競技選手は12～13％台と非常に低値であった．

これらのデータを総合すると，オリンピック日本代表女子選手の大部分が15～23％の間に分布している．体重階級制の柔道重量級や瞬発的なハイパワーを要する陸上のハンマー投げ，そしてアーチェリー，ライフル射撃などの運動量の少ない種目の選手の体脂肪率が高く，新体操，体操競技，陸上競技長距離・競歩の選手の体脂肪率が12～15％で非常に小さい傾向にあることがわかった．ただ

4)(財)日本オリンピック委員会：平成9（1997）年度
オリンピック強化指定選手体力測定データ．1997．

表 18-2　外国文献による一流女子スポーツ選手の最大酸素摂取量
(山地啓司：最大酸素摂取量の科学. p66, 杏林書院, 1992, Wells CL : Women, Sport, & Performance. p294, Human Kinetics, 1991)

	$\dot{V}O_2max$ (mL/kg/分)	
	a：山地(1992)	b：Wells(1992)
マラソン	—	59.2／72.5
陸上・長距離	68.8	58.6／66.4
クロスカントリースキー	68.2	61.5／63.8
ボート競技	—	60.3
体操競技	61.8	42.5／62.8
陸上・中距離	61.0	68.0
オリエンテーリング	59.8	46.1
バレーボール	56.0	41.7／50.6
競泳	55.2	43.4／49.5
スピードスケート	54.5	46.1
アルペンスキー	52.7	52.7
フィールドホッケー	51.7	—
自転車競技	50.2	—
テニス	50.2	—
バスケットボール	49.6	—
カヌー	49.2	—
陸上・五種競技	49.0	—
フィギュアスケート	48.9	—
ソフトボール	45.4	—
シンクロナイズドスイミング	—	43.2
陸上・短距離	43.0	—

し，柔道重量級や陸上のハンマー投げの選手は体重が大きいため，体脂肪率は高いが絶対筋量も多い．また，冬季種目においては種目数が少ないこともあって，種目間の体脂肪率の相違が少ないことも特徴であった．

2．スポーツ種目にみる女性の最大酸素摂取量

1）最大酸素摂取量

最大酸素摂取量（$\dot{V}O_2max$）はエアロビックパワー（有酸素的パワー）の代表的な指標である．陸上競技のマラソンやクロスカントリースキーのような長時間の運動種目の選手は，この能力が優れていることがよく知られている．このような持久性を要する種目では，定期的に最大酸素摂取量を測定し，トレーニング効果を確認し，トレーニング内容を再検討するための有用なデータとして用いている．最大酸素摂取量は対象者の体格の大きさと関係が深く，筋量に比例するといわれているため，本来最も望ましいのは対象者の筋量1kg当たりの相対値で示すことである．しかし，筋量の測定を簡便に行うことが難しいため，筋量と関係の深い体重を用いて，体重1kg当たりの最大酸素摂取量（mL/kg/分）を指標とするのが一般的である．一般的に，女性の酸素摂取量は男性よりも筋量が少なく

体格が小さいこともあって，男性より約30％低い．

2）スポーツ種目ごとの最大酸素摂取量

　種目ごとに一流選手の最大酸素摂取量の値を比較することによって，種目特性を探ることができる．たとえば，最大酸素摂取量の多い選手の種目はエアロビックパワーが重要な体力要素である．しかし，山地[5]はスポーツ選手の最大酸素摂取量を比較する上で，次の7つのことを留意しなければならないとしている．①対象者の競技水準と人数，②最大酸素摂取量の再現性，③最大酸素摂取量測定の運動様式，④絶対値（L/分）か相対値か（mL/kg/分），⑤ポジション，⑥シーズン中とシーズン・オフ，⑦最大酸素摂取量とパフォーマンス．種目間の比較，検討を行う際にはこれらのことを考慮する必要があろう．

　表18-2は，ある条件のもとに山地[5]によって抽出された女子一流選手の最大酸素摂取量，およびWells[6]がまとめた種目別の最大酸素摂取量から女子一流選手だけを抜き出したものである．これらは，ほとんどが1970～1980年代のデータである．それによると，最大酸素摂取量の最も大きい種目はマラソンで，文献によっては59.2mL/kg/分と72.5mL/kg/分が報告されている．次いで，陸上競技の長距離で58.6，66.4，68.8mL/kg/分，クロスカントリースキー61.5，63.8mL/kg/分，ボート競技60.3mL/kg/分，体操競技61.8，42.5，62.8mL/kg/分，陸上競技中距離61.0，68.0mL/kg/分の報告がある．また，最大酸素摂取量が小さい種目には，陸上競技・短距離43.0mL/kg/分，シンクロナイズドスイミング43.2mL/kg/分，ソフトボール45.4mL/kg/分などが挙げられた．

　表18-3は，日本の一流女子スポーツ選手の最大酸素摂取量をまとめたものである．いずれも1996～1998年の測定データである[1,4,7]．最も値の大きい種目は陸上競技の長距離・マラソンで，体重当たりの最大酸素摂取量は62.1mL/kg/分であった．次いで，陸上競技・競歩が57.6mL/kg/分，ホッケーが57.4mL/kg/分，競泳のアトランタオリンピック代表が54.9mL/kg/分であった．競泳においては，1996年および1997年のデータの標準偏差が大きいことから，長距離選手と短距離選手の間に相違があるのではないかと予想される．最も少なかったのは射撃の33.3mL/kg/分で，他の種目と大きな差がみられた．これらのことより，長距離種目，ホッケーのような球技種目，バイアスロンのような長時間の運動種目の選手のエアロビックパワーが高く，これらの競技種目においてはエアロビックパワーが重要な体力因子であると考えられる．一方で，射撃は運動強度が小さく，エアロビックパワーをあまり必要としない種目であるといえよう．

---

1) (財)日本オリンピック委員会選手強化本部：第26回オリンピック競技大会(1996/アトランタ)日本代表選手体力測定報告書．1997．

4) (財)日本オリンピック委員会：平成9（1997）年度オリンピック強化指定選手体力測定データ．1997．

5) 山地啓司：最大酸素摂取量の科学．p66，杏林書院，1992．

6) Wells CL：Women, Sport & Performance．p294，Human Kinetics，1991．

7) (財)日本水泳連盟医科学委員会：アジア大会(1998)日本代表選手体力測定データ．1998．

表 18-3　日本一流女子スポーツ選手の最大酸素摂取量

	測定年度*	対象者数	$\dot{V}O_2max$ (mL/kg/分)	SD
陸上競技長距離・マラソン	1997	2	62.1	6.64
陸上競技競歩	1997	1	57.6	—
ホッケー	1997	11	57.4	2.62
競泳	1996	8	54.9	10.02
バイアスロン	1997	7	54.7	2.90
競泳	1998	9	54.1	2.90
シンクロナイズドスイミング	1996	10	51.7	2.23
バンドボール	1997	17	50.2	4.03
卓球	1997	6	49.2	2.89
陸上競技短距離・ハードル	1997	6	47.2	3.02
競泳	1997	5	47.1	9.01
リュージュ	1997	3	43.2	3.64
射撃	1997	2	33.3	3.14

*：(財)日本水泳連盟医科学委員会：アジア大会(1998)日本代表選手体力測定データ．1998．
　(財)日本オリンピック委員会：平成9(1997)年度オリンピック強化指定選手体力測定データ．1997．
　(財)日本オリンピック委員会選手強化本部：第26回オリンピック競技大会(1996／アトランタ)日本代表選手体力測定報告書．1997．
$\dot{V}O_2max$：体重1kg当たりの最大酸素摂取量，SD：標準偏差

3．女子スポーツ選手の減量と体組成

　多くのスポーツ種目においてスポーツパフォーマンスを向上させるには，筋量を増やして不要な体脂肪を減らすのがよいと考えられている．トップアスリートは，種目ごとにそれぞれの理想の体組成になるようにトレーニングと栄養管理によって体組成を調節する．体重が大きい方が有利な種目やシンクロナイズドスイミングなどのほんの一部の種目を除いて，ほとんどの女子スポーツ選手は現状の体重と体脂肪を減らす減量を行っている．女性は男性に比較すると脂肪組織が多く代謝率が低い．また，からだが小さくカロリーの消費も男性より少ないことから女性は減量しにくい体質である．そのため，女子選手は減量のために絶食する者が多いともいわれている[8]．

　アメリカオリンピック委員会によれば，健康的な女性の体脂肪率は20〜22％であるが，多くの女子選手やコーチは体脂肪率を10〜14％もしくはそれ以下にしようとしているという[8]．女子選手の場合は体脂肪を落とすのが容易でないことから，減量の方法として不食や偏食といった非健康的な食行動を取る場合が多い．無理な減量から摂食障害や無月経を引き起こし，結果的にはパフォーマンスの低下につながるリスクがあることが指摘されている．

　女子選手の過度の減量は性ホルモンのバランスが崩れたり，月経異常が起こったり，骨密度の低下がみられることがあるため，慎重に計画的に行わなければならない．また，急速に減量すると筋力の著しい低下を招くため，スポーツ選手

の減量は時間をかけて行うことがよい．誤った減量で健康を害しパフォーマンスの低下を防ぐためにも，管理栄養士やトレーナーの適切な指導の下で体組成やパフォーマンスの管理を同時に行いながら減量を進めることが望ましい．

理想的な取り組みの例として，ある実業団女子バレーボールチームのウェイトコントロールの実践報告があるので紹介したい[9]．このチームではアシスタントトレーナーとして管理栄養士を置き，選手の適正体脂肪率を13～16％と定めて栄養管理，トレーニング，休養に配慮して，筋肉づくりとウェイトコントロールを実施している．高校を卒業して実業団に入社したばかりの新人選手の多くは，3年生の秋ごろに引退し卒業するまでの数カ月間に体重が過剰に増えた状態になる．そこで，これまでのチームの蓄積データから基礎代謝量とエネルギー消費量を割り出し1日のエネルギー所要量を3,100kcalと設定し，バランスのとれた栄養価の高い食事を工夫して摂らせている．こうして，食事の管理と練習量の増加によって，新人選手は約3カ月で除脂肪体重が大幅に増え，体脂肪率が減少し（入社時の平均20.8％→3カ月後平均16.5％），ウェイトコントロールを成功させている．

4．運動性無月経

運動性無月経とは，恒常的に行われる激しいトレーニングによって整順であった月経が停止し，無月経となることである．この要因として，①精神的・身体的ストレス，②体重（体脂肪）の減少，③ホルモン環境の変化などが挙げられ，これらが相互に関与し月経異常をきたす．激しいトレーニングそのものやチーム間，指導者との関係などによる緊張感や不安といった心理的ストレスがホルモンの変調をきたし，月経異常を引き起こす要因となる．また，過度のダイエットやトレーニングによって体脂肪が必要以上に減少すると，性ホルモン代謝に異常をきたし，月経異常を引き起こす要因になる．さらには，長期にわたる過密なトレーニングによる疲弊から体力が消耗し，身体的ストレスが増し内分泌異常をきたし，月経異常をもたらす要因ともなる．

これまでのスポーツ選手の月経異常に関する研究によれば，体脂肪が少ない種目の選手，およびトレーニング量が多い種目の選手ほど月経異常率が高いことが報告され，長期にわたる激しいトレーニングが月経異常に影響を及ぼすことが指摘されている．種目別には採点競技系の体操競技や新体操，および長距離走の選手に無月経が多くみられる．またこれらの種目の選手には摂食障害も多くみられ，摂食障害と月経異常には深い関連がある．

また，女子長距離選手には他種目と比して疲労骨折を起こす者が高い割合でみられ，疲労骨折を起こした選手に無月経や月経周期異常をきたしている者が多い．無月経は，骨代謝を促進する性ホルモンのエストロゲンの分泌を減らすため，骨密度の低下や骨量の減少をもたらすことがある．他方で，疲労骨折を起こした選手と起こさなかった選手の骨密度を比べた結果，疲労骨折を起こした選手らの骨密度が有意に低かったことが報告されている．

---

8) トレーニングジャーナル，1：84，2000．　　9) 篠原孝子：コーチングクリニック，12：12，2000．

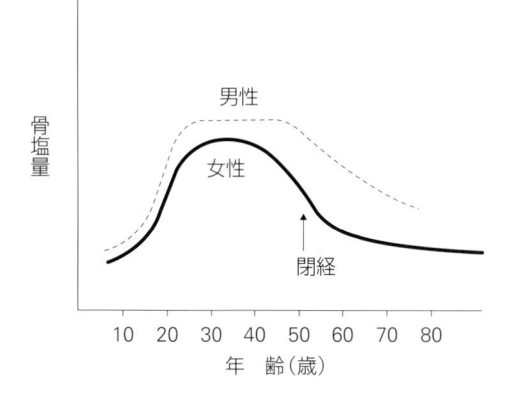

図18-3 骨塩量の経時的変化パターン
(安部孝ら編:これからの健康とスポーツの科学. p99, 講談社, 2000)

このように,無月経などの月経異常が,パフォーマンスの低下につながる可能性があることを指導者は認識し,女子選手の指導にあたるべきである.著者の経験では,思春期の選手が無月経や月経周期異常になった場合,医学的見地からの健康障害を心配することも重要であるが,それ以上に選手自身の不安が大きいことを理解し,適切な措置を講ずるよう指導者は配慮すべきである.無月経などの月経異常によって選手が抱える心理的ストレスは,トレーニング効果によい影響を与えることはなく,パフォーマンスの停滞や低下の原因になる.指導者は普段から選手の健康状態や月経周期にも注意を払い,無月経が3カ月以上続く場合には,専門医に相談するなどの措置をとることが望ましい.

5. 女性の運動の骨密度への影響

骨の強さは,骨量,骨密度,骨塩量などを尺度として評価することができる.これまでの研究から,スポーツ選手や運動を習慣的に実施している者の骨強度は,運動習慣のない同年代の者よりも強いことが明らかとなっており,運動が骨を強くすることが知られている.なぜ運動が骨を強くするのかというと,運動することによって骨に力学的な荷重負荷が発生し,骨を刺激するからである.しかし,運動の種類によって力学的荷重負荷の性質が異なり,それのかかる部位も異なるため,スポーツ種目の動作特性によって骨への刺激の程度や刺激を受ける部位が異なる.たとえば,脚にあまり荷重負荷のかからない水泳選手と脚への荷重負荷の大きい跳躍選手を比較すると,跳躍選手の下肢の骨密度が水泳選手のそれよりも有意に大きかったという研究報告[10]や,ラケット種目選手の利き腕と非利き腕の骨密度を比較すると,利き腕の方が骨密度が高かったという報告[11]などから,運動時の荷重骨の骨強度が高まることが明らかとされている.

運動が骨を強くするというプラスの影響がある一方で,運動によっては必ずしも骨によい影響を及ぼさないこともある.女子長距離ランナーは骨密度が低く,疲労骨折が多いことで知られている.また,バレエダンサーの骨量の低いことも指摘されている.バレエダンサーや長距離ランナーは体重が軽く体脂肪率が低い方が競技に有利と考えられており,強いやせ願望による食行動異常も数多く報告

されている．女子長距離ランナーやバレエダンサーにみられる骨密度や骨量の低下のメカニズムは，このような食行動異常によって，もしくは長時間の運動によるエネルギー消費がかなり大きいことによって，体重と体脂肪率が減少し，月経異常（無月経や月経周期不順）を招き，骨代謝を促進させる作用のあるエストロゲンの分泌が減少し骨吸収（骨組織の破壊）が高まることによる．

　図18-3は骨塩量の経年変化を示したものである[12]．女性の骨塩量は20歳代でピーク値を示し，その後徐々に減少していき，80歳ごろにはピーク時の1/2に減少する．前述したように，骨代謝には性ホルモンのエストロゲンが促進的に作用していることから，女性においては閉経してエストロゲンの分泌量が減少すると骨吸収が早まり，閉経後に骨塩量が急激に低下するのが特徴である．それゆえ，女性は更年期を過ぎると骨強度が低下するので特に注意が必要である．女性に発症しやすい骨粗鬆症や老化に伴う骨強度の低下を防ぐには，運動などによって30歳ごろまでに骨塩量のピーク値を高くしておき，その後も運動を継続して行うのが望ましいと思われる．

［本間　三和子］

10）丸野亮子：大学女子スポーツ選手の骨密度及び骨形態：スポーツ種目との関係．筑波大学大学院修士課程体育研究科修士論文，2001．
11）呉　堅ら：臨床スポーツ医学，12：728，1995．
12）安部孝ら編：これからの健康とスポーツの科学．p99，講談社，2000．

18章 トレーニング生理学 競技者報告

シンクロナイズドスイミングにおいてトレーニングと身体組成の維持にどのように取り組んだか

　ここでは，2000年シドニーオリンピックへ向けて実施したシンクロチームの取り組みを紹介する．シンクロナイズドスイミング（以下シンクロ）選手のからだづくりの目的は，図18-4に示したように3種類に大別できる．1つは，「美しく見せるため」，「強く見せるため」といった見せるためのからだづくり．2つ目は，「切れのよい動きをするため」，「伸びのある動きをするため」，「多様な動きをするため」，「素早い動きをするため」，「力強い動きをするため」といった動きのためのからだづくり．そして3つ目は，「量・質的にハードなトレーニングを効果的にこなすため」，「トレーニングや競技で故障しないため」といった故障しないため・トレーニング効果を得るためのからだづくりである．3つは独立したものではなく，それらは相互に関連しあっており，からだづくりの最終目的はパフォーマンスの向上である．

　日本シンクロチームはシドニー対策として，1998年より専門のトレーナーを置き，まずは故障しないからだをつくること，ハードなトレーニングに耐えうる頑丈なからだをつくることを第1に，筋力トレーニング，マットトレーニング，メディシンボールエクササイズなどの陸上でのコンディショニングトレーニングに取り組んだ．徐々に頑強なからだができてくると，次には見せるため，および動きのためのからだづくりに重点を置き，パフォーマンスに直結するトレーニング内容に移行した．

　これまで，シンクロ選手は20％前後の体脂肪率が必要といわれてきた．しかし，近年，演技が非常にダイナミックになり，パワフルでスピーディな内容の演技に評価が高まるようになった．その結果，シンクロ選手の体組成もずいぶん変化してきた．シドニーオリンピック代表選手の平均体脂肪率をみると，オリンピッ

見せるためのからだづくり
- 美しく見せる
- 強く見せる
- デザインをクリアに見せる
- 伸びやかに見せる
- 大きく見せる

動きのためのからだづくり
- 切れのよい動き
- 伸びのある動き
- ばねのある動き
- 可動範囲の大きい動き
- 多様な動き
- 素早い動き
- 力強い動き

パフォーマンスの向上

故障しないため・トレーニング効果を得るためのからだづくり
- 頑丈でタフなからだ
- しっかりと食べられるからだ
- 粘り強くスタミナのあるからだ
- 頑強で壊れにくいからだ
- 回復力の強いからだ

図18-4　シンクロナイズドスイミングにおけるからだづくり

ク直後の2000年10月と1年3カ月前の1999年7月にキャリパー法で測定した体脂肪率はいずれも16%台（2000：16.85±1.23，1999：16.62±1.24）であった．インピーダンス体脂肪計（TANITA，アスリートモード）による体脂肪率は，2000年が18.31±2.46%，1999年が20.93±1.65%であった．また，オリンピック3カ月前（2000年6月）に超音波Bモード法によって得られた体脂肪率は平均18.60±1.77%であった．体脂肪率は，測定法によって若干差が生じるため一概に比較できないが，オリンピック代表選手のデータから，シンクロ一流選手の体脂肪率は16〜18%程度であるといえる．ちなみにオリンピック代表選手の身長は165.34±3.60cm，体重54.62±3.93kg（オリンピック直後）であった．

　シンクロ競技において，この体脂肪率を維持すべきであるという理想値や目標値は特にない．個々の選手のトレーニングの結果，最も動きのキレがよく，身体高が高く，ベストパフォーマンスを発揮できたときの体組成が結果的に理想値となる．また，戦術上，からだを大きく見せることが有利になるため，動きを損なわない程度のからだの大きさが必要である．これは獲得できる浮力にも影響するので，からだのボリュームを大きくすることもトレーニング上，重要なことである．

［本間　三和子］

19章 環境とトレーニング

通常，環境とは物理的環境を指す．すなわち，温度（暑さ，寒さ），圧力（高圧，低圧，あるいは高酸素，低酸素），加速度（重力を含む），日射，力学的エネルギー（音，振動など），リズムなどである．運動・トレーニングとの関連が明確なものも，はっきりしないものもある．たとえば，トレーニングによって暑さや寒さに強くなる，つまり正の交叉適応が生じるという報告が多い[1]が，否定的な研究も少なくない．トレーニング方法など実験条件の違いがこの食い違いの大きな原因と考えられる．

この分野で現在注目を浴びているのは，低酸素環境と無重力状態であろう．前者は高地トレーニング，登山，後者は宇宙飛行を意味する．遅ればせながら，分子生物学がこの領域にも参入してきた．すなわち，アンギオテンシン転換酵素（angiotensin-converting enzyme：ACE）の対立遺伝子（allele）が一流の登山家に優位に存在することが明らかになった．血管内皮細胞に存在するACEは，アンギオテンシンⅠ（AⅠ）を強い生理活性をもつアンギオテンシンⅡ（AⅡ）に変換する．AⅡは細動脈を収縮し，飲水行動，バソプレッシン（AVP），ACTH分泌を促進する．加えて，心血管系組織をはじめとするさまざまな細胞における肥大・増殖，または分化・成長という生理作用も明らかになってきた．ACE遺伝子は第17染色体q23にあり，大きさは21kbで26エクソンからなる．イントロン16に287塩基対の挿入／欠失による制限酵素断片長多型があり，Alu様配列を有するものはⅠ（insertion）allele，もたないものはD（deletion）alleleと呼ばれている．

25名の一流英国人男性登山家（7,000m以上の高山に無酸素の登山歴がある）のうがい液中からDNAを抽出し，PCR法により測定されたACEの遺伝子型は，一般英国人と比較してⅡ型の占める割合が登山家で有意に高く，逆にDD型は著しい低値を示す[2]．特に，無酸素で8,000m峰の登頂を果たした15名には，DD型がまったく認められない．ID型には差がみられない．こうして，超高所登山の際には，ACE遺伝子による隊員のスクリーニングが行われる可能性が出てきた．DD allele所有者にとってはショッキングなことに違いない．

高地トレーニングでも，赤血球産生を刺激する糖タンパク質ホルモンであるエリスロポエチン（erythropoietin：EPO）遺伝子が急性低酸素暴露での発現が高い人ほどトレーニング効果が大きいことが示唆されている．EPO遺伝子も高地トレーニング・スクリーニングの有力なツールになる可能性がある[3]．

宇宙飛行で出現する骨格筋萎縮にmyocyte-specific enhancer binding factor 2C（MEF 2C）遺伝子が関与している[4]ことなどもあわせると，今後，分子生物学が「環境とトレーニング」研究の主流になることは疑いがないであろう．

［大野　秀樹］

---

1) 依田珠江ら：Q&A運動と遺伝（大野秀樹ら編）．p246，大修館書店，2001．
2) Montgomery HE et al：Nature, 393：221, 1998.
3) Chapman RF et al：J Appl Physiol, 85：1448, 1998.
4) Yamakuchi M et al：FEBS Lett, 477：135, 2000．

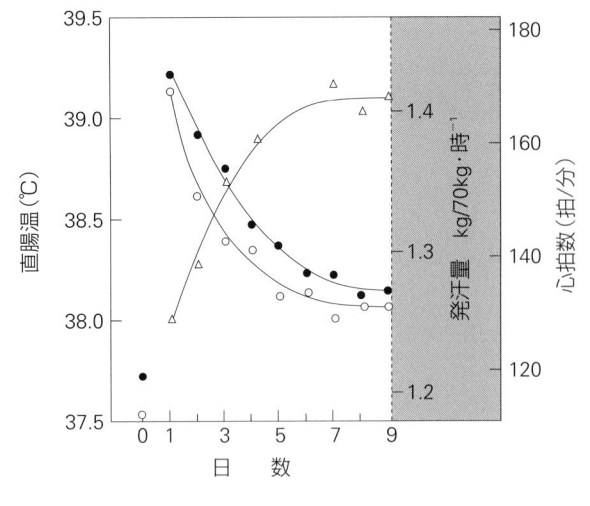

図 19-1　1 日 100 分，連続 9 日間の暑熱—運動暴露期間中の平均直腸温●，心拍数○，発汗量△
初日は涼しい環境で毎時 300kcal のトレッドミル歩行を行った．その後，毎日の運動は 48.9℃（湿球温 26.7℃）の暑熱環境下で行った．
(Lind AR et al：Fed Proc, 22：704, 1963)

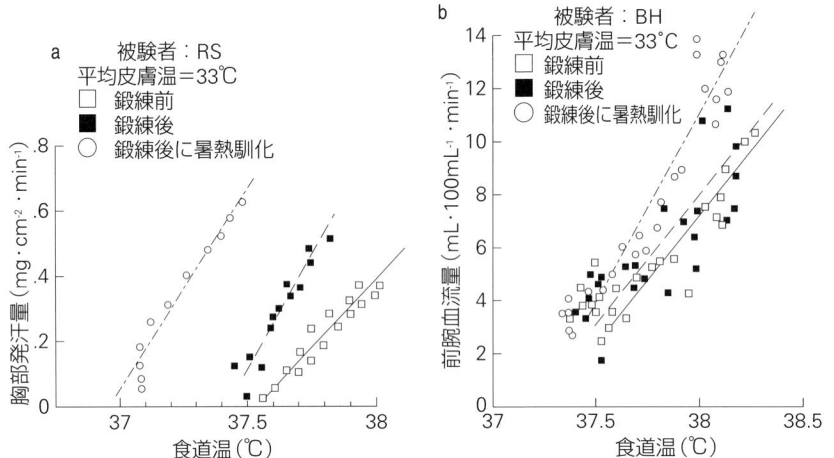

図 19-2　トレーニング前後とその後の暑熱環境馴化トレーニング後に実施した運動時（25℃環境下での 60 〜 70％$\dot{V}o_2$max 自転車運動）における食道温と胸部発汗量(a)および前腕血流量(b)の関係
トレーニングは 25℃下での 1 日 60 分間の 75％$\dot{V}o_2$max 自転車運動を 10 日間，その後の暑熱馴化トレーニングは 35℃，80％rh 下での 1 日 60 分間の 50％$\dot{V}o_2$max 自転車運動である．
(Roberts MF et al：J Appl Physiol, 43：133, 1977)

1. 温熱環境下の身体適応

　　快適な環境では，ヒトが体温を維持するための生体負担はきわめて軽微であるが，暑熱環境になると皮膚温の上昇，皮膚血管の拡張，発汗量の増加，心拍数の増加，体温の上昇など生理的負担度が増加する．しかし，暑熱暴露（軽い運動を伴う場合を含む）を繰り返すと生理的な適応反応が起こり，暑熱耐性が改善する．これは暑熱馴化と呼ばれる．**図 19-1** に 9 日間連続して運動—暑熱暴露したときの暑熱馴化の典型例を示す[5]．馴化前には発汗量は少なく，直腸温，心拍数ともに高い値を示したが，9 日目には発汗量の増加と直腸温・心拍数の低下が観

察される．おもな馴化は最初の数日間で起こることがわかる．

図19-2に示すように，暑熱馴化によって発汗および皮膚血管拡張が開始する閾値体温は低下し，それぞれの感度（反応量／体温変化）は増加することが認められる[6]．これらは中枢性機構の改善を示しているが，同時に末梢性機構として汗腺そのものも暑熱馴化により変化する．暑熱馴化後にメタコリン（汗腺刺激剤）皮下注入テストを行った結果，発汗量の増加は活動汗腺数の増加ではなく，単一汗腺あたりの汗出力増大によることを認めている[7]．

すなわち，暑熱馴化により汗腺のコリン感受性の亢進が示唆される．暑熱馴化によって皮膚血流量が増加し，体深部から体表面への熱移動量が増加し，皮膚温は高く維持される．発汗量の増加は特に四肢部で著しいことが知られ，皮膚からの蒸発性の熱放散を向上する．その結果，同じ暑熱環境で運動を行っても，体温の上昇度は少ない状態で体温調節が可能になる．発汗によって体液量が減少すると，ADH分泌が増加して腎尿細管での水分の再吸収を増加させ，尿量を減少させて代償する．口渇によって飲水量が増加し，体液量は回復する．さらに，暑熱馴化により汗中の塩分濃度が低下する．これは，汗腺のアルドステロン感受性が亢進したことによるものである．暑熱馴化が形成されると，初期の体液量（循環血漿量）が増加するため，1回拍出量が高く，心拍数は低く保持される．暑熱馴化によって起こる体温調節機能の適応的変化は，体液調節機能および体液量の変化を伴っている．このような暑熱馴化の効果は，快適な温度環境に戻ると2〜3週間以内に消失するといわれている．

2．寒冷環境下の身体適応

ヒトの寒冷暴露に対する適応能力は，動物に比べるとかなり低い．実際には寒さを避けその影響を最小限にするために，衣服や住居が工夫されている．極北の住人イヌイットが着用する衣服によって，寒冷に暴露されても彼らの衣服内の微気候は，現在のわれわれとほぼ同じ快適な状態を保つことができる．

体毛がない人は基本的に熱帯型動物である．しかし，たとえば，韓国と日本南部の女性の潜水者である海女にみられる寒冷馴化に関する研究がある．これらの女性は魚介類を取るため，冬でも冷水の海中に潜り，毎日長時間の寒冷暴露により耐寒性を獲得している．それは安静時代謝が一般人に比べ約25％増加していることと，体脂肪が普通の人とほぼ同じであるにもかかわらず，体深部から皮膚への熱を遮断する皮膚血管収縮能力によるものと考えられている．

基礎代謝量の月平均気温との関係を示した図19-3からわかるように，寒い地域で生活している人ほど基礎代謝は高く，暖かい地域で生活している人ほど低い．このような代謝量の亢進は，冬にノルアドレナリンの分泌が高まることから，脂肪をエネルギー基質とした非ふるえ熱産生（non-shivering thermogenesis）によるものである．このように，寒冷環境に適応する方法として，代謝量を亢進させるものを代謝型馴化と呼んでいる．ヒトの寒冷馴化の最も

---

5) Lind AR et al : Fed Proc, 22 : 704, 1963.
6) Roberts MF et al : J Appl Physiol, 43 : 133, 1977.
7) Inoue Y et al : Int J Biometeorol, 42 : 210, 1999.

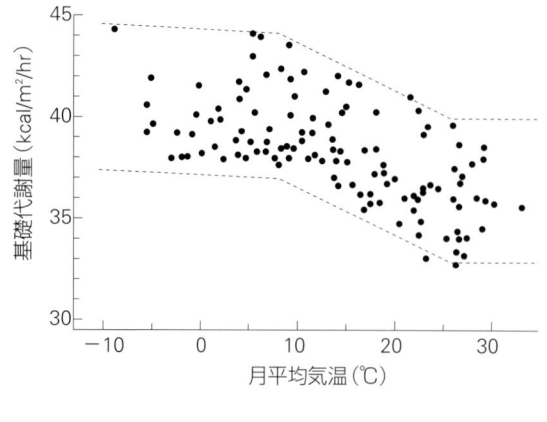

図19-3 基礎代謝量とその測定時の月平均気温との関係
(佐々木隆:新生理学大系22, p73, 医学書院, 1987)

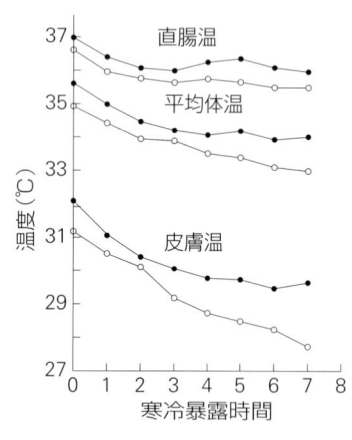

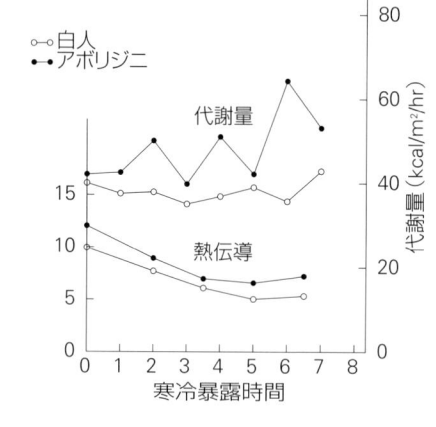

図19-4 オーストラリア・アボリジニの寒冷反応
気温3℃, 3.4クローの状態での睡眠実験結果

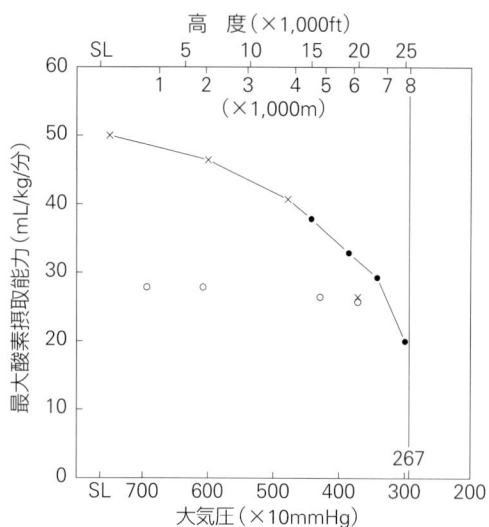

図19-5 高度, 大気圧と最大酸素摂取能力の関係
○:通常登山運動時, ●:ヒマラヤ遠征時(1960/1961), ×:エベレスト遠征の最大運動時, SL=海面
(浅野勝己:登山医学, 14:50, 1994)

一般的なものである.
　一方,寒さに暴露されても代謝量を亢進させないオーストラリア原住民にみられる適応は,断熱型馴化とよばれている.**図19-4**に示すように,白人は寒冷刺激に対して代謝量を亢進するのに対し,原住民はもっぱら皮膚血管収縮反応によ

る体表面への熱の移動量を最低限にすることで適応している．さらに慣れによる冬眠型馴化と呼ばれる適応を示す者もいる．ヤーガン族（アラカルフ原住民）は余分な熱産生はしないが，裸足で雪の上を歩きまわっても平気である．これは寒冷に対する皮膚感覚の慣れが強いことを表している．

寒冷への身体適応には，末梢性の適応も現れる．冷水に手指を浸漬させたとき，体熱が失われるが低温による組織損傷を防ぐ反応として，寒冷血管拡張反応（cold-induced vasodilation：CIVD）が生じ，皮膚血流量は著しく増加する[8]．手足を繰り返し寒冷暴露するとCIVDは増強され，局所性の寒冷馴化を示す．このような現象は寒い屋外でトレーニングを行っている選手などや，寒さの中で漁網や魚を取り扱う漁師でよくみられている．

[平田　耕造]

3．低圧，低酸素環境下の身体適応／登山と身体適応

低圧，低酸素環境下および登山時の身体適応について，呼吸機能（最大酸素摂取能），循環機能，および内分泌機能（エリスロポエチン，ACTH，あるいは，ADH）における影響について述べる．

1）呼吸機能

(1) 最大酸素摂取能

低圧，低酸素状態が強くなるほど（高度が上昇するほど），最大酸素摂取能は指数関数的に減少する（図19-5）．すなわち，1,500m以上から1,000m上昇ごとに，最大酸素摂取能は約10％の低減を示し，富士山頂では約20％，6,000m峰では約50％減少する．登山活動に要する酸素摂取量は，高度に関係なくほぼ一定値（20～30mL/kg/分）を必要としているために，高度上昇に伴って，登山時の運動強度（最大酸素摂取量に対する比率）は，次第に増大することになる．したがって，あらかじめ最大酸素摂取能を向上しておくことによって，登山時の運動強度を相対的に低下させ，低酸素耐性を高めることが可能となると思われる[9]．

高峰登山に成功するには，高所順応および平地での運動能力の向上が大切である．平地での運動能力の向上の最も信頼できるマーカーの1つに最大酸素摂取量（$\dot{V}O_2max$）がある．超高所での$\dot{V}O_2max$に影響を及ぼす因子を図19-6に示す．

大気圧の影響が大で，5％の上昇で最大酸素摂取量は25％増大する．エベレスト山頂の夏の大気圧は，冬に比べて平均11.5torrも高く，最大酸素摂取量も増加する．そのため，無酸素登山の場合には，登頂日時の選定が成功の鍵となる．エベレスト登頂に成功したMessnerらが選択した5月や10月は，モンスーン前後と気象条件がよく，気圧も比較的高いので，エベレスト無酸素登山には絶好の時期である[10]．

---

8) LeBlanc J : Man in the Cold. Charles CT ed, Springfield, 1975.

9) 浅野勝己：登山医学，14：50，1994.

10) 大野秀樹ら：登山医学，17：1，1997.

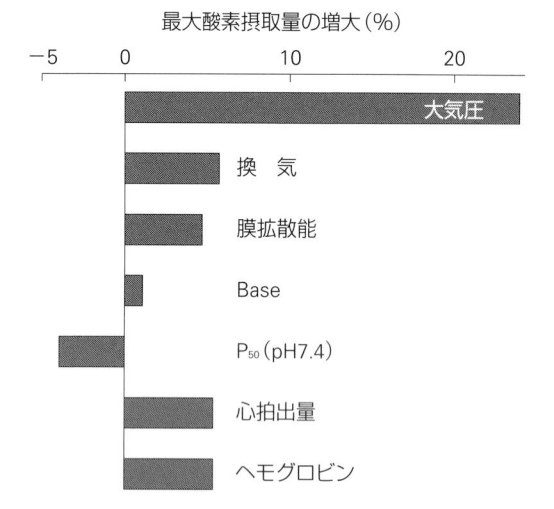

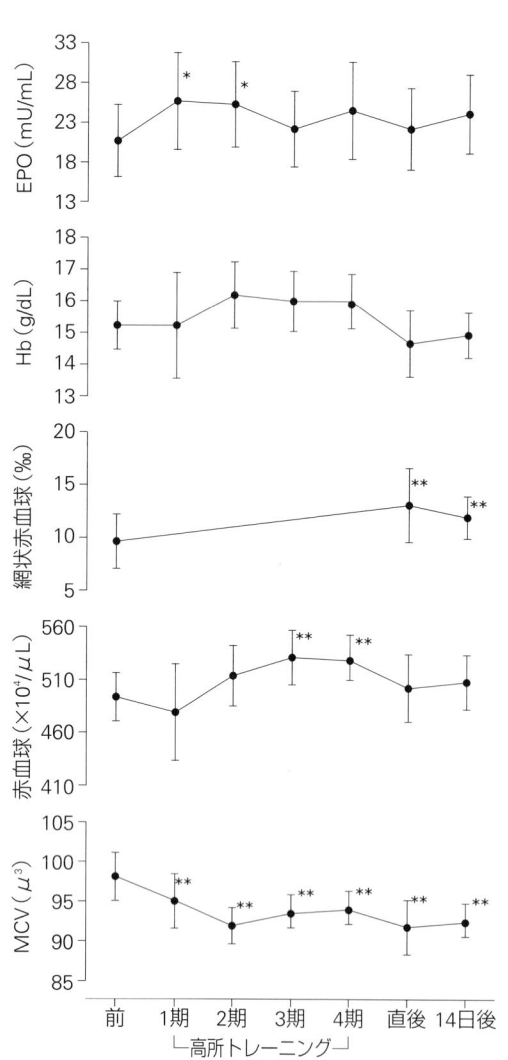

図19-6 エベレスト峰登頂クライマーの頂上における計算上の最大酸素摂取量への影響因子
各指標は他の因子を一定にして5%増大した場合の結果を示す.
(大野秀樹ら:登山医学, 17:1, 1997)

図19-7 水泳競技選手13名の高所トレーニングによるエリスロポエチン(EPO), Hb, 赤血球, 平均赤血球容積(MCV)の変化
(平均値±S.D., 対前値:*: p<0.05, **: p<0.01)
(野村武男ら:登山医学, 14:93, 1994)

(2) 換　気

登山者は，激しい換気を繰り返し，肺胞酸素濃度を増加する．

(3) 肺胞毛細血管膜―赤血球膜の拡散能力

高所では，これらの膜の拡散能力が酸素運搬の制限因子となる．エベレスト山頂の大気圧を250torrとすると，肺胞と毛細血管の酸素較差は6torrにすぎない．しかし，運動を行うと静脈酸素圧が低下し，拡散時間が減少する．

(4) Base excess

Base excessの上昇は，最大酸素摂取量をわずかに増大する．Base excessの上昇はpHを高め，酸素解離曲線を左方シフトし，ヘモグロビン（Hb）の酸素親和性を増す．その結果，肺毛細血管での酸素運搬能を亢進する．

(5) P_{50}

P_{50}の上昇は，酸素運搬能を低下する．Hbの酸素親和性の減少は，肺胞毛細血管血液の酸素化のスピードを減らす．

2）循環機能

(1) 心拍出量

心拍出量の増大は，当然酸素運搬能の増加につながる．そのために平地でのトレーニングが必要になる．

(2) Hb

Hbの増加は，登山者の酸素運搬能を増大させる．高いヘマトクリット（Ht）値は血液の粘性を増し，血流の遅延，停滞による障害が，酸素運搬能増大によるメリットを上回る可能性がある．Ht値が55％以上，Hb濃度が18g/dL以上を超えると，血栓形成が促進されるので，高峰登山でも過度な赤血球増多症という過剰な順応は避けるべきである[10]．

3）内分泌機能

(1) エリスロポエチン

人体は，低酸素刺激を受けると，腎臓からエリスロポエチン（erythropoietin：EPO，赤血球産生ホルモン）が分泌される．骨髄にある幹細胞がその作用を受け，血液中網状赤血球を増加させる．この作用は，酸素運搬能増加の適応反応と考えられる．

　a．事　例

中国雲南省昆明（1,892m）において，19～21歳の男子大学水泳選手13名に対し2週間の高所トレーニングを実施した．

　b．高所トレーニング概要

トレーニングは，平地での約3週間の有酸素系を中心とした準備期を経て，昆明において，2週間高所トレーニングを実施した．高所での水中トレーニング

10）大野秀樹ら：登山医学，17：1，1997．

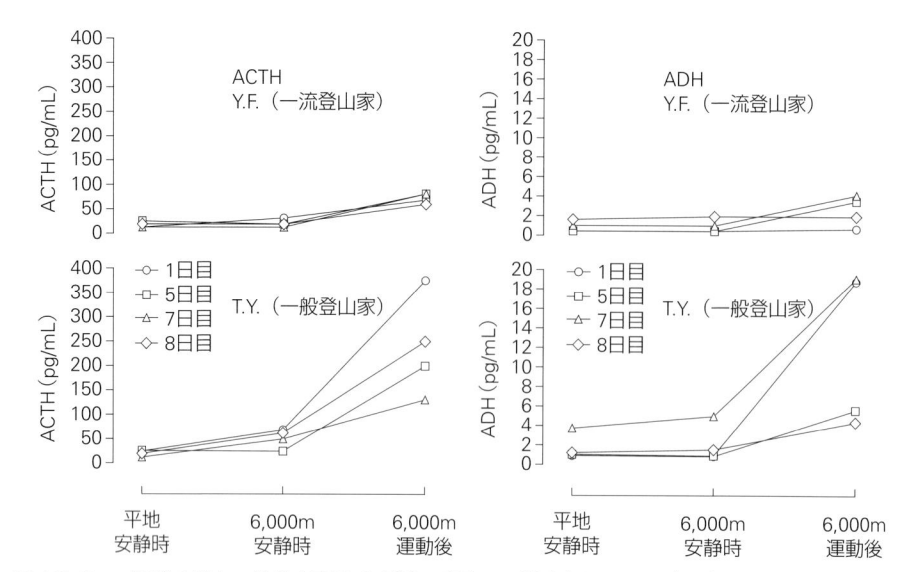

図19-8 一流登山家と一般登山家の6,000m高度での順応トレーニングの内分泌応答変化の比較
(浅野勝己:登山医学, 12:1, 1992)

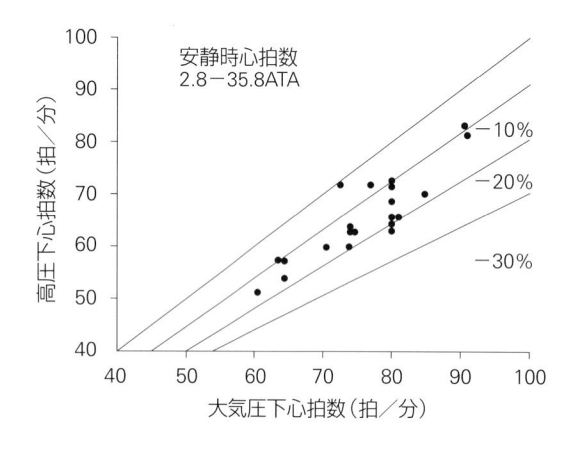

図19-9 安静時の心拍数の大気圧と高圧環境下の比較
先行研究の結果をまとめたもの.高圧環境下では大気圧下より心拍数が減少している.
(筒井由香ら:呼吸と循環, 48:441, 2000)

は4期に分け,第1期は,適応期として泳ぎの距離を増大させた.第2期は,OBLA強度(血中乳酸濃度4mmol/L)のトレーニングを中心に合計20回(平均11,000m/回)行った.また,無酸素トレーニングも第2期以降に平地と同等のトレーニング負荷強度で行った.陸上トレーニングは,体幹部の補強とゴムチューブを用いたトレーニングを6回実施した.

　c. 結　果 (図19-7)

　EPO:第1,2期終了後に有意な増加を示したが,第3期に高所トレーニング前値まで低下した.その後の変化はほとんどみられなかった.

　Hb:高所トレーニング第1期終了後から増加する傾向を示した.高所トレーニング中は,平地と比較して高値を示したが,個人差が大きく,高所トレーニング前と比較して有意差はみられなかった.また,帰還後は,減少する傾向を示し,高所トレーニング前に近い値を示した.

　網状赤血球:高所トレーニング中は測定されていないが,平地帰還後有意に増加した.

赤血球：高所トレーニング第1期終了後減少したが，有意差はみられなかった．第2期以降，増加する傾向を示した．第3期，第4期は，高所トレーニング前に対し有意に増加した．また，帰還後は，減少する傾向を示したが，高所トレーニング前値よりは高い傾向にあった．

MCV：高所トレーニング期間および平地帰還後，高所トレーニング前値に対し有意に減少し，赤血球の縮小化が認められた．

Hb，網状赤血球，赤血球の高所での増加は，低酸素環境による身体への刺激に対する適応変化であり，造血因子ホルモンであるEPOの分泌によって生じたと考えられる．これらの結果は従来の知見と一致しており，高所における呼吸循環系，すなわち酸素運搬能力の改善をもたらしたものと推測される[11]．

(2) ACTHおよびADH

6,000m相当高度において，30分間運動後のストレス性ホルモンである副腎皮質刺激ホルモン（ACTH）および抗利尿ホルモン（antidiuretic hormone：ADH）レベルは，一流登山家では増加はわずかであり，比較的多量の排尿がみられる．

一方，一般登山家では，ACTH，ADH，レニン活性，アルドステロン，コルチゾールなどの増加が著しく，尿量はきわめて少ない（図19-8）．

これらの事実は，一流登山家は浮腫が起こりにくく，肺水腫や脳浮腫などの高山病にかかるリスクの低いことが考えられるのに対し，一般登山家では，高山病にかかるリスクの高いことを示唆する[12]．

[荻原　理江]

4. 高圧環境下の身体適応

周囲を海に囲まれたわが国では，高圧環境とのかかわりは海女とともにあった．最近は，スポーツとしてスクーバ・ダイビングが盛んになり，それに伴いdiving physiologyが発展してきた．ダイビングは，その呼吸方法から，①息こらえ潜水（breath-hold diving），②スクーバ・ダイビング（air SCUBA diving），③飽和潜水（mixed gas saturation diving）とに分類される．

1) 息こらえ潜水

素もぐりともいう．最も特徴的な現象は潜水徐脈である（図19-9）[13]．これは迷走神経抑制で生じる．具体的には，息こらえ，頭部水浸（全身水浸），寒冷が関与する[14]．J. Mayolが水深100mへ息こらえ潜水をしたときには，34拍／分という極度の徐脈を呈した．トレーニングによって，ほとんどの人は1分程度息を止めることができる．潜水直前に意図的に過換気を行うと息こらえ時間を

---

11) 野村武男ら：登山医学，14：93，1994．
12) 浅野勝己：登山医学，12：1，1992．
13) 筒井由香ら：呼吸と環境，48：441，2000．
14) 眞野喜洋：最新スポーツ医学（黒田善雄ら編）．p603，文光堂，1990．

表 19-1 無重力の人体影響

主要項目	内　容
・心・循環機能失調	頚部圧反射感受性低下，起立耐性低下など
・体液再配分	下肢容量減少，中心静脈圧亢進，顔面浮腫，利尿促進（早期），血漿量減少など
・筋萎縮	筋線維の量的・質的変化（遅筋の速筋化），負の窒素バランスなど
・骨の脱カルシウム	負のCaバランス，骨密度の減少など
・血液の変化	貧血（最初の数週間），リンパ球減少（免疫機能の低下？）など
・感覚・運動機能変化	H反射の変化，眼球運動機能の変化など
・空間識の変化	空間定位の混乱，帰還直後の錯覚など
・宇宙酔い	動揺酔い類似の症状（70％近い出現率，4日以内に消退）

延長できるが，水中でのブラックアウト（black out）の危険性が増すので行うべきではない[13, 14]．つまり，潜水を終了して水面へ上がる時期の呼吸中枢へのシグナルとして重要なP_{CO_2}の上昇が出現しないからである．

2）スクーバ・ダイビング

スクーバ潜水の出現によって，divingは誰にでも行えるスポーツになった．2/3の事故は水深10m以内で生じており，技術不足や潜水計画の杜撰さなど基本的欠落が大部分の事故原因となっている．一方，水深30m以上のスクーバ潜水をすると，窒素酔いという窒素による麻酔効果が出現して危険である．浅い所まで浮上すると回復する．

3）飽和潜水

高圧環境下で呼吸する混合ガスの体内の組織に溶解する量が飽和に達した状態での潜水．酸素レベルを大気の2倍の0.4ATAにし，窒素を低いレベルにとどめ，不溶性ガスであるヘリウムで加圧する．このような高い酸素濃度環境では，平地における$\dot{V}_{O_2}max$の高い人ほどより$\dot{V}_{O_2}max$の伸び率が大きくなる．高酸素環境は酸化ストレスを著しく亢進させるので，ビタミンE・C，カテキンなどの抗酸化物質の服用が不可欠である[15]．水深250m以上の圧力になるとヘリウムの麻酔作用，異常脳波などを呈する高圧神経症候群が現れる．目下，最高到達深度は686m（69.6気圧）である．

［大野　秀樹・村上　和子］

5．宇宙環境下の身体適応

宇宙の無重力環境が身体にいろいろな影響を及ぼしていることがわかってきている（表19-1）．見方を変えれば，これらの影響も無重力という新しい環境に対して，身体が適応しようとする反応かもしれない．

1）頭方への体液移動

無重力になると体液はからだ全体に均等に分布するようになり，その心・循環

器系の反応を地上で模擬すると，頭を出して水中に浸った状態あるいは頭位を6度ほど下げて仰臥した状態に近い．上体への体液移動は，神経性やホルモン性の体液調節機構を刺激して水分，電解質を体外に排出させる結果，血漿量を減少させる．アメリカのスカイラブ84日間の滞在（1972～73年）では，血漿量が約500mL（－16％）減少した[16]．長期間滞在すると，安静時の血圧や心拍数，心収縮といった基本的なことは維持されるが，血管の圧受容器感受性の低下をはじめとする動的反応の低下が滞在期間の長さに応じて進行し，さらに血漿量減少が加わって，帰還時には起立耐性が低下する．これを防ぐためにも宇宙飛行士らは飛行中に運動を欠かせない．

2) 筋萎縮，骨の脱カルシウム

筋は使わなければ廃用性萎縮を起こし，骨も負荷がなければカルシウムを放出する．宇宙での負荷減少による筋・骨格系の変化は，地上でのヒト長期仰臥やラットの尾部や後肢懸垂がよいシミュレーションになることがわかっており，からだを支える抗重力筋や骨でより著しい．筋の変化では，収縮速度が遅く姿勢を保つために使われる遅筋線維から，収縮速度が速く強い筋力を出す速筋線維へ移行することがわかってきており，また，影響は筋線維だけでなく，それを支配する運動ニューロンやもっと上位の中枢神経にも及ぶようである．

スカイラブの飛行で，カルシウム出納が調べられた[16]．飛行中，尿では約150mg/日の負のカルシウム・バランスが持続し，便からの排出が漸増した．3カ月滞在から帰還した10日後，尿からの排出は飛行前に戻ったが，便からの排出が20日後にまだ戻らず，不可逆的変化が心配された．宇宙飛行士らは，筋萎縮，骨からの脱カルシウム対策として，毎日運動を行う．1日1時間程度で足りる運動処方が望まれている．

3) 宇宙酔い

姿勢や運動の制御，空間識の保持に必要な視覚，前庭感覚，体性感覚を統御する脳内プログラムは，地上の重力環境下で確立されたものであり，宇宙ではこれらを無重力用に修正するために2～4日間かかる．その間，脳は混乱を起こしやすく，高ずれば"宇宙酔い"として表出する，と多くの研究者が考えており，感覚混乱説と呼ばれている．無重力下における耳石器官からの入力喪失を重視した考えで，運動の訓練や習熟に対する脳内機構の概念を基礎にしており，新しい環境への適応に共通するメカニズムとして普遍化できるのかもしれない．

以前，宇宙飛行士らは，三軸回転などの前庭器官刺激による厳しいトレーニングに耐えねばならなかったが，地上の動揺酔い（車酔いや船酔い）と宇宙酔いについて，その罹りやすさに相関がないことが明らかにされて以来，その有効性が疑問視され，現在では行われていない．これに代わるトレーニング法を求め，研究が続けられている．

［森　滋夫］

13) 筒井由香ら：呼吸と環境，48：441, 2000.
14) 眞野喜洋：最新スポーツ医学（黒田善雄ら編），p603, 文光堂, 1990.
15) Ikeda M et al：Aviat Space Environ Med, in press.
16) Nicogossian AE eds：Space Physiology and Medicine 3rd ed. Lea & Febiger, 1994.

19章 具体例 トレーニング生理学
南極の極寒地域での寒冷適応例

著者が第37次南極観測隊員として，8人の隊員とともに13カ月間過ごしたドーム基地は，東南極クィーンモーランド氷床上にあり，南緯77度，東経39度，標高3,810mに位置し，日本のベースステーションである昭和から1,000km離れた内陸部にある．大気圧は600hPa，外気の年平均気温は-54.4℃，1996年度の最低気温は-79.7℃で，1年の半分は-60℃以下である[17]．また高緯度に位置するため，冬は太陽がまったく昇らない暗夜期が4カ月，夏は太陽がまったく沈まない白夜期が4カ月続き，残りの4カ月に昼夜の区別がある．冬の暗夜期には太陽の輻射エネルギーがゼロなので外気温の日内変動がなく，朝-70℃なら1日中-70℃のままで気温は上がらない．

具体的には，-50℃でポットのお湯を空中に放り投げると瞬時に凍結結晶化し風に漂っていく．-60℃で自らの吐息がボワッという音とともに結晶化する．-65℃になると南極用に開発した特殊な燃料も不凍液もすべてが凍りつく．-60℃以下になると低温に低酸素（ドームの標高は富士山頂とほぼ同じで，9人の平均酸素飽和度は年間を通じてわずか83％）[18]が加わり，屋外での作業効率は平地の1/3となる．作業時間も-70℃で30分，-60℃で1時間が限界である．-65℃以下では燃料やオイルが必要な機械は使用不能ですべて人力になる．さらにいえば，機械は壊れたが人間は壊れなかった．

数少ない娯楽の1つとして，暗夜期の屋外

写真19-1 夏の中断拠点

にドラム缶を設置して，零下70℃真暗闇ドラム缶露天風呂というのを開催した．外気温-78℃で，はじめのうちは羽毛服をきて恐る恐るであったのが，いつのまにか裸に草履ばきでスタスタという出で立ちとなった．**写真19-1**は越冬終了時に，交代メンバーである38次隊の隊員とドームへの中継ポイントで撮ったものである．外気温は-30℃で，内側の2人が著者（左）と37次隊員，両側の2人が38次隊員である．暗い冬の-70℃を耐え抜いたわれわれにとって夏の-30℃は+40℃も暖かく，運動靴と作業服1枚かノースリーブで過ごすことが可能である．一方，快適な日本から来たばかりの38次隊員は防寒長靴とダウンウェア．極寒での人間の適応能力の高さを象徴する1枚である．

［米山　重人］

17) 平澤威男：第37次南極観測隊越冬報告．国立極地研究所，1997．

18) Yoneyama S et al：Am J Physiol, 277：R1091, 1999．

20章 エネルギー供給系とトレーニング

トレーニング生理学

　生体エネルギーであるATPは，細胞質に存在する解糖系とミトコンドリア内に存在する呼吸鎖—酸化的リン酸化系により合成される．解糖系は無酸素的にATPをかなり速く合成できるが，1分子のグルコース（ブドウ糖）当たり最終的に2分子のATPしか合成できない．さらに，最終的な代謝産物は乳酸である．一方，ミトコンドリア内のATP合成系は酸素を必要とし，ATPを合成する速度は解糖系よりも遅いが，1分子のグルコース当たり38分子のATP（解糖系で合成されるATPも含めて）が合成される．また，最終的な代謝産物は水と二酸化炭素である．すなわち，短時間の瞬発的な運動では解糖によるエネルギー代謝が中心となり，持久的な運動の場合にはミトコンドリア内のATP合成系がおもにエネルギーを供給する．

　これらのエネルギー供給機構の特徴から明らかなように，瞬発的な運動の場合にはグルコースもしくはグリコーゲンがエネルギー供給源であり，この場合には脂肪酸やアミノ酸はほとんど関与しないと考えられている．なぜならば，脂肪酸のβ酸化系や筋肉で分解されるアミノ酸の分解系はミトコンドリアに局在しており，これらのエネルギー基質を利用する場合には酸素が必要だからである．一方，持久的な運動の場合には，糖質もエネルギー源として利用されるが，脂肪酸やアミノ酸もエネルギー源として利用される．特に運動時間が長くなると，脂肪酸やアミノ酸の分解が高まることが知られている．

　以上に述べたように，運動中のエネルギー源としてはグルコース（グリコーゲン），脂肪酸，およびアミノ酸が利用されるが，おもなエネルギー源はグルコースと脂肪酸である．タンパク質・アミノ酸が運動中にエネルギー源として利用される割合は，全エネルギー量の10％前後と考えられているが，ヒトの生理的な状態の変化によりその値は大きく影響される．このように生体内で利用されるエネルギー源は，運動のタイプや生理条件によってかなり異なることが明らかである．しかし，そのエネルギー基質の割合を調節するメカニズムには不明な点が多い．最近，このグルコースと脂肪酸酸化の調節メカニズムについて興味ある知見が報告されている．その詳細については以下の各論で述べる．

　タンパク質を構成するアミノ酸は20種類あるが，すべてのアミノ酸が一様に骨格筋で分解されるわけではない．骨格筋で酸化分解されるアミノ酸は，3種類の分岐鎖アミノ酸（ロイシン，イソロイシン，バリン）とアスパラギン酸，アラニン，グルタミン酸の6種類だけである．上述のように，これらのアミノ酸の運動中のエネルギー代謝に占める割合は大きくないが，一部のアミノ酸（特に分岐鎖アミノ酸）の利用はかなり運動により促進されることが明らかにされつつある．以下に分岐鎖アミノ酸代謝に対する運動の影響を述べる．

　運動を定期的に繰り返して行うとトレーニング効果が現れることはよく知られた事実である．そのトレーニング効果の例として，筋肉の毛細血管の発達とミオグロビンの増加により酸素の利用効率が上昇すると同時に，骨格筋におけるミトコンドリア呼吸鎖の酵素活性が上昇し，有酸素性エネルギー代謝が促進される．そのため，脂肪酸の利用が促進される結果となる．このように，トレーニングはエネルギー代謝に変化をもたらすが，以下にはそのメカニズムについても言及する．

［下村　吉治］

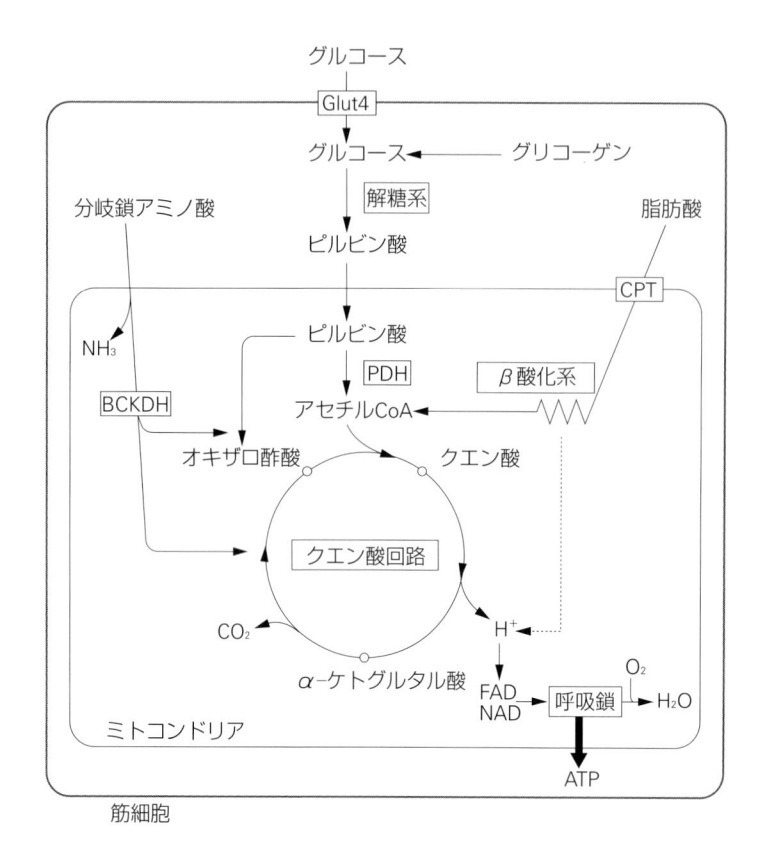

図20-1 筋細胞におけるエネルギーの代謝系
Glut4：グルコース輸送体4，CPT：カルニチン-パルミトイルトランスフェラーゼ，PDH：ピルビン酸脱水素酵素，BCKDH：分岐鎖α-ケト酸脱水素酵素

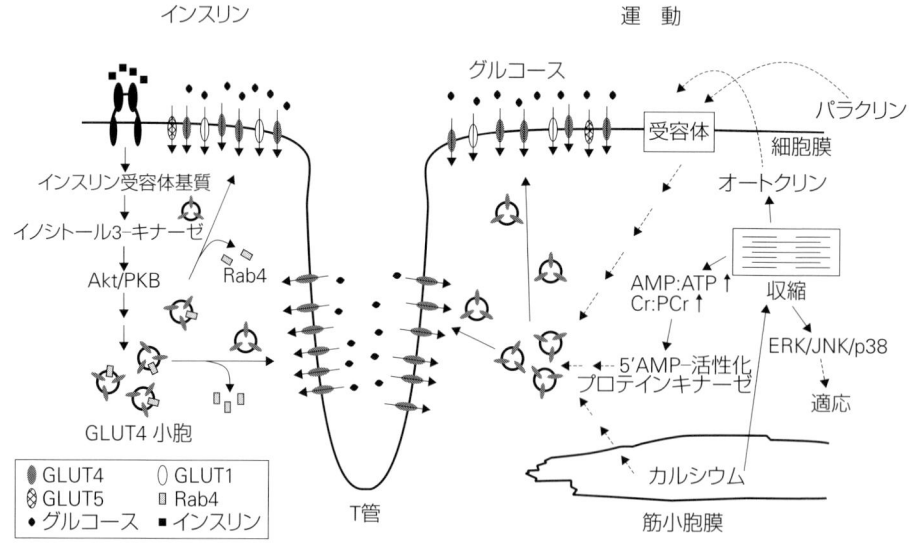

図20-2 骨格筋におけるGLUT4の細胞内移動
骨格筋における主要なグルコース輸送体はGLUT4である．細胞内にプールされたGLUT4は，細胞膜に移動してグルコースの取り込みを行う．インスリンによるGLUT4の細胞内移動では，インスリン受容体基質（IRS），ホスファチジルイノシトール3-キナーゼ（PI3-kinase）などが含まれるが，筋収縮による作用の場合には，インスリン刺激の経路とは異なり，5' AMP-活性化プロテインキナーゼ（AMPK）がその作用のメカニズムに含まれていることが示唆されている．
(Hayashi T et al：Adv Exerc Sports Physiol, 5：1, 1999)

1. 運動と糖代謝

運動は骨格筋におけるグルコースの利用を促進するが，この運動効果を調節するいくつかの重要なステップが存在する．図20-1にはグルコース代謝を中心とし，脂肪酸とアミノ酸代謝を盛り込んだエネルギー代謝の概念図を示した．

1) 筋細胞へのグルコース輸送

グルコース代謝における最初の重要なステップは，細胞へのグルコースの取り込みである．筋細胞へのグルコース取り込みは運動によりかなり促進される．そのメカニズムはかなり複雑で不明な点が多いが，現在ではグルコース輸送体 (glucose transporter : GLUT) を中心として説明されている．GLUTは細胞膜に存在し，細胞外から内へグルコースを取り込む役割を果たしている．GLUTには，種々のサブタイプが存在し，現在のところ少なくとも6種類の存在が明らかにされている．このサブタイプの中で，インスリンに反応してグルコース輸送を促進するタイプは4型のGLUT4であり，それは骨格筋では筋収縮に対しても反応し，グルコース輸送を促進することが知られている．

インスリンと運動によるグルコース輸送促進のメカニズムに関する最近の総説[1]中の図を図20-2に示した．この図より，インスリンと運動によるグルコース輸送促進では，それぞれの作用経路が異なるが，最終的には細胞膜のGLUT4が増加することによりグルコース取り込みが増加する結果となることがわかるであろう．しかし残念ながら，運動によるGLUT4への作用の詳細は明らかにされていないのが現状である．

運動を繰り返して行うトレーニング効果として，骨格筋のGLUT4の総量が増加することが認められており，これがトレーニングによる糖代謝改善のメカニズムの1つとされている．しかし，同様に詳細なメカニズムは今のところ不明である．

2) グリコーゲン代謝

グリコーゲン代謝に影響する因子として，食事中の糖質の量と運動が知られている．筋肉のグリコーゲン量は，食事中の糖質の割合を増加することにより高まるので，多くのアスリートは競技前にグリコーゲンを多く蓄積するためにこの食事法を採用している．また，トレーニングによりグリコーゲンの代謝を高めると，筋グリコーゲン量は増加することが認められている．グリコーゲンは持久力を決定する最も重要な要素の1つとされているので，そのコントロールはパフォーマンスに大きな影響を及ぼすであろう．

3) 解　糖

解糖系でグルコースが分解される速度は $10 \sim 15 \mu \mathrm{mol}/$分$/\mathrm{g}$ 組織と報告され

---

1) Hayashi T et al : Adv Exerc Sports Physiol, 5 : 1, 1999.

グルコース
　↓ ヘキソキナーゼ（3-7）
グルコース6-リン酸
　↓ ホスホグルコムターゼ（64.5）
フルクトース6-リン酸
　↓ ホスホフルクトキナーゼ（38-126）
フルクトース1,6-ビスリン酸
　↓ アルドラーゼ（72）　　　　　　　　ジヒドロアセトンリン酸
グリセルアルデヒド3-リン酸　◀────　トリオースリン酸イソメラーゼ（431）
　↓ グリセルアルデヒド3-リン酸脱水素酵素（250-300）
1,3-ビスホスホグリセリン酸
　↓ ホスホグリセリン酸キナーゼ（281）
3-ホスホグリセリン酸
　↓ ホスホグリセリン酸ムターゼ（545）
2-ホスホグリセリン酸
　↓ エノラーゼ（146-170）
ホスホエノールピルビン酸
　↓ ピルビン酸キナーゼ（183）
ピルビン酸 ────────▶ クエン酸回路
　↓ 乳酸脱水素酵素（109-378）
乳　酸

図 20-3　解糖系酵素の活性
カッコ内の数字は最大酵素活性 Vmax（u/分/g 組織, 37℃）, 組織：ヒト（外側）広筋.
(Connett RJ et al : Handbook of Physiology. Rowell LB et al eds, p870, Oxford University Press, 1996)

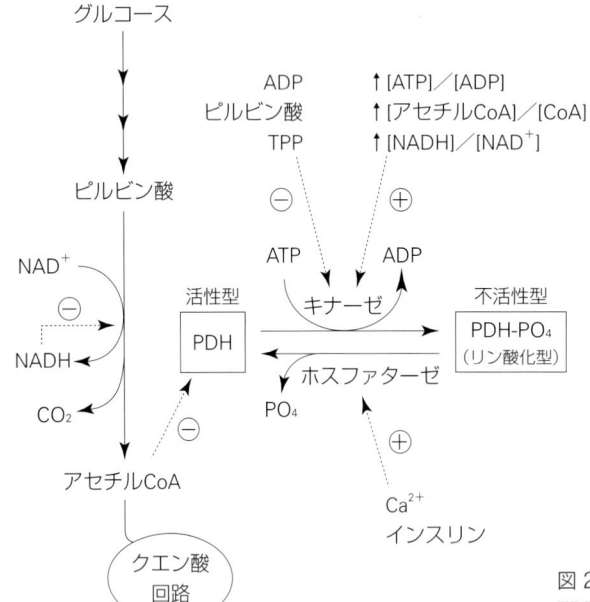

図 20-4　ピルビン酸脱水素酵素（PDH）の活性調節
TPP : thiamine pyrophosphate.

ているが，解糖系のヘキソキナーゼ（第1反応）以外の酵素活性はその値を上回っている（**図 20-3**）[2]．さらに，第3反応を触媒するホスホフルクトキナーゼは種々の代謝産物で活性調節されることがわかっている（アロステリック効果）．したがって，解糖系は，第1反応のヘキソキナーゼと第3反応のホスホフルクトキナーゼにより調節されると考えられている．

解糖系に対する持久的なトレーニングの作用として，酵素活性の低下とともにグルコースの分解率も低下することが認められている．しかし，解糖系に対するトレーニングの影響は，運動のタイプによって異なり，強度の高いトレーニングでは酵素活性は増加するようである．

解糖系の終末で乳酸が生成されるが，トレーニングは乳酸生成を減少し，さらには骨格筋から乳酸を除去する能力も高める．これらの現象は，トレーニングによって持久力が向上するメカニズムの1つであろう．

4）ピルビン酸脱水素酵素（pyruvate dehydrogenase：PDH）

PDHは，解糖系とクエン酸回路を連結する位置に存在する酵素であり，グルコース代謝を調節する重要な酵素の1つである（図20-1）．また，以下に述べる脂肪酸代謝との接点にも存在するため，脂肪酸代謝の影響も強く受ける（図20-4）．そのため，糖と脂肪酸のエネルギー代謝を切り替えるスイッチ的な役割も果たしている．

PDHは，図20-4に示すように，基質（ピルビン酸）や産物（アセチルCoAなど）による活性調節を受けると同時に，酵素タンパク質のリン酸化による活性調節も受ける．したがって，急性の活性調節が可能であるため，この酵素の活性状態によりグルコース代謝の運命が決定されるといえる．

安静状態では骨格筋のPDHのほとんど（約90％）は不活性型（リン酸化型）であるが，運動により脱リン酸化され活性型になる．すなわち，グルコースの酸化を促進する．一方，トレーニングはPDHの活性を低下するように作用するようであり，次に述べるようにトレーニングによる脂肪酸代謝の促進と対応した反応と考えられる．

2．運動と脂質代謝

運動を継続すると脂肪分解が促進され，血中の遊離脂肪酸濃度が上昇する．この現象に対応して，エネルギー代謝に占める脂肪酸が貢献する割合も増加する．すなわち，脂肪は持久的な運動における重要なエネルギー源であり，持久運動時のグルコースの節約に寄与していると考えられる．

脂肪酸の酸化分解は，ミトコンドリアに存在するβ酸化系で行われるため，ミトコンドリアへの脂肪酸の取り込みが脂肪酸の酸化を調節していると考えられている（図20-1）．ミトコンドリアへの脂肪酸取り込みを調節する酵素がカルニチン－パルミトイルトランスフェラーゼⅠ（carnitine-palmitoyltransferaseⅠ：CPTⅠ）である．骨格筋のCPTⅠは細胞質でアセチルCoAから生成されるマロニルCoAにより強く阻害されるので，マロニルCoAが脂肪酸とグルコースの酸化分解の比率を調節する物質として最近注目されている（図20-5）．すなわち，持久的運動や絶食により脂肪酸の分解が促進される状態では，脂肪酸分解の産物がPDHを不活性化するためグルコースの酸化を抑制する．一方，その状態

2）Connett RJ et al：Handbook of Physiology. Rowell LB et al eds, p870, Oxford University Press, 1996.

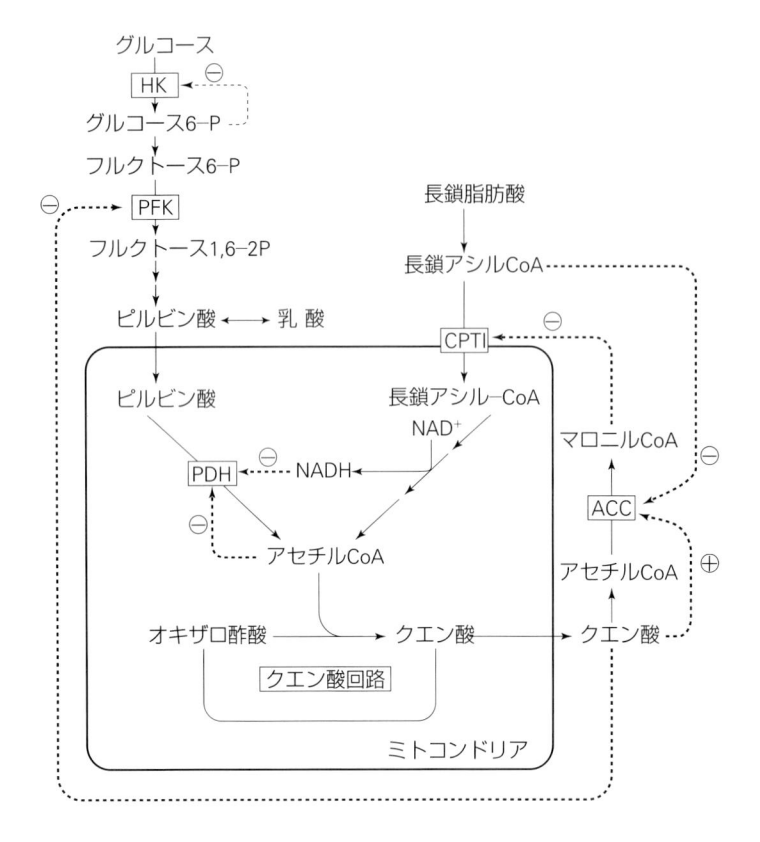

図20-5 グルコースと脂肪酸のエネルギー代謝の調節
HK：ヘキソキナーゼ，PFK：ホスホフルクトキナーゼ，PDH：ピルビン酸脱水素酵素，CPT I：カルニチン-パルミトイルトランスフェラーゼ I，ACC：アセチル CoA カルボキシラーゼ
（Connett RJ et al：Handbook of Physiology. Rowell LB et al eds, p870, Oxford University Press, 1996 より一部改変）

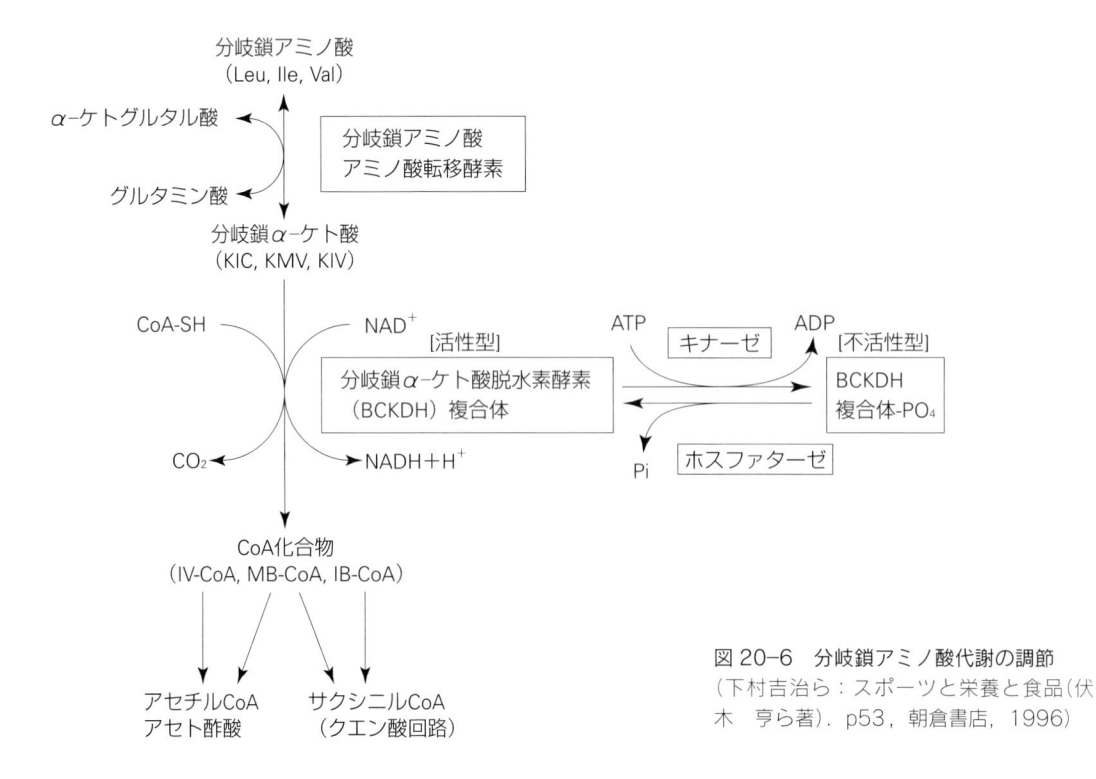

図20-6 分岐鎖アミノ酸代謝の調節
（下村吉治ら：スポーツと栄養と食品（伏木　亨ら著）．p53，朝倉書店，1996）

でグルコースを摂取すると，グルコースからマロニルCoAが生成され，CPT I が阻害されて脂肪酸をミトコンドリアに取り込めなくなる．その結果，PDHが活性化され，グルコースの酸化が促進される．

トレーニングは，β酸化系やミトコンドリア呼吸鎖の酵素活性を増加するので，脂肪酸酸化を促進すると考えられる．このトレーニング効果にマロニルCoAが関係するようであるが，詳細はまだ不明である．

3. 運動とタンパク質・アミノ酸代謝

運動によりタンパク質・アミノ酸の分解は亢進する．先にも述べたように，骨格筋で酸化されるアミノ酸は6種類である．そのうち，分岐鎖アミノ酸以外のアミノ酸（アスパラギン酸，アラニン，グルタミン酸）は，アミノ基が転移されればただちにクエン酸回路の前駆体か中間体に変換されるので，アミノ基の転移反応に大きく関与していると考えられている．

一方，分岐鎖アミノ酸は，かなりのステップを経た後にクエン酸回路に到達し，その分解の途中でもかなりのエネルギーを発生する．分岐鎖アミノ酸の分解系はすべてミトコンドリアに存在し，最初の2つの反応はすべての分岐鎖アミノ酸に共通であり，この分解系の大きな特徴を示す反応である（図20-6）[3]．

第1反応は，分岐鎖アミノ酸アミノ基転移酵素により触媒される．骨格筋では，この酵素活性は高いので，アミノ基転移反応に分岐鎖アミノ酸も活発に関与していると考えられている．しかし，この酵素は運動による影響をほとんど受けないようである．

第2反応は，分岐鎖α-ケト酸脱水素酵素（branched-chain α-ketoacid dehydrogenase：BCKDH）により触媒される．この酵素の反応は不可逆であるため，このステップがすべての分岐鎖アミノ酸の分解を律速しているとされている．この酵素は，PDHと同様に酵素タンパクのリン酸化による活性調節を受けるので，迅速な活性調節が可能である（図20-6）．

ヒトの安静状態の骨格筋ではBCKDH活性は極めて低いが，これはほとんどの酵素がリン酸化された不活性型で存在するためである．この酵素活性が低いことは，分岐鎖アミノ酸を筋タンパク質合成のために確保する重要な条件であると考えられている．一方，運動はこの酵素を脱リン酸化して活性化し，分岐鎖アミノ酸の酸化分解を高める．また，トレーニングは，ミトコンドリアを増加することによりBCKDHの酵素量も増加して，分岐鎖アミノ酸を酸化する能力を高めることも明らかにされている．

現在のところ，ヒトにおける分岐鎖アミノ酸の必要量が運動によりどれほど高まるかは正確にはわかっていない．しかし，運動はタンパク質の必要量を確実に増加するようであり，また分岐鎖アミノ酸はタンパク質に豊富に含まれるので，分岐鎖アミノ酸を補うためにタンパク質の摂取量を増加するべきである．

［下村 吉治］

3) 下村吉治ら：スポーツと栄養と食品（伏木 亨ら著），
p53, 朝倉書店, 1996.

20章 トレーニング生理学 競技者報告
ロングトライアスロン競技における栄養補給

著者が主として参加しているアイアンマンタイプのレース（水泳3.9km，自転車180km，ランニング42.2km）では，約9,000kcalものエネルギーが必要となる．筋収縮のおもなエネルギー源は炭水化物と脂肪であるが，脂肪は無限といってよいほどの貯蔵量があるのに対して，炭水化物は通常，筋と肝臓にグリコーゲンとしておよそ2,000kcalしか貯蔵されていない．トレーニングによって脂肪の利用割合を高めることができるので，貯蔵量の少ない炭水化物を節約するという意味で，いかに脂肪を有効に活用できるからだをつくり上げるかが，ロングトライアスリートにとって重要な課題である．しかし，仮に6割を脂肪からのエネルギーで賄えたとしても，残り4割は炭水化物によらなければならず，通常体内に貯蔵されているグリコーゲンでは間に合わない．脂肪がいくらあっても筋グリコーゲンが枯渇すると運動の継続は不可能になってしまうので，レースに際しては，①いかに多くのグリコーゲンを貯蔵してレースに臨むことができるか，②レース中いかにうまく炭水化物を補給するか，の2点がロングトライアスロン競技における栄養補給のポイントである．

1．レース前の栄養補給

体内に貯蔵するグリコーゲンの量は，食事の摂り方と運動の組み合わせによって一過性に増大させることができる．多くのトライアスリートはこのカーボローディングを取り入れている．著者の場合は，テーパリングが難しいとされる古典的な方法ではなく，レースの3日前から高炭水化物食に切り換えるだけという簡便な方法で行っている．おかず類を減らしてご飯をいつもより1～2杯増やす，間食にパン類や果物などの炭水化物を多く摂るといったように，3日間，胃に負担にならない範囲で文字どおり炭水化物を「つめこむ」わけである．著者の経験では，この方法で十分な成果をあげている．

2．レース中の栄養補給

カーボローディングを行ってもまだ足りないので，補給の困難な水泳を除き，競技中は継続して炭水化物を補給し続けなければならない．自転車は，比較的多くの補給食を携帯できるうえ，上下動が少ない運動であることから補給もしやすいという特徴がある．競技中のエネルギー補給食としてはさまざまな製品が市販されている．選択のポイントは食べ（飲み）やすさと携帯のしやすさであろう．軽さの割に最も高カロリーな固形タイプのものが携帯という観点からはベストであるが，著者は飲みやすさからゼリー状のものをおもに使っている．これを大きめのボトルにつめて自転車に取り付け，水分補給と同じように小刻みに摂っていくようにしている（全部飲みきると700kcalほど）．この他，コース上に設置されたエイドステーションでスポーツドリンクなどの飲料，バナナ，オレンジなどの果物，おにぎり，クッキーといったものももらうことができる．これらは，スタッフが手渡しをしてくれるので自転車に乗ったまま受け取れるが，その際はかなり減速しなければならずどうしてもペースは乱れるし，欲しいものがないとか，取り損ねるといった危険性もあることから，あくまで自分で携帯して行く補給食を中心に考え，エイドステーションのものは補助的なものと考えるべきである．

ランニングの場合は，自転車とは異なり，携帯できる補給食の量は限られているうえ，上下動が大きくあまり多くは食べられ（飲め）ないため，補給という点で大きな期待はできな

い．このため，自転車の間にいかにしっかり補給できているかがランニングパフォーマンスを決定付けるといえる．また，グリコーゲンが枯渇しないように，ランニング中にもできる限り炭水化物の補給を続ける必要がある．著者の場合は，1本当たり25g (70kcal) という小さなパックのゼリー状のものを5本程度ウエストバッグに入れて携帯し，10kmおきに1本ずつ摂取している．ただし，5本というのは計算された必要十分な数ではなく，単に携帯して走るのにそれ以上重くてはならない数であるため，不足を感じた場合は，エイドステーションで適当なものを取るようにしている．

炭水化物の補給とともに重要なのは，水分の補給である．トライアスロンの場合，エイドステーションで十分な水を提供してくれるのが普通である．たとえば，佐渡国際トライアスロン大会（水泳3.9km，自転車189km，ランニング42.2km）の場合は，平均して自転車では12kmごと，ランニングでは2.3kmごとに1カ所の割合でエイドステーションが設置されている．自転車ではボトルで渡してくれるので，次々と新しいものと交換していけばよく，そのボトルから，できるだけ小刻みに（たとえば15〜20分ごとに）少量ずつ取って行くことが望ましい．ランニングでは水をもって走るのが困難なため，エイドステーションごとに確実に取るようにしている．

ロングのトライアスロンにおいては，栄養補給の成否がレースのパフォーマンスに決定的な影響を及ぼしている．それにもかかわらず，トレーニングに注ぐ熱心さに比べて，栄養補給については関心が薄く，不勉強である．前述した以外に，事前に水分を溜め込む「ウォーターローディング」，電解質の補給，事前および競技中のアミノ酸の補給など未だ多くの問題がある．われわれアマチュアの競技者も，競技をより楽しむためにも，もっとよく勉強すべきである．

［橋爪　明］

21章 ホルモン系とトレーニング

トレーニング生理学

　運動時には，細胞間や細胞内の情報伝達機構を活発に動員して適切な内部環境を構築しなければならない．このとき主役を演じるのが神経系と内分泌系の2つの系である．神経系の調節は，神経を介して情報を末梢の器官に送ることによって内部環境の調節を行うものである．交感神経系や副交感神経系による調節は，外界からの刺激に素早く応答し，神経終末から分泌される神経伝達物質がシナプス間隙を拡散することによって情報を伝える．内分泌系の調節は，内分泌腺細胞から分泌されるホルモンを介して自己の生理機能を調節する．ホルモンは生物学的に活性のある複合体で，腺細胞から分泌されたホルモンは周囲の脈管の中へ吸収された後，特定の臓器（標的器官）に運搬される．標的細胞に送られたホルモンは，それぞれに固有の受容体と結合して種々の生理作用を発現する．

　ホルモン分泌の調節機構として最も単純なものは自己調節系である．たとえば，上皮小体や膵ランゲルハンス島では，それぞれ血液中のカルシウムやブドウ糖濃度の変動に応じて，パラソルモン（上皮小体）やインスリン，グルカゴン（膵ランゲルハンス島）の分泌も変化する．また，ホルモン分泌の調節は内分泌腺同士でも行われている．下垂体前葉からは甲状腺刺激ホルモンや副腎皮質刺激ホルモン，性腺刺激ホルモンなどの向腺ホルモンが分泌され，向腺ホルモンは標的内分泌腺を刺激することによって標的内分泌腺ホルモンを分泌させる．さらに，視床下部の神経細胞が調節ホルモン（向下垂体因子）を分泌して，標的内分泌腺（下垂体前葉や後葉）からのホルモン分泌を調節する型がある．視床下部は内臓諸器官や情緒，性機能の調節に関与する脳の一部で，視床下部と下垂体前葉は下垂体門脈で連絡されている．視床下部の神経内分泌細胞から分泌される向下垂体因子は門脈系の血液中に放出され，下垂体前葉細胞を刺激し，下垂体前葉ホルモンの分泌を促す．また，オートクリン因子またはパラクリン因子などによる局所的なホルモン調節もなされる（旁分泌）．オートクリン因子やパラクリン因子は特定の細胞から分泌され，組織の細胞間隙を移動し，同じ細胞（オートクリン因子）あるいは至近な細胞（パラクリン因子）に働き，種々の細胞機能を発現させる．プロスタグランジンやアデノシンをはじめ，細胞増殖因子やサイトカイン，その他のオータコイドなどが旁分泌型シグナルのリガンドと定義されている．この定義を広義に解釈すると，神経終末から放出された神経伝達物質がシナプス後膜の受容体に作用することもパラ分泌型シグナルといえる．

　運動時には，このような情報伝達系が活発に作動することによってホルモン分泌が制御され，標的細胞に運ばれたホルモンはそれぞれに固有の受容体と結合し，ホルモン効果としての機械的反応や代謝上の変化を引き起こす．運動によって機械的反応や代謝上の変化がはじまったり進行するにつれ，旁分泌も盛んになる．標的細胞のホルモンに対する感受性や反応性はトレーニングによって増大する．さらに，ある種の組織器官で起こるトレーニング特有の適応現象に，細胞増殖因子やサイトカインなどの旁分泌型シグナルの増幅が関与しているとされている．また，運動は肥満や糖尿病，高血圧などの生活習慣病の予防や治療に効果的な手段であるが，その背景にもホルモンやさまざまな液性因子による調節が関係している．

［井澤　鉄也］

図 21-1　ホルモンの役割

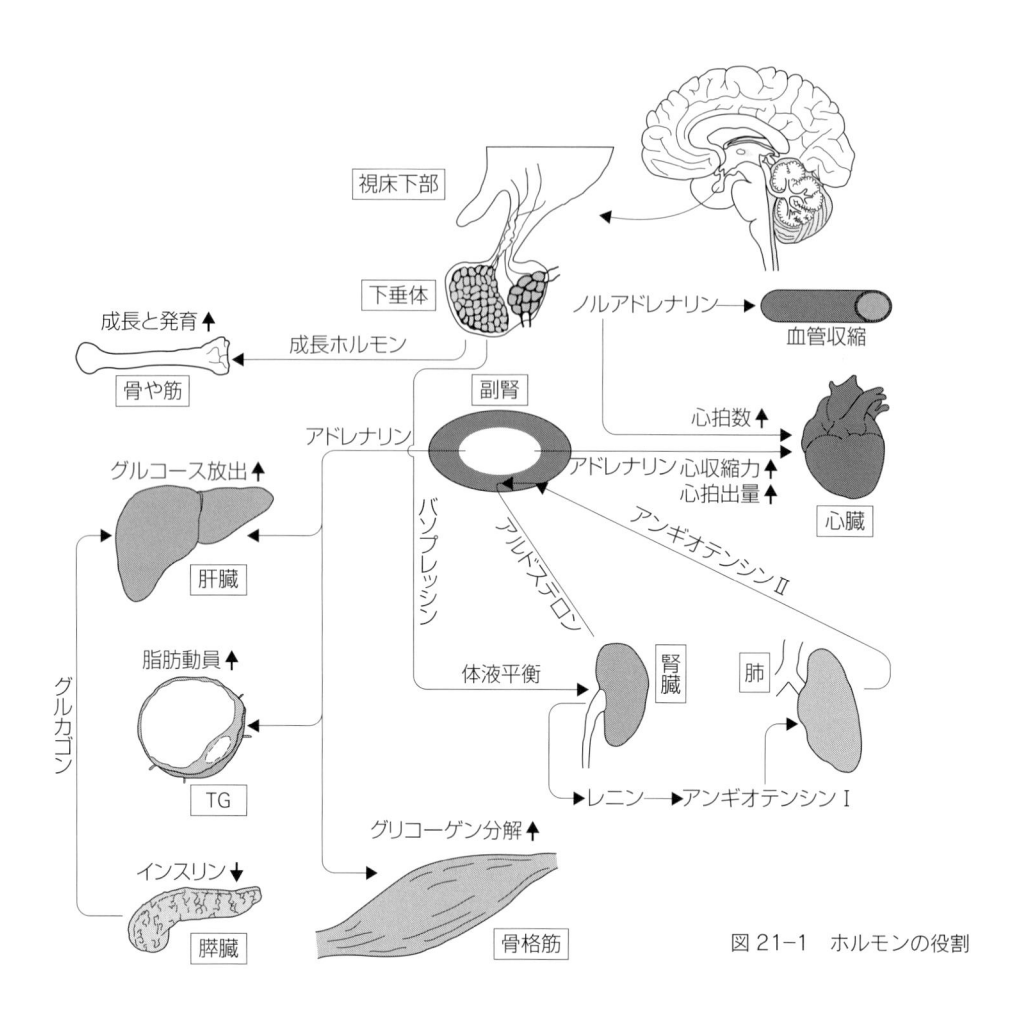

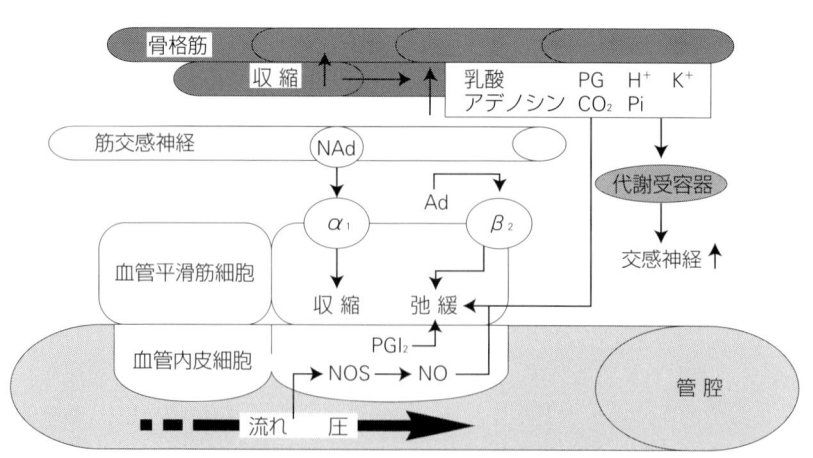

図 21-2　末梢循環の調節
Ad：アドレナリン，NAd：ノルアドレナリン，NOS：一酸化窒素合成酵素，PG：プロスタグランジン

1. 運動時におけるホルモンの役割

　運動時のホルモン分泌はその強度や時間に依存した変化を示す[1]．アドレナリンや下垂体ホルモンなどは，最大酸素摂取量（$\dot{V}O_2max$）の50〜60％を超える強度の運動で増加する．しかし，心房性 Na^+ 利尿ペプチドやプロラクチンなどは，40％ $\dot{V}O_2max$ 程度の軽い運動ですでに増加しはじめる．また，運動時間が長くなると血中濃度が高くなるホルモンもある．これらのホルモンは，運動時のエネルギー代謝や血流の分配，体液平衡などを調節している（図21-1）．このような運動時のホルモン分泌応答の多くはトレーニングによって"馴れ"が生じると減弱する．

　ホルモンは標的細胞の細胞膜（細胞膜受容体）や細胞質内，核内に存在する受容体（核内受容体）と結合して，機械的反応や代謝上の変化を引き起こす．トレーニングによってホルモン感受性や反応性が増大する細胞では，受容体を介する情報伝達経路に適応変化が起こるようである．また，トレーニングによる骨格筋肥大をはじめとするからだの構造の適応変化には，タンパク質の同化や異化に関連するホルモンをはじめ，プロスタグランジン，一酸化窒素（NO），プリン作動性アゴニストなどの化学物質，あるいはさまざまなサイトカインや増殖因子が関与しているとされている．これらの化学物質やサイトカインは運動時の生体調節にも重要な役割を果たす．

2. 循環機能とホルモン調節

　心血管系の調節は，自律神経系やホルモンおよび自己調節系（血管内皮細胞由来弛緩因子（EDRF）など）の3者が相互に関与し，極めて複雑である（図21-2）．神経性の調節は延髄網様部にある心血管運動中枢によって行われ，また，代謝性の血管拡張もあるが，ここでは，液性因子としてのカテコールアミンと自己調節系の役割について解説する．

　運動時の心拍数はノルアドレナリンによって増加し，心筋収縮力はアドレナリンによって強まる．また，ノルアドレナリン（α作用）は内臓血管を収縮させ，アドレナリン（β_2 作用）は骨格筋と肝臓の血管を拡張させる．その結果，内臓循環は低下し，骨格筋への血流は確保される．さらに，局所的に分泌されるEDRFやエンドセリン（ET）も筋血流の増加や血流配分に関与していることが示唆されている．EDRFは通常NOを指すが，NOは血管平滑筋のサイクリックGMP生成を契機として血管平滑筋の収縮を抑制する．運動時のNOの作用について一致した結論は得られていないようであるが，低〜中強度の運動時には骨格筋の血管拡張に働くことが示唆されている[2]．一方，強力な血管収縮作用をもつETの生成量が，動的運動時の活動筋よりもむしろ非活動筋で高くなる[3]．この

---

[1] 井澤鉄也ら：スポーツ医科学(中野昭一編)．p114，杏林書院，1999．

[2] Balon TW：Exerc Sport Sci Rev, 27：219, 1999．

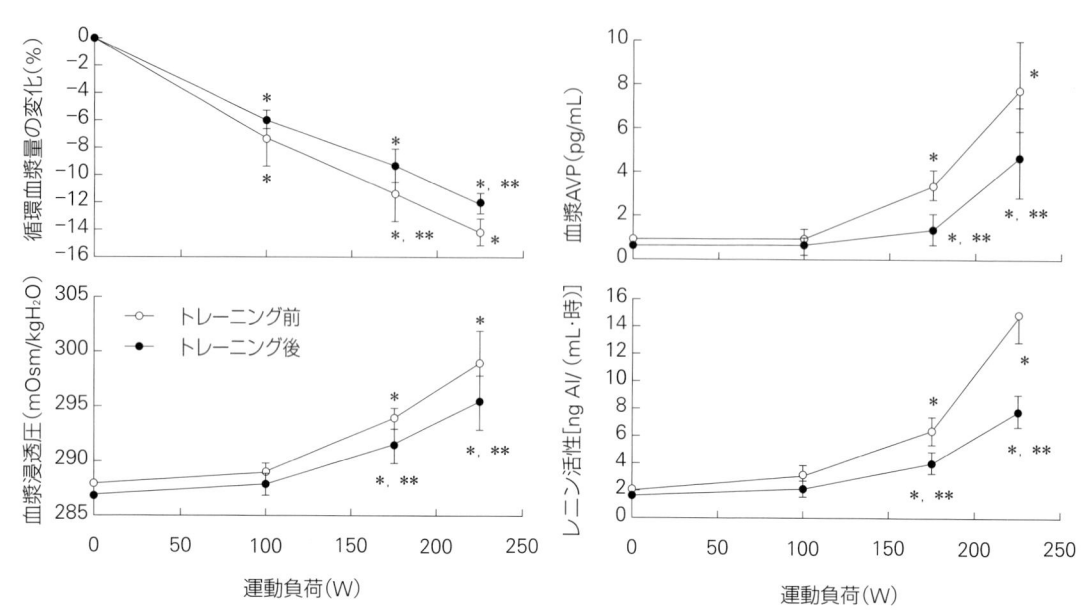

図21-3 運動による循環血漿量, 血漿浸透圧, 血漿バソプレッシン(AVP), レニン活性の変化
＊:p<0.05(対安静時), ＊＊:p<0.05(対トレーニング前値)
(Convertino VA : J Appl Physiol, 54 : 508, 1983)

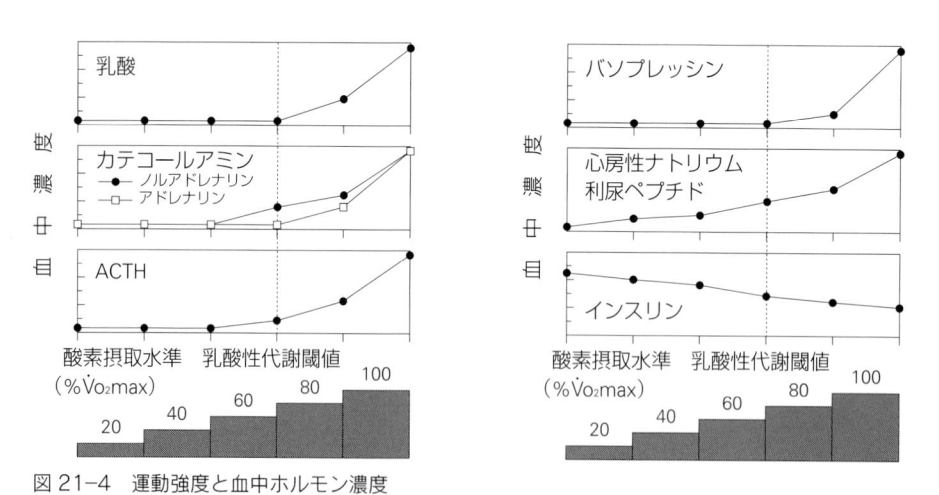

図21-4 運動強度と血中ホルモン濃度
(征矢英昭:最新運動生理学(宮村実晴編). p297, 真興交易医書出版部, 1996)

結果は，ETによって非活動筋への血流は減少し，結果的に活動筋への血流が増加することを示唆している．その他にも，バソプレッシンや，レニン―アンギオテンシン―アルドステロン系，心房性ナトリウム利尿ホルモンも運動時の循環調節に関与している．

3．体液系とホルモン調節

運動時に著しい発汗が起こると，水と塩分が著明に喪失し，結果として循環血液量が減少する．また，汗に含まれるNaCl濃度は血清のNaCl濃度よりも低いため，発汗に伴う水分量の減少は血漿浸透圧上昇の大きな原因となる．この血漿浸透圧の上昇や循環血液量の減少は，腎の傍糸球体装置の近接細胞からのレニン分泌を促す（図21-3）[4]．分泌されたレニンはアンギオテンシノーゲンをアンギオテンシンⅠ（AⅠ）に変換し，AⅠは肺でアンギオテンシン変換酵素によってアンギオテンシンⅡ（AⅡ）に変わる（図21-1）．AⅡは副腎皮質の球状帯からのアルドステロンの分泌を促し，アルドステロンは腎の遠位尿細管と集合管に作用してバソプレッシンと協同してNa^+の再吸収を増大させ，K^+とH^+の排泄を促進する．このようにして，体液量と酸塩基平衡が巧妙に調節される．

4．最大運動時におけるホルモン調節

80％$\dot{V}o_2max$を超えるような激運動では，ACTHをはじめとするストレス関連ホルモンの分泌が劇的に増加する（図21-4）[5]．血中カテコールアミンの劇的な増加は肝臓や筋のグリコーゲン分解や解糖を促進させるであろう．しかし，ごく短時間の激運動では骨格筋はこの糖をただちに利用できない．そのため血糖が著しく上昇する．この糖は，運動終了後に，筋で失われた貯蔵グリコーゲンの回復に利用される．また，アドレナリンは心筋収縮力を増大させ，ノルアドレナリンは末梢血管抵抗を増し，その結果血圧が上昇する．レニン―アンギオテンシン―アルドステロン系は血圧を上昇させるとともに，尿量の減少も引き起こす．

5．至適運動条件下におけるホルモン調節

至適運動条件を乳酸性代謝閾値前後あるいは40～60％$\dot{V}o_2max$以下の低～中強度の運動とすると，この強度は多くのホルモンの分泌閾値となる（図21-4）．しかし，このような運動は長時間行うことができるため，時間が経つにつれ多くのホルモンの血中濃度が上昇する（図21-5）[6]．この種の運動ではエネルギー源として脂肪酸を盛んに利用する．この脂肪酸は，運動時間の延長に伴って増加

3) Maeda S et al : J Appl Physiol, 82 : 1107, 1997.
4) Convertino VA : J Appl Physiol, 54 : 508, 1983.
5) 征矢英昭：最新運動生理学（宮村実晴編），p297，真興交易医書出版部，1996．
6) Wilmore JH et al : Physiology and Sport and Exercise. p122, Human Kinetics, 1994.

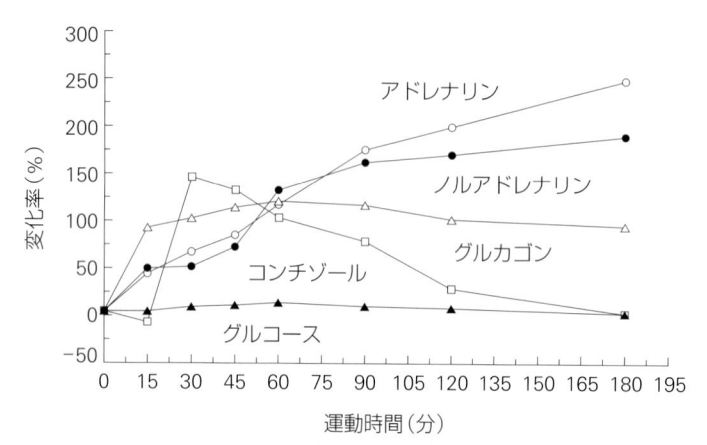

図 21-5 一定強度の運動（65％ V̇o₂max）時の血中ホルモン濃度変化
(Wilmore JH et al : Physiology and Sport and Exercise. p122, Human Kinetics, 1994)

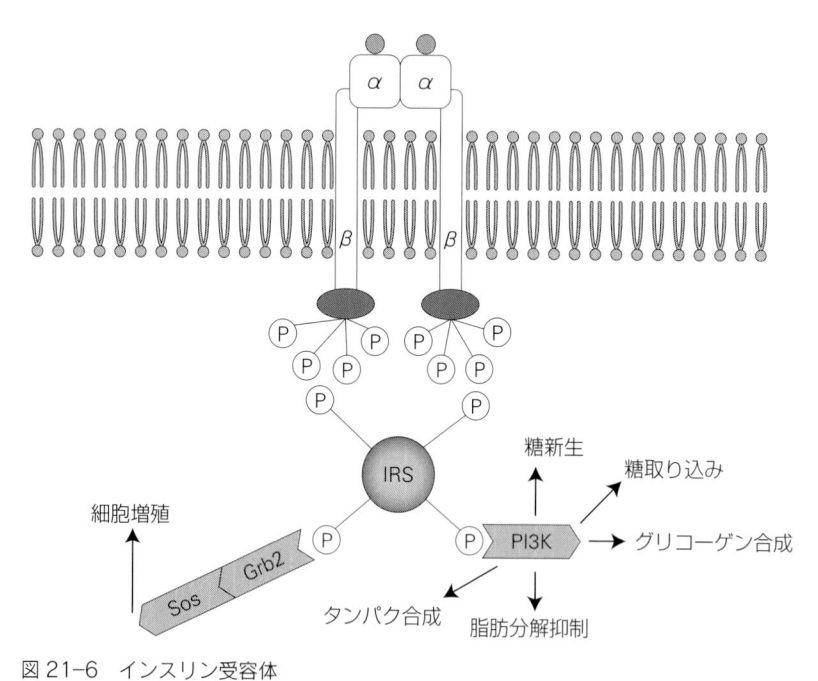

図 21-6 インスリン受容体
IRS：インスリン受容体基質，PI3K: ホスファチジルイノシトール 3 キナーゼ

したカテコールアミンが，脂肪組織や骨格筋の脂肪分解を促進させることによって保証される．コルチゾールや甲状腺ホルモンはカテコールアミンに許容的に働き，脂肪分解を促進する．一方，グルコース産生と糖取り込みはほぼ平衡に達しているため，血糖値に著明な変動はみられない．糖はアドレナリンやグルカゴンが肝グリコーゲン分解を促進することによって動員される．このグルカゴンの作用は，血中インスリン濃度の減少やコルチゾールの増加によって促進されるらしい．一方，骨格筋の糖取り込みは，筋収縮そのものやカテコールアミンが糖輸送担体の活性やトランスロケーションを促進するため，血中インスリンが低下しても大きな影響を受けない．成長ホルモンも運動時の糖や脂質代謝に関与していると考えられているが，運動が長引くと，その血中濃度は逆に低下する．

6．糖尿病とホルモン調節

1）糖尿病とは

糖尿病は高血糖，糖尿，口渇多尿などを呈する慢性の全身性代謝障害である．糖尿病にはI型糖尿病（インスリン依存性糖尿病，IDDM）とII型糖尿病（インスリン非依存性糖尿病，NIDDM）がある．IDDMは膵島β細胞の機能がほとんど消失し，インスリンの絶対的な不足のために起こる．IDDMは一種の自己免疫疾患である．一方，NIDDMは，遺伝的因子に生活習慣要因（肥満や過食，運動不足，ストレス，加齢など）が加わって発症する．

2）インスリン抵抗性とインスリン受容体

インスリン抵抗性とは，インスリン感受性の低下，つまりインスリン効果を得るために通常以上の量のインスリンを必要とする状態のことである．インスリン抵抗性は，NIDDMの発症に深くかかわっている．インスリン抵抗性の原因はインスリン受容体を介する情報伝達経路の障害にあると考えられている．

インスリン受容体はチロシンキナーゼ型受容体に属している．受容体にインスリンが結合するとチロシンキナーゼが活性化され，細胞内基質であるインスリン受容体基質1（IRS-1）などがリン酸化される（図21-6）．その後，細胞内情報伝達経路は分岐し，さまざまな生理応答が起こる．この情報伝達経路の障害は，遺伝的素因に加えて，脂肪組織から分泌される腫瘍壊死因子α（TNF-α）や遊離脂肪酸などの増加によっても起こるとされている（図21-7）[7]．

3）運動の効果

運動はインスリン抵抗性の改善，およびNIDDMの予防や治療に有効な手段で，トレーニングはNIDDM患者の空腹時血糖や糖化ヘモグロビン濃度を低下させ，糖負荷試験の成績を改善させる[8]．しかし，このトレーニングの効果は比較的短期間のうちに消失する．

運動の効果は，主としてインスリン感受性を高めることにある．急性運動によって一過性のインスリン感受性の亢進がみられる．これは，運動筋でより多く

[7] 松本道宏ら：日本臨床，58：276，2000． [8] Ivy JL et al：Exerc Sport Sci Rev，27：1，1999．

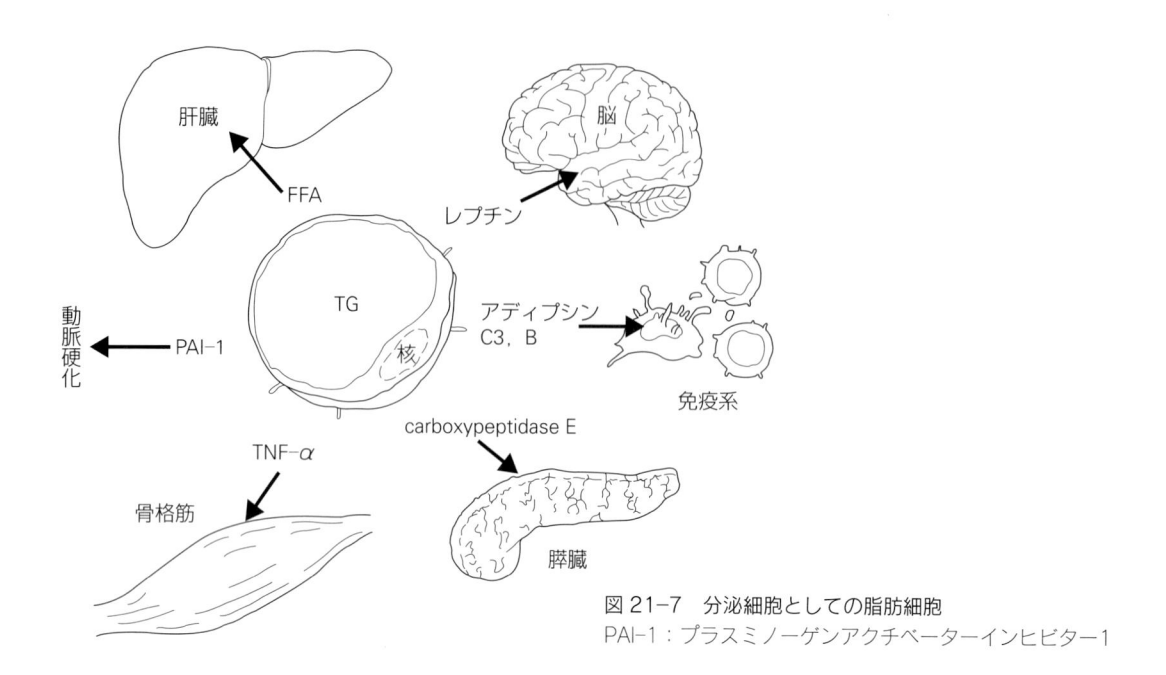

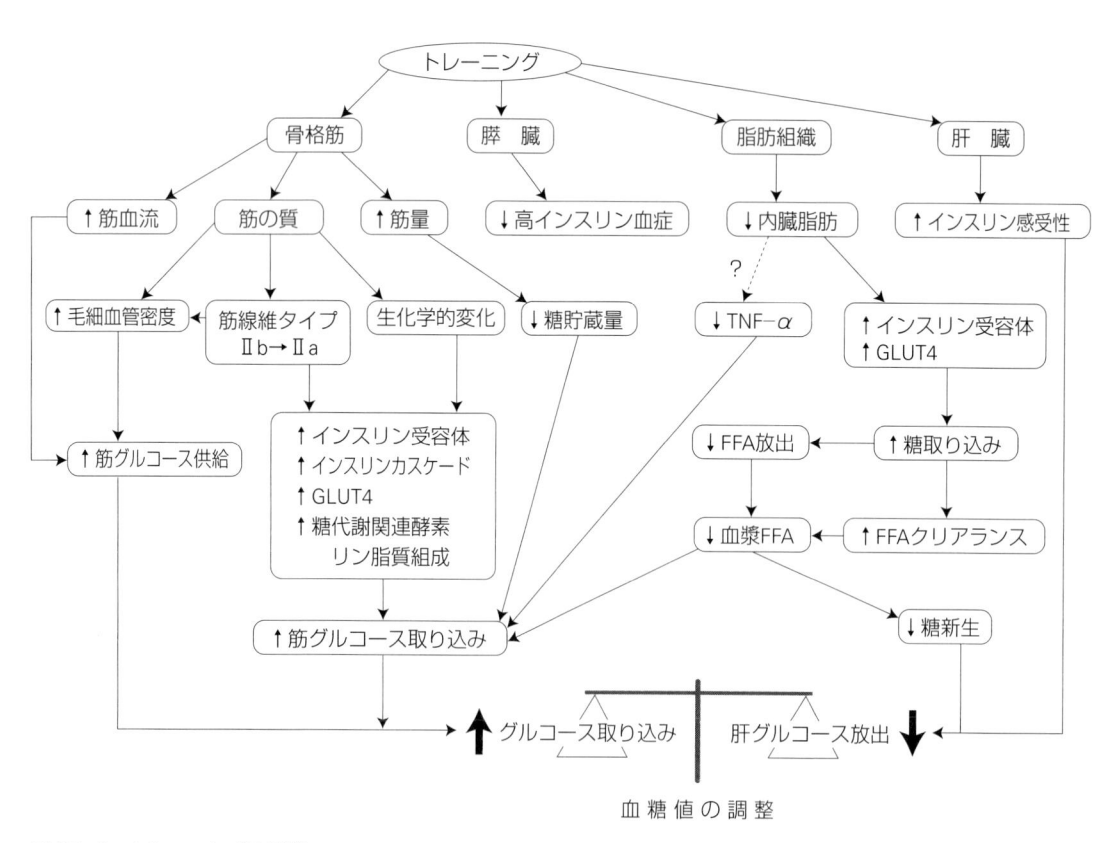

図 21-7 分泌細胞としての脂肪細胞
PAI-1：プラスミノーゲンアクチベーターインヒビター1

図 21-8 トレーニングの影響
(Ivy JL et al：Exerc Sport Sci Rev, 27：1, 1999)

のグルコーストランスポーター（GLUT4）がトランスロケーションすることや，インスリン受容体を介する情報伝達系が増幅するためである．その結果，筋でのグルコース取り込みとグリコーゲン合成が増加する．運動による一過性のインスリン感受性の亢進はグリコーゲンレベルが通常の，あるいはそのレベルを超えるまで続く．一方，トレーニングは糖尿病や肥満により減弱したインスリン感受性を増大させる（**図21-8**）[8]．今のところ，GLUT4の総量とインスリンによるGLUT4のトランスロケーションの増加，受容体以降の情報伝達経路の増幅，あるいはヘキソキナーゼやグリコーゲンシンターゼなどの酵素活性の増大などが考えられている．

4）脂肪組織とNIDDM

過剰な脂肪蓄積，特に内臓脂肪の増加（上半身型肥満）がインスリン抵抗性を招く危険因子とされている．この内臓脂肪をトレーニングや減量によって減少させると，インスリン抵抗性も改善する．インスリン抵抗性発現の2次因子としてのTNF-αについては，今のところ運動やトレーニングの影響について明らかではない．一方，FFAについてはNIDDM患者ではインスリンの血漿FFA低下作用が減少しているが，トレーニングはこれを改善させる[8]．

［井澤　鉄也］

---

8) Ivy JL et al : Exerc Sport Sci Rev, 27 : 1, 1999.

21章 競技者報告 過体重をつくる

一般に，スポーツ競技において，選手が過剰な体重（overweight）になることは適切ではない．ボクシングやレスリング，柔道などのように階級別に体重が制限されるスポーツにおいてはもちろんのこと，スポーツ競技選手はそのスポーツの特性を考え，実施する上で理想的な体重，あるいは選手自身が最も動きやすい，または最もスタミナがあると思われる体重を自ら決定していくべきである．しかしながら，体重の大きいことが有利に展開する競技もある．その一例として相撲競技がある．丸い土俵で一瞬のうちに勝敗が決定する競技においては，体重が大きいことにより破壊力が増す．また，ラグビー選手のフォワード，柔道選手の重量級や無差別級でも概して体重の大きいものが有利に試合を展開する．したがって，スポーツ種目によっては過体重になることが必須の条件となるスポーツもある．

著者は高校1年生の時，身長170cm，体重70kgであったが，高校卒業時には身長180cm，体重100〜105kgとなり，1年間で10〜12kg程度体重が増加した．その後大学時代は115kgとなり，大学卒業時からさらに増加し，30歳を迎えるころには123kgになった．

この点から，本稿の「過体重をつくる」という項目に若干の経験を述べておきたい．その方法として，

1．十分な食事の量を摂取すること
①食事は1日4〜5回に分けて摂取する（朝食・昼食・練習前軽食・練習後軽食・夕食）．
②偏食せず，栄養の質も考えてバランスのとれた食事に心掛ける．
③よく噛んで食べる．特に夕食はゆっくりと時間をかけて食べる．

2．筋肉量の増強を図ること
著者は柔道競技の中では重量級の階級であったので，柔道の練習の他にウェイトトレーニング（現在のパワーリフティング）に努力した．競技特性上，過体重が形成されるが，この過体重への移行とともに重要なことは筋量の増大を図ることである．体重の増加が体脂肪量の増加となってはマイナスである．このため，実施しなければならないのは，筋力トレーニングである．ウェイトトレーニングは週に3〜4回，1回2〜3時間，柔道の練習の他に取り組んだ．この結果，握力左右100kg，ベンチプレス200kg，スクワット330〜350kgを挙げることができるようになった．余談であるが，大学時代の体力測定において，背筋力測定時に測定計のチェーンを引き切った経験もある．

また，ランニングを取り入れ，呼吸循環機能（スタミナ）の強化も図らなければならない．著者の16〜35歳の体脂肪率（% body fat）は12〜14％で，一般中高校生の値を維持していた．ランニングは週3回，1回30〜40分，早朝実施した．特にタンパク質（プロテイン）補助食品などは一切摂取しなかった．血圧は正常，中性脂肪も100mg/dLレベルであった．

その後，何度かの減量に取り組んだが，体重は102〜103kgまで減少すると，毎回ぴたりと停止する．これは，筋の肥大，筋量の増大によるものであろう．医事管理の点から，血中脂質，肝機能，糖代謝機能，身体組成などの測定を定期的に実施することを勧めたい．

［芳賀 脩光］

22章 肝・消化器系とトレーニング

　消化器系とは，食物中の栄養素を消化して体内に取り入れるために必要な口腔，食道，胃，小腸（十二指腸，空腸，回腸），大腸（上行，横行，下行，S状結腸），直腸，およびこれらの機能を果たすために必要な唾液腺，膵臓，肝臓，胆嚢などを含めたものを呼んでいる（図22-1）．

　消化とは，摂取した栄養素をその最小構成単位あるいはそれに近い状態にまで分解して消化管の壁を通りうる状態にまで変化させることであり，吸収とはそれを消化管の壁を通して血管またはリンパ管の中に取り入れる現象をいう．私たちが食物として摂取する栄養素の中で，量的に多いものとして糖質，脂質，タンパク質があり，これらを3大栄養素と呼んでいる．吸収された各栄養素は，体内で再びヒトの糖質，脂質，タンパク質などに再合成される．

　消化および吸収は，口腔から胃・小腸を経て肛門にいたる消化管の運動，消化液の分泌，消化管の血流量などに依存すると考えられる．口腔における咀嚼運動，咽頭における嚥下運動は別にして，食道からはじまる消化管の運動は「蠕動」と呼ばれる．おもな消化液とそれに含まれる消化酵素には，唾液に含まれるアミラーゼ，胃液におけるペプシン，膵臓でつくられ十二指腸管腔へ分泌される膵液に含まれるアミラーゼ・リパーゼ・種々のペプチダーゼなどがあり，3大栄養素の消化を行っている（表22-1）．消化管の血流量は，腹腔大動脈から分枝する腹腔動脈・腸間膜動脈を主とする動脈血流に依存している．例外は，消化管からは外れるが，吸収した栄養素を含む血液が最初に到達する臓器である肝臓である．肝臓には通常の動脈の他に，消化管を通り栄養素をふんだんに含んだ血液が門脈と呼ばれる静脈を経て流入する．つまり肝臓は，直接消化吸収にはかかわら

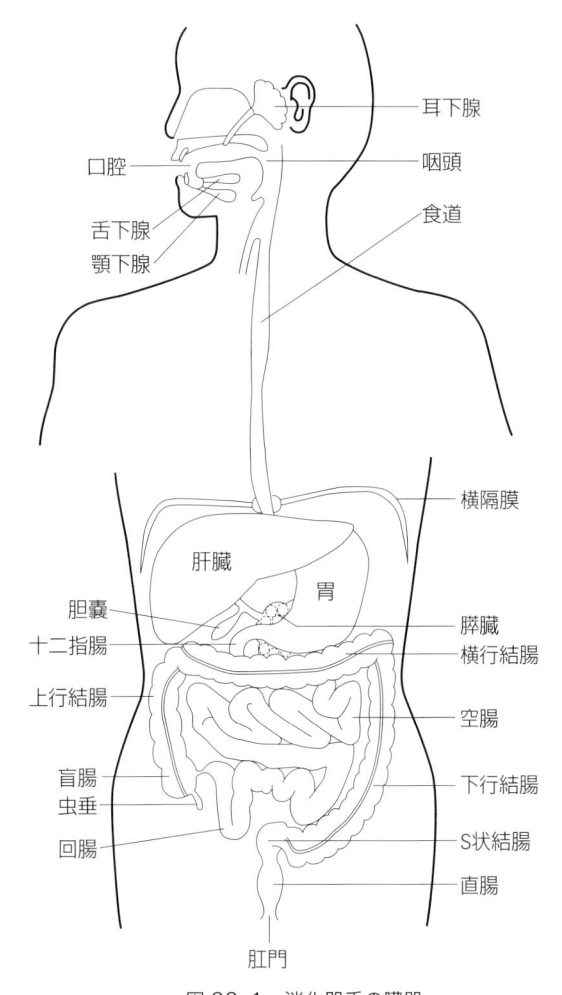

図22-1　消化器系の臓器

ないが，消化管を経た血液が最初に通過する臓器であり，吸収した栄養素を分解したり，からだに必要な成分に再構成したり，余分な栄養素を脂肪やグリコーゲンに変えて貯蔵するなど，代謝の要としての役割を果たしており，その活動は消化器系の中で重要な意味をもつ．肝臓はまた，消化管から吸収された異物や毒を解毒する働きをしており，からだの防御機能にも役

表 22-1　小腸における栄養素の消化・吸収

糖質の消化

```
デンプン   ┐              ┌ マルトース    ──マルターゼ──→  グルコース    ┐
グリコーゲン├─膵液アミラーゼ→│ イソマルトース ──イソマルターゼ→ グルコース    │
デキストリン┘              └ グルコース                                │
                                                                    ├─吸収→ 門脈へ
             ラクトース   ──ラクターゼ──→ ┌ グルコース                  │
                                      └ ガラクトース                 │
                                                                    │
             スクロース   ──スクラーゼ──→ ┌ グルコース                  │
                                      └ フルクトース                 ┘
```

脂質の消化

```
              膵液リパーゼ   ┌ モノアシルグリセロール ┐
中性脂肪 ──(胆汁による乳化)→│  長鎖脂肪酸         ├+胆汁酸 ──吸収──→ リンパ管へ
                          │                    │
                          │ グリセロール         │
                          └ 短・中鎖脂肪酸      ┘──────吸収──→ 門脈へ
```

タンパク質の消化

```
長鎖ペプチド          短鎖ペプチド     アミノ              トリペプチド   ペプチダーゼ    アミノ酸  ┐
┌プロテオース*┐ 膵液   ┌オリゴペプチド  ペプチダーゼ**       ┌ジペプチド   ─────────→           │
│          │トリプシン│            ─────────→      │           ジペプチダーゼ  アミノ酸  ├吸収→門脈へ
└ペプトン*  ┘キモトリプシン└アミノ酸      カルボキシ          └アミノ酸                            ┘
            カルボキシ                 ペプチダーゼ
            ペプチダーゼ                 など
```

┌───┐
│ *：胃でペプシンの作用によって生じるタンパク質の部分的分解産物のこと．   │
│ **：アミノペプチダーゼはアミノ基末端のペプチド結合を，カルボキシペプチダーゼはカルボキシル基末端の │
│   ペプチド結合を切断する酵素で，アミノ酸を遊離させる．   │
└───┘

立っている．これら消化器系臓器の活動は，おもに自律神経とホルモンによって調節されている．

自律神経は，大きく交感神経と副交感神経に分けられる．この2種類の自律神経は，多くの臓器において互いに相反する相補的な作用を示す．さらに，交感神経の興奮は副腎髄質からのアドレナリン分泌や膵臓からのグルカゴン分泌を促進し，一方，副交感神経の興奮は，膵臓からのインスリン分泌や胆嚢の収縮と胆汁分泌などを引き起こす．消化管の活動は，消化液の分泌も含め，一般的に副交感神経の活動により促進され，交感神経の働きによって抑制される．消化管の運動および消化液の分泌は，自律神経の作用とともに，消化管ホルモンと呼ばれる局所ホルモンによっても調節されている．おもな消化管ホルモンには，ガストリン（胃液の分泌と胃の運動を促進する），セクレチン（胃酸の分泌を抑制し，膵臓からアルカリ性の重炭酸塩の分泌を促進する），コレシストキニン（パンクレオザイミンともいう．膵液の分泌を促進し，胆嚢を収縮させる）などがある．

運動をはじめようとすると，精神的な緊張もあり，交感神経緊張状態になると考えられる．心拍数は増加し，血圧も上昇し，副腎髄質からはアドレナリン分泌が促される．この交感神経優位の状態は，運動を開始しても持続するであろうから，一般的には運動時には消化器系の働きは低下すると考えられる．この章では，運動と消化器系の機能との関連について概観することにする．

［岩井　將・嶋津　孝］

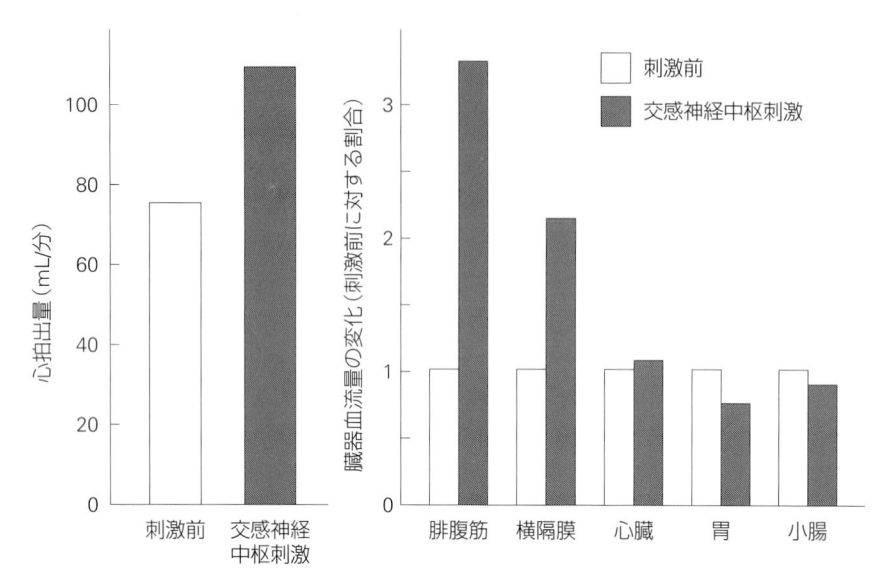

図 22-2　交感神経中枢（視床下部腹内側核）刺激による臓器血流の変化
ラットの視床下部腹内側核に微小電極を挿入し電気的に刺激したときの心拍数と各臓器の血流の変化を示す．
(Iwai M et al：Pflügers Arch, 410：44, 1987)

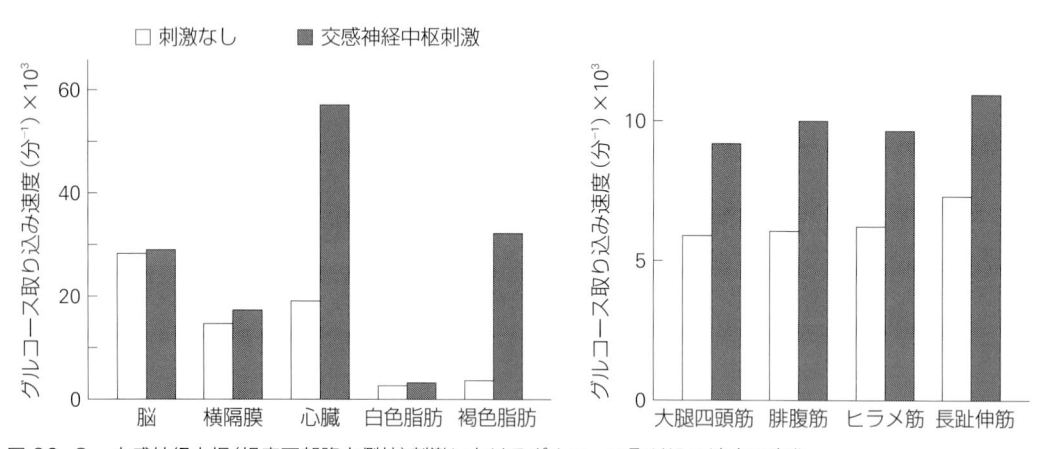

図 22-3　交感神経中枢（視床下部腹内側核）刺激におけるグルコース取り込み速度の変化
ラットの視床下部腹内側核を電気的に刺激したときの各臓器におけるグルコース取り込み速度の変化を示す．
(Sudo M et al：Am J Physiol, 261：E298, 1991)

1. 運動と消化管の動き

　摂取された食物が消化器系の各部で種々の消化酵素による化学的消化を受けるためには，その消化の段階に応じて順序よく消化管内を移動する必要がある．したがって，円滑な消化器系の運動の行われることが，食物の消化，吸収の第1条件である．口腔で咀嚼された食物が咽頭を通って食道に入ると，これ以後は食塊が粘膜に触れることにより輪状筋が収縮し下方に移動するという不随意運動が生じる．この不随意運動の主要なものは蠕動運動と呼ばれる．蠕動運動をはじめとする消化器運動は摂食活動と結びついた自律神経活動によって調節されており，副交感神経により促進し，交感神経により抑制される．運動前および運動時には一般的に交感神経系の緊張が高まり，副交感神経系の活動が抑制されるため，消化管の運動は抑制される．その一方で，副腎からのアドレナリン分泌も増大し，血圧の上昇・筋肉の血流量の増大が生じ，心臓から拍出される血液の大部分が骨格筋へ配分される．著者らが行ったラットを用いた実験においても，脳の交感神経中枢を刺激した場合には，心拍出量の増加と骨格筋の血流増加が認められた（図22-2）[1]．胃腸では血流量は明らかな変化は示さなかったが，骨格筋に比べて相対的に低下したことになる．

　運動が終わっても消化器系の働きがただちに促進されるとは考えにくい．中等度以上，殊に激しい運動では，食前食後を問わず運動を行うことによって胃の運動が抑制され，食物の胃内停滞量の割合が多くなるといわれている．一方，軽度あるいは中等度の運動は胃の機能にそれほど影響を与えないという報告もある．

2. 運動と消化吸収（消化液の分泌）

　総論において述べたように，消化器系の活動は自律神経系と消化管ホルモンを含む内分泌系（ホルモン）によって調節されている．消化器系の器官に対する自律神経支配は，おもに副交感神経が能動的であり，その緊張によって消化管の運動や消化液の分泌が促進される．ところが，運動を行おうとした場合，運動前にはまず交感神経が緊張して呼吸の促進や心拍数の増加が生じ，準備状態を整える．また，激しい運動を行うときにはこの傾向が一層強くなる．したがって，運動中には消化液の分泌・消化管の運動は抑制され，内臓への血流も減少して，消化吸収機能は低下することが予想される．消化管の中に分泌される消化液には，口腔の唾液，胃で分泌される胃液，膵臓でつくられ十二指腸に分泌される膵液，そして胆嚢に貯蔵され膵液とともに十二指腸に分泌される胆汁などがある．これら消化液と消化に関連した分泌は，副交感神経によって促進する．したがって，運動時には唾液分泌および胃・膵液分泌は低下すると考えられる．また，消化が進まないため，おもに小腸で行われる栄養素の吸収も低下する．しかし，定常状態に入りうるような比較的軽い運動あるいは楽しみながら行う運動の場合には，

---

[1] Iwai M et al : Pflugers Arch, 410 : 44, 1987.

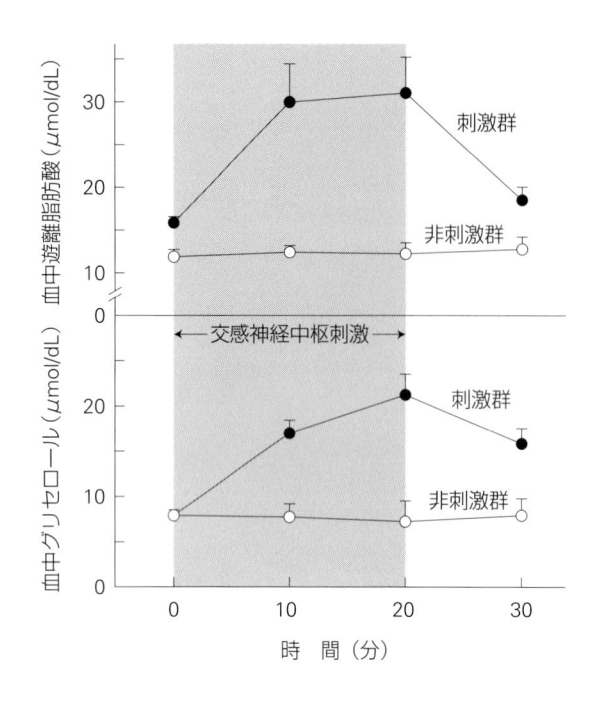

図 22-4 交感神経系(視床下部腹内側核)刺激による脂肪動員
ラットの視床下部腹内側核を電気的に刺激したときの血中脂肪酸とグリセロールの変化を示す.
(Takahashi A et al：J Auton Nerv Syst, 4：195, 1981)

表 22-2 肝臓の代謝に及ぼす自律神経の働き

	交感神経刺激	副交感神経刺激
グリコーゲン分解	増加	低下
グリコーゲン合成	低下	増加
糖新生系	促進	抑制
グルコース産生	増加	減少
血清タンパク合成	抑制	促進
DNA合成	抑制	促進
尿酸生成	増加	—
ケトン体生成	抑制	—
リポタンパク（VLDL）分泌	抑制	—

自律神経系のバランスが改善され，食物を十分に消化・吸収することが可能である．

3．運動とグルコース代謝

　グルコースは，私たちのからだのエネルギーをつくる燃料として，また，血糖値を維持するために重要な役割を担っている．エネルギー（おもにATP）の多くはすべての細胞に存在する解糖系と，ミトコンドリア内で酸素を必要とするTCA回路によって産生される．食事により摂取された糖質は分解されてエネルギーになる他に，余分なグルコースは，グリコーゲンのかたちで蓄えられる．グリコーゲンを蓄えているのは主として肝臓と筋肉である．食事をしていない場合

の筋肉をはじめとするからだの活動に必要なエネルギーは，このグリコーゲンを分解することによって供給される．運動時の糖代謝は運動の程度により異なるが，通常の運動時には，骨格筋はグルコースを消費しながらエネルギーを産生し運動を行う．すなわち，筋肉グリコーゲンを分解し，また血中よりグルコースを取り込み，解糖系・TCA回路によりATPを産生する．血液中のグルコースはわずかであるので，それを補うため肝臓のグリコーゲンが分解されて，グルコースとして血中に放出される．著者らの実験では，交感神経系の緊張は，肝臓からのグルコース産生を増やすだけでなく，骨格筋などにおけるグルコースの取り込みも積極的に増加させることが明らかになった（図22-3）[2]．つまり，交感神経系は，運動時におけるきわめて合目的な糖代謝の調節を行っているといえる．しかし，筋肉運動が激しい場合には，筋肉への酸素供給が不十分となるためTCA回路が十分に働かず，解糖系による乳酸の産生が増え，筋肉疲労の原因となる．

4．運動による脂肪分解

食物により摂取した栄養素のうち，脂質や過剰な糖質は肝臓で中性脂肪に変換され，アポタンパクと結合したリポタンパクと呼ばれる複合体となって血液中を運ばれて，脂肪組織に蓄えられる．蓄えられた中性脂肪は，必要に応じてアドレナリンやグルカゴンなどのホルモンの作用により脂肪酸とグリセロールに分解され，再び血中に放出されて（脂肪動員），骨格筋をはじめとする臓器に運ばれ運動のためのエネルギー源（ATP）となる．運動時には先に述べたように交感神経の活性化が起こるが，脂肪組織における脂肪分解は，交感神経の活性化によって促進する（図22-4）．したがって，運動時は脂肪組織における脂肪分解が亢進し，血中の遊離脂肪酸濃度が上昇し，運動している骨格筋では脂肪酸の酸化とATPの産生が進んで筋肉の運動に用いられる．一方，運動時には交感神経の活性化により消化管からの脂肪の吸収が低下するのに加えて，後述するように肝臓からの脂肪放出（リポタンパクとして）も抑制されるため，血中の中性脂肪は低下すると考えられる．

5．運動時における肝機能の役割

肝臓は，3大栄養素をはじめとするほとんどすべての栄養素の代謝を行っている一種の化学工場である．前述のように，肝臓には2つの流入血管系があり，門脈は肝血流量の約70％を供給し，消化管で吸収された栄養素に富む静脈血を肝臓に運ぶ血管系である．他方，肝動脈は酸素に富んだ動脈血を肝臓に供給する．肝臓は食後には，吸収した糖質をグリコーゲンに変えて貯蔵し，さらに余分な栄養素を脂肪に変えて血中に放出し脂肪組織まで運搬した後そこに蓄積させる．空腹時には，蓄えていた肝グリコーゲンを分解して血中のグルコースを補給する．また，肝臓では乳酸やアミノ酸から糖新生過程によってグルコースをつくるとい

[2] Sudo M et al : Am J Physiol, 261 : E298, 1991.

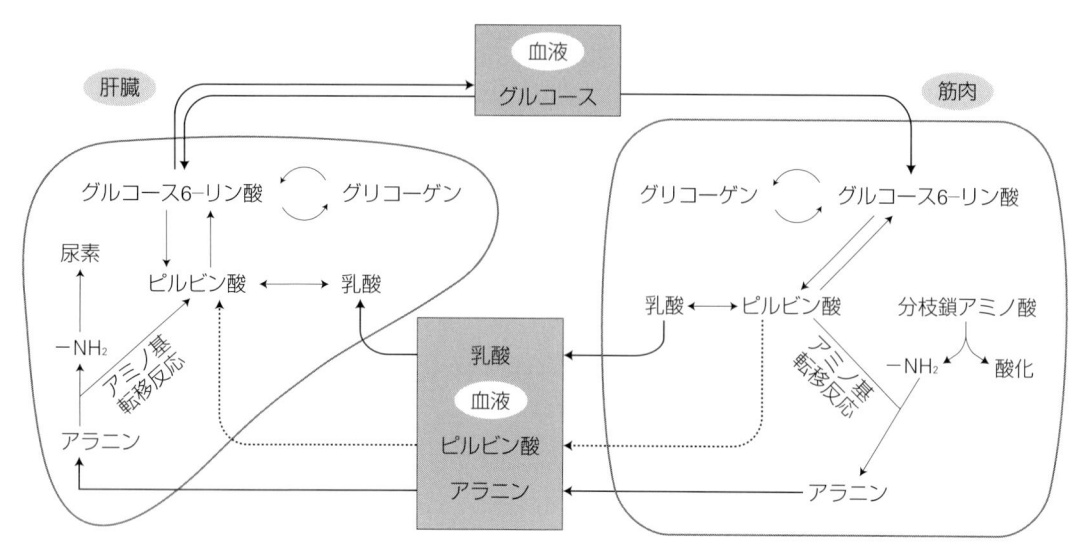

図 22-5　Cori 回路とグルコース－アラニン回路

う働きも盛んになる．これらの肝機能は，消化・吸収による栄養素の供給状態に依存して変化することはもちろんであるが，自律神経系と内分泌系という生体の二大調節系によって調節されている（**表22-2**）．

運動時にはアドレナリンやグルカゴンの分泌が増加するのに加えて，交感神経系が緊張状態にあるので，肝臓ではグリコーゲン分解が促進してグルコース産生が高まる．また，運動時に骨格筋で産生される乳酸は血流によって肝臓まで運ばれ，糖新生経路によりグルコースにつくり替えられ，再び血液に乗って筋肉でエネルギー源として利用される（Cori回路，**図22-5**）．肝臓における脂肪合成は交感神経による直接的な調節はないと報告されているが[3,4]，運動時には脂肪合成の材料であるグルコースと脂肪酸が筋肉で消費されるため，脂肪合成は低下すると考えられる．また，交感神経が興奮した状況下では，肝臓からのリポタンパクとしての脂肪放出も低下する[5]．運動時には，筋肉におけるタンパク質は合成よりも分解に傾くと考えられる．タンパク質が分解されて生じるアミノ酸は，グルコースや脂肪酸に比べてその貢献度は低いが，やはりエネルギー源として利用される．とりわけ，分枝鎖アミノ酸に属するロイシン，イソロイシン，バリンの3つは，肝臓よりもむしろ筋肉中で酸化され，運動中の筋肉の重要なエネルギー源となる．これらのアミノ酸のアミノ基は，アミノ基転移反応によってピルビン酸に移されてアラニンを生成し，肝臓に輸送されて尿素回路に入り処理される（グルコース—アラニン回路と呼ぶ，**図22-5**）．グルコース—アラニン回路のもつ生理的意義は，タンパク質分解やアミノ酸の酸化が筋肉で起こったときに，その窒素を筋肉から肝臓に輸送することにある．

運動時にみられるこれら一連の代謝の流れは，骨格筋におけるエネルギー産生を確保するために，筋肉と肝臓の間で行われる合目的な臓器相関といえる．

［岩井　將・嶋津　孝］

3) Shimazu T et al : Nature, 284 : 62, 1980.
4) 嶋津　孝：日本栄・食糧会誌，46：107, 1993.
5) 山内忠茂：自律神経，32：411, 1995.

22章 具体例 トレーニング生理学
スポーツ選手に多くみられる消化器疾患

　スポーツ選手に多くみられる消化器疾患については，接触性競技における肝炎感染の問題[6]やマラソン，長距離ランナーにおける膵機能障害[7]などの実質性臓器疾患も報告されているが，頻度上は消化管の疾患が問題になることが多い．これらは，器質的疾患と機能的疾患に分けて考えられる．器質的疾患としては，胃・十二指腸潰瘍や急性胃粘膜病変などがある．胃・十二指腸潰瘍は，胃酸などの粘膜に対する攻撃因子と血流や粘液分泌などの粘膜防御因子のアンバランスで発症するとされている．運動は攻撃因子である胃酸分泌に対して，健常者では抑制的に[8]，十二指腸潰瘍患者では亢進的に[9]働くとされている．したがって，十二指腸潰瘍を有する競技者では注意が必要となろう．しかし，最近では，消化性潰瘍の発症や再発に深く関与する胃内ピロリ菌の除菌療法が保険適応として認可されたことから，再燃を繰り返す競技者ではピロリ菌の除菌が考慮されてもよい．一方，急性胃粘膜病変に関しては，心窩部痛を呈する急性胃炎であったり，急性胃潰瘍として出血をきたす場合がある．この場合は，胃酸分泌亢進より胃粘膜防御因子の低下が原因とされている．著者らも，高所登山において，高度の上昇に伴い食欲不振などの消化器症状の出現率や，消化管出血を示す便潜血反応の陽性率が増加することを報告している[10]．その後，高所登山時の急性胃粘膜病変について内視鏡検査で実際に確認された[11]．また，平地においても過大な運動負荷を伴うマラソン選手では急性胃炎が少なからずみられる[7]．

　一方，消化管の機能的疾患としては，上部消化管由来の慢性胃炎や胃食道逆流症（gastroesophageal reflux disease：GERD），下部消化管由来の過敏性腸症候群（irritable bowel syndrome：IBS）が代表的なものである．慢性胃炎では食欲不振や上腹部膨満などがみられ，過度の緊張による交感神経亢進に伴う胃運動低下が原因になると考えられている．GERDでは，運動による腹圧の亢進と胃内容の停滞などが原因とされるが，胸やけ以外にも悪心や胸痛を訴えることがあるので注意が必要である．IBSは腸管の粘膜感受性異常，消化管運動異常が病態であり，下腹部痛，下腹部膨満，便秘，下痢などの多彩な症状を呈する．IBSは精神的ストレスが発症に関与しているとされ，競技者の高度の緊張などが発現の誘因になりうる．著者の行った，ある実業団女子陸上競技チームの調査（未発表）においても，通常の練習期には便秘が多くみられること，試合が近づくにつれて食欲不振などの上部消化管機能異常症状がみれるようになること，試合直前には下痢を呈する選手が増加すること，さらに，これらの症状の有無や程度は競技レベルには相関しないことが判明した．近年，これらの機能性消化管疾患は一般人においても急速に発症頻度が増加していることから，競技者の指導に当たってはこれらの症状を見逃さず，必要に応じて専門医に相談するなどの対応が必要である．

　　　　　　　　　　　　　　　　［内藤　広郎］

---

6) 小堀悦孝ら：臨床スポーツ医学, 6：1221, 1989.
7) 賀来正俊：臨床スポーツ医学, 12：557, 1995.
8) Hellebrant FA et al：Am J Physiol, 107：355, 1934.
9) Markiewicz K et al：Acta Hepato-Gastroenterol, 26：160, 1979.
10) 内藤広郎ら：登山医学, 10：105, 1990.
11) 杉江知治ら：登山医学, 11：55, 1991.

23章 活性酸素とトレーニング

トレーニング生理学

　ヒトをはじめとする生物は，酸素を電子受容体とする好気性呼吸や酸化酵素，酸素添加酵素による酸素の利用を進化の過程で可能にしたが，これは酸素障害を防ぐ機能をもった生物だけに可能であった[1]．すなわち，ヒトでは，通常の状態でも生体で消費される総酸素量の約3％がスーパーオキシド（O_2^-）という活性酸素になる．近年，活性酸素はがん，動脈硬化，糖尿病など種々の疾患や老化を引き起こすことで，諸悪の根源とされている．加えて，「運動は活性酸素という毒の発生を高めるので，からだに悪い」という著書[2]が出版され，テレビなどのマスコミで大きく取り上げられて以来，特に体育・スポーツ関係者に少なからぬパニックを起こしたことは記憶に新しい．実際，運動によって，からだ全体の酸素消費量は10〜15倍に増加することから，加藤[2]が指摘するように活性酸素の一層の増大が予測される．O_2^-の発生源の大部分は，酸化的リン酸化によってエネルギー（ATP）を産生する場であるミトコンドリアである．ミトコンドリアの酸化的リン酸化能は，わずかでも構造が傷つくと失われるので，生成された活性酸素による傷害は重大な問題となる．

　これに対して，生体には非常に巧妙な活性酸素消去機構が存在する．細胞内・外にスーパーオキシドジスムターゼ（SOD）を代表とする抗酸化酵素，グルタチオン（GSH），チオレドキシン，ビタミンE・Cなどの低分子抗酸化物質，および活性酸素を産生する遷移金属イオン（Fe^{2+}, Cu^+など）を安定化するフェリチン，セルロプラスミンなどの結合タンパク質が存在している．たとえば，ミトコンドリアで生じたO_2^-は，おもにMn-SODとグルタチオンペルオキシターゼ（GPX）により水に代謝され，無害となる．

　活性酸素の発生をできるだけ抑え，トレーニング効果があがる具体的な運動処方はまだ確立されていない．軽度の酸化ストレスはサイトカインを介したシグナル伝達経路のメディエータとして，アポトーシス，DNA修復，細胞周期停止，あるいは抗酸化酵素の誘導などのポジティブな作用を引き起こす．一方，過剰な酸化ストレスの場合には，DNA，タンパク質，脂質の各分子傷害を生じ，がん化，動脈硬化，老化などのすでに述べたネガティブな作用を引き起こす．つまり，今後，有酸素運動から無酸素運動に切り替えられる乳酸性作業閾値（LT）のように，軽度な酸化ストレスから過剰な酸化ストレスへ移行するのはどの負荷強度か，各自の酸化ストレスの閾値を知ることが重要となろう．これは，活性酸素からみたオーダーメイド運動処方を意味する．著者は，今のところ，50％$\dot{V}O_2max$程度が望ましい運動強度であると考えている[1]．

　最後に，Fukaiら[3]がビタミンE・Cの服用よりも，適切なトレーニングによってSOD（細胞外SOD）の発現を高める方が生体にとってはるかに効果的であることを証明したように，日頃から楽しんで運動を行うライフスタイルが抗酸化能を高め，遺伝子の突然変異を防ぎ，QOLを改善し，健康寿命を延ばすことにつながることを強調したい[1]．

[大野　秀樹]

1) 大野秀樹ら：体力科学, 50：389, 2001.
2) 加藤邦彦：スポーツはからだにわるい：酸素毒とストレスの生化学. 光文社, 1992.
3) Fukai T：J Clin Invest, 105：1631, 2000.

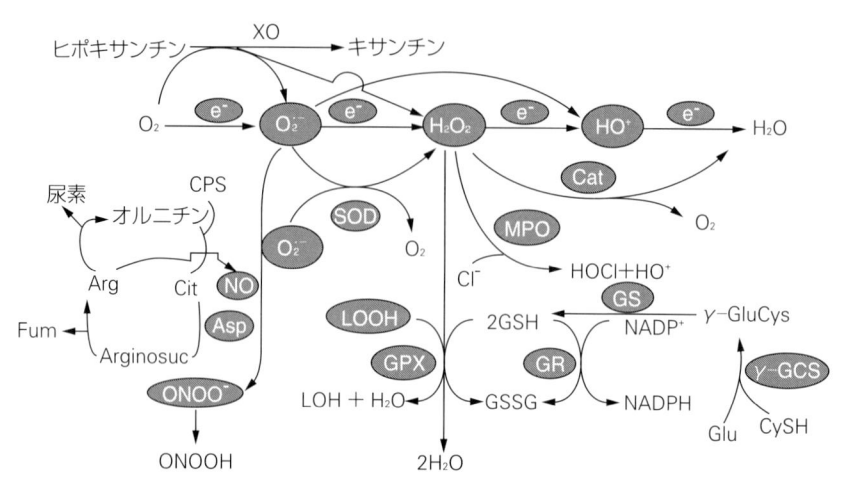

図23-1　活性酸素および活性窒素のメタボリックマップ
XO：キサンチンオキシダーゼ，Arginosuc：アルギノコハク酸，Cit：シトルリン，Arg：アルギニン，CPS：カルバミルリン酸合成酵素，CySH：システイン，Fum：フマール酸，γ-GluCys：γ-グルタミルシステイン，γ-GCS：γ-グルタミンシステイン合成酵素，GS：グルタチオン合成酵素，Asp：アスパラギン酸，GSH：還元型グルタチオン，GSSG：酸化型グルタチオン，GPX：グルタチオンペルオキシダーゼ，GR：グルタチオンレダクターゼ，MPO：ミエロペルオキシダーゼ，Cat：カタラーゼ，SOD：スーパーオキシドジスムターゼ，LOOH：脂質ヒドロペルオキシド
(大野秀樹ら編：活性酸素と運動．p13，杏林書院，1998)

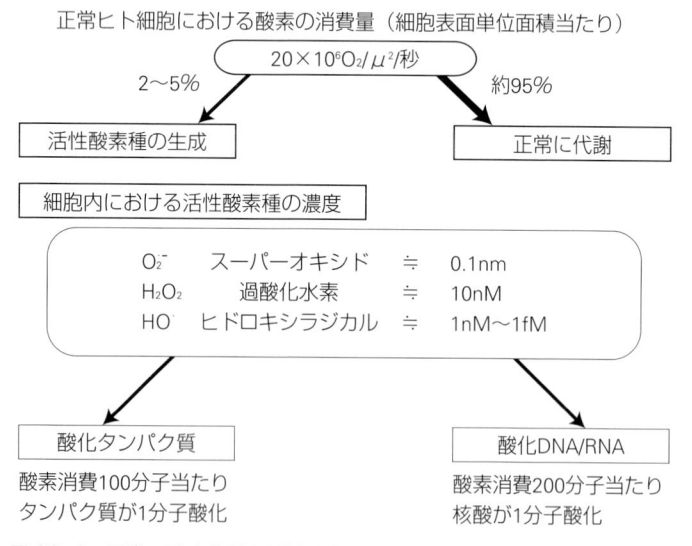

図23-2　正常の酸素代謝と活性酸素種の生成

1. 活性酸素とは（図23-1）

酸素分子は空気中に21体積％で安定な状態で存在し，基底状態に不対電子を2個もつことから，三重項酸素と呼ばれる．一方，比較的短命であるが，反応性に富み，多くの生体内での酸化還元反応にかかわっている酸素分子を活性酸素と総称している．

たとえば，酸素分子にさらに1個の電子が入るとスーパーオキシドアニオン（O_2^-）となる．酸素分子の2個の不対電子が対をなして，一方の酸素原子のπ軌道に入りもう一方が空になったものを一重項酸素と呼ぶ．活性酸素には，ラジカルと非ラジカルがあり，ラジカルには，スーパーオキシド，ヒドロキシラジカル，ヒドロペルオキシラジカル，ペルオキシラジカル，アルコキシラジカル，二酸化窒素，一酸化窒素，ペルオキシ亜硝酸ラジカルなど，非ラジカルには，過酸化水素，次亜塩素酸，脂質ペルオキシド，オゾン，一重項酸素などがある．

生体の中では，およそ95～99％の酸素は水までに還元されるか，水酸化される．しかし一部，ミトコンドリアの電子伝達系や，薬物代謝系，白血球の食菌過程などで活性酸素が生じる．生じた活性酸素のうち生体で問題になるのは，過酸化水素，スーパーオキシド，脂質ヒドロキシペルオキシド，ヒドロキシラジカルなどである．活性酸素は両刃の剣としての作用があり，生体にとっては，悪玉，善玉として作用する．そのうち，過酸化水素や脂質ペルオキシドは主としてグルタチオンペルオキシダーゼ（GPX）などにより水酸化物となり，またスーパーオキシドはスーパーオキシオドジスムターゼ（SOD）により消去されて，水と過酸化水素になる．

過酸化水素は，生体のいろいろな遺伝子制御にかかわるほか，ヒドロキシラジカルの前駆体となる．生体の中で活性酸素がどのくらい存在するかについては議論があるが，最も多いのは過酸化水素であり，ほぼ10～6mmol濃度，ついで，スーパーオキシドがおよそその1,000分の1，最も少ないのがヒドロキシラジカルでさらにその1,000ないし10,000分の1のごく微量と考えられている．

一方，最も反応性の強いのはヒドロキシラジカルであり，タンパク質，糖質，DNAなどを切断することが知られており，活性酸素の中では最も悪玉といえよう．生体では，これらの活性酸素を消去することが重要であり，消去系酵素としてのSODやGPXが，何らかの原因により不活性化すると，過酸化水素が蓄積し，遷移金属である3価鉄，2価銅などが介在して，過酸化水素からヒドロキシラジカルが産生する（Fenton反応）．

SODは，細胞質に存在するCu, Zn-SODと，ミトコンドリアに存在するMn-SOD，分泌性のタンパク質である，extracellular SODの3種類が知られている．運動神経が選択的におかされる家族性筋委縮性側索硬化症ではCu, Zn-SODの60種類にも及ぶ変異が見出されており，この病気の発症とのかかわりが知られている．運動がどの程度の酸化的ストレスを起こすかどうかについては結論は出ていない．

［谷口　正子・谷口　直之］

表23-1　細胞内の抗酸化物質とその特徴

スーパーオキシドジスムターゼ（SOD）	全細胞に存在．$2O_2^- + 2H^+ \rightarrow H_2O_2 + O_2$ Cu, Zn-SODは細胞質，赤血球内，Mn-SODはミトコンドリアに局在．
カタラーゼ	ペルオキシソーム，赤血球内．過酸化水素の分解 $2H_2O_2 \rightarrow H_2O + O_2$
グルタチオンペルオキシダーゼ（GPX）	脂質ペルオキシド，過酸化水素の分解．細胞質に約75% $LOOH + 2GSH \rightarrow LOH + H_2O + GSSG$ $H_2O_2 + 2GSH \rightarrow 2H_2O + GSSG$
グルタチオン（還元型：GSH，酸化型：GSSG）	細胞内外で親水性の主要抗酸化低分子化合物．細胞内濃度は2〜10mM．他の分子のSH基を還元状態に維持．
ビタミンE（αトコフェロール）	脂溶性で細胞膜でスカベンジャーとして作用．
ビタミンC（アスコルビン酸）	親水性の還元物質．ビタミンEと共同して働く．

表23-2　細胞外の抗酸化物質とその特徴

Extracellular SOD（EC-SOD）	細胞外のスーパーオキシドジスムターゼ．反応は他のSODと同じ．血管内皮細胞表面と血液中．
セルロプラスミン	銅イオンのキレート化
トランスフェリン	鉄イオンのキレート化
フェリチン	〃
ラクトフェリン	〃
アルブミン	SH基をもち，血液中では主要なSHタンパク．ビリルビン複合体は強い抗酸化能．
尿酸	キサンチンオキシダーゼの代謝産物でHO·に抗酸化作用．
グルタチオン	表23-1参照
ビタミンC（アスコルビン酸）	〃

2．運動時における活性酸素種と抗酸化物質

　　運動時において体内で活性酸素種（reactive oxygen species：ROS）の生成が増加することは多くの報告があるが，それが生体にとって傷害を与えるかについては不明な点が多い．ヒトは酸素呼吸をする以上，活性酸素種の生成は必然であって，体内には多重的な抗酸化システムを有して防御に働いている．まず図23-2に，標準的な細胞における正常状態での細胞内の活性酸素生成量を

示す.これは骨格筋細胞に限った例ではないが,体内のどの細胞においても正常状態で活性酸素の細胞内の発生は日常のことであり,酸化タンパク質,酸化DNA/RNAは常に生成し,タンパク分解酵素やDNAの修復機構によって絶えず除去,修復されている.

筋肉におけるおもな活性酸素生成源の第1は,ミトコンドリアにおける電子伝達系からの活性酸素の漏れである.生体内の酸素の約90%はミトコンドリアの電子伝達系で消費されており,細胞内の活性酸素生成としては最も大きいものと考えられる.次に,筋肉では運動によって収縮・弛緩が繰り返されるため,いわゆる虚血―再灌流の状態となる.虚血―再灌流による活性酸素生成としてはキサンチン／キサンチオンオキシダーゼ系(キサンチンデヒドロゲナーゼからの転換については疑問視されているが),リポキシゲナーゼなどのアラキドン酸系などが知れれている.加えて,ズリ応力などにより一酸化窒素合成酵素(NOS)が刺激され,一酸化窒素(NO)が生成される.また,前述のミトコンドリアの電子伝達系や後述の好中球からの活性酸素生成も刺激される.その他,カテコールアミンの自動酸化など,種々の活性酸素生成源が知られている.一方,注目しなければならないもう1つは浸潤する好中球である.好中球のNADPHオキシダーゼによって活性酸素が生成する.生体内で発生する活性酸素は,$O_2^{\cdot-}$,H_2O_2,$^1O_2$,$HO^{\cdot}$,次亜塩素酸などが考えられるが,最初に生成されるのはほとんど$O_2^{\cdot-}$であると考えられる.というのは,H_2O_2は$O_2^{\cdot-}$からスーパーオキシドジスムターゼ(SOD)によって生成され,また傷害性が強い$HO^{\cdot}$は微量のFeやCuなどの遷移金属の存在下で2次的に生じる場合が多いからである.まず金属イオンが$O_2^{\cdot-}$で還元される.

$O_2^{\cdot-} + Fe^{3+}\ (Cu^{2+}) \rightarrow O_2 + Fe^{2+}\ (Cu^+)$

次に,この金属イオンとH_2O_2が反応する(Fenton反応).

$H_2O_2 + Fe^{2+}\ (Cu^+) \rightarrow OH^- + HO^{\cdot} + Fe^{3+}\ (Cu^{2+})$

総和としては

$O_2^{\cdot-} + H_2O_2 \rightarrow O_2 + OH^- + HO^{\cdot}$

となり,これを金属が触媒するHaber Weiss反応またはsuperoxide assisted Fenton反応と呼ぶ.

次いで,抗酸化系について考えてみよう.活性酸素種は反応性に富み,寿命が短く,連鎖的な反応を引き起こす.そのため,発生場所でただちに消去することが重要である.そこで局在に注目して**表23-1,2**に細胞内および細胞外に存在する抗酸化物質とその反応の特徴をまとめる.抗酸化物質の中には,SODなどの活性酸素を消去する酵素,アルブミンやセルロプラスミンなどの結合タンパク質,グルタチオンやビタミンCなどの低分子化合物などがある.また,作用の面から考えると酵素のように活性酸素を消去してしまう働きの物質と,活性酸素(ラジカル)を捕捉し,安定化するラジカルスカベンジャーとなる物質に分けられる.反応性に富んでいるOH,SH,NH基を有する物質はスカベンジャーになりうるが,ラジカルを捕捉した後はそれ自身がラジカルとなるため,それが安定で連鎖反応をストップさせることが必要である.また,これらの物質にも水溶性や脂溶性のものがあり,たとえばビタミンEなどは脂溶性の代表的なもので細胞膜などで働いていると考えられる.

表 23-3 異なったタイプの筋収縮活動の特質
(大野秀樹ら：日本臨床, 58：77, 2000)

	遠心性 (eccentric)	等尺性 (isometric)	求心性 (concentric)
筋の動き	伸長性	静止性	短縮性
機械的収縮力	高	低	低
電気的活動	低	高	高
代謝コスト	低	高	高
酸素消費量	低	高	高
誘導の可能性：			
傷　害	高	低	低
疲　労	高	低	低
疼　痛	高	低	低

表 23-4 運動によるヒト脂質過酸化物の変動
(Packer L：J Sports Sci, 15：353, 1997)

運　動	サンプル	分析物	変　動
激運動（消耗状態）			
自転車エルゴメータ（最大） 　　（よく訓練されたランナー）	血清	MDA	→
自転車エルゴメータ 　　（多段階式スピード）	血漿	MDA	↑
激運動（非消耗状態）			
ランニング 　　（60〜90% $\dot{V}O_2max$, 35分間）	血清	MDA	↑
比較的軽い運動（非消耗状態）			
自転車エルゴメータ 　　（40% $\dot{V}O_2max$）	血漿	MDA	↓
ランニング 　　（72% $\dot{V}O_2max$, 80km）	血清	MDA	↑
ランニング 　　（75%HRmax, 45分間）	血清	MDA	↑
ランニング（アスリート） 　　（67% $\dot{V}O_2max$, 21km）	血漿	MDA 共役ジエン	→ →
ウォーキング 　　（300ヤード）	滑液	MDA 共役ジエン	↑ →
ランニング 　　（75%HRmax, 45分間）	尿 骨格筋	MDA 共役ジエン	↑ ↑
自転車エルゴメータ 　　（65% $\dot{V}O_2max$, 90分間）	血漿	水過酸化脂質	検出されず

MDA：マロンジアルデヒド

3. 運動強度と活性酸素

どのような運動で活性酸素の生成が増加するのであろうか．まず運動の性質から検討したものが，**表23-3**である[4]．このように筋肉運動の種類によってその活性酸素生成量が異なり，遠心性の運動は活性酸素が生成しやすいのがわかる．代表的な運動としてはダウンヒル走などである．次に，実際の運動別に活性酸素生成を比較したものが**表23-4**である．多くの場合，脂質過酸化を指標にマロンジアルデヒド（MDA：代表的なチオバルビツール酸反応物質（TBARS））などが定量されてきた．しかし，この指標が正確な活性酸素生成を表すかは古くから問題であった．現実的には活性酸素生成系と消去系の差であり，活性酸素生成が増加しても抗酸化系が発達していれば増加せず，また逆に消去系の破綻によっても増加する場合がある．この**表23-4**からもわかるように，過剰な運動は活性酸素生成に生体を傾かせると考えられるが，よくトレーニングをされた競技者では増加は認められていない[5]．これは，トレーニングによってSODなどの抗酸化系酵素が増加することから，活性酸素生成が増加しても消去系の発達により見かけ上MDA（TBARS）は変化していないと考えられる．

4. 至適運動量と活性酸素

それでは活性酸素生成から考えた場合，至適運動量はどの程度であろうか．まず過酸化脂質の観点から考えてみると，**図23-3**は運動強度と過酸化脂質の増加率の関係を示している[6]．ヒト血中の過酸化脂質は最大酸素摂取量の70〜80％前後まではあまり増加せず，それ以上では急激に増加することがわかる．この結果は**表23-4**のデータともよく一致する．一方，好中球の活性酸素生成から考えてみると，50％$\dot{V}o_2$maxぐらいでは産生が増加しないが，60〜70％$\dot{V}o_2$maxでは好中球からの活性酸素産生が増加している．このように活性酸素生成の観点からは至適運動量は50％$\dot{V}o_2$max程度の運動であり，訓練された競技者でも50％$\dot{V}o_2$maxを超えないようにするべきであろう．しかし，改めて後述するように，この限度を超えても活性酸素生成がただちに骨格筋傷害を及ぼすとは限らず，健康に害を及ぼすかどうかは別問題である．

5. 活性酸素と加齢およびトレーニング

加齢と活性酸素に関しては，1956年に最初にHarmanが提唱して以来，好気的生物の宿命としての活性酸素の発生とその傷害の蓄積が細胞および生体の寿命を規定する重要な因子である，と多くの研究者により指摘されている．最も有

---

4) 大野秀樹ら：日本臨床，58：77，2000．
5) 大野秀樹ら：臨床検査，41：46，1997．
6) 荒尾 孝：運動生化学，3-4：76，1992．

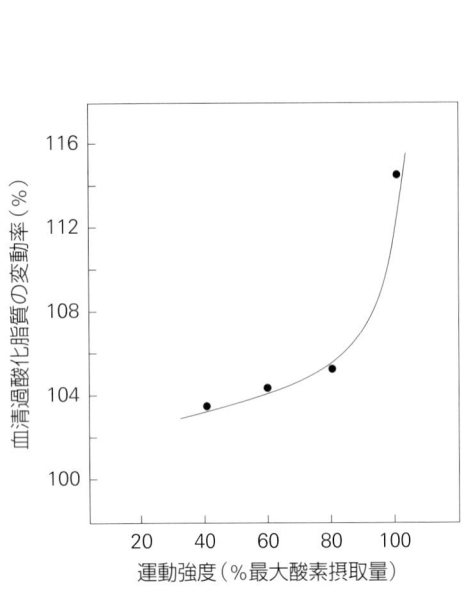

図 23-3　運動強度と血清過酸化脂質の変動率との関係
(荒尾　孝：運動生化学, 3-4：76, 1992)

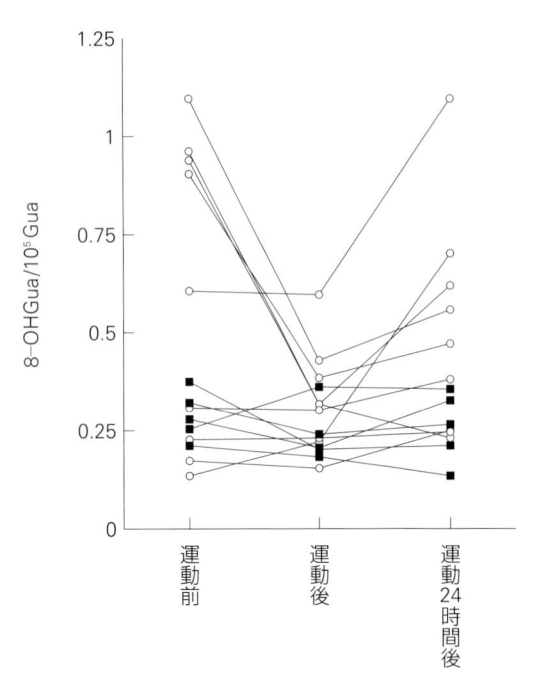

図 23-4　運動と白血球 DNA 中の 8-OHGua 生成の関係
■—■ は有酸素能力の高い運動部員 5 名を表している.
8-OHGua：8-ヒドロキシグアニン
(浅海信也ら：最新医学, 51：320, 1996)

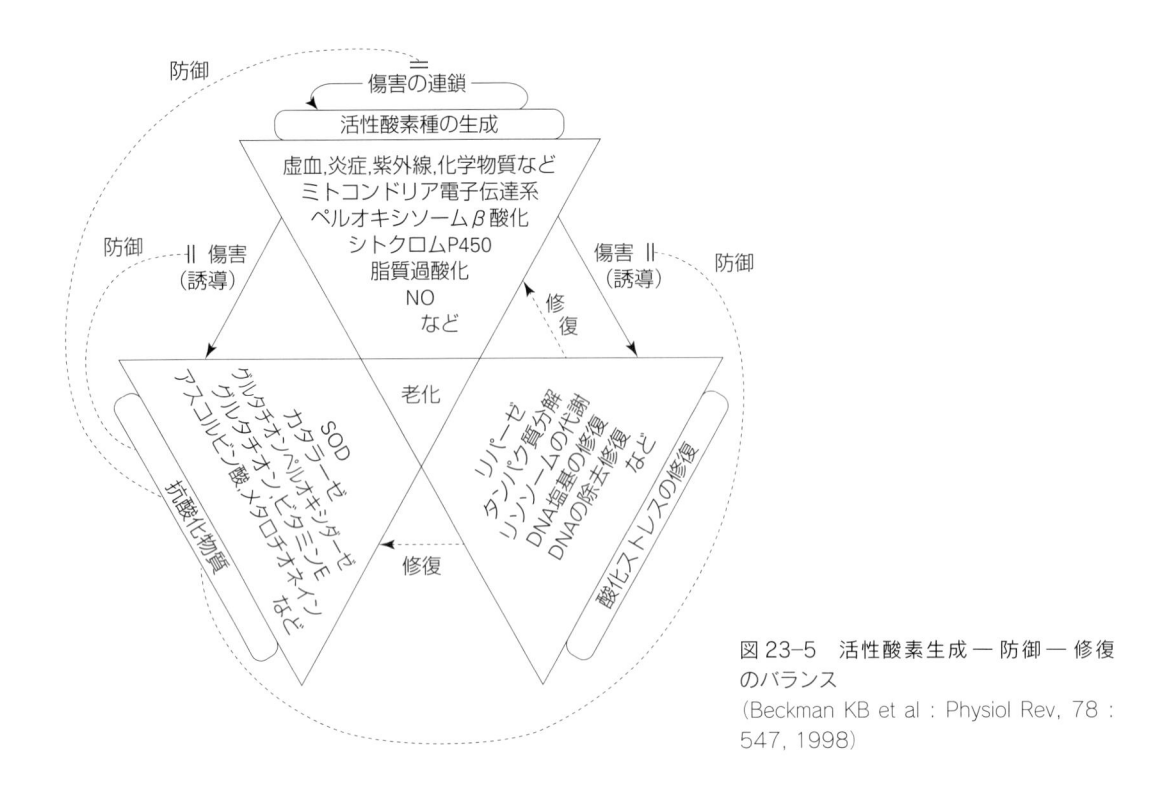

図 23-5　活性酸素生成 — 防御 — 修復のバランス
(Beckman KB et al：Physiol Rev, 78：547, 1998)

名なものの1つにTolmasoffらの報告がある．これはヒトを含む各種動物の心臓，肝臓，脳のSOD比活性と比代謝速度の比を縦軸にとり，横軸に各動物の最長寿命をとると正の直線関係にあるというものである．これは，代謝速度に比較してSOD活性が高いほど長寿であると主張しており，SODと老化とを関係づける有名なデータである．しかし，その他の抗酸化酵素含量と各種動物の寿命との関係をまとめてみると，むしろ逆に負の相関を報告する例が多い．すなわち，抗酸化酵素が少ないということは，活性酸素生成自体も少ないことが予想され，活性酸素生成が少ない動物種ほど寿命が長いという仮説が考えられる．また，同一種の抗酸化酵素の変動をみても加齢に従って相対的含量が低下するという報告が多い．これは加齢に伴い活性酸素傷害を受けやすくなるという考え方もあるが，むしろ加齢により代謝回転が遅くなり活性酸素生成量が低下したことによると考えられる．

一方，トレーニングによる抗酸化酵素の変動についてはヒトおよび各種動物種の実験が数多く行われているが，まとめるとトレーニングにより抗酸化酵素の含量が増加する傾向にある．葛西らの報告で，トレーニングをしている競技者では運動によるDNA傷害（8-ヒドロキシグアノシン）の増加が軽微であるという報告にも合致している（**図23-4**）[7]．このように，運動によって活性酸素生成は増加するが，それに伴い抗酸化酵素が誘導され防御系が発達すると考えられる．

以上より，加齢においてもトレーニングにおいても活性酸素生成量が抗酸化酵素などの防御能を規定する大きな因子と考えられる．加齢に伴って抗酸化酵素含量は低下するが，防御能の低下を恐れて運動を極端に制限する必要はなく，むしろ適度な運動によって抗酸化酵素を誘導し，抗酸化能レベルを維持するのが望ましい．

このように，トレーニングによって局所における活性酸素生成が亢進する．しかし，生体内には抗酸化系ならびに傷害分子の除去修復能があり，これら3つのバランスが保たれている（**図23-5**）[8]．したがって，運動による活性酸素生成がただちに筋肉傷害や生体ダメージにつながるものではない．運動が生体に悪であるというのは早計であり，運動による糖代謝，脂質代謝などの改善も考慮すると，健康における運動の有用性は明らかである．また，多くの優れた総説も参考にされたい[9~11]．

[鈴木　敬一郎]

---

7) 浅海信也ら：最新医学，51：320，1996．
8) Beckman KB et al：Physiol Rev, 78：547, 1998.
9) Sen CK et al eds：Handbook of Oxidants and Antioxidants in Exercise. Elsevier, 2000.
10) 井上正康編：活性酸素と運動．共立出版，1999．
11) 谷口正子ら監訳：スポーツとトレーニングの生化学．メディカルサイエンスインターナショナル，1999．

23章 具体例 抗酸化物質摂取の例

1. ビタミンC摂取

ビタミンC生合成酵素をもたないモルモットの4週間のトレーニング後には肝臓と副腎のビタミンC濃度が有意に減少した[12]．また，ヒトでも一過性の運動後やトレーニング後に血漿ビタミンC濃度の減少がみられる．10.5kmのランニング前と5km地点でそれぞれ500mgのビタミンCを摂取して，ランニング直後にさらに1,000mgを摂取した場合，運動後90分の血清共役ジエン（脂質過酸化の指標）濃度がプラセボ群よりも有意に低下した[13]．この報告では，運動による酸化ストレスがビタミンC摂取によって軽減されたことを示し，摂取量としては日本人成人所要量（100mg/日）の20倍に相当する．ビタミンCの許容上限摂取量は定められてはいないが，運動による酸化からからだを守るためにも，運動選手は所要量の2倍以上のビタミンC摂取が望ましい．

2. ビタミンE摂取

ビタミンE（α-トコフェロール，300mg/日）を4週間摂取した後に自転車エルゴメータによる最大運動を負荷した場合，摂取後の運動による脂質過酸化の増加が抑制され，安静時血清過酸化脂質も低下した[14]．血清ビタミンE濃度は$9.6\mu g/mL$から$22.3\mu g/mL$の約2.3倍に上昇した．800mg/日のα-トコフェロールを摂取した報告[15]では，血漿α-トコフェロール濃度が摂取後15日間でほぼピーク値（約$26\mu g/mL$）に達した．これらの結果から，成人所要量（10mg/日）の30～80倍量を2～4週間摂取すれば，血漿ビタミンE濃度はピークプラトーに達することがわかる．800mg/日のα-トコフェロールを摂取しても副作用は認められていないが，一般に運動選手では所要量の3～5倍以上が目安となる．日本人の栄養所要量では許容上限摂取量を600mg（α-トコフェロール当量）と定めているが，運動による酸化ストレスを軽減するのに必要十分な摂取量を設定することは難しい．ビタミンE摂取によって$\dot{V}O_2max$やLTに変化は認められていないが，運動による筋損傷を軽減させる可能性は運動後の血中逸脱酵素（クレアチンキナーゼ）濃度の低下から指摘されている．

3. 抗酸化物質の複合摂取

ビタミンE（148mg），ビタミンC（250mg），β-カロチン（7.5mg）を含む複合抗酸化剤を1日4回，6週間摂取した実験では，プラセボ群と比較して運動による脂質過酸化が軽減された[16]．また，ビタミンC（2g/日）とグルタチオン（GSH1g/日）を7日間摂取した後の疲労困憊運動では，血中酸化型グルタチオン（GSSG）の増加が抑制されている[17]．β-カロチンの許容上限摂取量は定められていないが，喫煙者の過剰・長期摂取が肺癌を促進する可能性もある．

［角田　聡］

---

12) Keith RE et al : Nutr Res, 15: 423, 1995.
13) Vasankari T et al : J Sports Med Phys Fitness, 38 : 281, 1998.
14) Sumida S et al : Int J Biochem, 21 : 835, 1989.
15) Meydani M et al : J Nutr Biochem, 8 : 74, 1997.
16) Kanter MM et al : J Appl Physiol, 74 : 965, 1993.
17) Sastre J et al : Am J Physiol, 263 : R992, 1992.

24章 血液組成とトレーニング

産業衛生の分野では，産業有害物の曝露を受ける労働者の生体試料（尿，血液，毛髪，呼気ガスなど）中の有害物質，あるいはその代謝産物の量を測定することによって汚染状態を知り，その予防に努めることを生物学的モニタリングと呼ぶ．トレーニングの影響や効果を測定するときにも，血液，尿，骨格筋，呼気ガスなどを採取して，一種の生物学的モニタリングを行う．その中でも，血液は，採取の簡便性では尿，毛髪よりも劣るものの，情報量の多さと的確性において，ヒトでは最もすぐれたトレーニングに関する生体試料といえよう．本書中でも，多くの章で血液中パラメータがトレーニングの指標となっている．

血液組成とトレーニングでまず思い浮かべるのは，スポーツ貧血であろう．その発症要因として，①血漿量の増加，②鉄喪失，③赤血球の破壊促進，④栄養不足，⑤筋肉内のミオグロビン鉄としての喪失などが考えられている[1]．しかし，意外なことに，これらの要因について否定的な見解も多く[2]，実体はまだ不明といっても過言ではないようである．血漿量の増加は，見せかけの貧血とも呼ばれ，粘稠度を低下させて血液の循環をよくする生理的適応と推測されている（これにも反論がある）．激しい急性運動の場合には，逆に血液濃縮（hemoconcentration）が出現する．つまり，急性運動による血漿（血清）の各種パラメータの変動を論じる場合，まず血液濃縮による見せかけの変化を修正する必要がある．それには，次の2式がよく利用される[3,4]．

1) van Beaumont quotient

$$[C\ post - \frac{Hct\ post\ (100-Hct\ pre)\ C\ pre}{Hct\ pre\ (100-Hct\ post)}]$$
$$\div [\frac{Hct\ post\ (100-Hct\ pre)\ C\ pre}{Hct\ pre\ (100-Hct\ post)}] \times 100\%$$

（C pre，C post は血漿中物質の運動前・後の濃度．Hct pre，Hct post は，同様に運動前・後のヘマトクリット値．この計算値がプラスであれば，脈管外から脈管内にその物質が移行したと推察され，マイナスはその逆を意味する．）

2) $\Delta PV(\%) = 100(PVA - PVB)/PVB$

（PVB，PVA はそれぞれ運動前・後の血漿容量．詳細は Dill ら[4] を参照．）

血液組成を測定することによって，たとえば，骨格筋由来の血漿酵素活性が安静状態でも高くなるなどさまざまなトレーニング効果が報告されているのは，すでに述べたとおりである．一方，血液組成を測ることから，トレーニングのネガティブな面の出現を予測できる場合がある．たとえば，スポーツ貧血では，最初に血清フェリチンが低下し，次に，貧血が出現する前に血清鉄とトランスフェリンの鉄飽和度が減少する．著者らは，90以上の金属酵素の成分としても重要で赤血球中に豊富に存在する亜鉛の欠乏症を，血漿アルブミン結合亜鉛濃度の減少によって予測できる可能性を示唆した[5]．このように，血液組成はトレーニングと表裏一体の関係にある．

［大野　秀樹］

1) 目崎 登：スポーツ医学マニュアル（黒田善雄ら監）．p410，診断と治療社，1995．
2) 坂本静男：スポーツ医学（日本体力医学会学術委員会監）．p278，朝倉書店，1998．
3) van Beaumont W et al : J Appl Physiol, 34 : 102, 1973.
4) Dill DB et al : J Appl Physiol, 37 : 247, 1974.
5) Ohno H et al : Sports Nutrition Minerals and Electrolytes. Kies CV et al eds, p129, CRC Press, 1995.

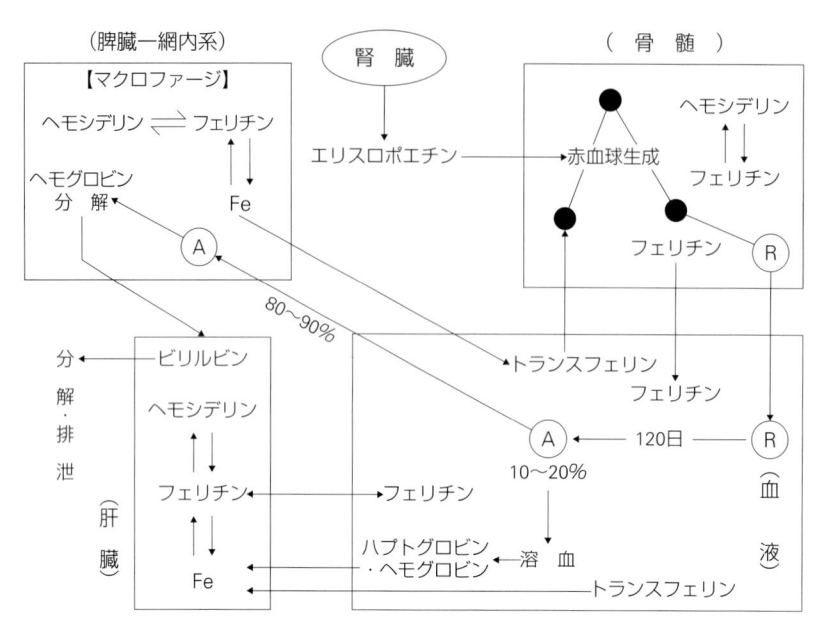

図24-1 鉄代謝と赤血球の合成・分解の概略図
R:網状赤血球(reticulocyte),A:老化赤血球(aged erythrocyte)
(Smith JA:Sports Med, 19:9, 1995より改変)

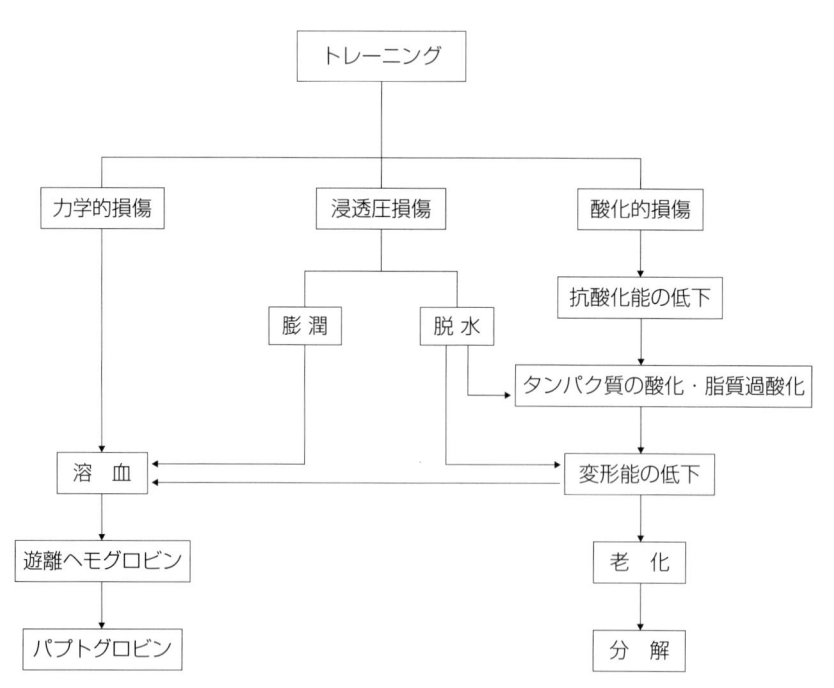

図24-2 トレーニングによる赤血球の損傷・分解
(Smith JA:Sports Med, 19:9, 1995より改変)

1. 運動と赤血球

　赤血球（erythrocyte）は骨髄の造血幹細胞（hematopoietic stem cell）で産生され，赤血球1mL中に約350mgのヘモグロビンを含む最終分化細胞である．成熟赤血球は両面の中央が陥没した円板状であり，直径約8μm，厚さ約2μm（中心部は約1μm），表面積約160μm^2，容積約90flである[6]．成熟赤血球の内部にはミトコンドリア，核，リボソームが存在しないため，赤血球自身のO_2消費がきわめて少なく，核酸やタンパク質の合成能をもたない．おもな代謝系は，解糖系でATPとNADHを，ペントースリン酸回路でNADPHを産生し，NADPHはグルタチオン（GSH）の産生に寄与する．ATPはおもに赤血球の形態や変形能を保ち，NAD(P)HやGSHはヘモグロビンや細胞内諸成分の酸化を防止するのに関与している[6]．寿命は約120日であり，1日当たり約$2×10^{11}$個の赤血球が分解・合成される．

　赤血球のおもな機能は，肺から組織へのO_2の運搬・供給，組織から肺へのCO_2の搬出，細胞内での酸塩基平衡の維持である．これらの機能はおもにヘモグロビンが担っている[7]．このヘモグロビンのO_2結合能は二価鉄（Fe^{2+}）によるものであり，このFe^{2+}がヘムに組み込まれていることが生体内にO_2を供給する上で必須の役割を担っている．生体内に存在する鉄の約2/3はヘモグロビンに結合している．この赤血球内の鉄の代謝と赤血球の合成・分解の概略を図24-1に示す．図24-1から明らかなように，鉄輸送タンパク質であるトランスフェリン（transferrin）が鉄の代謝と移動において重要な役割を担っている．トランスフェリンは，分解したヘモグロビンから遊離した三価鉄（Fe^{3+}）の鉄を赤血球を合成するために必要な前駆体（precursor）に供給する役割を担っている．

　運動や身体トレーニングによって惹起される鉄欠乏性貧血の要因は，鉄摂取不足，鉄需要の増大，赤血球の半減期の短縮，出血，吸収不良，血液希釈（blood dilution），ビタミンCの不足などによる．また，運動や身体トレーニングでは，赤血球の力学的損傷（mechanical damage）によって溶血を惹起する．また，赤血球の浸透圧が高まると脱水（dehydration）が起こり，細胞の変形能が低下し，老化が進む．

　一方，細胞内から血漿（plasma）に出た水は赤血球を膨潤化させて溶血（hemolysis）を起こす．さらに，酸化的損傷（oxidative damage）も細胞膜に作用して変形能を低下させ，溶血や分解が進む．

　定期的な運動では赤血球の老化速度と赤血球形成速度が促進される[8]．赤血球の老化と分解の速度は運動の種類，強度，持続時間に依存する（図24-2）[8]．

---

6) 今泉和彦ら：臨床スポーツ医学, 12：1333, 1998.
7) 中馬一郎ら：呼吸（宮村実晴ら編）, p87, NAP, 1998.
8) Smith JA：Sports Med, 19：9, 1995.

表 24-1 白血球の種類，直径，含有率，核の形状，顆粒の有無およびおもな生理機能
(Guyton AC : Textbook of Medical Physiology 7th ed. p51, WB Saunders, 1986)

白血球（直径μm）	含有率（%）	核の形状	顆粒	おもな生理機能
顆粒球	45～55			
好中球　（12～15）	45～50	分核葉	多い	遊走能，貪食能，殺菌能
好酸球　（13～20）	1～4	分核葉	多い	貪食能，寄生虫障害作用，アレルギー反応
好塩基球（10～16）	0～0.2	分核葉	多い	アレルギー反応，弱い貪食能
単　球　　（15～20）	3～6	単核	少ない	貪食能，抗原提示能，サイトカイン産生
リンパ球　（7～13）	25～40			
Tリンパ球		単核	なし	抗原認識，免疫反応の成立と制御
Bリンパ球		単核	なし	抗原認識，免疫グロブリンの産生と分泌
大顆粒リンパ球 　（NK細胞を含む）		単核	少ない	細胞障害活性

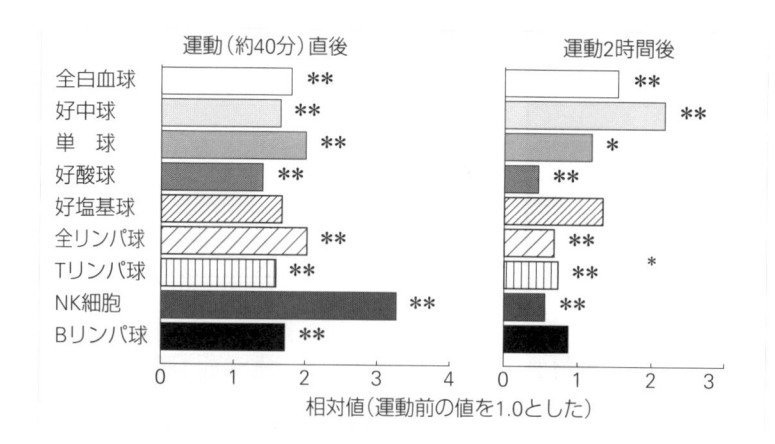

図 24-3 脚スクワット運動直後および2時間後の各白血球数の相対変化
*：$p<0.05$，**：$p<0.01$（運動前値との比較）
Tリンパ球：CD3$^+$，NK細胞：CD56$^+$，Bリンパ球：CD19$^+$
(Nieman DC et al : Int J Sports Med, 16 : 322, 1995 より改変)

2．運動と白血球

　白血球（leukocyte）は，血中に循環しているもの（循環プール），血管の内皮細胞に接着しているもの（辺縁プール），血管壁を通り抜けて組織中にあるもの（組織プール）が存在し，正常成人では約7,000個／mm^{3}あり，好中球（neutrophil），好酸球（eosinophil），好塩基球（basophil），単球（monocyte），Tリンパ球（T lymphocyte），Bリンパ球（B lymphocyte）および大顆粒リンパ球（large granular lymphocyte）に分類される（**表 24-1**）[9]．
　好中球は細菌感染部位にすばやく遊走し，それを貪食，消化し，殺菌する．好酸球はマクロファージコロニー刺激因子，インターロイキン3（IL-3），IL-5などで活性化され，おもに各種のアレルギー反応に関与する．好塩基球はその裏面の受容体にIgEが結合しているため，ヒスタミンなどを介してアレルギー反応に関与する．単球は腹腔や肺胞の組織に出るとマクロファージ（macrophage）と呼ばれ，貪食能や抗原提示能をもち，IL-1を分泌して，Tリンパ球のIL-2産生を刺激する．Tリンパ球は胸腺を経てリンパ節や脾臓に配備され，抗原呈

示細胞（マクロファージなど）により抗原呈示を受けると，その一部は記憶細胞（memory cell）として長く体内に留まる．一方，細菌またはウイルスを抗原とする抗体は，Bリンパ球のさらに成熟した形の形質細胞によって産生される．Bリンパ球も同様にクローンである記憶細胞を生じ，次に同じ抗原が侵入すると，はるかに強力な抗体が形成されることになる．大顆粒リンパ球のうちNK（natural killer）細胞は，抗原による感作なしに標的細胞を殺す作用を示す．

　白血球数は各種の運動やトレーニングによって増加する[10〜13]．たとえば，脚スクワット運動（約40分間）直後の白血球数は，種類によってその程度は異なるが，運動前の値より有意に高くなり，特にNK細胞数は著明に高い[10]．特に，典型的なNK細胞マーカーであるCD16$^+$やCD56$^+$細胞数が運動やトレーニングによって血中に増加する[10]．また，IL-2に対して高い反応性を有するNK細胞が運動時に動員されることも知られている[10]．

　一方，運動2時間後における好中球数は運動直後の値よりさらに高くなっているのに対し，好酸球，全リンパ球，Tリンパ球，NK細胞数は運動前の値より有意に低くなっている（図24-3）．運動による好中球数の増加は，各プールから動員された結果であり，化学走化性（chemotaxis），貪食能（phagocytosis），殺菌能（bacterial killing）が高まると推定されている．また，運動後にリンパ球や好酸球の低下が起こって免疫機能が抑制されるが，この状態は好中球の免疫機能の上昇によって代償され，好中球が感染防御に関与している可能性が推定されている[10, 11]．特に，肺血管系は顆粒球（granulocytes）の貯蔵庫となっている．また，脾臓はリンパ球の貯蔵庫となっている[9]．運動後の好中球数の増加は，スプリント走からマラソンまでの激しい運動やトレーニングによって大きく変化する免疫系の指標の1つとなっている[10]．

　血中の白血球数は90分を超える間欠性運動や，60分程度の持久性運動後1〜4時間増加し続け，その後緩やかに減少する[11]．しかし，激運動では貪食能や殺菌能が低下する[11〜13]．運動後のNK活性の抑制はプロスタグランジン（prostaglandin）によるNK活性のダウンレギュレーション（downregulation）が起こるためと考えられている[10]．

3．運動と凝固線溶系

　凝固（coagulation）は，トロンビン（thrombin）がフィブリノーゲン（fibrinogen）をフィブリン（fibrin）に転換して線維網（fibrin network）を形成し，血液がポリマーとなる機構である（図24-4）[14]．線溶（fibrinolysis）は，プラスミン（plasmin）がフィブリンポリマーを断片化させ，網を形成できないようにする機構である（図24-5）[14]．

　もし凝固が過度に亢進すると，血流が停止したり，緩やかとなって血栓

---

9) Guyton AC : Textbook of Medical Physiology 7th ed. p51, WB Saunders, 1986.
10) Nieman DC et al : Int J Sports Med, 16 : 322, 1995.
11) Nieman DC et al : Int J Sports Med, 16 : 404, 1995.
12) Eliakim A et al : Int J Sports Med, 18 : 208, 1997.
13) Malm C et al : J Appl Physiol, 86 : 461, 1999.

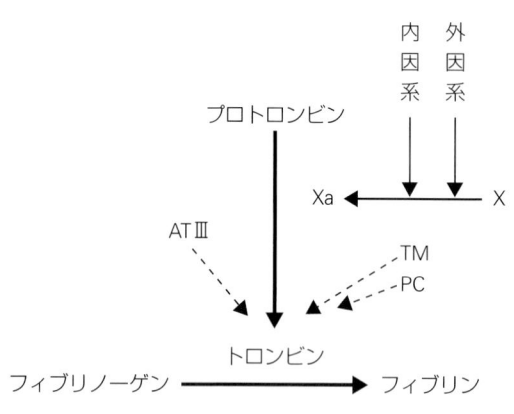

図24-4 凝固機序の概略(実線：活性化，点線：阻害)
AT Ⅲ：アンチトロンビンⅢ，X：凝固因子X，Xa：活性型X，TM：トロンボモジュリン，PC：プロテインC

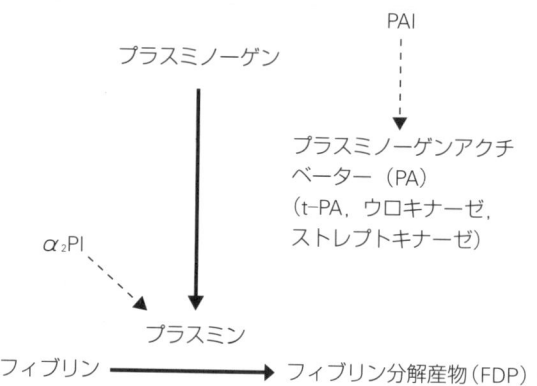

図24-5 線溶機序の概略(実線：活性化，点線：阻害)
PAI：プラスミノーゲンアクチベーターインヒビター，t-PA：組織プラスミノーゲンアクチベーター，α_2PI：α_2プラスミンインヒビター，FDP：フィブリン分解産物

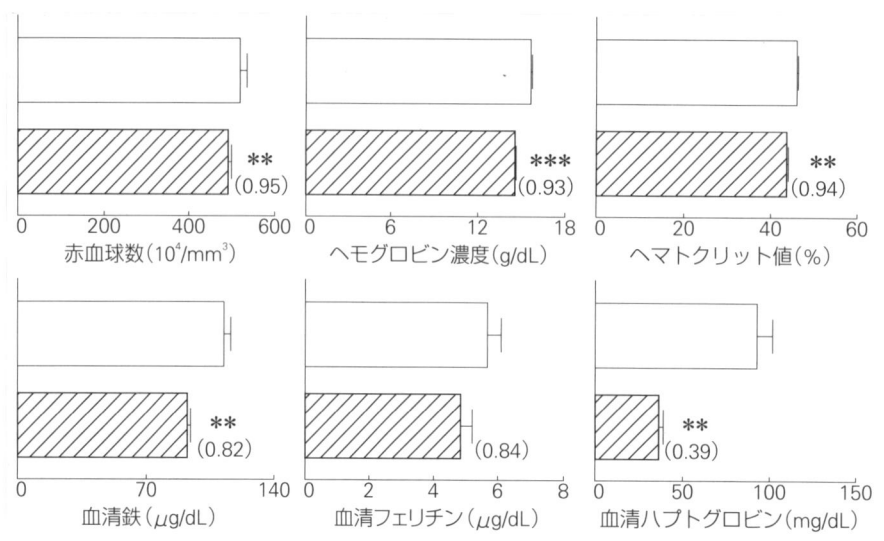

図24-6 鍛錬者(バレーボール・バスケットボール：下段)と非鍛錬者(対照：上段)における赤血球数，ヘモグロビン濃度，ヘマトクリット値，血清鉄，血清フェリチンおよび血清ハプトグロビン濃度の比較
各値：平均値±標準誤差，**：$p<0.01$，***：$p<0.001$(非鍛錬者との比較)．カッコ内の値は非鍛錬者(対照)の相対値．
(櫻田恵右ら：臨床病理，44：616，1996より改変)

(thrombus)が形成される．線溶はこの血栓を溶解して血流を再び正常に維持する．線溶が異常に亢進すると，出血時に止血できず，出血が起こる．このように，凝固と線溶は血液が体内で絶えず流れることを維持する上で重要な恒常性維持機構の1つである．

凝固系(**図24-4**)は運動やトレーニングによって亢進し，凝固時間が短縮する[15,16]．特に，内因系凝固の指標となるⅧ因子の活性は，トレーニングの強度が大きい方が高く，トロンボプラスチン時間も短くなる[15]．また，トロンビン生成の凝固阻害因子のアンチトロンビンⅢ(antithrombin Ⅲ：AT Ⅲ)活性は

中等度の運動で変化せず，高強度の運動で上昇する[15,16]．しかし，この結果と逆の場合もある[16]．運動やトレーニングによる凝固の亢進作用はおもに第VIII因子の活性の上昇によると推定されている[15]．運動による凝固系の亢進の生理的意義については出血の防御と考えられるが，まだ明確ではない．

線溶系（図24-5）は，t-PA (tissue plasminogen activator) 活性の上昇とPAI (plasminogen activator inhibitor) 活性の低下によって亢進することが知られている．最も重要な線溶活性のstimulatorであるt-PAは，運動やトレーニングの強度と時間に依存して高まる（図24-5）．このt-PAはプラスミノーゲンを活性化してプラスミンに転換させ，血管上皮組織から絶えず血流中に放出されている[17,18]．また，t-PAの放出は血流量の増加によって促進される．血漿中のプラスミン濃度も運動強度にほぼ比例して高まる．一方，最も重要なPAIであるPAI-1活性は運動によって低下する[17]．したがって，線溶系は運動やトレーニングによって明らかに促進する[19]．この働きは，血液凝固の促進による血栓形成の防御がそのおもな生理的役割と考えられる．

Weissら[16]は，①線溶の活性化は凝固の活性化に比べて低い強度の運動で起こること，②運動強度が大きい程止血の作用に比べて線溶系の活性化の程度が高いこと，③運動による線溶の活性化はトロンビンやフィブリン形成を抑制することなどから，運動やトレーニングではまず線溶系の活性化をより高めると同時に，凝固系の活性化を高めて凝固系との線溶系とバランスを保持する機構があるものと推定している．

4．トレーニングによる血液組成変動，および性差の特徴

運動やトレーニングを継続して実施すると血液組成が大きく変動する．その典型例は血漿（plasma）量にみられる．この血漿量の変動に伴って浸透圧や膜の各種イオン透過性などの内部環境が大きく変化するため，血液全体の恒常性維持機構が作動しはじめる．

運動歴が3～8年の球技（バレーボール・バスケットボール）を専門とする鍛練者の赤血球数，ヘモグロビン濃度，ヘマトクリット (hematocrit)，血清鉄，血清フェリチン (ferritin)，血清ハプトグロビン (haptoglobin) 濃度は，同年齢の非鍛練者（対照）の各値より有意に低い（図24-6）[20]．これらの結果はみかけの上で運動性貧血 (sports anemia) を呈している[20,21]．この鍛練者では，平均5時間のトレーニング後の赤血球数，ヘモグロビン濃度，血清中のハプトグロビン濃度，赤血球の変形能がトレーニング前の各値より有意に低くなっている[20]．また，トレーニング後の血清ミオグロビン濃度や血清クレアチンキナーゼ

---

14) 斉藤英彦：EBM現代内科学（黒川　清ら編）．p1389，金芳堂，1997．
15) van den Burg PJ et al : J Appl Physiol, 82 : 613, 1997.
16) Weiss C et al : Med Sci Sports Exerc, 30 : 246, 1998.
17) Szymanski LK et al : J Appl Physiol, 77 : 2305, 1994.
18) Szymanski LK et al : Med Sci Sports Exerc, 26 : 1102, 1994.
19) De Paz JA et al : J Sports Med Phys Fitness, 35 : 263, 1995.
20) 櫻田恵右ら：臨床病理，44 : 616，1996．
21) Spodaryk K : Adv Exerc Sports Physiol, 6 : 33, 2000.

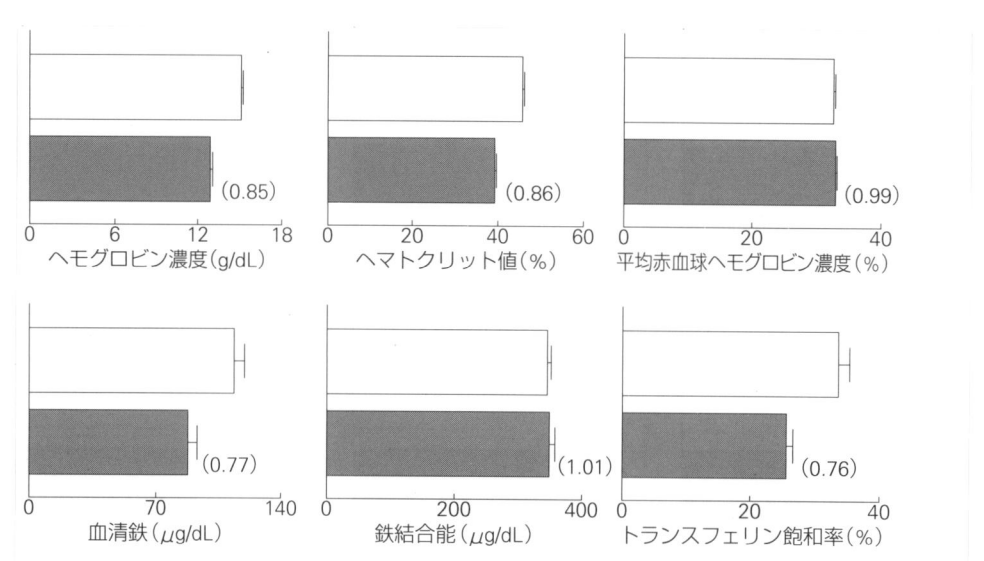

図 24-7　成人ヘモグロビン濃度，ヘマトクリット値，平均赤血球ヘモグロビン濃度，血清鉄，鉄結合能およびトランスフェリン飽和率の性差
各値：平均値±標準誤差．いずれも上段が男性，下段が女性．カッコ内は男性の値との相対値．
(Vellar OD et al : Acta Med Scand, 523 (Suppl) : 9, 1971より改変)

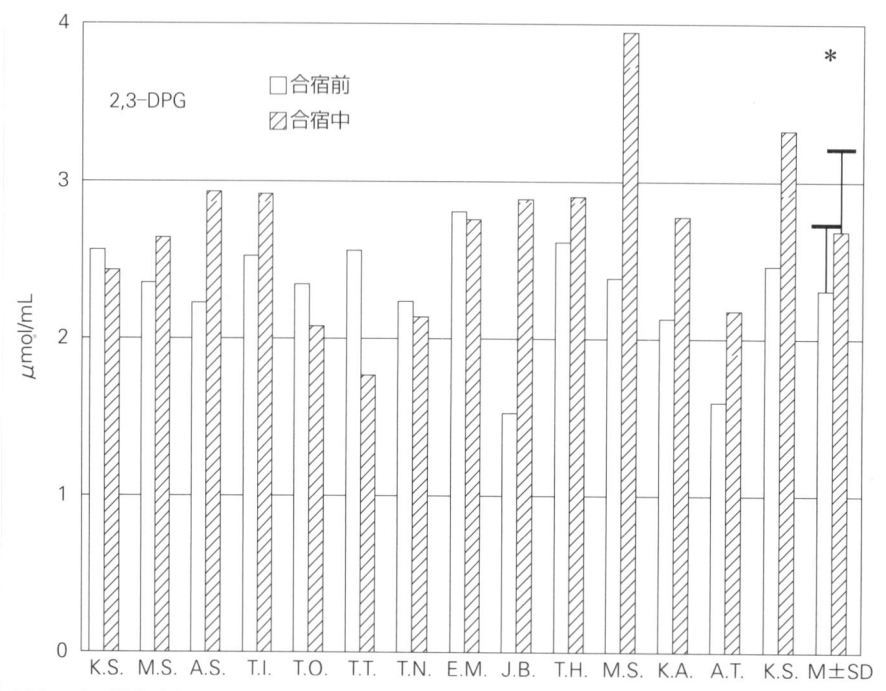

図 24-8　準高地(1,000m)での夏期合宿中の個人別赤血球2,3-DPG濃度の変化
一番右が平均値と標準偏差値(Ohnuki Y et al : Jpn J Biometeor, 37 : 21, 2000より改変)

(creatine kinase) 活性が有意に高いことから，運動に伴う鉄喪失が高まり，筋組織に対してダメージを与えていることが推察できる．

　運動やトレーニングによって溶血 (hemolysis) が起こりやすい原因の1つ

は，跳躍や踏み込みなどにより足底部に大きなメカニカルストレス（mechanical stress）がかかり，血管内で溶血が起こることが推定される．また，鍛練者の赤血球では浸透圧抵抗はほぼ正常であるが，剪断力やずり応力などに対して抵抗性が低下していることも知られている[20]．赤血球の変形能の低下は，赤血球の溶血を起こして貧血のトリガーとなる可能性が高い．

一方，長時間の激しい運動では種々の活性酸素が多量に産生され，これらの酸化ストレス状態から細胞や組織を保護する上で重要な役割を果たすグルタチオン（GSH）が一過性に酸化され，生体内の酸化還元レベルが大きく変動する．たとえば，比較的よく鍛えられた競技者が約 2.5 時間のランニングを実施した直後の血中 GSH 濃度は，ランニング前の値の約 0.34 倍と有意に低く，逆にランニング直後の血中 GSH の酸化型（GSSG）濃度はランニング前値の約 1.8 倍と有意に高い値を示した．また，ランニング直後の血中 GSH/GSSG 濃度比はランニング前値の約 0.18 倍となり，著明に低くなる．このように，激しい運動では生体内に著しい酸化ストレス状態が惹起され，血中の酸化還元平衡が一過性に酸化型にシフトする．しかし，この酸化型への平衡シフトは運動後 1 時間以内に解除され，ほぼ元の状態に回復する[22,23]．

図 24-7 は，定期的に運動している成人の男性と女性の血液学的データを示す[24]．ヘモグロビン濃度，ヘマトクリット値，血清鉄やトランスフェリン飽和率は男性の方が女性より相対的に高いが，平均赤血球ヘモグロビン濃度や鉄結合能などには変化が認められない．これらの性差の特徴は，運動の種類，強度，持続時間，栄養状態，年齢，トレーニングの経験年数などによって変化する[25]．

［今泉　和彦］

5. 高地トレーニングによる影響

高所トレーニングの有効性は，血液の酸素運搬機能が向上し，結果として最大酸素摂取量が増え，競技力が向上することである．その具体例を，1990 年日本陸連がマラソン選手を対象として，中国雲南省昆明（1,886m）における 1 カ月間の高所トレーニング（毎日平均 20km 走）について，血液成分への影響をみてみる[26]．高所滞在 4 週目で平地に比し，赤血球数は 17％，ヘモグロビンは 8％，ヘマトクリットは 3％それぞれ増加した．つまり，動脈血中の酸素含量が血液 100mL 当たり平地より 1.6mL 増大したことになる．しかも，帰国後 1〜6 週間の競技会で，15 人中 9 人が自己新記録を樹立した．また，赤血球内に含まれている 2,3-ジホスホグリセリン酸（2,3-DPG）も数日間の準高地（1,000m）のトレーニングで，個々人の反応の違いがあるものの，平均して有意に増加し，末梢組織への酸素運搬能が高まっていることが示唆された（図 24-8）[27]．

［大貫　義人］

---

20) 櫻田恵右ら：臨床病理，44：616，1996．
22) Inoue M et al : Biothiols. Packer L et al eds., Marcel Dekker Inc, 1995.
23) Dufaux B et al : Int J Sports Med, 18 : 89, 1997.
24) Vellar OD et al : Acta Med Scand, 523 (Suppl) : 9, 1971.
25) Newhouse IJ et al : Sports Med, 5 : 337, 1988.
26) 浅野勝己：臨床スポーツ医学，16：505，1999．
27) Ohnuki Y et al : Jpn J Biometeor, 37 : 21, 2000.

24章 高値トレーニングの具体例

高地トレーニングの目的は2つあり，平地での競技力向上を目指すためと，高地での競技会参加に対する準備である．わが国でも1964年，東京オリンピックの円谷選手の霧ケ峰合宿や，1968年のメキシコオリンピック対策などにその初期具体例をみることができる[28]．

その後，高地民族の持久性競技での驚異的な活躍により，高地トレーニングの優位性が認められてきた．これに対して，低地民族がよい成績を得るには，計画的に高地トレーニングを採用しなければならない．

高地トレーニングは，高地滞在による低圧低酸素負荷と，トレーニングの量と質の両面から考慮しなければならない．浅野[26]は，これまでの高所トレーニングを5つの方式に分類した（図24-9）．①は高地滞在・高地トレーニング（living high, training high）の（Hi, Hi）方式，②はインターバル（Hi, Hi）方式，③は低圧シミュレーター法による常圧滞在・低圧トレーニング（living low, training high）の（Lo, Hi）方式，④は高地滞在・低地トレーニング（living high, training low）の（Hi, Lo）方式，⑤は nitrogen house や altitude house とよばれる（Hi, Lo）方式である．しかしながら，①は特に失敗例が多く，②から⑤はその改善策の歴史といえる．

実践例として，現在のところ最も注目を集めているのが，④の（Hi, Lo）方式である．図24-10 の Hi, Hi 群は 2,500m で滞在しトレーニング，Hi, Lo 群はトレーニングのみ 1,250m，Lo, Lo 群は滞在とトレーニングとも 1,250m で行った結果である．トレーニング後の平地での最大酸素摂取量（左）は Hi, Hi 群と Hi, Lo 群が上昇し，最大定常酸素摂取量（右）は Hi, Lo 群のみ上昇した．しかも，その後の平地での 5,000m 記録は Hi, Lo 群のみ有意に短縮した[29]．さらに図24-11 は，記録の改善者（responder）と非改善者（non-

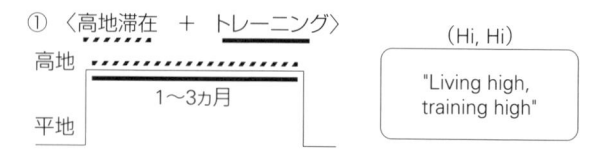

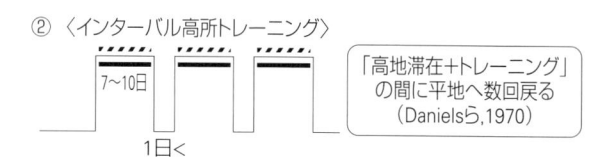

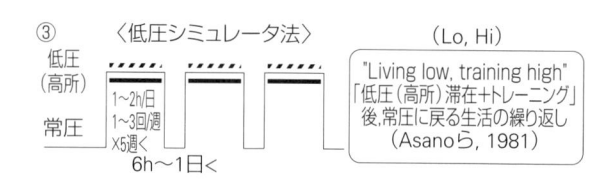

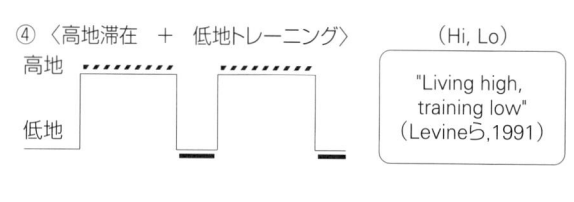

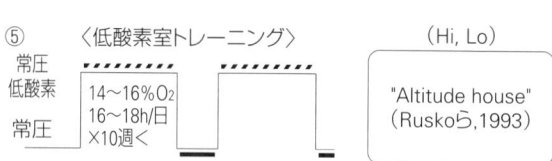

図24-9 高地トレーニング方式の変容と発展
（浅野勝己：臨床スポーツ医学，16：505，1999）

26）浅野勝己：臨床スポーツ医学，16：505，1999．
28）黒田善雄ら：第4回高所トレーニング国際シンポジウム 2000 総集編（大貫義人ら編），p65，高所トレーニング環境システム研究会，2001．

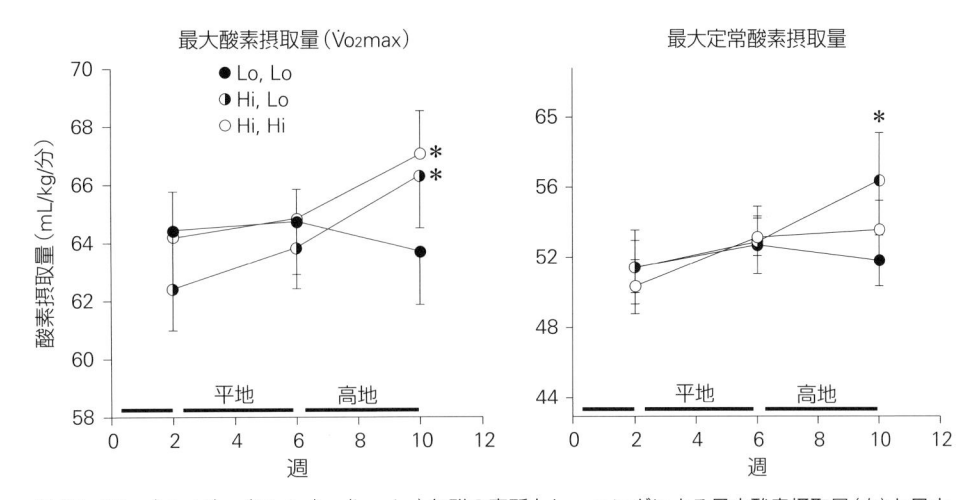

図 24-10 (Hi, Hi), (Hi, Lo), (Lo, Lo)各群の高所トレーニングによる最大酸素摂取量(左)と最大定常酸素摂取量(右)の変化(*：p<0.05)
(Levine BD et al：J Appl Physiol, 83：102, 1997)

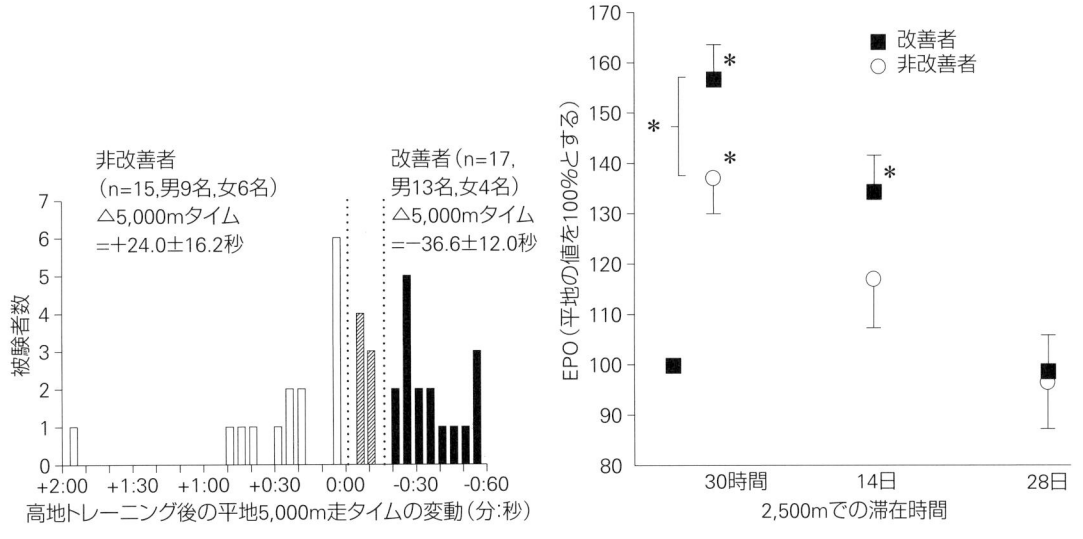

図 24-11 (Hi, Lo)高所トレーニング後における，5,000m走の記録の改善者(responder)と非改善者(non-responder)の分布(左)，および両群の2,500mにおけるエリスロポエチン(EPO)の増加率(右)(*：p<0.05)
(Chapman RF et al：J Appl Physiol, 85：1448, 1998)

responder)の違いは，高度2,500mにおけるエリスロポエチン(EPO)の増加率の差によることを示す[30]．すなわち，responderとnon-responderがそれぞれ17人と15人の分布にあり（左），エリスロポエチンの増加率も，responderが10～20％有意に高い（右）．

[大貫　義人]

29) Levine BD et al：J Appl Physiol, 83：102, 1997.
30) Chapman RF et al：J Appl Physiol, 85：1448, 1998.

25章 免疫系とトレーニング

トレーニング生理学

　適度なトレーニングが種々の疾病予防に効果的であると考えられている．特に，トレーニングが循環調節系の機能改善や，内分泌系の反応に有益な変化をもたらすことが明らかにされてきた．さらに，外的ストレスや感染症などに対する防衛体力へのトレーニングの影響についても数多くの研究が報告されている．免疫系は，神経系，内分泌系とともに内部環境の恒常性の維持を図るべく，相互に影響を及ぼし合っている．したがって，内部環境変化を伴う急性身体運動時に免疫系に影響が及ぶだけでなく，トレーニング効果のように慢性的な適応が起こるときも免疫系は適応変化する．たとえば，マウスに6週間の水泳トレーニングを行わせると，トレーニング効果のみではなく，耐寒性が高まるとともに，寒冷ストレスによる免疫機能低下が抑制されることも示されている．

　免疫系の主たる役割は生体に侵入した病原性微生物などを排除することにある．感染初期に重要な役割を果たす自然免疫応答では，さまざまなサイトカインが関与している．1983年，運動と免疫系との関連を示す研究がScience誌に掲載された．すなわち，運動後のヒト血漿をラットに腹腔注射すると直腸温が上昇することから，運動によりサイトカインの応答があることを示唆した研究である．その後，IL-1，IL-6，TNF-αといったサイトカイン濃度が運動によって変動することが明らかにされた．一方，長期間にわたる激しい運動は，好中球機能，血清や粘膜のイムノグロブリンのレベル，ナチュラルキラー（NK）細胞数などを低下させ，逆に，適度なトレーニングではそれらは上昇するか変化しないことから，「激しい運動は免疫機能を低下させ，適度な運動は逆に亢進する」という説が提唱されるようになった．しかし，免疫系は複雑かつ巧妙なネットワークを形成し，仮に1つの指標の変化が起こったとしても，それを代償または抑制する機構が働き，個体全体にとっては影響が及ばないことも生じる．そのため，いくつかの免疫学的指標の変化が実際どの程度臨床的に意味があるのか，感染抵抗性に関与するかは今のところ明らかではない．特に，ヒトに関する研究では解析できる組織が限定されており，さらに身体運動以外の心理的，社会的ストレスや環境要因が免疫系の変化をもたらすことも明らかで，身体運動による免疫機能の変化の解析を困難にしている．

　しかし最近，運動選手において，好中球の血中レベルは運動強度にかかわらず増加するが，その活性酸素産生能は中等度の運動によってのみ上昇すること，さらにマウスの実験では，16週間の中等度トレーニングによりマクロファージの一酸化窒素（NO）産生能が亢進することなどが明らかにされた．好中球やマクロファージは，活性酸素やNOのもつ殺菌作用による感染防御の鍵を握る細胞であることから，これらの結果は中等度の運動が感染防御能を高めることを強く示唆している．

　本章では，これまでに明らかにされてきた運動によってもたらされる免疫機能の変化を，さまざまな角度から解説し，運動による防衛体力の亢進，あるいは運動選手の健康管理を目指す運動免疫学の今後の課題に触れたい．

［木崎　節子］

図 25-1　抗原と抗原受容体

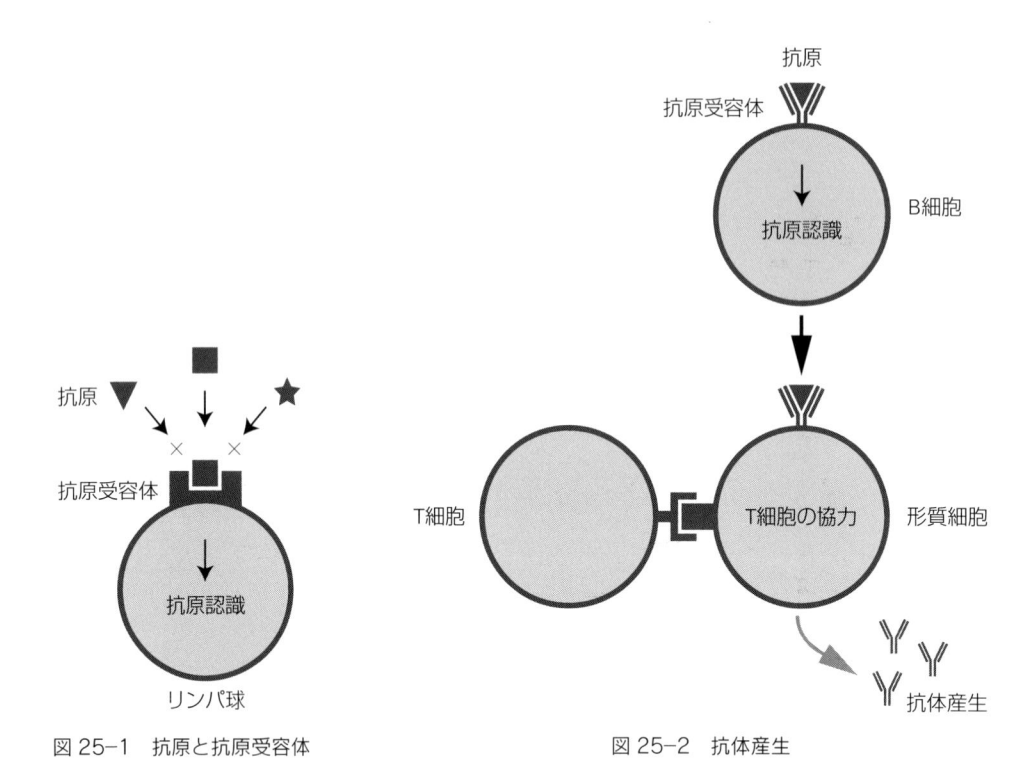

図 25-2　抗体産生

× 死
○ 増殖

図 25-3　胸腺における T 細胞の排除

1. 防衛体力と免疫[1,2]

　身体運動能力に支えられる行動体力に対して，内外の環境の変化から身体を守るのが防衛体力である．防衛体力を支えるのは内分泌系や自律神経系であるが，免疫系も共同して重要な役割を果たす．免疫系が担当するのは侵入した病原性微生物や壊れかけた細胞や変異した細胞の排除である．まず免疫系がどのようにその役割を果たすのかを概説する．

1）基本概念

(1) 抗原と抗原受容体（抗体）

　免疫系は自分以外の成分，非自己を標的にしてその排除を試みるシステムである．ウイルス，細菌，真菌（カビ），原虫，寄生虫，人間以外の動植物成分，化学物質，金属や他人の細胞など自分以外のあらゆる成分，また変異あるいは壊れかけた自己細胞も免疫系の認識の対象になる．

　免疫系に認識される標的の基本単位は物性のいかんを問わず抗原という．抗原を認識し結合するのは抗原受容体である（図25-1）．抗原受容体はリンパ球のうちB細胞とT細胞表面にある．抗原受容体が多様性なのは発生過程で遺伝子組み換えが起こり，一兆通り以上の異なる受容体をもつリンパ球がつくられるからである．1つのリンパ球は1つの抗原しか認識しない．これを抗原受容体の抗原特異性という．B細胞は抗原にはじめて出会うとT細胞の協力の元に形質細胞に変化し，抗原受容体と同じ抗原特異性をもつ抗体をつくり分泌する（図25-2）．したがって，1つの形質細胞がつくる抗体はすべて1つの抗原にしか反応しない「鍵と鍵穴」の関係にある．この際，自己成分と結合する抗原受容体をもつT細胞は胸腺で排除される（図25-3）．B細胞も自己成分と反応するものは破壊されるか，抗原が結合しても反応しなくなる．

(2) サイトカインと受容体

　免疫系の細胞同士の情報伝達は，サイトカインとその受容体を介して行われる．サイトカインは，リンパ球，単球，顆粒球などの白血球から分泌される相互の情報伝達に関与する糖タンパク因子として見つかり，インターロイキン（IL）といわれていたが，免疫系以外の細胞からも分泌されることが明らかになったため，総称してサイトカインと呼ばれている．中には，赤血球造血因子（erythropoietin：EPO），腫瘍壊死因子（tumor necrosis factor：TNF）などのようにその機能を反映する名称のものもある．また，このうち細胞の移動誘導作用（遊走活性）があるものをケモカインと呼ぶ（図25-4）．

　サイトカインは細胞表面の専用のサイトカイン受容体に結合し，その細胞の機能の調節（活性化または抑制）を行う（図25-5）．分泌した細胞自身に結合することもある．細胞から遊離する受容体（可溶型受容体）は，サイトカインが可溶

---

1) 笹月健彦監訳：免疫生物学．南江堂，1999． 　　2) 安保　徹：未来免疫学．インターメディカル，1997．

図25-4 ケモカイン

図25-5 サイトカインとサイトカイン受容体

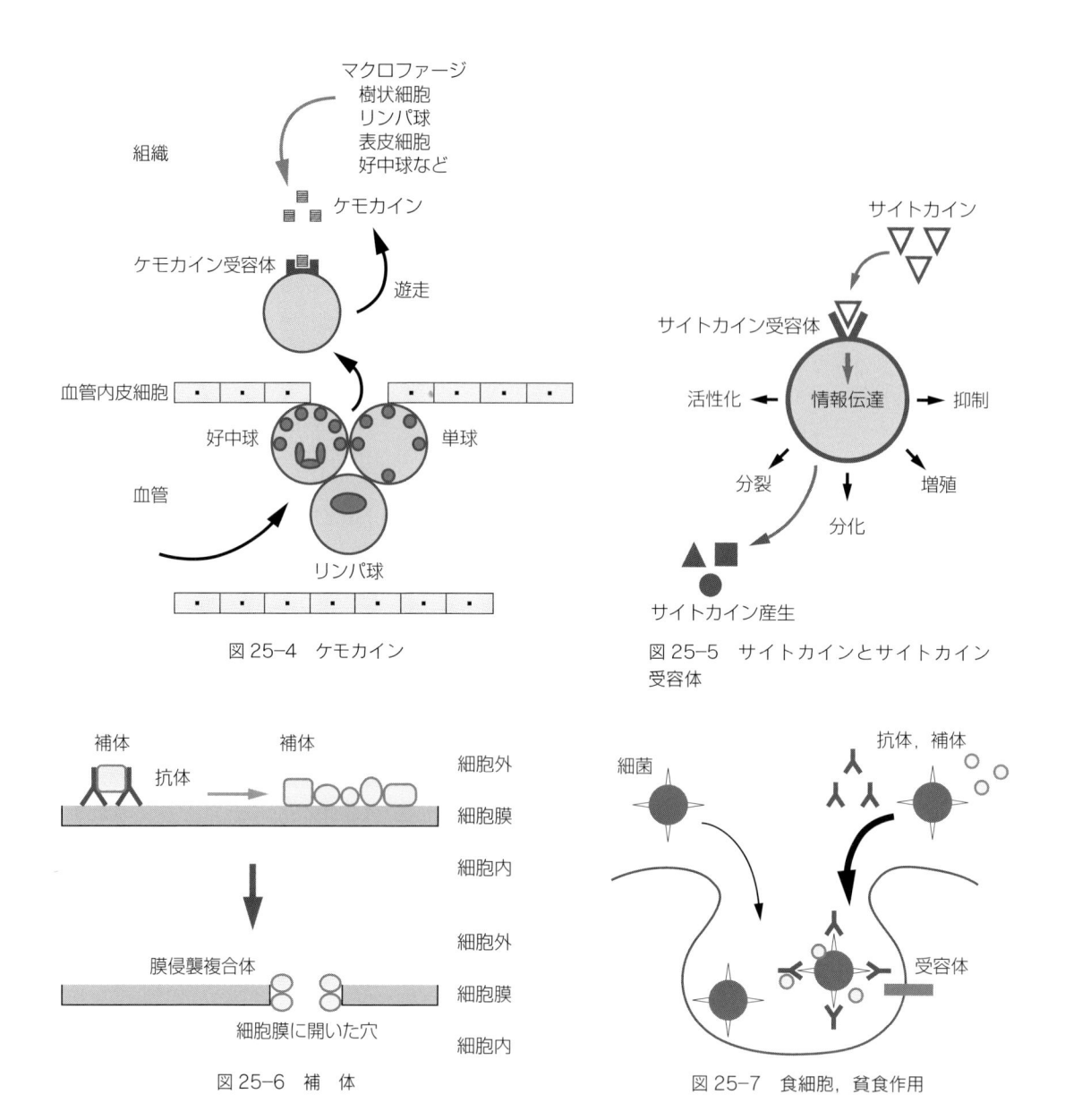

図25-6 補体

図25-7 食細胞，貪食作用

性受容体に結合してから細胞に結合する場合と，サイトカインが細胞に結合するのを妨げるために働く場合がある．後者は免疫反応の行き過ぎ制御機構と考えられている．分泌するサイトカインの種類，受容体をもつ細胞の種類と体内での分布がそれぞれの細胞の働きを規定する．

2）自然免疫と適応免疫

T，Bリンパ球を軸にして，多様な外敵に自己の損傷を最小にして非自己を排除するシステムを適応免疫と呼ぶ．しかし，病原性微生物が侵入後，防御に必要な抗体やTリンパ球の数が十分に増えるまでに数日必要である．その穴埋めを自然免疫あるいは非適応免疫が行う．

(1) 自然免疫

以前は抗原の認識なしに働くので、非特異的免疫系といわれていた。しかし、標的の特定の構造を認識するため、必ずしも「非特異的」ではない。自然免疫系は単独でも外敵の処理に当たるが、適応免疫系と共同して働くこともある。自然免疫系の構成要素には、血漿タンパクである補体、好中球やマクロファージなどの食細胞、リンパ球の亜群であるNK細胞やγδT細胞がある。

a. 補体

補体は、共同して機能する複数の血中酵素タンパク質の総称である。細菌などの微生物に直接あるいは抗体を介して接着し、①細胞膜に穴をあける（図25-6）、②好中球などの食細胞を微生物侵入部位に呼びよせる、③結合している微生物をマクロファージや好中球などの食細胞に接着させ食細胞が微生物を食べる（貪食作用）働きを助ける（オプソニン活性）。細菌の排除に重要である（図25-7）。

b. 食細胞

食細胞には、好中球、好酸球、好塩基球などの顆粒球と、単球が血管を通って各組織に分散したマクロファージと各組織で分化した組織マクロファージがある。顆粒球のほとんどは好中球である。マクロファージの寿命が長いのに対して、好中球の寿命は骨髄より血中に出てから数時間と短命である。食細胞の重要な機能は貪食作用、殺菌作用、急性期炎症誘導作用とT細胞に対する抗原提示作用（マクロファージ）である。

c. NK細胞

NK細胞は、リンパ球の一種でおもに血中に存在する。肝臓などの血流豊富な臓器に多い。おもな役割は、ウイルス感染細胞や変異した自己細胞の破壊とIFNγの分泌にある。NK細胞は、自己細胞の正常なMHC-Iの消失や減少、異常なMHC-Iの発現がある場合に限りその細胞を破壊する。このようなMHC-Iの変化は、持続感染型ウイルスや細胞内寄生細菌の感染、あるいは腫瘍化した場合に起こる。ウイルスは細胞内でしか増えないので、感染細胞の破壊はウイルス増殖の場を奪うことになる。

ただし、NK細胞の効果が確認されているのは一部の持続感染型ウイルスで、ウイルス自体が細胞を壊してしまう多くのカゼウイルスの感染防御にはあまり関与しない。NK細胞が先天的にない患者では、重症のヘルペスウイルス感染症やサイトメガロウイルス感染症には罹るが、他のウイルス感染症に対する易感染性は認められていない。

また、NK細胞はIFNγを分泌し、細胞内寄生細菌などに感染したマクロファージを活性化し菌排除を促進する。同じIFNγを分泌するようなヘルパーT細胞の分化も促進する。NK細胞でもT細胞受容体をもつものをNKT細胞といい、NK細胞同様に細胞傷害機能をもつが、IFNγではなくIL-4を分泌し、IL-4を分泌するようなヘルパーT細胞の分化を促進する（図25-8）。

d. γδT細胞

胸腺で分化するT細胞のほとんどがαβ型のT細胞受容体をもつが、一部胸腺外で分化するT細胞はγδ型のT細胞受容体をもつ。γδT細胞は、血中には少ないが消化管や消化管上皮に多い。γδ型T細胞はCD8陽性で、NK細胞の

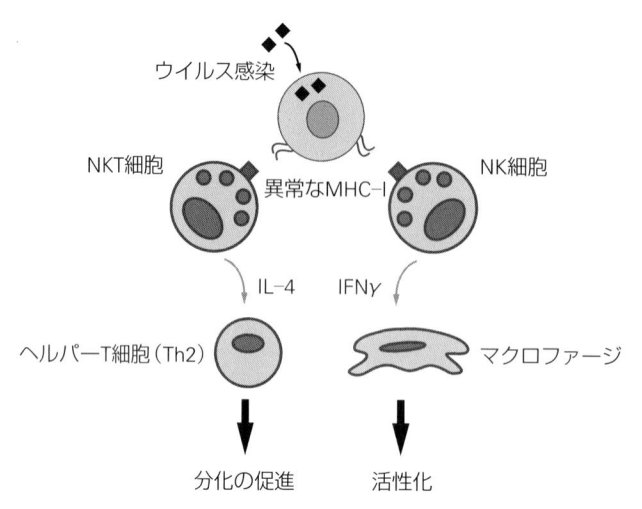

図 25-8　NK 細胞

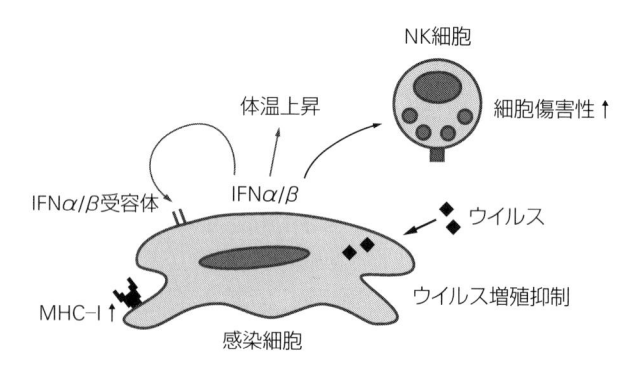

図 25-9　IFNα/β

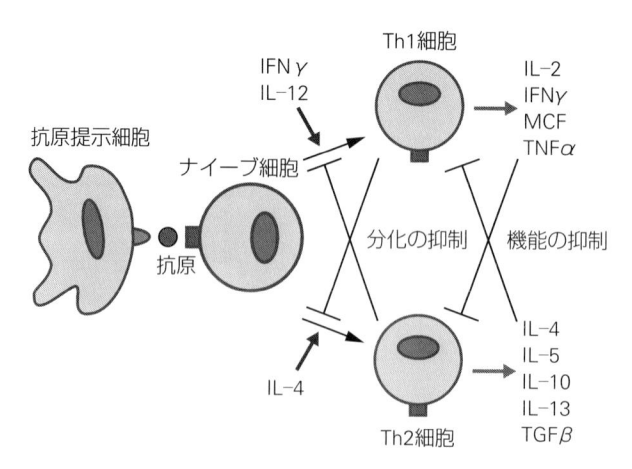

図 25-10　ヘルパーT 細胞

ように機械的損傷や熱変性，あるいはウイルス感染や腫瘍化により変異した細胞を認識しこれを破壊すると考えられている．感染後早期に IFN γ を分泌し，適応免疫への橋渡しもする．

　e．インターフェロン α / β（IFN α / β）

　ウイルス感染細胞により産生される．産生された IFN α / β は受容体に結合し，細胞内に抗ウイルス因子を誘導しウイルスの増殖を妨げる．さらに，NK 細胞の活性化作用，体温上昇作用，MHC–I 発現増強作用もある．MHC–I が増えると感染細胞は後述する細胞傷害性 T 細胞に認識されやすくなる．同じ IFN でも，NK 細胞や T 細胞が分泌する IFN γ とは作用も構造も異なる（**図 25–9**）．

（2）適応免疫

　抗原認識を基本にした T 細胞を軸とした防御機構である．感染部位やリンパ節，腸管のリンパ節，脾臓などの 2 次リンパ器官で反応が起こる．適応免疫も複数の防御機構をもち，侵入する物質や病原性微生物の性質や分布に見合った防御機構を利用する．CD4T 細胞が司令塔となる．

　a．ヘルパーT 細胞（CD4）

　ヘルパーT 細胞はメモリー細胞とナイーブ細胞（Th0）に分類される．Th0 は未だ抗原を提示されていない細胞であり，抗原提示を受けるとメモリー細胞になり分裂増殖して自己のクローンを増やす．メモリー細胞は血液，リンパ節，脾臓などを循環し，リンパ節，脾臓，体内の各組織で抗原に出会うとただちにその機能を発揮する．

　メモリー細胞には Th1 細胞と Th2 細胞の 2 種類がある．抗原提示を受けるといずれも複数のサイトカインを産生し抗原処理に当たる他の細胞を活性化あるいは分化させる．

　Th1 細胞は，IL–2，IFN γ や MCF（マクロファージ活性化因子）を分泌し食細胞を活性化する．GM–CSF や IL–3 なども産生し，マクロファージ前駆細胞の骨髄での分化を促進する．活性化したマクロファージはリステリア菌やサルモネラ菌などの細胞内寄生細菌の殺菌が可能になる．Th2 細胞は，IL–4，IL–5，IL–10，IL–13，TGF β などを分泌する．これらは，いずれも B 細胞を分化させ抗体を産生させるのに必要である．

　Th1 や NK 細胞，γδT 細胞が産生する IFN γ と NK 細胞がつくる IL–12 は抗原提示された Th0 細胞が Th2 細胞に分化するのを妨げ，Th1 細胞に分化させる．一方，Th2 細胞や NKT 細胞が産生する IL–4 は Th0 細胞が Th1 に分化するのを妨げ，Th2 細胞に分化させる．さらに，IFN γ が Th2 細胞の機能を抑制するのに対して IL–10 はマクロファージ機能を抑制し，TGF β は Th1 細胞を抑制する．Th2 細胞が B 細胞を分化させるときに Th1 細胞が同時に作用すると，Th1 細胞は B 細胞を破壊する．このように，Th1 と Th2 はお互いの機能や分化を抑制しあう（**図 25–10**）．

　アトピー性皮膚炎，花粉症や気管支喘息などのアレルギー疾患は Th2 に依存する．Th1 と Th2 はお互い拮抗することから，Th1 と Th2 のバランスが Th2 に傾くことがアレルギー疾患発症の一因になると考えられている．Th0 細胞が抗原に接したときに Th1，Th2 のいずれになるかは，提示される抗原の量と質，

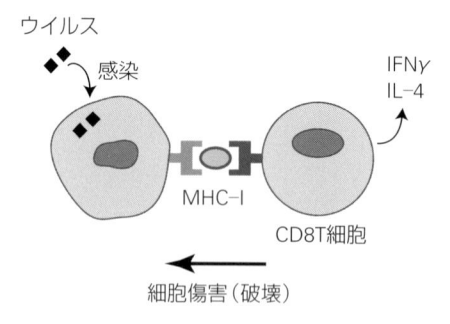

図25-11 CD8T細胞

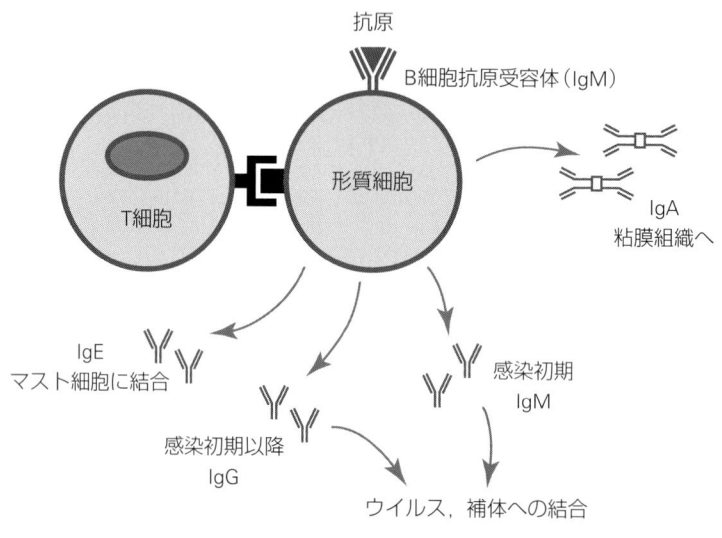

図25-12 B細胞

その場にあるIFNγ, IL-12やIL-4の量, さらに遺伝的背景など多数の要素が関与する.

b. 細胞傷害性T細胞（CD8）

CD8細胞のおもな役割は, ウイルスや細胞内寄生細菌に感染した細胞の破壊にある. 病原性微生物の抗原をMHC-I上に表出している感染細胞が標的になる. CD8細胞は標的細胞に接着し標的を破壊する. NK細胞同様, ウイルスや細菌を直接破壊するのではなく, ウイルスや細菌の増殖の場を奪う（図25-11）.

c. B細胞と抗体

B細胞はリンパ節や脾臓, 腸管, 粘膜関連リンパ組織で抗原刺激を受け, Th2細胞の助けを借りて形質細胞に分化して抗体をつくる. 抗体は血中や細胞外液中にあるウイルスや細菌の排除に重要である. 特に, 初回感染時よりも再感染の防御に重要である. ウイルスが細胞に感染する前に血液中に特異的な抗体があれば抗体はウイルスに結合し, ウイルスは細胞に侵入できなくなる. 抗体が結合した細菌は補体が結合し, 破壊されるか食細胞に貪食される. 抗体にはIgM, IgG,

IgE, IgA がある．IgM は B 細胞の抗原受容体であると同時に感染初期に短期間分泌される．その後，IgM は IgG に置き換わり再感染の防御に役立つ．IgE は組織中のマスト細胞に結合してアレルギー反応を誘導する．寄生虫の排除にも重要である．IgM，IgG，IgE は血中で機能する．IgM と IgG は補体と結合する．IgA は分泌因子と結合し，消化管腔に分泌され，粘膜上での感染防御に重要である（図 25-12）．

2．運動と免疫[3~5]

身体運動に関連する免疫系の変化は多数報告されているが，そのメカニズムと意義が明らかにされているものは少ない．免疫系の最新の知見に照らして再評価が必要である．ヒトの場合，免疫に関する情報はほとんどを血液に求めざるを得ないが，血液はさまざまな細胞の移動過程を反映しているに過ぎず，免疫反応が血液中で起こることは稀である．細胞外液中で機能する抗体や補体などのタンパク質は指標として理解しやすいが，サイトカインの血中濃度の変化の解釈は必ずしも容易ではない．多量につくられる結果あふれてきた場合や，脳や肝臓など炎症の場から離れた組織に作用するだけなら理解しやすいが，大多数のサイトカインはリンパ節や脾臓など限局した場所で働く．したがって，観察された変化の解釈については慎重を要する．

人間にとって身体運動は多くの動物同様，本来，狩猟や採取など食料を確保するための機能である．たとえ傷を負っていても，食料が見つかるまでは行動を続けないと生命にかかわる．行動中に外敵に遭遇した場合，戦うか逃走するしかなく，運動機能を最大限発揮できる状態に保つことが望ましい．炎症による四肢や関節の腫脹や発熱は運動機能を著しく損なう．ストレスホルモンが分泌される高強度，長時間運動時にはさまざまな免疫応答が抑制されるが，これも理に適った適応と考えられる．行動機能を妨げる適応免疫系の応答が起こるまで 1~3 日と時間がかかるのも，安全な場所に辿り着いてからゆっくり損傷の修復や病原性微生物の排除を行うためと考えると都合がよい．行動時には皮膚の損傷や骨関節系の傷害を受けやすくなる．あらかじめケガに備えるため，一部の防御機構が準備状態におかれることも理に適う．運動時に好中球や NK 細胞が増加するのは，損傷部に速やかにこれらの細胞を送り込むための適応かもしれない．運動時の免疫反応の変化をこのような観点から見直してみることも重要である．

以下に，身体運動に伴い変化がみられる免疫系関連の現象のおもなものを紹介する．

1）サイトカイン

マラソンレース後には血中の IL-6 が 24 時間以内に一過性に増加する．筋損傷に伴う急性期炎症反応が原因と考えられている．IL-6 はダウンヒル走や遠心

---

3) Nehlsen-Cannarella S et al : Int J Sports Med, 18(Suppl 1) : S8, 1997.
4) Nieman DC : Int J Sports Med, 18(Suppl 1) : S91, 1997.
5) Pedersen BK et al : Immunol Today, 19 : 204, 1998.

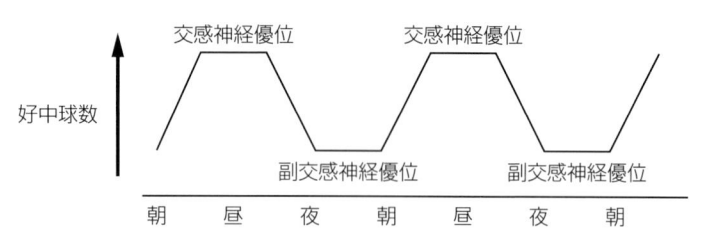

図 25-13　末梢血好中球数と自律神経系の関係

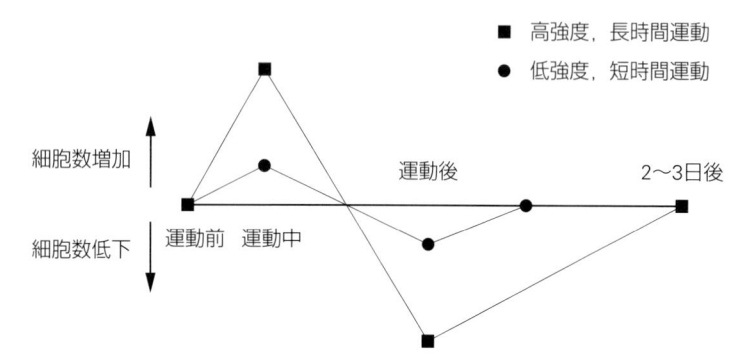

図 25-14　一過性の運動による末梢血 NK 細胞数の変化

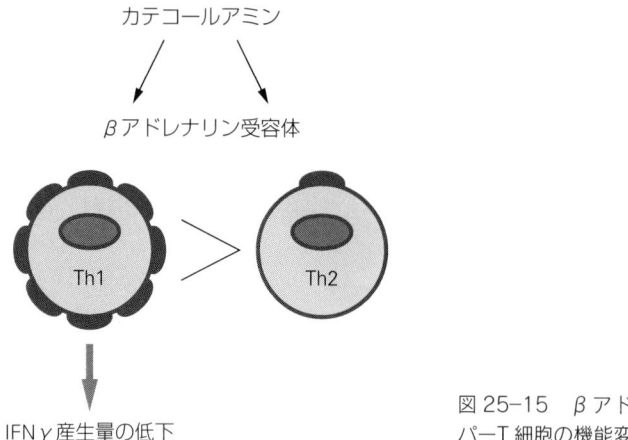

図 25-15　βアドレナリンを介したヘルパーT 細胞の機能変化

性の筋収縮など筋損傷の程度が高い条件下で検出された報告が多いが，求心性の筋収縮あるいはレベル走でも IL-6 が検出されている．IL-6 は筋損傷時に損傷部位に浸潤するマクロファージが産生している可能性もあるが，筋線維自体が産生している可能性もある．IL-6 がどのような役割を担っているかはまだわからないが，ダメージの程度がそれほど大きくない筋線維を守っている可能性もある．同じ IL-6 ファミリーのサイトカイン LIF は，損傷筋の神経筋接合部の再生に関与することが示されており，サイトカインは単に炎症を誘導しているだけではないようである．

　筋損傷部位には IL-1 も検出されているが，IL-6 と同様に急性期炎症反応の一環と理解されており，明確な役割については未解明である．その他，IL-2, IL-

12, TNFαについても運動に伴う変化が報告されている．しかし，未だ一般化できる結果は得られていない．

2）好中球

　身体運動時，循環血液中の好中球は増加する．カテコールアミンにより血管内皮にゆるく接着している好中球が血流に乗るための増加と，副腎皮質ホルモンによる骨髄プールからの循環血液中への動員による増加がある．骨髄プールからの動員の場合は，分化段階の早い好中球が血中に動員され活性酸素の産生パターンに違いがみられる．運動継続時間が長いほど，運動強度が高いほど血中の好中球数の増加は大きい．マラソン，トライアスロン，自転車ロードレースなどは好中球数の増加がみられる典型的な運動種目である．

　末梢血好中球数は一定期間のトレーニングにより増加することも報告されている．好中球には日内変動がある．交感神経活動が活発な日中は好中球数が多く，副交感神経活動が高まる夜間は少なくなる．トレーニングや運動の習慣化に伴う自律神経系活動の変化により好中球数が変化する可能性が高い（図 25–13）．

3）NK 細胞

　末梢血の NK 細胞は強度にかかわらず中等度以上であれば運動中に増加する．運動後数時間以内に速やかに減少するが，高強度，長時間の運動後は運動前より減少し，前値にもどるのに 2～3 日かかる．これが高強度の運動後にカゼに罹患しやすい一因と考えられていた．しかし，NK 細胞がカゼウイルス感染細胞を標的にする証拠はなく，なおその意義については検討が必要である（図 25–14）．

　ラットでは，長期間の走行トレーニングにより，肺における NK 細胞に感受性のある腫瘍細胞の除去活性が高まる．このトレーニングによる除去活性の亢進は脳室内のエンドルフィン受容体を遮断することにより失われる．長距離ランナーでは髄液中のエンドルフィン濃度が高くなることを考えると興味深い．ただし，腫瘍細胞の破壊にしても NK 細胞は全能ではなく，感受性があるのは一部の腫瘍細胞のみである．

4）T 細胞

　T 細胞には複数のサブセットがある．運動に伴うさまざまな変化が報告されているが，未だ一般化できる変化は明らかになっていない．60％の運動強度で 1 時間の運動を行わせたとき，副腎皮質ホルモンの上昇が起きる被験者と起きない被験者があり，T 細胞サブセットの変化は前者にしかみられなかったことが報告されている．また，β_2 アドレナリン受容体は Th1 細胞にしか発現しておらず，Th2 細胞にはみられない．また，両者ではケモカイン受容体の発現も異なる．マウスでは 24 時間の拘束ストレスにより，脾臓リンパ球の IFNγ 産生能が著しく阻害されるが，IL-4 の産生は変化しない．Th1 と Th2 のバランスが感染症の予後やアレルギー疾患の発症に関連することを考慮すると，運動により免疫応答のバランスを調整することが可能かもしれない（図 25–15）．

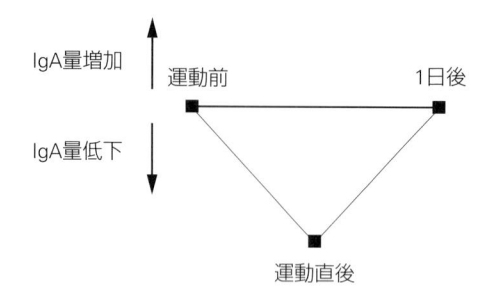

図 25-16　一過性運動後の唾液中 IgA の変化

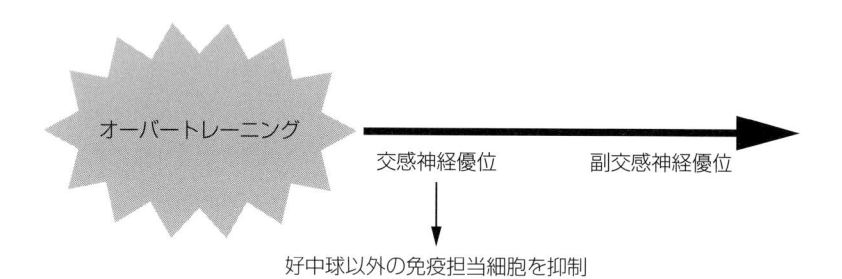

図 25-17　オーバートレーニング

5) 分泌型 IgA

　　分泌型 IgA は，口腔，鼻腔，気道や消化管腔の粘液，唾液，乳汁中に分泌される．検体採取の容易さから注目されるのは唾液中のものである．唾液腺には漿液腺と粘液腺があり，前者は副交感神経支配，後者は交感神経支配である．運動時には粘液成分が増加，漿液成分が減少し流量自体が減る．IgA は粘膜固有層の形質細胞で合成され，粘膜上皮でJ鎖と結合し分泌型となり，上皮細胞内を通過し管腔に分泌される．一般に高強度の運動時には分泌型 IgA の単位時間当たりの分泌量は数十％減少する（図 25-16）．

　　運動後の分泌型 IgA の減少がカゼに罹患しやすくなる一因とする説がある．しかし，カゼウイルスに対する防御効果は，そのウイルスに対して特異的な抗体があることが必要である．一度感染したことがあるウイルスに対する特異的 IgA は数年間分泌される可能性があるが，カゼの原因ウイルスは 200 種類以上あるので，数十％の変化が実際の防御能の低下に結びつくかどうかは疑問である．今後の検討が必要である．

3. オーバートレーニング症候群[6]

　　オーバートレーニングの症候の１つとしてカゼに罹りやすくなることが知られている．カゼは罹患しても通常は１週間以内に軽快するが，軽い症状が持続する場合がある．しかし，重篤化することはなく白血病でみられるような細菌に対する易感染性もみられない．

　　オーバートレーニング症候群は心臓自律神経活動からみると，初期には交感神経緊張型となる．適切な処置がなされない場合はさらに交感神経系が疲弊し，相対的に副交感神経が優位になる．交感神経系は，好中球以外の免疫担当細胞に対しては抑制的に働き，T細胞やNK細胞の血管内皮との接着を抑制する．オーバートレーニングの初期状態は，安静時でも交感神経優位になるため，先述したような行動時の炎症抑制状態が持続した状態にあると考えられる（図 25-17）．この状態がどのようにカゼに結びつくかは明らかではないが，免疫不全を反映する明確な指標が見当たらない以上関連している可能性が高い．自律神経系は免疫担当細胞の体内分布に強く影響することが明らかであり，オーバートレーニング症候群のカゼに対する感受性の原因を明らかにする鍵になると考えられる．今後の研究の成果を期待したい．

　　　　　　　　　　　　　　　　　　　　　　　　　［永富　良一・奥津　光晴］

---

6) Nagatomi R et al : Exerc Immunol Rev, 6 : 54, 2000.

25章 具体例 トレーニング生理学
スポーツ選手の急性上気道感染症対策の実際

われわれのもっとも身近な感染症は急性上気道感染症（カゼ）である．しかし免疫系の解析が進んだ現在でも，カゼウイルスに対する防御反応の詳細は解明されていない．運動に伴う免疫系の変化がカゼにどのように影響するかは未だわかっていないが，練習量の多いマラソンランナーがカゼをひきやすいのも事実である．ここではスポーツ選手のカゼ対策を紹介する．

1．カゼの予防

カゼのほとんどはウイルスが原因である．たかがカゼといっても，スポーツ選手にとっては重要な問題である．オリンピックのような大事な試合でカゼをひいて本来の力を出し切れなかった例，綿密なトレーニング計画を立てていてもカゼで大きく体調を崩した例は少なくない．一方，医療機関ではカゼはほとんどの場合自然治癒するためあまり重視されない．しかもカゼ薬のほとんどは対症療法薬であり，治癒を早めることはほとんど期待できない．A型およびB型のインフルエンザウイルスに対しては，発症48時間以内に投与すればウイルスの増殖を妨げる吸入薬リレンザ（Zanamivir）が国内でも使えるようになった．しかし迅速な診断が必要なため，軽いカゼだと思って様子をみていると間に合わなくなることがある．もちろん，この薬剤はインフルエンザにしか有効ではない．

したがって，スポーツ選手のカゼ対策は，基本的には感染の成立をいかに妨げるか，である．有効な予防策は3つある．第1は，すでに流行が予測されているウイルスに対するワクチンによる予防である．第2は，ウイルスとの接触を極力避けることである．第3は，保温である．

2．ワクチンによる予防

インフルエンザウイルスに対するワクチン接種を毎年10月末から12月初旬までに行い，12月から2月頃までの流行期に備える．通常は2～4週間間隔で2回の接種を実施し，抗体価を上昇させる．インフルエンザは数年毎に流行するタイプが変わり抗原性が変化するので，毎年接種を行う．

麻疹，風疹，水痘，流行性耳下腺炎に対するワクチンもよく知られている．これらに対しては，青年期までに終生免疫を獲得している場合が多いので，罹患歴がなければまず抗体検査を行い，陰性であればワクチン接種を考慮する．

3．ウイルスとの接触回避

感染経路を考慮し，ウイルスとの物理的接触を避ける．最も確実なのは予防的に上気道をマスクなどで覆うことである．よく感染者がマスクを着用するが，周囲にいる未感染者が着用した方が有効である．

洗顔と手洗いも重要である．感染者から飛散したウイルス粒子は顔面あるいはドアノブ，手すりなどに付着している．同様の理由でコップやドリンクボトル，タオルは個人使用とし，共用はさける．

4．保温

一部のカゼウイルスは体温より低い環境で増殖しやすい．上気道は放熱器官であり，粘膜表面の温度は低い．ウイルス感染の多くがからだの他の部分でなく，温度の低い上気道や皮膚に集中する理由の1つである．したがって，特に冬季はマスクやマフラーあるいは襟の高い着衣により頸部の保温を図ることが望ましい．

［永富　良一］

26章 腎臓とトレーニング

適度な有酸素運動がヒトの身体能力を高め健康体をつくることは，半ば公然と信じられている．しかし，日常的に運動しない人に比べ，よく運動する人の寿命が長いという話しは，実はあまり聞かない．ある種のスポーツ選手は，むしろ短命である．各種運動競技とそのトレーニングがからだの諸器官に与える影響にはまだまだ不明の点が多い．これに対し，運動時あるいは運動直後の臓器の機能を調べ，安静時と比較する研究は多い．たとえば，本章のテーマに直接関連することであるが，腎血流量（安静時）は心拍出量の約1/4を占め，臓器の重量比で表現すると骨格筋の100倍高い（腎：4mL/分/g）．しかし，運動時には骨格筋の血流量が6 mL/分/gに増加するのに対し，腎臓のそれは2.5mL/分/gに低下する．運動時には心拍出量が安静時の3～4倍に増加しているので，腎臓を灌流する血液量の低下率は実は80～90%である．本章では，このような運動生理学的研究成果を踏まえた上で，日常のトレーニングが腎機能にどのように影響するかを考察したい．一般的に，運動時の身体機能の変化は，神経・ホルモン系の調節作用の変化に依存する．これらは，細胞内刺激伝達系（細胞内Ca^{2+}，cAMPなど）を介して直接膜輸送体（ポンプ，イオンチャネルなどの膜タンパク）を活性化させる．これに対し，トレーニング効果を議論する場合の細胞機能の変化は，遺伝子の転写調節の活性化を経てタンパク合成を要する時間のかかる変化である．マラソンのような競技開始から終了まで2～3時間を要する競技中の機能変化も，細胞生理学的に考察すれば，「リン酸化などによる膜タンパクの機能的変化」である．

腎臓は，体液（細胞外液）の量，電解質組成，浸透圧，pHを正常範囲に維持する器官である．細胞外液の恒常性は，安静時・運動時を問わず，生命維持や身体運動に必要なからだの諸器官が正常に動作するための絶対要件である．ここで，体液量・浸透圧を調節するホルモンを簡単に整理する．細胞外液量の調節は，水分量調節ではなく塩分量調節であることをよく理解していただきたい．①脳下垂体（後葉）から分泌されるバソプレッシン（AVP）は，細胞外液（血漿）の浸透圧を調節する．運動中に汗をかいて血漿浸透圧が増加したり，循環血液量（細胞外液量）が減少すると，AVPが血中に放出される．AVPは，皮質・髄質浸透圧勾配を大きくし，腎集合管の水透過性を増加させることにより尿を濃縮する．このとき，吸収された自由水（後述）は体内に還元され，血漿浸透圧の増加を最小限に防ぐ．②レニン-アンギオテンシン-アルドステロン系（R-A-A系）は，体液量（細胞外液量）を保持する調節系である．R-A-A系は，体内の総Na^+量を調節することにより体液量をコントロールしている．なぜなら通常の場合，血漿浸透圧は血中AVP濃度により厳密に調節されているからである．アルドステロン（副腎皮質ホルモン）は，腎集合管主細胞（principal cell）の細胞内受容体に結合し，遺伝子の活性化とタンパク質発現（aldosterone-induced protein：AIP）を介してNa^+再吸収量を増加させる．③心房性Na^+利尿ペプチド（ANP）は，過剰な体内Na^+を体外に排出する心房筋由来のペプチドホルモンである．循環血液量が増加すると心房筋が伸展し，ANPが血中に放出される．ANPは腎集合管におけるNa^+再吸収を抑制し，尿中へのNa^+排出量を増加させる．

［河原　克雅］

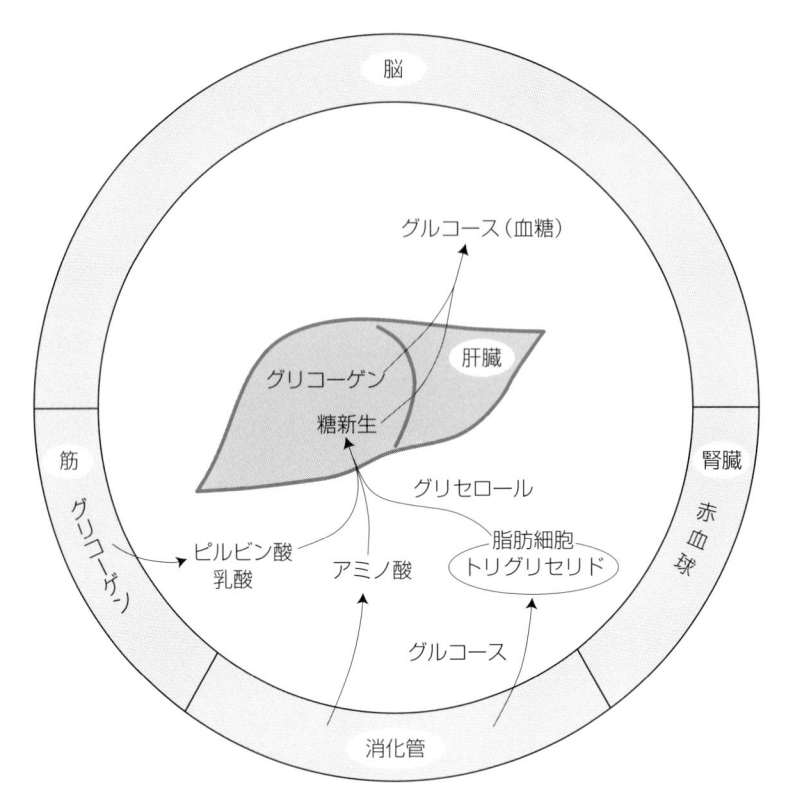

図 26-1 安静時の器官別グルコース利用
カッコ内の数字は，糖の相対消費率を表す．脳(50%)，腎臓と赤血球(15〜25%)，消化管(10〜15%)，骨格筋(15〜20%)．肝臓におけるグルコース生成の割合は，グリコーゲン分解 glycogenolysis（70〜80%）と糖新生 gluconeogenesis（20〜30%）である．摂取された炭水化物は，消化・吸収され，過剰なグルコースは，グリコーゲン（肝臓・骨格筋）やトリグリセリド（脂肪細胞）として蓄えられる．

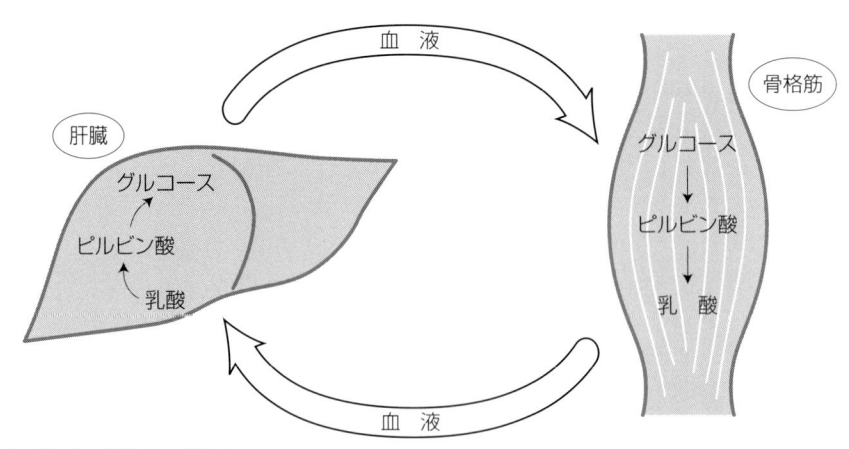

図 26-2 運動時の糖新生
グルコースは骨格筋の解糖系により乳酸になり，血流にのって肝臓に運ばれる．乳酸はグルコースに生まれ変わり，体内の各種器官で消費される．

1. 運動強度とエネルギー代謝

　　グルコース（血糖）は，体内細胞の生命活動（運動時，非運動時を問わず）の維持に必須である．空腹時（食間）の血糖値（5mmol/L）は，肝臓に蓄えられたグリコーゲンの分解とエネルギー中間代謝産物からの糖新生で賄われている（図26-1）．骨格筋に蓄えられたグリコーゲンは，直接血糖の維持には貢献しないが，乳酸（筋）—糖新生（肝）を介して血糖値の維持に貢献する（図26-2）．陸上競技における短距離走のように爆発的な瞬発力が要求される運動のおもなエネルギー供給は無酸素代謝（解糖系）に依存し，マラソンのような長距離を走る競技（持久走）は有酸素代謝（TCA回路）が重要な働きをする．競技時間が2時間を超えるマラソンの場合，骨格筋中に蓄えられたグリコーゲン（10〜25g/kg筋）は，すべてATPに変換され消費される．いわゆるオーバーペースになると，筋グリコーゲンは競技途中で枯渇し，脚が動かなくなる．運動中に利用されるエネルギー源（栄養素）は，糖質（グリコーゲン）の他に脂質（トリグリセリド）も利用される．脂質は，皮下脂肪や内臓脂肪のほか，骨格筋中にも蓄えられている．脂質は有酸素代謝においてのみATPを生成するので，軽い長時間の運動時のエネルギー源として適している．実際，トレーニング期間内（約2時間）のエネルギー消費量を一定に保つようにすると，開始前に比べ終了後の脂質利用の亢進を証明することができる．このことは，「筋のグリコーゲン節約」として知られている．トレーニングを積んだ持久性運動の選手の場合，脂質代謝は亢進するが筋の脂肪酸利用がそれを上回って促進されるので，血漿遊離脂肪酸（free fatty acid：FFA）の濃度は低い．グルコースと脂質の消費比率は運動強度により異なる．運動中に消費される栄養素の種類は呼吸商[*]（RQ）に反映される．短距離走のような強い運動の場合，RQ値は0.9，マラソンのような中等度の運動の場合，RQ値は0.6〜0.7である．運動強度が強くなると糖質への依存度が大きくなる．

　　（[*]呼吸商（RQ）：定常状態における単位時間内に消費されたO_2量（分母）と生成されたCO_2量（分子）の比．炭水化物（グルコース）のみがエネルギー源になるとRQ＝1，脂質（トリパルミチン）の場合はRQ＝0.7になる．激しい運動の場合，嫌気性代謝（解糖）で生じた乳酸がCO_2に変換され呼気として排出されるので，RQ＝2まで増加することもある（図26-2参照）．）

2. 運動と体液電解質バランス

　　マラソンのような長時間の運動競技は，栄養補給とともに水・電解質補給が重要なポイントになる．これは運動中の発汗による体液（細胞外液）喪失は，「細胞内液から細胞外液への水移動」と「腎の自由水生成」（図26-3）では補いきれないことを意味している．体内の水分布を理解するために，体液区分の理解は不可欠である（図26-4）．また，体内のほとんどすべての細胞膜の水透過性は十分

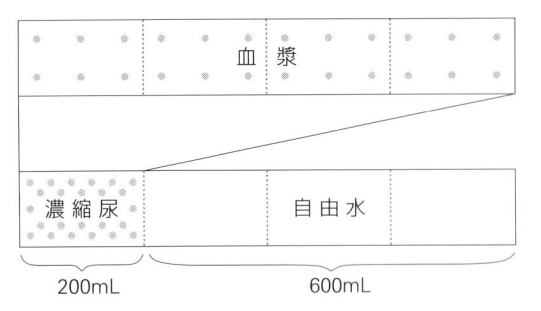

図26-3 腎臓における自由水の生成
尿濃縮時に生成され血液（細胞外液）に還元される水のこと．1,200 mOsm/kgH$_2$O の尿を 200 mL 排出することは，600 mL の自由水を体内に還元（注入）したことに等しい．計算を容易にするために，血漿浸透圧を 300 mOsm/kgH$_2$O と仮定した．図中の点は，浸透圧物質を示す．

図26-4 体液量と体液区分
成人男性の体液量は，体重の約60%である（タンパク18%，脂肪15%，無機質7%）．体液（体重が70 kgの場合，42 L）は，細胞内液（55%），細胞外液（42.5%），経細胞液（2.5%）に分布する．細胞外液は，体を構成する細胞の生存環境（内部環境）であり，その物理化学的性質（イオン組成，浸透圧，pH，量）の恒常性は，腎臓により維持されている．経細胞液は，消化管内液，腎糸球体濾液，汗腺などの導管内液などで，特に腎臓において細胞外液の恒常性を維持するために必要な液区分である（外部環境の延長）．細胞内液のおもな陽イオンは K$^+$，細胞外液の主な陽イオンは Na$^+$ である．

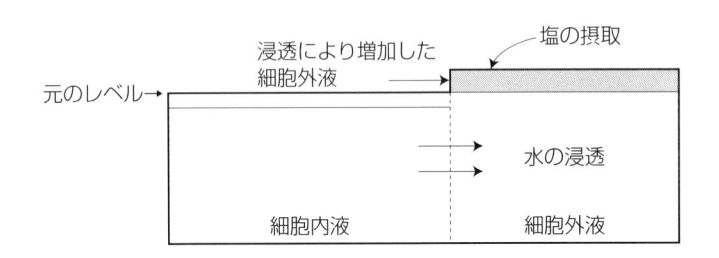

図26-5 細胞内液から細胞外液への水移動
塩を摂取すると，細胞外液の浸透圧が増加し，細胞内液から細胞外液に水の移動が起きる（浸透）．

高いこと，つまり水は細胞外液区分と細胞内液区分を自由に行き来していることを忘れてはいけない．塩類を含まない水分補給は，消化管から吸収された後，細胞外液から細胞内液に移行し，全体液区分に広く分布する．したがって細胞外液量（循環血液量）の増加は小さい．これに対し，塩の摂取は，細胞外液の浸透圧を増加させ，細胞内液から細胞外液に水が浸透し細胞外液量（循環血液量）を増加させる（図26-5）．このため，慢性的な過量の塩摂取は，高血圧症の引き金になる．

1）脱 水

炎天下のマラソンやラグビー，サッカーなどでは，体温上昇を防ぐため体表面からの発汗による水分喪失が多く，水分欠乏性脱水になる危険が高い．また体重制の競技（柔道，レスリング，ボクシング，重量挙げなど）では，試合前の体重測定までに発汗で減量することが多く，体液の電解質バランスをくずしやすい．これらの競技に出場する選手，指導者は，試合中においても脱水による循環虚脱や高温障害を未然に防ぐ工夫が必要である（たとえば，電解質バランスのとれたスポーツドリンクの摂取は有効である）．運動時の水分摂取は，血漿浸透圧・循

環血液量の維持に重要なだけではなく，体温上昇の抑制効果も大きい．

2）高温障害

高温・多湿状態で長時間激しい運動をした場合，蓄熱症から横紋筋融解を引き起こす場合がある．このような場合，筋細胞から大量のミオグロビン※が血流に放出され腎糸球体濾過膜を目詰まりさせ，急性腎不全になる．このような場合，少量の等張尿（300～400 mOsm/kgH$_2$O）が排出される（脱水時には，健常な腎臓は高浸透圧の尿，1,200 mOsm/kgH$_2$O を生成し，自由水を体内に還元する）．

（※ミオグロビン：分子量 17,000，糸球体濾過係数は 0.75（分子量 66,000 のアルブミンの濾過係数は 0.001 以下）．低分子量のミオグロビンは糸球体濾過膜を通過する．）

3．運動とレニン-アンギオテンシン-アルドステロン系（R-A-A 系）

運動時には体表面や筋肉に血液が配分されるので，腎血流は低下する．腎血流の低下は直接，間接的（交感神経系の興奮を介して）にレニン分泌を高める．さらに運動選手の交感神経系は，競技中はその運動強度にかかわらず興奮しているので，レニン分泌は相乗的に亢進する．R-A-A 系は，図 26-6 に示す機序を経て，副腎皮質からのアルドステロンの放出を増加させる．一方，血中アルドステロン濃度は R-A-A 系とは独立して，交感神経活動の強弱に比例して増加することも知られている．たとえば，体液量・浸透圧に大きな変化はないと考えられる短時間の強い運動でも，血中アルドステロン濃度は増加する．次に，炎天下のマラソンのように，運動が長時間に及ぶと脱水と体温増加が同時に進行する．上昇した体温を下げるために皮下の末梢血流が増加するので，中心部（主要臓器）を流れる血流は一層減少する．これも腎血流を低下させる要因になる．さらに，脱水による循環血液量の低下はますます腎血流を低下させ，血中レニン濃度を増加させる．炎天下を走ったマラソンランナーの場合，レース終了後の血中アルドステロン濃度は，平常時の 5～10 倍に達し，高い値は 1 週間ほど持続する．

1）レニンとレニン分泌

傍糸球体細胞で産生されるレニン（分子量 40,000）は，肝臓でつくられ血液中に存在するアンギオテンシノーゲン（α_2 グロブリン）をアンギオテンシン I に分解するペプチダーゼである．レニン自身に昇圧作用はない．レニンは，体液量の減少に伴う腎血流の低下や腎神経活動（交感神経 β 受容体）に応答し，血中に分泌される．さらに，遠位尿細管（密集斑）の濾液流量が低下すると分泌が促進され，糸球体濾過量を維持しようとする（尿細管糸球体フィードバック）（図 26-6）．

2）腎血流量

安静時の腎血流量は組織重量当たり毎分 4mL である．しかし，運動時には，

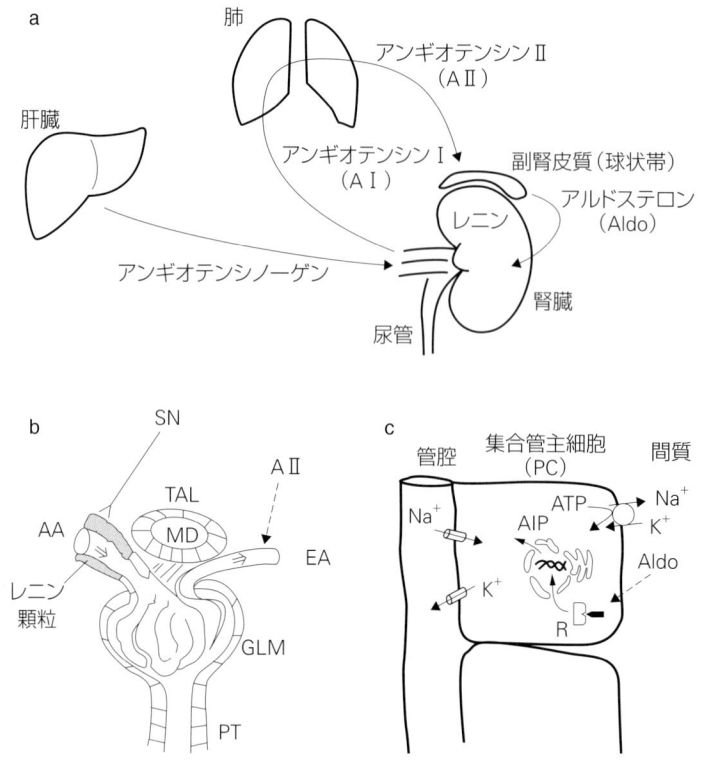

図26-6　レニン-アンギオテンシン-アルドステロン系
a：肝臓で合成されたアンギオテンシノーゲンは，レニンによりアンギオテンシンⅠ（AⅠ）になる．AⅠは血流にのって全身を回るが，特に肺循環中に，血管内皮から分泌されたACE（angiotensin converting enzyme）によりAⅡに変換される．AⅡは，血管平滑筋を収縮させて血圧を維持し（輸出細動脈（EA）＞輸入細動脈（AA）），糸球体濾過量（GFR）を確保するとともに副腎皮質球状帯の細胞に働きかけアルドステロンの合成と分泌を促進する．
b：輸入細動脈の血流低下や交感神経刺激により，輸入細動脈壁の顆粒細胞からレニン（加水分解酵素）が分泌される．糸球体濾過量が低下すると，太いヘンレの上行脚（TAL）の密集斑（macula densa：MD）がそれを感知し，局所のレニン-アンギオテンシン系を活性化してGFRの低下を防ぐ（矢印は血流の方向を示す．糸球体GLM，交感神経SN）．
c：アルドステロンによる腎集合管Na^+輸送の調節．アルドステロンは，腎集合管主細胞（principal cell：PC）の細胞内受容体（R）に結合し，転写の促進とタンパク質発現（aldosterone-induced protein：AIP）を介してNa^+再吸収量を増加させる．

腎血流量は2.5〜2.7mLに低下する（心拍出量が3〜4倍増加することを考慮すると，低下率は80〜90％といえる）．交感神経系の興奮により輸入・輸出細動脈は収縮するので腎血流は著しく減少するが，糸球体濾過量（GFR）の低下は予想されるより小さい．これは，輸出細動脈の選択性収縮により糸球体濾過率（FF）が増加するからである．また，交感神経は腎におけるプロスタグランジンの産生を増加させ，腎髄質部の血流を確保する．運動時には代謝量が増大するので，タンパク質代謝の最終産物である尿素の産生量も増加する．しかし，腎血流は低下しているので，体外に排出しきれない尿素は蓄積することになる．長時間の運動中（後）の尿素排出については未解決の問題が多い（大事な試合直前・運動中の栄養補給は，糖質中心にすべきである）．

4. 腎疾患者の運動

　多くの生活習慣病，たとえば，高血圧，虚血性心疾患，高脂血症，糖尿病，骨粗鬆症などは，適度な運動をすることで病態が改善される．腎疾患者にとっても運動は筋力低下や酸素利用能の改善に役立つが，運動それ自体が腎機能低下の増悪因子の1つであることを忘れてはならない．運動は腎血流量を減少させ，排泄しなければならない代謝産物（たとえば窒素代謝物や酸 H^+）を増加させる．運動療法を処方するにあたり最初にしなければならないことは，運動強度の決定である．通常用いられている簡便法では，年齢，性別から算出された標準最大心拍数の60～90％を超えないように運動負荷量を処方する．自覚症状を目安に運動強度を決定する場合は，無理のない楽な運動，つまり"最大酸素摂取量の50％"が推奨される．客観的な指標が必要な場合，血中乳酸濃度や呼吸循環動態における運動耐容能が用いられる．実際に，血尿（＋～＋＋）やタンパク尿（＋～＋＋）がある場合，またネフローゼ症候群でステロイド治療中の者は，ごく軽い運動にとどめるべきである．奇妙に聞こえるかもしれないが，慢性の腎疾患が悪化し腎機能が廃絶すれば（血液透析に移行すれば），運動療法を積極的に進め，呼吸循環応答や運動耐容能を改善するように指導すべきである．この際，血液検査をはじめ，運動負荷試験，心電図などの内科的検診の他に，整形外科的診察を加味し，さらに患者本人の意思と希望を尊重して，処方する運動強度と頻度を決定すべきである．

［河原　克雅］

1) 坂井建雄ら：人体の正常構造と機能　V腎・泌尿器．日本医事新報社，1999．
2) Maughan RJ et al : Exercise and Sport Science. Garrett WE et al eds, p413, Lippincott Williams & Wilkins, 2000.
3) Jackson EK et al : The Kidney : Physiology and Pathophysiology. Seldin DW et al eds, p613, Raven Press, 1985.

26章 具体例 トレーニング生理学

運動によるミオグロビン尿症の死亡例

患者は12歳，男児であり，精神発達遅滞と脳性麻痺を合併していた．齲蝕歯が多いために5歳時に口腔内診査を行ったところ，激しく興奮，啼泣し，その後数日間も，興奮状態が続いた．そのために，5歳と6歳時にT歯科大学で全身麻酔下に歯科治療を行った．CK値は1回目の全身麻酔前は104U/L（正常値：86U/L未満）と軽度高値，2回目は604U/Lと著明な高値を示していたが，全身麻酔中は体温を含め異常はなかった．以後，1年に1～2回，ネットで拘束し，口腔清掃や少数歯の歯科処置を行っていたが，その都度，興奮と啼泣が著しかった．なお，8歳時の治療後に40.9度に発熱した既往があった．両親は，患児が数回，赤色尿を排尿したことを記憶していたが，日時については曖昧であり，この発熱時に赤色尿を伴っていたかも不明であった．また，赤色尿がミオグロビン尿であったか否かについての検索もなされていなかった．

今回は12回目の歯科処置を行った．処置中，興奮が著しく，啼泣を続け，四肢を緊張させていた．終了時に腋下温が41.6度であった．筋は強直し，末梢は冷感が強かった．頻脈であったが，不整はなく，血圧は130/80mmHg，呼吸数は40回/分であった．酸素，鎮静薬，解熱薬などを投与したが，体温は39度台を推移し，解熱は不十分であったので，S大学病院救急部へ移送した．当夜は解熱したとのことに帰宅したが，夜間，自宅にて全身状態は悪化し，翌朝，近医から同院集中治療室へ再移送された．入院時にすでにFDPは57.6μg/mLを示しており，DICの状態にあった．入院時のCK値は3,1540U/L，翌日のミオグロビン値は22,000ng/mLであった．DICに対する対処療法，ステロイド剤，昇圧薬，利尿薬などを用いた集中治療が行われた．ダントロレンは入院3日後から投与されており，効果は不明であった．患者は人工呼吸下に管理されたが，入院12日後に死亡した．剖検の結果は，腎尿細管性ネクロージスのほか，多臓器不全がみられた．

本症例は激しい運動によって熱中症を発症し，その結果，横紋筋融解症，ミオグロビン尿症をきたしたものと思われる．その誘因として，知的障害があり，精神的ストレスがうまくコントロールできずに，過度に興奮してしまい，筋緊張を亢進させたことが推測される．その他に，体温調節中枢の未成熟さ，脳性麻痺による筋感受性の亢進なども関与した可能性が考えられる．CK値の高値は筋疾患の素因を示唆した．

精神発達遅滞者では過度に興奮させないようにし，発熱に注意を払うことが必要である．また，本症例では過去にもミオグロビン尿症を発症していた可能性があり，高熱と赤色尿の既往について問診をする必要があることを示している．

なお，本症例と同様に，精神発達遅滞と脳性麻痺を有する21歳の女性で熱中症を起こした例がある．この場合は，宿泊訓練で1人隔離されて夜を過ごしている間に，精神的ストレスを募らせ，筋緊張を亢進させてしまい，翌朝，42度の高体温と痙攣を起こしているのを発見された．ただちに熱中症と診断され，血漿交換を含む集中治療が行われ，救命された．異常高熱発症時には熱中症の可能性を念頭に入れ対処する必要があるが，特に予備能力の低い患者では初期治療を迅速に開始する重要性が高いと思われる．

［野口　いづみ］

27章 酵素系とトレーニング

トレーニング生理学

　激しい運動後には，AST（アスパラギン酸アミノトランスフェラーゼ），ALT（アラニンアミノトランスフェラーゼ），CK（クレアチンキナーゼ），LDH（乳酸脱水素酵素）などの酵素が一過性に血中で増加する．これらの酵素は，心筋，骨格筋，肝，脳など多くの臓器に分布しているため，運動後に増加する血清酵素の由来臓器を特定するのは決して容易ではない．局所骨格筋収縮のみを使う短時間運動後の血中逸脱酵素は骨格筋由来としてもよいと思われるが，マラソン，トライアスロンなどの長時間におよぶ持久運動では，骨格筋のみならず循環器系への負担も大きくなり，心筋などから逸脱した可能性も考えなくてはならない．酵素の含有量は臓器・組織により異なるので，その酵素含有量と血清酵素活性の上昇の程度，アイソザイムのパターン，さらに酵素以外の細胞内物質の変化との関係をみることにより，由来臓器の推定が可能となる．

　健常成人ではASTは心筋，骨格筋，肝などに豊富に存在するが，ALTは肝以外の臓器への分布は比較的少ない[1]．したがって，肝，筋いずれの傷害でも血清中のAST，ALTが上昇するが，肝の傷害に比べて筋の傷害ではALTの上昇の程度は小さくなり，通常，運動後ではAST/ALT＞1となる．CKは骨格筋，心筋，脳に多く分布する酵素であり，4種類のアイソザイム（MM，MB，BBおよびミトコンドリア）が存在する．CK-MMはそのほとんどが骨格筋に，CK-MBは心筋に多く分布する．CK-BBは脳のみに分布するが脳血管関門により血中に増加してくることはほとんどない．ミトコンドリアCKは悪性腫瘍患者で高頻度に検出されるが，その病的意義については未だ不明な点が多い．LDHは生体内のほとんどすべての組織に分布し，LDH1～LDH5の5種類のアイソザイムが存在する．LDH1とLDH2は心筋特異的とされ[2]，LDH1/LDH2比の増加は心筋傷害の指標となる[3]．LDH5は肝疾患で上昇するが，骨格筋に最も多く含まれ，筋疾患や激しい運動後にも上昇する筋収縮の調節タンパク質である．トロポニンも筋肉の傷害により血中に増加する．トロポニンはT，I，Cの3成分より構成されており，tropomyosinの結合成分であるトロポニンT（TnT）の遺伝子は，心筋，速筋，遅筋で独立して存在する[4]．骨格筋TnTとの交差反応が2％と，心筋特異性の高い心筋TnT測定キットにより，心筋傷害を鋭敏に検出できる．

　このように，AST，ALT活性が上昇しているときには血清CK活性も同時に測定し，これらの酵素の増加の程度を比較することにより傷害臓器が肝であるのか筋（心筋，骨格筋）であるのかを推定することができる．さらに，LDHアイソザイムやTnTを組み合わせることにより，心筋傷害の有無の推定が可能となる．

［勝村　俊仁］

1) Wroblewski F et al : Proc Soc Exp Biol Med, 91 : 569, 1956.
2) Mercer DW : Clin Chem, 21 : 1102, 1975.
3) Ohman EM et al : Br Med J, 285 : 1523, 1975.
4) Bandman E : Dev Biol, 154 : 273, 1992.

表 27-1 アイアンマントライアスロン(1994)における血清酵素活性などの変化

		前日	直後	翌日	1週間後
N		29	29	29	15
AST	(IU/L)	24±5.8	58±18.5	86±32.0	23±5.5
ALT	(IU/L)	20±6.1	30±10.5	34±10.7	25±11.0
CK	(IU/L)	204±118.1	1,289±826.7	2,066±1,141.1	166±62.2
CK-MM	(％)	89±4.3	90±3.0	90±2.4	89±2.4
CK-MB	(％)	3±1.0	6±3.0	7±2.0	4±0.8
CK-BB	(％)	1±0.0	0±0.5	0±0.5	1±0.0
LDH	(IU/L)	332±53.5	582±90.9	480±90.4	359±66.5
LDH1	(％)	26±3.2	20±2.7	23±2.7	28±2.6
LDH2	(％)	32±1.8	25±2.4	29±2.0	35±1.1
LDH3	(％)	21±1.8	20±1.2	23±1.4	20±1.3
LDH4	(％)	11±1.7	15±1.5	13±1.4	9±1.1
LDH5	(％)	9±1.7	20±3.3	11±2.7	8±1.0
心筋トロポニンT (ng/mL)		0.03±0.03	0.19±0.20	0.16±0.16	0.03±0.03

（数値は平均値±SD）

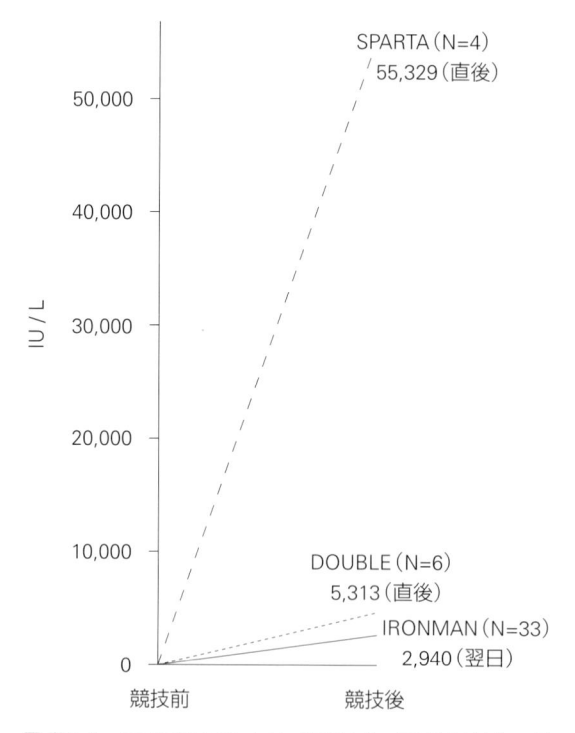

図 27-1 アイアンマントライアスロン(IRONMAN)，ダブルアイアンマントライアスロン(DOUBLE)およびスパルタスロン(SPARTA)の競技前・後の血清 CK 活性の変化

1. 急性運動と骨格筋酵素

　著者らが行った長時間に及ぶ持久運動，アイアンマンジャパントライアスロン（水泳3.9km，自転車180.2km，ランニング42.2km）参加選手における血清酵素活性および心筋トロポニンTの測定結果を示す（**表27-1**）．競技後の最大値（競技翌日）でみると，ASTの増加が86IU/Lであったのに対し，ALTの増加は34IU/Lとわずかであった．一方，CKは平均2,066IU/Lと大きな増加を示した．このようなパターンは，これらの酵素が肝よりも筋に由来することを示している．CKアイソザイムの変化に関しては，CK-MBの総CKに対する割合は，競技前の3％から競技翌日には7％へと増加し，一見心筋由来のCKが増加したように思われる．しかし，骨格筋のCK-MB含有割合が運動習慣のない健常人では1％であるのに対し，マラソン選手では7.7％と高く，持久的トレーニングにより骨格筋のCK-MBが増加することを示している[5]．したがって，トライアスロン選手で運動後に増加する血清CK-MBは骨格筋由来である可能性が高い．次に，LDH活性をみると，競技前の332IU/Lから直後582IU/Lへと軽度の増加を示した．LDHアイソザイムのパターンをみると，LDH1/LDH2は競技前・後ともに0.8と変化せず，LDH5が競技前の9％から翌日11％まで増加したことから骨格筋由来であることが示唆される．さらに，競技後に血清TnTが基準値（0.25ng/mL）を大きく超える例はほとんどなかった．以上より，持久運動後に増加する血清酵素は少なくともその大部分が骨格筋由来であると考えるべきであろう．

　血清酵素の増加の程度は運動の形態により異なり，反復して下肢に衝撃の加わるランニングでは下肢筋群にある程度の損傷が引き起こされるのに対し，水泳では細胞内の成分が血清中に逸脱するほどの損傷は起こらない[6]．また，同じ運動では骨格筋の収縮の回数が多いほど血清CKの増加の程度が大きくなる[7]．

2. トレーニングと骨格筋酵素

　日常的にトレーニングを行っているものでは血清酵素活性は高値を示す．**表27-1**に示すように，トライアスロン選手では競技前にすでに血清CKが平均204IU/mLと高値を示す傾向がみられ，最高で582IU/mLであった．選手の健康管理に当たっては，血清酵素がこの程度の高値を示す例があることを銘記する必要がある．

　運動後に増加する血清酵素はトレーニングによりその上昇の程度が小さくなる[8〜10]．トレーニングが長期間にわたらなくても，わずか1回の運動がその後に

---

5) Apple FS et al : Clin Chem, 30 : 413, 1984.
6) Symanski J et al : Clin Chim Acta, 129 : 181, 1983.
7) Ckarkson PM et al : J Appl Physiol, 65 : 1, 1988.
8) Seaman R et al : Eur J Appl Physiol, 58 : 257, 1988.
9) Nosaka K et al : Eur J Appl Physiol, 63 : 70, 1991.
10) Newham DJ et al : J Appl Physiol, 63 : 1381, 1987.

表27-2 スパルタスロン完走者における血清酵素活性の変化

		A	B	C	D
CPK (IU/L)	前	196	156	196	141
	直後	42,719	84,058	31,740	62,800
	翌日	22,610	129,600	11,310	32,920
	1週後	203		145	176
CK-MB (%)	前	5	4	5	4
	直後	9	8	8	9
	翌日	4	5	5	4
	1週後	3		4	4
AST (IU/L)	前	17	24	28	21
	直後	1,210	2,600	862	2,110
	翌日	784	1,503	475	1,314
	1週後	41		32	17
	2週後	20		25	17
ALT (IU/L)	前	22	22	20	17
	直後	186	498	187	420
	翌日	169	423	155	378
	1週後	68		41	44
	2週後	14		15	7

行った運動後の血清CKの増加を抑える[8]．エクセントリック収縮運動では，血中CK活性の上昇の抑制効果がわずかではあるが6カ月後まで持続する[9]．このように，トレーニング効果は，わずか1回の運動でも得られ，その効果は長期間持続する．

3．運動と心筋酵素

通常，前述のとおり運動後に増加する血清酵素はそのほとんどが骨格筋由来であると考えられるが，運動中に急性心筋梗塞などを疑わせる症状が認められるような場合には，心筋からの逸脱を除外することが必要となり，心筋特異性の高い心筋TnTの測定が必須となる．

4．運動と肝酵素

長時間運動では，肝血流の減少に伴う肝障害によって細胞膜透過性が亢進し，LDH5が逸脱するとの報告もある[11]．しかし，熱射病による肝細胞壊死[12]でAST，ALTが1,000IU/L以上に達する場合[13]などを除くと，持続時間が10時間前後の運動においても肝臓からの酵素の逸脱はわずかと考えてよいであろう．

5．運動により血清酵素異常値を呈した例

　著者らは，ダブルアイアントライアスロン（距離はアイアンマントライアスロンの2倍，制限36時間），スパルタスロン（ランニング246km，制限36時間）においても，競技前・後の血清酵素活性を測定した．血清CK活性（平均値）をそれぞれのピーク値で比較すると（**図27-1**），競技後には，ダブルアイアントライアスロンでは平均で5,313IU/L（直後）と，アイアンマントライアスロンにおける2,940IU/L（翌日）の2倍近くまで上昇し，同一の種目で構成される競技では血清酵素活性の増加の程度はその距離（時間）に依存した．一方，スパルタスロンでは55,329IU/L（直後）まで上昇し，ほぼ競技時間が同一であるダブルアイアントライアスロンの10倍にも達した．競技時間がほぼ同一であっても，ランニングのみのスパルタスロンにおいて下肢筋群の傷害が，ダブルトライアスロンよりもはるかに強かったことを示している．このスパルタスロン（246km）に出場した10名中4名の完走者の血清CKは，競技直後に31,740～84,058IU/Lと大きな上昇を示し，内1例では翌日さらに129,600IU/Lまで極めて大きな上昇を示した（**表27-2**）にもかかわらず，自覚的には下肢筋群の強い疼痛と多少の歩行困難のみであった．4名の内1週後に採血可能であった3名では，145～203IU/Lまで回復しており，その他の酵素も2週後には競技前のレベルに戻った．このように，運動後に血清酵素が極めて高値を示す場合でも比較的早期に競技前のレベルまで回復する．

［勝村　俊仁］

8) Seaman R et al : Eur J Appl Physiol, 58 : 257, 1988.
9) Nosaka K et al : Eur J Appl Physiol, 63 : 70, 1991.
11) Kayashima S et al : Eur J Appl Physiol, 70 : 413, 1995.
12) Kew M et al : Am J Med, 49 : 192, 1970.
13) Galun E et al : Eur J Appl Physiol, 57 : 597, 1988.

27章 具体例 トレーニング生理学
運動により血清酵素異常値を呈した例

15名の健康な男子自衛隊員（24～36歳）のレンジャー訓練の例を示す[11, 14]．はじめに8週間，行進やランニングなどの軽いトレーニングを行い，その後4週間，徐々に負荷を増やして激しいトレーニングに移行した後，93時間にわたり1日平均600kcalの食事と3時間の睡眠に制限された条件で，30～40kgの完全装備を身につけて山野を計80km行動する非常に過酷なレンジャー訓練を実施した（表27-3）．

レンジャー訓練直後には，CK活性が著明に上昇し，同じく上昇したMn-SOD濃度と有意の（$r=0.517$, $p<0.05$）相関がみられた．安静8日後，CK活性は完全にトレーニング前値に回復したが，Mn-SOD濃度は24時間後にやや低下した値が再び訓練直後以上に増加した．そして，AST，ALT活性との間に高い関連性が認められた（それぞれ$r=0.703$, 0.779；$p<0.01$）[14]．そのため，血清Mn-SODの上昇は，訓練直後は主として骨格筋から，8日後は肝実質障害を意味するCh-E活性の低下が持続したことからも，おもに肝臓から漏出したものと推測された．特に，白血球が9,500μL以上の高値となったグループは，Ch-E活性がより低値を示し，一層の肝機能障害が疑われた．ミトコンドリアに局在するMn-SODは，活性酸素（おもにO_2^{-}）の誘導を受けるので，これら一連の血清酵素の変動には，活性酸素が関与していることが強く示唆された．

［大野　秀樹・萱嶋　信介］

表27-3　93時間の激しいレンジャー訓練における血中白血球および血清酵素レベルの変動
(Ohno H et al：Clin Chim Acta, 215：213, 1993；Kayashima S et al：Eur J Appl Physiol, 70：413, 1995)

	トレーニング前	レンジャー訓練前（トレーニング12週間後）	レンジャー訓練直後	レンジャー訓練8日後
白血球（μL）	5,010±208	5,220±278	9,500±545[d]	7,210±430
好中球（μL）	2,640±208	3,020±283	7,630±537[d]	4,740±339[c]
Mn-SOD（μg/L）	112±7	129±8	175±10[d]	197±12[e]
Cu,Zu-SOD（μg/L）	18.7±3.1	17.8±2.7	19.2±2.0	28.0±3.1[c]
CK（IU/L）	215±39	622±166[a]	1,926±277[e]	190±25[c]
AST（IU/L）	18.5±1.8	31.1±3.1[b]	89.9±10.1[e]	78.3±8.3[e]
ALT（IU/L）	13.6±1.9	30.9±5.6[a]	45.2±4.4	103±12[e]
LDH（IU/L）	294±13	425±33[b]	720±53[e]	458±28
Al-Pase（IU/L）	126±9	154±14	134±10	148±10
γGT（IU/L）	21.9±3.2	25.3±5.1	13.0±1.4	31.1±3.3
Ch-E（IU/L）	6,929±358	6,432±298	5,284±319[c]	5,384±269[c]
ヘマトクリット（%）	47.0±0.9	44.5±0.7[a]	42.1±0.5[c]	44.0±0.6

平均値±SE．Mn-SOD=Mn-スーパーオキシドジスムターゼ，CK=クレアチンキナーゼ，AST=アスパラギン酸アミノトランスフェラーゼ，ALT=アラニンアミノトランスフェラーゼ，LDH=乳酸デヒドロゲナーゼ，Al-Pase=アルカリホスファターゼ，γGT=γ-グルタミルトランスフェラーゼ，Ch-E=コリンエステラーゼ．
[a]$p<0.05$, [b]$p<0.01$："トレーニング前"値との比較．[c]$p<0.05$, [d]$p<0.01$, [e]$p<0.001$："レンジャー訓練前"値との比較．

11) Kayashima S et al：Eur J Appl Physiol, 70：413, 1995.
14) Ohno H et al：Clin Chim Acta, 215：213, 1993.

28章 自律神経とトレーニング

トレーニング生理学

　全身に分布する生体調節システムは，血液循環系と自律神経系だけである．循環系は心臓と血管系から構成され，運動時に必要なO_2やエネルギー源を筋肉に供給し同時にCO_2や乳酸など代謝物を筋肉から運び去る．自律神経系は心臓組織を支配し心臓興奮リズム（エンジンでいえば，回転数）および1回拍出量（エンジンの排気量）を制御する．また，肺，筋肉，皮膚，腎，消化器など全身組織内の動脈系や静脈系に分布し各臓器への動脈血液供給量（血流量）や静脈系に貯溜する血液量（容量）を制御する．

　自律神経系は交感神経系と副交感神経系（迷走神経系）からなる．交感神経系は脊髄にある節前細胞から発しその軸索は交感神経節で節後細胞と連絡する．迷走神経系は延髄の節前細胞から発しその軸索は心臓や心肺領域の血管などに至り，効果器細胞の近傍で節後細胞と連絡する．これら節後細胞の軸索は心筋細胞や血管平滑筋細胞に分布し自発的な神経放電をもち，その増減を介して日常運動時にみられる循環調節を絶えず行っている[1,2]．心臓交感神経は洞結節，房室結節，心室や冠血管など心臓に広く分布し，心拍数や心収縮力を増加させる働きをもつ．心臓迷走神経は洞結節や房室結節などに分布し心拍数を低下させる働きをもつ．心臓ポンプの回転数，1回拍出量および毎分心拍出量は運動中に増加する．特に，心臓ポンプの回転数はおもに心臓自律神経による制御を受け，心臓交感神経活動の増加および心臓迷走神経活動の減少が運動時の心拍上昇と関係する．

　持久性トレーニングに伴い心臓の機能的・形態的変化が生じる[3,4]．左心室の容積・重量増加や心室壁の肥厚により心収縮力や1回心拍出量は増加する．すなわち，トレーニングの進行につれて物理的に排出量の大きな心臓ポンプを使うようになる．毎分心拍出量は1回心拍出量と心臓ポンプの回転数（心拍数）の積に等しいが，同じ運動強度で得られる毎分心拍出量の大きさはトレーニング後も変化しない．これは安静時や同一運動強度でみられる心拍数レベルが減少することを意味する．心臓ポンプの物理的サイズというハードウェアの変化に対応して，心臓を制御する自律神経情報（ソフトウェア）が変わるのであろう．また，トレーニングは高血圧症の改善に効果をもち[5]，これは末梢血管系に分布する交感神経活動の減少や血圧反射特性の変化を介する可能性が指摘された[6]．

　本章では，トレーニングと自律神経の関係に焦点を当て解説したい．トレーニング時の心機能の適応に関して2つの基本的な問題がある．第1は，トレーニングに伴う心臓自律神経活動の繰り返しの刺激が心臓の形態的・機能的変化を引き起こすか，という疑問である．第2は，トレーニングに伴う心臓血管系のハードウェアの変化に適応して，脳・自律神経はその調節系をどのように変化させるか，という疑問である．

［松川　寛二］

---

1) 松川寛二：体育の科学, 44：419, 1994.
2) 松川寛二：BME, 14：37, 2000.
3) Blomqvist CG et al：Ann Rev Physiol, 45：169, 1983.
4) Rowell LB：Human Circulation. Oxford University Press, 1986.
5) Arakawa K：J Hypertens, 11：223, 1993.
6) Krieger EM et al：Ann N Y Acad Sci, 940：338, 2001.

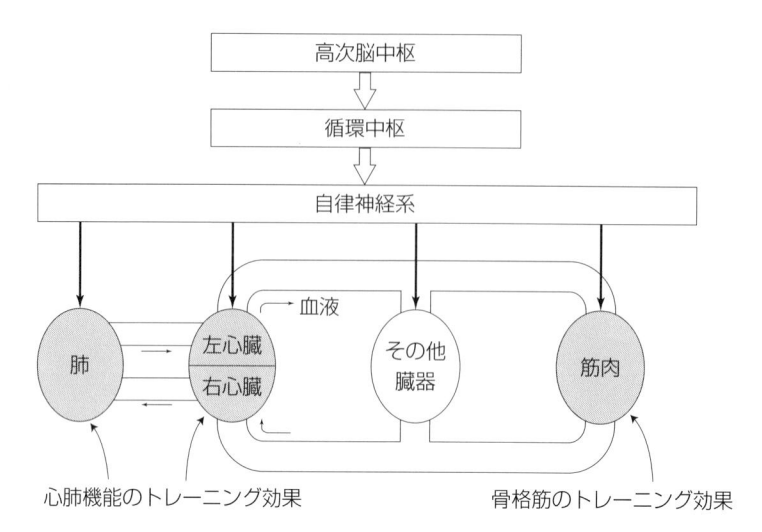

図 28-1　心臓血管系の模式図
肺，心臓および筋肉はトレーニングによる適応が起こる主要な臓器である．

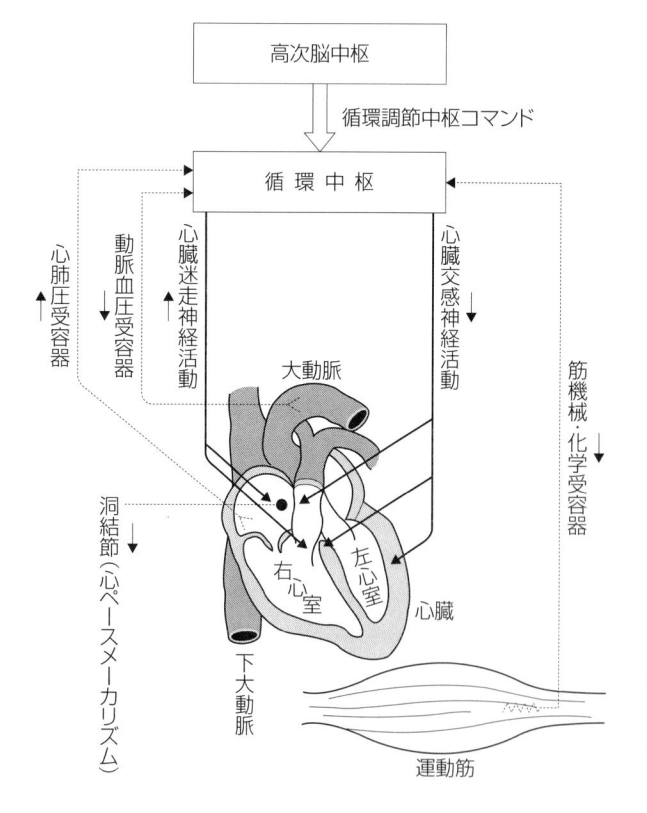

図 28-2　トレーニングと心臓自律活動
↑は増加を，↓減少を示す．
点線（…）は求心性神経を，実線（—）は遠心性心臓自律神経を表す．

1. トレーニング時の形態的心適応と自律神経の関与

　　トレーニングに伴う心臓の形態的適応は交感神経β遮断薬の慢性投与による影響をほとんど受けない[7]．また心臓移植患者に対するトレーニングが試みられ移植心でも左心室の重量増加や心室壁の肥厚が観察されたので[8]，トレーニングに伴うこのような心適応の発達は心臓自律神経を介さずに起こると思われる（図28-1）．

2. トレーニングと自律神経活動の変化

　　安静時および運動時の心拍数は持久的トレーニングによる心肥大の進行とともに減少する．この徐脈はトレーニング効果の指標となるが，その神経調節因子として心臓交感神経活動の減少および心臓迷走神経活動の増加が関係するであろう（図28-2）．ヒトの心臓交感神経活動は心臓ノルエピネフリン（NE）放出量から間接的に推測される．心臓NE放出量はトレーニングにより低下せず心臓交感神経活動の減少は否定的である[9]．心臓迷走神経活動は呼吸性不整脈（RSA）などの心拍変動の大きさから推測され，RSAは対照者に比べ運動者では増加したので[10]，心臓迷走神経活動はトレーニングにより増加し徐脈を誘発すると思われる．非神経因子として，洞結節にある心臓ペースメーカ内因リズムの興奮回数も減少するがその調節機構は不明である．一方，交感神経系全活動の指標である全身NE放出量や腎臓NE放出量は対照群と比べ運動群では低く[9]，筋交感神経活動の運動応答も運動群で減少した[11]．これらの所見は血管系に分布する交感神経活動の安静値および運動応答がトレーニングにより減弱することを示す．

　　自律神経活動の変化はいかなる機序に由来するだろうか．第1に，各受容器の求心性情報が変化し自律神経活動に反射性影響を及ぼす可能性がある．たとえば，トレーニングに伴う血液量の増加や心臓の形態的適応により，心房の血液充満度や心室収縮力が亢進し心肺圧機械受容器は強く刺激され交感神経活動を抑制するであろう[12]．また，運動筋にある機械・化学受容器は交感神経活動や動脈血圧を反射性に増加させるが，トレーニングに伴う筋代謝変化や毛細血管新生のため筋受容器の刺激は減少しその反射効果は減るであろう（図28-2）．第2に，運動学習の進行につれて高次脳中枢からの運動コマンドは変化し，同時に循環調節中枢コマンドも変化する可能性が考えられる．これは循環中枢での血圧反射特性を変調させるかもしれない[6]．将来，スポーツ・リハビリテーション科学に応用できるように，トレーニングに伴う自律神経調節機構の解明が進むことを期待したい．

　　　　　　　　　　　　　　　　　　　　　　　　　　　　　　　　　　［松川　寛二］

---

6) Krieger EM et al : Ann N Y Acad Sci, 940 : 338, 2001.
7) Wolfel EE et al : J Appl Physiol, 64 : 1960, 1988.
8) Squires RW : Med Sci Sports Exerc, 23 : 686, 1991.
9) Meredith IT et al : Hypertension, 18 : 575, 1991.
10) Gregoire J et al : Can J Appl Physiol, 21 : 455, 1996.
11) Ray CA : J Appl Physiol, 86 : 1583, 1999.
12) DiCarlo SE et al : Am J Physiol, 273 : H1606, 1997.

28章 具体例 トレーニング生理学
運動時の自律神経機能障害例
―運動時低血圧―

筋肉運動は筋収縮に伴って消費された筋内グリコーゲンの代謝産物の処理,また血糖からのその補給,などさまざまな生体反応が必要とされる.正常人においては,血圧,脈拍,呼吸,血糖などは自律神経やホルモンなどの調節機構によりホメオスターシスが保たれる.しかし,自律神経障害例や高齢者などでは「起立性低血圧(orthostatic hypotension)」の他に「食後性または食事性低圧(postprandial (postcibal) hypotension)」や「運動時誘発性低血圧(exercise-induced hypotension)」をきたし,失神,時に全身痙攣を生じる場合がある.これらは時に併存し,食事,起立,運動が著しいADLの障害となる.

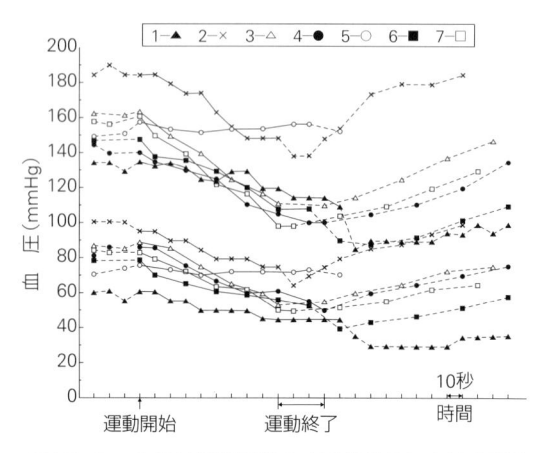

図28-3 自律神経障害例の水平仰臥位における運動のもたらす血圧変化
実線は運動中の血圧,点線は安静時の血圧を示す.7例中5例に運動に伴い低血圧が生じた.
(Marshall RJ et al : Circulation, 24 : 76, 1961)

1. 本態性低血圧などにおける仰臥位での運動後の血圧変化

Marshall ら[13]は,本態性低血圧症(idiopathic orthostatic hypotension)6例と胸腰部交感神経切除術を施行された高血圧1例について,水平仰臥位時の運動に伴う血圧変化を観察した.これら7例中5例では運動負荷開始後から明らかな収縮期および拡張期の血圧低下(平均32～50mmHg)を生じ,うち3例では運動を中止後20秒以上も低下が進行した(図28-3).彼らは,この現象を心拍出の低下ではなく,末梢血管系の代償性収縮機能障害に原因を求めている.

2. アトピー性皮膚炎例での運動後の生体変化

Novey ら[14]はアトピー性皮膚炎を有する41歳男性で,食後に運動を行うと手痒感,熱感,じん麻疹,浮腫などの皮膚症状に続き,失神を伴う低血圧を観察した.この皮膚症状は空腹時の運動負荷後には現れず,食後のみに生じた.一方,低血圧は空腹時でも発現したことから,彼らは皮膚症状は運動に伴う血中のヒスタミン上昇によるものと考察している.

3. 進行性自律神経機能不全症における運動時低血圧の病態

平山ら[15]は運動後の血圧低下をきたす多系統萎縮症など進行性自律神経障害7例において,運動に応じた心拍出量の増加の欠如と四肢の血管拡張を病態とした報告を行った.

[高橋　昭]

---

13) Marshall RJ et al : Circulation, 24 : 76, 1961.
14) Novey HS et al : J Allergy Clin Immunol, 71 : 498, 1983.
15) 平山正昭ら:自律神経, 32 : 430, 1995.

29章 加齢とトレーニング

トレーニング生理学

　加齢とは，生体が全生涯にわたって歳を重ねるに伴って起こる緩慢な変化で，このうち特に成熟後の衰退期からの変化を老化と呼ぶ．老化は生物にとって避けることのできない普遍性のもので，遺伝的プログラムによって規定されていることから内在性で，また進行性である．老化に伴いさまざまな組織の機能低下や病的変化が起こりやすくなる．老化の特徴として，①死の確率は年齢とともに対数的に増加し，一方，生体の機能に関する測定値は年齢とともに直線的に低下する，②寿命は遺伝的素因と関係する，③女性は男性より寿命が長い，④年齢に伴う変化の度合は臓器系統により異なる，⑤年齢とともに外界からのストレスに対する予備力が減少する，⑥測定する機能が複雑なほど年齢による差異が著しい，などが挙げられる．老化に伴う形態的変化として，実質組織が萎縮して臓器容量が減少し，臓器の細胞数も減少するが，逆に間質組織，特にコラーゲン組織は増加する．また，加齢に伴い組織にリポフスチンやアミロイドの沈着が増加する．リポフスチンは脂質の過酸化物が代謝されずに細胞に沈着したものである．老化のメカニズムの1つに酸化的ストレスによる細胞障害があり，リポフスチンはそれを反映するものと考えられる．また，アミロイドβタンパクの沈着は老人性痴呆症の1つであるアルツハイマー病の脳でみられる．一方，老化に伴う機能的変化は全身に及ぶが，その程度はさまざまな因子の影響を受け，高血圧患者や喫煙者では老化が早く進行する．これに対して，スポーツをする習慣のある人では老化の進行は遅い．そして，生活習慣病の予防と長寿の達成の面からも定期的な適度のトレーニングが推奨される．さらに，最近では高齢者の閉じこもりの予防やADL（日常生活活動度）の維持，改善などにも運動が有効なことが明らかになっている．

　高齢者の運動に関してはその身体機能の特徴を十分に考慮する必要がある．また，トレーナビリティは加齢とともに低下する．高齢者では潜在的に疾患を有する可能性が高まり，さらに呼吸循環機能など運動時に負荷のかかる臓器の予備能が低下しているため，運動開始前のメディカルチェックを厳重に行う必要があり，特に血圧の上昇を来たすような筋力トレーニングは避けた方がよい．ストレッチングやウォーミングアップも十分に行う必要がある．また，気温や天候などの運動時の環境にも注意を払う必要がある．そして，トレーニング効果の期待できる軽度な運動から開始し，焦らずにマイペースで，できるだけ長続きするようなトレーニングを心掛けるべきである．高齢者に適した運動で，実際行われている頻度の高い種類として，ウォーキング，ゲートボール，柔軟体操などがある．特にウォーキングは強度や継続時間を調節しやすい運動で，生活習慣病の予防効果も確認されており高齢者に対して推奨される．

　一方，最近子どもの運動不足とそれに関連した肥満，糖尿病，高脂血症，高血圧といった将来の生活習慣病のリスク要因の増加が問題視されている．成長期における運動は，子どもの各組織の発育を考慮して処方する必要がある．12～14歳までは呼吸循環器系へのトレーナビリティが高いことから，軽度の負荷の持続的な運動により持久力を向上させるように目指し，15～18歳では筋骨格系の成長が完成することから，持久力とともに運動負荷を増大し筋力の向上を目指すことが望まれる．

［若林　一郎］

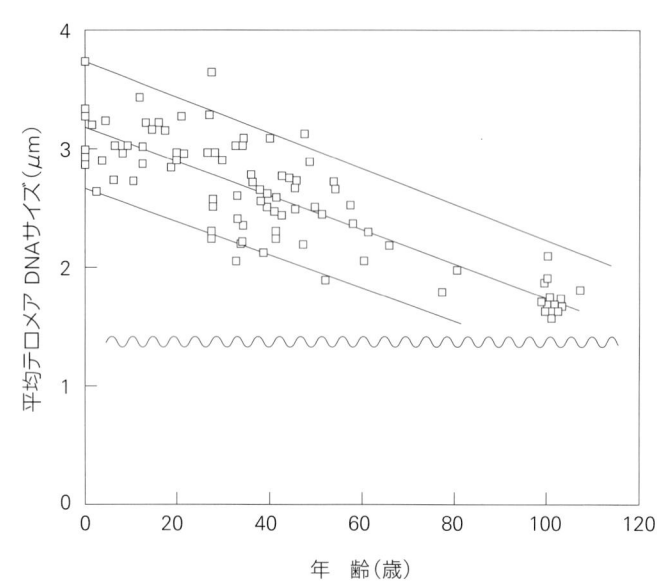

図 29-1 末梢血リンパ球のテロメアサイズの加齢による変化
テロメアサイズは年齢とともに短縮し，約 1.5μ 以下まで短縮すると
増殖できなくなるため，それ以下のサイズのテロメアをもつリンパ球
は存在しない．
(井出利憲：医のあゆみ，194：148，2000)

表 29-1 ヒトの代表的早老症（三木哲郎ら：日内会誌，88：1701，1999 より作表）

疾患名	老化基準の得点*	ヘリカーゼドメイン	遺伝形式など
Down症候群	15		染色体21トリソミー
Werner症候群	12	(+)	常染色体劣性
Cockayne症候群	12	(+)	常染色体劣性
Progeria症候群	10		常染色体優性
末梢血管拡張性運動失調症	8		常染色体劣性，PI3-キナーゼ
Lawrence-Seip症候群	8		常染色体劣性
家族性頸部脂肪ジスプレイシア	8		常染色体優性
Klinefelter症候群	8		47，XXY
Turner症候群	8		45，XO
筋強直性ジストロフィー	6		常染色体優性，三塩基反復配列病
色素性乾皮症	5	(+)	常染色体劣性
Bloom症候群	5	(+)	常染色体劣性

*21項目ある老化基準のうち，各疾患が何項目を満たしているかで，21点満点中の得点を示す．

1. 分子生物学からみた加齢現象

　加齢の分子生物学的メカニズムとしてよく知られているのが体細胞の突然変異で，ある種の遺伝子の突然変異は40歳以降は加齢とともに増加し，がん発生頻度の増加にもつながる．さらに，ミトコンドリアDNAの変異も加齢とともに増加する．染色体末端にはテロメアと呼ばれる6塩基を1単位とするTTAGGG反復配列が存在し，染色体末端にある遺伝子の機能を保護し，染色体の安定性を保つ機能を果たしている．体細胞では加齢や細胞の老化とともにテロメアの短縮が起こる．これは細胞の寿命と関連する（**図29-1**）[1]．

　酸化ストレスは，DNA損傷による体細胞突然変異やタンパク損傷による異常タンパクの蓄積を引き起こし，老化のメカニズムとして重要である．さらに，酸化されたタンパクのカルボニル化が老化細胞で増加していることが注目されている．

　細胞老化説によると，老化細胞で生じたさまざまな障害をがん抑制遺伝子であるp53遺伝子が認識し，その結果p21タンパクの発現が促進されるためCDK（サイクリン依存性キナーゼ）が活性化されず，さらにRbタンパクのリン酸化が低下する．そのため，細胞のDNA合成に必要なタンパクの遺伝子発現が抑制されて細胞分裂が起こらず，老化細胞では細胞周期がG1期で停止している．

　近年，老化を促進する遺伝性疾患（遺伝性早老症）の老化関連遺伝子が次々に発見されている（**表29-1**）[2]．このうち，Werner症候群では染色体8p12に原因遺伝子が存在し，この遺伝子変異が細胞の遺伝的不安定性や酸化タンパクの増加などを介して老化に関与すると考えられている．この遺伝子はCockayne症候群などの他の一部の遺伝性早老症と共通のDNA/RNAヘリカーゼドメインをもつタンパク質の遺伝子であることがわかり，遺伝子の機能異常が原因で早老症が出現する．また，末梢血管拡張性運動失調症の原因遺伝子は染色体11q22-23に存在するPI3-キナーゼの遺伝子で，この酵素は細胞内情報伝達に関与することから，DNA損傷に対する細胞の反応や細胞周期の変化と関連するものと考えられている．筋緊張性ジストロフィーの原因遺伝子は染色体19q13.3に存在するミオトニンタンパク質キナーゼの遺伝子で，CAGなどの3塩基反復配列の増幅が原因になっており，3塩基反復配列病と呼ばれている．このような遺伝性早老症では，それぞれの組織で老化形質を早期に発現し細胞死を起こすが，正常人の老化をすべて反映するものではなく，部分的な臓器の老化を引き起こす．最近，ヒトの老化の所見ときわめて類似している早老マウスの原因遺伝子として，染色体13q12に存在するクロトー（Klotho）遺伝子が発見され，ヒトでの老化抑制遺伝子である可能性が注目されている．

---

1) 井出利憲：医のあゆみ，194：148，2000.　　2) 三木哲郎ら：日内会誌，88：1701，1999.

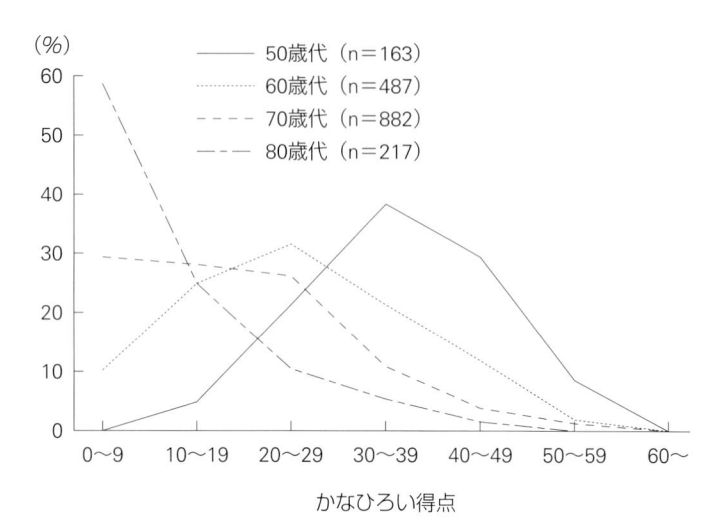

図29-2 一般住民における「かなひろいテスト」の成績の加齢による変化
高次神経機能テストの1つである「かなひろいテスト」では,お伽話から引用された,すべてのかな書きの文章から「あ,い,う,え,お」の5文字が出てくるたびに拾い出し,2分間に何個拾えたかにより成績を判定する.高齢者ほど低い得点での分布率が高くなる.
(金子満雄:綜合臨床,40:1985,1991)

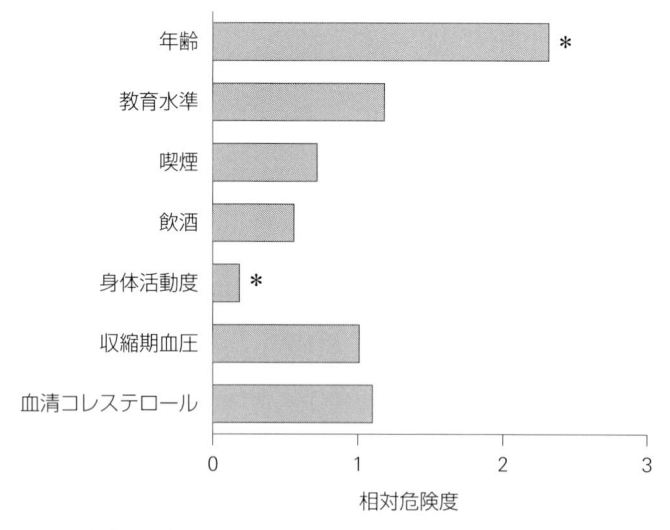

図29-3 久山町研究でのアルツハイマー病に対する各因子の相対危険度
身体活動度の相対危険度は0.18と有意に低く,身体活動度の低下はアルツハイマー病の危険要因となる. *:$p<0.01$
(Yoshitake T et al:Neurology,45:1161,1995より作図)

2. 高次神経機能と加齢, およびトレーニング

　脳の萎縮は50歳以降では加齢とともに進行する. 大脳半球の神経細胞も加齢とともに減少するが, その減少は前頭葉や大脳基底核で著しい. ヒトの高次神経機能は知能, 記憶, 言語などの検査により測定され, 老化とともに低下する (図29-2)[3].

　知能は結晶性知能と流動性知能の2つに分けられる. 結晶性知能は言語的能力や長年蓄積された知識などが結晶化されたもので, 学習や経験により成長し, 20歳以降発達する傾向があり, 老年になっても低下しにくく, 文化的, 環境的影響を受けやすい. これに対して, 流動性知能とは感覚と運動を共同して働かせる能力や新たに学習する能力で, 処理能力が必要とされ, 20歳前後でピークになった後, 加齢とともに低下する. 加齢に伴う知能の低下には個人差が大きく, それに影響する要因として脳や心血管系の障害などの身体的要因, 性格やストレス耐性などの心理的要因, 教育歴やライフスタイルなどの社会文化的要因が挙げられる. また, 言語能力も老化により低下する. そのうち, 語彙操作の中で物事の名称を思い出す能力が高齢者では低下する. 一方, 簡単な文章の復唱や音読などの音韻的操作は高齢者でも保持される.

　記憶過程を入力, 保持, 再生という3つに区別すると, 老化により特に影響されるのは入力と再生の過程である. 記憶には必要がなくなればすぐに消えてしまう短期記憶と, 長期に保持される長期記憶がある. 短期記憶のうち比較的単純で一時的な記憶は加齢の影響をあまり受けない. しかし, 短期記憶でも作業内容が複雑になり, 積極的な注意, 選択, 操作を必要とする記憶は加齢により著しく低下する. 一方, 長期記憶の中には, 概念, 規則, 言語といった一般的知識から成る意味記憶と, 自伝的な記憶や生活史に関する記憶といった個人的経験に基づくエピソード記憶がある. 加齢による低下は意味記憶に比べてエピソード記憶で著しい.

　老化による知的機能の障害に伴う脳の神経化学的変化としては, 大脳皮質や海馬体におけるコリン作動性神経伝達の障害, 前頭前野におけるアドレナリン系の機能低下, 海馬体でのドーパミン系, セロトニン系, グルタミン酸系の機能低下などが報告されている.

　運動は脳内のβ-エンドルフィンを増加させ, 感情, 気分を良好にする. また, 運動は不安や抑うつを低下させる効果があるため, うつ病の治療として有効な場合がある. そのメカニズムとして運動による脳内のモノアミンの増加が報告されている. 一方, ヒトの老化に伴う知的機能の低下への運動の効果についての報告は少なく, 今後の研究が待たれるが, 身体活動度の低下がアルツハイマー病のリスク要因になるとの報告がある (図29-3)[4].

---

[3] 金子満雄：綜合臨床, 40：1985, 1991.　　[4] Yoshitake T et al：Neurology, 45：1161, 1995.

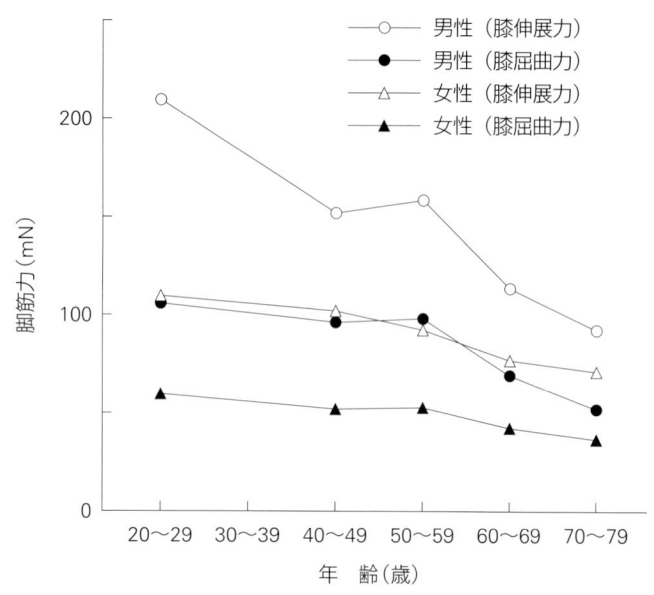

図 29-4 年齢別男女別の低速（60°/秒）での膝伸展力と膝屈曲力
いずれの筋力も加齢とともに低下し，特に60歳以降でその低下は顕著になる．
(久野譜也：医のあゆみ，193：613，2000 より作図)

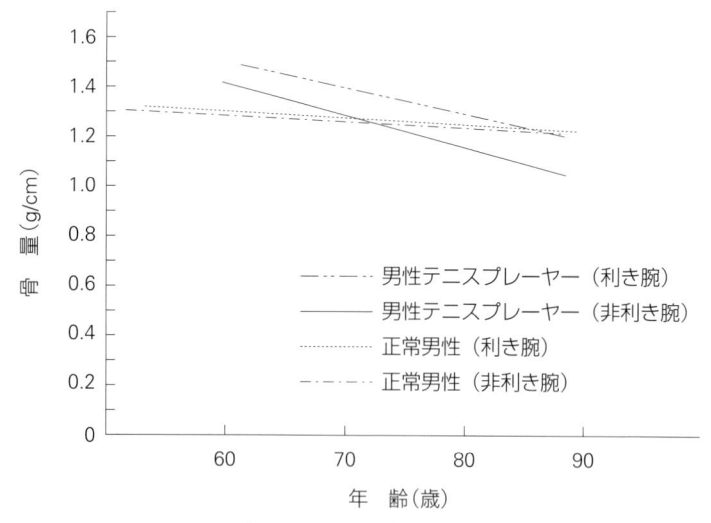

図 29-5 年齢別テニスプレーヤーと非プレーヤーの利き腕および非利き腕の橈骨の骨量
テニスプレーヤーでは利き腕の橈骨骨量が非利き腕に比べて多いが，高齢になるほどいずれの腕でも低下傾向である．一方，非プレーヤーでは利き腕と非利き腕の橈骨骨量には差がなく，年齢とともにゆるやかな減少傾向を示す．
(Huddleston AL et al：JAMA，244：1107，1980 より作図)

3. 運動機能と加齢，およびトレーニング

　加齢に伴う運動機能低下の原因は，神経（末梢および中枢神経），骨格筋，感覚受容器，骨，関節など運動の際に働く諸器官自体の老化による変化と，身体活動の低下により惹起される変化とに分けられる．老化により筋を支配する運動神経の電気的興奮の頻度の減少や神経への栄養供給の低下が起こり，運動神経機能が低下する．中枢神経では線状体の神経伝達物質であるドーパミン含有量やドーパミンD_2受容体が老化により減少し，姿勢の維持などの運動の微妙な調節機能の低下につながる．一方，骨量は小児期に成長とともに増加し20歳前後で成人のレベルに達し，中年以降徐々に減少する．この減少は皮質骨に比べて海綿骨で著しく，特に女性では閉経期に急激な減少が起こる．また，加齢および繰り返し加わる機械的ストレスにより関節軟骨が変性し，徐々に磨耗，菲薄化し，最終的には消失する．そして関節面の骨硬化が起こり，関節が不安定になり運動障害の一因になる．この状態は膝，股関節で顕著である．加齢に伴う筋力の低下は上肢に比べ下肢で顕著であり，特に50歳以降徐々に進行する（図29-4）[5]．その原因はおもに筋線維の数とサイズの減少であり，その変化は遅筋（タイプⅠ）に比べ速筋（タイプⅡ）で顕著である．筋力トレーニングによって，高齢者においてもこれらの筋線維や神経・筋興奮レベルが増加するが，その程度は若年者に比べて小さい．また，運動による骨へのメカニカルストレスは骨形成を促進させ，日常の運動は高齢者においても骨量を増加させる（図29-5）[6]．一方，身体活動の低下により，筋の萎縮，筋力低下に加えて骨の萎縮と骨強度の低下が起こる．

　高齢者に適した運動としては，骨代謝の促進という意味では骨に荷重がかかる陸上運動の方が水泳より優れているといえる．一方，加齢とともに起こる関節軟骨の磨耗，変性に対しては，関節保護という観点から関節に負荷がかかりにくい水泳や柔軟体操が優れている．高齢者では骨量の減少に加え，骨粗鬆症を呈するケースがあり，トレーニングによる骨への過度な荷重により骨折を招かないように注意を要する．

4. 循環諸機能と加齢，およびトレーニング

　加齢に伴い血管系ではエラスチンの減少，コラーゲン線維の増加，石灰化などにより，動脈壁が硬化しその伸展性が低下する．心臓から大動脈へ血液が拍出されると血圧が上昇するが，この際に大動脈の弾性により血圧の上昇は緩和される．この機能が加齢に伴い低下するため，心臓拍出による血圧の上昇が緩和されずに顕著になる．また，加齢に伴う動脈壁の硬化により脈波伝達速度が増加する．これらの機序により収縮期血圧が上昇する．一方，拡張期血圧も50歳代までは増加するが，以後低下する．収縮期血圧が増加すると心臓に後負荷がかかり，それを代償するために心肥大が起こる．さらに，加齢に伴い心臓でもコラー

5) 久野譜也：医のあゆみ，193：613，2000.　　6) Huddleston AL et al：JAMA, 244：1107, 1980.

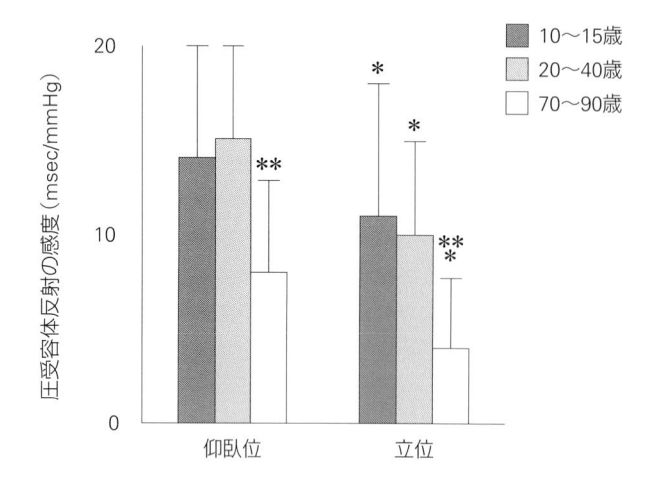

図29-6 年齢別の圧受容体反射の感度
指血圧および脈拍の変動から求めた圧受容体反射の感度は，仰臥位に比べて立位で低下するが（＊：p<0.05），いずれの場合の圧受容体反射の感度も，青年（10〜15歳），若年（20〜40歳）に比べ高年（70〜90歳）では有意に低下している（＊＊：p<0.01）．データは平均値と標準偏差．
(Veerman DP et al：Hypertension, 24：120, 1994 より作図)

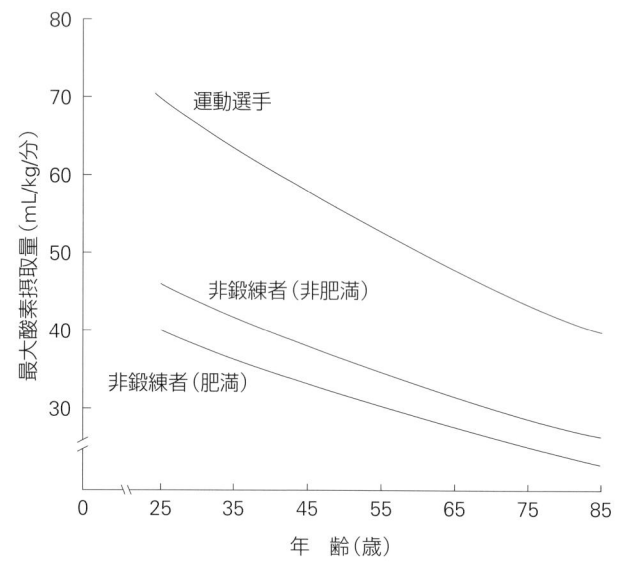

図29-7 年齢別の運動選手と非鍛練者の最大酸素摂取量
運動選手では非鍛練者に比べ最大酸素摂取量は高く，また非鍛練者のうち肥満でない者では肥満者より最大酸素摂取量が高いが，いずれの場合も年齢とともに低下する．
(Pollock ML et al：J Appl Physiol, 62：725, 1987 より作図)

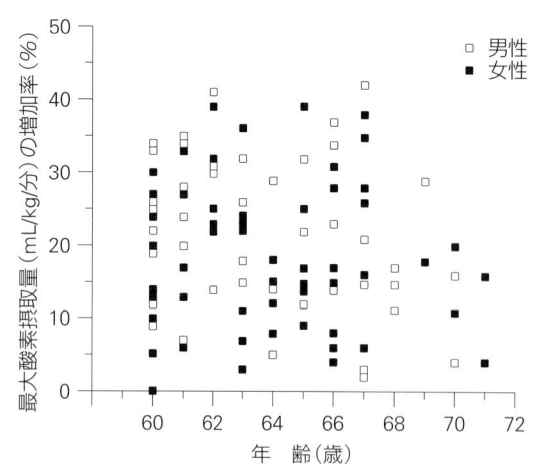

図29-8 年齢別のトレーニングによる最大酸素摂取量の増加率
9〜12カ月間の運動トレーニング（1日30〜50分間，最大心拍数の60〜85%の強度）による最大酸素摂取量の増加率は男女とも年齢による影響を受けなかった．年齢と最大酸素摂取量の増加率との間には有意な相関を認めなかった（相関係数：−0.13）．
(Kohrt WM et al：J Appl Physiol, 71：2004, 1991 より作図)

ゲン線維が増加するため，後負荷の増大と相まって心拡張能が低下する．また，交感神経系が刺激されると，心筋のβ受容体が活性化され心筋の収縮が亢進するが，加齢によりβ受容体機能が低下する．最大運動時の心拍数はおおよそ220－年齢で表されるように高齢者では減少し，最大酸素摂取量も高齢者では低下する．加齢に伴う身体活動量の減少も最大酸素摂取量低下の一因になる．

　一般に血圧が低下したときには，大動脈弓や頸動脈洞内に存在する圧受容体が刺激されて求心性神経を介して脳幹へ信号が伝えられ，そこから交感神経系を介して遠心性の信号が心臓および血管系へ伝えられ，それらの活動が亢進して血圧が調節される．この調節機構は圧受容体反射と呼ばれており，その機能は老化により低下する（図29-6）[7]．そのため，高齢者では起立性低血圧や血圧の大きな変動が起きやすい．これらの神経性血圧調節機能の低下を代償するために，昇圧ホルモンである血中カテコールアミンが上昇すると考えられている．一方，レニン-アンギオテンシン系，プロスタグランジン，キニンなどの体液性血圧調節機能も加齢により低下する．以上に述べた加齢による循環機能の変化は，動脈硬化の促進因子である高血圧，高脂血症，喫煙などによりさらに助長される．

　最大酸素摂取量の低下は老人での運動機能の低下につながるが，日頃運動を定期的にしている人では運動をしていない人に比べ最大酸素摂取量は高い．しかし，加齢によるその低下の程度は日頃の運動の有無により影響されない（図29-7）[8]．

　一方，高齢者においても若年者同様，持久的トレーニングによって，心筋壁の肥大による最大心拍出量の増加や，末梢組織を養う毛細血管の増大による運動時の筋肉での酸素供給量の増加が起こる結果，最大酸素摂取量は増加する（図29-8）[9]．

［若林　一郎］

7) Veerman DP et al : Hypertension, 24 : 120, 1994.
8) Pollock ML et al : J Appl Physiol, 62 : 725, 1987.
9) Kohrt WM et al : J Appl Physiol, 71 : 2004, 1991.

29章 具体例 高齢者登山家の例

トレーニング生理学

　加齢とは，高齢になることの経時的過程で，WHOでは65〜75歳を高年者（elderly or young old），75〜90歳を老年者（old），90歳以上を超老人（very old）と特徴づけている．ここでいくつになってもそれなりのトレーニングを積んで日々摂生を行って登山を楽しんでいる方々がおられるので紹介する．

　症例1：88歳の男性．大学時代は山岳部に所属し，先輩の厳しい指導のもとで基礎技術を身につけ，積雪期登山あるいは岩壁登攀の経験を積み，今なお自分の登山を実践している．常にそのためのトレーニングや摂生に努め，登山を続けながら自分の体力の衰えを自覚し，長い経験の中で培ってきた防衛力を身につけている方である．

　20年前，68歳でまだ仕事をもっていたころ，登山の下り坂で膝を傷めて来院．診断の結果は典型的な変形性膝関節症であった．さっそく関節内注射，大腿四頭筋強化，リハビリテーションなどを行ったが，模範的な患者ですっかりよくなり，それから韓国，アフガニスタン，カシミール，中国，崑崙山脈，天山北路と自信をもって乗り込んで行った．

　この数年は中国，中央アジア志向から一転してイタリアへ惹かれはじめ3年になる．膝を痛くしてから20年，その間の山行は70回目を越え，時には1人で，あるいは何人かで出かけた．今まで登ったことのある山は極力避けて，自分にとって新しい経験を増やしたいというささやかな希望を満たすことに心がけた．

　「膝痛を抱えながらも治療とトレーニングを続け，新しい経験を得るため世界中を山行し続けている．山に年齢はないのである」と述べている．

　症例2：88歳の男性医師．40歳の頃，身長160cm，体重80kgの肥満体で坂道を登るのがつらかった．そこで，1955年の元旦から毎朝冷水摩擦と全身運動を30分行うことにし，同時に食事の献立（高タンパク質，低カロリー）を徹底的に切り替え，現在なお持続し，体重も58kg前後を維持し，とても調子がよくなった．48歳のときはじめての渡欧の機会にマッターホルンに登頂した．その後すっかり病み付きになって海外の山々を登り続け，60歳の還暦を5回目のマッターホルンで祝い，70歳の古希には82峰目の海外の山を登った．75歳で海外登山百登目をやり遂げ，80歳をアルプスの最高峰モンブランの頂上で祝い，2001年正月には138峰目を登り，今後も夢を追い続けて150峰を目指して引き続きトレーニングを行っている．この年齢でこれらの山に登れたのは，ひとえに日頃のトレーニングと独自の食事によって若さを比較的永く維持できたことによる．山を愛し，自然を愛する清純な情熱と旺盛なファイトをもって山に挑むことは，心身を鍛える運動として最高のものである．「人は歳を重ねるから老いるのではない．夢あるいは理想を失ったとき初めて老いがはじまる」というSamuel Ullmanの言葉は誠に味わうべき名言であると述べている．

　著者は，中高年，高高年といえども十分意識してそれなりのトレーニングを行って登れば，登山は体力の低下の防止，健康維持に役立つ生涯スポーツであって，常々「歩くこと，登山は賢者のスポーツである」との信念をもって皆さんにお勧めしている．

〔大森　薫雄〕

30章 ジュニア競技選手のトレーニング

ジュニア期は，心身の発育発達過程にあり，スポーツを行う能力にも著しい向上がみられる．しかし，近年では青少年の体力低下が年次的に進行しているという社会的現象もみられる．ジュニア競技選手は基本的に学校で学ぶ児童生徒たちであり，トレーニングを考える場合には，子どもたちが成育してきている体力的背景や学校教育のあり方，社会環境の変化について，現実的な認識をしておくことが必要である．

幼児を対象にした全国規模の体力・運動能力調査は，東京教育大学体育心理学研究室作成による測定項目について，1966年，1973年，1986年に行われ，最近では1997年に11年振りに大規模な調査（4・5・6歳児，男女12,815名）が実施された[1]．測定項目は，25m走，立ち幅跳び，ソフトボール投げ，硬式テニスボール投げ，両足連続跳びこし，体支持持続時間，捕球，往復走である．その結果では，すべての測定項目で1997年では1986年の幼児と比較して統計的に有意に低い水準となっている．1997年の成績は，年齢的な推移を示すグラフの上で1986年の成績を示すラインとほぼ平行的な関係で1段階低い水準に位置している．その差はすでに4.0～4.5歳から生じており，25m走，立ち幅跳び，両足連続跳びこし，の3項目では，特に4歳児の水準が1997年では低い．

どうやら4歳時点で現代の子どもの低体力化が生じている様子がうかがわれる．しかし，なぜ4歳時点で10数年前の子どもの運動能力に比較して統計的に有意であるほど低水準なのであろうか．さらに遡って，3歳児，2歳児，1歳児の体力が測定できるとするならば，おそらく，そこにも差が検出されるであろう．仮に，4歳時点での体力低下が現代の子どもの体力低下の源となっているとするならば，3歳や2歳，あるいは出生時点までの影響，さらに遺伝を含む親の影響までをも考慮に入れなければならない．

子どもの体力や運動能力には，乳幼児期からの遊びや身体活動の影響が大きい，ということは誰の目からも明らかであろう．しかし，遊びや運動がどの程度まで影響するのかということになると，不明な点も多い．人間の成育には，多くの要因が複雑に作用するからである．

青少年の体力低下問題は，まさに乳幼児期からの成育環境，あるいは赤ちゃんの育て方の方法にまで関与してくるのではないだろうか．

学校では，幼児期に身につけるべき遊びに対する運動能力が身につかず，運動に対する器用さを欠いた子どもたちが小学校に入学してくるといった状況が生じている．小学校低学年の体育授業では，こうした運動不器用な子どもたちの増加が目につくと指摘されている．ボールを足元にしか投げられない子どもを学校で上手に投げるように指導することが期待されるとすれば，すでに上手に投げられる子どもにとっては実に退屈な体育の時間になってしまう．もっと教えるべき時期に，子どものもつ能力を引き出す適切な教育がなされるべきではないだろうか．運動の動作を行うことは，脳の働きと深くかかわることである．縦断的測定結果からみると，幼児期（特に5・6歳時）に運動能力に優れた幼児では，思春期発育期における体力・運動能力の発達が著しいことが明らかになった．このことは，幼児期から活発な遊びをとおして運動能力を発達させることの重要性を示唆するものである．子どもへのより積極的なかかわりが必要な時代となっているといえる．

［小林　寛道］

---

1) 近藤充夫ら：体育の科学，48：851，1998．

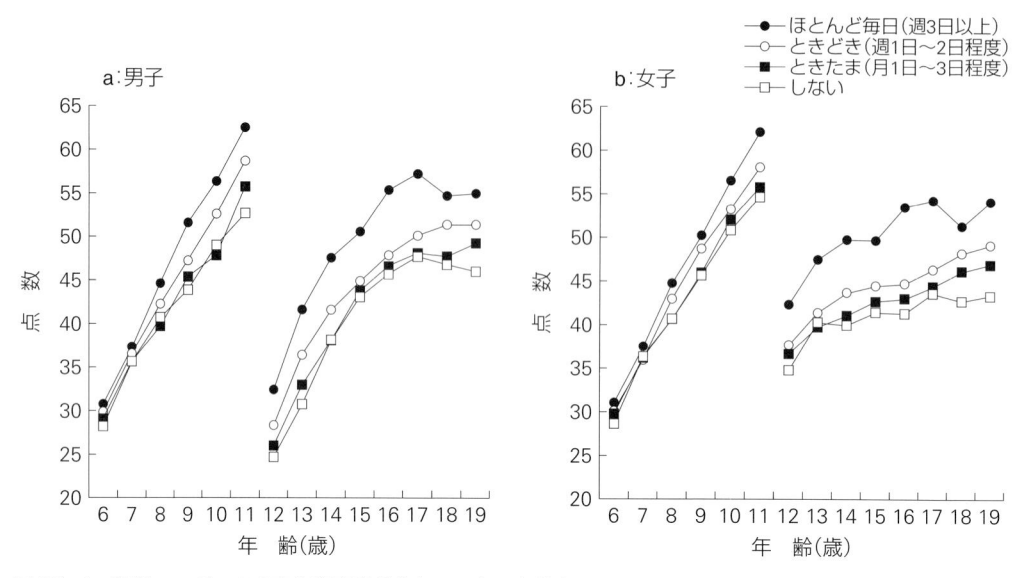

図 30-1 運動・スポーツの実施頻度別新体力テストの合計点
(文部科学省スポーツ青少年局：平成12年度体力・運動能力調査報告書．2001)

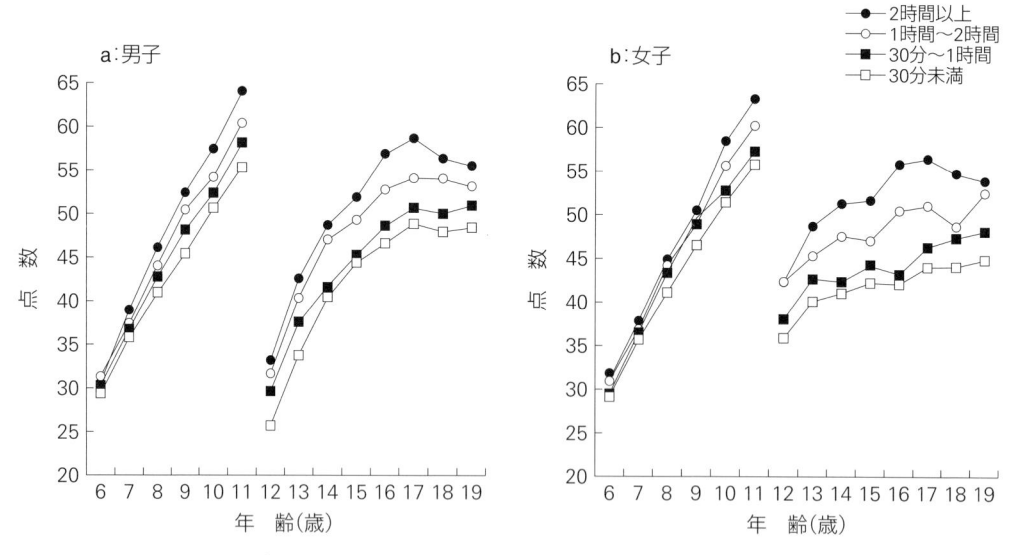

図 30-2 1日の運動・スポーツの実施時間別新体力テストの合計点
(文部科学省スポーツ青少年局：平成12年度体力・運動能力調査報告書．2001)

1. 体力テスト成績から

　文部科学省刊行の「体力・運動能力調査報告書」[2]によれば，6～79歳まで共通のテスト種目である握力は，男女とも30歳でピークを迎え，以後加齢とともに低下を示す．上体起こしでは，男子は17歳，女子は13歳でピークを迎え，その後加齢に伴って急激に低下する．長座体前屈では，男子16歳，女子は17歳でピークを迎え，その後緩やかな低下を示す．反復横跳びは，男子17歳，女子19歳でピーク値を示すが，13～14歳以後の発達は少ない．20mシャトルラン（持久性）は，男女とも14歳のピークレベルまで急激な発達を示し，その後男子は持続，女子は緩やかな低下傾向を示し，19歳以後では急激に低下する．ボール投げ（ソフトボール投げまたはハンドボール投げ）は男子では17歳まで急速な向上を示すが，女子では発達が極めて緩やかである．

　身体活動の状況を，ほとんど毎日（週3日以上）運動する群，ときどき（週1～2日程度）運動する群，ときたま（月1～3日程度）運動する群，しない群の4群に分けて新体力テストの成績を比較すると，8～19歳では，運動を実施する程度が多いほど合計点が高い傾向がある．しかし，6，7歳では，各群間の差はみられない（図30-1）．

　1日の運動・スポーツ実施時間と新体力テストの合計点との関係では，1日2時間以上行う群の成績が9～19歳で最も高く，運動時間が少なくなるほど合計点は低水準となっている（図30-2）．

　また，運動部やスポーツクラブへの所属の有無の比較では，所属している人としていない人の差は9歳頃から明らかになり，17歳では最も大きな差となっている．

　新体力テストにみられる体力・運動能力の発達の経緯を捉えると，17歳までの年齢層では，年齢に伴う発達の様子が明らかである．

　ところで，年齢に伴って体力が上昇する様子はみられるものの，体力水準については大きな問題が横たわっている．青少年の年代に伴う体力推移をみてみると，1985年頃から6～19歳の年齢範囲で走，跳，投といった基礎的運動能力の発達に低下傾向が続いている．

　これらの傾向は，50m走，立幅跳びでは7～9歳といった低学年層において顕著であり，ソフトボール投げでは9～11歳での低下傾向が大きい（図30-3）．小学生期の基礎的運動能力低下の影響が青少年全体の体力・運動能力低下に連なっていると考えられる．

　西嶋[3]は，1980～1997年の18年間における文部省体力テストデータの詳細な分析を行い，スポーツ実施時間別の体力テスト結果を報告している．男子では運動の30分未満群が最も多く40％，30分以上1時間未満群が30％，1時間以上2時間未満群が10％，2時間以上群が20％程度であり，その割合は年代的にあまり大きな変動はみられない．17歳女子では，30分未満群が50％程

---

2) 文部科学省スポーツ青少年局：平成12年度体力・運動能力調査報告書．2001．

3) 西嶋尚彦：体育の科学，52：17，2002．

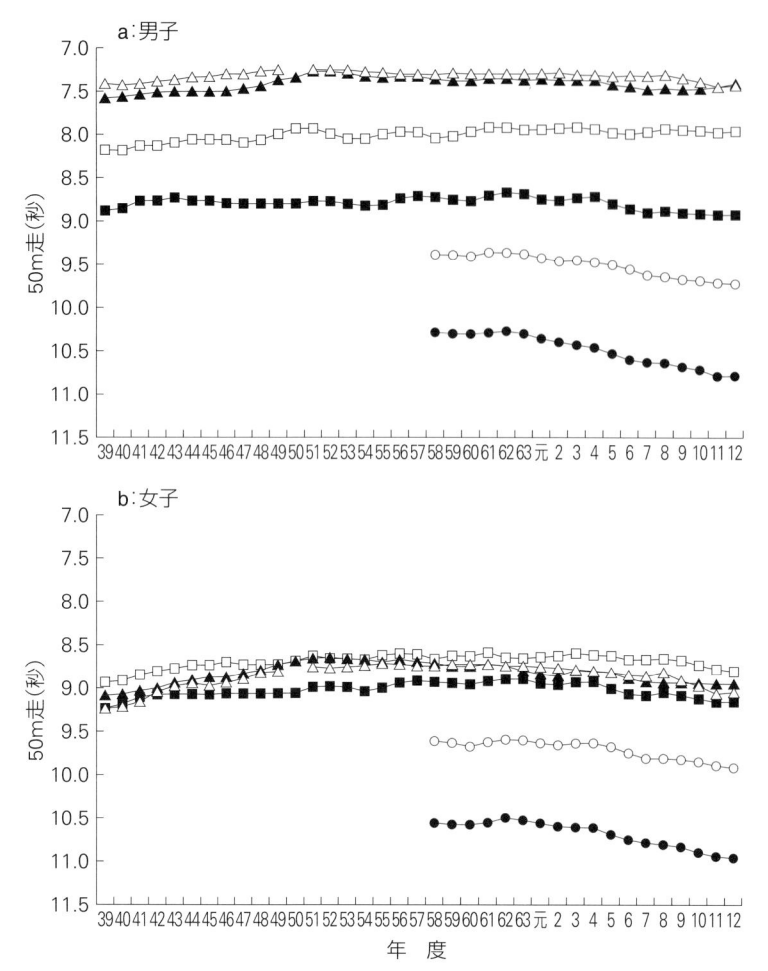

図30-3 50m走の年次推移（a：男子，b：女子）
数値は，移動平均をとって平滑化してある．昭和50年度は，19歳の調査をしていない．
（文部科学省スポーツ青少年局：平成12年度体力・運動能力調査報告書．2001）

種目	N	TOA		PHA	
		MEAN	SD	MEAN	SD
男子					
スケート	11	10.30	0.90	12.69	0.86
テニス	6	9.34	0.92*	10.95	0.82**
ウェイト	3	9.15	1.16	11.79	1.14*
短距離	7	8.38	0.34**	10.71	0.59**
長距離	7	9.70	1.07	11.70	0.28**
陸上	11	9.78	0.74	12.48	0.93
女子					
長距離	5	8.52	1.05	11.12	0.39
新体操	2	9.96	1.12	12.36	1.69
体操	3	8.89	0.98	10.42	0.53
テニス	4	7.94	0.37	10.21	1.05
スケート	9	8.90	0.85	11.71	0.75

*：p<0.05，**：p<0.01

表30-1 男女別種目別の身長の立ち上がり年齢（TOA），最大身長成長速度時年齢（PHA）
（松岡尚史ら：平成6年度日本体育協会スポーツ医・科学研究報告 No V ジュニア期の体力トレーニングに関する研究第3報．p9，日本体育協会，1994）

度，30分以上60分未満群が30％程度で，1時間以上2時間未満および2時間以上群がそれぞれ10％程度であった．

このように，17歳男女における運動・スポーツ実施状況は頻度，時間ともに安定しているにもかかわらず，1980年以降にすべての群において体力テスト合計点の低下傾向が継続していることが特徴的である．その原因として，運動実施頻度や時間の量的な要因ではなく，運動の強度が要因となる可能性が示唆される．

また，ほとんど毎日群では，経年的に平均値は維持され，標準偏差が拡大する傾向にあり，しない群では，全体傾向と同様に，経年的に平均値は成績の低い方に推移し，標準偏差は拡大し，その結果，高い成績は維持され，低い成績が増加する傾向にある．

2．ジュニア選手の発達の特性

首都圏の一般青少年の思春期スパートの立ち上がり年齢（TOA）は，男子10.38歳，女子8.34歳であり，最大身長成長速度時年齢（PHA）は男子12.89歳，女子11.04歳である．ジュニアスポーツ選手では，競技種目において差がみられ，男子では短距離がTOA8.38歳，PHA10.71歳と早期型である．ウェイトリフティング，テニス，長距離，陸上競技では，一般青少年よりやや早期にTOA，PHAが生じる傾向にあったが，スケートでは一般青少年と差がみられない．女子では，テニスが早期型であり，TOA7.94歳，PHA10.21歳であったが，新体操は遅延型であり，TOA9.96歳，PHA12.36歳であった（**表30-1**)[4,5]．

これらの対象選手について，暦年齢と骨年齢に伴う骨密度の標準化曲線に対して，4年間の追跡的個人値の変化をプロットしてみると，暦年齢に対して，男子のテニス，女子の新体操，長距離では，骨密度が低い例が目立つが，これを骨年齢に対する骨密度として捉えてみると，ほぼ標準値に近い範囲に収まることがわかった．すなわち，新体操選手の身体発育は，一般に遅延傾向を示すが骨密度の経過も骨年齢の遅延によるものである．したがって，骨密度の値について考える場合には，骨年齢との関係を捉えておく必要があるといえる（図30-4）．

心臓循環機能が急速に発達する時期は，身長発育速度がピークとなる思春期発育ピークとほぼ一致する．この重要な発育期には，ある程度強度の高い運動負荷が心臓循環に与えられることが必要である．

加賀谷ら[6,7]は，スピードスケート，テニス，ウェイトリフティング，新体操，陸上中長距離のジュニア選手およびコントロールとして一般生徒を含む合計61

---

4) 松岡尚史ら：平成6年度日本体育協会スポーツ医・科学研究報告 No Ⅴ ジュニア期の体力トレーニングに関する研究第3報．p9，日本体育協会，1994．
5) 松岡尚史ら：平成7年度日本体育協会スポーツ医・科学研究報告 No Ⅴ ジュニア期の体力トレーニングに関する研究第4報．p9，日本体育協会，1995．
6) 加賀谷淳子ら：平成6年度日本体育協会スポーツ医・科学研究報告 No Ⅴ ジュニア期の体力トレーニングに関する研究第3報．p37，日本体育協会，1994．
7) 加賀谷淳子ら：平成6年度日本体育協会スポーツ医・科学研究報告 No Ⅴ ジュニア期の体力トレーニングに関する研究第3報．p13，日本体育協会，1994．

図30-4 ジュニアスポーツ選手の暦年齢からみた骨密度の縦断的経過
(松岡尚史ら:平成7年度日本体育協会スポーツ医・科学研究報告 No Ⅴ ジュニア期の体力トレーニングに関する研究第4報.p9,日本体育協会,1995)

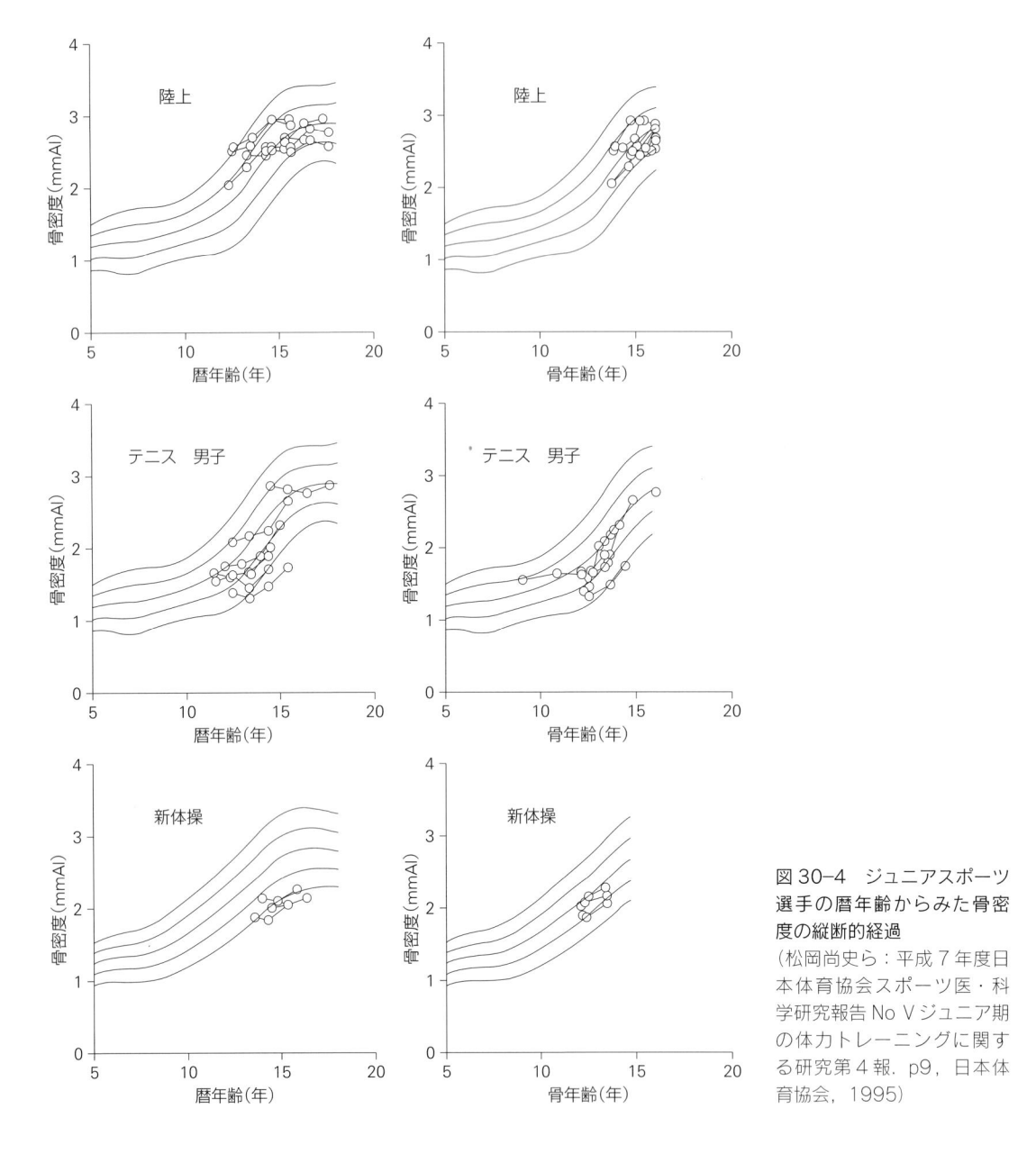

名について,最大酸素摂取量および心形態の3カ年の追跡測定を実施した.最大酸素摂取量は,男子では13〜15歳で増大するが,高校生期にあたる15〜18歳では絶対量に変化がなく,体重当たり量で減少がみられた.女子では年齢およびトレーニングの進行に伴い,絶対量および体重当たり量に増加する傾向がみられた(図30-5).

循環器用超音波診断装置を用いて調べた年齢に伴う心臓の左室拡張終期径の変化では,年次的な増加がみられるが,女子長距離選手で13〜14歳での増加が著しく,14,15歳で最高値を示した(図30-6).

大動脈基部径は,男子ウェイトリフティングで変化が大きく,16歳で増加を

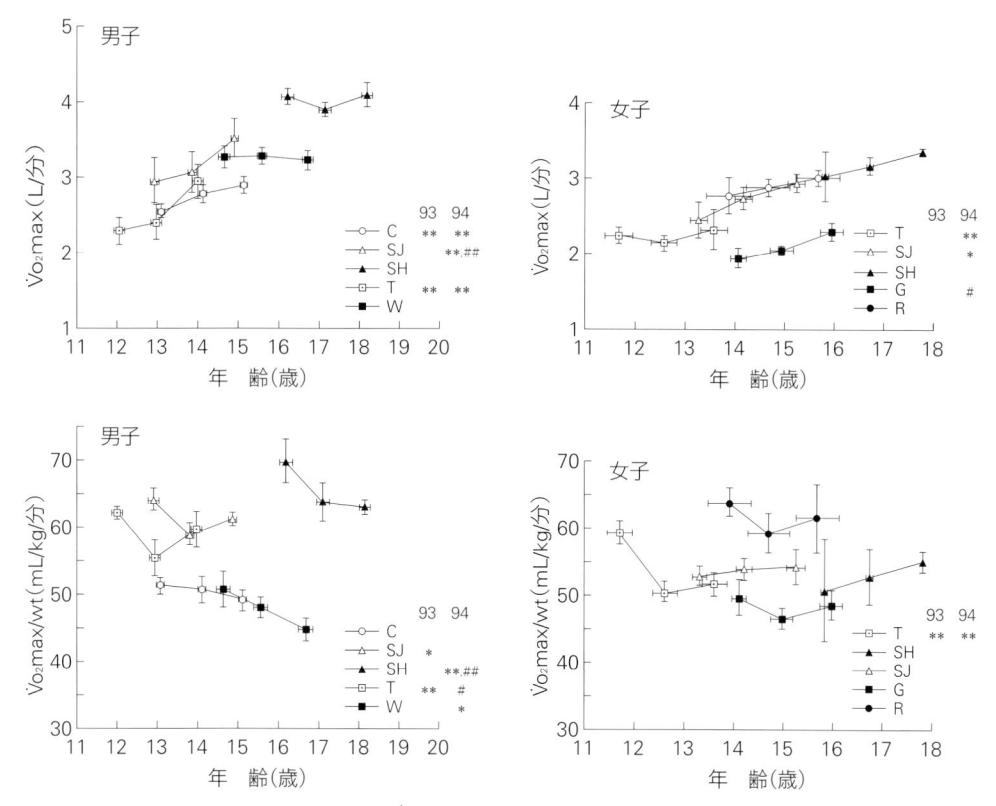

図 30-5 3 年間の種目別最大酸素摂取量($\dot{V}O_2$max)の変化
C：対照群，SJ：スケート（中学生），SH：スケート（高校生），T：テニス，W：ウェイトリフティング，G：新体操，R：陸上長距離
（加賀谷淳子ら：平成 6 年度日本体育協会スポーツ医・科学研究報告 No V ジュニア期の体力トレーニングに関する研究第 3 報．p37，日本体育協会，1994）

示した．左室重量については，13〜15 歳にかけて増加が大きく，15 歳以上では有意な変化がみられなかった．また，壁厚には変化がみられなかった．

ジュニア選手の筋力の発達については，成長期の筋力トレーニングが効果的であるが，いくつかの留意点も指摘されている．筋力トレーニングでは，結果的に関節に力が加わることになる．関節部位には軟骨があり，成長期にはその軟骨が伸びてくるので，関節に負担がかからないコンセントリックな運動様式を用いたトレーニングをすることが望ましい．

ジュニア選手についてみると，有酸素性作業能は生得的であるが，筋力では，スピード性の部分に生得的な要素がある．

50m 走，短距離走，連続跳び，垂直跳びの測定値が元々高い子どもは，その後も高い値を維持する傾向にある[8]．全身にまんべんなく筋肉をつけるのではなく，必要な部位に効率よく筋肉をつけることが必要である．

PHA 年齢より以前から，種目を専門化しないかたちでスキルやコーディネー

[8] 高松 薫ら：平成 7 年度日本体育協会スポーツ医・科学研究報告 No V ジュニア期の体力トレーニングに関する研究第 4 報．p50，日本体育協会，1995．

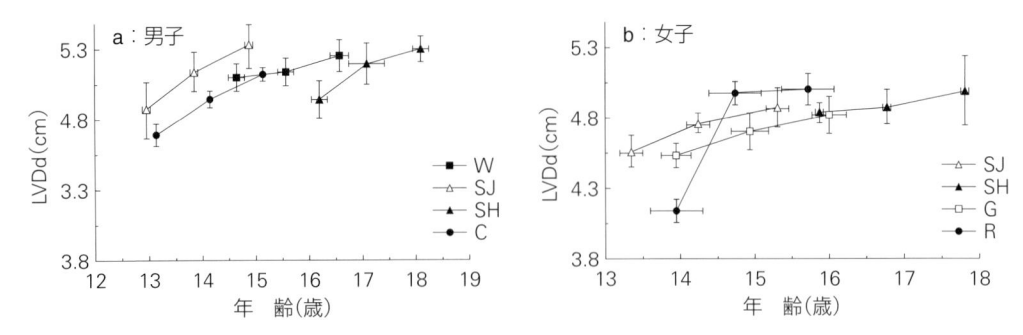

図30-6　左室拡張終期径(LVDd)の種目別年齢変化(a：男子, b：女子)
W：ウェイトリフティング, SJ：スケート(中学生), SH：スケート(高校生), C：対照群, G：新体操, R：陸上長距離
(加賀谷淳子ら：平成6年度日本体育協会スポーツ医・科学研究報告 No Vジュニア期の体力トレーニングに関する研究第3報. p13, 日本体育協会, 1994)

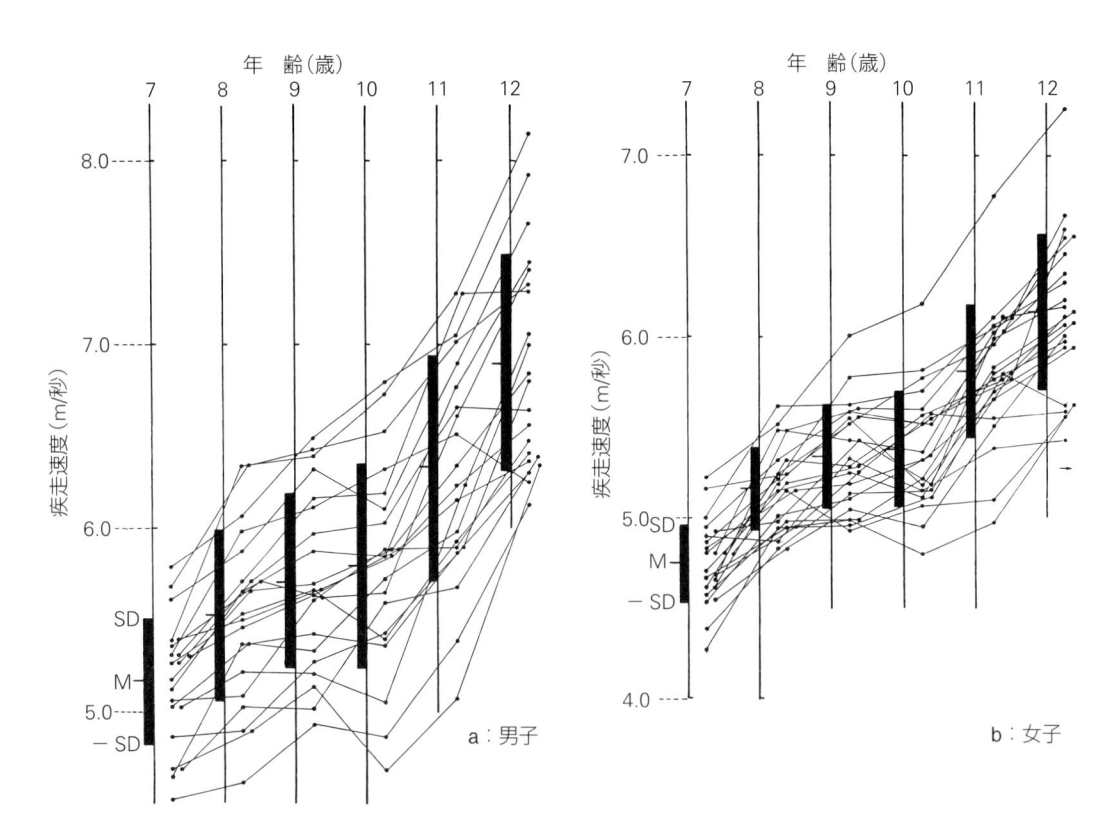

図30-7　疾走速度の縦断的変化(a：男子, b：女子)
(宮丸凱史編：疾走能力の発達. p75, 杏林書院, 2001)

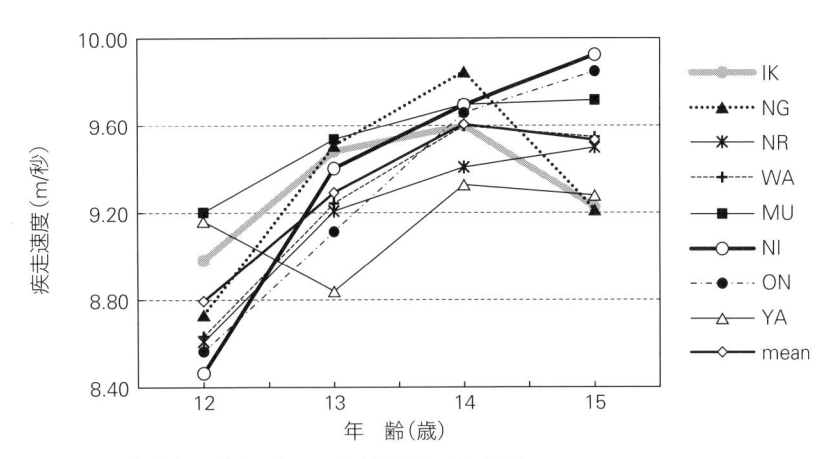

図30-8 小学生スプリンターの疾走速度の縦断的変化
(加藤謙一ら:日本バイオメカニクス学会第12回大会論文集. p352, 1995)

ションを良くすることは必要である.すなわち,ジュニア期では,「動きづくり」が重視されるトレーニングが展開されることが望ましい.

3. 走能力の発達

　小学校1年生(7歳)～6年生(12歳)までの一般児童を対象に,疾走能力の発達を縦断的に調べた宮丸ら[9]の報告によると,7～12歳まで,どの年齢においても高い疾走能力を示した子どもでは,年齢の低い時期から疾走速度が大きく,歩数および身長に対する歩幅の割合が,各年齢における平均値よりも大きいことが特徴的であるという(図30-7).

　一卵性双生児の運動能力の類似度に関する研究[10]によると,疾走能力(50m走)のような敏捷性連続運動では,遺伝的,先天的要因の関与が大きい.宮丸[9]は縦断的測定結果からみて,特別なトレーニングがなされない限り児童期に疾走能力水準が大きく変わる可能性は少ないとしている.

　加藤ら[11]は,小学校6年生(12歳)で全国小学生陸上競技交流大会100mで入賞した男子を,その後中学3年生(15歳)まで,形態,疾走能力,疾走動作,等速性脚筋力を追跡的に測定した(図30-8).

　暦年齢は12.41歳に対して骨年齢は15.38歳で,成熟は暦年齢より約3歳進んでいた.100mの記録は,12歳の12.49秒から15歳の11.18秒に短縮した.疾走速度の上昇が顕著であった12～14歳では,歩幅が12～13歳で有意に増加し,支持時間は有意に短縮し,非支持時間は有意に増加した(表30-2).脚筋力は年齢とともに増加したが,疾走速度と等速性脚屈曲力と角速度(180°/s,300°/s)に有意な相関関係が得られた.

　15歳におけるジュニアスプリンターの各種測定の値を日本のトップスプリ

9) 宮丸凱史編:疾走能力の発達.杏林書院,2001.
10) 水野忠文:東京大学教育学部紀要, 1:136, 1956.
11) 加藤謙一ら:日本バイオメカニクス学会第12回大会論文集. p352, 1995.

表 30-2 小学生スプリンターの疾走能力の経年的変化
(加藤謙一ら:日本バイオメカニクス学会第 12 回大会論文集. p352, 1995)

	12歳	13歳	14歳	15歳	分散分析	多重比較
100mタイム(秒)	12.49	11.76	11.33	11.18	***	12>13>14>15
	±.12	±.13	±.10	±.20		
疾走速度(m/秒)	8.79	9.29	9.61	9.54	**	12<13<14=15
	±.28	±.24	±.17	±.28		
歩数(Hz)	4.51	4.46	4.58	4.58		
	±.13	±.12	±.19	±.21		
非支持時間(秒)	0.121	0.133	0.130	0.126	*	12<13=14=15
	±.006	±.009	±.007	±.008		
支持時間(秒)	0.101	0.091	0.089	0.093	***	12>13=14=15
	±.005	±.010	±.004	±.006		
歩幅(m)	1.95	2.08	2.11	2.09	**	12<13=14=15
	±.06	±.07	±.08	±.12		
歩幅/身長	1.20	1.26	1.25	1.24		
	±.05	±.04	±.06	±.07		

<>* : $p<.05$, ** : $p<.01$, *** : $p<.001$

a:動作発展の模式図

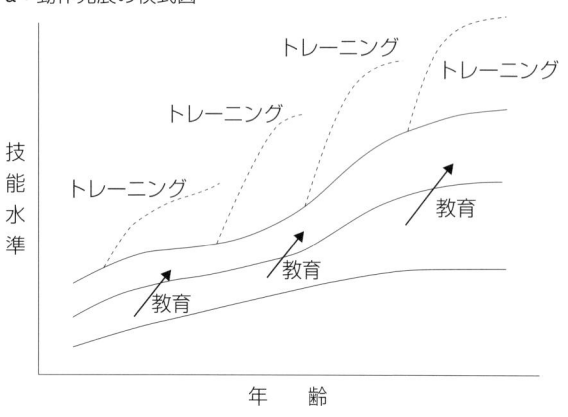

b:体力発展の模式図

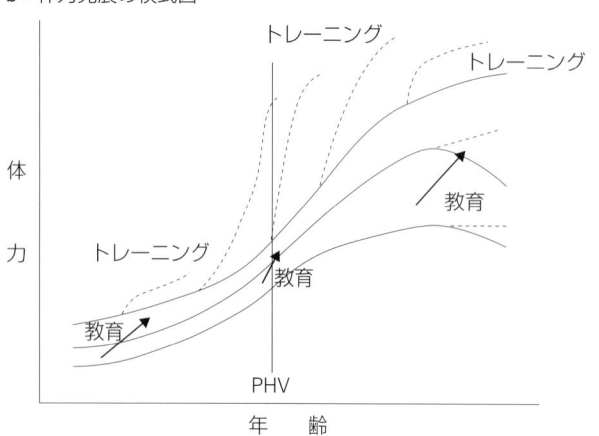

図 30-9 動作(a)および体力(b)の発達模式図とトレーニングの可能性

ンターの平均値と比較すると，疾走速度が87.6％，歩数が96.8％，歩幅が90.9％，歩幅の身長比が94.7％であった．

伊藤ら[12]は，カール・ルイスなど世界一流スプリンターを対象として疾走速度と疾走動作の関係を調べた結果，疾走速度の高い選手は，キック動作時に膝関節の伸展動作を少なくし，股関節の伸展速度を効果的に脚全体のスウィング速度に変換していたこと，足関節を固定させる脚全体のスウィング動作によるキック力を短い接地時間内に地面に伝えられるように対応していたことを指摘している．

カール・ルイスやリロイ・バレルでは，脚全体を股関節中心に円運動をベースとした動きの中で操作していることがバイオメカニクス研究の結果明らかとなった．この動きは，いわば円型振動型の動きということができる．

一方，脚屈曲伸展型の走動作では，足首や膝，股関節の屈曲伸展力を用いてランニングする走法である．この脚屈曲伸展型の走法では，キック時に足首や膝のするどい伸展動作が推進力を生む．

人間の走動作の発達は，脚屈曲伸展型の走動作が基本となっている．しかし，トップ選手となるためには，ある程度の段階に達した後は，走技術の転換を図る必要があろう．小学生スプリンターの場合は，脚屈曲伸展型の走法から一流選手の用いる円型振動型走法へと走技術の改善を行う必要がある．この過程において指導者のもつ役割は大きい．

図30-9に体力発達および動作発達の模式図を描いた．ジュニア期のトレーニングは，体力，動作の双方の発達を助長するが，幼児期からの動作発達の可能性について，指導上の工夫が必要であろう．

［小林　寛道］

---

12) 伊藤　章ら：世界一流陸上競技者の技術（佐々木秀幸ら監修）．p31, ベースボールマガジン社. 1994.

30章 中高生期のスポーツ指導

トレーニング生理学　競技者報告

　中学期，高校期は，発育発達期にあり，心身ともに大きな変化を示す時期である．同時に学業期の最中にあり，勉学とスポーツ（身体活動）の両立をはかることが課題であり，理想であるが，一方において大きな努力を必要とするものである．

　高校期の生徒にスポーツを指導していく上で最も重要な点は，いかに「やる気」を起こさせるか，また「動機：motivation」を高め，維持させるかにある．この「やる気」，「動機の高まり」を意識づけさせるには，生徒自身の日常生活の中にスポーツ上達の基本があることを理解させることである．日常生活内における小さなこと，たとえば，忘れ物を例にとれば，勉学では教科書に，野球ではグローブと置き換えればどちらも忘れてはいけないものである．常備段階の重要さを教えるよい例となる．友達への連絡事項1つをとってみても，野球ではサインの徹底と置き換えることができる．勉強をして試験に臨み，練習をして試合に臨むのである．勉学時でも，運動時でも同じように刺激を与えて徹底させ，達成感を覚えさせる．「やれば出来る」，「やらなければいけない」という意識をもたせることである．決して「あきらめない」，「一生懸命打ち込むんだ」と気構えを日常の生活内で常時もたせることである．

　高校期におけるスポーツ技術の向上をはかる要点として，この期においては発育発達期にあることから，身体的，体力的要素が未完成となっている．このため，技術を高めるためには，その前段階として「基礎体力づくり」が不可欠である．基礎体力の養成が不十分な状態で技術指導を行っていると障害を発生しやすい．また，十分に治療が完了しないうちにスポーツ活動を継続すると，スポーツ障害や身体上の故障へと移行しかねない．したがって，発育期のスポーツ指導においては，ケガをさせないことが重要である．体力の発達については，毎年定期的に体力測定を行い，詳細に観察を継続し，生徒それぞれの基礎体力を把握した上で計画された基礎体力づくりを行って技術指導に入ることが高校野球の基本と考えている．

　また，より体力を高めるためには，生徒本人の他，家庭のお母さんを含めて，専門家による「栄養学」についての勉強会を開催する．基礎的な知識の伝達と日々の食事に対する興味，関心をもたせ家族全体への意識づけを行う．校内合宿では父母が協力し生徒への食事をつくり，食事の量や内容について情報交換をする姿は生徒にとっても頼もしい限りである．トレーナーや教諭，生徒，家庭の4者がスポーツと体力，身体づくりについて，共通課題を持ち日常連携をはかることが大切である．指導者，環境，家族，仲間の協力なしには一流の選手が育たない．強いチームより，よいチームから一流の選手は育つのではないのであろうか．

［高間　　薫］

31章 スポーツ種目別トレーニング

トレーニング生理学

1. 長距離競技者のトレーニング

　陸上競技全体は大きく試合期（4月～10月）と鍛錬期（11月～3月）に分けられるが、中・長距離では、鍛錬期の期間に駅伝、ロードレースなどが予定され、本当に力を蓄える時期が少なくなっている。特に、冬期のロードレースはマスコミの注目を集め、またテレビ放映されるなど、本来はトラック種目で優秀な記録を出さねばならない本来の目的が失われつつある。

　ここでは、試合期と、鍛錬期を区別するために、筆者が指導者としてかかわった女子800m日本記録（2分03秒45）保持者のトレーニングについて紹介する。

1) 年間計画を立てること

　無計画にトレーニングを行っていても、決して成果はあがらない。そのため、1年間の長期計画を立てる必要がある。特に試合をどの時期にもってくるかが重要なポイントになる（表31-1）。

2) 競技者の体力特性, 身体状況を知ること

　(1) 体力特性を知るためのテスト

　陸上競技は個々がパフォーマンスを発揮するものであり、個々は体力の特性に違いがあり、その結果において、個々の今後の専門種目の方向性を示唆し、個々にあったトレーニング計画を立てることができる（①走の経済性の測定、②最大酸素摂取量の測定、③70m走、④1分間走、⑤12分間走）。

　①～⑤の結果から、無気的な能力に優れるタイプ、無気的な能力は劣るが、有気的な能力は高いタイプ、そして、中間タイプに分けられ

表31-1　1994年～1995年の年間計画

区分け	月	大会名	出場種目	目標など
試合期	5月	関東インカレ	800m	2'06"
	6月	日本選手権	800m	2'05"
	7月	実業団対学生	1,500m	4'23"
弱鍛錬期	8月	世界ジュニア	800m	8位入賞
試合期	9月			疲労回復/脚筋力強化
	9月	日本インカレ	800m・1,500m	2'05"/4'20"
	10月	スーパー陸上	800m	日本記録への挑戦
	10月	広島アジア大会	800m	日本記録への挑戦
	10月	グランプリ・ファイナル	800m	日本記録への挑戦
	10月	国民体育大会	800m	日本記録への挑戦
	11月	全日本大学女子駅伝	4km	区間賞
過渡期	12月			疲労回復
鍛錬期	1月			脚筋力強化
	2月	千葉国際クロスカントリー	6km	全身持久性の獲得
	3月			全身持久性の獲得/脚筋力強化
移行期	4月			スピードへの緩やかな移行
	8月	福岡ユニバーシアード	800m・1,500m	必ず日本記録を出す

る。これらは、種目選択の指標として考えることができ、また、フィールド・テストの面からみたトレーニング目標の設定や適正などを検討することができる。

　(2) 身体状況を知るための特性

　コーチの意図したトレーニングを計画通りに行わせるには、競技者の体調不良は大きな障害となる。それらを知ることは今後のトレーニ

表 31-2　1995 年 2 月のトレーニング（鍛錬期）の例

月　日	トレーニング内容	備考	月　日	トレーニング内容	備考
2月 1日	スピードプレー40分	ゴルフ場	2月17日	600m（2分歩行）×5 ウェイトトレーニング	公園
2月 2日	1,000m（400m歩行）×5 ウェイトトレーニング	陸上競技場	2月18日	水泳	2時間
2月 3日	60分Jog	柔らかい場所	2月19日	30分Jog　エルゴメータ踏み30分	柔らかい場所
2月 4日	500m（2分歩行）×10	公園	2月20日	千葉国際クロスカントリー	6km
2月 5日	スピードプレー40分	ゴルフ場	2月21日	完全休養	
2月 6日	水泳	2時間	2月22日	30分Jog　エルゴメータ踏み30分	柔らかい場所
2月 7日	ウェイトトレーニングのみ	1時間	2月23日	スピードプレー40分	ゴルフ場
2月 8日	ペース走2,400m（600m歩行）×3	陸上競技場	2月24日	600m（2分歩行）×5 ウェイトトレーニング	公園
2月 9日	600m（2分歩行）×10	公園	2月25日	60分Jog	柔らかい場所
2月10日	水泳	2時間	2月26日	完全休養	
2月11日	ウェイトトレーニングのみ	1時間	2月27日	100m（100mJog）×10＋ 200m（100mJog）×5	陸上競技場
2月12日	500m（2分歩行）×10		2月28日	300m（2分歩行）×10 ウェイトトレーニング	公園
2月13日	坂登り走200m（200mJog）×10	ゴルフ場			
2月14日	30分Jog　エルゴメータ踏み30分	柔らかい場所			
2月15日	ペース走6,000m	陸上競技場			
2月16日	スピードプレー40分	ゴルフ場			

表 31-3　1995 年 8 月の福岡ユニバーシアード直前のトレーニング（試合期）

月　日	行事など	強度	トレーニング内容	備　考
8月 1日	宮城→つくば	×	完全休養	
8月 2日		◎	400m（50m）350m（100m）300m（150m）250m（200m）200m×3	陸上競技場
8月 3日		△	クロスカントリー（60分）　ウェイトトレーニング	ゴルフ場
8月 4日		◎	2,000m（400mJog）×3　150m×5	陸上競技場
8月 5日		×	完全休養	
8月 6日		◎	ペース走4,000m（1周78秒）	陸上競技場
8月 7日		△	100m（100m歩行）×10×2	陸上競技場
8月 8日		◎	300m（100mJog）×10	陸上競技場
8月 9日		×	完全休養	
8月10日		◎	800m（100m歩行）×3	陸上競技場
8月11日		△	クロスカントリー（60分）　ウェイトトレーニング	ゴルフ場
8月12日		◎	400m（50m）350m（100m）300m（150m）250m（200m）200m×3	陸上競技場
8月13日		×	完全休養	
8月14日		○	600m（5分歩行）×6	公園
8月15日		△	2,000m×1　気持ちよく	陸上競技場
8月16日		×	完全休養	
8月17日		◎	600m（3分歩行）200m×3	陸上競技場
8月18日		○	500m（300mJog）×6　気持ちよく	陸上競技場
8月19日	つくば→福岡	×	完全休養	
8月20日	結団式	△	50分Jog　ウェイトトレーニング	柔らかい場所
8月21日		◎	500m（3分歩行）300m×3	陸上競技場
8月22日		△	100m（100m歩行）×10×2	陸上競技場
8月23日	開会式	×	完全休養	
8月24日	湯布院合宿	○	クロスカントリー（60分）　ウェイトトレーニング	ゴルフ場
8月25日	湯布院合宿	○	クロスカントリー（60分）　ウェイトトレーニング	ゴルフ場
8月26日	湯布院合宿	◎	1,000mタイムトライアル	陸上競技場
8月27日		△	2,000m×1　気持ちよく	陸上競技場
8月28日		■	完全休養	
8月29日		■	300m（30分休憩）×2	陸上競技場
8月30日	予選・準決勝	◎	予選2分04秒22（日本新記録）　準決勝2分03秒45（日本新記録）	
8月31日	決勝	◎	決勝6位	

強度：◎強，○中，△弱，×休，■コンディショニング

ング計画に影響を与える．また，この年代にみられる特有の身体状況を知ることも必要である（①骨塩量の測定，②血液性状の検査，③月経，④体重）．

3）鍛錬期におけるトレーニング例

前年度の試合結果および来年度の記録の目標にあわせ長期的に計画されるものである（表31-2）．

4）試合期におけるトレーニング例

鍛錬期の充実度により，年間の試合計画，重要な試合前の計画などを，綿密に検討しながら中期的に計画されるものである（表31-3）．

以上のようにトレーニング例を紹介したが，重要なのは，計画されたトレーニングを正確（量・強度・目的）にこなすためには，十分に体調を管理することであると考えられる．

[永井　純]

2．陸上競技における跳躍種目のトレーニング

跳躍種目のトレーニングは，その種目特性から一般的に2つに大別される．

すなわち，1つは体力トレーニングであり，もう1つは技術トレーニングである．なかでも，パフォーマンス向上の鍵は体力・運動能力の向上に依存しており，技術トレーニングよりも体力トレーニングが先行すべきと考えられている．

本書の目的から，ここでは跳躍種目の体力トレーニングについて述べるが，限られた紙面であるので簡潔に述べたい．

トレーニングメニュー立案については，

①種目特性から各種目に必要な体力要素を知ること，

②効果的な強化に必要なトレーニング手段を選択すること，

③技術との整合性，協調性を考慮すること，

④競技者のレベルや経験を考慮すること，

⑤競技者個人の長期計画，年間計画等の中で，期分けを考慮して立案すること，

⑥意欲や意志力を高めてトレーニングに取り組むこと，

⑦コントロールテストを活用すること，

などが重要なポイントであると考えられる．

[大西　暁志]

表31-4　各期ごとのトレーニング構成モデル（％：日本の一般選手）

月	期（週）	GPT	SPT	TT
11	鍛錬期（前期:3～4週）	70～80	20～30	0
12	（中期:4～5週）	50	40	10
1	（後期:5週）	20	60	20
2	移行期（前:3～4週）	10	50	40
3	（後:4～5週）	5	35	60
4	試合期Ⅰ（一般試合）	5	30～35	60～65
5				
6	（重要試合）	5	20	75
7	移行期（前:3週）	20	50	30
8	（後:4～5週）	5	35	60
9	試合期Ⅱ	5	15～20	75～80
10	（重要試合:7～8週）			

GPT（基礎体力トレーニング）：サーキットトレーニング，マシーントレーニングなど

SPT（専門体力トレーニング）：ウェイトトレーニング，アイソキネティックトレーニング，プライオメトリックトレーニング

TT（技術トレーニング）：①助走系（スプリントスピード・助走トレーニング），②踏切系（踏切ドリル・短助走～中助走踏切），③跳躍系（短助走～中助走～全助走跳躍）

※棒高跳びは複雑な運動構造をもつため，さらに特殊で多種多彩なトレーニングを必要とする．

3. テニスのトレーニング

筑波大学テニス部における体力トレーニングプログラムの具体例を示す．**表31-5**は，トッププレーヤーが，ある時期に行った体力トレーニングのプログラム例である．下記に示したように，体力トレーニングにおける強化の目的は大きく5つに大別することができる．

トレーニングを実施する前提として，テニスに必要な合目的的な動きとはどのようなものかを理解しておくこと，さらに，その合目的的な動きをある程度身につけておくことが重要である．そして，テニスに必要な合目的的な動きを身につける上で基となるのは，股関節の柔軟性および股関節を支える筋群のパワー，肩甲骨の柔軟性および肩甲骨を支える筋群のパワーの2つが特に重要である．このことは，体力トレーニングを行う際に，常に意識しておく必要がある．

1) 無気的パワー，無気的持久力の強化

無気的パワー，無気的持久力の強化のために，坂道でのダッシュ，もも挙げ，およびオンコートでのラインタッチ走，V字走などを行う．

2) 体幹部，下肢パワーの強化

体幹部，特に腹部，背部の強化のために，シットアップ，バックエクステンションを行う．また，メディシンボール投げ，タイヤ投げ，打球時の動きを取り入れた素振りを通して体幹部，下肢のパワーを強化する．さらに，フットワークなどの向上，改善のために，5段跳び，プライオメトリックトレーニングを行うことにより，股関節，膝関節，および足関節の下肢の関節周りのパワーを強化する．

3) バランス能力の向上

相手からの打球を打ち返すためにコートの中を移動するときやスイングを行うときは，全

表31-5 体力トレーニングプログラム

曜日	トレーニング（午前）	トレーニング（午後）
月	ボールピックアップ 左右跳躍（ゴム跳び） 両足跳躍（坂道） マット運動	50m（50mジョグ）×4 100m（100mジョグ）×2 200m（200mジョグ）×1 100m（100mジョグ）×2 50m（50mジョグ）×4
火	ももあげ（坂道） ダッシュ（坂道） メディシンボール投げ	ベンチプレス ラテラルレイズ ベントオーバーサイドレイズ シットアップ レッグレンジ ハーフスクワット ハイクリーン
木	ひねり跳躍 ボールピックアップ マット運動	4,000m走
金	ももあげ（坂道） ダッシュ（15m） メディシンボール投げ	ベンチプレス ツーハンズカール プルオーバー シットアップ レッグレンジ ハーフスクワット ハイクリーン

身のバランスを保ちながら行うことが重要である．そこで，バランス能力の向上をトレーニングの目的の1つに取り入れている．マットを使った運動，長い棒を用いた運動，および段差を利用しての片足での素振りを行う．特に，長い棒を用いた運動や素振りでは，大腿四頭筋，ハムストリングを強化するという意識をもつことが課題となる．

4) 全身的筋力の強化

基礎的筋力の強化を図るために，スクワット，ベンチプレス，ランジなどのウェイトトレーニングを行う．また，他のウェイトトレーニング種目と併用しながら，負荷を軽減することにより，テニスの動きを取り入れたり，テニスのプレーで用いる筋肉の動きを意識することを課題にしたりする．さらに，サービスのスピードと

コントロールをアップさせるために肩甲骨や肩関節の周りの柔軟性や筋力の強化を行う．

5）有気的持久力の強化

有気的持久力の強化のために，心拍数と走行時間や走行距離から各プレーヤーに合ったいくつかのトレーニング段階を設定して持久走を行う．そこから，段階的に有気的持久力の向上を目指す．また，オンコートで籠ボールを用いた振回しを行う．これは，ボール出しの個数やテンポ，移動距離の範囲を調節することにより，有気的な部分だけでなく無気的持久力の強化につなげる．

[山田　幸雄]

4．サッカーのトレーニング

現在の選手の競技能力レベルは，スポーツをはじめた初心者の時代から，競技生活を継続してきた年数のトレーニング効果であると考えることもできる．したがって，選手も指導者も，10年，15年間という長い期間を通して，よりよいトレーニングをいかに継続できたかが重要であることを理解しなければならない．

トレーニング内容は，技能や体力・運動能力とも基礎的なものの習得をめざす初心者の時代から，専門的技能や専門的体力・運動能力を養成する熟練者に至るまで，選手の発育・発達に応じて，段階的に進行するものであるが，特に，サッカーをよく理解し，各自の理想とする完成型の達成を目指し根気強く努力することが重要である．

まず，サッカーは，前後半合計90分間，延長戦を含めると120分間動き続けなければならない競技という点で，高い持久性（有気的）能力をもつことが重要である．選手の移動距離が，10,000m/Game前後であることがそれを証明している．そのほとんどは，歩きやジョギングのようにゆっくりした運動である．しかし，ボール付近のプレーは，歩きやジョギングではなく，相手より一歩でも速くボールにタッチするためのダッシュ，高いボールを相手と競り合うジャンプヘディングや，1対1での激しいボールの奪い合いなどの速くて瞬間的・爆発的に大きな力を発揮する（無機的）運動が行われている．しかし，この種の運動は，スピードやパワーを要し，ゲーム全体のほぼ1割と多くはないが，ここでのプレーの巧拙が試合の勝敗を決めるという点で重要な能力である．さらに，これを試合中繰り返し実行するためには，パワーやスピードの持久性能力も重要である．

このように，サッカーが，ゆっくりからトップスピードまで，各種の体力・運動能力を要求する点を理解した上で，トレーニング計画を作成することが重要である．そして，よい計画が作成できれば，目標の50％が実現できたといえる．後の50％は，確実な実行あるのみである．実は，長期間にわたる確実なトレーニングの実行こそ難しいことである．

トレーニングは，

①ゲーム状況下でのトレーニング，

②ゲームでの動きやプレーを抽象化したトレーニング，

③サッカーから離れて行うトレーニング，

の3種類を挙げることができる．

①は，11対11のゲームそのもののほかに，スモールサイデッドゲーム（3：3，4：4，6：3など）を含む．また②は，スライディングタックル動作やダイビングヘッド動作など，ゲームで使用する動作を動きの習得や敏捷性トレーニングメニューに用いる行い方である．さらに③は，走・跳・投の基礎的運動能力の向上のためのメニューや，各種の筋力トレーニングなど，サッカーそのものから離れて行うトレーニングを意味する．トレーニング計画作成の際には，これらを，個人，グループ，チームの課題と対応させ，バランスよく組み入れることを考慮している．

[山中　邦夫]

5．バレーボールのトレーニング

　バレーボール競技に必要とされる体力的要素は種々考えられるが，特に重要なトレーニングは瞬発力とその持久性および肩を中心とした筋力の強化であろう．バレーボールの試合時間は最長で約2時間である．ラリーは10秒未満がほとんどで，30秒以上継続するラリーは希である．スパイクは1セットにつき30～40本，ブロックもほぼ同数である．スパイカーによっては1セットに全力に近いジャンプを30～40回行うことになる．したがって，ジャンプ力とその持久性の強化は必須である．以下のトレーニングメニューはシーズン途中の大会と大会の間，トランジット期のものである．

1）月・木曜日のトレーニング

　坂道の上りと下りを利用したダッシュが中心である．上りでは平地より負荷が強くかかるため筋力・パワーの養成を，下りでは平地よりスピードが増すためより短い接地時間で力を出せる踏切をねらいとしている．

　サイドステップやバックステップは斜面を利用することによって，踏切足へ負荷のかかりかたが変わること，メディシンボールを両手で保持することによって，上半身を安定させながらの走りを覚えることと上半身に負荷をかけ，脚筋力を強化することがねらいである．室内で練習することが多いため，屋外でからだを動かし気分転換することもねらいの1つである．

　　15mダッシュ＋15mバウンディング：上り10本・下り10本
　　20mサイドステップ（10mで向きを変える）：上り1本・下り1本
　　20mバックステップ：上り1本・下り1本
　　5kgのメディシンボールを保持して，
　　20mダッシュ：上り2本・下り2本
　　20mサイドステップ（10mで向きを変える）：上り2本・下り2本
　　20mバックステップ：上り2本・下り2本

2）火・金曜日のトレーニング

　階段を利用して筋力アップを図ろうとするものである．下のフロアから上のフロアまで中間に踊り場がある場所で，踊り場までのステップ数は11～12段である．1歩でできる限り多くの階段を上ることによる大腿筋および上半身を固定することによる体幹筋（腹筋，背筋）力のアップがねらいである．

　おんぶしての階段上りは，筋力と筋持久力の養成がねらいであり，おんぶしての下りはプライオメトリックス的効果をねらいとしている．手押し車での階段上りは，腕・肩甲帯の強化および体幹筋（腹筋・背筋）力のアップがねらいである．さらに，補助者にもかなりの負荷がかかる．

　　1歩でできる限り多くの階段を上る：10セット（1～5階）
　　2人組（体力が同程度のものと）
　　おんぶ上り：1セット（1～5階）
　　おんぶ下り：1セット（1～5階）
　　手押し車で上がる：3セット（1～5階）

3）火・金曜日のトレーニング

　70，90cmの台を利用しての跳び下り，跳び上がりのプライオメトリックストレーニングを行う．台上から跳び下り，できる限り素早く台上に跳び上がる．両脚踏切でのジャンプ力の向上，安定した着地と素早いテイクオフがねらいである．

　　70cmの台から跳び下り，跳び上がり：10回×1～2セット
　　90cmの台から跳び下り，跳び上がり：10回×1～2セット
　　両方で合計3セット行う．

〔都澤　凡夫〕

6. バスケットボールのトレーニング

　バスケットボール競技は球技系スポーツの中で，最も難しいものの1つに挙げられている．その理由は，体力と総称されるもののすべてと，メンタル的な要素を含んだ，複雑な技能を駆使して競技を行うところにある．

　ゲームに必要なものすべてがトレーニングによって解決されることはないが，トレーニングによって解決されることが多いことも事実である．ゲームの途中で交代し出場するプレーヤーを例にとれば，多くの矛盾を解決しながら競技していることが理解できるであろう．

　まず，プレーヤーは心の準備なしにコートに送り出されることが多い（ほとんどがこのケースで，多くの問題がここにある）．次に，いきなり無酸素状態のプレーに参加させられ（クイックスタート・サドンストップ・リバウンドボール争奪のジャンプの連続など），そしてそれを巧くこなしながら（有効に酸素を補給し），なるべく長くチームに貢献しながらコートに居続けるわけである．

　上述した難問を解決するため，過去より多くのコーチたちが試行錯誤を繰り返してきた．

　結果は，「筋力を鍛えるためには，筋力トレーニングしかない」という結論と，持久力を中心とするほかの要素は，「毎日の練習の内容によって解決される」という答えである．

　その内容は，おもにリピートドリルを中心として組み立てられたものが多く，著者はこのドリルとウェイトトレーニングによって，日本バスケットボール史上，ただの二度しか達成できなかったアジア制覇の1つを獲得したと自認している．また，アメリカの多くのチームもこのドリルをウォーミングアップドリルとして採用している．以下にその具体例を示す．

1）リピートドリル

　エンドラインに，皿状に並んだ5名のプレーヤーによって行われる．中央のプレーヤーがボールを保持し，左右のどちらかのプレーヤーにパスすることからはじまる．パスしたプレーヤーは，フィードした相手とその外側にいる1人，計2人の後ろ側に駆け込む．ボールを受けたプレーヤーは，次の前方の相手にパスし，フィードしたプレーヤーとその外側にいる1人，計2人の後ろに回り込む．以上を順次行いながら進んでショットに結びつけるが，これを行うには15名3組が最適で，それぞれ1往復からはじまり連続5往復後まで行い，これをまた1往復まで減らす．所要時間は約20分間，インターバルは他の組みがプレーしている間だけで，中級プレーヤーでも4往復の連続は困難である．5往復も呼吸に乱れがなければ，循環機能が著しく改善されたとみてよい．途中，ショット・パス・キャッチにミスがあったり，速度の低下などがあれば，「リピート」を要求し，連続10往復が課せられることもある．この状態は，ゲーム中にからだが苦難に陥る状態と類似する．

2）フルコート（2オン2）

　フルコートのミニゲームである．コート上のプレーヤーはオールラウンドプレイを要求される．3分ゲームを2ゲーム間隔をあけ5回行う．かなりの負荷がかかる．

〔笠原　成元〕

7. ハンドボールのトレーニング

ハンドボールのトレーニングをする際に，その前提として考えておかなければならないことがある．

1) ゲーム構想

自分たちのチームはどのようなゲームをするのか，そのゲーム構想をしっかりと打ち立てる必要がある．指導者はそのゲーム構想を選手に十分に理解させて日々の練習がゲームに結びつくようにトレーニングしていかなければならない．ゲーム構想を構築するためには，ハンドボールのゲームがどのように成り立っているのかその構造を理解する必要がある．

2) ゲームの構造

ゲームはいくつかの局面の連続体である．基本的には**図31-1**のとおり，4局面と1特定局面と考えることができる．そして，その局面は**表31-6**のとおり，さらに細分化された局面に分類される．それぞれの局面に対して，チームがどのように攻防をするのか，チームとしての課題の解決方法を構想しなければならない．それがチーム戦術である．そのチーム戦術は，グループ戦術，個人戦術の組み合わせから成り立っている．個人戦術は判断に応じて行使されるテクニックが必要であり，テクニックはその土台となる体力によって支えられている．

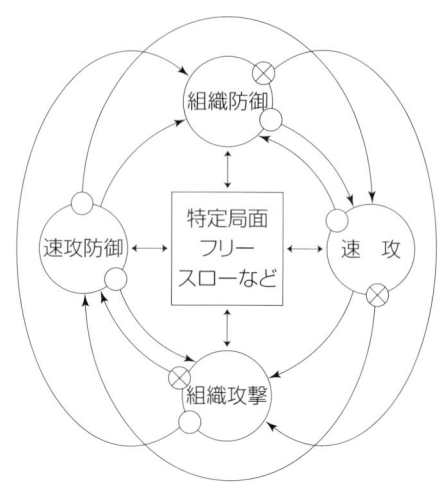

○ 成功，得点，ボールの獲得
⊗ 失敗，ノーゴール，ボール保持の失敗
無印　通過

図31-1　局面の循環

表31-6　ゲームの局面

	攻撃の局面	防御の局面		
速攻	① 速攻のスタート ② 展開 ③ 突破 ④ シュート	ー 戻り ー 展開に対する防御 ー 突破に対する防御 ー シュートに対する防御	① ② ③ ④	速攻防御
組織攻撃	① 攻撃の組み立て ② 攻撃のきっかけ ③ 展開 ④ 突破 ⑤ シュート	ー 防御の組み立て ー きっかけに対する防御 ー 展開に対する防御 ー 突破に対する防御 ー シュートに対する防御	① ② ③ ④ ⑤	組織防御

3) ハンドボールのトレーニングの具体例

筑波大学男子ハンドボール部で普段行っているトレーニングメニューを紹介する．日々すべての項目をトレーニングしているわけでなく，目標とするゲームの時期，選手の技術・戦術・体力状況などにより，重点的に行う項目を決めてトレーニングを行っている．

(1) ウォーミングアップ

いろいろな動作を入れてのランニングやストレッチ，ボールを使用しての技術的な動作，対人パス，モチベーションエクササイズ．

(2) 脚パワーのアップ

ダッシュ，ストップ，サイドステップ等技術的手段を使用しての脚パワーの強化．時間的には10秒〜30秒で行う．

(3) テクニックのトレーニング

・ディフェンステクニック：ディフェンスの詰めやボールアタック，ドリブルカット，1対1のステップ，チェンジプレーなどゲームに必要なテクニックをグループで行う．

・オフェンステクニック：クロスやパラレルなどのパスワークを行うなかで，パスやフェイントテクニックを習得する．
・シュートテクニックとタクティックのトレーニング：オールラウンドプレイに必要なロング，サイド，ポストなどのシュート練習を行う．シュートの際に必要なアシスト，フェイントなども同時に習得する．

（4）戦術トレーニング

a．速攻局面の練習

・一次速攻：ワンマン速攻や2～3人で行う速攻練習……ゴールキーパーからのワンパス，1対1状況からの速攻と防御，2人で攻めの動きを変化させての速攻，2：1（3対2）場面での速攻
・1次，2次速攻：2対2，3対3の速攻
・チーム速攻：6：0での速攻〔一次速攻〕，6：（3～4）での速攻と防御〔一次，二次速攻〕，6：6での速攻とその防御（一次，二次，三次速攻

b．セット局面でのトレーニング

・2対2，3対3の攻防：オフェンス・ディフェンスの配置，攻防のゾーン等を考慮しての攻撃
・6対6の攻防

c．セット局面と速攻局面を融合してのトレーニング

セットの攻防から速攻にでる，あるいはセッ攻撃から速攻の防御に戻るトレーニング

d．特定局面のトレーニング

ゴールエリア前フリースローからの攻防，7mスローでの攻防，フォーメーションプレイ，サインプレイ

（5）ゲーム

紅白ゲーム，いろいろな場面を想定してのゲーム，3対3などの基礎ゲーム

（6）個人課題に基づくトレーニング
（7）GKのテクニックと戦術トレーニング
（8）体力トレーニング

補強トレーニング（ジャンプ系，メディシンボール系，腕立て・腹筋等の体幹系，フットワーク系），ウェイトトレーニング（パワーアップ系，バルクアップ系），持久走（12分間走5,000m）

［大西　武三］

8．水泳のトレーニング

水泳のレースは50mから1,500mまでの距離があり，おおよそ20秒～15分程の時間で行われる競技である．そのため，そのレース距離に応じた適切なトレーニングが必要とされる．しかし，常にレーススピードばかりでトレーニングすればオーバートレーニングに陥る

表31-7　トレーニングカテゴリー（Maglischo EW：Swimming Even Faster. Mayfield Pub, 1993より作表）

カテゴリー	目的	反復距離	休息時間	トレーニング距離	スピード	血中乳酸レベル	エネルギー源
EN1	基礎持久	50～4,000m	5～30秒	2,000～10,000m	100mにつきAT+1,2秒	3mmol/L以下	脂肪
EN2	閾値持久	50～4,000m	10～30秒	2,000～4,000m	ATスピード※	3～5mmol/L	脂肪・グリコーゲン
EN3	過負荷持久	50～2,000m	30秒～2分	1,500～2,000m	100mにつきAT-1,2秒	4～6mmol/L	グリコーゲン
SP1	耐乳酸	50～200m	30秒～5分	300～1,000m	全力	MAX	グリコーゲン
SP2	乳酸生成	25～75m	1～3分	200～600m	全力	MAX	グリコーゲン
SP3	パワー	10～50m	30秒～5分	200～300m	全力	−	PCr

※ここではATを最大乳酸定常のスピードとする

可能性があるため，トレーニングは細かくカテゴリー分けされ，その時期の目的に合わせ，それらをバランスよく組み合わせる必要がある．

1) トレーニングカテゴリー

実際のトレーニングは大きく「持久トレーニング」と「スプリントトレーニング」に分類され，さらにそれぞれ3つずつのカテゴリーに分けられている．持久トレーニングは有酸素能力を向上させ，無酸素性代謝に頼らずより速く泳げる能力を改善させるために行われ，そのトレーニングスピードによってEN1（基礎持久トレーニング），EN2（閾値持久トレーニング），EN3（過負荷持久トレーニング）の3段階にカテゴリー分けされる．同様に，スプリントトレーニングもそのトレーニングのスピードと目的によって，SP1（耐乳酸トレーニング），SP2（乳酸生成トレーニング），SP3（パワートレーニング）の3段階にカテゴリー分けされ，専門種目やトレーニングの時期に応じて組み合わせる．これらのカテゴリー別のトレーニング内容や強度を表31-7に示す．

2) トレーニング立案方法

水泳では一般的に2シーズン年間計画を立て，25mショートコースシーズン（10月～3月），50mロングコースシーズン（4月～9月）に分けられ，その中でトレーニングの質や量を調節する．シーズン初期は，おもに「一般的持久トレーニング期」といわれ，どの種目の選手も自由形や個人メドレーを中心にEN1やEN2の強度を中心として量的なトレーニングが行われる．シーズン中期では，「専門的持久トレーニング期」で，専門種目によるEN2やEN3などのトレーニングが増えてくる時期で，トレーニングの質量ともに増える時期である．シーズン後期は，「試合準備期」～「テーパー期」ともいわれ，おもに専門種目においてレースと同じような強度でトレーニングを行い，質的トレーニングを中心に行う時期である．このように時期によって，上記のカテゴリーをうまく組み合わせることにより，より効率のよいトレーニングメニューを作成する．

3) コントロールテスト

トレーニングを効率的に行うため，定期的にコントロールテストを行う．その目的としてはトレーニングによる有酸素性，および無酸素性能力の変化を把握すること，その時期に則したトレーニングスピードを決定することなどが挙げられる．有酸素能力を把握する代表的なテストとして乳酸カーブテストがある．このテストは，数段階のスピードで泳ぎ血中乳酸を測定することにより，スピードと乳酸の関係のカーブを描き，その変化をシーズンを通して比較するものである．また，一定時間（20～30分）で泳げる距離，あるいは一定距離（1,500～2,000m）を泳ぐのに要する時間などを定期的に測定し，有酸素能力の変化を乳酸測定を行わずに推定する方法もある（しかし，これらのテストは選手のモチベーションが大きく関与するため注意が必要）．また，無酸素能力を把握するテストとしては，ゴールセットと呼ばれるインターバルトレーニングなどが挙げられる．これは，レースに向けてゴールセッティングするためのトレーニングで，レースと同様の強度で行われ，その泳タイムの変化をみることにより無酸素能力変化を把握する．このように，コントロールテストはそれほど手間がかからずさらにトレーニングの一環として行えるような内容にすることが重要である．

　　　　　　　　　　　　［野村　武男・下山　好充］

9．水球のトレーニング

トレーニング計画立案は，次に挙げる事柄を十分考慮することが重要である．

1) チームの目標を明確にする（ここでは大学レベルで3位入賞とする）．

2）中期計画，短期計画は，目標とする競技会で最高実力発揮可能な計画を立案する．

3）練習時期に応じて適切なトレーニング内容をトレーニング原則を勘案して工夫する（**表31-8，9**）．

4）諸測定の定期的な実施と練習日誌つけ等を参考にし，計画は臨機応変に軌道修正する．

年間のトレーニング時期に応じたトレーニング例は以下の通りである（対象大学生）．

（1）休養期——①前年度行われた公式戦のVTRに学ぶ，②プレーイメージ・ゲームセンスアップ，③来るシーズンへ向けて心身のエネルギーの充電をはかる．

（2）準備期——①練習ゲームによる動機づけ，②体力・泳力チェックと諸能力アップ，③水球の基礎的技能チェックと強化，④水球簡易ゲーム（水中バレーボール，ドライパスゲーム，ノーファウルゲーム，ミニゲームなど），⑤メンタルトレーニング

（3）鍛錬期——①泳力強化，②体力強化，③水球専門的技術・戦術のトレーニング，④ゲームトレーニング，⑤メンタルトレーニング

（4）試合期——①泳力維持，②体力維持，③諸戦術のチェック，④ゲーム練習，⑤メンタルトレーニング

［坂田　勇夫］

表31-8　準備期練習メニュー

(1) 泳力強化……1時間
　　W-UP　100×4　個人メドレー　1'30，キック50m×10　イージー／ハード　1'15　イージー200m　プル　200m×5　3'00，イージー　100m×8　1'30，イージー　100m
(2) 水球の基礎的技術サーキットトレーニング
　　（1項目30秒×3セット）……30分
　　①負荷巻足（10kg），②負荷巻足（けり足で10kg），③メディシンボール両手オーバーヘッド投げ，④ゴールポスト横移動，⑤ゴールバーへの両手ジャンプ，⑥5mシャトル泳，⑦片手ハンドアップとヘルプ移動，⑧ボール返球（レイアウト）
(3) 水球簡易ゲームトレーニング……30分

表31-9　鍛錬期および試合期における練習例（ゲーム戦術トレーニング）

(1) セットオフェンス（ディフェンス），各種ゾーンディフェンスに対するオフェンス
(2) 速攻（1—0，2—1，3—2，4—3など各パターン練習）とアーリーオフェンス
(3) 退水時のオフェンス（ディフェンス）
(4) ゲームトレーニング

鍛錬期（泳力強化）		試合期（泳力トレーニング）	
W-UP	100m×4　個人メドレー　2'30	W-UP	50m×8　アクション
キック	400m〜800m	キック	50m×12　1'10
	50×4×3　1'30　各セット2分	イージー	100m
	1回目　ドルフィン／クロール	プル	50m×8　1'00
	2回目　かえる足／クロール	イージー	100m
	3回目　平体巻足／クロール	プル	50m×8　1'00
	4回目　クロール／クロール	イージー	100m
イージー	200m	スイム	50m×10　レストタイム　10秒
プル	200m×3×2　3'30，3'00		100m×4　レストタイム　15秒
イージー	200m		200m×3　レストタイム　30秒
スイム	400m×3×2		100m×4　レストタイム　10秒
	1回目　6'15，2回目　6'00以内	イージー	100m
イージー	200m	ダッシュ	15m×10　フロントクロール　30"
ダッシュ	25×16　出足からフロントクロール　40"	ダウン	200m
ドリル	50×10　1'00	総計	3,000〜3,800m
ダウン	200	アクションは，前半と後半で泳ぎを変えて泳ぐ Fly&Fr，Ba&Fr，Br&Fr，Fr&Fr	
総計	6,000〜7,100m		

10. スピードスケートのトレーニング

1) トレーニングメニュー作成の背景

スケーターは,滑走中,脚をほぼ直角に曲げた状態で身体を支え,そして蹴りだすために大きなしかも持続的な筋力発揮を必要とする.この動作は,脚筋における血流の一部あるいはすべてを阻止し,乳酸の産生と蓄積を生じさせる.したがって,スピードスケートでは,短距離から長距離までのすべての種目において,レース直後の血中乳酸濃度が15~20mmol/Lに達する.このような運動特性のため,ランニングや自転車トレーニングなど異なった運動種目によって,たとえ最大酸素摂取量が増加しても,スピードスケートの持久性が向上するとは限らない.また,スピードスケートは体重移動に伴う滑走トレースの描き方と蹴りだすタイミングがスピードを決定する重要な要因となる.したがって,その技術が不十分であれば,ウェイトトレーニングでどれほど筋力が増してもスピードには繋がらない.しかし,スケーターがスケート動作のみのトレーニングを行っていると,下半身は発達するが,身体全体としてのバランスが悪くなり,結局,大きなパワーを生み出せない.

トレーニングのメニューは,以上のことを考慮し,筋力や呼吸循環機能がスケート動作において発揮されるよう配慮しなければならない(**表31-10**).

[前嶋　孝]

表31-10　トレーニングメニューの具体例

期間	ねらい	トレーニングの内容
移行期 3下旬~4月	●シーズン中の疲労回復 ●軽負荷での有酸素的運動よる鍛錬期への準備	●ランニング,自転車ロードあるいは自転車エルゴメータ:週5日,1日1~2時間
第1(オフシーズン) 鍛錬期 5~9月	●スケーティングの基本動作の反復 ●スケーティング動作でのスピードおよびスピード持久力の養成 ●各種運動種目による乳酸耐性の向上 ●総合的体力づくり	●ローラースケート滑走:週5日・2~4時間/日 ●ランニングor自転車:週5日・40~60分/日 ●ウェイトトレーニング:週2~3日・2~3時間/日 ●低酸素トレーニング:週3日・10時間/日(5~7月・9月) ●イメージトレーニング:週,5日・10~15分
第2(シーズン) 鍛錬期 10~11月	●氷上においてのスケーティング動作および種目別スケーティング技術の確立とスピードおよびスピード持久力の養成 ●各種補助運動による乳酸耐性の向上 ●総合的体力づくり	●氷上でのスケーティング:週5日・2~4時間/日 ●ランニングor自転車:週5日・30~40分/日 ●ウェイトトレーニング:週2日・2~3時間 ●低酸素トレーニング:週3日・30分/日 ●イメージトレーニング:週,5日・10~15分
試合期 12~3月	●競技会に向けてのピーキング ●総合的体力づくり	●氷上練習:週3日・2時間 ●ランニングor自転車:週5日・30分/日 ●ウェイトトレーニング:週1~2日・1~2時間 ●競技会:週1~2日

(S大学スピードスケート部におけるトレーニングメニューの原型)

注:日本における,スピードスケートの競技成績が飛躍的に向上(1984年頃)し,世界のトップレベルになるきっかけとなったのは,オフシーズンに,ウェイトトレーニングやランニング中心のトレーニングであったものを,ローラースケート(直径約70mmのローラーが一直線に4~5個並んでいるスケート)を用い,オフシーズンから氷上と同じ動作でスピードおよび持久力を向上させる内容中心のトレーニングに変わったことによる.

11. 柔道のトレーニング

1) 週間スケジュール

筑波大学では，通常日曜日を除く週6日の練習に加え，週4日（月，火，木，金）の早朝トレーニング（7時～7時30分），週2日（水，土）のウェイトトレーニングを定期的に行っている．練習開始時間は，月，木，金曜が16時45分から，火曜が15時30分から，水曜が14時30分から，土曜が9時30分からであり，1回の練習時間は調整期を除いて，2時間から2時間30分である．ウェイトトレーニングは水曜が練習終了30分後，土曜が15時から約90分間である．

2) トレーニング内容

(1) 早朝トレーニング

早朝トレーニングは，体重別で2つのグループに分けて実施している．トレーニングメニューに関しては，学生指揮者（上級生）に任せており，学生自らが必要性を感じるトレーニングを自由に行わせている．おもに，スプリント中心であったり，ジャンプ系中心であったり，インターバルトレーニング，サーキットトレーニング，ロードワークなど，学生が工夫して短時間に集中して行っている．

(2) ウェイトトレーニング

ウェイトトレーニングの目的は，ケガの予防，身体づくり，動きづくり，筋力アップ，筋持久力アップなどさまざまである．したがって，各々の目的に応じて自由に行わせている．

(3) 練　習

練習内容は，当然その時期によって異なる．また，選手によって目指す大会が違うため，全体の練習の中でそれぞれ個別に対応している．鍛錬期と試合期が，同じ練習内容ということは

表 31-11　鍛錬期の練習メニューの例

曜日	トレーニング内容	曜日	トレーニング内容
月	ウォーミングアップ 立技　打込　15分間 　　　乱取　8分×5本×2セット 　　　　　（セット間の休息は5分） 寝技　打込　8分間 　　　乱取　4分×6本	木	ウォーミングアップ 寝技　補助運動 　　　打込　10分間 　　　乱取　背後から　6分 　　　　　　　（3分で攻防交代）×5本 　　　　　引込から　6分 　　　　　　　（3分で攻防交代）×5本 　　　　　（5分間休憩） 立技　打込　8分間 　　　乱取　6分×5本
火	ウォーミングアップ 立技　打込　移動(10分間) 　　　　　　スピード(20秒×5セット) 　　　　　　連続(50本×2セット) 　　　乱取　75分間 　　　　　（5分間休憩） 寝技　打込　8分間 　　　乱取　4分×6本	金	ウォーミングアップ 立技　打込　移動(10分間) 　　　　　　スピード(20秒×5セット) 　　　　　　連続(50本×2セット) 　　　乱取　10分間(立7分+寝3分)×4本×2セット 　　　　　（セット間の休息は5分）
水	ウォーミングアップ 立技　打込　15分間(持ち上げる，刈る， 　　　　　　　5本目に投げる) 　　　乱取　60分間(寝技へ移行する) 　　　　　（5分間休憩） 3人打込　60本 投込　50本(20本は捨身技など)	土	ウォーミングアップ 立技　打込　15分間(持ち上げる，刈る， 　　　　　　　5本目に投げる) 　　　乱取　60分間(寝技へ移行する) 　　　　　（5分間休憩） 3人打込　60本 投込　50本(20本は捨身技など)

表 31-12 試合期(大会 3 週間前)の練習メニュー

曜日	トレーニング内容	曜日	トレーニング内容
月	ウォーミングアップ 立技　打込　移動(10分間) 　　　　　　　スピード(20秒×5セット) 　　　　　　　連続(50本×2セット) 　　　乱取　6分×3本×3セット 　　　　　　(セット間の休息は5分) 　　　寝技　打込　10分間 　　　乱取　選手元立ち(背後から)6人抜き	木	ウォーミングアップ 寝技　補助運動 　　　打込　10分間 　　　乱取　背後から4分(2分で攻防交代)×5本 　　　　　　引込から4分(2分で攻防交代)×5本 　　　　　　(5分間休息) 立技　打込　8分間 　　　乱取　6分×5本
火	ウォーミングアップ 立技　打込　移動(10分間) 　　　　　　　スピード(20秒×5セット) 　　　　　　　連続(50本×2セット) 　　　乱取　6分×3本×2セット 　　　　　　(セット間の休息は5分) 　　　　　　選手元立ち　2分×8本 　　　　　　(1本取ったら終わり) 寝技　打込　10分間 　　　乱取　4分×6本	金	ウォーミングアップ 立技　打込　移動(10分間) 　　　　　　　スピード(20秒×5セット) 　　　　　　　連続(50本×2セット) 　　　乱取　6分×3本×2セット 　　　　　　(セット間の休息は5分) 　　　　　　選手元立ち　2分×8本 　　　　　　(1本取ったら終わり) 寝技　打込　10分間 　　　乱取　4分×6本
水	ウォーミングアップ 立技　打込　15分間(持ち上げる，刈る， 　　　　　　　　5本目に投げる) 　　　乱取　60分間(寝技へ移行する) 　　　(3分間休憩) 　　　3人打込　50本 　　　投込　50本(20本は捨身技など) 　　　サーキット　2セット	土	ウォーミングアップ 立技　打込　15分間(持ち上げる，刈る， 　　　　　　　　5本目に投げる) 　　　乱取　60分間(寝技へ移行する) 　　　(3分間休憩) 　　　3人打込　50本 　　　投込　50本(20本は捨身技など) 　　　サーキット　2セット

あり得ない．しかも，毎日同じ練習の繰り返しでは飽きてしまうので，1 週間の中でも少しずつメニューを変えるなどの工夫を凝らしている．その日のメニューを事前にホワイトボードに書くなどして選手に示し，練習のねらいを明確にさせている（**表 31-11，12**）．

　　　　　　　　　　　　　　　　［岡田　弘隆］

12．剣道のトレーニング

　日本刀の操作の技術の修練に源を発する剣道は，歴史の流れを経て今日では「剣の理法の修練による人間形成の道である」との理念の基に，剣道具を着装し竹刀をもって「有効打突」を競い合う格闘形式の対人競技として広く行われている．

1）有効打突とは

　（財）全日本剣道連盟の「剣道試合・審判規則およびその細則」には「有効打突は，充実した気勢，適正な姿勢をもって，竹刀の打突部で打突部位を刀筋正しく打突し，残心あるものとする」と示されている．さらに「竹刀の打突部は物打ちを中心とした刀部（弦の反対側）とする．打突部位は面部，小手部，胴部，突部とする」となっている．

　換言するならば，古くからの剣道用語に示されている「気剣体一致」の打突ということになる．

　すなわち「気剣体」とは，

　「気」：充実した気勢（打突の意思とその意思
　　　　　を決行する心の働き，さらにその表現

である呼吸法と気合（きあい），
「剣」：正確な竹刀の操作法（刀法）にそった正確な打突とその強度と冴え，
「体」：それぞれの打突動作（攻防）時における適正な身構え（姿勢）と体（足）のさばき方，

であり，これら「気剣体」の三者が打突時にタイミングよく調和がとれ一体となって働くことである．

「残心あるもの」とは打突動作が完了した後も，油断することなく相手の反撃に対応できる身構え・心構えをいう．一般的には打突後に中段の構えとなって相手に正対することをいう．

2) 練習（稽古）のてがかり

剣道上達のために各人はそれぞれの方法で練習（稽古）を続けているわけであるが，ここに上達のために知っておきたい「練習（稽古）のてがかり」の一端を示してみたい．

対人競技である剣道では常に相手とのかかわり合いのなかで試合が展開される．そこで，次のようなことが重要なねらいとして取り上げられる．

眼の働き：相手の動作を肉眼で観察し，打突の機会を捉えるとともに，相手の心の内までをも読み取る心の眼を養うことが大切であるとする教えがある．「機を見て（肉眼で）打つ」と「機と見て（心眼で）打つ」の修練である．具体的には相手の剣先，拳（こぶし），眼につけることから「遠山の目付け」とか「紅葉の目付け」の教えのように，相手の目を見ながらもある一点にとらわれることなく，からだの全体（大局）に意を配る目付けの修練が肝要である．また，自分に有利な打突のできる間合いの取り方も眼の働きが大きく関与するところである．

足のさばき（体さばき）：相手を打突したりかわしたりする攻防において適正な姿勢を保ち，合理的なからだのさばきの基礎になるのが「足さばき」である．千変万化の技も結局はからだが伴わないとできないので，「足さばき」は剣道の生命であるといっても過言ではない重要な修練の項目である．

精神的な技術：一般的にいわれる何事にも動じない「平常心」を養成することは当然のことであるが，格闘的な対人競技においては相手を圧するような旺盛な気迫（気勢）を養成することも不可欠の条件である．さらに，次のような精神的技術の修練も重要な要素となってくる．すなわち，精神的な集中力と臨機応変な対応が可能になる精神力を身につけることである．さらに，剣道の四戒として教えられている「驚懼疑惑の克服と解消（驚いたり，懼（恐）れたり，疑ったり，惑ったりする相手と対峙したときに起こる心の動揺あるいは心の動揺を抑えきれない状態を克服し解消すること）」も重要な修練の項目である．

体力や気力：従来，剣道では技術が高ければ「体力」など「力」がなくてもさして問題ではないという風潮があった．しかし，一般的に剣道の競技力の立場からみれば，技術レベルが同じならば最終的には体力がものをいうことは明らかであり「体力」を無視することはできないのが現状である．また，修練に伴う障害を未然に防ぐためにも体力トレーニングの重要性は認識しなければならないことである．スポーツ科学の発展とその裏付けによって開発されつつある体力トレーニングの実践は剣道界において大いに取り上げなければならないことである．思い切った技およびそれを生み出す体力と気力の養成も修練の重要な項目となる．

以上，剣道上達のための練習のてがかりの一端を述べてきた．科学の発達した今日でも上達の秘訣はしかるべき師の下で数をかけた数稽古と反省と吟味の工夫稽古を積み重ねることというごくありふれた一語に尽きるようである．

［佐藤　成明］

13. 弓道のトレーニング

弓道のトレーニングメニューとしては，現在ほとんどが28mの的前での近的練習と巻藁練習が主として行われるのみといえよう．また，ウェイトトレーニングなどは，弓道の微妙な筋肉の協調運動にとっては効果的ではないといわれている．そこで，的前・巻藁前以外の有効な練習メニューを参考までに挙げることとする．

1）筋力を中心としたトレーニング（ゴム弓・素引き・畳引き）

通常，ゴム弓・素引きは，初心者の基本練習として用いられているが，仕事が忙しかったり，旅行などで数日間道場での練習を行えない状況のときには，補助的な練習方法として有効である．ゴム弓の場合，可能であれば自分の使用している弓力と同じか少し強めのものを自作し，それを使用して行えば効果は十分期待できる．また，畳引きという方法は，昔の弓術伝書に記載されているもので，一種の筋力トレーニングといえる．これは，使用弓よりも数kg強めの弓を用いて，左膝を畳（床）につけた跪座した姿勢で弓の下鉾を畳につけ，左肩を下げるようにして素引きを行うという方法である．この練習を行うことで弓を引くための主働筋の筋力アップになる．もし，本人が弓を引いたとき，左肩が高くなる癖のある人にはその矯正にもなり，一石二鳥となろう．

2）巧緻性・狙いの正確性を中心としたトレーニング

通常の28mの距離から1尺2寸の的を引く練習方法の他にも，昔からさまざまな的を使用して練習が行われてきた．その中の「十段的（まとだん）」と「替わり的（まと）」について説明する．「十段的」は，直径3寸（約9cm）の的から，1寸ずつ直径を大きくして，直径が1尺2寸までの的10個を用意する．安土に的を小さい順に立て，1的10射ずつ引いていく．合計100射での的中数を競い合う練習方法である．矢数は適宜決めて行ってもよい．昔の方法では，射距離も1間（約1.8m）ずつ的の大きさに応じて，遠くさせながら行うという方法もあった．つまり，最初の射距離は，6間（約10.8m）からである．「替わり的」というのは，さまざまな的を用いて行う練習方法である．昔は，年末や新年の射会に行われた余興的競技といわれている．しかし，的の形や大きさ，材料などがさまざまであり，真面目に取り組めば技術的に狙いや離の時機などのトレーニングにもなる．主な的としては，的表面を紅白に半分ずつに塗り分け，指定した色の部分を狙う紅白的，挟み的（安土近くに竹串を立て，さまざまな的を挟んで射る方法．代表的な的としては射割的や扇的などがある），射上げ的（複数の的を指定された順番に射中ていくやり方）などが挙げられる．

3）射癖矯正トレーニング

早気，ゆるみなどの癖は射手にとってなかなか矯正しにくい射癖といえる．普段と同じ練習状況でそれらの癖を修正していくのは難しいものである．そこで，射手にかかる負担を軽減して修正していくことが有効である．負担の軽減方法は，弓力を弱めにしてみる．的の大きさを大きくする．射距離を近くする．また，これらを組み合わせて練習をすることも効果的である．この練習方法で注意する点としては，自分の癖をコントロールできる範囲内の負担で練習をし，徐々に正常な状態に修正していくことである．

［森　俊男］

14．相撲のトレーニング

　相撲は「心・技・体」どれが欠けても強くはならないといわれている．そこで，ここでは「心・技・体」それぞれの効果的な強化法について述べていく．

　心：練習では非常に強いが試合では緊張してしまい自分の力が出し切れず敗退してしまう，試合では緊張してしまい自分が土俵の上で何をしていたのかわからないなど，試合で自分のもつ力を出し切れずに悔しい思いをした経験をもつ選手は少なくないだろう．そこで，平常心で試合に臨む練習法として次のような方法があげられる．

1）プレッシャーに対する考え方を変える

　「自分はプレッシャーに弱い」，「この一番はプレッシャーがかかる一番だ」など，われわれはプレッシャーという言葉をよく使う．それではこのプレッシャーとはいったい何なのであろうか．選手はあたかもプレッシャーは外部から襲い掛かってくるようなもののように考えているが，プレッシャーはすべて選手の頭の中で勝手につくり出されたものである．「この一番に負けたら次の試合からはずされてしまう」，「この一番に負けたら他の選手に何を言われるかわからない」などということは，すべて選手の頭の中だけで起きていることで，決して外部から物理的な力が加えられているわけではない．プレッシャーとは，ある状況に対する本人の捉え方の問題に過ぎない．このことをしっかりと理解できればプレッシャーとの闘いも楽になるだろうし，その克服法もみつけられる．

2）人一倍練習を行う

　人の2倍，3倍練習を行えば自分に対して自信がつく．「これだけ練習したのだから負けるわけがない．やるべきことはすべてやった．後は自分の力を出し切るだけだ」と考えられるようになり無駄な緊張感は抜けて，自分のもっている力を出し切ることができるようになる．

　技：相撲という競技は突き詰めて考えるとバランスの崩しあいである．自分のバランスを崩さずにいかに相手のバランスを崩すかによって勝負が決まる．崩しかたとしては「押して崩す」，「投げて崩す」，「引いて崩す」などが代表的な崩しかたとして挙げられるが，この中でも一番有効的であるものが「押して崩す」である．相撲の格言に「押さば押せ，引かば押せ．押しは相撲の極意なり」という言葉があるが，この言葉はまさに相撲の基本は押しであることを指す格言である．しかし，押す練習ばかりしていれば強くなるということはなく，選手は自分の身体的特性に適した技術を身につけなければならない．"身長の高い人"，"身長の低い人"，"体重の重い人"，"体重の軽い人"では身につけなければならない技術は大きくかわってくる．そこで，「自分に適した技術はどんなものか」と迷うときには，1つの方法として自分と同じような体型で優れた競技成績を残している選手について研究することが有効である．そのときに，1人の選手だけではなく複数の優れた選手について研究し，それら選手の共通点と特殊な点をみつけだし，それぞれを習得するための練習を行う．まずは「共通点」を習得することを目的とし練習する．次に，自分自身を分析し長所，短所を理解し，短所をカバーして長所をよりいかすために必要な技は何かを考え特殊な点を習得することを目的とした練習を行う．

　どのようなタイプの選手にも共通していえることであるが，下半身が安定していない選手は強くはなれないということである．このことからも毎日の基本練習として，四股・すりあし・ぶつかり稽古は非常に重要である．

　体：相撲は競技の特性上，体重の重いことが勝敗に優位な影響を与えるため，選手は日々体重の増量に励んでいる．

　効果的に体重を増加する上では「十分な練

習・栄養・積極的休養」の３つが必要である．この３つの要素はそれぞれ次のような大切な役割を果たしている．

　①十分な練習：厳しい練習をすることにより筋肉が刺激を受け，筋肉に細かい傷ができる．するとそれを修復しようとからだが反応し，筋肉の成長を促す成長ホルモンが分泌され，厳しい練習に耐えられるだけの強い筋組織をつくろうとする働きが起こる．

　②栄養：トレーニングによる刺激を受け，からだがそれに適応しようとするときに大切なのが，筋肉の材料となるタンパク質が補給されると，傷ついた筋組織が徐々に修復され，より強い筋組織へと成長していく．逆にいえば，いくら十分に練習しても，筋肉をつくる「材料」がなければ筋肉は修復されず，筋肉の成長が得られないばかりか，疲労やケガの原因にもなる．

　③積極的休養：筋肉の成長（タンパク質の合成）が進むのは，おもに成長ホルモンの分泌が活発な睡眠中である．休養時には全身のエネルギー消費量が少なくなるので，筋肉が成長するために必要なエネルギーを確保することができるし，相撲選手にはある程度必要な脂肪も合成されやすい．

　このように，十分練習し相撲選手として，バランスのとれた食事を摂り，積極的休養で疲労を十分に回復し，翌日また練習してこそ体力が強化され実力の向上につながる．この３つをしっかりと守ることが相撲選手としての身体をつくる上で非常に重要である．

〔齋藤　一雄〕

15．レスリングのトレーニング

　数百種の技術を有するレスリング競技において，これらすべてを駆使するためには，当然のことながら，全身の各部位を随意に働かせ，かつ余す所なく強化発達させることを前提としたトレーニング方法が最も望ましい．見せかけだけの筋肉を作っても，それはレスリング競技の求める肉体とはいえない．古代ギリシャの哲学者「エガー」の言葉の中にも，また一敗地にまみれた猛将アキレウス将軍の故事の中にも，そのことが確認できる．強固な骨格に支えられた諸筋肉群と強靭な腱，そしてより速い反射と瞬発力，なおかつ限りない持続に耐え得る筋肉，体力を保持したとき，彼は勝利者になる．優れた総合体力が技術，精神力を支え，それを支えるものは日常の食物，食事にほかならない．食べることもトレーニングの重要な課題であるこ

表31-13　平常一週間のトレーニングメニュー

曜日	午前練習（1～1.5時間）	午後練習（2～2.5時間）
月	4km走，50mダッシュ×20，懸垂20回，15回，10回×2	ウォームアップ，技術練習30分（グラウンドおよびスタンドスパー3分×3R×5）
火	トレセン，ハイクリーン，ロープ登り	ウォームアップ，技術練習30分（勝ち残りスパー），補強運動
水	2km走，2km追い抜き走，上半身補強	ウォームアップ，技術練習30分（グラウンドおよびスタンドスパー15分×3）
木	トレセン，カール，ロープ登り，腹筋，スクワット	ウォームアップ，技術練習30分（スパー3分×2R×5）
金	インターバルトレーニング，800m，400m×3	ウォームアップ，技術練習30分（勝ち残りスパー），補強運動
土	サッカー，バスケットなどの球技	ウォームアップ，グラウンドおよびスパー3分×2R×5

通常レスリング選手の場合，1日2回のトレーニングに分けられる．午前1～1.5時間，午後2～2.5時間位が適当であると考えられる．
※トレセン：トレーニングセンター，R：ラウンド，スパー：スパーリング（実線練習）

とを忘れてはならない．つまり，自己のために自己のトレーニングを行うことが重要である．

表31-13は，日本体育大学レスリング部における平常時練習メニューである．

午前練習の中では主として総合的な基礎体力の養成を主眼としたメニューであり，体力が技術を支えていることを理解させ，自ずからのトレーニングを実践させている．月～土曜日までのトレーニングメニューを要約すると午前練習の中では持久走，短距離走にはじまり，この競技に最も必要な相手を引きつける筋肉群の養成，つまり懸垂，ハイクリーン，ロープ登りなど，上半身の強化を図る．そして持久走，追い抜き走，インターバルトレーニングによる全身筋持久力と心肺機能の向上を目指す．土曜日にかぎりそれまでのトレーニングによる，極度の身体的，精神的ストレスを解除するため，サッカーなど各種ゲームを楽しみリラックスさせる．

午後練習についてはまず，十分な各種ウォームアップにはじまり，技術的ドリル，スキルを30～40分行い，ついで各種実践練習を行う．スタンドレスリング，グラウンドレスリングの中での，自己の得意技，不得意技を助長，改善する．実践練習を含めて，トレーニングの成果は一日一日の積み重ねであり，各個人の集中力，研究心，忍耐力，食事面等々を各個人が理解することがその成果につながることを忘れてはならない．

〔花原　勉〕

16．卓球のトレーニング

卓球の競技会は1日で終わるものから，国際大会のように2週間にわたるものまである．日本国内の大型大会や一般的な国際大会では4日以上1週間以内が多く，勝ち進むことを前提に考えた場合，選手は連日複数の試合を消化しなければならない．

これら競技会を構成する試合は，シングルスプレーヤーもしくはダブルスペアが試合戦略に沿って，各種の得点戦術を実行するものである．11ポイント先取の9ゲームスマッチを想定すると，1試合に総計180得点以上が争われる可能性がある．

得点戦術は選手がもつ打球技術によって構成される．現代の卓球では，3gに満たない軽量なボールと，主として摩擦係数の大きいラバーを貼付したラケットで行う．対戦相手との距離が短いため，選手はきわめて短時間に連続した多様な動作を要求され，また，予測と異なる打球にも反応しなくてはならない．対応すべき球種，得点戦術は数多く，打球技術は高度な判断力を伴い，対応力，調整力の高さを求められる．

これらの打球技術を支える基礎技術に，移動を伴うラケットコントロールと姿勢のコントロールがある．より速い移動，ラケットスイングができる能力が追求されるが，前述のように高度な情報処理に基づく調整力の高い打球技術が必要である．早期判断，高精度調整の前提となる情報収集に大きく関与する器官として，眼球や三半規管などがある．これらが集中する頭部の状態を含め，姿勢のコントロールはきわめて重要な要素である．

また，競技自体の特性の他に，選手の競技生活の現状として，次のことが挙げられる．

選手やチームにとって重要な競技会が年間を通じ，多数，分散して設定されている．このため，上位へ進出する選手にとっては過密スケジュールが通常であり，技術や体力のトレーニングプラン作成は日程上の大きな制限を受ける．また，1日のメニューに関しては，複雑な判断を伴う多様な打球技術の習得，高度化する必要があり，打球練習に多くの時間を割かなくてはならない．よって，ボールを使わないトレーニングプランはさらに限定される．

これらの条件を考えると，メニューを取り入れやすく，競技力向上に効果的なトレーニング法とその目的設定の方針を以下に挙げる．

1) 多球練習

かごなどに数多くのボールを用意し，コーチがノックでボールを送球し選手にさまざまな連続打球を行わせる練習法である．

移動，ラケットスイング，姿勢制御など，技術的にもさまざまな強化目的の設定が可能である．また，内容によってはインターバルトレーニング的な効果をねらうこともできる．技術力向上と両立させやすいため，トレーニング時間に制限がある場合にもメニューに組み入れやすい．選手のレベルに応じて，技術的にも体力的にも効果を上げやすい練習法であるが，成果はコーチの諸能力に大きく左右される．

2) ウェイトトレーニング

脚，殿部，体幹などの筋力強化に導入すれば，動きの速さ，大きさを改善することができる．また，卓球の場合，逆をつかれるなどして無理な体勢で打球せざるを得ない場合も多い．瞬発力の向上を図ると同時に，エキセントリックな筋力発揮をトレーニングすることにより，姿勢のコントロールが改善され，打球精度の向上が期待できる．筋持久力を強化することができれば，筋力の面で負担が大きくても，得点率の高い戦術をより多く実行できる．

卓球は，体力トレーニングの実施が即競技力向上にあらわれにくい傾向のある種目である．しかし，競技特性を踏まえ，目的をはっきりさせて前述のトレーニングを導入すれば，強化促進に大きな効果が期待できる．ねらいどおりに成果をあげるためには，最終的に選手1人1人に適用される詳細な体力トレーニングメニューを，各選手の試合戦略，得点戦術，打球技術の方向性を前提に，毎日の競技生活にフィットするように計画することがきわめて重要である．

［安藤　真太郎］

17．ゴルフのトレーニング

ゴルフのスイングは，からだの各部に意図するスイングのインパルスを脳から送り，それが筋肉に伝えられ美しいスイングを作り出す．ゴルフのスイングには感覚が重要で，その感覚をどう筋肉に覚え込ませ，コースに出たときにどう引き出すかは普段の練習にほかならない．

1) クラブをねじり回す

止まっているボールにエネルギーを与え300ヤードのかなたまで飛ばすことができるのはゴルフだけである．そのエネルギーは自分で作らなければならない．そのためにクラブを回すのである．そのトレーニング法とは，上体のねじりである．土台が完全に固定され，上体をねじれば，そのねじりは強力になり，いつも決められた一定の動きだけしかしなくなるので，方向性もよくなる．この方法はオープンスタンス（ボールの飛ぶ方向に対して両足のつま先の線が左を向いている）にして上半身と下半身のねじりの落差を大きくし，できるだけ下半身は回さないようにする．両肩を最大限にねじり，両腕を高く上げ，クラブが地面と平行以上になるくらい上半身を大きく強くねじる動作をする．このときに，右腰を右へ絶対にスウェーさせないことが重要である．これはせっかくのねじりを半減させてしまうからである．この動作を10回1セットで4回行う

2) 肘のたたみとベタ足

手と腕をクラブを振ることに慣れさせること．一定の面にそって運動するには軸が必要である．スイングという回転の軸をつくるための方法は，踵を地面につけてベタ足にする．このベタ足のままで手と腕を振り，ボディの回転を促し両者の一体感をだすことにある．

スイングにはリズムが必要であるから，タイミングよく腕を振って肘をたたみ，スイングの面をつくるには膝と腰はリズムをとる程度の

動きが必要になる．最初から腕のたたみと下半身の動きの両方をリズムよく行うのは難しいので，ベタ足にして不必要な膝と腰の動きをセーブする．このトレーニング法は少しスピードをつけて連続で10回振りを1セットにして5～10セット行う．

3）軽く，速く，振り抜く

重いものをからだ全体を使って振る練習が重要である．①重いクラブを振る（0.7～1kgくらいのトレーニング用クラブ），②長いもの振る（竹ボウキと同じくらいの長さの棒），③野球のバットを振る．重いものをからだ全体を使って振っていれば，クラブ1本の重さが軽く感じられ，速く振れると感じるから力を入れなくてもよいということがわかる．力を入れて振るのではなく，一定のリズムだということが理解できる．このトレーニング法は連続振りで，バックスイングからフィニッシュまで行ったら，そのまま振り戻し，また，バックスイング～フィニッシュと繰り返し，振り抜くときに少しスピードをつけていく．この振りの練習は20回を1セットで，5セット行う．

4）大地をグリップする

クラブを振るのは腕であるが，土台となる下半身をしっかり安定させることが重要である．下半身でポイントとなるのは足の裏であり，特に10本の指が大事である．大地をグリップすることとは「10本の指と足の裏で地面をつかむようにして立て」ということである．

アドレスでバランスよくクラブを振るためには，足底がポイントになり，シューズの中で足の指が地面をつかむ感じにすることが大切である．このトレーニング法は普段歩いているときに足の指，特に親指で地面をつかむ気持ちで歩くことを心がける．十分な結果があるトレーニング法である．

5）グリップをつくる

道具を使うスポーツの中でゴルフほどデリケートなグリップを必要とするのは他にない．したがって，このグリップづくりのトレーニングをしっかり覚えておくべきである．

左手は人差し指の第2関節から手の平へやや斜めにクラブを当て，薬指をしっかり巻きつける．この動作が基本である．トレーニング方法は薬指でクラブをしっかり巻きつけ，左手1本で素振りを何回も繰り返し行うことがよい．

6）力を出す

多くのゴルファーはボールに向かっているとき，目の前のボールに当てようとしてインパクトだけに気を取られやすいのが現状である．それはスイング中，自分の筋肉の中に力を込める動作をして強くひっぱたこうとする表れでもあり，いわゆる，クラブをボールに当てに行くスイングをしてしまうことになる．

飛距離と方向のどちらもよい結果をつくるには，フィニッシュはフルショットのフィニッシュではなく，両手が肩の高さにきたときにグリップを強く握り，からだ全体の力でスイングを止める動作をすることである．この「フィニッシュで止め」というのは，止めるから当てにいって手をゆるめることはできない．止めるのはグリップをしめる．このことは，1つ手前のヘッドスピードをアップさせることになる．このように止める意識をもつことによって，スイングに力をのせることを覚える．思い切りスイングをして，フィニッシュでピタリと止める，この素振りを10回行い，ボールを1球だけ打つ．このトレーニング法によりサンドウェッジからドライバーまで13本のクラブすべて行えば，130回の全力での素振りができ，13球の球を打つことになる．このトレーニング法はかなりハードなので自分の体力に合わせ，少しずつ回数を増していく．この方法は著者が永年プロ生活の中で若手を育てるときや，飛距離がでない人，方向性が悪い人に極めて有効である．短期間のスイングづくり，また，コースに出たときの自分にとって頼りになる最高のスイングづくりと確信している．

[佐藤　正一]

索引

【あ】

アスパラギン酸アミノトランスフェラーゼ　317, 322
アスレチックリハビリテーション　159
アセチルCoA　247
圧受容体反射　335
圧負荷　129
アデノシン　253
アドレナリン　255, 265, 269, 271
アドレナリン　123
アドレナリン分泌　267
アトロピン―ドブタミン負荷テスト　127
アポトーシス　273
アミノ酸　195, 201
アミノ酸代謝　183, 245
アミロイド　327
アラキドン酸系　277
アラニンアミノトランスフェラーゼ　317, 322
アルコール飲料　206
アルツハイマー病　327, 330
アルドステロン　239
α_2グロブリン　313
α作用　255
α-トコフェロール　282
アルブミン　277
アロステリック効果　246
アンギオテンシノーゲン　313
アンギオテンシンI　231, 257, 313, 314
アンギオテンシン転換酵素　231
アンギオテンシンII　231, 257
アンチトロンビンIII　288
アンドロゲン　177, 178
息こらえ潜水　239
閾値持久トレーニング　358
胃食道逆流症　272
I型糖尿病　259
一重項酸素　275
1回拍出量　121, 122, 323
一酸化窒素　255, 295
遺伝子　175
　　――型　174, 175, 177
　　――多型　173, 177
遺伝性早老症　329
インスリン　142, 199
　　――感受性　259
　　――受容体基質　245
　　――受容体　258
　　――受容体基質-1　259
　　――ショック　214
　　――分泌　265
インターバルトレーニング　190, 358, 361
ウェイトコントロール　133, 135
ウェイトサイクリング　134, 138, 143
ウェイトトレーニング　208, 352, 355, 361
動きづくり　345
宇宙酔い　241
うつ病　331
運動強度　202
運動時誘発性低血圧　326
運動性貧血　205
運動性無月経　225
運動能力　179, 337
運動不足　119, 121, 259
栄養補助食品　206, 208
エストロゲン　135, 225
エネルギー消費効率　197
エネルギー消費量　196, 205, 225
エネルギー所要量　225
エネルギー摂取　138, 197
エネルギー代謝　183
　　――活性　133
エラスチン　333
エリスロポエチン　231, 236, 237, 293
塩基配列　173
円型振動型の動き　347
遠心性　278
　　――肥大　126
　　――肥大型スポーツ心臓　126
遅筋線維　241
エンドセリン　255
横紋筋融解　313
オーダーメイド　173
オートクリン　253
オーバートレーニング症候群　181, 187, 188, 190, 307
オーバーリーチング　189
オフェンステクニック　357

【か】

カーボローディング　250
外的ストレス　295
解糖系　243
　　――酵素　246
化学走化性　287
覚醒リズム　160
角速度　345
拡張期血圧　121, 333
過酸化脂質　279
過酸化水素　275
過食　259
下垂体前葉　253
ガストリン　265
過体重　262
活性酸素　274, 295, 305
　　――種　274, 276
　　――生成　279, 281
活性窒素　274
カテキン　240
カテコールアミン　159, 255, 305, 335
果糖　214
過敏性腸症候群　272
過負荷持久トレーニング　358
カリウム　205
顆粒球　297
カルシウム　205
カルニチン―パルミトイルトランスフェラーゼI　247
カルボニル化　329
加齢　159, 259, 279, 327, 331
カロリー制限　202
がん化　273
肝機能障害　322
眼球運動　149, 151
間欠性運動　287
肝酵素　320
緩徐減量法　139
感染症　295
$\gamma \delta$T細胞　299
環流圧　121
寒冷血管拡張反応　235
寒冷馴化　233
寒冷暴露　233
記憶細胞　287
機械的運動負荷　123
機械的ストレス　333
キサンチン／キサンチンオキシダーゼ系　277
基礎持久トレーニング　358
基礎代謝　143
　　――量　225, 233, 234

基礎体力　367
基礎的運動能力　339
喫煙　335
キニン　335
気分プロフィール検査　185
脚屈曲伸展型　347
求心性　278
　　──肥大　129
急性胃炎　272
急性胃粘膜病変　272
急性上気道感染症　308
急性疲労　181
急速減量　133，139
休養　190
　　──期　359
弓力　364
凝固　287
　　──機序　288
共役ジエン　282
虚血─再灌流　277
起立性低血圧　120，326
起立耐性　121，241
キロミクロン　142
筋グリコーゲン　200
　　──量　200，245
筋血流量　121
筋細胞　126
筋収縮　184
筋線維タイプ　177
筋バイオプシー法　125
筋疲労　181，182，185
筋ポンプ作用　121
筋毛細血管　126
筋力変動　138
筋レジスタンス運動　126，129
クエン酸回路　244，247
駆出分画　125
グリコーゲン　182，195，311
　　──代謝　245
　　──貯蔵　136
　　──ローディング　198，200，201
グルカゴン　265，269，271
グルコース　311
　　──アラニン回路　271
　　──代謝　245
　　──輸送体　245
グルタチオン　273，291
　　──ペルオキシターゼ　273
グルタミン　331
クレアチンキナーゼ　317，322
クロトー遺伝子　329
軽レジスタンス運動　139

ゲームセンス　149，157
ゲームトレーニング　359
下剤　135
血圧勾配　123
血圧調節　119
　　──系　120
血液濃縮　283
血管拡張　122
　　──調節　122
血管新生　126
血管抵抗　120，121，122
血管内皮細胞由来弛緩因子　255
月経異常　224
結晶性知能　331
血漿β-エンドルフィン　186
血漿遊離脂肪酸　183
血漿量　283
血清CK　191
血清過酸化脂質　280
血清酵素　319
　　──活性　319，320
　　──レベル　322
血清フェリチン　204
血清ミオグロビン　190
血栓　289
血中アルドステロン濃度　313
血中乳酸濃度　360
血中白血球　322
血中プレアルブミン濃度　137
血中ホルモン濃度　256
血糖　195
血糖維持能力　136
血流量　121
ゲノム　173
ケモカイン　298，305
健康維持　336
健康寿命　273
減量　134，136，146
高エネルギーリン酸代謝　127
好塩基球　286
高温障害　312
交感神経　253
　　──活動　120
　　──系ホルモン　183
抗原　297
抗酸化酵素　281
抗酸化物質　276
好酸球　286
高脂肪食　199
恒常性維持機構　288
甲状腺刺激ホルモン　253
高所トレーニング　130，237
抗体　297

抗体産生　296
高タンパク質　336
高地トレーニング　231
好中球　277，287，299，305
高糖質食減量　141
高度不飽和脂肪酸　203
更年期　227
抗利尿ホルモン　239
ゴールセッティング　358
呼吸鎖─酸化的リン酸化系　243
呼吸商　202，311
骨塩量　226
骨格筋　245，269，271
　　──酵素　319
　　──傷害　279
　　──代謝能　125
骨粗鬆症　217，333
骨代謝　227
骨年齢　341
骨密度　226，342
骨量　133，225，332
暦年齢　341
コラーゲン組織　327
コルチゾール　239
コレシストキニン　265
コントラスト感度　149，151
コントロールテスト　358

【さ】

サーカディアンリズム　159，160
サーキットトレーニング　361
サイクリックGMP　255
最高心拍数　127
最大1回拍出量　123
最大1回拍出係数　127
最大酸素摂取量　123，203，210，211，222，224，235，236，292，293，315，334，335，343，360
最大身長成長速度時年齢　340，341
最大心拍出係数　127
最大心拍出量　123，124，335
最適矯正視力　155
最適路　167
サイトカイン　253，295，297，298
　　──LIF　304
細胞外液　311，312
細胞周期停止　273
細胞傷害性T細胞　302
細胞内液　311，312
細胞内刺激伝達系　309
左室拡張終期径　125，127，342，344

左室拡張終期容量　126
左室後壁厚　129
左室後壁の心筋伸長　126
左室収縮終期径　125，126
左室重量　343
左室心筋収縮力　125
左室心筋重量　127
左室心筋壁厚　127
左室内腔　125
左室の拡張終期容量係数　125
殺菌能　287
サプリメント　204
酸化還元平衡　291
酸化タンパク質　277
酸化ヘモグロビン　119
酸素　273
　　——運搬能　211
　　——抽出能　125
　　——飽和度　242
試合期　349，351
次亜塩素酸　275
ジェットラグ　162
視覚　149
視覚能力　149，157
視機能　153，156
糸球体濾過率　314
糸球体濾過量　313
四股　365
時差対策法　163
時差ボケ　161
脂質ペルオキシド　275
自主的行動　170
思春期　337
　　——スパート　341
　　——発育ピーク　341
視床下部　253
　　——腹内側核　266，268
姿勢のコントロール　367
自然免疫　298
疾走速度　344，345
疾走能力　345，346
2,3-ジホスホグリセリン酸　291
脂肪細胞　260
脂肪酸　243，245，271
脂肪組織　142，259
脂肪動員　269
脂肪燃焼抑制作用　142
収縮期血圧　121
収縮性フィラメント　125
自由水　309，312
集中力　166
シュートテクニック　357
主観的運動強度　166

ジュニア期　337
寿命　281
腫瘍壊死因子　297
　　——α　259
循環血液量　209，211
瞬間視　149，151
循環調節　120，122
消化管ホルモン　267
消化器系　263
消化吸収機能　267
静水圧　120
脂溶性ビタミン　202
上皮小体　253
静脈還流量　123，126，129
静脈血貯留　121
食塩　211
　　——濃度　212
食行動異常　217，226
食事管理　135
食事制限・絶食　135
食事誘発性体熱産生反応　142
除脂肪体重　137，145，197，198，
　　219
暑熱環境　232
暑熱馴化　232
徐脈　126，127
自律神経調節機構　325
視力　153
　　——矯正　155
心拍出量　211
心筋 TnT　320
心筋酵素　320
心筋中隔壁厚　129
心筋肥大　125，126
シンクロナイズドスイミング　228
神経系　253
神経性調節　122
腎血液濾過量　135
腎血流量　135，313，314
深視力　149，151
心臓 NE 放出量　325
心臓交感神経　123，323
　　——活動　325
心臓循環機能　341
心臓自律神経　325
心臓迷走神経　323
　　——活動　325
身体的疲労　181
新体力テスト　339
伸張性　184
　　——運動　185
心内腔の拡大　126
心肺圧受容器　120

心拍出量　119，122，267
心拍数　122
心房性 Na^+ 利尿ペプチド　255，
　　309
心理的ストレス　226
心理的疲労　181，185
心力　165
随意筋収縮　182
水中体重測定法　198
水分欠乏性脱水　312
水分摂取　208
睡眠　160
　　——覚醒障害　161
　　——覚醒リズム　162
膵ランゲルハンス島　253
スーパーオキシド　273
　　——ジスムターゼ　273
スクーバ・ダイビング　239
スターリングの法則　123
スタンドレスリング　367
ストライド　131
ストレス　259
　　——ホルモン　303
ストレッチング　327
スパークリング　146
スパルタスロン　321
スピード・トレーニング　130
スプリントトレーニング　358
スポーツ飲料　201
スポーツ心臓　119，126
スポーツビジョン検査　151
スポーツ貧血　283
スモールサイデッドゲーム　353
スライディングタックル動作　353
ずり応力　291
生理的運動負荷　123
生活習慣病　176，315，327
生筋摘出　125
性差　159
静止視力　149，151
精神的ストレス　141，316
精神的疲労　181，185
精神力　130，165，170，180
性腺刺激ホルモン　253
生体試料　283
成長ホルモン　366
性ホルモン　224
　　——代謝　225
生理的適応　129
生理的疲労　181
月経不順　135
セカンドハート　121
セクレチン　265

索　引

積極的休養　366
赤血球　119, 284
　——形成速度　285
　——造血因子　297
　——増多症　237
　——量　211
摂取エネルギー量　197
摂食障害　224
セルロプラスミン　273
セロトニン　331
遷移金属イオン　273
選球眼　158
染色体　175
全身持久性トレーニング　124
潜水徐脈　239
剪断力　291
蠕動　263
　——運動　267
セントラルコマンド　122
線溶機序　288
造血幹細胞　285
総末梢血管抵抗　121
組織プラスミノーゲンアクチベーター　288
素質　179, 180
速筋　333
　——線維　179, 180, 241

【た】

体液量　312
体温　209
　——調節　233
　——調節能　139
　——リズム　161
体脂肪量　137, 262
体脂肪組織　219
体脂肪率　136, 177. 197, 203, 222
代謝アシドーシス　182
体重階級制　221
体重管理　133
体重制限制　133
大静脈圧　123
体水分　136
大腿四頭筋　352
大動脈基部径　342
体内時計　159
耐乳酸トレーニング　358
大腰筋　177
体力トレーニング　119, 351
多因子遺伝　176
立ち上がり年齢　340, 341
立ちくらみ　119, 120

脱水　213, 285
　——減量　138
ダブルアイアントライアスロン　321
単球　286, 297
短縮性　185
単糖類　201
タンパク質　173, 185
　——摂取量　141
　——粉末　201
タンパク尿　315
ダンベル体操　140, 143
鍛錬期　349, 351
チオバルビツール酸反応物質　279
チオレドキシン　273
遅筋　333
　——線維　179, 180
蓄積的疲労徴候調査　186
窒素酔い　240
遅発性筋肉痛　185
中枢性疲労　181, 182
中性脂肪　269
長時間持久性運動　186
ツァイトゲーバー　162
低カロリー　336
低酸素環境　130, 231
低酸素耐性　235
ディストレス　189
低体力化　337
テーパー期　358
テーパリング法　200
適応免疫　298
デキストリン　199
鉄　205
　——欠乏　204
　——欠乏性貧血　285
　——代謝　284
テロメアサイズ　328
電解質バランス　137
伝導調律異常　126
糖化ヘモグロビン　259
統御力　166
動作発達　347
等尺性　185, 278
　——筋収縮　129
動静脈酸素較差　124
糖新生　269, 271, 310
等速性脚筋力　345
糖代謝　269
糖取り込み　259
糖尿病　253
動脈圧受容器反射　122
動脈圧受容体　120

動脈血圧　123
動脈硬化　273
ドーパミン　331
　——D_2受容体　333
　——含有量　333
突然変異　329
トライアスロン　317
トランジット期　354
トランスフェリン　204, 285
トリプトファン　183
トレーナビリティ　327
トレーニングカテゴリー　358
トロポニン　317
トロンビン　287
貪食能　287

【な】

ナイアシン　203
ナイーブ細胞　301
内臓脂肪　219, 260, 261
内的脱周期　161
内発的動機づけ　167
内分泌異常　225
ナチュラルキラー細胞　295
ナトリウム　205
II型糖尿病　259
二糖類　201
乳酸　182
　——カーブテスト　358
　——生成トレーニング　358
　——性代謝閾値　257
　——脱水素酵素　317
乳幼児期　337
忍耐力　130, 166
熱痙攣　209
熱障害　135
熱中症　209
熱貯留時間　139
熱疲労　209
年齢別予測最高心拍数　123
脳　195
　——血液関門　184
　——血管関門　317
　——内神経伝達物質　184
　——内セロトニン　183
ノルアドレナリン　233, 255, 257

【は】

バイオリズム　159
肺拡散　119
ハイパワーの持続性　146
廃用性萎縮　241

箱根駅伝　130
挟み的　364
発育期　337
発汗脱水　135, 139
発汗量　211
白血球　275, 286
ハプトグロビン　289
パラクリン　253
パワートレーニング　358
パワーリフティング　262
判断力　367
皮下脂肪　219, 311
光刺激　162
膝伸展力　332
膝屈曲力　332
ビジュアルトレーニング　149, 155
ビタミン　203, 207
　　──A　204
　　──B_1　203
　　──B_2　203
　　──C　203, 282, 285
　　──D　204
　　──E　203
　　──推奨摂取量　204
必須アミノ酸　202
ヒトゲノム　178
8-ヒドロキシグアノシン　281
ヒドロキシラジカル　275
ヒドロペルオキシラジカル　275
皮膚温　232
皮膚血管　122, 232
非ふるえ熱産生　233
肥満　253, 259
　　──者　143
表現型　175, 177
病的疲労　181
微量栄養素摂取　207
ピルビン酸　247
　　──脱水素酵素　247
疲労　181
　　──回復　193
　　──骨折　225
　　──困憊　123
　　──物質　182
敏捷性連続運動　345
ファット・ローディング　203
フィブリノーゲン　287
フィブリン　287
副交感神経系　253
副腎皮質刺激ホルモン　239
副腎皮質ホルモン　305
不随意運動　267

不整脈　136
ぶつかり稽古　365
プライオメトリックス　354
　　──トレーニング　352
プラスミン　287
フロー体験モデル　167, 168
フローチャンネル　167
プロスタグランジン　253
プロラクチン　255
分岐鎖アミノ酸　202, 243, 249
　　──アミノ基転移酵素　249
分岐鎖α-ケト酸脱水素酵素　249
分枝鎖アミノ酸　183
分泌型IgA　307
平均血圧　121
平常心　365
$β_2$アドレナリン受容体　305
$β$-エンドルフィン　331
$β$酸化系酵素　203
$β_2$作用　255
壁応力　127
ヘキソキナーゼ　246
ヘマトクリット　237
ヘモグロビン　119, 237
ヘリウム　240
ペルオキシ亜硫酸ラジカル　275
ヘルパーT細胞　300, 301
防衛体力　295, 297
芳香族アミノ酸　183
飽和潜水　239
ホスホフルクトキナーゼ　182, 246
補体　299

【ま】
毎分心拍出量　323
マグネシウム　205
マクロファージ　286, 299
末梢循環　254
末梢性疲労　181
マラソン　130, 317
マロニルCoA　247, 249
マロンジアルデヒド　279
慢性胃炎　272
慢性疲労　1181
ミオグロビン　126, 191, 243
　　──尿症　316
水負債　209
ミトコンドリア　243
ミネラル　207
無気的パワー　352
無月経　135, 217, 224
無酸素エネルギー代謝能　139

無重力状態　231
無重力環境　240
迷走神経活動　120
迷走神経系　323
メカニカルストレス　291
メタボリックマップ　274
メモリー細胞　301
メンタルトレーニング　359
メンデル遺伝　175
毛細血管　243
　　──口径　126
網状赤血球　238
目標設定　167
モチベーション　358
門脈　263

【や】
有気的持久力　353
有酸素性エネルギー代謝　243
有酸素性作業能　343
有酸素的パワー　222
優性遺伝　177
遊離脂肪酸　247, 259
輸出細動脈　314
溶血　290
容量負荷　126

【ら】
ラケットコントロール　367
ラケットスイング　368
ラジカル　275
立位姿勢　120
利尿剤　135, 139
リピートドリル　355
リボ核酸　125
リポタンパク　269, 271
　　──リパーゼ　142
リポフスチン　327
流動性知能　331
リン　205
リンパ管　263
リンパ球　297
レスリング競技　146
レニン-アンギオテンシン-アルドステロン系　257
レニン活性　239
レプチン　260
老化　273, 327
　　──速度　285
　　──抑制遺伝子　329
ロードレース　349
ロードワーク　146, 361
ロングトライアスロン競技　250

索引

【欧文索引】

AAA 183
ACE 231
ACTH 239
ACT回路 268
ADH 239
ADL 326, 327
AIP 309
ALT 317, 322
ANP 309
AST 317, 322
athlete's heart 126
ATP 182, 243, 268
ATⅢ 288
AVP 256
AⅠ 257
AⅡ 257
BBB 184
BCAA 183
BCKDH 249
bradycardia 127
B細胞 297, 301
Bリンパ球 286
cAMP 309
CD4 301
CD8 302
CIVD 235
CK 190, 317, 322
Cl$^-$イオン 209
concentric hypertrophy 129
contrast sensitivity 149
Cori回路 270, 271
CS 149, 153
depth perception 149
distress 189
DNA修復 273
DOMS 185
DP 149, 153
2,3-DPG 290, 291
DVA 149, 151, 153
dynamic visual acuity 149
E/H 149, 153
eccentric hypertrophy 126
EDRF 255
ejection fraction 125
end-diastolic volume index 125
EPO 236, 293, 297
ET 255
exhaustion 123
eye/hand coordination 149
Fenton反応 275
FFA 183, 261
GERD 272

GLUT4 245, 261
GSH 273, 291
Haber Weiss反応 277
IBS 272
IFNα/β 300
IFNγ 299, 301
IL-1 286, 295
IL-2 286, 287
IL-4 299
IL-6 303
IRS-1 259
kinetic visual acuity 149
Klotho遺伝子 329
KVA 149, 153
　——動体視力 149, 151, 156
LBM 219
LDH 317, 322
living high, training low 292
LPL 142
LT 273, 282
LVDd 125
LVDs 125
Mb 190, 191
MDA 279
MHC-Ⅰ 299, 301
Mn-SOD 322
motivation 348
mRNA 125, 126
NADPHオキシダーゼ 277
NK細胞 287, 295, 300, 303, 305, 307
NO 255, 295
ocular motor skill 149
8-OHGua 280
OMS 149
overreaching 189
overtraining syndrome 181, 187
P50 237
p53遺伝子 329
PAI 289
P_{CO_2} 240
PCr 182
PCr/ATP濃度 127
PDH 247
peak $\dot{V}_{O_2}$ 125
PFK 182
PHA 340, 341
pH低下 182
P-MRS 127
POMS 185, 186, 189
　——活気得点 187
　——調査 141

pressure stress 129
$\dot{Q}$/BSA 127
QOL 273
R-A-A系 309, 313
rating of perceived exertion 166
ROS 276
RPE 166
RQ 311
SOD 273
SP1 358
SP2 358
SP3 358
static visual acuity 149
submaximal exercise 123
SV/BSA 127
SVA 149, 153
TBARS 279
Th0 301
Th1 301
Th2 301
TIBC 204
TMD 189
TMD得点 189
TNF 297
TNFα 305
TnT 317
TOA 340, 341
total mood disturbance 189
t-PA 289
T細胞 296, 297, 299, 305, 307
VEGF 126
visual reaction time 149
volume stress 126
$\dot{V}_{O_2}$max 222, 235, 257, 273, 279, 282
VRT 149

編者紹介
芳賀　脩光（はが　しゅうこう）
筑波大学教授・体育科学系
教育学博士
日本運動生理学会理事長（平成15～17年度）
元全日本柔道連盟体力強化コーチ

大野　秀樹（おおの　ひでき）
杏林大学医学部教授
医学博士
社団法人・日本山岳会医療担当理事
国立極地研究所生物・医学専門委員会副委員長
南極研究科学委員会（SCAR）・「ヒト生物学・医学」ワーキンググループ日本代表

2003年1月20日　第1版第1刷

トレーニング生理学
定価（本体3,500円＋税）　　　　　　　　　　　　　　　　　　　　検印省略

　　　　　　　　　　　　　　　編　者　　芳賀　脩光
　　　　　　　　　　　　　　　　　　　　大野　秀樹
　　　　　　　　　　　　　　　発行者　　太田　博
　　　　　　　　　　　　　　　発行所　　株式会社　杏林書院
　　　　　　　　　　　　　　　　　　　　〒113-0034　東京都文京区湯島4-2-1
　　　　　　　　　　　　　　　　　　　　Tel　03-3811-4887（代）
　　　　　　　　　　　　　　　　　　　　Fax　03-3811-9148
© S. Haga and H. Ohno　　　　　　　　　　http://www.kyorin-shoin.co.jp

ISBN 4-7644-1052-4　C3047　　　　　　株式会社サンエー印刷／坂本製本
Printed in Japan

　・本書の複製権・翻訳権・上映権・譲渡権・公衆送信権（送信可能化権を含む）
　　は株式会社杏林書院が保有します．
　・**JCLS**＜（株）日本著作出版権管理システム委託出版物＞
　　本書の無断複写は著作権法上での例外を除き禁じられています．複写される
　　場合は，その都度事前に（株）日本著作出版権管理システム（電話03-3817-5670，
　　FAX 03-3815-8199）の許諾を得てください．